AF321706

# Design

## del siglo XX

# Design

## del siglo XX

Charlotte & Peter Fiell

TASCHEN

*Bibliotheca Universalis*

# Índice

***«No importa lo que estudies, siempre pensarás que lo que es bueno y útil también es bonito y elegante.»***
Baldassare Castiglione, *Cortegiano*, 1528

A lo largo del siglo XX, el diseño ha formado una parte importante de la cultura y de la vida cotidiana. Su alcance es muy amplio e incluye desde objetos tridimensionales hasta comunicaciones gráficas y sistemas integrados de la tecnología de la información en entornos urbanos. Definido como la concepción y planificación de todos los productos elaborados por el hombre, el diseño se puede considerar un instrumento para mejorar la calidad de vida.

Los orígenes del diseño se remontan a la Revolución Industrial y a la aparición de la producción mecanizada. Antes, los objetos se fabricaban artesanalmente y la concepción y realización de un objeto la llevaba a cabo un creador individual. Con los nuevos procesos de fabricación industrial y la división del trabajo, el diseño, esto es, la concepción y planificación, se separó de la fabricación. Pero entonces el diseño se consideraba tan sólo uno de los múltiples aspectos interrelacionados de la producción mecanizada. La idea de diseño no poseía ninguna base intelectual, teórica o filosófica y ejercía un escaso impacto positivo sobre la naturaleza del proceso industrial o la sociedad. El diseño moderno surgió gracias a los diseñadores reformistas del siglo XIX, en particular a **William Morris**, que intentó unir teoría y práctica. Aunque la labor de Morris no tuvo resultados inmediatos a causa de los medios de producción artesanal que utilizaba, sus ideas reformistas ejercieron un impacto fundamental en el desarrollo del **movimiento moderno**. No se implantó el diseño moderno hasta principios del siglo XX, cuando figuras como **Walter Gropius** integraron la teoría del diseño y la práctica a través de nuevos medios de producción industrial. En un intento de salvar la distancia entre el idealismo social y la realidad comercial que había existido hasta finales de la I Guerra Mundial y para fomentar una respuesta apropiada a la emergente cultura tecnológica, Gropius fundó la **Bauhaus** en 1919. El objetivo del diseño moderno, aplicado y enseñado en la Bauhaus, era producir un trabajo que unificara preocupaciones intelectuales, prácticas, comerciales y estéticas a través de la actividad artística y del aprovechamiento de nuevas tecnologías. Si bien la Bauhaus favoreció nuevos modos de pensar sobre el diseño, sólo desarrolló algunas de las ideas necesarias para integrar satisfactoriamente la teoría del diseño y el proceso industrial. Esos principios fueron desarrollados posteriormente en la Nueva Bauhaus de Chicago, fundada por **László Moholy-Nagy** en 1937, y en la **Hochschule für Gestaltung**, **Ulm**, creada en 1953. Ambas instituciones realizaron significativas aportaciones a las nuevas ideas sobre la unificación de la teoría y la práctica del diseño en relación con los nuevos mét dos industriales de producción.

En del siglo XX, los productos, estilos, teorías y filosofías sobre diseño se han vuelto cada vez más dispares, debido a la creciente complejidad del proceso de diseño. En el diseño para la producción industrial, la relación entre concepción, planificación y fabricación se ha ido fragmentando y complicando a causa de una serie de actividades interrelacionadas en las que participan diferentes profesionales, como fabricantes de modelos, investigadores de mercado, especialistas en materiales, ingenieros y técnicos de producción. Los objetos de diseño que surgen de este proceso múltiple no son el producto de diseñadores individuales, sino de un equipo de personas, en el que todos tienen sus propias ideas y actitudes sobre cómo deben ser las cosas. Sin embargo, la pluralidad histórica del diseño en el siglo XX se debe también a la variación en los modelos de consumo, al cambio de gustos, a los diferentes imperativos morales y comerciales de inventores/diseñadores/fabricantes, al progreso tecnológico y a las distintas tendencias de diseño de cada país.

***«El diseño ... es una manifestación de la capacidad del espíritu humano para trascender sus limitaciones.»***
George Nelson, *The Problems of Design*, 1957

Los productos de diseño no pueden entenderse plenamente sin los contextos sociales, económicos, políticos, culturales y tecnológicos que han propiciado su concepción y realización. En diferentes momentos del siglo XX los ciclos económicos de los países occidentales han ejercido un impacto significativo en el predominio de objetos que dan más importancia al diseño que al estilo, o viceversa. Aunque el estilo es a menudo un elemento complementario de la solución de diseño, la estilística y el diseño son disciplinas completamente diferentes. La estilística se interesa por el tratamiento de la superficie y la apariencia, es decir, las cualidades expresivas de un producto. El diseño, por su lado, se ocupa de la resolución de problemas, tiende a poseer un alcance holístico y busca la simplificación y la esencia. Durante los períodos de penuria económica, el **funcionalismo** (diseño) tiende a colocarse en primer plano, mientras que en períodos de prosperidad florece el antirracionalismo (estilo).

Cada vez más, el interés de las empresas para crear productos competitivos ha favorecido la evolución y la variedad del diseño, así como las carreras profesionales de los diseñadores. En tanto que algunos diseñadores trabajan en estructuras corporativas, otros lo hacen en asesorías o de modo independiente. Muchos diseñadores autónomos prefieren trabajar fuera de las limitaciones del proceso industrial y realizan trabajos en el ámbito de la expresividad propia. El diseño no es únicamente un proceso ligado a la producción mecanizada, sino que es además un medio para transmitir ideas persuasivas, actitudes y valores sobre cómo son o deberían ser las cosas según los objetivos individuales, corporativos, institucionales o nacionales. Como canal de comunicación entre personas, ofrece una visión particular sobre el carácter y el pensamiento del diseñador y sobre sus creencias acerca de lo que es importante en la relación entre el objeto (solución de diseño), el usuario/consumidor, el proceso de diseño y la sociedad. En ese sentido, este libro no busca promover una sola idea unificadora de la teoría o de la ideología del diseño, sino destacar su naturaleza plural y la idea de que, históricamente, el diseño es un debate entre opiniones contrarias sobre temas como el papel de la tecnología y el proceso industrial, la primacía de lo útil, simple y accesible ante lo lujoso y exclusivo, y el papel de la función, la estética, el ornamento y el simbolismo en objetos prácticos para el uso cotidiano.

Aquí se presentan los conceptos, estilos, movimientos, diseñadores, escuelas, compañías e instituciones que han modelado el curso de la teoría y de la práctica del diseño, que han impulsado el desarrollo de formas novedosas, aplicaciones de materiales, medios y procesos técnicos, o que han influido en el gusto, la historia del estilo en las artes aplicadas y decorativas, y la cultura y la sociedad en general. Se incluyen los siguientes ámbitos de actividad: diseño de mobiliario, productos, textil, vidrio, cerámica, metal y diseño gráfico, con menciones específicas a la arquitectura y al interiorismo. Aunque hay una parte de diseño industrial, se dedicará otro manual, titulado *Diseño industrial*, a este amplio campo de estudio, que incluirá el diseño de transportes, militar, médico, deportivo, de industria pesada y de equipos de seguridad.

Este libro abarca principalmente el área geográfica de Europa y Norteamérica, con algunos países limítrofes. Aunque la amplitud del tema exige una selección, esperamos que las entradas escogidas sean lo más representativas posible de las múltiples tendencias de pensamiento y maneras de abordar el diseño en los últimos cien años. Las entradas se presentan alfabéticamente con remisiones en el texto realzadas en negrita, a fin de revelar las numerosas interrelaciones entre diseñadores, escuelas, fabricantes, movimientos y estilos. Un esquema temporal en las últimas páginas muestra la superposición histórica de estilos y movimientos. Por ello, si se hubieran escapado opiniones o muestras involuntarias de preferencia por alguna tendencia, esperamos que sean reconocidas como tales.

Destacando la naturaleza variada del diseño, otro objetivo de este libro es demostrar que las actitudes, ideas y valores que transmiten los diseñadores y fabricantes no son absolutos, sino condicionados y fluctuantes. Las soluciones de diseño son intrínsecamente efímeras, puesto que cambian las necesidades y preocupaciones de los diseñadores, los fabricantes y la sociedad. Quizá la razón más clara para la diversidad de diseños es de que, a pesar de la autoridad y del éxito de una solución de diseño particular, siempre hay una forma mejor de hacer las cosas.

# Catálogo

## D'Aalto à Zsolnay

Alvar Aalto · Eero Aarnio · AEG · Aesthetic Movement · Agitprop · Otl Aicher · Anni Albers · Josef Albers · Franco Albini · Don Albinson · Studio Alchimia · Alessi · Emilio Ambasz · Anti-Design · Ron Arad · Junichi Arai · André Arbus · Archizoom Associati · Art Deco · Art Nouveau · Artemide · Arts & Crafts Movement (GB y EE UU) · Charles Robert Ashbee · Erik Gunnar Asplund · Sergio Asti · Gae Aulenti · Avant-garde · Mackay Hugh Baillie Scott · Giacomo Balla · Ercole Barovier · Saul Bass · Helmut Bätzner · Bauhaus · Hans Theo Baumann · Herbert Bayer · BBPR · Aubrey Beardsley · Henry Beck · Peter Behrens · Mario Bellini · Ward Bennett · S.H. Benson's · Hendrik Petrus Berlage · Lucian Bernhard · Harry Bertoia · Fulvio Bianconi · Max Bill · Siegfried Bing · Biomorphism · Misha Black · Mariani Cini Boeri · Theodor Bogler · Osvaldo Borsani · Mario Botta · Marianne Brandt · Andrea Branzi · Braun · Marcel Breuer · Neville Brody · Carlo Bugatti · California New Wave · George Carwardine · A. M. Cassandre · Anna Castelli Ferrieri · Livio, Pier Giacomo & Achille Castiglioni · Wendell Castle · Don Chadwick · Pierre Chareau · Serge Ivan Chermayeff · Chermayeff & Geisman · Pietro Chiesa · Antonio Citterio · Clarice Cliff · Nigel Coates · Wells Coates · Luigi Colani · Gino Colombini · Joe Colombo · Compasso d'Oro · Terence Conran · Constructivism · Coop Himmelb(l)au · Hans Coper · Hans Coray · Corporate Identity · Craft Revival · Cranbrook Academy of Art · Walter Crane · Riccardo Dalisi · Darmstädter Künstlerkolonie · Daum Frères · Lucienne Day · Robin Day · Georges de Feure · Michele De Lucchi · William De Morgan · De Pas, D'Urbino & Lomazzi · De Stijl · Deconstructivism · Paolo Deganello · Christian Dell · Donald Deskey · Desny · Deutscher Werkbund · Erich Dieckmann · Niels Diffrient · Nanna Ditzel · Tom Dixon · Dresdener Werkstätten für Handwerkskunst · Christopher Dresser · Henry Dreyfuss · Nathalie du Pasquier · Raoul Dufy · Charles & Ray Eames · Charles Eastlake · Tom Eckersley · Otto Eckmann · École de Nancy · Egon Eiermann · Jan Eisenloeffel · Harvey Ellis · August Endell · Ergonomi Design Gruppen · L. M. Ericsson · Hartmut Esslinger · Willy Fleckhaus · Paul Follot · Piero Fornasetti · Norman Foster · Kaj Franck · Jean-Michel Frank · Josef Frank · Paul Theodore Frankl · Marguerite Friedlaender-Wildenhain · Frogdesign · Adrian Frutiger · Richard Buckminster Fuller · Functionalism · Futurism · Eugène Gaillard · Émile Gallé · Abram Games · Garouste & Bonetti · Malcolm Garrett · Antoni Gaudí i Cornet · Norman Bel Geddes · Frank O. Gehry · Gesamtkunstwerk · Eric Gill · Ernest Gimson · Stefano Giovannoni · Alexander Hayden Girard · Giorgetto Giugiaro · Milton Glaser · Glasgow School · Global Tools · Edward William Godwin · William Golden · Good Design · Kenneth Grange · Michael Graves · Eileen Gray · Green Design · Greene & Greene · Vittorio Gregotti · April Greiman · Walter Gropius · William H. Grueby · Gruppo Strum · Hans Gugelot · Guild of Handicraft · Hector Guimard · Werkstätten Hagenauer · Ambrose Heal · John Heartfield · Jean Heiberg · Poul Henningsen · Frederick Henri Kay Henrion · René Herbst · Herman Miller · High-Tech · Matthew Hilton · Hochschule für Gestaltung, Ulm · Josef Hoffmann · Hans Hollein · Victor Horta · Vilmos Huszár · Independant Group · Institute of Design, Chicago · International Style · Massimo Iosa Ghini · Paul Iribe · Maija Isola · Arata Isozaki · Johannes Itten · Arne Jacobsen · Jacob Jacobsen · Pierre Jeanneret · Charles A. Jencks · Georg Jensen · Jakob Jensen · Philip Johnson · Jugendstil · Finn Juhl · Wilhelm Kåge · Kartell · Edward McKnight Kauffer · Frederick Kiesler · King-Miranda · Rodney Kinsman · Toshiyuki Kita · Kitsch · Poul Kjaerholm · Kaare Klint · Knoll International · Archibald

Knox · Mogens Koch · Jakob & Josef Kohn · Jurriaan Jurriaan Kok · Henning Koppel · Yrjö Kukkapuro · Shiro Kuramata · René Lalique · Nils Landberg · Gerd Lange · Jack Lenor Larsen · Carl Larsson · Le Corbusier · Yonel Lébovici · Pierre-Émile Legrain · Jules-Émile Leleu · Liberty & Co. · Stig Lindberg · Otto Lindig · Vicke Lindstrand · El Lissitzky · Josep Lluscà · Loetz · Raymond Loewy · Adolf Loos · Ross Lovegrove · Wassili & Hans Luckhardt · Charles Rennie Mackintosh · Arthur Heygate Mackmurdo · Vico Magistretti · Louis Majorelle · John Makepeace · Kasimir Malevich · Robert Mallet-Stevens · Angelo Mangiarotti · Gerhard Marcks · Enzo Mari · Maurice Marinot · Javier Mariscal · Sven Markelius · Dino Martens · Bruno Mathsson · Herbert Matter · Ingo Maurer · Alberto Meda · Richard Meier · David Mellor · Memphis · Alessandro Mendini · MetaDesign · Ludwig Mies van der Rohe · Modern Movement · Moderne · Børge Mogensen · László Moholy-Nagy · Carlo Mollino · Monotype Corporation · William Morris · Jasper Morrison · Koloman Moser · Serge Mouille · Olivier Mourgue · Gabriele Mucchi · Alphonse Mucha · Bruno Munari · Peter Murdoch · Keith Murray · Museum of Modern Art · George Nakashima · George Nelson · Richard Neutra · Marc Newson · Marcello Nizzoli · Isamu Noguchi · Jean Nouvel · Novecento · Eliot Fette Noyes · Antti Nurmesniemi · Hermann Obrist · George Edgar Ohr · Josef Maria Olbrich · Olivetti · Omega Workshops · Organic Design · Jacobus Johannes Pieter Oud · Guiseppe Pagano · Sven Palmqvist · Bernhard Pankok · Verner Panton · Bruno Paul · Pierre Paulin · Dagobert Peche · PEL · Jorge Pensi · Pentagram · Charlotte Perriand · Gaetano Pesce · Giancarlo Piretti · Flavio Poli · Gio Ponti · Pop Design · Ferdinand Alexander Porsche · Post-Industrialism · Post-Modernism · Robert Propst · Jean Prouvé · Otto Prutscher · A.W.N. Pugin · Jean-Émile Puiforcat · (Nguyen Manhkhan'n) Quasar · Jens Quistgaard · Ernest Race · Radical Design · Dieter Rams · Omar Ramsden · Paul Rand · Heinz & Bodo Rasch · Rationalism (Italia) · Eric Ravilious · Lilly Reich · Lucie Rie · Richard Riemerschmid · Gerrit Thomas Rietveld · Jens Risom · Alexander Rodchenko · Gilbert Rohde · Charles Rohlfs · Aldo Rossi · François-Eugène Rousseau · Royal College of Art · Roycrofters Workshop · Jacques-Émile Ruhlmann · Gordon Russell · Eero Saarinen · Eliel Saarinen · Lino Sabattini · Richard Sapper · Timo Sarpaneva · Raymond Savignac · Carlo Scarpa · Tobia & Afra Scarpa · Xanti Schawinsky · Secession (Viena) · Semiotics · Gustave Serrurier-Bovy · Shaker · Peter Shire · Gustav Siegel · Jutta Sika · Silver Studio · Bořek Šípek · Peter & Alison Smithson · Ettore Sottsass · George Sowden · Mart Stam · Standardization · Philippe Starck · Varvara Stepanova · Gustav Stickley · Gunta Stölzl · Marianne Straub · Streamlining · Bill Stumpf · Nikolai Suetin · Gerald Summers · Superstudio · Surrealism · Swiss School · Martin Székély · Kazuhide Takahama · Roger Tallon · Vladimir Tatlin · Walter Dorwin Teague · Guiseppe Terragni · Michael Thonet · Matteo Thun · Louis Comfort Tiffany · Total Design · Jan Tschichold · Wolfgang Tümpel · Oscar Tusquets Blanca · Masanori Umeda · Josef Urban · Utility furniture · Henry van de Velde · Theo van Doesburg · Harold van Doren · Dirk Van Erp · Paolo Venini · Robert Venturi · Vereinigte Werkstätten für Kunst im Handwerk, Munich · Victoria & Albert Museum · Massimo Vignelli · Vitra · Vkhutemas · Charles F. A. Voysey · Wilhelm Wagenfeld · Otto Wagner · George Walton · Kem Weber · Hans Wegner · Bruno Weil · Daniel Weil · Wiener Werkstätte (Talleres vieneses) · Tapio Wirkkala · Frank Lloyd Wright · Russel Wright · Sori Yanagi · Marco Zanini · Marco Zanuso · Hermann Zapf · Eva Zeisel · Zsolnay

## Alvar Aalto

*Kuortane (Finlandia)*, 1898
*Helsinki*, 1976

Hugo Alvar Hendrik Aalto estudió arquitectura en Helsingin Teknilien Korkeakoulu (Helsinki) de 1916 a 1921. Durante los dos años siguientes, trabajó como diseñador de exposiciones y viajó mucho por Europa Central, Italia y Escandinavia. En 1923, creó su estudio de arquitectura en Jyväskyla y posteriormente se estableció en Turku (1927–1933) y Helsinki (1933–1976). En 1924, se casó con la diseñadora Aino Marsio (1894–1949), junto con la que realizó experimentos sobre la flexibilidad de la madera, investigación que, en los años treinta, le llevó a concebir sus revolucionarios diseños de sillas. En 1929, codiseñó una exposición para celebrar el 700 aniversario de Turku, su primera estructura moderna para una exhibición pública escandinava. Sus proyectos de arquitectura más célebres son su casa en Turku (1927), generalmente considerada como una de las primeras expresiones de la modernidad escandinava, la biblioteca de Viipuri (1927–1935), el sanatorio antituberculoso de Paimio (1929–1933) y el pabellón finlandés para la Exposición Universal de Nueva York (1939).
Después de utilizar preferentemente la madera laminada y el tablero de madera en 1929, Aalto empezó a investigar el revestimiento de chapa y los límites del contrachapado con Otto Korhonen, director técnico de una fábrica de muebles cerca de Turku. Esos experimentos dieron como resultado las sillas más innovadoras de Aalto, la *N.° 41* (1931–1932) y la silla en voladizo

◄◄ *Modelo n.° 3031*, jarrón *Savoy* para Karhula (posteriormente fabricado por Iittala), 1936

◄ *Modelo n.° 41*, silla *Paimio* para Huonekalu-ja Rakennustyötehdas (posteriormente fabricada por Artek), 1930–1931

▲ *Modelo n.° 31*, silla para Huonekalu-ja Rakennustyötehdas (posteriormente fabricada por Artek), 1930–1931

▲ *Modelo n.° 98*, carrito de té para Artek, 1935–1936

*N.° 31* (1932), ambas concebidas simultáneamente o como parte del proyecto del sanatorio de Paimio. Estos diseños mostraron a la vanguardia internacional la posibilidad de aplicar el tablero de madera y confirmaron a Aalto como uno de los diseñadores más notables del siglo XX. Gracias al éxito comercial de sus diseños de mobiliario, como los taburetes apilables con patas en *L* (1933), Aalto y su esposa fundaron la fábrica Artek en 1935. Aalto pensaba que su aportación más significativa al diseño de muebles había sido solucionar el viejo problema de conexión entre elementos verticales y horizontales. Su solución de madera alabeada, desarrollada conjuntamente con Korhonen y que Aalto cualificaba de «hermana pequeña de la columna arquitectónica», permitió que las patas se sujetaran directamente a la parte inferior de la silla sin necesidad de utilizar ninguna estructura o soporte adicional. Esta técnica innovadora dio origen a las series de mobiliario *L-leg* (patas en L) (1932–1933), *Y-leg* (patas en Y) (1946–1947) y *fan-leg* (patas en abanico) (1954).

Los diseños de Aalto se caracterizan principalmente por el uso de formas orgánicas, como su famoso jarrón *Savoy* de 1936. Titulado en un primer momento «Eskimoerindens skinnbuxa» (pantalones de piel de mujer esqui-

▲ *Modelo n.° 60*, taburetes para Huonekalu-ja Rakennustyötehdas (posteriormente fabricados por Artek), 1933

► Taburetes *Y-leg* para Artek, 1946–1947

mal) y fabricado por Iittala, el jarrón *Savoy* parece inspirarse en las costas de los fiordos de su Finlandia natal. Aalto estaba convencido de que el diseño debía humanizarse y rechazaba los materiales artificiales como el tubo metálico, que, en su opinión, no satisfacían a la condición humana.

El trabajo de Aalto fue muy bien acogido en Gran Bretaña y América durante los años treinta y cuarenta y, como uno de los padres fundadores del **diseño orgánico**, su filosofía tuvo una gran influencia en diseñadores de la posguerra como **Charles** y **Ray Eames**. Contrario a la alienante estética de la máquina y al enfoque rígido y racionalista del **movimiento moderno**, Aalto afirmó: «El mejor comité de estandarización del mundo es la misma naturaleza, pero en la naturaleza la estandarización tiene lugar principalmente en las unidades lo más pequeñas posibles, en las células. El resultado son millones de combinaciones flexibles en las que nunca podemos hallar el estereotipo.» (Andrei Gozak, *Alvar Aalto vs. the Modern Movement*, Helsinki, 1981, pág. 78).

Aalto creía que el diseño no debía únicamente reconocer las exigencias funcionales, sino que también había de plantear las necesidades psicológicas del usuario, y que la mejor manera de conseguirlo era utilizando materiales naturales, especialmente la madera, que describía como «un material profundamente humano, inspirador de formas» (Göran Schildt, *Alvar Aalto Sketches*, Cambridge, Mass., 1987, pág. 77). Los pioneros diseños orgánicos de Aalto proporcionaron un nuevo vocabulario formal a la vez que representaron elocuentemente para el gran público la cara amable de la modernidad.

En 1952, Aalto se casó con la arquitecta Elissa Mäkiniemi, con quien colaboró hasta su muerte. El **Museum of Modern Art** de Nueva York conmemoró la obra y la vida de Aalto en tres exposiciones realizadas en 1938, 1984 y 1997.

▼ *Modelos n.° X601* y *X600*, taburetes *fan-leg* para Artek, 1954

▲ Silla *Ball* o *Globe*
para Asko, 1963–1965

## Eero Aarnio

*Helsinki*, 1932

Eero Aarnio estudió en el Instituto de Artes Industriales de Helsinki, donde se licenció en 1957. Fundó su estudio de diseño en 1962 y desde entonces ha trabajado principalmente como interiorista y diseñador industrial, si bien también ha dedicado parte de su tiempo a la fotografía y al diseño gráfico. Inicialmente, sus diseños de muebles adoptaron materiales naturales y una técnica artesanal, como su taburete de mimbre *Jattujakkare*. Durante los años sesenta, empezó a experimentar con fibra de vidrio, realizando sus series más conocidas, como la silla *Ball* o *Globe* (1963–1965) y la silla *Pastille* (1967–1968), por las que ganó el premio ADI (Associazione per il Disegno Industriale) en 1968. Sus soluciones atrevidas e iconoclastas, entre las que cabe destacar igualmente la silla colgante de plexiglás *Burbuja* (1968), captaron el espíritu de los años sesenta con sus formas espaciales visualmente provocativas. Sin embargo, Aarnio no adoptó los valores efímeros y perecederos de la cultura pop. Sus diseños son a la vez personales e internacionales y conservan la característica preocupación escandinava por la calidad y la durabilidad. Aarnio anhela con optimismo que llegue el momento en que «el enfoque personal del pasado y la industria robótica del futuro se den de la mano» (A. Lee Morgan, *Contemporary Designers*, Londres, 1985, pág. 10).

▲ Silla *Pastille* para Asko, 1967–1968

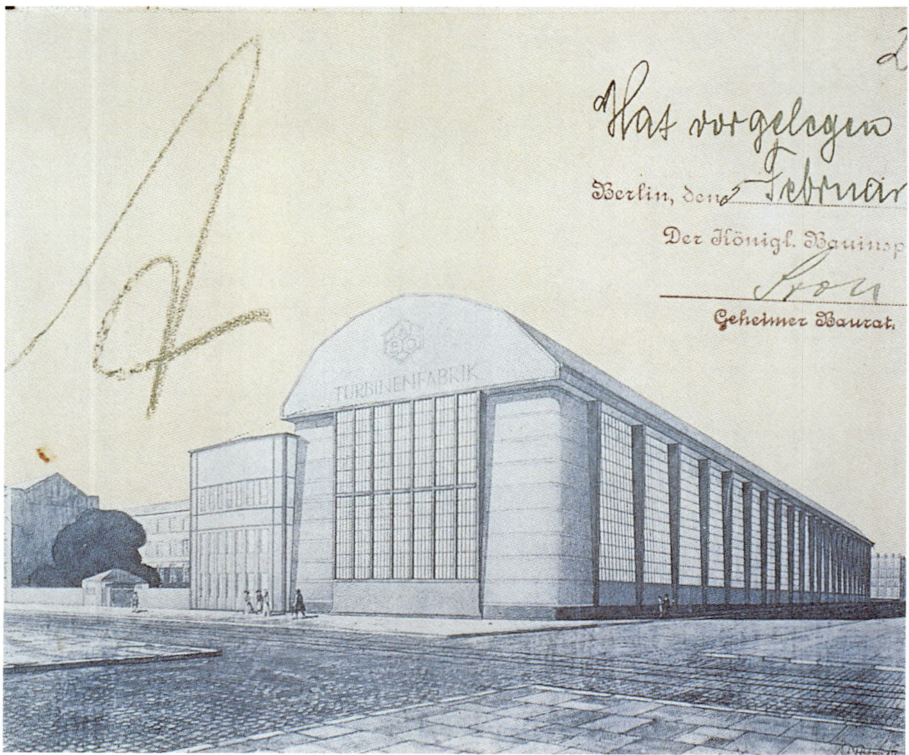


## AEG

Fundada en 1883
*Berlín*

Tras descubrir la bombilla de Thomas Edison en la Exposición Internacional de Electricidad en París (1881), Emil Rathenau (1838–1915) adquirió la patente y en 1883 fundó la Deutsche Edison Gesellschaft (compañía alemana de electricidad aplicada Edison), conocida como DEG, y posteriormente denominada Allgemeine Elektricitäts Gesellschaft o AEG. Rathenau encargó al diseñador del Jugendstil **Otto Eckmann** que diseñara su catálogo para la Exposition Universelle de París.

En 1907, AEG nombró jefe de diseño al arquitecto y diseñador **Peter Behrens**, proponiéndole que diseñara la primera identidad corporativa plenamente integrada de la compañía. Behrens no sólo cambió el logotipo de AEG sino que diseñó una serie unificada de objetos eléctricos, como teteras, relojes y ventiladores, así como los edificios industriales necesarios para su fabricación.

El ingeniero de producción de AEG, Michael von Dolivo-Dobrowolsky, se dio cuenta de que la clave para la fabricación en serie de productos de alta

▲ **Peter Behrens**, diseño de la nave de turbinas para la AEG en Berlín, 1908

► **Peter Behrens**, lámparas para AEG, aprox. 1908

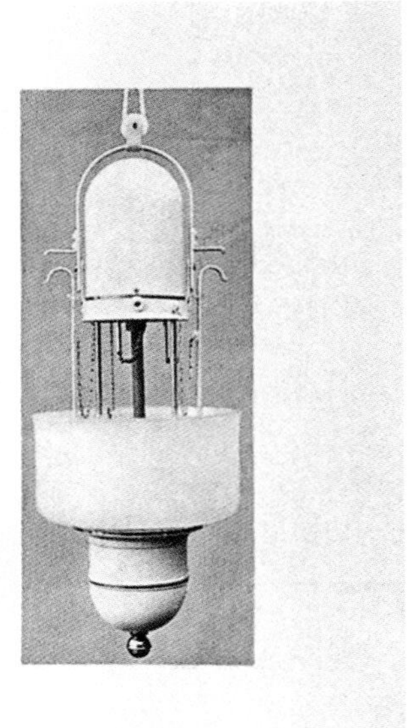

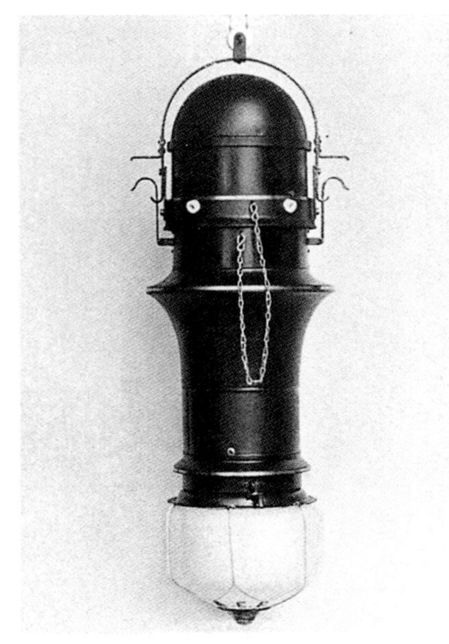

▲ **Peter Behrens**, folleto publicitario de teteras AEG, aprox. 1910

calidad residía en la estandarización de componentes intercambiables, que permitieran su uso en diferentes productos. Este tipo de estandarización de productos y los modernos métodos de fabricación empleados en AEG reflejaban los ideales de la **Deutscher Werkbund**, cofundada por Behrens en 1907.

Actualmente, AEG es una gran compañía industrial dedicada al diseño, conocida ante todo por sus electrodomésticos de línea blanca y sus productos eléctricos.

► **Peter Behrens**, tetera eléctrica para AEG, 1909

## Aesthetic Movement

### Movimiento estético

*Gran Bretaña*

▾ **Thomas Jeckyll**, *Girasol de hierro* para Barnard, Bishop & Barnard, aprox. 1880

El movimiento estético derivó de un movimiento artístico anterior en Gran Bretaña, que combinaba el renovado interés por los estilos gótico y Reina Ana. Esos estilos anteriores, recreados entre otros por Bruce Talbert (1838–1881) y Thomas Jeckyll (1827–1881), adoptaban influencias orientales para crear un estilo híbrido anglo-oriental. Inspirándose en los grabados japoneses así como en los objetos orientales y de Oriente Medio importados por compañías como **Liberty & Co.**, los diseñadores del movimiento estético, como **E. W. Godwin** y **Christopher Dresser**, pretendían reformar el diseño adoptando líneas puras y claras. El esteticismo se convirtió en un «estilo de vida» para las clases medias progresistas, como aquellas que vivían en Bedford Park, al oeste de Londres, y Liberty & Co. diseminó el estilo con su mobiliario doméstico así como con la comercialización de vestidos largos y holgados para las mujeres. La «Peacock Room» de James Abbot McNeill Whistler (1804–1903) y Thomas Jeckyll para la residencia londinense de F. R. Leyland (1876–1877) —actualmente en la Freer Gallery de Washington— representa el lado más exótico del movimiento estético. Los mayores defensores del esteticismo fueron sin duda Oscar Wilde (1854–1900) y **Aubrey Beardsley**, quienes exaltaron la doctrina del «arte por el arte» en la vertiginosa época del *fin-de-siècle*. El movimiento estético, cuyo símbolo era un motivo de girasol, también se manifestó en Estados Unidos, especialmente en la obra de los hermanos Herter y de **Louis Comfort Tiffany**, y en Francia en la producción de **François-Eugène Rousseau**. El movimiento estético ejerció cierta influencia en dos movimientos de diseño muy diferentes entre sí: el **Art Nouveau**, por su uso de motivos inspirados en la naturaleza, y el movimiento moderno, por su adopción de formas abstractas japonesas.

▼ Armario de ébano, década de 1870

▸ **Sergei Vasilievich Chekhonin**, plato de propaganda para la Fábrica Estatal de Porcelana de Petrogrado, 1919

## Agitprop

*Rusia*

«Agitprop» proviene del ruso *agitatsiya propaganda* —«propaganda de agitación»— propuesto por Vladimir I. Lenin como un aspecto de la doctrina comunista en el que se unían las estrategias de agitación y propaganda para lograr la victoria política. La agitación se definía como el uso de eslóganes políticos y medias verdades para incitar a las masas a enfrentarse a la injusticia, mientras que la propaganda se distinguía como la promoción de argumentos históricos y científicos para ejercer un dominio político sobre los intelectuales. Tras la Revolución Rusa en 1917, el Partido Comunista creó el *Agitprobyuro* (Oficina de Agitación y Propaganda) para el desarrollo del arte y el diseño soviético subvencionado por el Estado, luego conocido como Agitprop. Utilizando imágenes prerrevolucionarias, diseñadores como Sergei Vasilievich Chekhonin (1878–1936), **Kasimir Malevich**, Maria Vasilievna Lebedeva (1895–1942) y Nikolai Suetin decoraban porcelana con eslóganes y motivos propios de carteles y manifestaciones políticas. En el primer aniversario de la Revolución, Natan Altman (1889–1970) proyectó edificios y monumentos futuristas Agitprop en la plaza Uritskii de San Petersburgo. En 1919, Vasilii Ermilov (1884–1968) participó en varios proyectos Agitprop de carteles, decoración de trenes e interiores de bares. El Agitprop pretendía obtener el apoyo popular para la Revolución y sus esquemas grandilocuentes, como la famosa estructura constructivista de **Vladimir Tatlin**, *Pamiatnik III emu Internatsionalu* (monumento a la Tercera Internacional), de 1919–1920, en Petrogrado, reflejaban el deseo de un nuevo orden mundial.

## Otl Aicher

*Ulm (Alemania)*, 1922
*Rotis (Alemania)*, 1991

Otl Aicher estudió escultura en la Akademie der Bildenden Künste (Múnich) de 1946 a 1947 antes de crear su estudio como grafista en Ulm en 1948, que posteriormente trasladó a Múnich en 1967 y a Rotis (Allgäu) en 1972. En los años cincuenta, junto a **Hans Gugelot** y **Dieter Rams**, Aicher formuló una estética coherente y racional para Braun. De 1949 a 1954, participó en la fundación y desarrollo de la **Hochschule für Gestaltung, Ulm**, la escuela de diseño alemana más influyente de la posguerra. En 1952, se casó con una cofundadora de la escuela, Inge Scholl, y de 1954 a 1965 fue profesor del departamento de comunicación visual de Ulm y profesor visitante de la Yale University. De 1962 a 1964, se hizo cargo de la dirección de la Hochschule für Gestaltung. Sus escritos y enseñanzas sobre teoría del diseño destacaban por su fomento de los ideales utópicos, que desembocaron en el movimiento de **diseño radical**. Aunque Aicher trabajó principalmente como diseñador de identidades corporativas, es más conocido por el diseño gráfico de los Juegos Olímpicos de Múnich de 1972, en el que incorporó un sistema de pictogramas universalmente reconocibles.

▲ Pictogramas diseñados para los Juegos Olímpicos de Múnich, 1972

## Anni Albers

*Berlín*, 1899
*Orange (Connecticut)*, 1994

De 1916 a 1919, Anni Fleischmann estudió diseño con Martin Branderburg en Berlín y, posteriormente, de 1919 a 1920, fue alumna de la Kunstgewerbeschule de Hamburgo. Se matriculó en la Bauhaus y a partir de 1922 se formó como diseñadora textil con Georg Muche (1895–1987), **Gunta Stölzl** y Paul Klee (1879–1940). En 1929–1930, se inició como profesora en los talleres textiles de la Bauhaus de Weimar y más tarde en Dessau, y fue la primera diseñadora textil que trabajó con celofán. En 1925, se casó con el artista y diseñador alemán **Josef Albers**, que aquel mismo año fue profesor del curso preparatorio de la Bauhaus. En 1933, el matrimonio emigró a Estados Unidos, donde, de 1933 a 1949, Anni Albers fue profesora de arte en el Black Mountain College (Carolina del Norte). También trabajó como diseñadora textil independiente con obras tejidas a mano y a máquina. Según Albers, la manufactura de alta calidad y la organización rigurosa de la forma harían posible un arte moderno estéticamente agradable y con un atractivo intemporal. Diseñó series de tejidos abstractos y geométricos que subrayaban las cualidades de textura del material para **Knoll International** desde 1959 y para Sunar desde 1978. En 1961, Anni Albers obtuvo la medalla de oro de artesanía del American Institute of Architects.

◂ *Tapiz n.° 175*, 1925

## Josef Albers

*Bottrop (Alemania)*, 1888
*New Haven (Connecticut)*, 1976

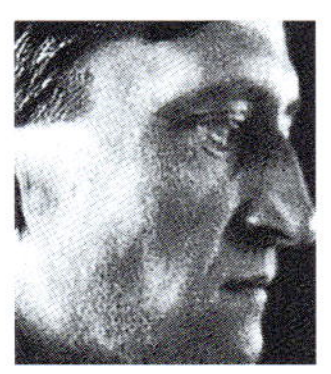

Josef Albers se formó inicialmente como profesor de escuela y trabajó en Westfalia de 1905 a 1913. Posteriormente estudió en la Königliche Kunstschule (Berlín) de 1913 a 1915 y con Jan Thorn-Prikker en la Kunstgewerbeschule (Essen), donde ejerció de profesor durante tres años. De 1919 a 1920, asistió a la Akademie der Bildenden Künste (Múnich), y de 1920 a 1933 fue alumno y profesor de la **Bauhaus** en Weimar y Dessau. Tras finalizar el curso preliminar en 1921, contribuyó a crear el taller de vidrio pintado de la escuela, de la que fue director desde 1923. Albers también fue profesor del curso preliminar del Bauhaus y en 1925 fue el primer estudiante que obtuvo el máster. Aquel mismo año, Albers se casó con la diseñadora textil Anni Fleischmann, y en 1928 fue nombrado director del taller de carpintería de la Bauhaus. Cuando los nazis clausuraron la Bauhaus en 1933, emigró a Estados Unidos, donde fue profesor del Black Mountain College (Carolina del Norte) durante los dieciséis años siguientes. De 1950 a 1960, fue director de departamento de diseño de la Yale University (New Haven) y, de 1953 a 1954, profesor visitante de la **Hochschule für Gestaltung, Ulm**. Aunque su obra era a veces ecléctica, se caracterizaba fundamentalmente por formas abstractas y geométricas simplificadas y un uso minimalista de los materiales.

▲ Taza de té de Jenaer Glaswerke Schott & Gen., y fábrica de porcelana Meissen para la Bauhaus de Dessau, 1926

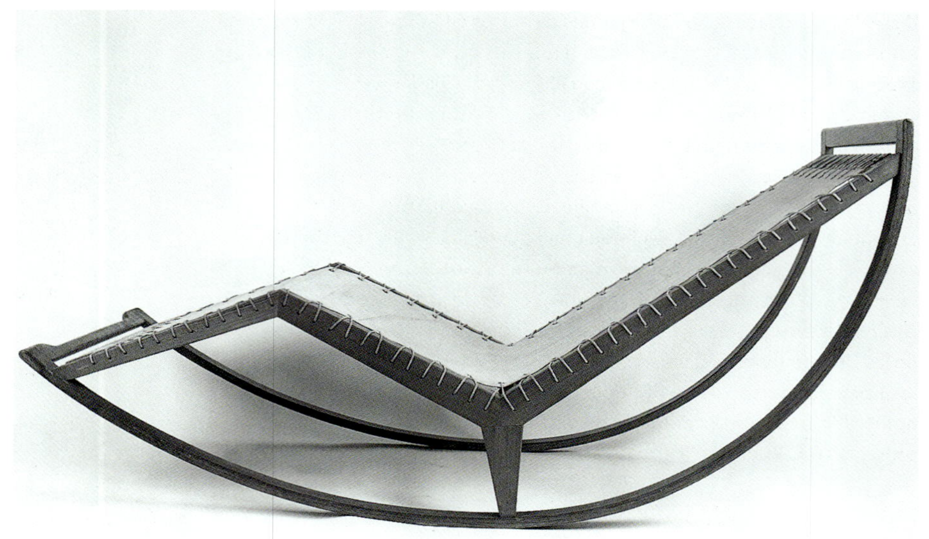

## Franco Albini

*Robbiate (Italia)*, 1905
*Milán*, 1977

Franco Albini estudió arquitectura en el Politecnico di Milano, donde se licenció en 1929. Trabajó en el estudio de **Gio Ponti** hasta 1930, año en que conoció al racionalista Edoardo Persico (1900–1936). Ese mismo año, fundó su estudio de diseño y arquitectura, al que luego se le unieron otros tres socios: Franca Helg (1920–1989), Antonio Piva (nacido en 1936) y su hijo Marco Albini (nacido en 1940), en 1952, 1962 y 1965 respectivamente. Sus influyentes estanterías suspendidas de 1940, símbolo del **racionalismo** italiano, fueron innovadoras porque podían funcionar como mamparas. Albini no es sólo apreciado por sus diseños interiores, sino también por su trabajo como urbanista, que le ha convertido en uno de los racionalistas italianos más destacados. De 1945 a 1946 editó *Casabella* y de 1963 a 1977 fue profesor de composición arquitectónica en el Politecnico di Milano. Obtuvo el premio **Compasso d'Oro** en 1955, 1958 y 1964. Los diseños de Albini poseen una lógica interior, tanto por su estructura como por sus métodos y fabricación. Sus sillas de mimbre y caña, diseñadas en colaboración con Helg en los años cincuenta, exhiben asimismo una notable sensibilidad hacia los materiales. En 1962, junto a Helg y Bob Noorda (1927–2010), Albini rediseñó el mobiliario y las instalaciones del metro de Milán.

▲ *Modelo n.° PS16*, balancín para Carlo Poggi, 1956

## Don Albinson

*Sparta (Michigan)*, 1915
*Minneapolis (Minnesota)*, 2008

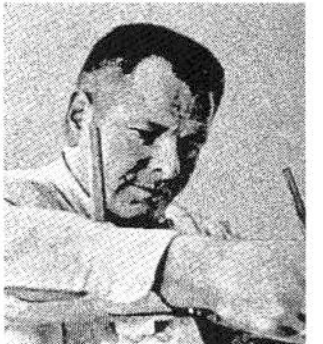

Don Albinson estudió en Suecia antes de asistir a la **Cranbrook Academy of Art** (Michigan) y a la Yale University (New Haven). En Cranbrook, cursó la especialidad de diseño industrial con el profesor **Charles Eames**. En 1946, empezó a trabajar en el estudio de Eames, donde colaboró en el desarrollo de la serie de sillas de tablero de madera de Charles y Ray Eames. Durante un período de seis meses vivió en Los Ángeles en el apartamento de los Eames, que le trataron como a un hijo. Como miembro significativo del estudio de los Eames, Albinson fue una figura esencial en el desarrollo de varios muebles creados para **Herman Miller**, especialmente las sillas *Aluminium Group*, de 1958. Una de las mejores cualidades de Albinson es su conocimiento de los procesos de producción e ingeniería, y a él se deben muchas de las innovaciones técnicas y de diseño de los muebles desarrollados por los Eames. Albinson dejó el estudio de los Eames hacia 1959, y en 1964 fue nombrado director de desarrollo de diseño de **Knoll International**. Su primer proyecto para Knoll fue la silla de aluminio y polipropileno *Albinson*, de 1965.

◄ *Modelo n.° 1601*, sillas apilables *Albinson* para Knoll International, 1965

## Studio Alchimia

Fundado en 1976
*Milán*

▲ Colecciones *Olli* y *Soli*, 1988

► Armario de la serie *Mobile Infinito* (tiradores de Ugo la Pietra, patas de Denis Santachiara, figuras de Andrea Branzi, banderas de Kazuko Sato y decoraciones magnéticas de Francesco Clemente, Sandro Chia y Enzo Cucchi, entre otros), 1981

El arquitecto Alessandro Guerriero (nacido en 1943) fundó Studio Alchimia en 1976, inicialmente como galería de arte para exponer obras experimentales no sometidas a las limitaciones creativas de la producción industrial. La alusión del estudio a la alquimia era una burla intencionada a la racionalidad científica del movimiento moderno. Alchimia se convirtió en un influyente estudio de diseño en el que colaboraron **Ettore Sottsass**, **Alessandro Mendini**, **Andrea Branzi**, Paola Navone (nacida en 1950) y **Michele De Lucchi**, entre otros. Las colecciones irónicamente tituladas *Bau.Haus 1* y *Bau.Haus 2*, de 1978 y 1979 respectivamente, se inspiraron en la cultura popular y, en última instancia, en el **Kitsch**. Durante los años ochenta, Mendini fue el mejor exponente del estudio y sus rediseños de muebles clásicos, como la silla *Superleggera* de **Gio Ponti** y la silla *Wassily* de **Marcel Breuer**, ridiculizaban las pretensiones del **buen diseño** y, por consiguiente, del buen gusto.

La serie *Mobile Infinito* de 1981, obra de Mendini, permitía al usuario alterar la posición de los elementos decorativos aplicados, facilitando así una interacción creativa. Los diseños de Studio Alchimia —con connotaciones políticas, elitistas y conscientemente intelectuales— fueron decisivos para la segunda ola del **diseño radical**, que culminó con la popularización del **antidiseño** en los años ochenta.

◂ **Alessandro Mendini y Giorgio Gregori**, jarrón *Manici* de Zabro para Alchimia, 1984

▴ **Alessandro Mendini,** silla *Scivolando* de Gavina para Alchimia, 1983

## Alessi

Fundada en 1921
*Omegna (Italia)*

Giovanni Alessi fundó FAO (Fratelli Alessi Omegna) en Omegna (Italia) en 1921. Hacia 1935, el hijo de Alessi, Carlo (1916–2009), empezó a trabajar como diseñador de la compañía, período durante el que la empresa pasó de elaborar productos artesanales a una organización más industrial. En 1945, año en que diseñó el juego de café *Bombé*, Carlo Alessi fue nombrado director general. Debido a la escasez de plata niquelada y latón durante la posguerra, Alessi empezó a utilizar acero inoxidable y, para ganar en competitividad, encargó sus productos a diseñadores conocidos. A finales de los setenta, bajo la presidencia de Carlo, la compañía empezó a producir ediciones limitadas y firmadas por arquitectos y diseñadores de talla internacional como **Ettore Sottsass** y **Richard Sapper**. En 1983, se creó una nueva marca, Alessi Officina, para productos de diseño experimental. Así, en 1983, el hijo de Carlo, Alberto, inició el proyecto *Tea and Coffee Piazza*, en el que once arquitectos —entre los que figuraban **Michael Graves**, **Robert Venturi**, **Aldo Rossi**, **Hans Hollein** y **Richard Meier**— diseñaron ediciones limitadas de juegos de café y té. Este proyecto de «arquitectura en miniatura» aportó a Alessi el reconocimiento internacional y garantizó la posición de la compañía como uno de los exponentes más destacados del **posmodernismo** de los años ochenta.

▲ **Michael Graves**, tetera, azucarera y jarrita de leche para Alessi, 1985

## Emilio Ambasz

*Resistencia (Argentina)*, 1943

Emilio Ambasz estudió arquitectura en la Princeton University, donde obtuvo un máster en Bellas Artes en 1966. En 1967 fue profesor de esa universidad y, un año más tarde, de la **Hochschule für Gestaltung, Ulm** antes de volver a Princeton para ocupar una cátedra. En 1967, cofundó el vanguardista Institute of Architecture and Urban Studies de Nueva York. De 1970 a 1976, fue comisario de diseño del **Museum of Modern Art** de Nueva York, donde en 1972 organizó la innovadora exposición «Italy: The New Domestic Lanscape». Posteriormente, en 1977, fundó su estudio de diseño, Emilio Ambasz & Associates, y en 1981 el Emilio Ambasz Design Group, ambos en Nueva York. Aunque la reputación internacional de Ambasz se deriva principalmente de sus enseñanzas y escritos sobre diseño, también es conocido por sus notables diseños de lámparas y sillas, como los destacados sistemas *Vertebra* (1977) y *Dorsal* (1981) y la serie de lámparas *Logotec* (1981). Entre sus proyectos de arquitectura, cabe destacar el Centro de Investigación y Programación de Informática Aplicada en Las Promesas (México, 1975), el Grand Rapids Art Museum (Michigan, 1975), el Museum of American Folk Art (Nueva York, 1980) y el San Antonio Botanical Garden Conservatory (Tejas, 1982). Ambasz cree que el diseño no debe únicamente cumplir exigencias funcionales sino que, además, ha de adoptar una forma poética para satisfacer las necesidades metafísicas del hombre, una filosofía sin duda influida por **Charles Rennie Mackintosh**, entre otros. Según Ambasz, las diferencias inherentes entre el diseño americano y europeo son el resultado de dos visiones históricas contrastadas: «La eterna búsqueda de Europa es la Utopía, el mito del final. El mito recurrente de América es Arcadia, el eterno principio.» (Ann Lee Morgan, *Contemporary Designers*, Londres, 1985, pág. 25). En su opinión, los diseñadores deben aprender a reconciliar el pasado y el futuro en su trabajo y deberían dar «forma poética a lo pragmático» *(ib.)*

▼ **Emilio Ambasz y Giancarlo Piretti**, butaca de oficina *Vertebra* para Castelli y Krueg, 1977

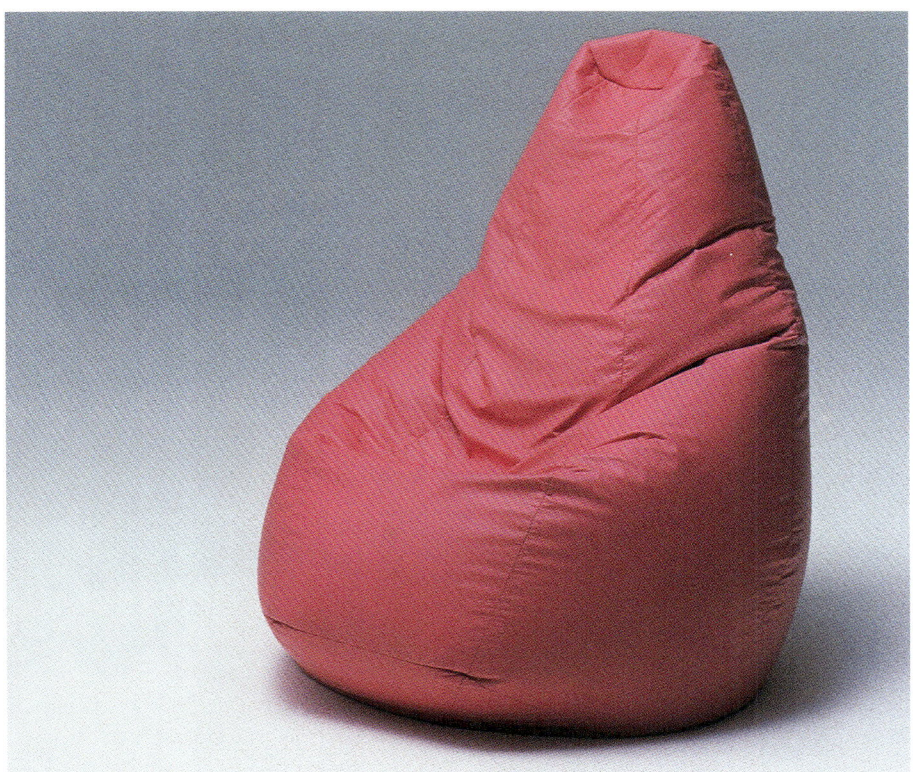

Rechazando los preceptos racionales del **movimiento moderno**, el antidiseño pretende validar la expresión creativa individual a través del diseño. El surrealismo fue uno de los ejemplos conscientes del antidiseño e influyó en el estilo barroco turinés de los diseñadores antiracionalistas de los años cuarenta como **Carlo Mollino**. Sin embargo, el antidiseño no se convirtió en una fuerza de **vanguardia** hasta finales de los sesenta, cuando se formaron varios grupos de **diseño radical** en Italia. Esos grupos, como **Archizoom**, **Superstudio**, UFO, **Gruppo Strum** y 9999, consideraban que la modernidad ya no estaba en sintonía con la vanguardia y que había dejado de ser una fuerza cultural impulsora, sometida a los intereses industriales en una estratagema descaradamente comercial y consumista.
Extremadamente crítico con la tecnología avanzada y el consumismo, el movimiento del antidiseño defendía el «diseño de evasión» y, mediante proyecciones provocadoras como las superestructuras de Superstudio o la

## Anti-Design

### Antidiseño

▲ **Piero Gatti, Cesare Paolini y Franco Teodoro**, *Sacco*, 1968

◄ **Guido Drocco y Franco Mello**, perchero *Cactus* para Gufram, 1972

▲ **Alessandro Mendini**, sofá *Kandinsky* para Studio Alchimia, 1978

obra *No-Stop City* de Archizoom, intentaba demostrar lo absurdo del racionalismo cuando se llevaba al límite. En 1974, se fundó oficialmente **Global Tools**, una escuela de antiarquitectura y diseño, para explorar técnicas simples y no industriales en un intento de promover la creación individual. Un año más tarde se disolvió, marcando el final de la primera fase del antidiseño de los años setenta. En aquel momento, muchos diseñadores vinculados al movimiento, como **Alessandro Mendini** y Ugo La Pietra (nacido en 1938), pensaron que el antidiseño radical no tenía ningún futuro. Al cabo de tres años, sin embargo, otros diseñadores de **Studio Alchimia** retomaron la cruzada del antidiseño y rechazaron el conservadurismo dominante de mediados de los setenta para intentar devolver espontaneidad, creatividad y significado al diseño.

En Studio Alchimia, las preocupaciones funcionales fueron suplantadas por el contenido político, las citas irónicas de la cultura de masas y las alusiones conocidas a los estilos del pasado. Studio Alchimia afirmaba que «hoy día es necesario que los objetos distantes, muy distantes, se sitúen entre los hombres y en el mundo como símbolos de nuestra vocación por la magia del pensamiento, como salvavidas en el mar tempestuoso de la modernidad. Objetos paradójicos, únicos, aislados, completos y autodefinidos».

A principios de los ochenta, con la aparición de **Memphis** en Italia y con críticos de la modernidad americanos, como **Charles Jencks**, que reclamaban «elementos híbridos y no puros... vitalidad desorganizada más que indiscutible unidad» (M. Collins y A. Papadakis, *Post-Modern Design*, Londres, 1989, pág. 49), el antidiseño, con su liberadora teoría de la decoración por la decoración, evolucionó hacia un estilo internacional reconocible, el **posmodernismo**. Durante el boom de los ochenta, el antidiseño se adentró en el diseño convencional, ya que la mayoría de los usuarios anteponían el caché del diseñador a otras consideraciones.

► **Alessandro Mendini**, silla/mesa *Zabro* para Zanotta, 1984

## Ron Arad

*Tel Aviv*, 1951

Ron Arad realizó sus estudios en la Academia de Arte de Jerusalén de 1971 a 1973 antes de trasladarse a Londres para estudiar en la Architectural Association con Peter Cook. Después de licenciarse en 1979, trabajó por un corto espacio de tiempo en un estudio de arquitectura antes de crear su propio estudio/galería de arquitectura y diseño, One Off. Inicialmente situado en Covent Garden (y más tarde en Chalk Farm, Londres), One Off fue un foro para la exposición de sus diseños de muebles, así como los de otros diseñadores británicos de vanguardia, como **Tom Dixon** y Danny Lane (nacido en 1955).

Sus primeros muebles, como la silla *Rover* (1981), combinaban materiales asociados al estilo **High Tech**, como por ejemplo maderas de andamiajes, con *objets trouvés* para producir poéticas «confecciones» postindustriales. Sus diseños de acero ligero de finales de los ochenta, como la serie *Big Easy* (1988–1989), eran menos «improvisados» en su construcción y utilizaban técnicas intensivas de mano de obra, por lo que eran muy caros de producir. Deliberadamente alejados de los objetos producidos en serie, sus diseños, considerados «muebles artísticos», le valieron la reputación internacional con la que captó la atención de los fabricantes establecidos. Aunque es más conocido por sus muebles, Arad ha realizado importantes proyectos de interiorismo, como el vestíbulo de la Ópera de Tel-Aviv (1990). Durante los años noventa, llevó a cabo algunos de sus diseños comerciales más logrados, como la estantería *Bookworm* (1997), de la que **Kartell** ha producido cerca de 1.000 kilómetros. Otros recientes proyectos novedosos son su silla de aluminio construida al vacío *Tom Vac* (1998) y su silla *Fantastic Plastic Elastic* (1998) para Kartell.

▼ Silla apilable *Tom Vac* (prototipo), 1997

▲ Silla *Little Heavy* para
One Off, 1989

◄ Tejido *Melted Off Contour*, 1958 (producido por Nuno Corporation a partir de 1988)

## Junichi Arai

*Kiryu (Gunma, Japón)*, 1932
*Kiryu (Gunma, Japón)*, 2017

Junichi Arai ha desarrollado algunos de los tejidos técnicamente más interesantes y experimentales de los años ochenta y noventa. Inicialmente, trabajó con tejidos muy texturados y con una amplia gama de materiales poco corrientes, como celuloide, cinta adhesiva de aluminio y filamentos metálicos. Más tarde, se centró en diseños más tecnológicos utilizando diferentes materiales y procesos de tecnología punta, como el tejido *Nuno me Gara* (estampado tejido) de 1983. Para lograr este diseño de Jacquard, Arai dispuso y fotocopió franjas arrugadas de ropa de diferentes tejidos y luego escaneó el estampado resultante. Otros tejidos, como *Melted Off Contour*, diseñado en 1958, pero que no llegó a producirse hasta al cabo de treinta años, son igualmente novedosos. En este caso, utilizó un proceso patentado de chapado de película de poliéster al vacío con aluminio, y disolvió posteriormente la capa de aluminio en una ligera solución de metal alcalino para producir un sutil estampado de curvas. Desde que clausuró su compañía Anthologie en 1987, Arai ha trabajado como diseñador independiente y ha comercializado su obra en su tienda de Tokio, Nuno. También ha realizado diseños textiles para Issey Miyake y Comme des Garçons, entre otros.

## André Arbus

*Toulouse*, 1903
*París*, 1969

André Arbus estudió en la École des Beaux-Arts (Toulouse) y trabajó en el taller de carpintería de su padre y su abuelo. A partir de 1925, fue miembro de la Societé des Artistes Décorateurs y expuso en su Salón así como en el Salon d'Automne. También mostró su trabajo en la Exposition Internationale des Arts Décoratifs et Industriels Modernes celebrada en París en 1925. En 1930, fundó su galería, Époque, en París y dos años más tarde se instaló permanentemente en esta ciudad. Sus diseños de muebles e interiores, al igual que los de sus contemporáneos **Jacques-Émile Ruhlmann** y **Jules-Émile Leleu**, seguían el estilo **Art Déco** e incorporaban materiales lujosos y maderas exóticas. Aunque algunos de sus diseños incluyan motivos pintados por Marc Saint-Saëns, la obra de Arbus confiaba en la pureza de la línea. En 1926, Arbus proyectó una sala de espera para el trasatlántico *Île-de-France* y hacia 1935 fundó un departamento de interiorismo, Les Beaux Métiers, en el Palais de la Nouveauté. En 1937 expuso un interior de estilo **Moderne** en la «Exposition Internationale des Arts et Techniques dans la Vie Moderne» en París. Desde finales de los años treinta, Arbus retomó la arquitectura, siendo el Ministerio de Agricultura de París (1937) su encargo más significativo. También diseñó algunos interiores para otros tres trasatlánticos, el *Bretagne*, el *Provence* y el *France*, y un puente en Martigues en 1961.

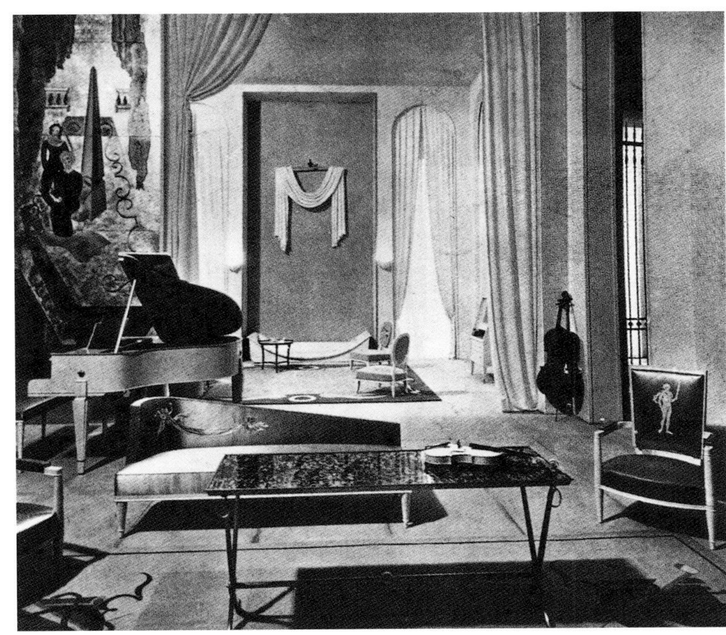

► Sala de música diseñada para la «Exposition des Arts et Techniques dans la Vie Moderne» en París, 1937

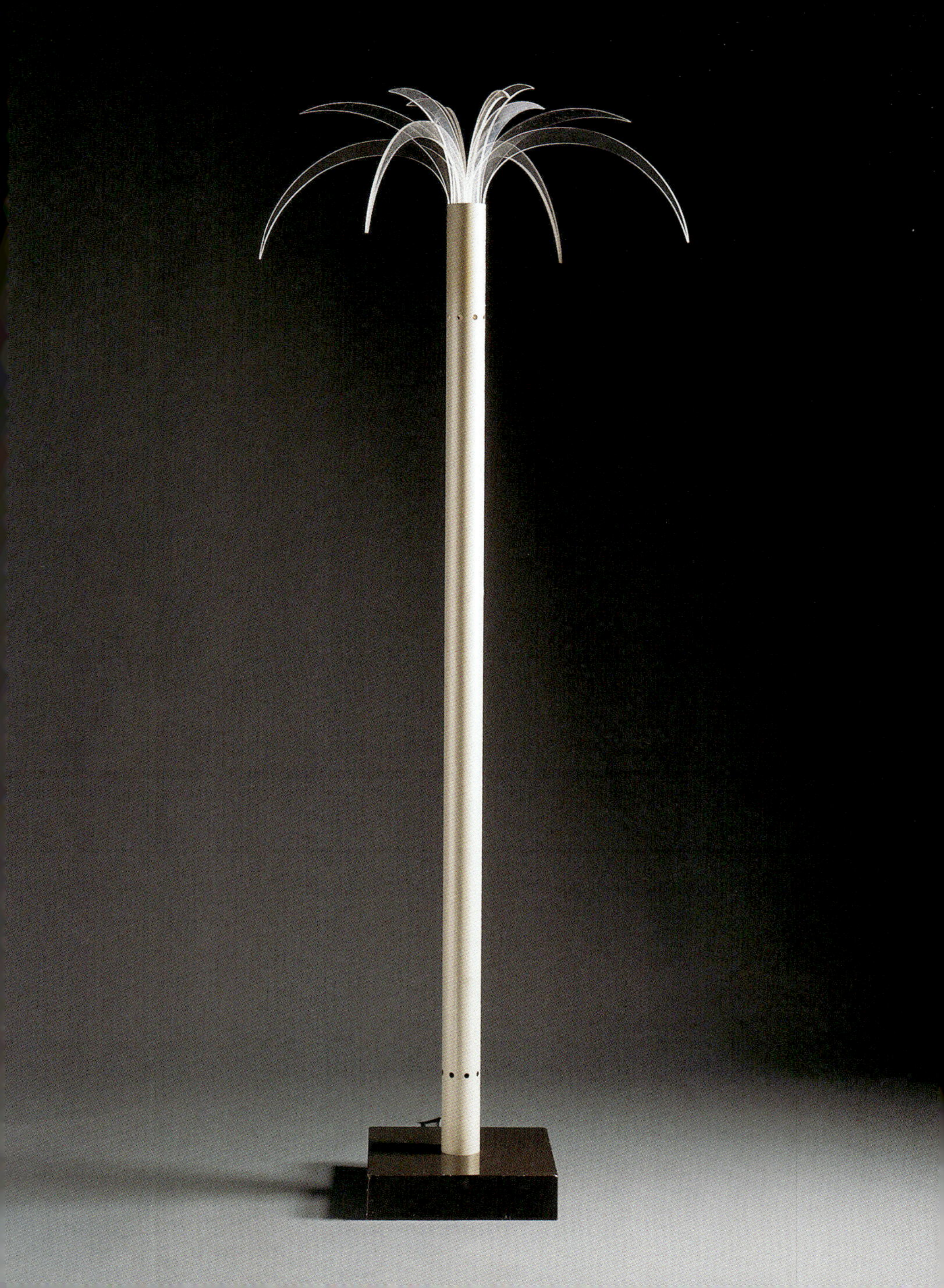

## Archizoom Associati

1966–1974
*Florencia*

Archizoom Associati fue fundado por **Andrea Branzi**, **Paolo Deganello**, Gilberto Corretti (nacido en 1941) y Massimo Morozzi (nacido en 1941) en 1966 en Florencia, tomando su nombre del grupo de arquitectura británico Archigram y de un número de su revista *Zoom*. Archizoom creó proyectos radicales de arquitectura como *Wind City* (1969) y *No-Stop City* (1970) en un intento de demostrar, entre otras cosas, que el **racionalismo** dejaba de ser lógico y racional si se llevaba al límite. Archizoom afirmaba: «El objetivo último de la arquitectura moderna es la eliminación de la misma arquitectura.» (A. Branzi, *The Hot House: Italian New Wave Design*, Londres, 1984, págs. 73–74). En 1966 y 1967, Archizoom organizó dos exposiciones de «Superarchitettura» con **Superstudio** en Pistoia y Módena. En 1968, Dario (nacido en 1943) y Lucia Bartolini (nacida en 1944) se unieron al grupo que, de 1971 a 1973, se dedicó al diseño de moda. También diseñaron bastantes muebles, como la serie *Dream Beds* (1967), la unidad de asientos seccionados *Safari* (1968), el sofá *Superonda* (1966) y la silla *Mies* (1969), todos ellos destacables por sus referencias a la cultura popular y al **Kitsch**, y porque ridiculizaban las pretensiones del **buen diseño**. En 1972, Archizoom participó en la sección «El antidiseño como postulado» de la histórica exposición «Italy: The New Domestic Landscape» celebrada en el **Museum of Modern Art** de Nueva York.

◂ **Dario Bartolini**, lámpara *Sanremo*, producida por Poltronova para Archizoom Associati, 1968

▾ **Archizoom Associati**, paisaje viviente modular *Safari* para Poltronova, 1968

## Art Deco

### Art Déco

Fundado hacia 1925
*París*

El Art Déco fue más un estilo decorativo internacional que un movimiento de diseño, y surgió en París en los años veinte. Anteriormente, algunos elementos del estilo habían aparecido en la obra de los **Wiener Werkstätte** (Talleres vieneses), del diseñador italiano de muebles **Carlo Bugatti** y de los constructivistas rusos. Tomando el relevo al **Art Nouveau** de fin de siglo, que con su actitud antihistórica adoptaba formas naturales, el Art Déco extrajo sus referencias estilísticas de una serie de fuentes eclécticas como la antigua civilización egipcia, el arte tribal, el surrealismo, el futurismo, el **constructivismo**, el neoclasicismo, la abstracción geométrica, la cultura popular y el **movimiento moderno**. La mayor parte de los exponentes más significativos del nuevo estilo, como **Jacques-Émile Ruhlmann**, adoptaron la idea de la artesanía e incorporaron a sus diseños maderas exóticas y materiales lujosos como la piel o el nácar. Su dependencia del mecenazgo privado, especialmente de los modistos franceses Paul Poiret y Jacques Doucet, y su incompatibilidad con la producción industrial acortaron la vida del Art Déco, que fue inevitablemente sustituido por enfoques más progresistas.

La «Exposition Internationale des Arts Décoratifs et Industriels Modernes», celebrada en París en 1925, presentó el Pavillon de l'Esprit Nouveau de **Le Corbusier**, así como el Hôtel du Collectionneur de Ruhlmann y obras de otros famosos diseñadores de Art Déco como Pierre-Émile Legrain. El término «Art Déco» se acuñó precisamente a partir del título de esa histórica exposición. Desde sus inicios, el Art Déco popularizó la obra de diseñadores como **René Lalique**, Jean Dunand (1877–1942) y Edgar-William Brandt (1880–1960), así como creaciones de artistas modernos como **Eileen Gray**, **Pierre Chareau** y **Robert Mallet-Stevens**. En efecto, incluso los diseñadores estrechamente vinculados al **movimiento moderno**

◂ **Jacques-Émile Ruhlmann**, The Grand Salon, Hôtel du Collectionneur, 1925

▾ **Edgar-William Brandt**, lámpara de pie *La Tentation*, aprox. 1925 (pie de E. W. Brandt, pantalla de Daum Frères)

◄ **Emory Seidel**, candelabros para Roman Bronze Works de Nueva York, aprox. 1930

► **Ernest Boiceau**, pareja de antorchas, aprox. 1930

► **Edgar-William Brandt**, pantalla de chimenea de hierro forjado *Le Paon*, 1926

como Le Corbusier y **Jean Prouvé** adoptaron en algún momento la suntuosidad del Art Déco.

A partir de 1925, el estilo penetró en la obra de muchos diseñadores, no sólo en Francia y Europa continental, sino también en Gran Bretaña y Estados Unidos. Fue particularmente bien acogido en América, donde los diseños como el mobiliario *Skyscraper*, de **Paul Frankl**, o el edificio Chrysler, de William van Alen (1928–1930) en Nueva York —posiblemente la expresión más lograda de la arquitectura Art Déco—, se consideraron un compendio de las aspiraciones nacionales.

En Gran Bretaña, el estilo Art Déco, más contenido que en otros países, fue sutilmente expresado en la arquitectura y en los objetos de diseño de **Wells Coates.** El estilo se utilizaba con frecuencia en los cines británicos, especialmente en las salas Odeon, que detrás del fulgurante mundo de celuloide del Art Déco exhibían sofisticados tocadores al estilo de Hollywood. Durante los años treinta, el estilo se hizo cada vez más popular gracias a sus asociaciones con la vida de ensueño hollywoodiense y, como resultado, fue bien acogido por los fabricantes convencionales. Aunque la baquelita se había desarrollado en América en 1907, no fue hasta finales de los años veinte que el termoplástico se convirtió en un material viable para la producción en serie. El escultórico estilo Art Déco se adaptó perfectamente a este nuevo material y a partir de los años treinta se fabricaron cajas de radio y una gran cantidad de otros objetos de baquelita. Sin embargo, el Art Déco se vio cada vez más superado por la producción de objetos kitsch que tenían poco en común con la magnífica artesanía de los primeros objetos Art Déco franceses. El estilo fracasó por la llegada de la II Guerra Mundial, cuando su dependencia esencial de la decoración y su estética maximalista ya no podían sobrevivir.

▼ **Jean Dunand**, jarrón con serpientes, aprox. 1913

En los años sesenta, el Art Déco experimentó una recuperación tanto por parte de los coleccionistas como entre los jóvenes diseñadores decepcionados por la modernidad. En la década de los ochenta, diseñadores posmodernos como **Robert Venturi**, **Hans Hollein** y **Charles Jencks** rindieron homenaje al Art Déco a través de una producción idiosincrásica que, como la de sus precursores, se deleitaba en el exceso y en la exuberancia.

▲ **René Prou**,
escritorio, aprox. 1929

▲ **Reuben Haley**, jarrón *Ruba Rombic* para Consolidated Lamp & Glass, aprox. 1928

## Art Nouveau

Fundado en 1895
*París*

El Art Nouveau fue un estilo histórico surgido en la década de 1880 que se inspiraba en el **movimiento Arts & Crafts** británico, conocido también como «nuevo arte». En la década de 1890, **Charles Rennie Mackintosh** y los diseñadores vinculados a la **Wiener Sezession** (Secesión vienesa), como **Josef Maria Olbrich**, introdujeron formas naturales abstractas y curvilíneas, mientras que otros, como **Hermann Obrist** y **August Endell**, fueron pioneros en el uso de motivos ondulados.

Uno de los exponentes del Art Nouveau fue el arquitecto belga **Victor Horta**, cuyo Hotel Tassel (1892–1893) fue una de las primeras expresiones de este estilo en arquitectura. Este novedoso proyecto residencial incorporaba el hierro como mecanismo estructural y decorativo, y el uso de columnas como tallos girando en espiral acuñó la expresión «línea Horta». En Francia, el estilo se dio a conocer como «estilo Guimard» en reconocimiento a las formas retorcidas y entrelazadas utilizadas por Hector Guimard, y especialmente por sus entradas de hierro fundido del metro de París (1900 aprox.). En Francia, también se utilizó el término «Le Style Moderne» para

► **Émile Gallé**, jarrón camafeo decorado con azafranes de otoño, 1899

identificar al Art Nouveau, mientras que en Alemania se adoptó la denominación **Jugendstil**. En España, especialmente en Cataluña, el estilo Art Nouveau floreció a través de la obra de **Antoni Gaudí i Cornet** y sus seguidores, que se referían al Art Nouveau como «modernismo». En cambio, en Italia, se utilizó el término «Stile Liberty» en honor al papel de los grandes almacenes **Liberty & Co.** en la promoción del estilo.
**Émile Gallé** y otros diseñadores asociados a la **École de Nancy** produjeron notables piezas de mobiliario y cristalería de estilo Art Nouveau. Las líneas

◄ **Eugène Gaillard**, pedestal para J. P. Christophe, aprox. 1901–1902

► **Victor Horta**, interior de la Maison Tassel de Bruselas, 1893

NEW-ENGLAND
Mertens, vander Heyden & Cie

▲ **Friedrich Adler**, juego de café para Metallwarenfabrik Orion, 1904

sinuosas y el alargamiento de formas florales, que identificaban de inmediato al Art Nouveau, se inspiraban más en la naturaleza que en los estilos del pasado. En efecto, las formas abstractas y protuberantes de los jarrones *Favrile* de **Louis Comfort Tiffany** captan la misma esencia de la naturaleza. El motivo por el que los diseñadores racionalistas de la década de 1890 se inspiraban en ella tenía mucho en común con las investigaciones científicas sobre el mundo natural, como el tratado de Darwin, *El origen de las especies*, publicado en 1859, las ilustraciones botánicas de Ernst Haeckel (1834–1919) y las exquisitas fotografías de flores realizadas por Karl Blossfeldt (1865–1932) a finales del siglo XIX.

Con su rechazo frontal del historicismo, el Art Nouveau puede considerarse el primer estilo moderno verdaderamente internacional. Sin embargo, por su dependencia de los motivos florales, se le considera inextricablemente unido a la decadencia del *fin-de-siècle*. En consecuencia, fue superado estilísticamente a principios del siglo XX por la estética de la máquina y la preferencia de las vanguardias por las formas geométricas simples, más adecuadas a la producción industrial.

◄ **Paul Hankar**, puerta de la tienda New England en Bruselas, aprox. 1900

◂ **Émile Gallé**, mesa *Dragonfly*, aprox. 1900

◂ **Vico Magistretti**, lámpara *Chimera* para Artemide, 1966

## Artemide

Fundada en 1959
*Milán*

Ernesto Gismondi (nacido en 1931) fundó Artemide en 1959 para la fabricación de lámparas y mobiliario. Los primeros diseños prestigiosos de Artemide fueron las mesas *Demetrio 45* (1963) y *Stadio* (1966) y las sillas *Selene* y *Gaudí* (1969 y 1970) de **Vico Magistretti**, inicialmente fabricadas en plástico reforzado y posteriormente en ABS inyectado. Este tipo de diseños de alta calidad promovió la aceptación popular del plástico como material noble y contribuyó a atraer la atención internacional hacia el diseño italiano. Artemide también produjo varios diseños de lámparas famosos, entre los que cabe destacar la lámpara-serpiente *Boalum* (1969), de Gianfranco Frattini (1926–2004) y **Livio Castiglioni**; la lámpara de pie *Chimera* (1966), de Vico Magistretti, y la lámpara de estudio *Tizio* (1972), de **Richard Sapper**. Siempre en vanguardia del diseño avanzado, Gismondi ofreció un espacio de exposiciones en la sala de ventas de Artemide para presentar la colección **Memphis** en 1981. Artemide también ha producido diseños de lámparas de **Michele De Lucchi**, **Enzo Mari**, **Ettore Sottsass** y Santiago Calatrava (nacido en 1951). Sus productos se exhiben en más de cien museos de todo el mundo.

## Arts & Crafts Movement

### Movimiento Arts & Crafts

*Gran Bretaña*

En el movimiento Arts & Crafts británico participaban libremente arquitectos y diseñadores progresistas cuyo objetivo era reformar el diseño y finalmente la sociedad mediante un retorno a la artesanía. Horrorizados por las consecuencias medioambientales y sociales de la industrialización y por la multiplicidad de productos industriales profusamente decorados y de baja calidad, los diseñadores de mediados del siglo XIX como **William Morris** lideraron una cruzada contra su época defendiendo un enfoque más simple y ético hacia el diseño y la industria. La desconfianza hacia la producción industrial, que había convertido a los buenos artesanos en «esclavos del sueldo», favoreció la recuperación de la artesanía tradicional a través del diseño y la ejecución de objetos de gran calidad que a parte de ser útiles eran bonitos.

La primera fase del movimiento Arts & Crafts estuvo influida por la Hermandad Prerrafaelista y su popularización del escapismo medieval —los artistas Dante Gabriel Rossetti (1828–1882), Edward Burne-Jones (1833–1898) y Ford Madox Brown (1821–1893) realizaban sus trabajos para Morris & Co., así como por la recuperación del estilo gótico tardío practicado por el arquitecto George Edmund Street (1824–1881). Sin embargo, fueron quizá más influyentes las ideas reformistas de **Augustus Pugin** y John Ruskin (1819–1900), mientras que William Morris fue uno de los primeros en llevar a la práctica sus teorías con la creación, en 1861, de Morris, Marshall & Faulkner & Co. (que en 1874 pasó a denominarse Morris & Co.). Los productos de Morris & Co. no se fabricaban con métodos de producción mecanizados sino que abogaban por la simplicidad inherente a lo vernáculo y la honestidad de la artesanía. Más que intentar reformar la producción industrial derivada del comercio, los primeros integrantes del movimiento Arts & Crafts pretendían promover la democracia y la cohesión social a través de la artesanía. En una sociedad cada vez más capitalista, Morris fue un socialista comprometido que poseía una visión utópica en la

▼ **Walter Crane**, tela *The orange tree* para Jeffrey & Co., 1902 (reeditado por Arthur Sanderson & Sons)

▲ **William De Morgan**, bandeja de loza vidriada con motivo de galeón, aprox. 1880

▸ **Charles Voysey**, tejido, aprox. 1900

◂ **Charles Voysey**, reloj de cobre y aluminio *Tempus Fugit*, aprox. 1895

que la artesanía ofrecía la salvación moral de trabajadores y consumidores. Lo que más le preocupaba era la compartimentación del proceso industrial, porque, en su opinión, la división del trabajo minaba el bienestar de los trabajadores y debilitaba el arte en general. Morris sólo aceptaba la mecanización si producía objetos de calidad y reducía la carga de los trabajadores en vez de incrementar sólo su productividad. La paradoja era que los productos artesanales de Morris & Co. eran más caros de producir y sólo podían ser adquiridos por los miembros más ricos de la sociedad.

Inspirándose en la defensa de Morris y Ruskin de la moralidad en el diseño y en su creencia en la importancia social de la artesanía y la colectividad, los diseñadores de la segunda fase del Arts & Crafts, William R. Lethaby (1857–1931), **Arthur Heygate Mackmurdo** y **Charles R. Ashbee**, fundaron organizaciones como The Century Guild (1882), St. George's Art Society (1883), y el Gremio de Artistas (1884) para producir objetos de diseño reformista. El término «Arts & Crafts» no se acuñó hasta 1888, cuando los miembros del Gremio de Artistas formaron la Arts & Crafts Exhibition Society.

Aunque los diseñadores de la segunda etapa del movimiento Arts & Crafts adoptaron cada vez más el arte vernáculo, algunos, como **Charles Voysey** y Ashbee, llegaron a la conclusión de que la idea de Morris de realizar productos asequibles y bien diseñados no se lograría sin la mecanización. Ashbee, que fundó el **Gremio de Artesanos** en 1888, fue incluso más lejos al acusar a Morris de «ludismo intelectual» por su preocupación por el pasado y su rechazo casi frontal a la producción industrial. Sin embargo, fue precisamente Ashbee quien más se acercó al «ideal rural» del movimiento al trasladar el Gremio de Artesanos a Chipping Campden en 1902. En aquel momento, el movimiento Arts & Crafts estableció estrechas relaciones con los Cotswolds a través de **Ernest Gimson** y Sidney (1865–1926) y Ernest Barnsley (1863–1926), que trabajaban en Pinbury desde la década de 1890. A partir de 1910, **Gordon Russell** diseñó muebles en Broadway al estilo Arts & Crafts, aunque hacia 1926 su producción se mecanizó en un intento de reconciliar la calidad y la accesibilidad. Posteriormente, Russell supervisó la producción de mobiliario **utilitario**, por lo que la ética subyacente en el movimiento Arts & Crafts fue fundamental para el desarrollo de este programa subvencionado por el Estado. Las empresas **Liberty & Co.** y Heal & Sons fueron esenciales para la promoción del estilo Arts & Crafts, puesto que ambas habían creado estudios de diseño y comercializaban muebles y objetos de metal. Denominada también «nuevo arte», la segunda fase del movimiento Arts & Crafts puede considerarse en cierta medida el equivalente británico del estilo **Art Nouveau** continental y fue popular hasta el inicio de la guerra de 1914. Las virtudes de simplicidad, utilidad y adecuación que promovió el movimiento Arts & Crafts y su propuesta fundamental de que el diseño podía y debía ser usado como un instrumento democrático para el cambio social tuvieron una gran influencia en los pioneros del **movimiento moderno**. A lo largo del siglo XX, el lenguaje Arts & Crafts ha sobrevivido en la obra de los diseñadores vinculados al **Craft Revival**.

▼ **Sidney Barnsley**, armario ropero, aprox. 1911

◂ **Hugh Garden,** jarrón *Teco* para Gates Pottery, aprox. 1900

## Arts & Crafts Movement

### Movimiento Arts & Crafts

*Estados Unidos*

Muchos diseñadores norteamericanos se inspiraron en los ideales del movimiento Arts & Crafts británico y en su manifestación práctica de que el estilo nacional podía propagarse a través de la adopción de formas vernáculas tradicionales. La defensa de **William Morris** y **Charles R. Ashbee** de las comunidades artísticas rurales ganó adeptos en diseñadores americanos como **Gustav Stickley**, Charles P. Limbert (1854–1923) y Elbert G. Hubbard (1856–1915), que buscaban distanciarse de la creciente industrialización del país. En 1898, Gustav Stickley visitó Europa, donde conoció a Charles R. Ashbee y **Charles Voysey**, entre otros. A su regreso, Stickley fundó su estudio en Syracuse (Nueva York), y desde 1901 empezó a publicar en la influyente revista *The Craftsman*. Mientras que su mobiliario rústico se centraba en las formas vernáculas de la época de los pioneros, defendía la honestidad y la simplicidad en el diseño y pensaba que la «decandencia era el resultado natural del refinamiento excesivo».

Los diseños del Arts & Crafts americano eran en general menos complicados de producir y estaban menos decorados que sus equivalentes británicos, ya que lo que atraía a los diseñadores estadounidenses eran los aspectos sociales y democráticos del movimiento más que su preocupación por

► **William Gates (atribuido)**, jarrón de barro de Gates Pottery como Teco, aprox. 1910

la artesanía. El arquitecto William L. Price (1861–1916), por ejemplo, se sentía tan próximo a la novela utópica de William Morris *News from Nowhere* (1889–1890) que en 1901 fundó la comunidad Rose Valley en Moylan (Filadelfia), intentando llevar a la práctica el ideal del Arts & Crafts a una comunidad rural socialmente cohesionada en la que sus miembros buscaban la «felicidad a través del trabajo» y pretendían abolir la injusticia social. Las libertades sociales ofrecidas por el movimiento también atraían a muchas mujeres, ya que defendía la emancipación a través de la igualdad de sexos y la educación de la mujer. Sin embargo, estas comunidades tuvieron una vida corta a causa de las dificultades inherentes al intentar reconciliar la artesanía de alta calidad con la asequibilidad.

Destaca la comunidad de **Roycrofters**, fundada por Elbert G. Hubbard en 1893, por su éxito comercial. En 1906, los talleres de Roycrofters tenían más de cuatrocientos artesanos y un hostal para turistas y consumidores potenciales.

En California, los arquitectos y diseñadores partidarios del movimiento se inspiraron en la herencia hispano-mejicana, en el arte japonés y en el estilo de las misiones. Charles y Henry **Greene** combinaban ambos estilos en sus proyectos residenciales para la clase alta, pero su obra era muy diferente de la de Stickley y Limbert, ya que incorporaba detalles exquisitos. Asimismo, **Frank Lloyd Wright**, el arquitecto y diseñador más notable del estilo Arts & Crafts, sintetizaba las influencias orientales y occidentales. Sus edificios se fundían armónicamente en el entorno natural gracias a la combinación de un estilo arquitectónico inspirado en la Escuela de Prairie y su gran maestría en la utilización de materiales naturales.

El pionero **diseño orgánico** de Wright hizo de puente entre el movimiento Arts & Crafts y el **movimiento moderno**, e influyó a los diseñadores posteriores tanto en América como en Europa.

▼ Portada de la revista *The Craftsman*, 1904

## Charles R. Ashbee

*Isleworth (Londres)*, 1863
*Godden Green (Kent)*, 1942

Después de licenciarse en historia en la Cambridge University, Charles R. Ashbee estudió arquitectura con G. F. Bodley (1827–1907). Como figura central del movimiento Arts & Crafts británico, Ashbee estuvo tan influido por John Ruskin (1819–1900) y **William Morris** que en 1888 fundó el Gremio y la Escuela de Artesanos de Toynbee Hall en el East End londinense, que al cabo de dos años se trasladó a Essex House, Mile End. En 1902, Ashbee intentó llevar a la práctica el ideal de comunidad rural del movimiento Arts & Crafts, por lo que trasladó el Gremio y la Escuela de Artesanos a Cotswolds. Sin embargo, la lejanía de Londres dificultó el éxito comercial de su empresa, que se disolvió en 1908. Previamente, en 1898, Ashbee había fundado la editorial Essex House para la producción de libros de arte impresos a mano. En 1906, publicó *A Book of Cottages and Little Houses*, y en 1909, *Modern English Silverwork*. Sin embargo, Ashbee es más conocido por sus objetos de plata decorados con motivos orgánicos y sinuosos, que tuvieron una gran influencia en **Liberty & Co.**, en la **Wiener Sezession** y, finalmente, en el **Art Nouveau**. Muchos de los edificios proyectados por Ashbee se construyeron en Budapest, Sicilia y Londres, y dio clases en Inglaterra y Estados Unidos. De 1915 a 1919 fue profesor de inglés en la Universidad de El Cairo y durante los cuatro años siguientes trabajó en proyectos de restauración en Jerusalén.

▲ Taza de plata con asas curvas para el Gremio de Artesanos, 1901

► Cáliz de plata con tapa para el Gremio de Artesanos, aprox. 1900

## Erik Gunnar Asplund

*Estocolmo*, 1885
*Estocolmo*, 1940

Erik Gunnar Asplund estudió en la Kungliga Konsthögskolan (Estocolmo) de 1905 a 1909, y se dedicó inicialmente a la pintura. A partir de 1909, se centró en la arquitectura y abrió su estudio en Estocolmo. En 1917, fue editor de la revista *Teknisk Tidskrift Arkitektur* y en el mismo año fue reconocido por su exposición de interiorismo en la galería de arte Liljevalchs de Estocolmo.

De 1911 a 1930 proyectó edificios y muebles de inspiración neoclásica, como la silla *Senna*, de 1925, concebida para una biblioteca pública. Fue nombrado responsable de arquitectura de la exposición «Stockholmsutställiningen» de Svenska Sljödföreningen, un acontecimiento que obtuvo el reconocimiento internacional y en el que el restaurante Paradiset de Asplund introdujo por primera vez el **estilo internacional** en Suecia. En sus proyectos, Asplund combinaba la modernidad con el neoclasicismo escandinavo. De 1931 a 1940, fue profesor de arquitectura de la Kungliga Konsthögskolan (Estocolmo).

▲ Restaurante Paradiset en la exposición «Stockholmsutställiningen», 1930

Sergio Asti estudió arte y arquitectura en el Politecnico di Milano de 1947 a 1953. Tras fundar su propio estudio en Milán en 1953, trabajó en el diseño de interiores, exposiciones, mobiliario, iluminación, objetos de vidrio, cerámica y electrodomésticos para Brionvega, Poltronova, **Knoll International, Venini** y **Kartell**, entre otros. En 1953, Asti empezó a experimentar con el plástico y en 1954 diseñó unos pomos extremadamente escultóricos y orgánicos, elogiados por sus «valores plásticos». En 1956, año en que diseñó su famoso sifón para Saccab, se convirtió en uno de los miembros fundadores de ADI (Associazione per il Disegno Industriale). De 1957 a 1958 diseñó las primeras lámparas acrílicas de resina para Kartell. Asti recibió el **Compasso d'Oro** en 1955, 1956, 1959, 1962 y 1970 por sus muebles y objetos innovadores, que con sus líneas esbeltas caracterizaron el diseño italiano de la posguerra.

## Sergio Asti

*Milán*, 1926
*Milán*, 2021

► Jarrón de barro vidriado *Ruota* para Knoll International, 1972

Gae Aulenti estudió arquitectura en el Politecnico di Milano, donde se licenció en 1954. Desde entonces, ha trabajado en su estudio de Milán diseñando muebles e interiores para **Knoll International**, **Olivetti** y otras empresas. También ha diseñado lámparas para Stilnovo y **Artemide**. En 1980, Aulenti diseñó los interiores del Musée d'Orsay y trabajó en un proyecto para el Musée d'Art Moderne del Centre Georges Pompidou. Con la idea de que el espacio debe estar definido más por el interior que por los objetos que hay en él, los diseños de Aulenti poseen originalidad y una discreta sofisticación. Si bien la retórica subyacente en sus interiores y objetos es moderna, Aulenti rechaza el estéril formalismo geométrico y promueve una forma humanizada de modernidad. Es una de las pocas diseñadoras de su generación que ha alcanzado fama internacional.

## Gae Aulenti

*Palazzolo della Stella (Italia)*, 1927
*Milán*, 2012

◂ Lámpara *La Ruspa* para Martinelli Luce, 1969

▾ Mesa de café para Fontana Arte, 1980

## Avant-garde

### Vanguardia

El término «avant-garde» alude a arquitectos, diseñadores, artistas, escritores y músicos cuyas técnicas e ideas se avanzan a las aceptadas o conocidas por su generación. Si bien sólo han concebido un pequeño porcentaje de productos manufacturados, han ejercido una gran influencia en la historia del diseño. Sus trabajos han producido un impacto más allá de los círculos minoritarios a los que iban dirigidos, especialmente gracias a los medios de comunicación. En el siglo XX, los diseñadores de vanguardia han permanecido casi siempre alejados de la industria dominante a causa de la escasa demanda de sus obras, y a menudo han transcurrido muchos años antes satisfacer los gustos y actitudes mayoritarias. Los innovadores muebles de tubo metálico de **Marcel Breuer** de finales de los años veinte y principios de los treinta, por ejemplo, no fueron ampliamente reconocidos hasta los sesenta y setenta.

La vanguardia orienta las tendencias de la moda y se crean estilos a su imagen y semejanza. El **diseño orgánico** de la posguerra, por ejemplo, influyó estilísticamente en el **biomorfismo** de los cincuenta. Para describir su ideología avanzada, la obra vanguardista recibe el adjetivo de «nueva» —nuevo arte, **Art Nouveau**, nueva ola. Muchas innovaciones prácticas y teóricas del diseño del siglo XX provienen del talento y la visión de las vanguardias.

▾ **Marcel Breuer**, mesa *Modelo n.° B27* y silla *Modelo n.° B46* para Thonet, 1928 y 1928–1929

◂ **April Greiman**, póster desplegable para *Design Quarterly*, 1986

## Mackay Hugh Baillie Scott

*Ramsgate (Kent)*, 1865
*Londres*, 1945

Mackay Hugh Baillie Scott provenía de una familia de la aristocracia escocesa. Inicialmente estudió en el Cirencester Agricultural College, pero en 1886 trabajó de aprendiz para el arquitecto de Bath, Major Charles E. Davis. En 1889, se trasladó a la Isla de Man para estudiar en la School of Art de Douglas con **Archibald Knox**. Colaboró con Knox en el diseño de objetos de hierro y cristal teñido, influidos por el arte celta. Sus primeros proyectos de viviendas, en su mayor parte de madera, se inspiraron en el estilo inglés antiguo del **movimiento Arts & Crafts**, tal como lo practicaba Norman Shaw (1831–1912), mientras que sus últimos trabajos estuvieron influidos por el estilo más vernáculo de **Charles Voysey**. La casa Roja de Baillie Scott en Douglas (1892–1893) incorporaba biombos plegables entre habitaciones, y en 1894 escribió un artículo en *The Studio* en el que describía su vivienda ideal, con «simples ladrillos y pintura a la cal». Expuso sus muebles, objetos de metal y papeles pintados en la exposición de la Arts & Crafts Society en 1896, el mismo año en que diseñó el piano Manxman. Se convirtió en uno de los exponentes más influyentes del movimiento Arts & Crafts, especialmente en el continente, donde el gran duque Ernst-Ludwig de Hesse-Darmstadt le encargó el diseño interior de su palacio de Darmstadt. Los interiores de paredes blancas sorprendieron por su simplicidad, y el funcional y bello mobiliario empotrado, diseñado especialmente para la ocasión, enriquecía la composición. Como consecuencia, Baillie Scott recibió otros encargos en Alemania y llevó a cabo el diseño interior de la cabaña construida en un árbol de la princesa heredera de Rumanía. Después de la I Guerra Mundial, el vernaculismo del Arts & Crafts pasó de moda, por lo que durante los años veinte y treinta Baillie Scott adoptó un estilo neogeorgiano. Sin embargo, siguió defendiendo la artesanía manual frente a la producción mecanizada.

▾ Silla sin brazos, probablemente para John P. White, Pyghtle Works, aprox. 1905

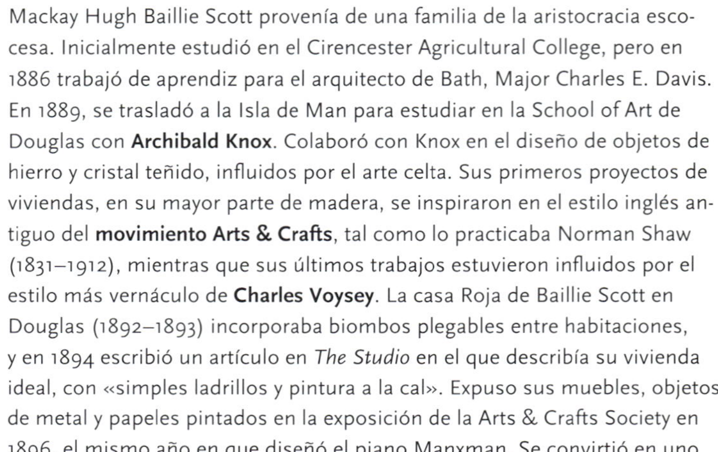

Giacomo Balla estudió en la Academia Albertine (Turín) antes de ser profesor de pintura de alumnos como Gino Severini (1883–1966). Mientras vivió en París, de 1900 a 1901, estuvo fuertemente influido por el divisionismo. En 1910, adoptó el futurismo, firmando el *Manifiesto de pintores futuristas* y el *Manifiesto técnico de pintura futurista*, y exponiendo con el grupo a partir de 1912. Posteriormente, se trasladó a Düsseldorf y diseñó los interiores de la casa Löwenstein, hasta entonces destruida, y entre 1913 y 1914 realizó muebles pintados para su interior. En 1913, declaró: «Balla ha muerto», subastó todas sus pinturas y se dedicó al diseño. En 1914, diseñó telas y escribió el *Manifiesto futurista sobre ropa de hombre*, que defendía la ropa práctica y «dinámica». Hacia 1918, diseñó su Casa Futurista en Roma, que se distanciaba deliberadamente del pasado con su mobiliario de colores brillantes. También diseñó un interior futurista para el salón de baile Bal Tik-Tak en 1921. Con otros futuristas, como Fortunato Depero (1892–1960) y Enrico Prampolini (1894–1956), Balla expuso tapices de colores en la Exposition Internationale des Arts Décoratifs et Industriels Modernes celebrada en París en 1925. A finales de los años treinta, Balla abandonó el estilo futurista por un enfoque más abstracto.

## Giacomo Balla

*Turín*, 1871
*Roma*, 1958

▲ Diseño para el biombo *Paravento*, 1916–1920

► Jarrón *Vetro parabolico* con burbujas de aire para Barovier & Toso, aprox. 1961

## Ercole Barovier

*Murano (Italia)*, 1889
*Venecia*, 1974

Los Barovier habían sido cristaleros desde el siglo XIV. En 1878, Benvenuto Barovier (1855–1932) y sus dos hermanos, Benedetto (1857–1930) y Giuseppe (1863–1942), fundaron una fábrica en la isla de Murano, llamada Fratelli Barovier, donde producían objetos de cristal inspirados en las formas del siglo XVI. Ercole Barovier, hermano de Benvenuto, fundó su propio taller, Artisti Barovier, en 1919 (posteriormente denominado Barovier e. C.). Durante los años veinte, contribuyó a recuperar el arte de la cristalería en Murano y produjo más de 25.000 diseños de objetos de cristal decorativos y funcionales. Experimentó con varias técnicas y colores, lo que le permitió desarrollar nuevos tipos de superficies vidriadas, como el «vetro gemmato», con apariencia de piedra, el toscamente texturado «vetro barbarico» y su más conocido «vetro parabolico», a modo de mosaico. En los años treinta, desarrolló un tipo de cristal en el que quedaban atrapadas pequeñas burbujas de aire, conocido como «vetro rugiada». Luego, trabajó con su hijo Angelo, que se unió a la firma en 1947. Juntos produjeron vasijas listadas conocidas como «vetro a fili» a partir de vidrio coloreado. En 1936, Ercole se encargó de la gestión de Fratelli Barovier, que, al sucederle Piero Toso, pasó a denominarse Barovier & Toso.

## Saul Bass

*Nueva York*, 1920
*Los Ángeles*, 1996

Saul Bass estudió en la Art Students League de Nueva York de 1936 a 1939. Más tarde trabajó como diseñador gráfico en el departamento de arte de Warner Brothers, que conservaba la tradición de la industria cinematográfica de encargar imágenes fotográficas e ilustrativas para promocionar sus películas. El estudio seguía un enfoque gráfico conservador y pictórico y prefería describir elementos de la película más que revelar su esencia. Por ello, decepcionado con su trabajo, Brass dejó Warner Brothers en 1946 y se trasladó a Los Ángeles, donde colaboró con varias agencias de publicidad. En 1949 diseñó un anuncio de revista para la película *Campeón* que rompió con todas las convenciones gráficas establecidas en el mundo del cine: el anuncio era completamente negro con un pequeño logotipo a media tinta y el título de la película situado en el centro de la página para conseguir el máximo impacto.

Durante los años cincuenta, Bass trabajó como diseñador independiente y desarrolló un lenguaje simbólico, que pretendía expresar las cualidades esenciales de las películas con objetivos publicitarios. Utilizando recortes de papel, diseñó carteles visualmente efectivos y muy emblemáticos para dos películas de Otto Preminger, *El hombre del brazo de oro* (1955) y *Anatomía de un asesinato* (1959). Impresionado por la fuerza de esas imágenes, Preminger le pidió a Bass que creara secuencias de créditos móviles, que incorporaran su potente grafismo y fueran acompañados de la banda sonora. Así se creó el nuevo grafismo animado.

El impacto visual de las obras de Bass ejerció una gran influencia y captó a la perfección el espíritu de la época. La abstracción presente en sus diseños de carteles se perpetuó en su obra de diseño corporativo de los años setenta.

▾ Cartel de la película *El hombre del brazo de oro*, 1955

## Helmut Bätzner

*Stuttgart*, 1928
*Karlsruhe*, 2010

Helmut Bätzner estudió carpintería antes de matricularse en la Technische Hochschule de Stuttgart para estudiar arquitectura. De 1962 a 1963, estudió en Roma y a su regreso fue profesor de la Werkkunstschule de Krefeld (Alemania) hasta 1966.

De 1964 a 1965, Bätzner desarrolló la primera silla de plástico reforzado producida en serie, diseñada para su proyecto del Badisches Staatstheater de Karlsruhe. Desde su introducción en 1966, se han fabricado más de 120.000 sillas *Bofinger*, gracias a su ciclo productivo de cinco minutos de duración y a sus mínimos acabados requeridos. La silla apilable *Bofinger*, fabricada por comprensión con un material impregnado de resina sintética en una prensa térmica de doble casco y diez toneladas de peso, ejerció una gran influencia en el mobiliario de plástico de exteriores posterior. Desde 1964, Bätzner ha trabajado como arquitecto y diseñador independiente. Entre sus proyectos cabe destacar la Psychatrische Klinik de Karlsruhe y el edificio administrativo de la Technische Hochschule de Aachen.

▲ Silla *Modelo n.° BA 1171* para Bofinger, 1964–1966

## Bauhaus

1919–1933
*Weimar,*
*Dessau y Berlín*

Aunque **Walter Gropius** fue propuesto como director de la Kunstgewerbeschule de Weimar, fundada por **Henry van de Velde** en 1908, la escuela se clausuró en 1915 antes de que pudiera ocupar el cargo. Sin embargo, Gropius mantuvo sus contactos con otra escuela de arte de Weimar, la Hochschule für Bildende Kunst. Mientras era soldado en la I Guerra Mundial, Gropius se volvió anticapitalista adoptando una ideología más próxima a los ideales artesanos de los talleres de Helgar que a la fe en la producción industrial de la **Deutscher Werkbund**. Durante su estancia en el frente, Gropius formuló sus «Propuestas para el establecimiento de una institución educativa para asesorar a la industria, al comercio y al arte». En enero de 1916, sus recomendaciones para unir la Kunstgewerbeschule y la Hochschule für Bildende Kunst en una única escuela interdisciplinaria de arte y diseño fueron enviadas al Großherzogliches Sächsisches Staatsministerium.
En abril de 1919, Gropius fue nombrado director de la nueva Staatliches Bauhaus de Weimar y en aquel mismo año se publicó el Manifiesto de la Bauhaus. La Bauhaus, que significa «casa de construcción», pretendía reformar la teoría educativa, fusionando las distintas artes. Para Gropius, la construcción o «manufactura» era una actividad social importante, simbólica e intelectual y fue esta visión la que dominó las enseñanzas de la Bauhaus. El plan de estudios incluía un curso preliminar en el que los estudiantes aprendían los principios básicos del diseño y de la teoría del color. Al acabar este curso preparatorio, los alumnos entraban en uno de los talleres situados en dos edificios y se especializaban por lo menos en un tipo de oficio artesanal. Eran talleres autofinanciados con encargos privados. A los tutores, algunos de los cuales pertenecían a los gremios locales, se les llamaba «maestros» y a los alumnos, «aprendices». Durante el primer año de la Bauhaus, Gropius contrató a tres artistas: **Johannes Itten**, responsable del curso preliminar, Lyonel Feininger

▼ **Fritz Schleifer**, cartel de la exposición de la Bauhaus en Weimar, 1923

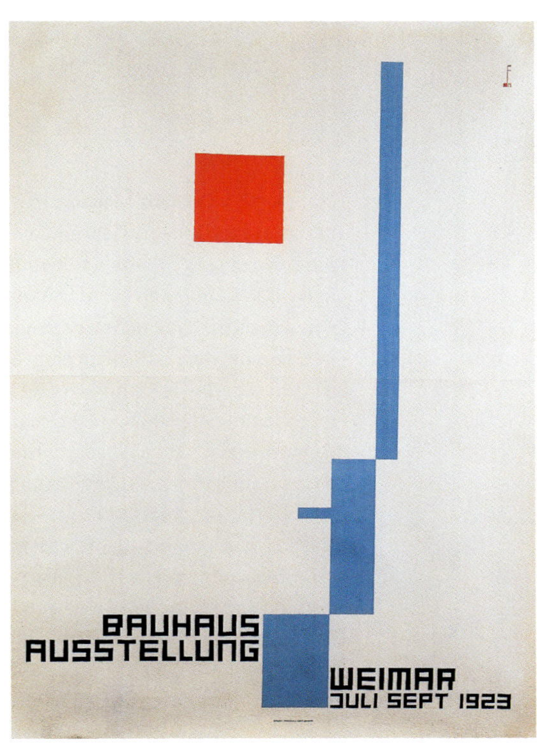

▸ **Gyula Pap**, candelabro realizado en el taller de metales de Weimar, 1922–1923

(1871–1956) y **Gerhard Marcks**, a los que posteriormente se unieron otros artistas expresionistas, Georg Muche (1895–1987) a finales de 1919, Paul Klee (1879–1940) y Oskar Schlemmer (1888–1943) en 1921 y Wassily Kandinsky (1866–1944) en 1922. Durante el primer período de la Bauhaus, fue la personalidad carismática de Itten la que ejerció un papel más importante. Las clases de Itten, que solían empezar con ejercicios de respiración y gimnasia, se basaban en la «intuición y el método» o en la «experiencia subjetiva y el reconocimiento objetivo». En su opinión, los materiales debían ser estudiados para revelar sus cualidades intrínsecas y animaba a sus alumnos a realizar construcciones imaginativas con *objets trouvés*. Itten también enseñaba teorías sobre forma, color y contraste, así como a apreciar la historia del arte. Coincidía con Gropius en que las leyes naturales existían tanto para la composición espacial como para la musical y enseñaba a sus alumnos la importancia de las formas geométricas elementales como el círculo, el cuadrado y el cono. Como Kandinsky, Itten pretendía volver a introducir la espiritualidad en el arte. Tanto Itten como Muche participaron activamente en la secta mazdeísta e intentaron introducir sus enseñanzas en la Bauhaus. Se afeitaban la cabeza, vestían túnicas largas como monjes, seguían una dieta vegetariana con grandes cantidades de ajo purificador y ayunos regulares, y practicaban la acupuntura y los baños calientes. Sin embargo, el énfasis del mazdeísmo en la meditación y el ritual socavó la autoridad de Gropius y sus alumnos se volvieron contra él. Finalmente, surgieron los conflictos entre Gropius e Itten, que se marchó en abril de 1923, marcando el final del período expresionista de la Bauhaus. **Josef Albers** y **László Moholy-Nagy** fueron nombrados sucesores de Itten y, aunque asumieron las enseñanzas fundamentales de su curso preliminar, rechazaron su ideología de desarrollo creativo individual y siguieron un enfoque más industrial, llevando a sus alumnos a visitar fábricas. A causa de los estrafalarios métodos educativos de Itten y de la ideología socialista de la escuela, no es de extrañar que, como institución estatal, la Bauhaus tuviera que hacer frente a una fuerte oposición política en Weimar. Las autoridades locales, bajo la presión de los gremios que te-

▸ **Lena Bergner**, diseño de una alfombra de dormitorio, 1928

STAATLICHES BAUHAUS
AUSSTELLUNG
JULI SEPT
WEIMAR
1923

▲ **Walter Gropius**, complejo escolar de la Bauhaus en Dessau, 1925–1926

mían que los alumnos de la Bauhaus les quitaran el trabajo, exigieron la organización de una exposición para justificar el apoyo continuado del Estado. La exposición celebrada en 1923 no sólo exhibió el trabajo de la Bauhaus sino también diseños de **De Stijl**, como la *Red/Blue chair* (silla en rojo y azul) de **Gerrit Rietveld**, de 1918–1923. No se puede menospreciar la influencia de De Stijl en la Bauhaus, puesto que **Theo van Doesburg** había sido profesor en Weimar. Otra creación que se pudo ver en la exposición de 1923 fue la nueva imagen que la Bauhaus había creado para su escuela: el grafismo de este período era deliberadamente moderno e incorporaba «Nueva Tipografía», sin duda inspirada en De Stijl y en el **constructivismo** ruso. Aunque esta legendaria exposición obtuvo una gran acogida internacional, especialmente en Estados Unidos, no aplacó las iras locales. Cuando Weimar se convirtió en la primera ciudad alemana donde ganó el Partido Nacional Socialista, la subvención de la escuela se redujo a la mitad y en 1925 Gropius fue obligado a trasladar la Bauhaus a otro sitio, considerada ya en aquel momento un hervidero comunista y subversivo.

La escuela fue reubicada en Dessau, donde los socialdemócratas y el alcalde liberal que detentaban el poder eran mucho más receptivos a su prestigio y

◄ **Joost Schmidt**, cartel de la exposición de la Bauhaus en Weimar, 1923

continuidad. Esta ciudad industrial, que se beneficiaba de préstamos de ayuda de Estados Unidos a través del Plan Dawes, ofreció a la Bauhaus el soporte económico que tanto necesitaba a cambio de que la escuela se autofinanciara en parte a través de la producción y comercialización de sus diseños. Con los fondos obtenidos se construyó una escuela de nueva planta y en 1926 la Staatliches Bauhaus se trasladó a su nueva sede de Dessau, proyectada por Walter Gropius. En la zona boscosa de los alrededores, se construyeron una serie de residencias para los maestros, con un diseño simple y geométrico, que fueron los prototipos de un estilo de vida futuro. El mismo edificio de la Bauhaus de Dessau, con su estructura prefabricada extremadamente racional, marcó un importante punto de inflexión en la escuela, que pasó de la artesanía al **funcionalismo** industrial. Ahora a los maestros se les llamaba profesores y la escuela ya no participaba en los gremios, sino que concedía sus propios títulos de licenciatura. Por aquel entonces, Gropius estaba cada vez más desencantado con las ideas socialistas y pensaba que el tipo de capitalismo industrial de Henry Ford podía beneficiar a los trabajadores y que, para sobrevivir, la Bauhaus necesitaba adoptar un enfoque más industrial.

Con la convicción de que la sociedad mejoraría con la aplicación del funcionalismo, los diseños de la Bauhaus se concebían ahora para la producción

▾ **Marcel Breuer**, silla *Lattenstuhl*, realizada en el taller de muebles de Weimar, 1922–1924

▲ **Marcel Breuer**, silla *Modelo n.° B3 Wassily*, Bauhaus en Dessau, 1926

industrial, adoptando deliberadamente la estética de la máquina. En noviembre de 1935, con el apoyo económico de Adolf Sommerfeld, Gropius cumplió su ambición de crear una compañía limitada que promocionara y comercializara los diseños de la escuela. Bauhaus GmbH produjo un catálogo, diseñado por **Herbert Bayer**, que ilustraba los productos de la Bauhaus. Sin embargo, las ventas no fueron excesivamente abundantes, y no sólo por la rigurosidad estética de los productos, sino también por otro problema: aunque parecían hechos a máquina, la mayoría de los productos no se ajustaban a la producción industrial. Se formalizaron algunos acuerdos entre la Bauhaus y fabricantes externos pero no se obtuvieron las ganancias que Gropius había esperado.

En 1928, Gropius intentó ceder la dirección de la Bauhaus a **Ludwig Mies van der Rohe** para poder dedicar más tiempo a sus diseños, pero Mies no aceptó. Finalmente, el arquitecto suizo Hannes Meyer (1889–1954), que había sido nombrado profesor del departamento de arquitectura en abril de 1927, aceptó hacerse cargo de la escuela, denominada ahora Hochschule für Gestaltung (Instituto de Diseño).

Meyer, que era comunista, ocupó la dirección hasta julio de 1930. Para él, la forma debía regirse por la función y el coste, de modo que los productos fueran prácticos y a la vez asequibles para la clase trabajadora. Intentó introducir cursos de economía, psicología, sociología, biología y marxismo en el plan de estudios, clausuró el taller de teatro y reorganizó el resto de talleres en un esfuerzo por acabar con la costosa «artisticidad» de años anteriores. Durante la dirección de Meyer, el enfoque de la Bauhaus fue más científico y se desvaneció la anterior influencia constructivista. La Bauhaus también se volvió más politizada, siendo la escuela utilizada como centro de las actividades políticas de un grupo de estudiantes marxistas. Hacia 1930, un grupo de treinta y seis alumnos comunistas empezó a tener mala prensa. Y a instancias de Gropius y Kandinsky, el ayuntamiento de Dessau despidió a Meyer al descubrir que había suministrado fondos para una huelga de mineros. Bajo la presión de despolitizar la Bauhaus para su propia supervivencia, Mies van der Rohe asumió la dirección. Inmediatamente clausuró la escuela, sustituyó los estatutos existentes, y luego la volvió a abrir, obligando a los 170 estudiantes a matricularse de nuevo. Cinco alumnos próximos a Meyer fueron expulsados. Se estableció un nuevo plan de estudios que fijó la no-obligatoriedad del curso preliminar y se dio mayor importancia al estudio arquitectónico, lo que convirtió a la Bauhaus en una escuela de arquitectura. Aunque siguieron existiendo talleres de artes aplicadas, su función era

▼ **Karl Hermann Haupt**, diseño para una caja con tapa, 1923

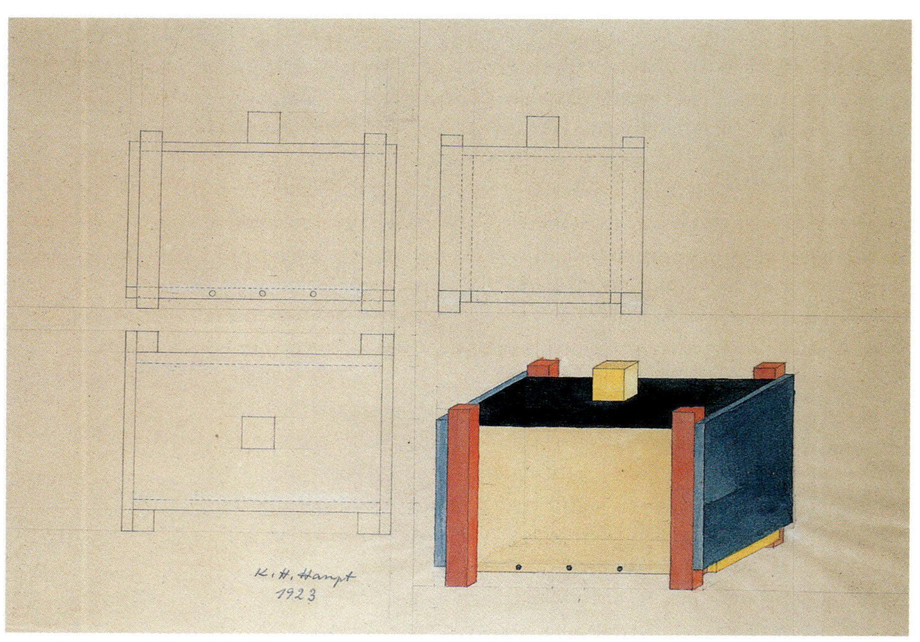

► Libro de papeles pintados de la Bauhaus, 1930

proporcionar productos que pudieran ser fabricados por la industria. Con Mies, triunfó la teoría arquitectónica frente a la política, ya que junto a su socia **Lily Reich**, introdujo un nuevo programa apolítico de «Bau und Ausbau» (construcción y desarrollo). En octubre de 1931, los nacionalsocialistas, que habían pedido insistentemente la clausura de la Bauhaus, obtuvieron el poder en Dessau con 19 de 36 escaños y, el 22 de agosto de 1932, se aprobó una moción para clausurar la escuela. Como consecuencia, Mies reestableció la Bauhaus como escuela privada en Berlín, pero su pasado político la perjudicó cuando finalmente los nacionalsocialistas se hicieron con el poder en la ciudad. La Gestapo hizo una redada en los locales de la escuela para encontrar literatura comunista incriminadora y precintó el edificio, clausurándolo definitivamente. El 19 de julio de 1933, los profesores se reunieron y votaron a favor de la disolución de la Bauhaus, marcando formalmente el final de esta notable institución.

Muchos de sus profesores, como Mies, **Marcel Breuer**, Walter Gropius y Josef Albers emigraron a Estados Unidos para escapar de la persecución, y en 1937 László Moholy-Nagy se convirtió en el director de la New Bauhaus de Chicago, de corta vida. Al cabo de un año, se celebró una retrospectiva de diseño de la Bauhaus en el **Museum of Modern Art** de Nueva York, lo que aumentó su reputación como la institución de diseño más importante del siglo XX. Su pionero enfoque funcionalista ejerció un impacto fundamental en la práctica posterior del diseño industrial y proporcionó los cimientos filosóficos del **movimiento moderno**. También tuvo una profunda y amplia influencia en el sistema educativo de las escuelas de diseño, especialmente en la **Hochschule für Gestaltung, Ulm**.

▼ **Wilhelm Wagenfeld**, juego de té para Jenaer Glaswerke Schott & Gen., aprox. 1930

## Hans Theo Baumann

*Basilea*, 1924
*Schopfheim*, 2016

Hans Theo Baumann estudió arte y diseño en Dresde y Basilea, antes de fundar su estudio en 1955. Desde entonces se ha especializado en el diseño de cerámica y objetos de vidrio, utilizando formas geométricas simples y sin adornos, suavizadas con un escultórico redondeado de contornos. Los diseños de Baumann combinan las cualidades visuales de refinamiento y solidez. Entre sus clientes, cabe destacar a Rosenthal, Thomas, **Daum**, Arzberg, Süssmuth y Schönwald. Sus diseños de cerámica y objetos de cristal, como la vajilla *Brasilia* de 1971 para Arzberg, le valieron el reconocimiento internacional. Baumann también ha diseñado telas, muebles y lámparas que expresan una estética minimalista similar. En 1979–1980 su obra fue presentada en una exposición individual en el Kunstgewerbemuseum de Colonia, y fue incluida en la exposición «Design since 1945» en el Philadelphia Museum of Art.

▲ Vajilla *Brasilia* para Arzberg, 1971

## Herbert Bayer

*Haag am Hausruch (Austria)*, 1900
*Montecito (California)*, 1985

Herbert Bayer hizo prácticas de diseño en el estudio de Georg Schmidthammer de Linz de 1919 a 1920, donde realizó su primer trabajo tipográfico. En 1920, trabajó en el estudio de Emanuel Margold (1889–1962) en Darmstadt, antes de estudiar en la **Bauhaus** de Weimar de 1921 a 1923, donde fue alumno de pintura mural de Oskar Schlemmer (1888–1943) y Wassily Kandinsky (1866–1944). En 1923–1924, pasó un tiempo pintando y viajó a Berchtesgaden y a Italia. Al regresar a Alemania en abril de 1925, fue nombrado profesor y «joven maestro» de la Bauhaus en Dessau. Hasta 1928, se hizo cargo de la dirección del nuevo taller de obra gráfica y publicidad de la escuela, conocido posteriormente como taller de tipografía y diseño publicitario. Desde este puesto, Bayer fue responsable de todo el material publicitario de la Bauhaus y del diseño de sus colecciones de libros. Además, introdujo la tipografía de palo de caja baja en el grafismo de la Bauhaus e impulsó el uso de imágenes fotográficas en el diseño publicitario. A partir de 1928, Bayer dirigió el estudio berlinés de la agencia de publicidad Dorland, y posteriormente realizó el diseño de la sección alemana en la «Exposition de la Société des Artistes Décorateurs» de 1930 en París. En 1938, Bayer emigró a Estados Unidos y aquel mismo año diseñó el catálogo de la exposición «Bauhaus 1919–1928» que tuvo lugar en el **Museum of Modern Art** de Nueva York. Fue director de Dorland International hasta 1945 y asesor de Container Corporation of America de 1946 a 1956. A partir de 1946, colaboró en el diseño del Aspen Cultural Center (Colorado). Bayer también trabajó como asesor de diseño para numerosas empresas americanas, como Atlantic Richfield Company y General Electric Company. En 1975 se trasladó a Montecito (California).

▾ Portada del catálogo de la exposición «Staatliches Bauhaus in Weimar 1919–1923», 1923

▸ Póster para la exposición «50 Jahre Bauhaus» en Stuttgart, 1968

50 jahre
bauhaus
bayer 1967

**BBPR**

Fundado en 1932
*Milán*

El grupo BBPR, fundado en 1932 por Gianluigi Banfi (1910–1945), Lodovico Barbiano di Belgiojoso (1909–2004), Enrico Peressutti (1908–1976) y Ernesto Rogers (1909–1969), fue una de las agrupaciones de arquitectos más destacadas del racionalismo italiano. En 1935, BBPR se integró en el CIAM (Congrès International d'Architecture Moderne) y en 1939 sus socios abrieron un estudio en un claustro milanés del siglo XVI, Chiostri delle Benedettine di San Simpliciano. Durante la II Guerra Mundial, Banfi murió en un campo de concentración y Rogers fue recluido en Suiza, pero al finalizar la guerra, los tres socios supervivientes reformaron el BBPR y tuvieron un papel destacado en la promoción del **racionalismo**. El estudio trabajaba en diversos campos de la arquitectura (su obra más notable es la Torre Velasca en Milán, de 1950–1951, finalizada en 1958), el urbanismo, la restauración de edificios y el diseño de exposiciones y objetos. De 1954 a 1964, BBPR diseñó mobiliario para Arflex utilizando una tapicería de espuma de látex de alta tecnología y las series de muebles metálicos de oficina *Spazio* (1956) y *Arco* (1960) para **Olivetti**. BBPR fue también un grupo de presión intelectual, ya que sus miembros ocupaban puestos docentes destacados en Italia y en el extranjero. De 1950 a 1962, Peressutti fue profesor de la Architectural Association de Londres, el Massachusetts Institute of Technology, la Princeton University y la Yale University, mientras que Rogers ocupó una cátedra en el Politecnico di Milano.

▲ Butaca *Urania* para Arflex, 1954

▲► Silla *Elettra* para Arflex, 1954

## Aubrey Beardsley

*Brighton, 1872*
*Mentone (Francia), 1898*

Aunque sólo recibió formación artística formal durante dos meses, en su corta carrera de poco más de seis años Aubrey Beardsley creó cientos de ilustraciones en blanco y negro de estilo **Art Nouveau**. Su obra, considerablemente atrevida por naturaleza, captó a la perfección la decadencia del período de *fin-de-siècle* y le valió el reconocimiento internacional a una edad muy temprana. En 1894, fue nombrado director de arte de *The Yellow Book*, donde publicó sinuosos dibujos exóticos y eróticos. Aunque sus primeras ilustraciones para *Morte d'Arthur* reflejaban la influencia de los grabados de Edward Burne-Jones (1833–1898), su estilo se volvió más grotesco y sensual en las ilustraciones para *Salomé*, de Oscar Wilde. El posterior erotismo de sus imágenes para *The Rape of Lock and Lysistrata* supuso un desafío de las nociones comúnmente aceptadas y confirmó su reputación. Sus ilustraciones eróticas y el diseño gráfico de sus folletos publicitarios de obras teatrales eran intencionadamente extravagantes pero cumplían el propósito de captar la atención del lector. Las formas exageradas y torturadas de Beardsley no sólo fueron un ejemplo del estilo Art Nouveau, sino que, con sus líneas audaces, ejercieron una gran influencia en los diseñadores gráficos posteriores.

◂ Portada de *The Yellow Book*, 1894

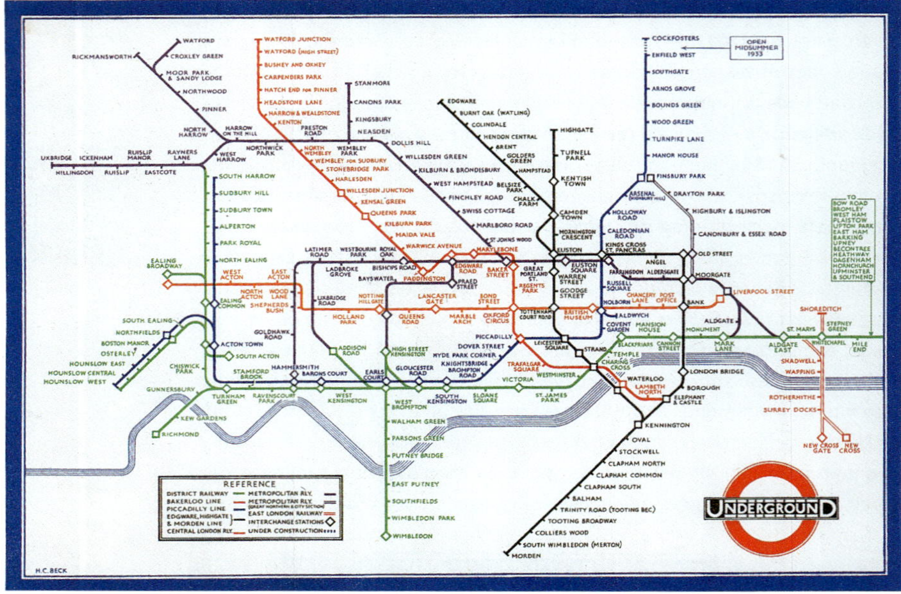


**Henry Beck**
1903–1974

A partir de 1909, el director comercial del metro de Londres, Frank Pick, responsable del grafismo de la compañía, encargó varios trabajos a Edward Johnson (1872–1944) y **Edward McKnight Kauffer**, aunque el más significativo fue el de Henry Beck, que previamente había estudiado ingeniería. El metro de Londres era cada vez más complicado y los mapas de los años veinte resultaban difíciles de interpretar ya que intentaban describir las posiciones geográficas reales de líneas y estaciones. Beck rediseñó el mapa en 1933 con un enfoque diagramático que, en vez de presentar las distancias geográficas entre estaciones, plasmaba la relación espacial de una estación a otra. Este ingenioso mapa esquemático utilizaba el color simbólicamente partiendo de una retícula octogonal y situando las líneas y estaciones en ángulo recto o a 45 grados, lo que proporcionaba mayor claridad visual. Además, la inclusión del Támesis dotó al mapa de una inconfundible y fuerte identidad londinense.

▲ Mapa del metro para London Transport, 1933

## Peter Behrens

*Hamburgo*, 1868
*Berlín*, 1940

De 1886 a 1889, Peter Behrens estudió en la Kunstgewerbeschule de Hamburgo, en la Kunstschule de Karlsruhe y en la Düsseldorfer Adakemie. A partir de 1890, trabajó como pintor y diseñador gráfico en Múnich y participó en el movimiento **Jugendstil**. Durante ese período produjo grabados de colores, ilustraciones y encuadernaciones de libros al estilo Jugendstil y en 1893 fundó la Münchner Sezession (secesión de Múnich), un grupo de artistas progresistas. En 1896, Behrens viajó a Italia y un año más tarde, junto con **Hermann Obrist**, **August Endell**, **Bruno Paul**, **Richard Riemerschmid** y **Bernhard Pankok**, fundó los **Vereinigte Werkstätten für Kunst im Handwerk** (Talleres Unidos) en Múnich, que producirían objetos artesanales de uso cotidiano. En 1898, Behrens trabajó en el periódico *Pan* y diseñó sus primeros muebles, que fueron expuestos en el Glaspalast de Múnich al año siguiente. De 1899 a 1903, fue miembro activo de la **Darmstädter Künstlerkolonie** (colonia de artistas de Darmstadt), creada por el gran duque Ernst-Ludwig de Hesse-Darmstadt. En Darmstadt, Behrens diseñó su primer edificio, la Behrens Haus. Este proyecto, concebido como **Gesamtkunstwerk**, contenía mobiliario e incluso objetos de cristal diseñados para la ocasión. La casa marcó un importante punto de partida para Behrens, que se alejó del Jugendstil para adoptar un enfoque más racional. Entre 1902 y 1903, impartió clases magistrales en el Bayerisches Gewerbemuseum de Núremberg y expuso en la «Esposizione Internazionale d'Arte Decorativa Moderna» en Turín. De 1903 a 1907 fue director de la Kunstgewerbeschule de Düsseldorf. Las posibilidades comerciales del «arte industrial» indujeron al fundador de **AEG**, Emil Rathenau — a instancias de Paul Jordan (director de las fábricas AEG)—, a nombrar a Peter Behrens jefe de diseño de la compañía en 1907. Por primera vez en la historia, una empresa contrataba a un diseñador como asesor de todos los aspectos de diseño. Al ocupar el cargo, Behrens realizó varios diseños para las viviendas de los trabajadores y las fábricas AEG, como la Fábrica de la Turbina (1908–1909), de acero y vidrio, que tuvo una gran influencia como una

▾ Jarrón de piedra para Reinhold Hanke, aprox. 1903

NORDFAÇADE DES
HAUSES BEHRENS

de las primeras expresiones de la arquitectura industrial moderna. Aparte de proyectos arquitectónicos, Behrens diseñó productos eléctricos como teteras, ventiladores y relojes, que en su construcción incorporaban componentes estandarizados e intercambiables para racionalizar los métodos de producción. Behrens también se hizo cargo del grafismo de la compañía, para la que creó una identidad corporativa potente y unificada. En octubre de 1907, poco después de incorporarse a AEG, Behrens fundó el **Deutscher Werkbund**, junto con Peter Bruckmann (1865–1937), **Josef Maria Olbrich**, Fritz Schumacher (1869–1947), Richard Riemerschmid y Hermann Muthesius (1861–1927). El Deutscher Werkbund, inspirado en el **movimiento Arts & Crafts** británico, pretendía recuperar el lugar de la artesanía para aplicarla a la producción industrial. Como pioneros del **movimiento moderno**, los miembros del Deutscher Werkbund comprendieron que debían favorecer la estandarización y el enfoque racional del diseño si pretendían que los bienes producidos industrialmente alcanzaran el alto nivel de calidad de los productos artesanales. En 1907, Behrens fundó un gran estudio de arquitectura y diseño en Berlín, donde trabajaron **Walter Gropius**, de 1907 a 1910, **Ludwig Mies van der Rohe**, de 1908 a 1911, y **Le Corbusier**, de 1910 a 1911.

▲ Copas para Rheinische Glashütte AG (diseñadas originalmente para la Behrens Haus), 1900–1901

◄ Fachada norte de la Behrens Haus en Mathildenhöhe (Darmstadt), 1901

▸ Reloj eléctrico *Synchron* para AEG, aprox. 1930

Este prolífico estudio llevó a cabo numerosos encargos de arquitectura, como la Embajada Alemana en San Petersburgo (1911–1912), y abundantes trabajos de diseño en los años posteriores. Tras la I Guerra Mundial, el estilo arquitectónico de Behrens se alejó del «clasicismo puro», dejándose influir por el expresionismo, como refleja su proyecto para el edificio de oficinas I. G. Farben Höchst en Francfort (1920–1925). En 1926, Behrens proyectó New Ways, una residencia en Northampton para el industrial británico Wynne Bassett-Lowke, que se convirtió en el primer ejemplo construido de arquitectura moderna en Inglaterra. En los años treinta, Behrens adoptó el **estilo internacional**, como demuestra su almacén de la Administración Estatal de Tabaco de Linz (1930). Behrens también diseñó porcelana para Franz Anton Mehlem (Bonn) y Gebrüder Bauscher (Weiden), objetos de cristal para Rheinische Glashütten (Colonia-Ehrenfeld) y linóleo de diseños geométricos para la Delmenhorster Linoleum Fabrik. De 1922 a 1936, fue director de arquitectura de la Akademie der Bildenden Künste (Viena), donde impartió clases magistrales. En 1936 fue nombrado director del departamento de arquitectura de la Preußischen Akademie der Künste en Berlín, cargo que ocupó hasta su muerte. Como pionero del diseño industrial, Behrens fue el diseñador alemán más influyente del siglo XX. Sus soluciones simples y prácticas ejercieron una gran influencia en la formación y difusión del movimiento moderno.

## Mario Bellini

*Milán*, 1935

Mario Bellini estudió arquitectura en el Politecnico di Milano, donde se licenció en 1959. De 1961 a 1963, fue director de diseño de La Rinascente, una importante cadena italiana de grandes almacenes. En 1963 fundó un estudio de arquitectura con Marco Romano y posteriormente, en 1973, estableció Studio Bellini en Milán. Desde 1963, es responsable de diseño de **Olivetti**. Entre sus diseños para la compañía, destacan las calculadoras *Divisumma 18/28* (1973) y las máquinas de escribir *Praxis 35* y *Praxis 45* (1981). De 1969 a 1971, fue presidente de ADI (Associazione per il Disegno Industriale), y en 1972 expuso una microvivienda móvil titulada *Kar-a-Sutra* en la exposición «Italy: The New Domestic Landscape», realizada en el **Museum of Modern Art** de Nueva York. En 1978 fue nombrado asesor de diseño e investigación de la fábrica de automóviles Renault. En la década de los setenta, Bellini organizó talleres para explorar las complejas relaciones existentes entre los seres humanos y el entorno fabricado por el hombre, un tema que ha informado toda su obra. De 1986 a 1991, Bellini fue editor de *Domus* y desde 1979 ha sido miembro del Comité Científico de la sección de diseño de la Trienal de Milán. Fue profesor de diseño del Istituto Superiore del Disegno Industriale de Venecia, de 1962 a 1965, y de diseño industrial en la Hochschule für angewandte Kunst de Viena, de 1982 a 1983, y en la Academia Domus de Milán, de 1986 a 1991. Bellini también ha sido profesor visitante

▾ Calculadora *Programma 1a* para Olivetti, 1965

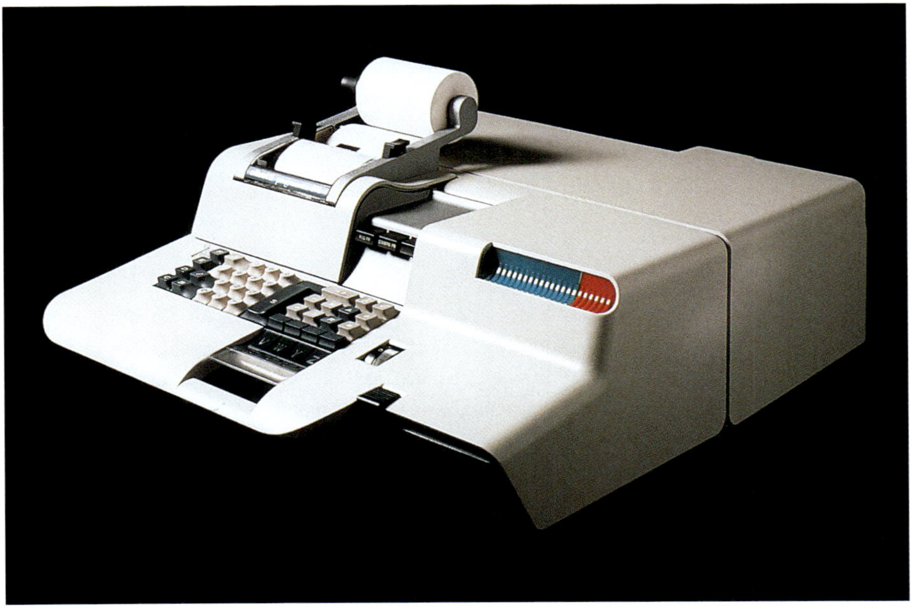

▲ Butaca y silla *Cab* para Cassina, 1982 y 1976

de varias escuelas de diseño como el **Royal College of Art**, Londres. Entre sus diseños de muebles cabe destacar el sistema de sillas *Le Bambole* para B&B Italia (1972), la silla *Cab* para Cassina (1977) y el programa de asientos de oficina *Figura*, codiseñado con Dieter Thiel para **Vitra** (1985). También ha diseñado lámparas para Flos, **Artemide** y Erco y equipos de música para Yamaha y BrionVega. Bellini ha recibido numerosos galardones de diseño, incluidos siete premios **Compasso d'Oro**.

▾ Apartamento de soltero con comedor y estudio, aprox. 1952

## Ward Bennett

*Nueva York*, 1917
*Nueva York*, 2003

Ward Bennett trabajó desde los catorce años como dibujante de moda para Saks Fifth Avenue y más tarde para Joe Junior, antes de matricularse en la Escuela de Arte Porto Romano de Florencia en 1937. De 1937 a 1938, estudió en la Académie de la Grande Chaumière de París mientras trabajaba con el escultor Constantin Brancusi (1876–1957). A su regreso a Estados Unidos, se trasladó a Los Ángeles y luego a San Francisco, donde trabajó como escaparatista. Entre 1940 y 1943, sirvió en el ejército estadounidense y luego estudió pintura con Hans Hoffmann (1880–1966) en Nueva York. En 1947, diseñó el interior de un ático para Harry Jason en Nueva York, lo que acrecentó su reputación. De 1948 a 1950, trabajó en el estudio de arquitectura de **Le Corbusier** en París, y a su regreso a Nueva York, en 1950, fundó su estudio de interiorismo. A continuación, llevó a cabo proyectos de interiorismo en América, Italia y Gran Bretaña para diferentes empresas, como el Chase Manhattan Bank, y para clientes privados, como los Rockefeller y los Agnelli. Fue el inventor de un espacio para conversar subterráneo y del sofá en «U». Los interiores de Bennett se caracterizan por su separación de espacios mediante armarios y biombos japoneses. Durante su carrera, Bennett realizó más de cien diseños de muebles y telas para Brickel Associates, así como porcelana, vidrio y cuberterías para Tiffany & Co., ambas en Nueva York. De 1962 a 1963, fue profesor visitante de la Yale University, y de 1969 a 1971, profesor del Pratt Institute de Nueva York, donde llegó a ser profesor asociado. Bennett utilizaba materiales industriales reciclados, como postes de telégrafo, y se le suele considerar uno de los pioneros del estilo **High Tech**.

## S. H. Benson's

Fundada en 1893
*Londres*

La agencia de publicidad S. H. Benson's fue creada por Samuel Herbert Benson en 1893 a instancias de John Johnson, propietario de Bovril Ltd. Aparte de Bovril, que fue el primer cliente de la agencia, S. H. Benson's también realizó el grafismo de Colman's, de Rowntree y, sobre todo, de Guinness. Gracias al talento de artistas y dibujantes conocidos como **Abram Games**, **Tom Eckersley**, **Tom Purvis** (1888–1959), H. M. Bateman (1887–1970) y John Gilroy (1898–1985), fue una de las primeras agencias que explotó el poder del humor en la publicidad. De 1928 a 1969, John Gilroy diseñó pósters para Guinness con las ingeniosas y conocidas frases: «My Goodness My Guinness» (Dios mío, mi Guinness), «Guinness for Strength» (Guinness te da fuerza), «Guinness is Good for You» (Una Guinness te sentará bien), presentando personajes y criaturas humorísticas como el pelícano de Guinness, que llegó a ser muy popular en la Gran Bretaña de los años veinte y treinta. Durante la II Guerra Mundial, los pósters de S. H. Benson's incorporaron temas bélicos con un tratamiento desenfadado. Las imágenes de S. H. Benson's representaban la quintaesencia británica y fueron esenciales para establecer la identidad de los productos que anunciaban. Sus diseños gráficos demostraron por primera vez que un anuncio producía un mayor impacto que la simple exposición de un producto, ya que el humor permitía captar la atención del espectador, quien establecía una asociación más potente con la marca anunciada. La obra de S. H. Benson's tuvo una gran influencia en el diseño publicitario y de imagen de marca de años posteriores.

▾ **John Gilroy**, cartel *My Goodness, My Guinness* para Guinness, 1936

▸ Juego de café de vidrio prensado para la cristalería Leerdam, 1926

## Hendrik Petrus Berlage

*Amsterdam*, 1856
*La Haya*, 1934

Hendrik Petrus Berlage se formó en la Academia de Bellas Artes de Amsterdam antes de estudiar con Gottfried Semper (1803–1879) en la Bauschule, Eidgenössische Technische Hochschule de Zúrich de 1875 a 1878. Luego trabajó para el arquitecto Petrus Cuypers (1872–1921), artífice de la recuperación del gótico holandés. En 1889, Berlage fundó su estudio de arquitectura en Amsterdam y abandonó el historicismo a favor de la simplicidad y de la honestidad constructivas. Aunque los detalles de su Bolsa de Amsterdam (1897–1903) estaban claramente influidos por el románico, su original tratamiento fue precursor del expresionismo holandés. Durante un viaje a América en 1911, Berlage conoció el trabajo de **Frank Lloyd Wright** y Louis Sullivan (1856–1924) y a su regreso presentó su obra a los arquitectos suizos y holandeses. Sus diseños de muebles algo recargados se fabricaron en el taller Het Binnenhuis de Amsterdam. Se trasladó a La Haya en 1911. De 1914 a 1919, fue director del departamento de construcción de W. H. Müller & Co., y luego trabajó como arquitecto independiente. A partir de 1924 fue profesor del Politécnico de Delft y en 1928 asistió al primer congreso del CIAM (Congrès International d'Architecture Moderne). Si bien los diseños de Berlage tuvieron una gran influencia en **De Stijl**, deben considerarse como manifestaciones del expresionismo más que del movimiento moderno.

## Lucian Bernhard

*Stuttgart*, 1883
*Nueva York*, 1972

Lucian Bernhard estudió en la Akademie der Kunst de Múnich antes de trasladarse a Berlín en 1901, donde empezó a diseñar carteles comerciales con letra de imprenta, imágenes resueltamente perfiladas y una paleta reducida de colores. Sus pósters tuvieron una gran influencia en la obra gráfica de dos artistas británicos, William Nicholson (1872–1949) y James Pryde (1869–1941), que trabajaban en Inglaterra con el nombre de «Beggarstaffs». Bernhard presentó uno de sus primeros diseños a un concurso para anunciar las cerillas Priester. Su sugestiva propuesta, con letras en negrita y la eliminación de detalles superfluos, le valió el primer premio (1905) y contribuyó a asentar su prestigio. Bernhard fue uno de los máximos exponentes del Plakatstil alemán, un enfoque en el que las imágenes simplificadas se situaban en un fondo liso acompañadas únicamente por una línea de texto o el nombre de la empresa. Bernhard también fue una figura significativa en el diseño de Sachplakat (carteles objeto), que presentaban la marca sin ningún texto publicitario que explicara sus ventajas. En 1909, contribuyó a fundar la revista para coleccionistas *Das Plakat* (llamada más adelante *Gebrauchsgraphik*), que reproducía diseños de carteles con el tipo de letra Antiqua, diseñada previamente por Bernhard para Bauer (Francfort). En

▾ Litografía publicitaria de los zapatos Stiller, aprox. 1908

▲ Litografía publicitaria de las bujías Bosch, 1914

1914, diseñó sus audaces y coloridos carteles y envoltorios para las bujías Bosch. Durante su estancia en Berlín, fue uno de los grafistas que, junto con Hans Rudi Erdt (1883–1918) y Julius Gipkens (1883–años sesenta), colaboró habitualmente con los impresores Hollerbaum & Schmidt, famosos por su publicidad progresista de Sachplakat. En 1920, Bernhard fue el primer profesor de diseño de carteles en la Akademie der Kunst Berlin. Tres años más tarde, se trasladó a Nueva York, donde abrió otro estudio de diseño, sin clausurar el de Berlín. En Estados Unidos, diseñó varios tipos de letra para American Type Founders (durante su carrera inventó unas treinta y seis nuevas fuentes) y numerosos logotipos, carteles y anuncios publicitarios, principalmente para Amoco. En América, recibió varios encargos de escenografía e interiorismo. En 1928, en compañía de los diseñadores emigrados Paul Poiret (1879–1944) y **Bruno Paul** y el artista americano Rockwell Kent (1882–1971), fundó la asesoría de interiorismo Contempora.

## Harry Bertoia

*San Lorenzo (Italia),* 1915
*Bally (Pensilvania),* 1978

Harry Bertoia emigró con su familia de Italia a Estados Unidos en 1930. En 1936 acabó sus estudios en la Cass Technical High School de Detroit y, más tarde, estudió en la Art School of the Detroit Society of Arts and Crafts hasta 1937. De 1937 a 1939, obtuvo una beca para estudiar en la **Cranbrook Academy of Art** (Michigan). Bertoia volvió a fundar el taller de metalistería de la escuela, disuelto en 1933, y ejerció de jefe de ese departamento y de profesor de 1939 a 1943, año en que las restricciones de materiales durante la guerra obligaron a cerrar el taller. Durante un tiempo, trabajó en el departamento gráfico de Cranbrook. Su suegro, William Valentiner, director del Detroit Institute of Arts y precursor del movimiento de arte abstracto, influyó sin duda en el desplazamiento de Bertoia hacia la abstracción pura y en su distanciamiento del estilo aerodinámico de principios de su carrera. Tras trasladarse a Venice (California) en 1943, Bertoia trabajó con **Charles y Ray Eames** en la Evans Products Company desarrollando técnicas para moldear la madera. Tras la II Guerra Mundial, fue contratado por un breve período de tiempo por la Plyformed Products Company de los Eames. Sin embargo,

► Silla *Modelo n.° 421LU Diamond* para Knoll International, 1950–1952

▲ Juego de café (prototipo realizado en la Cranbrook Academy), aprox. 1937–1943

después de algunos desacuerdos acerca de su contrato, Bertoia abandonó la empresa y empezó a trabajar para **Knoll**. En 1946, obtuvo la nacionalidad americana y se trasladó a Bally (Pensilvania) para vivir cerca de la sucursal de Knoll en esa ciudad. Al cabo de cuatro años, había montado su propio estudio de diseño y escultura y producía diseños para Knoll. Sus innovadoras sillas de alambre, diseñadas para Knoll en 1951, obtuvieron un éxito comercial tan concluyente que, a pesar de estar totalmente fabricadas a mano, le permitieron dedicarse exclusivamente a la escultura. Como escultor, a Bertoia se le recuerda especialmente por sus obras de metal, que en algunos casos emitían un sonido al tocarlas o poseían elementos móviles que tintineaban con el viento. La Architectural League de Nueva York le concedió una medalla de oro por una pantalla encargada por el Manufacturers Hanover Trust Co. (1954). También recibió premios del American Institute of Architects en 1973 y de la American Academy of Letters en 1975. Los diseños de Bertoia no sólo aportaban soluciones funcionales sino que, como sus esculturas, constituían estudios de la forma y el espacio.

## Fulvio Bianconi

*Padua (Italia)*, 1915
*Milán*, 1996

Fulvio Bianconi se trasladó a Venecia con su familia cuando era niño. Durante su juventud, trabajó en un taller de cristalería en Madonna dell'Orto y, posteriormente, estudió en la Academia di Belli Arti y en el Liceo Scientifico de Venecia. En sus inicios trabajó como pintor de cristal y se ganaba la vida pintando retratos de los turistas que se hospedaban en los hoteles venecianos. En 1935, se trasladó a Milán, donde diseñó frascos de perfume para Visconti di Modrone. En 1939, colaboró con Motta y, tras la II Guerra Mundial, trabajó para el fabricante de perfumes Gi Vi Emme en el diseño y el grafismo de frascos, así como en un mural para el comedor de la compañía. En 1948, Bianconi conoció a **Paolo Venini** y empezó a trabajar en su taller de cristalería. Aquel mismo año, Venini presentó las alegres estatuillas Commedia dell'Arte de Bianconi en la Bienal de Venecia. De 1948 a 1951, diseñó otras estatuillas para Venini así como su famoso y copiado florero de pañuelos o *Fazzoletto*. Otros diseños para Venini son sus jarrones de rayas y de mosaicos de gran colorido conocidos como *Pezzato* (despiece) y *A Spicchi* (cortado en rodajas), expuestos en la IX Trienal de Milán de 1951. A partir de 1951, Bianconi trabajó como diseñador independiente realizando obras producidas por varios fabricantes, como Cenedese y Danese. En la siguiente década, continuó diseñando recipientes biomórficos con motivos inspirados en el expresionismo abstracto y jarrones *Scozzese* tipo tartán para Venini. En los sesenta, realizó un jarrón con un motivo de espiral interna para Vistosi, que obtuvo un premio en la XIII Trienal de Milán, y una serie de jarrones llamados *Informali*. A lo largo de los setenta, su obra se fue haciendo cada vez más escultórica. En los últimos años de su vida, trabajó para el fabricante de vidrio suizo Hersgwil. Durante su larga carrera, Bianconi también colaboró como grafista en HMV, Pathé, Fiat y Pirelli, así como en las editoriales Mondadori y Garzanti.

◂ Frasco a rayas con tapón para Venini, aprox. 1950

▾ Jarrón *Pezzato* para Venini, 1951

## Max Bill

*Winterthur (Suiza)*, 1908
*Berlín*, 1994

Max Bill estudió orfebrería en la Kunstgewerbeschule de Zúrich de 1924 a 1927, período en que sus diseños recibieron la influencia del cubismo y el dadá. Luego, estudió arte durante dos años en la **Bauhaus** de Dessau, adoptando los postulados funcionalistas de la escuela. Al acabar sus estudios, regresó a Zúrich y trabajó como pintor, arquitecto y grafista. Fue un exponente significativo del **constructivismo** dentro de la Escuela Suiza de diseño gráfico y en los años treinta diseñó el grafismo de la tienda Wohnbedarf de Zúrich. Fundó su estudio de arquitectura hacia 1930, y como miembro del SWB (Schweizerischer Werkbund), diseñó la finca Neubühl, cerca de Zúrich (1930–1932), de estilo moderno. En 1931, adoptó el concepto de «arte concreto» de **Theo van Doesburg**, que defendía que la universalidad sólo podía lograrse a través de la claridad. A partir de 1932, también trabajó como escultor y participó en varias organizaciones artísticas, como el grupo Abstraction-Création de París, la Allianz (Asociación de Artistas Suizos Modernos), el CIAM (Congrès International d'Architecture Moderne) y la UAM (Union des Artistes Modernes). A partir de 1944, centró su actividad en el diseño industrial. Entre sus productos más conocidos destacan su reloj de pared de aluminio (1957), fabricado por Junghans, y el taburete minimalista *Ulmer Hocker* (1954).

◂ *Ulmer Hocker*, 1954 (reeditado por Zanotta)

▲ Reloj de pared
*Modelo n.° 32/0389*
para Junghans, 1957

Bill fue el responsable de la creación de los premios y exposiciones alemanas «Die Gute Industrieform» y cofundó la influyente **Hochschule für Gestaltung, Ulm** en 1951, de la cual fue rector y director de los departamentos de arquitectura y diseño durante los primeros cinco años. En Ulm, Bill preconizó el formalismo de la Bauhaus, que defendía que los productos basados en leyes matemáticas poseían una pureza estética y, por lo tanto, un atractivo más universal. Este enfoque, mantenido por **Hans Gugelot**, director del departamento de diseño de Ulm tras la marcha de Bill, tuvo una especial influencia en su alumno **Dieter Rams**. Al abandonar Ulm, en 1957, Bill fundó un estudio propio en Zúrich y se dedicó a la escultura y a la pintura. Fue el arquitecto responsable del pabellón «Educar y crear» de la Exposición Nacional Suiza de 1964, año en que fue nombrado miembro honorario del AIA (American Institute of Architects). Aunque el formalismo geométrico propuesto por Bill y otros exponentes del **movimiento moderno** pretendía ser un medio para alcanzar una mayor universalidad, su rigurosidad y ausencia de cualidades humanistas no favorecieron su aceptación a gran escala.

▲ Entrada principal del Pavillon de l'Art Nouveau de Siegfried Bing para la Exposition Universelle de París en 1900 (pintura de G. de Feure)

**Siegfried Bing**
*Hamburgo, 1838*
*Vaucresson nr. (París), 1905*

Siegried Bing trabajó en una fábrica de cerámica de Hamburgo hasta el estallido de la guerra franco-prusiana. En 1877, abrió una tienda de objetos orientales en París —al igual que Arthur Liberty en Londres dos años antes— para responder a la demanda de objetos orientales, especialmente de arte japonés, que había puesto de moda el **movimiento estético**. Trabó amistad con el diseñador **Louis Comfort Tiffany** y empezó a vender objetos de cristal. En 1895, Bing abrió L'Art Nouveau en el 22 de la Rue de Provence, donde vendía diseños de **Émile Gallé** y **René Lalique** entre otros, así como arte oriental de importación. El término «**Art Nouveau**» fue acuñado gracias a la empresa de Bing, que defendía el estilo internacional y antihistórico inspirado en el crecimiento orgánico (en Italia, se llamó «estilo Liberty» por Liberty & Co.). Bing también vendía telas de **Liberty & Co.** y Morris & Co., así como objetos de metal diseñados por W. A. S. Benson (1854–1924). Expuso su Pavillon de l'Art Nouveau en la Exposition Universelle et Internationale de París, que obtuvo una gran acogida de público y que incluía seis estancias diseñadas por **Georges de Feure**, **Eugène Gaillard** y Edward Colonna (1862–1948). Los dos interiores de De Feure fueron especialmente elogiados en *The Studio* y en 1903 Bing organizó una exposición dedicada exclusivamente a su obra. Bing también vendía obras de los artistas Henri Toulouse-Lautrec (1864–1901) y Édouard Vuillard (1868–1940) y de los diseñadores Alexandre Charpentier (1856–1909) y Auguste Delaherche (1857–1940), así como cuadros de vidrio teñido de Pierre Bonnard (1867–1947), fabricados por Tiffany. En 1887, John Getz abrió una sucursal americana de la Maison de l'Art Nouveau en Nueva York, y hacia 1900 Bing ya comercializaba diseños americanos en Europa, como la cerámica de **Grueby**. Su hijo, Marcel, asumió la dirección de la tienda en 1905, lo que permitió que Siegfried se dedicara a la venta de antigüedades.

▾ Anuncio de la Maison de l'Art Nouveau, aprox. 1900

## Biomorphism
### Biomorfismo

A diferencia del **diseño orgánico**, que se basa en la naturaleza y pretende captar su esencia abstracta, el biomorfismo copia, y a menudo distorsiona, las formas del mundo natural por razones puramente decorativas. El biomorfismo no es sólo una característica de determinados movimientos artísticos del s. XX; también se encuentra en algunos estilos de períodos más lejanos como el barroco y el rococó. Durante la última parte del s. XIX, se lograron grandes avances en la comprensión de las ciencias naturales y algunos diseñadores, como **William Morris** y **Christopher Dresser**, consideraron la naturaleza como un léxico del diseño. A finales de siglo, el interés general por la botánica se expresaba mediante formas biomórficas adoptadas por diseñadores vinculados al **Art Nouveau**, que presentaban motivos en espiral tipo zarcillo, formas vegetales alargadas y una curiosa «combinación» de elementos naturalistas. Después de que el Art Nouveau se viera superado por el **Art Déco** y la modernidad, el biomorfismo no volvió a aparecer en el diseño hasta los años cuarenta, cuando el mobiliario extremadamente biomórfico del diseñador italiano **Carlo Mollino** y sus seguidores —llamado algunas veces barroco turinés— llevó el potencial expresivo de la madera hasta el límite. En contraste, los diseñadores **vanguardistas** americanos de la misma época, como **Charles y Ray Eames**, desarrollaron un vocabulario de diseño inherentemente orgánico. Las formas de sus objetos, como la silla *LCW* de 1945, se basaban en factores de humanización como la ergonomía. Estos diseños fueron muy influyentes, por lo que muchos diseñadores adoptaron su apariencia biomórfica, especialmente las formas asimétricas en forma de riñón. Efectivamente, las formas biomórficas **Kitsch** se suelen asociar al estilo de los años cincuenta. En los años noventa ha resurgido el diseño orgánico, junto con el biomorfismo, su derivado estilístico, especialmente en el diseño de automóviles, donde se ha avanzado hacia formas orgánicas futuristas y formas biomórficas retro que recuerdan a los años cincuenta.

► Ánfora fabricada por Amphora, aprox. 1900

▼ **Carlo Graffi y Franco Campo**, sillón, aprox. 1955

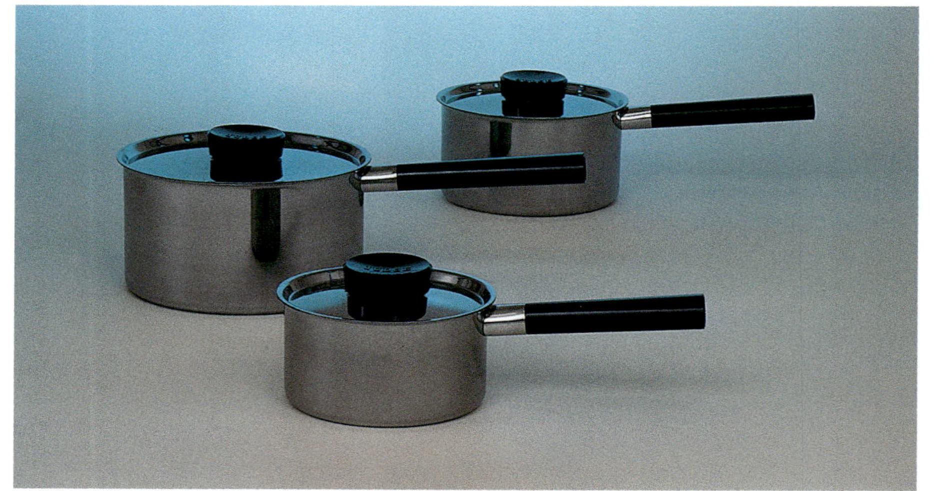

## Misha Black

*Baku (Azerbaiyán)*, 1910
*Londres*, 1977

Misha Black emigró con sus padres a Gran Bretaña en 1912. Durante un breve período, estudió en la Central School of Arts & Crafts de Londres, pero fue básicamente un diseñador y arquitecto autodidacta. Empezó a trabajar en 1928 diseñando stands de exposición, a los que en 1929 le siguieron una serie de cafeterías en Londres y Manchester para Kardomah. En 1930, ya había fundado Studio Z y, tres años más tarde, empezó a trabajar con Milner Gray (1899–1997) en el Bassett-Gray Group of Artists and Writers, que en 1935 se convirtió en el Industrial Design Partnership. El que fue el primer estudio de diseño interdisciplinar de Inglaterra se distinguió por sus aparatos de radio y televisión para Ekco. Black fue miembro de la Artists' International Association y apoyó activamente la actitud antibélica del grupo. En 1938, fue nombrado secretario de MARS (Modern Architecture Research Group) y de 1940 a 1945 trabajó como diseñador de exposiciones para el Ministerio de Información. Junto con Milner Gray, Black fundó la Design Research Unit en 1943 y, dos años más tarde, el Design Research Group. Black realizó una gran aportación a la exposición «Britain can make it», donde su famosa sección «What Industrial Design Means» ilustraba el proceso de diseño mediante el diseño de una huevera. También participó en el diseño del Festival of Britain de 1951, y a lo largo de su carrera, impulsó incansablemente el diseño moderno. Como profesor de diseño industrial del **Royal College of Art**, Londres de 1959 a 1975, Black pretendió unir diseño e ingeniería con el fin de contribuir a la evolución del diseño de ingeniería como una disciplina especializada importante.

▲ **Misha Black y Ronald Armstrong**, batería de cocina de acero inoxidable para Ernest Stevens, 1958

## Cini Mariani Boeri

*Milán*, 1924
*Milán*, 2020

Cini Mariani Boeri estudió arquitectura en el Politecnico di Milano, donde se licenció en 1951. De 1952 a 1963, trabajó en el estudio de diseño de **Marco Zanuso**, antes de crear su estudio en Milán. A mediados de los sesenta, empezó a diseñar mobiliario para el fabricante italiano Arflex, como su sillón *Bobo* de espuma de poliuretano (1967) y su sofá seccionado *Serpentone* (1971), realizado con un autorrevestimiento de espuma de poliuretano que podía ampliarse infinitamente con la adición de otras secciones. En 1966, tras haber empezado a experimentar con plásticos, diseñó maletas para Franzi con ABS inyectado. Sus mesas *Lunario*, diseñadas para Gavina en 1970, fueron posteriormente fabricadas por **Knoll**. También diseñó salas de exposición para Knoll de 1972 a 1983, y en 1976 la compañía lanzó su sillón *Brigadier*. Obtuvo el **Compasso d'Oro** en 1979 por su sillón y juego de cama con fundas acolchadas *Strips* (1972), codiseñado con Laura Griziotti (1942). De 1980 a 1983 Boeri fue profesora del Politecnico di Milano y de la University of California (Berkeley). En 1983, la Misawa Company de Tokio le encargó el diseño de una serie de viviendas prefabricadas. Junto con Tomu Katayanagi, diseñó la silla de vidrio *Ghost* para Fiam en 1987, así como lámparas para **Artemide**, Arteluce, Stilnovo y Venini.

▲ Silla *Bobo* para Arflex, 1967

## Theodor Bogler

*Hofgeismar (Alemania),* 1897
*Maria Laach (Alemania),* 1968

Theodor Bogler formó parte del primer grupo de alumnos de la **Bauhaus** en 1919, y desde 1920, trabajó en el taller de cerámica de Dornburg an der Saale, cerca de Weimar, un anexo de la escuela. Sus teteras de barro vidriado de 1923, realizadas en el taller como prototipos, fueron concebidas para ser fabricadas en serie y sus componentes básicos (asas, pitorros y tapas) se podían situar en diferentes posiciones para crear cuatro variaciones distintas. De 1923 a 1924, Bogler dirigió el taller junto con **Otto Lindig** y promovió la práctica del diseño industrial. En 1923, diseñó una cafetera fácilmente desmontable, ideada para la producción en serie y fabricada por Aelteste Volkstedter Porzellanfabrik. Bogler también diseñó recipientes de cocina de barro producidos por Steingutfabrik Velten-Vordam, fábrica de la que fue jefe de diseño en 1925 y para la que diseñó numerosos productos. La cerámica de Bogler fue presentada en la Exposición de la Bauhaus de 1923 y apareció en las publicaciones *Staatliches Bauhaus, Weimar, 1919–1923* (1923) y *Neue Arbeiten der Bauhaus Werkstätten* (1925). Aunque Bogler se hizo monje benedictino en 1932, de 1934 a 1938 produjo algunos diseños para los HB-Werkstätten de Hedwig Bollhagen (Marwitz) y, de 1936 a 1948, para la Staatliche Majolika-Manufaktur (Karlsruhe).

▲ Tetera de barro para el taller de cerámica de la Bauhaus en Dornburg, 1923

## Osvaldo Borsani

*Milán*, 1911
*Milán*, 1985

Hijo del artesano Gaetano Borsani, que obtuvo una medalla de plata en la I Trienal de Monza en 1927, Osvaldo Borsani estudió en el Politecnico di Milano, donde se licenció en 1937. Tras sus estudios, trabajó en el taller de su padre, Arredamento Borsani, en Varedo, llamado hasta entonces Atelier Varedo. En 1953, Osvaldo y su hermano gemelo Fulgenzio fundaron la fábrica de muebles Tecno. Al principio, Tecno sólo producía los diseños de Osvaldo Borsani, pero, posteriormente, pasó a fabricar obras de otros diseñadores, aunque el primero continuó siendo jefe de diseño. El logotipo de Tecno, que mostraba una gran «T», fue diseñado en colaboración con Robert Mango (nacido en 1920) y presentado por primera vez en la Trienal de Milán de 1954. Para ésta, Osvaldo construyó una pequeña vivienda en el parque y la amuebló con su gran sillón *P40*, adaptable a 468 posiciones diferentes, y con el sofá *D70*, que podía convertirse en un diván (ambos de 1954). Este tipo de diseños flexibles querían responder a la falta de espacio en las viviendas de la posguerra. La silla plegable y portátil de madera *S80*, realizada en 1954, fue igualmente innovadora. En 1956, Tecno abrió su primera tienda en la Via Montenapoleone de Milán para comercializar su línea de productos. Tal y como explicaba Osvaldo Borsani, «nuestros productos no son el resultado de una súbita inspiración genial, sino que están conectados entre sí; nuestras colecciones se han ido ampliando e integrando sin grandes florituras». Junto con otros siete diseñadores, Borsani fundó en 1966 la revista de diseño *Ottogono*, con el objetivo de presentar el diseño italiano a un público internacional. Luego, en 1968, Borsani diseñó junto con Eugenio Carli (nacido en 1923) el sistema de oficinas Graphis, completamente blanco, que redefinió el aspecto del entorno de oficina. Dos años más tarde, Borsani creó el Centro Progetti Tecno, dedicado al diseño y desarrollo de mobiliario.

▾ Sofá *Modelo n.°* *D70* para Tecno, 1954

## Mario Botta

*Mendrisio (Suiza),* 1943

Mario Botta trabajó como delineante técnico en el estudio de arquitectura de Tita Carloni y Luigi Camenischi de 1958 a 1961. De 1961 a 1964, estudió en el Liceo Artistico de Milán, época en la que proyectó una residencia para el clero en Genestretta, con una gran geometría formal. De 1964 a 1969, Botta estudió arquitectura en el Istituto Universitario di Architettura de Venecia, y en 1965 trabajó durante un tiempo en el estudio parisino de **Le Corbusier** y en el estudio veneciano de Jullian de la Fuente y José Oubrerie. Fundó su estudio de arquitectura y diseño en Lugano en 1969, año en que conoció a Louis Kahn (1901–1974), y participó en el diseño del nuevo Palazzo dei Congressi Laurea all'UIA de Venecia. En los años setenta, Botta trabajó principalmente en proyectos de arquitectura, entre los que cabe destacar su edificio de oficinas Staatsbank en Friburgo y varias viviendas, como su casa de rayas de Ligornetto. En los años ochenta, Botta se dedicó al diseño de muebles. Su silla *Seconda* de 1982 y su sillón *Quinta* de 1986, ambos fabricados por Alias, son buenos ejemplos del breve estilo «Matt Black». Los trazos gráficos y geométricos de esos diseños, junto con su bien resuelta estructura geométrica, revelan la experiencia de Botta en el campo del dibujo y la ingeniería. Su totémica lámpara de pie *Shogun Terra* (1985) para **Artemide**, con una atrevida forma geométrica reforzada por sus rayas negras y blancas, es una elegante afirmación de su creencia de que la «geometría es equilibrio». La obra de Botta puede describirse como «neo High Tech» y es especialmente destacable porque presenta el lado más sofisticado y racional del **posmodernismo**.

▾ Silla *Seconda* para Alias, 1982

▸ Lámpara de pie *Shogun Terra* para Artemide, 1985

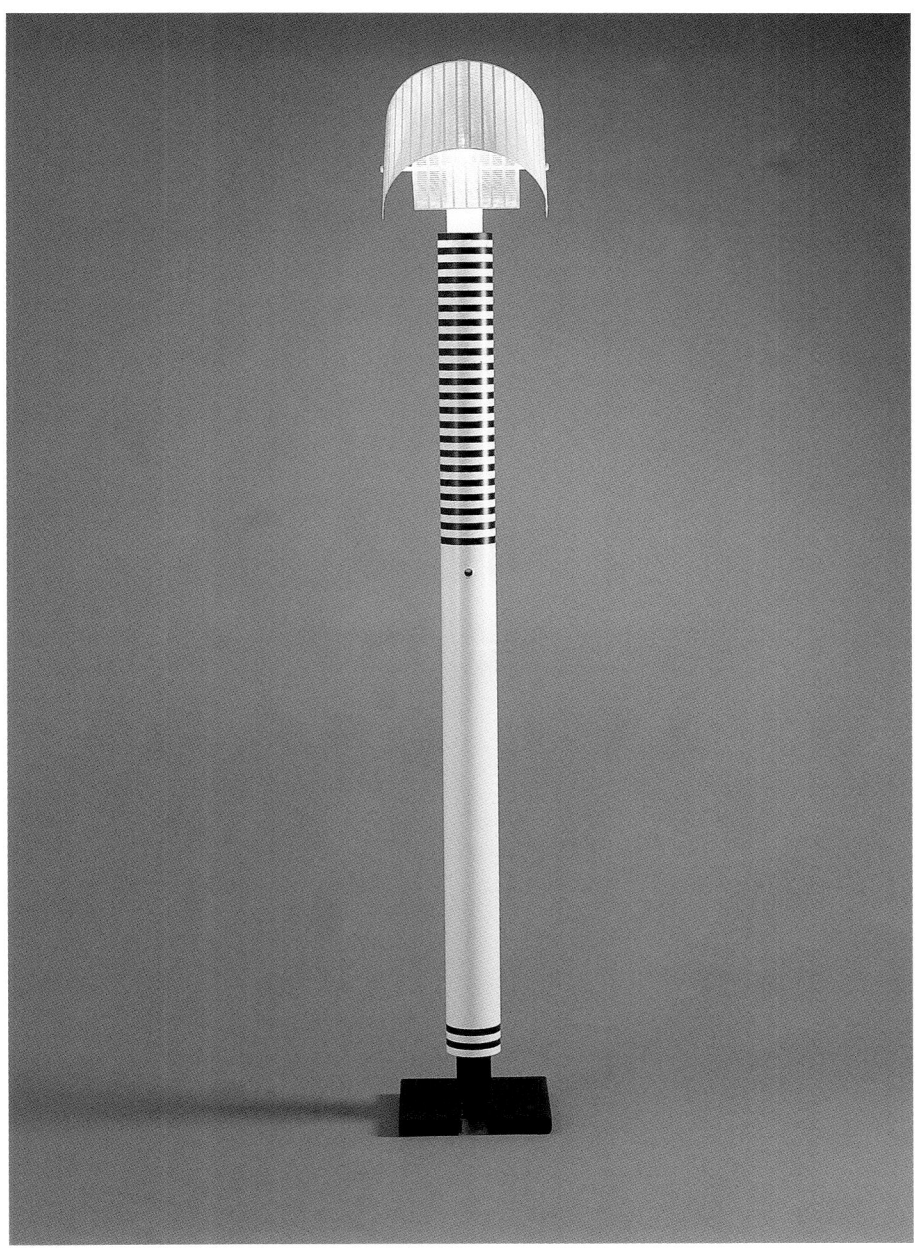

BAUHAUS

◂ Cenicero de latón y níquel plateado para el taller de metal de la Bauhaus de Weimar, 1924

◂ Lámpara de mesa *Kandem* para Körting & Mathiesen, 1928

## Marianne Brandt

*Chemnitz (Alemania)*, 1893
*Halle (Saale)*, 1983

Marianne Brandt estudió en la Staatliches **Bauhaus** de Weimar en 1924. Trabajó como aprendiz en el taller de metal, dirigido entonces por **László Moholy-Nagy**. Tras aprobar el examen de oficial, Brandt fue nombrada directora adjunta del taller y organizó proyectos en colaboración con los fabricantes de lámparas Körting & Mathiesen AG de Kandem (Leipzig) y Schwintzer & Gräff de Berlín. En la Bauhaus colaboró con otros artesanos del metal, como **Christian Dell** y Hans Przyrembel (1900–1945), y trabajó con Hin Bredendieck (1904–1995) en la lámpara *Kandem*, de 1928, presentada como proyecto de curso. De 1928 a 1929, Brandt fue profesora ayudante del taller de metal de la Bauhaus de Dessau. En 1929, trabajó en el estudio de arquitectura de **Walter Gropius** en Berlín y, en los tres años siguientes, desarrolló nuevos conceptos de diseño para la Metallwarenfabrik Ruppelwerk de Gotha. Luego regresó a Chemnitz, donde estudió pintura. Durante este período, intentó comercializar algunos de sus productos en los grandes almacenes Wohnbedarf. Brandt fue profesora de la Hochschule für Bildende Künste de Dresde de 1949 a 1951 y del Institut für angewandte Kunst de Berlín Oriental de 1951 a 1954, época en la que viajó a China para organizar una exposición de diseño industrial patrocinada por el gobierno alemán.

## Andrea Branzi

*Florencia*, 1938
*Milan*, 2023

Andrea Branzi estudió arquitectura en su Florencia natal antes de fundar el grupo de **diseño radical Archizoom**, junto con **Paolo Deganello**, Gilberto Corretti (nacido en 1941) y Massimo Morozzi (1941–2014). Creado en 1966, el grupo realizó numerosos muebles **antidiseño** de gran influencia, como las sillas **Kitsch** *Safari* (1968) y la irónica silla *Mies* (1969). Branzi también participó en proyectos arquitectónicos de Archizoom, como *No-Stop City*, y de 1972 a 1975 trabajó en la revista *Casabella* como colaborador de artículos teóricos. Branzi creó su estudio de diseño en Milán en 1973 y expuso en la Bienal de Venecia en 1976, 1978 y 1980. Junto con **Michele De Lucchi** y Paola Navone (1950), en 1977 organizó la histórica exposición «Il Disegno Italiano degli anni 50» en el Centrokappa de Naviglio (Milán), que, al revalorizar la contribución del diseño italiano de posguerra, ejerció una gran influencia en los diseñadores de los años ochenta. Branzi se estableció en Milán en 1979, donde expuso con **Studio Alchimia**. Sus diseños más significativos de los años ochenta fueron el sofá *Century* (1982) y la librería *Magnolia* (1985), así como la cerámica para **Memphis**, mientras que en los noventa diseñó mobiliario más racional para Zanotta, como su silla *Niccola* (1992). De 1982 a 1983, fue profesor de diseño industrial de la Università di Palermo, y en 1983 fue nombrado director educativo de la escuela superior de diseño, la Academia Domus de Milán. Durante los cuatro años siguientes, fue editor de la revista *Modo* y, por un breve período, presidente de la revista de diseño *Domus*. En 1985, diseñó la serie de muebles *Animali Domestici*, y dos años más tarde publicó un libro con el mismo título, en el que afirmaba que debía establecerse una nueva relación entre el hombre y el entorno y que era lícito pensar en los muebles y accesorios como animales domésticos. Branzi obtuvo el premio especial del **Compasso d'Oro** en 1987, en reconocimiento a su contribución al diseño. Desde 1991 dirigió la Domus Design Agency, en Tokio, y de 1991 a 1993 participó en el proyecto «Citizen Office» del Vitra Design Museum.

▾ Silla de la serie *Animali Domestici* para Zabro-Zanotta, 1985

▲ Jarrones de aluminio de la serie *Amnesie* (Amnesia) para la Design Gallery Milano, 1991

## Braun

Fundada en 1921
*Francfort (Main)*

Max Braun (1890–1951), un ingeniero nacido en Prusia Oriental, fundó en 1921 una fábrica de conectores para correas de transmisión y material científico. En 1923, empezó a producir componentes para la nueva industria radiofónica y, en 1925, con la aparición del aglomerado de plástico, fue una de las primeras fábricas que produjo componentes como diales y botones del nuevo material utilizando prensas de fabricación casera. En 1928, la empresa se trasladó a un moderno edificio funcional en Idsteiner Strasse en Francfort y al cabo de un año empezó a fabricar sus propias radios, las primeras en las que se combinaba auricular y altavoz en un único aparato. En 1932, la compañía amplió su gama de productos y se convirtió en una de las primeras fábricas que incorporó radio y fonógrafo en una sola unidad. Braun desarrolló su primera radio a pilas en 1936, lo que le valió el premio a los «logros excepcionales en fonógrafos» de la «Exposition International des Arts et Techniques dans la Vie Moderne» realizada en París en 1937. Hacia 1947, la compañía fabricaba aparatos de radio en serie y las linternas *Manulux*, y en 1950 produjo su primera máquina de afeitar eléctrica, la *S50*, que incorporaba una cuchilla oscilante protegida por una fina lámina de rasurado de acero, un sistema que se sigue usando hoy día. En 1950, Braun también lanzó su primer electrodoméstico, el *Multimix*. Tras la muerte de su fundador, Max Braun, en 1951, la firma fue dirigida por sus dos hijos, Artur (1925–2013) y Erwin (1921–1992), que decidieron implantar un programa de diseño sistemático y racional, por lo que en 1952 el diseño de marca de Braun ya había adoptado su forma actual. En 1953, Erwin no dejó pasar la oportunidad comercial de fabricar radios que fueran «herramientas honestas, discretas y prácticas» con una estética moderna. Con este objetivo, en 1954 encargó al profesor **Wilhelm Wagenfeld** y a diseñadores vinculados a la **Hochschule für Gestaltung,**

▼ **Hans Gugelot y Gerd Alfred Müller**, máquina de afeitar eléctrica *Sixtant SM 31* para Braun, 1962

▲ **Gerd Alfred Müller**, batidora de cocina *KM3* para Braun, 1957

**Ulm**, como Fritz Eichler (1911–1991), que rediseñaran las radios y fonógrafos de la compañía. Esta nueva línea de Braun fue presentada en 1955 en la Feria de Radio de Düsseldorf, donde obtuvo una gran acogida internacional. En 1956 Braun fundó un departamento de diseño interno, dirigido por Eichler, quien desarrolló un estilo coherente para la compañía basado en la simplicidad geométrica, la utilidad y el enfoque funcionalista del proceso de diseño. El estilo Braun se aplicó al diseño de productos, así como a todos los ámbitos del **diseño corporativo**, como el embalaje, el logotipo y la publicidad. Además, Eichler encargó a otros diseñadores vinculados a la Hochschule für Gestaltung, como **Otl Aicher**, **Hans Gugelot** y **Dieter Rams**, que diseñaran productos sin ningún tipo de ornamentación. Los diseños más destacados de este período son la gama de radios y fonógrafos de Eichler y Artur Braun y el *Phonosuper SK4* (1955) de Dieter Rams y Hans Gugelot, que también recibió el nombre de «ataúd de Blancanieves». Rams también diseñó la radio portátil *Transistor 1* (1956), la radio de bolsillo *T3-T4* (1958) y el primer sistema de alta fidelidad basado en componentes electrónicos *Studio 2* (1959), que contribuyeron a consolidar el prestigio internacional de Braun. En 1955, el diseñador Gerd Alfred Müller (1932–1991) se unió al equipo de diseño y fue responsable de algunos de los diseños más conocidos de finales de los cincuenta, como la batidora de cocina multiuso *KM3* (1957), símbolo de la austera estética racionalista que se convirtió en sinónimo del diseño alemán de posguerra. Dieter Rams fue nombrado responsable del departamento de diseño en 1961 y, siete años más tarde, se convirtió en el director de diseño de la compañía. En 1964, el **Museum of Modern Art** de Nueva York inauguró una nueva sala de diseño con una exposición de toda la gama de productos de Braun, y al año siguiente, impulsada por su éxito comercial, la compañía empezó a construir una nueva sede en Kronberg/ Taunus, cerca de Francfort. En los años posteriores, Braun realizó una serie de diseños que marcaron hitos, como el encendedor *Permanent* (1966), que incorporaba un mecanismo electromagnético y no el tradicional cilindro de fricción, la calculadora electrónica de bolsillo *ET22* (1976) y el primer reloj teledirigido (1977). En 1967, Gillette, con sede en Boston, adquirió acciones de la compañía y al cabo de un año se crearon los Premios Internacionales Braun para el diseño de ingeniería. La compañía obtuvo el primer Premio de Diseño Corporativo en la Feria Comercial de Hannover de 1983 por su «ejemplar concepción del diseño, de la información y de la presentación de productos». Braun abandonó la producción de equipos de alta fidelidad en 1990 para dedicarse de lleno a la fabricación de productos para el aderezo personal, como la depiladora *Silk-épil EE1* (1989), la famosa gama de maquinillas de afeitar *Flex Control* (1990) y el cepillo de dientes eléc-

▾ **Roland Ullmann**, máquina de afeitar *Flex Integral 6550 Ultra Speed* para Braun, 1998

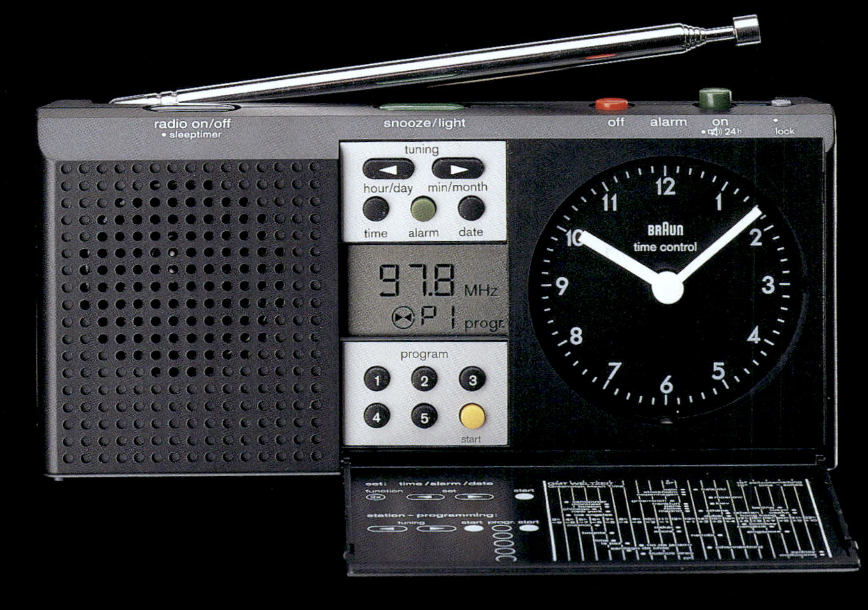


trico *Plak Control D5* (1991), así como una serie de secadores de pelo. En los años noventa, Braun introdujo innovadoras máquinas de café, procesadores de alimentos, batidoras, planchas y despertadores. En 1996 lanzó el termómetro por infrarrojos *Thermoscan*, que marcó la entrada de la compañía en el mercado de aparatos eléctricos para el diagnóstico personal. El éxito de Braun reside en que sus productos son desarrollados conjuntamente por un equipo de diseñadores, de ingenieros y de profesionales del marketing según unos principios básicos de diseño. La firma utiliza la innovación en el diseño para conseguir avances técnicos y funcionales, y ha establecido una tradición de progreso en su equipo de diseño. La fuerte claridad estética de los productos de Braun es el resultado de una ordenación lógica de elementos y de la búsqueda de un conjunto armónico y discreto.

▲ **Dietrich Lubs**, radio digital con reloj *ABR 314 df time control* para Braun, 1997

## Marcel Breuer

*Pécs (Hungría)*, 1902
*Nueva York*, 1981

En 1920, Marcel Lajos Breuer obtuvo una beca para estudiar en la Akademie für Bildende Künste de Viena. Insatisfecho con la institución, sólo permaneció en ella durante un breve período antes de entrar a trabajar en un despacho de arquitectos de Viena. De 1920 a 1923, estudió en la Staatliches **Bauhaus** de Weimar, y completó el curso básico, el aprendizaje de carpintería y el examen de oficial. Durante su formación en la Bauhaus, Breuer diseñó la *Silla africana* (1921) y la *Silla de listones* (1922–1924). Al acabar sus estudios, se trasladó a París, donde trabajó en un estudio de arquitectura. Cuando regresó al año siguiente, Breuer fue nombrado «joven maestro» y se hizo cargo del taller de carpintería de la Bauhaus, trasladada por aquel entonces a Dessau. Allí diseñó su primera silla de metal tubular, la *B3* (1925), inspirándose, para la novedosa elección de material, en su recién adquirida bicicleta Adler. Posteriormente, Breuer diseñó una serie de mobiliario de metal tubular en el que se incluían sillas, mesas, taburetes y armarios, fabricados y distribuidos por Standard-Möbel de Berlín. El metal tubular ofrecía grandes beneficios —precio asequible, higiene y una elasticidad intrínseca que proporcionaba confort sin necesidad de muelles— y Breuer consideraba sus diseños un equipamiento esencial para la vida moderna. En la Bauhaus, Breuer también diseñó interiores y mobiliario, cortinas y alfombras para el nuevo complejo de la escuela y para las viviendas de los profesores. Su silla

▼ Silla *Modelo n.° ti 2* y taburete *Modelo n.° ti 13* para la Bauhaus de Dessau, 1924

▲ Butaca *Modelo n.° B35* para Gebrüder Thonet, 1928–1929

*B3* o *Wassily* fue diseñada originalmente para **Wassily Kandinsky**. Breuer no sólo creaba muebles estandarizados; en 1926 también diseñó una pequeña casa estandarizada de metal y, un año más tarde, su casa *Bambos*. Aquel mismo año realizó un gráfico sobre la evolución de la silla, que concluía con su ideal etéreo de sentarse «sobre mullidas columnas de aire». Breuer continuó enseñando en la Bauhaus hasta abril de 1928 y, en los tres años siguientes, dirigió su estudio de arquitectura en Berlín, donde empleó al antiguo alumno de la Bauhaus, Gustav Hassenpflug (1907–1977). Durante este período, Breuer siguió diseñando muebles, interiores y tiendas, mientras que sus proyectos de edificios seguían sin construirse. El **Deutscher Werkbund** le encargó el diseño interior de la sección alemana de la exposición «Societé des Artistes Décoratifs Français» de 1930. En 1931, una época en que no había demasiado trabajo debido a la precariedad económica, Breuer cerró su despacho en Berlín y viajó hacia el sur de Francia, España, Grecia y Marruecos. Al año siguiente, finalizó su primer encargo arquitectónico, la casa Harnischmacher, en Wiesbaden, y diseñó la tienda de muebles Wohnbedarf, en Zúrich. Dos años más tarde, se asoció con Alfred (1903–1998) y Emil Roth (1893–1980) para diseñar las casas Doldertal, dos

▲ Escritorio para mecanógrafa (variante del *B21*) para Thonet, aprox. 1928

► Silla *Modelo n.° B3 Wassily* para Standard-Möbel y Thonet, 1925–1927

bloques de apartamentos experimentales en Zúrich para Sigfried Giedion (1888–1968), fundador de la compañía Wohnbedarf. De 1932 a 1934, desarrolló una serie de muebles flexibles con un método patentado de construcción que incorporaba franjas planas de acero y aluminio. Esta serie de muebles metálicos fue fabricada por Embru y comercializada por Wohnbedarf. En 1933 y 1934 visitó Suiza y trabajó en Budapest con Farkas Molnár y Josef Fischer en un proyecto arquitectónico que no llegó a construirse. Escapando de la persecución nazi debido a sus orígenes húngaro-judíos, Breuer emigró a Londres en 1935, donde inicialmente trabajó con el arquitecto F. R. S Yorke (1906–1962). Juntos realizaron varios encargos arquitectónicos, entre los que se incluyen varias viviendas en Sussex, Hampshire, Berkshire y Bristol, y el Gane Pavilion en Bristol (1936), en el que se combinaban la madera y la piedra local (una concepción muy alejada de la estética de acero y vidrio de la Bauhaus). Breuer y Yorke también diseñaron un «Centro Cívico para el Futuro», que no llegó a construirse. Posteriormente, como director de diseño de la compañía de Jack Pritchard, Isokon, Breuer produjo cinco diseños de muebles de madera entre 1935 y 1937, que básicamente eran traduc-

ciones de sus primeros diseños metálicos. Esos diseños de Isokon reflejaban la popularidad de los primeros muebles de madera contrachapada de **Alvar Aalto**, que habían sido expuestos en Gran Bretaña en 1933. Durante su estancia en Londres, tres años más tarde, Breuer también diseñó un grupo de muebles de madera para Heal & Sons. En 1937, se trasladó a Estados Unidos, ya que **Walter Gropius** le había ofrecido una cátedra en la School of Design de la Harvard University (Massachusetts). Ambos crearon un estudio arquitectónico en Massachusetts para proyectar el Pennsylvania Pavilion en la Exposición Universal de Nueva York de 1939 y varias viviendas privadas, incluida la propia residencia de Gropius. En 1941, Gropius y Breuer se separaron y Breuer estableció su propio estudio de arquitectura, que trasladó a Nueva York en 1946. A finales de los cuarenta y durante los años cincuenta, Breuer proyectó unas setenta viviendas privadas, principalmente en Nueva Inglaterra, y en 1947 construyó su casa de New Canaan (Connecticut). El **Museum of Modern Art** de Nueva York inició una exposición itinerante de su obra en 1947 y al año siguiente le invitó a proyectar en los terrenos del museo una casa de bajo coste, adecuada a las necesidades de una familia media americana. En este proyecto, Breuer utilizó muebles económicos de madera contrachapada. En 1953, Breuer participó en el equipo que realizó el nuevo edificio de la Unesco en París y también diseñó la tienda

▾ Butaca para la Isokon Furniture Company, 1936

▸ Silla *Modelo n.° 301* producida por Ebru para Wohnbedarf, 1932–1934

Bijenkorff en Rotterdam. En 1956, fundó Marcel Breuer and Associates en Nueva York y, por aquella época, al igual que **Le Corbusier**, el hormigón fue su material preferido. Utilizó este material de un modo altamente escultórico e innovador en su diseño del monumental Whitney Museum of American Art de Nueva York (1966). Breuer ha sido uno de los principales exponentes del **movimiento moderno** y el imperecedero atractivo de sus democráticos diseños de muebles, como la icónica silla *B3* y la exitosa silla en voladizo *B32* o *Cesca*, son un testimonio de su dominio de los métodos estéticos y productivos.

## Neville Brody

*Londres, 1957*

Neville Brody hizo un curso de bellas artes antes de estudiar grafismo en el London College of Printing de 1976 a 1979. Posteriormente diseñó portadas de disco para varios sellos independientes como Stiff Records. En 1981, fue nombrado director de arte de la revista de música joven *The Face*. Brody creó una inconfundible imagen para la revista utilizando tipos de letras posmodernos y experimentales. Creó un lenguaje nuevo y poco convencional, visualmente ruidoso y repleto de exuberancia juvenil. Sus fuentes deconstruían las formas de las letras y poseían un alto contenido simbólico.
De 1983 a 1987, Brody trabajó en la guía de espectáculos londinense *City Limits*, así como en *New Socialist* y *Touch*. Dejó *The Face* en 1986 para trabajar en la publicación asociada *Arena*. En 1988, se organizó una exposición retrospectiva de su obra en el **Victoria & Albert Museum** de Londres. Hacia 1986, Brody se distanció de su anterior estilo gráfico «improvisado», un compendio del estilo «neorromántico» que cada vez era más imitado, para empezar a producir gráficos en los ordenadores Apple Macintosh, influidos por medios electrónicos como los que Brody ideó en los años noventa para la revista *Fuse*.

► Cartel de la «Fuse 94 Fuse Lab Conference and Exhibition» en el Royal College of Art, Londres, 1994

◄ Portada de la revista *Fuse*, 1994

FUSE

THE FORUM FOR EXPERIMENTAL TYPOGRAPHY

FUSE94:FUSELAB:CONFERENCE:EXHIBITION

NOVEMBER 1994 ROYAL COLLEGE OF ART KENSINGTON GORE LONDON SW7
FUSELAB 25 26 27 : CONFERENCE 26 27 : EXHIBITION AND STUDENT FUSE
EXHIBITION NOVEMBER 25 TO DECEMBER 7 : LIVE ON THE INTERNET

FUSE FUSE

## Carlo Bugatti

*Milán*, 1855
*Molsheim (Francia)*, 1940

Carlo Bugatti estudió en la Accademia di Belli Arti di Brera, en Milán, y en la École des Beaux-Arts de París. Diseñó sus primeros muebles conocidos en 1880 para el matrimonio de su hermana Luigia y el artista Giovanni Segantini (1858–1899). Sus diseños de la década de 1880, que mostraban grandes influencias japonesas, eran asimétricos y solían estar recubiertos de pergamino decorado. En 1888, Bugatti creó su propio taller de ebanistería y negocio de decoración en Milán. Hacia 1900, adoptó un estilo morisco y sus muebles se fueron adornando con borlas e incrustaciones metálicas. Expuso su obra en la Exposición Universal de 1900 en París, donde obtuvo una medalla de plata. Ese año también creó el mobiliario del palacio del jedive en Estambul y un interior completamente unificado en Londres para Cyril Flowers, el primer Lord Battersea, que constituyó un notable primer ejemplo de **Gesamtkunstwerk**. En 1902 recibió un diploma de honor en la «Exposizione Internazionale d'Arte Decorativa Moderna» de Turín por su diseño de cuatro interiores, entre los que cabe destacar su sala *Caracol*. Este interior, que incluía sus sillas biomórficas *Cobra* (1902), era más orgánico que sus esquemas anteriores y le valió su fama internacional de diseñador excéntrico e idiosincrásico. En 1904, vendió su negocio de decoración a De Vecchi y se trasladó a París, donde creó su taller de ebanistería para producir objetos que posteriormente comercializaban los grandes almacenes Bon Marché. También diseñó orfebrería, producida y expuesta por primera vez por A. A. Hébrard en 1907, y posteriormente exhibida en las exposiciones del Salon des Artistes Décorateurs. Mientras vivió en París, Bugatti pasó la mayor parte de su tiempo libre dedicado a la pintura. Sus hijos también tuvieron mucho éxito en sus respectivas profesiones: Ettore (1881–1947) como diseñador de automóviles y Rembrandt (1885–1916) como escultor de bronces de animales.

▾ Silla *Cobra* diseñada para la sala *Caracol* de la Exposición de Turín, 1902

## California New Wave

### New Wave california

El término «New Wave californiana» alude al influyente estilo de grafismo posmoderno desarrollado por algunos diseñadores de la Costa Oeste de Estados Unidos durante los años ochenta. Diseñadores como **April Greiman** y Lucille Tenazas crearon un estilo combinando fuentes modernas como Garamond o Baskerville con imágenes tipo collage. Inspirado en los medios electrónicos, el grafismo de la New Wave californiana da la sensación de transmitir mensajes filtrados por capas, lo que da una gran calidad tridimensional o profundidad visual. Mediante los programas de Apple Macintosh, los diseñadores de la New Wave californiana crearon un lenguaje de imaginería híbrida con mensajes codificados. La posición aparentemente fortuita de las imágenes de sus «collages» dotaba a su trabajo de una refrescante vitalidad. Este estilo fue también impulsado por los diseñadores gráficos Rudy VanderLans (nacido en 1955) y su esposa Zuzana Licko (nacida en 1961), que en 1982 lanzaron la revista de grafismo de gran formato *Émigré*.

▲ **April Greiman**, cartel del Southern California Institute – Arc Admissions, 1993

▲ Lámpara de mesa *Anglepoise* para Herbert Terry & Sons, 1932

## George Carwardine
1887–1948

George Cawardine, director de la Cawardine Associates de Bath, fue un ingeniero de automóviles especializado en el diseño de sistemas de suspensión. En 1932, patentó el diseño de una lámpara articulada de mesa, la *Anglepoise*, que permitía una posición flexible y se basaba en el principio de tensión constante de las extremidades humanas, con un muelle que actuaba como los músculos. Producida en grandes cantidades durante cincuenta años por el fabricante británico Herbert Terry, en Redditch, su patente fue adquirida en 1937 por el diseñador de lámparas noruego **Jacob Jacobsen**, que se había inspirado en ella al diseñar su conocida lámpara *Luxo 1001* ese mismo año. La *Anglepoise* de Carwardine, posteriormente fabricada en Noruega y comercializada bajo otro nombre, ejerció una gran influencia en las siguientes generaciones de diseñadores de lámparas.

Cassandre, cuyo verdadero nombre era Adolphe Jean Édouard-Marie Mouron, estudió pintura con Lucien Simon (1861–1945) y René Menard (1862–1930) en la Académie Julian de París de 1918 a 1921. Su primer cartel, realizado para la tienda de muebles de París Au Bûcheron, apareció en 1923. Su dinámica imagen de un leñador trabajando sobre un fondo de rayos geométricos es decididamente **Art Déco**. Cassandre formó parte de la **vanguardia** parisina de los años veinte y trabó amistad con artistas como Robert Delau-

## A. M. Cassandre

*Kharkov (Ucrania)*, 1901
*París*, 1968

▼ Cartel para Chemin de Fer du Nord, 1927

nay (1885–1941) y Fernand Léger (1881–1955), el poeta Guillaume Apollinaire (1880–1918) y el compositor Erik Satie (1866–1925). Su obra estuvo influida por el cubismo y el diseño industrial moderno, y a partir de 1923 utilizó el seudónimo A. M. Cassandre. Sus diseños de carteles para la Compagnie des Chemins de Fer du Nord, como el anuncio del *Étoile du Nord* de 1927, contribuyeron a consolidar su reputación. Posteriormente, junto con Charles Loupot (1898–1962) y Maurice Moyrand, fundó la agencia de publicidad y estudio de diseño Alliance Graphique Internationale, y en 1930 se unió al UAM (Union des Artistes Modernes). A lo largo de su carrera diseñó cientos de carteles, entre los que destacan sus anuncios del aperitivo Pivolo (1924), el periódico *L'Intransigeant* (1925), Pernod (1934), Dubonnet (1934) y el trasatlántico *Normandie* (1935). Mediante marcadas formas geométricas, su método de trabajo partía siempre del texto y de la elección de la tipografía, que a su vez le inspiraba los elementos más gráficos de sus carteles. Cassandre pensaba que el deber del diseñador de carteles era transmitir mensajes más que insinuarlos. Visitó Estados Unidos varias veces y, además de dedicarse al grafismo, diseñó monumentales escenografías. Fue el creador de la estilizada letra Art Déco *Bifur*, lanzada por el tipógrafo Deberny & Peignot en 1929, así como de otros tres tipos: *Acier Nord* (1930) y *Peignot* (1936) para textos, y, finalmente, *Cassandre* (1968). Además de ser profesor en la École des Arts Décoratifs desde 1934–1935, creó su propia escuela de diseño, con alumnos como **Raymond Savignac**, Bernard Villemot (1911–1989) y André François (1915–2005). En 1963, diseñó el famoso monograma YSL para Yves Saint Laurent. Al cabo de cinco años, puso final a su vida de manera trágica.

▼ Cartel para el trasatlántico francés, aprox. 1930

◂ Mesa de plástico de inyección *Modelo n.° 4300* para Kartell, 1982

## Anna Castelli Ferrieri

*Milán*, 1920
*Milán*, 2006

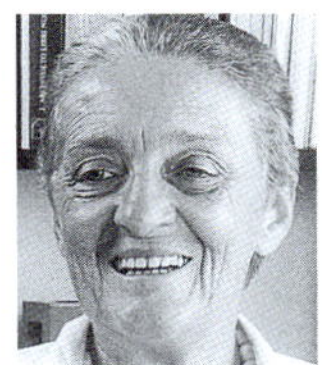

Anna Ferrieri estudió arquitectura en el Politecnico di Milano de 1938 a 1943 como alumna de **Franco Albini**, en cuyo estudió trabajó durante un breve período. En 1943, contrajo matrimonio con el ingeniero químico Giulio Castelli, fundador en 1949 de la fábrica de plásticos **Kartell**. Participó en la creación del Movimento Studi per l'Architettura de Milán y en 1946 estableció su estudio en esa ciudad. Al año siguiente, fue nombrada editora de la revista *Casabella-Costruzioni* y fue corresponsal en Italia de la revista londinense *Architectural Design* durante cinco años. En 1952, se incorporó al Istituto Nazionale di Urbanistica y cuatro años más tarde participó en la fundación de ADI (Associazione per il Disegno Industriale). Entre 1959 y 1973, se asoció a Ignazio Gardella (1905–1999), con quien en 1951 había diseñado un edificio de apartamentos en Milán. En 1965, inició sus actividades en el campo del diseño industrial y al año empezó a trabajar como asesora de diseño de Kartell, donde realizó objetos con plásticos de tecnología punta. Su influyente sistema de recipientes cilíndricos moldeados por inyección ABS *4953–54–55–56* (1969) se podían apilar y combinar de diferentes maneras ofreciendo una gran flexibilidad de almacenaje. Para su taburete *4830* (1979), utilizó una estructura combinada de metal tubular y ABS, con un asiento de poliuretano rígido expandido. Entre sus diseños, sobresalen su mesa plegable *4300* (1982) y su mesa *4310* (1983), fabricadas con tecnopolímero de última generación. Como diseñadora reconocida y experta en la tecnología del plástico, Anna Castelli Ferrieri fue nombrada directora de diseño del estudio de diseño interno de Kartell, Centrokappa.

▲ **Achille y Pier Giacomo Castiglioni**, lámpara de pie *Luminator* para Gilardi y Arform, 1955

► **Achille Castiglioni**, lámpara de mesa direccional *Gibigiana* para Flos, 1980

## Livio, Pier Giacomo & Achille Castiglioni

Livio Castiglioni
*Milán*, 1911
*Milán*, 1979

El mayor de los hermanos Castiglioni, Livio, estudió arquitectura en el Politecnico di Milano, donde se licenció en 1936. En 1938, junto con Luigi Caccia Dominioni (nacido en 1913), Livio y Pier Giacomo fundaron un estudio dedicado básicamente al diseño de cuberterías de plata y aluminio. Su objeto más notable, la radio *Phonola* (1939), fue la primera radio italiana de baquelita y, como tal, influyó en la futura concepción de radios, que hasta entonces habían permanecido enclaustradas en cajas de madera. El diseño obtuvo una medalla de oro en la VII Trienal de Milán de 1940, donde los hermanos Castiglioni fueron los comisarios de una exposición de radios. De 1940 a 1960, Livio trabajó como asesor de diseño, primero para Phonola de 1939 a 1960 y luego para Brionvega de 1960 a 1964. De 1959 a 1960, fue presidente de la ADI (Associazione per il Disegno Industriale). Livio también fue autor de numerosas presentaciones audiovisuales y colaboró con sus otros hermanos en varios proyectos de iluminación. Su diseño más conocido, la lámpara en forma de serpiente *Boalum* (1970), fue realizado en colaboración con Gianfranco Frattini (1926–2004). Pier Giacomo y Achille Castiglioni se licenciaron en el Politecnico di Milano en 1937 y 1944 respectivamente. Achille se incorporó al estudio de diseño de sus hermanos en Piazza Castello y durante la posguerra realizaron encargos de urbanismo y arquitectura, así como diseños de objetos y exposiciones. Los Castiglioni fueron muy activos y contribuyeron a organizar las exposiciones de la Trienal de Milán, los premios **Compasso d'Oro** y la ADI. Cuando Livio dejó el estudio en 1952, sus dos hermanos siguieron trabajando juntos hasta la muerte de Pier Giacomo en 1968. Diseñaron la exposición «Colori e forma nella casa d'oggi» en Villa Olmo (Como), donde presentaron por primera vez sus diseños «de confección» de 1957: el *Mezzadro* (taburete de aparcero), que in-

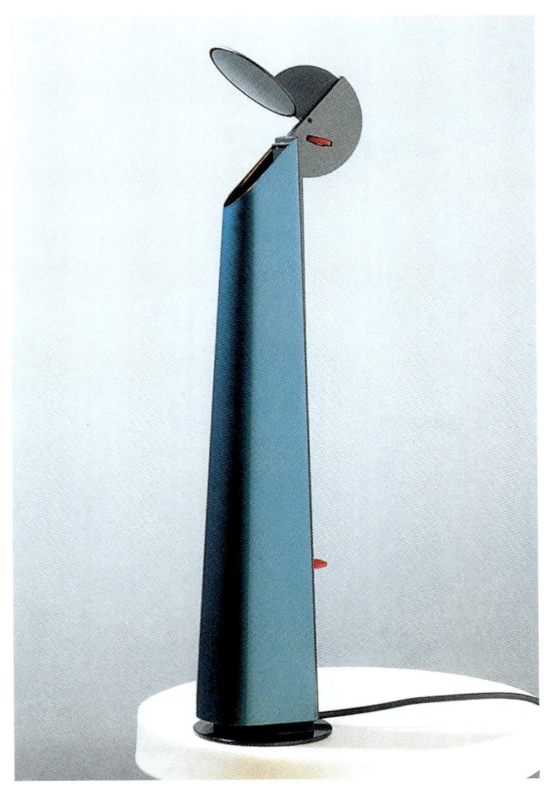

Pier Giacomo Castiglioni

*Milán*, 1913
*Milán*, 1968

▾ ▸ **A. y P. G. Castiglioni**, taburete *Mezzadro* (reeditado por Zanotta)

▾ **A. y P. G. Castiglioni**, taburete *Sella* (reeditado por Zanotta)

corporaba una silla de tractor, y el *Sgabello per Telefono* (taburete para teléfono), con un sillín de bicicleta. Los Castiglioni también crearon diseños menos radicales, como el sillón de estilo neoliberty *Sanluca* (1959) para la fábrica de muebles Dino Gavina, para quien decoraron su sede central en Milán en 1963. Otras creaciones notables de Pier Giacomo y Achille Castiglioni son la lámpara de escritorio *Tubino* (1951), las lámparas de pie *Luminator* (1955) y *Arco* (1962), y la lámpara de mesa *Taccia* (1962). En 1966, diseñaron la silla *Allunaggio,* inspirada en el primer alunizaje. Su amplia y prestigiosa lista de clientes incluía a **Kartell**, Zanotta, Brionvega, Bernini, Siemens, **Knoll**, Poggi, Lancia, Ideal Standard y Bonacina.
Tras la muerte de Pier Giacomo, Achille siguió trabajando en el campo del diseño industrial, con piezas tan conocidas como la lámpara de mesa *Lampadina* (1972) para Flos, sus estilizadas vinagreras para Alessi (1980–1984) y la lámpara de mesa direccional *Gibigiana* (1980) para Flos. Los Castiglioni ejercieron una gran influencia en las posteriores generaciones de diseñadores italianos, ya que Pier Giacomo fue profesor del Politecnico di Milano de

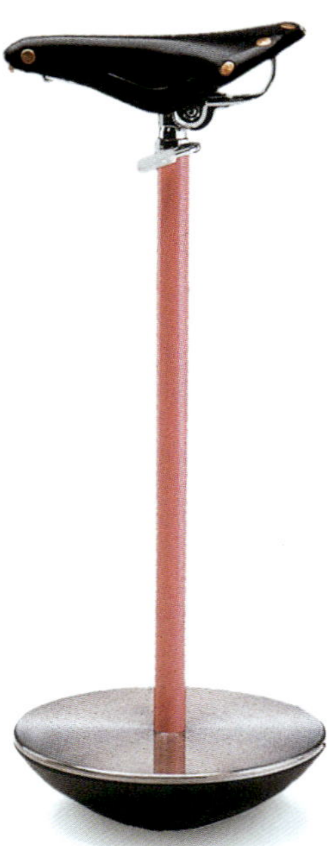

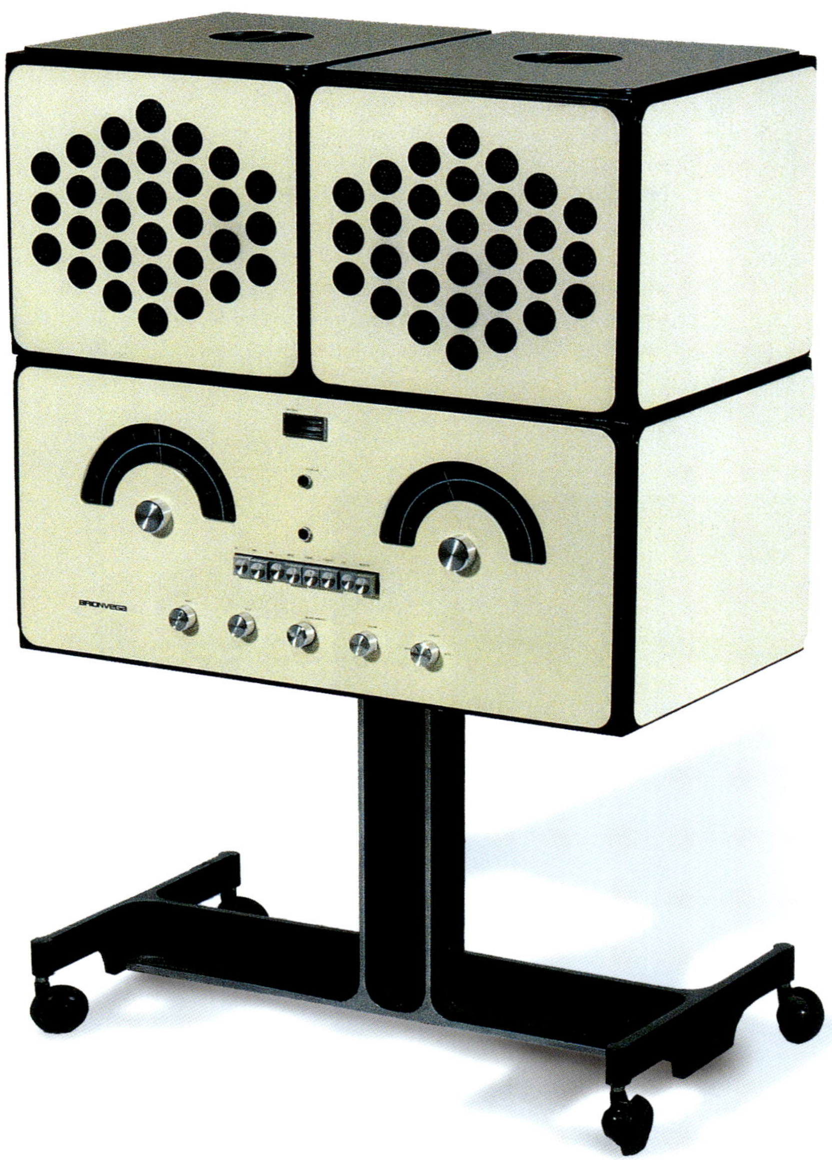


▲ **Achille y Pier Giacomo Castiglioni**, tocadiscos con altavoces para Brionvega, 1966

Achille Castiglioni
*Milán*, 1918
*Milán*, 2006

1946 a 1968 y Achille profesor de diseño artístico industrial de 1970 a 1977 y profesor de interiorismo y arquitectura del Politecnico di Torino de 1977 a 1980. Además, de 1981 a 1986, Achille Castiglioni fue profesor de interiorismo y luego de diseño industrial en el Politecnico di Milano.
A lo largo de su fructífera carrera, con una duración de más de medio siglo, Achille Castiglioni ha obtenido ocho **Compasso d'Oro**, así como otros muchos premios. A pesar de que su lenguaje se basa en el **racionalismo**, queda suavizado por el humor irónico y la forma escultórica, un enfoque inusual que ha sido descrito como «expresionismo racional». Este enfoque y la constante calidad de sus diseños, innovadores en cuanto a la estructura y a la vez estéticamente agradables, han convertido a Achille Castiglioni en una de las figuras más importantes del diseño italiano del siglo XX.

◂ **Livio Castiglioni y Gianfranco Frattini**, lámpara *Boalum* para Artemide, 1969

▲ **Achille Castiglioni**,
vinagreras *AC01* para
Alessi, 1980

## Wendell Castle

*Emporia (Kansas)*, 1932
*Scottsville (Nueva York)*, 2018

Wendell Castle estudió escultura en la University of Kansas. Su breve experimentación con la fibra de vidrio en los años sesenta dio paso a sus extremadamente escultóricas y orgánicas series *Castle* y *Molar* (ambas de 1969), esta última inspirada en la forma de las muelas. Hacia 1970, se dedicó a diseñar y a realizar muebles de madera laminada, como el *Two-Seater love-seat* (1979). Desde 1976, ha creado muebles de madera maciza, extraordinariamente escultóricos e imaginativos, utilizando un gran despliegue de técnicas de *trompe-l'oeil*, como en *Coatrack with Trench Coat* y *Chair with Sports Coat* (ambos de 1978). En 1980, fundó una escuela de artesanía especializada en ebanistería, The Wendell Castle Workshop, y durante los años siguientes se dedicó a realizar diseños inspirados en el **Art Déco**. Mediante el uso de materiales exóticos exquisitamente trabajados, su pretensión era «retomar el hilo donde lo había dejado **Jacques-Émile Ruhlmann**, el último gran ebanista». A mediados de los ochenta, adoptó un enfoque más expresionista. Las superficies de sus trabajos posteriores, como la mesa y silla *Dr. Caligari* (1986), están pintadas o teñidas y sus formas son menos funcionales y más simbolistas.

▲ Sofá *Molar* para Beylerian, 1969

◄ **Don Chadwick y Bill Stumpf**, silla de oficina *Aeron* para Herman Miller, 1992

## Don Chadwick

*Los Ángeles*, 1936

Don Chadwick estudió diseño industrial en la University of California en Los Ángeles, donde se licenció en 1959. Luego trabajó en el estudio de arquitectura de Victor Gruen & Associates. En 1964, fundó su estudio de diseño en Los Ángeles y entre sus primeros trabajos cabe destacar los diseños para equipos fotográficos aéreos y para la industria aeroespacial. En 1974, diseñó el sistema *Modular Seating* para **Herman Miller**, mediante un proceso de poliuretano en frío. En 1977, se asoció con el ex vicepresidente de investigación de diseño de Herman Miller, **Bill Stumpf**, con quien fundó el estudio Chadwick, Stumpf & Associates en Winona (Minnesota). Entre los diseños más significativos del estudio destacan las mesas y sillas de tecnología punta para Herman Miller, como *C-Forms* (1979), los programas de asientos ergonómicos *Ergon* (1970–1976) y *Equa* (1984), y la innovadora silla de oficina *Aeron* (1992),con una malla de poliéster transpirable en el asiento y el respaldo.

## Pierre Chareau

*Burdeos (Francia)*, 1883
*Easthampton (Massachusetts)*, 1950

Pierre Chareau trabajó en París como delineante de la fábrica de muebles británica Waring & Gillow desde aproximadamente 1899 hasta 1914. En 1919, fundó su estudio de arquitectura y diseño, donde realizó muebles, lámparas e interiores. Cabe destacar el estudio y dormitorio del apartamento parisino de Annie Dalsace, que, junto con su mobiliario específico, fueron expuestos en el Salon d'Automne de 1919. Otros muebles e interiores fueron exhibidos en el Salon d'Automne de 1920 y cosecharon grandes elogios. En 1922 expuso su obra por primera vez en el Salon des Artistes Décorateurs y como miembro estable de la **vanguardia** parisina empezó a coleccionar obras de arte de Modigliani, Braque, Klee, **Raoul Dufy**, Ernst y Mondrian, entre otros. Al cabo de un año, trabajó con Fernand Léger (1881–1955) y **Robert Mallet-Stevens** en el diseño escenográfico de la película *L'Inhumaine,* de Marcel L'Herbier. En 1924, Chareau abrió una tienda, La Boutique, y empezó a colaborar con el diseñador de metal Louis Dalbert. Su trabajo conjunto fue presentado en la exposición del «Groupe des Cinq» de aquel año. Los interiores y muebles de Chareau se exhibieron en la «Exposition Internationale des Arts Décoratifs et Industriels Modernes» de 1925 en París, donde conoció al arquitecto holandés Bernard Bijvoët (1889–1979), con quien posteriormente colaboró en varios encargos, como el club social de Beauvallon (1926) para Émile Bernheim y la revolucionaria Maison de Verre de acero y vidrio en París (1928–1933), proyectada para Jean y Annie

▼ Tejido de seda *Les Cigares*, 1929–1930

▲ Mesa de oficina *Modelo n.° MB 744*, 1927

Dalsace. En 1925, diseñó mobiliario para el estudio de Jacques Lipchitz, obra de **Le Corbusier**. Hacia finales de los años veinte, sus diseños ya no pertenecían a la tradición francesa del *décorateur* sino que eran manifiestamente modernos. Influido sin duda por Le Corbusier, Chareau ahora concebía sus interiores y edificios como «máquinas para vivir» y diseñaba sus muebles para que funcionaran como «aparatos». En 1929, abandonó la Société des Artistes Décorateurs y se convirtió en miembro fundador de la UAM (Union des Artistes Modernes). Durante la depresión de los años treinta, recibió pocos encargos, pero en 1936 expuso un sistema de muebles plegables para una escuela en el Salon d'Automne. En 1939, su último encargo en Francia fue el diseño de muebles embalados para los soldados apostados en las colonias. En el otoño de 1940, emigró a América y al año siguiente lo hizo su mujer, Louise. En Nueva York, trabajó para el agregado cultural francés y organizó exposiciones sobre Balzac y Daumier. Uno de sus últimos proyectos fue la reconversión de un cobertizo prefabricado en una residencia de fin de semana para el artista Robert Motherwell (1915–1991) en East Hampton (Long Island).

## Serge Ivan Chermayeff

*Grozni (Azerbaiyán)*, 1900
*Wellfleets (Massachusetts)*, 1996

Serge Ivan Chermayeff emigró a Gran Bretaña en 1910 y se estableció en Londres. De 1928 a 1931, dirigió junto con **Paul Follot** el Modern Art Studio de la fábrica de muebles Waring & Gillows. Al cabo de un año, obtuvo el título de arquitecto y de 1931 a 1933 dirigió su estudio de arquitectura y diseño. Su posterior asociación con el arquitecto Erich Mendelsohn (1887–1953) se reflejó en edificios como el De La Warr Pavilion, en Bexhill-on-Sea (1933–1936); la casa Nimmo, en Chalfont-St-Giles (1934–1935), y la casa Levy, en Londres (1935–1936). En 1937, volvió a trabajar de manera independiente y se hizo miembro del MARS (Modern Architecture Research Group). Durante los años treinta, fue uno de los pioneros del **estilo internacional** en Gran Bretaña, época en la que diseñó cajas de radio de baquelita para Ekco y muebles de metal tubular para **PEL.** En 1939 emigró a Estados Unidos, donde trabajó inicialmente como urbanista y arquitecto antes de ser nombrado director del departamento de diseño del **Institute of Design, Chicago** en 1940. De 1942 a 1946, fue director del departamento de arte del Brooklyn College de Nueva York y, en 1946, tras la muerte de **László Moholy-Nagy**, regresó al Institute of Design para ocupar el cargo de presidente.

▲ Diseño de un estudio, 1928–1929

## Chermayeff & Geismar

Fundado en 1960
*Nueva York*

Ivan Chermayeff (nacido en 1932), hijo del arquitecto y diseñador **Serge Ivan Chermayeff**, estudió en la Harvard University (1950–1952), en el **Institute of Design, Chicago** (1952–1954) y en la School of Art and Architecture de la Yale University (1954–1955), donde conoció a Thomas Geismar (nacido en 1932). En 1956, junto con Robert Brownjohn (1925–1970), fundaron el estudio de diseño gráfico Brownjohn, Chermayeff & Geismar. Al cabo de dos años, diseñaron una exposición para el pabellón americano de la Exposición Universal de Bruselas, con imágenes de fragmentos del entorno americano, como señales de tráfico y un logotipo gigante de Pepsi-Cola. En 1960, Ivan Chermayeff y Thomas Geismar fundaron el estudio de diseño Chermayeff & Geismar, y luego llevaron a cabo una amplia serie de encargos entre los que se incluyen más de cien programas de **diseño corporativo** para clientes como Chase Manhattan Bank, Xerox, Mobil Oil y el **Museum of Modern Art** de Nueva York. Su logotipo abstracto para el Chase Manhattan Bank (1960) fue un prototipo de otros encargos parecidos y allanó el camino para un uso más abstracto de los logotipos corporativos. La firma también diseñó los pabellones norteamericanos de la Expo'67 y la Expo'70, y en 1987 el logotipo de la cadena NBC, el famoso pavo real con los colores del arco iris. La filosofía de la firma se basa en la resolución de problemas: comprender los temas que deben tratarse y buscar una solución a medida específicamente adaptada a la necesidad. Aunque reivindican no tener un estilo propio, su obra muestra similitudes con la abstracción geométrica, el minimalismo, el dadá y el pop art. Sus diseños son típicamente claros, directos, superpuestos, evocadores y a menudo sorprendentes, y a la vez están en sintonía con su época, lo que, junto con la firme calidad de sus innovadores productos, los ha convertido en una de las firmas de diseño gráfico más influyentes de América, por no decir del mundo.

▾ **Tom Geismar**, logotipo para Graphics Arts USA, 1963

## Pietro Chiesa

*Milán*, 1892
*París*, 1948

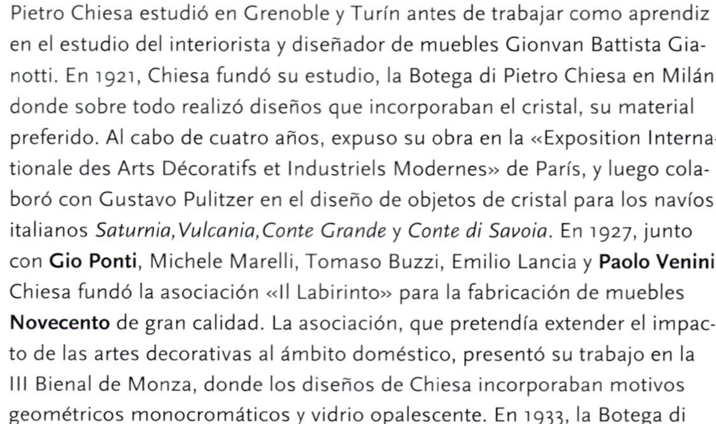

Pietro Chiesa estudió en Grenoble y Turín antes de trabajar como aprendiz en el estudio del interiorista y diseñador de muebles Gionvan Battista Gianotti. En 1921, Chiesa fundó su estudio, la Botega di Pietro Chiesa en Milán, donde sobre todo realizó diseños que incorporaban el cristal, su material preferido. Al cabo de cuatro años, expuso su obra en la «Exposition Internationale des Arts Décoratifs et Industriels Modernes» de París, y luego colaboró con Gustavo Pulitzer en el diseño de objetos de cristal para los navíos italianos *Saturnia, Vulcania, Conte Grande* y *Conte di Savoia*. En 1927, junto con **Gio Ponti**, Michele Marelli, Tomaso Buzzi, Emilio Lancia y **Paolo Venini**, Chiesa fundó la asociación «Il Labirinto» para la fabricación de muebles **Novecento** de gran calidad. La asociación, que pretendía extender el impacto de las artes decorativas al ámbito doméstico, presentó su trabajo en la III Bienal de Monza, donde los diseños de Chiesa incorporaban motivos geométricos monocromáticos y vidrio opalescente. En 1933, la Botega di Pietro Chiesa se fusionó con otro estudio recién creado, Fontana Arte, fundado por Gio Ponti y Luigi Fontana. Inicialmente, Fontana Arte se dedicó al diseño y fabricación de muebles, utensilios básicos y objetos de cristal, aunque se hizo más famoso por sus diseños de lámparas de años posteriores. Como director artístico de la compañía, Chiesa diseñó unos 1.500 prototipos. Utilizando el cristal a modo de material precioso, aplicaba técnicas de afilamiento, moldeado y tallado a la producción de sus refinados diseños (por ejemplo, la mesa de cristal *2633* de 1933). Como uno de los exponentes más significativos del **Art Déco** italiano, su obra fue ampliamente expuesta: en la Bienal de Monza (1923, 1925, 1927 y 1930); en la Bienal de Venecia (1924 y 1925); en la Exposición Universal de Barcelona (1929 y 1930); y en las exposiciones de artes decorativas realizadas en París (1935 y 1937), Berlín (1937) y Buenos Aires (1938). Aunque simples en su concepto, las formas concebidas por Chiesa poseían cierta monumentalidad, lo que se refleja especialmente en su lámpara de pie *Luminator* de 1936.

▼ Lámpara de pie *Luminator* para Fontana Arte, 1936

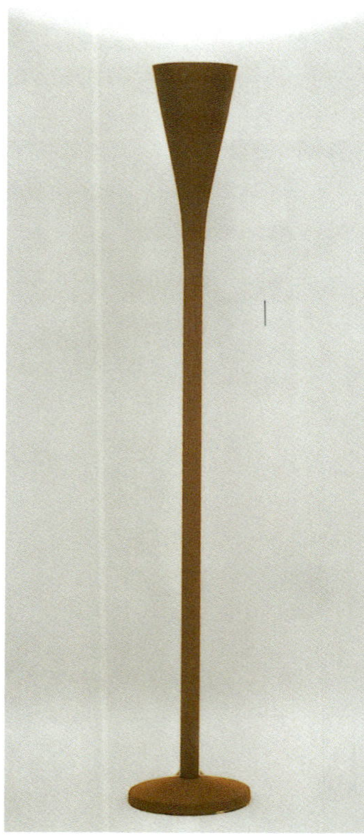

◂ **Antonio Citterio y Glen Oliver Löw**, *Modelo n.° AC1* de la colección *Citterio* para Vitra, 1990

## Antonio Citterio

*Meda (Italia)*, 1950

Antonio Citterio estudió arquitectura en el Politecnico di Milano, donde se graduó en 1972. Aquel mismo año, fundó un estudio en Lissone, y en 1973 se asoció con Paolo Nava, con quien colaboró hasta 1981. Citterio también trabajó con Gregotti Associati en la restauración de la galería de arte Brera de Milán. En 1981, fundó su propio estudio y en 1987 empezó a trabajar con su esposa, la arquitecta americana Terry Dwan (1957). Su estudio de diseño, Citterio-Dwan, ha realizado la restauración parcial de la Pinacoteca di Brera, así como el diseño de salas de exposiciones para B&B Italia y **Vitra**, varias tiendas para Esprit y una serie de mobiliario de oficina para **Olivetti**. Durante su carrera, Citterio ha ideado lámparas y muebles para **Artemide**, **Kartell**, B&B Italia, Flexform y Moroso, entre otros. Su diseño más destacado es el sistema de sillas y butacas de oficina, la colección *Citterio* (1990), desarrollado con Glen Oliver Löw para Vitra, que ofrece soporte anatómico sin reducir la libertad de movimiento. Es miembro de la ADI (Associazione per il Disegno Industriale) y ha sido profesor de la Academia Domus. Ha recibido el **Compasso d'Oro** en 1979 y 1987.

## Clarice Cliff

*Tunstall (Staffordshire)*, 1899
*Newcastle-under-Lyme*, 1972

Clarice Cliff empezó a trabajar a los trece años en el estudio del ceramista Lingard Webster, donde aprendió a decorar cerámica a mano. Antes de 1916, asistió a la School of Art de Tunstall y durante un tiempo trabajó para Hollinshead & Kirkham, en Tunstall, donde aprendió las técnicas tipográficas utilizadas para la decoración de cerámica. Trabajó durante cuatro años en la alfarería de A. J. Wilkinson (Royal Staffordshire Pottery), situada en Stoke-on-Trent, un gran centro de la industria cerámica, donde conoció al que sería su marido, Colley Shorter, director general de la empresa. Durante un año asistió a clases nocturnas en la School of Art de Burslem y hacia 1926 fundó su taller de cerámica en A. J. Wilkinson, donde decoraba a mano viejas piezas de la Newport Pottery (una sucursal de A. J. Wilkinson) con coloridos y brillantes diseños **Art Déco**. De 1929 a 1935, Cliff trabajó en la Newport Pottery, produciendo una serie de recipientes de cerámica de colores llamada *Bizarre*. Ésta obtuvo tanto éxito comercial que contrató a otros pintores para realizar diseños en su estilo idiosincrásico, como sus últimas series *Fantasque* y *Biarritz*. En 1934 regresó a Wilkinson y, como director artístico de la empresa, supervisó la fabricación y decoración de la serie *Bizarre*, diseñada por artistas como Paul Nash (1889–1946), Dame Laura Knight (1877–1970), Duncan Grant (1885–1978) y Vanessa Bell (1879–1961). En el punto álgido del éxito de *Bizarre*, a mediados de los años treinta, trabajaban en su taller unas 150 personas. Cliff combinaba la tradición del taller de cerámica con el estilo contemporáneo Art Déco para producir diseños híbridos marcadamente geométricos y de gran colorido. Su obra captó el espíritu de la Inglaterra de los años treinta y obtuvo una gran acogida popular.

▾ Jarrón *Bizarre* para la Newport Pottery, aprox. 1930

▸ Sillón *Tongue* para SCP, 1989

## Nigel Coates

*Malvern (Worcestershire)*, 1949

Nigel Coates estudió arquitectura en la Architectural Association de Londres de 1972 a 1974, y fue profesor de esta institución de 1979 a 1989. En 1983, cofundó NATO (Narrative Architecture Today) y editó su primera revista. Junto con Doug Branson (nacido en 1951), creó Branson Coates Architects en 1985, y desde entonces ha trabajado en numerosos proyectos, como tiendas para Jasper Conran (1986), Katherine Hamnett (1988) y Jigsaw (desde 1993), así como en la «Erotic Design Exhibition» en el Design Museum de Londres (1997), la exposición «Powerhouse UK» en Londres (1998) y una nueva sala del Geffrye Museum de Londres (1998). Coates también ha efectuado varios proyectos arquitectónicos en Japón. Aparte de sus proyectos de arquitectura e interiorismo, Coates ha realizado destacados diseños de muebles, como el taburete *Genie* (1988), la *Noah and Gallo collection* (1989) para SCP y Poltronova, así como jarrones para Alessi (1990) y una serie de maniquís para Stockman en 1994. Sus expresivos diseños suelen tener connotaciones sexuales y poseen una cualidad urbana que refleja el placer que le producen la vitalidad y el caos de los entornos urbanos. En 1995, Coates fue nombrado profesor de diseño arquitectónico del **Royal College of Art**, Londres.

## Wells Coates

*Tokio*, 1895
*Vancouver*, 1958

Wells Coates nació en Tokio, donde su padre, de origen canadiense, trabajaba como misionero. Antes de su nacimiento, su madre había sido alumna de los arquitectos Louis Sullivan (1856–1924) y **Frank Lloyd Wright** en Chicago. De 1913 a 1915, Wells Coates estudió ingeniería en la University of British Columbia de Vancouver. No obstante, sus estudios se vieron interrumpidos al estallar la I Guerra Mundial y fue reclutado primero como soldado de infantería y más tarde como piloto. Finalizada la guerra, regresó a la University of British Columbia, donde se licenció en 1921. Posteriormente se trasladó a Gran Bretaña, y de 1922 a 1924 hizo el doctorado de ingeniería en la University of London. De 1923 a 1926, trabajó como periodista en el *Daily Express* y por un breve período fue corresponsal en París. En aquella época, escribía desde una perspectiva humanista y consideraba el diseño como catalizador del cambio social. En 1928, diseñó telas para la Crysede Textile Company de Londres e interiores para la fábrica de la compañía en Welwyn Garden City, en los que incorporaba elementos de madera contrachapada. A partir de 1931, trabajó como asesor de la compañía de productos de madera de Jack Pritchard, Isokon, empresa pionera de la modernidad británica. En 1931, Pritchard también le encargó el proyecto de Lawn Road Flats en Hampstead, un ejemplo fundamental de la arquitectura británica del **movimiento moderno**. Se asoció con Patrick Gwynne en 1932 y con

▾ Escritorio para PEL, 1933

David Pleydell-Bouverie en 1933, año en que cofundó MARS (Modern Architecture Research Group). A partir de 1932, diseñó una serie de radios de baquelita para Ekco, como su famosa radio circular *Ekco AD65* (1934), concebida para la fabricación industrial y uno de los primeros productos modernos al alcance de los consumidores británicos. Tras la II Guerra Mundial, Coates trabajó en Vancouver diseñando interiores de avión para De Havilland y BOAC, y en los años cincuenta ideó diseños de muebles para la televisión.

▼ Radio *Ekco AD65* para E. K. Cole, 1934

## Luigi Colani

*Berlín*, 1928
*Karlsruhe*, 2019

▲ Sillas de fibra de vidrio *Körperform* para Fritz Hansen, 1971–1973

Luigi Colani estudió escultura y pintura en la Hochschule der Bildenden Künste de Berlín en 1946. En 1948, viajó a París para estudiar aerodinámica y realizó estudios sobre el concepto de vehículos en revistas de coches y motos. De 1952 a 1953, llevó a cabo una investigación sobre los materiales que podían utilizarse en condiciones de alta velocidad para el fabricante de aviones californiano Douglas. Al regresar a Europa, en 1954, trabajó para numerosos clientes, como Alfa-Romeo, Lancia, Volkswagen, BMW, Thyssen, Boeing, Rosenthal, Villeroy & Boch y Rockwell (NASA). La forma orgánica de su servicio de té de porcelana *Drop* (1970) para Rosenthal plantea consideraciones ergonómicas y funcionales, y sus multifuncionales taburetes de plástico de colores brillantes, *Sitzgerät* (1971–1972) para adultos y *Zocker* (1972) para niños, son característicos de su interés en los materiales y en la función. En 1973, fundó el Colani Design Center en Japón, donde se trasladó al cabo de diez años. En 1993, diseñó ordenadores para VOBIS y dos años más tarde fundó el Colani Design Centre en Lünen (Alemania). Aunque las formas orgánicas de sus innovadores diseños surgían de una comprensión profunda de la ergonomía y la aerodinámica, la vivacidad de su retórica de diseño era una característica poco frecuente en el diseño alemán.

## Gino Colombini

*Milán*, 1915

Gino Colombini trabajó en el estudio de arquitectura de **Franco Albini** de 1933 a 1952, diseñando edificios comerciales y residenciales así como mobiliario. En 1949, fue nombrado director técnico de **Kartell**, una fábrica de plásticos recién creada. Colombini diseñó muchos de los primeros productos de la empresa destinados al uso doméstico, como un sacudidor de alfombras (1957), un cubo para ordeñar (1958), un exprimidor de limones (1958), una fiambrera infantil (1958), un barreño (1957) y varios cubos y recogedores (1956–1957). Estos diseños novedosos y funcionales fueron los primeros que explotaron el potencial del plástico como material idóneo para la producción en serie. Los diseños de Colombini para Kartell ejercieron una gran influencia y le valieron el **Compasso d'Oro** en 1955, 1957, 1958, 1959 y 1960.

▲ Exprimidor de limones en plástico para Kartell, 1958

## Joe Colombo

*Milán*, 1930
*Milán*, 1971

Cesare «Joe» Colombo se formó como pintor en la Accademia di Belli Arti di Brera, en Milán, hasta 1949 y, posteriormente, estudió arquitectura en el Politecnico di Milano hasta 1954. En 1951, se unió al Movimento Nucleare (Movimiento Pictórico Nuclear), fundado por Sergio D'Angelo (nacido en 1931) y Enrico Baj (1924–2003). Durante los cuatro años siguientes, se dedicó activamente a la pintura y escultura expresionista abstracta, y expuso su obra con otros miembros del grupo en Milán, Como, Brescia, Turín, Palermo, Verviers, Venecia y Bruselas. En 1955, se asoció al Art Concret Group, pero hacia 1958 abandonó la pintura para dedicarse al diseño. Anteriormente, había trabajado en una exposición para la X Trienal de Milán de 1954 documentando los diseños de cerámica surgidos como resultado de los congresos internacionales de Albisola. En esta Trienal, Colombo también proyectó tres zonas de descanso exteriores, en las que situó una serie de aparatos de televisión dispuestos a modo de altar. Tras la muerte de su padre en 1959, se vio obligado a asumir la dirección del negocio familiar, dedicado a la fabricación de aparatos eléctricos. En esa época, empezó a experimentar con nuevos materiales, como el plástico reforzado, así como con nuevos métodos de fabricación y técnicas de construcción. En 1962, fundó su estudio de diseño en Milán, en el que principalmente se realizaban proyectos arquitectónicos y de interiorismo, en general hoteles de montaña y de estaciones de esquí. Esos primeros diseños revelan un interés en la función derivada de la estructura y una gran calidad escultórica. En 1964, obtuvo el premio IN-Arch por el interior de un hotel de Cerdeña (1962–1964),

▲ Relojes *Optic* para Alessi, 1970

► Lámpara de mesa *Acrilica* para O-Luce, 1962

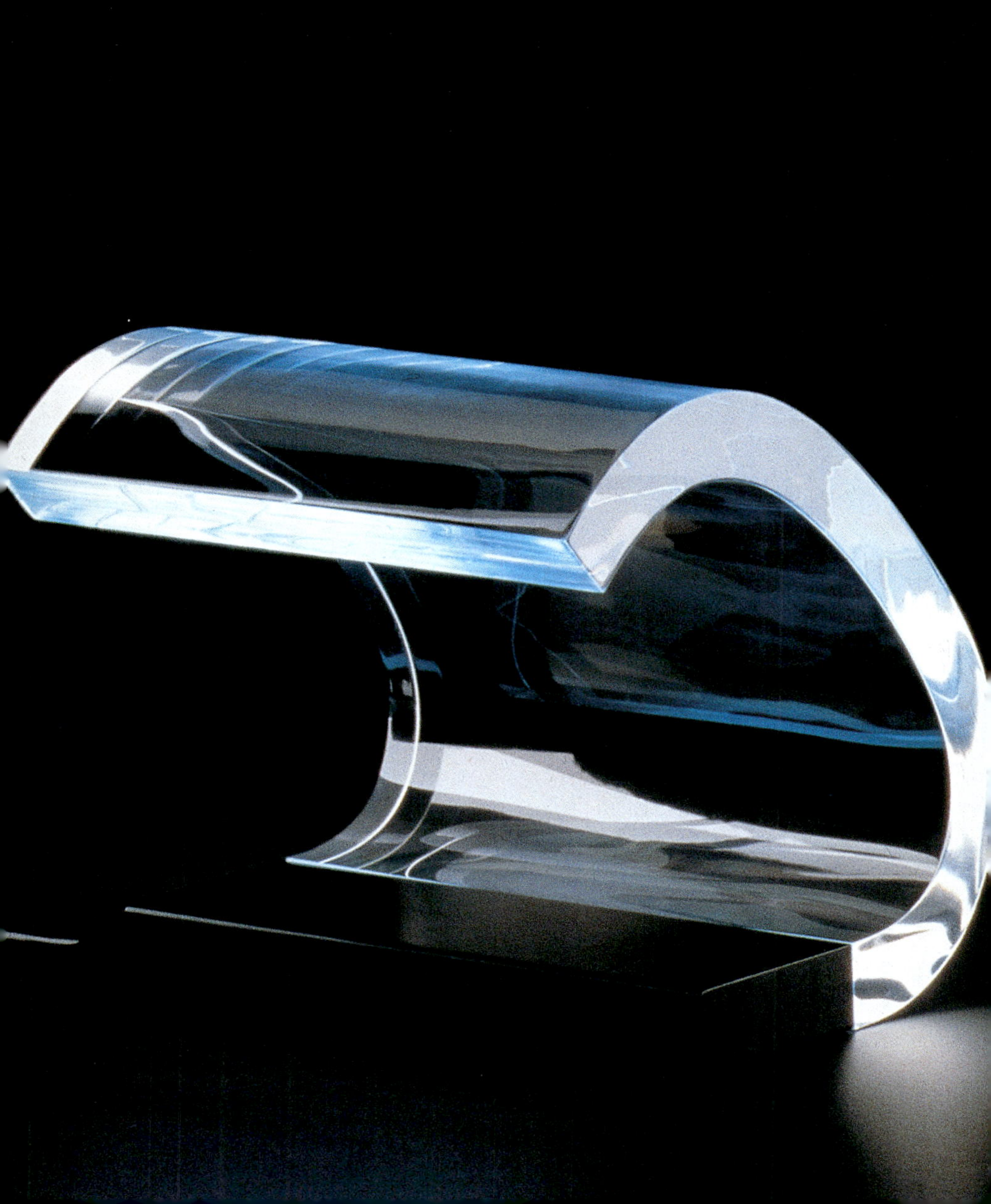

cuyos techos estaban hechos de prismas de Perspex que difractaban la luz. Con su hermano Gianni, Colombo desarrolló esta idea en su diseño para la lámpara *Acrilica* (1962). Su primer diseño para **Kartell** fue la silla *N.° 4801* (1963–1964), construida con tres elementos entrelazados de madera. La fluidez de su forma anticipaba sus posteriores diseños de plástico, como la silla *Universale n.° 4860* (1965–1967), el primer asiento para adultos fabricado en plástico de inyección (ABS). Colombo produjo otros innovadores diseños de muebles, lámparas, objetos de cristal, pomos de puertas, tuberías, despertadores y relojes de muñeca. También creó una cámara profesional, *Trisystem* (1969), un aparato de aire acondicionado para Candy (1970), bandejas de comida para Alitalia (1970) y una mesa de dibujo mecanizada y ergonómica. Desde el principio de su carrera se interesó por los electrodomésticos, tal como demuestra su recipiente Combi-Centre (1963). Su interés en el mobiliario doméstico dio lugar a su *Additional Living System* (1967–1968) y a las sillas *Tube* (1969–1970) y *Multi* (1970), que podían montarse de diferentes maneras para proporcionar una gran variedad de posiciones flexibles, lo que reflejaba su principal objetivo en el diseño: la adaptabilidad. Sin embargo, sus diseños más futuristas fueron sus microambientes integra-

► *Central living block* del *Wohnmodell 1969*, presentado en la exposición «Visiona I» para Bayer, 1969

▲ Butaca *Elda* para
Comfort, 1963

dos, como su hábitat del futuro Visiona, presentado en la exposición «Visiona» de Bayer en 1969, que mostraba un interior espacial tipo «Barbarella» donde los muebles se convertían en elementos estructurales y viceversa. Los muebles tradicionales eran sustituidos por unidades funcionales, como los bloques *Night-Cell* o *Central-Living* y la *Kitchen-Box*, para crear un entorno dinámico y multifuncional. Para su apartamento, Colombo diseñó las unidades *Roto-Living* y *Cabriolet-Bed* (ambas de 1969), a las que siguió su *Total Furnishing Unit* (1971), un ejemplo muy influyente del diseño «unibloque». Expuesta en la exposición «Italy: The New Domestic Landscape» en el **Museum of Modern Art** de Nueva York, la *Total Furnishing Unit* se consideraba una especie de máquina para vivir y comprendía cuatro unidades diferentes: cocina, armario, baño y cama/intimidad, todo en un espacio de veintiocho metros cuadrados. Colombo diseñó productos para O-Luce, **Kartell**, Bieffe, **Alessi**, Flexform y Boffi, y obtuvo el premio ADI (Associazione per il Disegno Industriale) en 1967 y 1968, así como el **Compasso d'Oro** en 1970. Su prolífica y brillante carrera se truncó trágicamente en 1971 cuando murió de un infarto a la edad de cuarenta y un años.

▼ Lámpara *Spider* para O-Luce, 1965

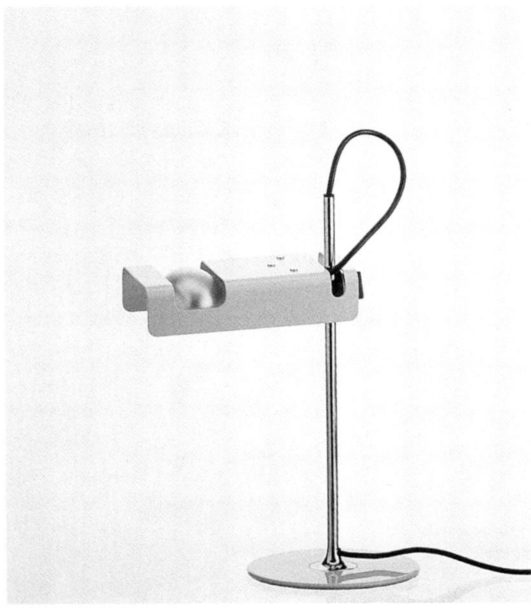

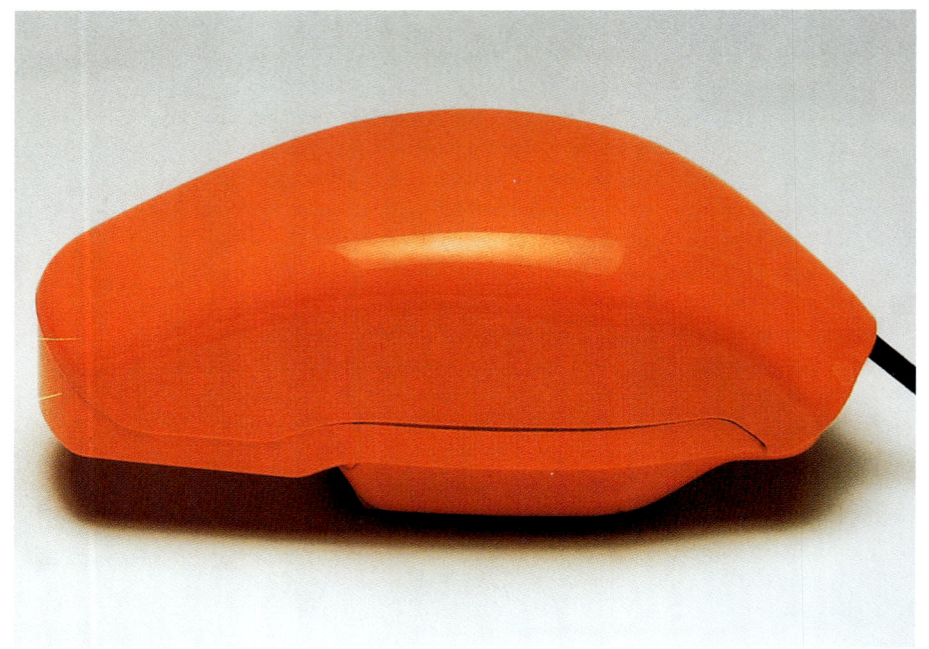

## Compasso d'Oro

Creado en 1954
*Milán*

Los premios Compasso d'Oro fueron creados en 1954 por el propietario de los almacenes La Rinascente, Aldo Borletti. La pretensión de Borletti era «promover que los industriales y los artistas mejoraran el nivel de sus productos desde un punto de vista tecnológico y estético». Inicialmente, los premios Compasso d'Oro sólo se concedían por el diseño de objetos comercializados y distribuidos por La Rinascente. A partir de 1959, la ADI (Associazione per Il Disegno Industriale) participó en la concesión de los premios y en 1967 asumió su gestión. La ADI amplió la gama y el tipo de productos elegibles para el premio garantizando así su reconocimiento internacional. Entre sus ganadores más notables cabe destacar a **Marcello Nizzoli** por la máquina de escribir *Lettera 22* para Olivetti (1954) y la máquina de coser *Mirella* para Necchi (1957), **Marco Zanuso** y **Richard Sapper** por el televisor *Doney 14* para Brionvega (1962) y el teléfono *Grillo* para Siemens (1966), **Achille** y **Pier Giacomo Castiglioni** por su aspiradora para R. E. M. (1957) y **Mario Bellini** por su tocadiscos/radio *Totem* para Brionvega (1979).

▲ **Marco Zanuso y Richard Sapper**, teléfono *Grillo* para Siemens, 1965

▸ Tienda Habitat, principios de los años setenta

## Terence Conran

*Londres*, 1931
*Kintbury, Reino Unido*, 2020

Terence Conran estudió diseño textil con Eduardo Paolozzi (1924–2005) en la londinense Central School of Arts & Crafts de 1949 a 1950. Más tarde, diseñó telas en el Rayon Industry Design Centre de Londres durante un año y a partir de 1951 creó interiores para el estudio de diseño y arquitectura de Dennis Lennon & Associates en Londres. En 1952 se estableció como diseñador independiente de mobiliario y telas, bajo el nombre de Conran & Co., y produjo diseños para Edinburgh Weavers, John Lewis Partnership y Simpsons of Picadilly. Al cabo de un año, junto con Ian Storey, Conran abrió la cadena de restaurantes económicos Soup Kitchen. En 1956, junto con John Stephenson, cofundó el Conran Design Group (más tarde rebautizado como Conran Associates). Ocho años después, Conran se introdujo en el campo de la comercialización de diseños y abrió su primera tienda Habitat en Fulham Road, en Londres. Con la intención de ofrecer objetos domésticos modernos y bien diseñados a un precio razonable, Conran desarrolló el concepto de «estilo de vida» en sus tiendas. De 1982 a 1986, la Conran Foundation financió el proyecto Boilerhouse en el **Victoria & Albert Museum**, y en 1989 contribuyó a establecer el Design Museum de Londres. En los años ochenta, Conran compró varias empresas, como Mothercare, British Home Stores y Heals, que junto con Habitat y Next formaron el Storehouse Group. Dimitió de la presidencia del grupo en 1990 y al cabo de dos años volvió a comprar la Conran Shop. En la década de los noventa, Conran abrió varios restaurantes y se convirtió en un reputado restaurador londinense.

◄ **Wassily Kandinsky**, taza y plato de café para la Fábrica Estatal de Porcelana de Petrogrado, 1921

► **Nikolai Suetin**, juego de escritorio para la Fábrica Estatal de Porcelana de Petrogrado, 1923

## Constructivism

### Constructivismo

*Rusia*

El término «constructivismo» alude a un movimiento que se desarrolló principalmente en el arte, el diseño y la arquitectura rusos. Antes de la I Guerra Mundial, la **vanguardia** rusa, como la europea, se inspiró en el cubismo y el **futurismo**. Sin embargo, tras la revolución de 1917, buscó nuevas formas de expresión relacionadas con la aspiración soviética de suplantar el sistema capitalista con esquemas más democráticos de producción y distribución de bienes. Con esta finalidad, artistas como **Vladimir Tatlin**, **Kasimir Malevich**, **Alexander Rodchenko**, Wassily Kandinsky (1866–1944), Naum Gabo (1890–1977), Antoine Pevsner (1886–1962) y **El Lissitzky** empezaron a promover una estética y una aproximación al diseño asociados a la producción industrial. La publicación de dos manifiestos en 1920, *El programa del Grupo de Constructivistas*, de Alexei Gan, **Varvara Stepanova** y Rodchenko, y *Un manifiesto realista*, de Pevsner y Gabo, impulsaron la aparición del constructivismo. Los constructivistas consideraban que las artes aplicadas podían contribuir al nuevo orden social y empezaron a crear arte y arquitectura productivos y utilitarios. Sin embargo, a causa de la inestabilidad política y económica que siguió a la revolución, se llevaron a cabo pocos proyectos a gran escala y la obra de los constructivistas se limitó al diseño de exposiciones, cerámica y grafismo. La cerámica constructivista solía estar decorada con motivos suprematistas —formas geométricas sobre un fondo blanco y plano–, lo que producía una fuerte impresión de dinamismo y modernidad.

## Coop Himmelb(l)au

Fundado en 1968
*Austria*

El estudio Coop Himmelb(l)au fue fundado en Viena en 1968 por Wolf D. Prix (nacido en 1942) y Helmut Swiczinsky (nacido en 1944). Por influencia de **Hans Hollein** y Haus-Rucker-Co, la obra de este estudio austríaco de arquitectura exploró inicialmente la idea de la arquitectura del espacio neumático. En 1975, empezaron a diseñar «estructuras abiertas», principalmente edificios diáfanos que se oponían a la tipología tradicional mediante el uso de formas angulosas e inclinadas. Su Roter Engel Bar de Berlín, diseñado en 1981, obtuvo el premio Berliner Förderpreis für Baukunst. En la década de los ochenta, fueron precursores del **deconstructivismo** (o arquitectura abierta, tal como la llamaban Prix y Swiczinsky), un enfoque posmoderno de la arquitectura y el diseño que desarticula las formas tradicionales en elementos independientes de un modo muy expresivo y dinámico. En 1988, Coop Himmelb(l)au participó en la exposición «Deconstructive Architecture» del **Museum of Modern Art** de Nueva York. Su primer encargo industrial a gran escala fue la fábrica de cartón Funder en Carintia (1988–1989). Su trabajo, que podría describirse como arquitectura de «acción» gestual, se incluyó en la exposición «Architects Art» de la Gallery of Functional Art de Los Ángeles en 1990. Ese año, Wolf D. Prix fue nombrado profesor de arquitectura de la Hochschule für angewandte Kunst de Viena. El interés de Coop Himmelb(l)au por subvertir la modernidad se refleja claramente en su butaca *Vodöl* (1989), una reinterpretación del *Grand Confort* de **Le Corbusier** de 1928.

▲ Silla *Vodöl* para Vitra, 1989

◂ Jarrón, aprox. 1972

## Hans Coper

*Chemnitz (Alemania)*, 1920
*Somerset (Inglaterra)*, 1981

Inicialmente, Hans Coper estudió ingeniería textil y, más tarde, en 1939, emigró de Alemania a Gran Bretaña. En 1946, visitó el estudio de cerámica de **Lucie Rie** en su taller de Albion Mews de Londres, y empezó a colaborar con ella. La aproximación de Coper a la cerámica de estudio se inspiraba en las técnicas de producción y en las formas orientales. Sus jarrones fueron expuestos en las Berkeley Galleries de Londres a partir de 1950 y en el Röhsska Konstslöjdmuseet de Goteburgo en 1955. Cuatro años más tarde se trasladó a Digswell (Hertfordshire) y empezó a producir obras de cerámica influidas por el arte primitivo y de las Cíclades. Como admirador de la escultura de Henry Moore (1898–1986) y de Constantin Brancusi (1876–1957), la obra de Coper poseía el mismo sentido de la monumentalidad. De 1961 a 1969, fue profesor de la Camberwell School of Arts & Crafts y en 1966 regresó a Londres. Entre 1966 y 1975, dio clases en el **Royal College of Art**, Londres. Los totémicos y bellos jarrones de Coper redujeron las diferencias entre arte y diseño y, junto con Lucie Rie, impulsaron la recuperación de la cerámica de estudio.

◂ Silla apilable *Landi* para P. & W. Blattmann, 1939 (reeditada por Zanotta con el nombre *Spartana 2070*)

## Hans Coray

*Wald (Suiza)*, 1906
*Zúrich*, 1991

Hans Coray estudió lenguas hasta 1929, y en 1931 empezó a trabajar como profesor de escuela secundaria en Aarau y Zuoz. De 1932 a 1938, prosiguió su educación, estudiando diseño, astrología, teología y grafología. Durante este período, empezó a diseñar objetos de metal y a crear modelos de sillas. En 1938, diseñó la silla de aluminio ligero perforado *Landi* para la «Schweizerische Landesausstellung» (Exposición Nacional Suiza), realizada en Zúrich al año siguiente. Las perforaciones de esta silla no sólo aligeraban su peso sino que permitían el drenaje del agua, por lo que estaba perfectamente indicada para el uso exterior. La silla *Landi* fue inicialmente fabricada por P. & W. Blattmann hacia 1939 y luego por Zanotta en 1971, como el modelo *Spartana 2070*. En 1941, Coray realizó un curso de metalistería y desde 1945 trabajó como diseñador independiente, artista y marchante de arte. Diseñó varias exposiciones para las empresas químicas suizas durante la II Guerra Mundial y a finales de los años cuarenta creó una serie de muebles de aluminio, metal tubular y madera, comercializada por Wohnbedarf. A principios de los cincuenta, diseñó otras sillas, algunas tapizadas, antes de dedicarse de lleno al arte. Sus esculturas, principalmente de metal, se exhibieron en Zúrich de 1950 a 1985, en Berna en 1951 y en Colonia en 1981.

## Corporate Identity
## Identidad corporativa

La identidad corporativa, muy relacionada con el diseño de embalajes, es un medio con el que las compañías o marcas dan a sus productos o servicios un carácter visualmente unitario que las distingue de otras en el mercado. Lo más importante de la identidad corporativa es el logotipo de la empresa, generalmente utilizado en todas las proyecciones corporativas, desde los papeles de carta hasta la publicidad. Algunas compañías o marcas interesadas en el diseño, como **Braun**, enfocan la identidad corporativa de una manera holística y aplican un régimen de diseño rigurosamente gestionado por organismos propios, lo que influye en la forma de sus productos, así como en el diseño de sus oficinas y fábricas. **Peter Behrens** fue el primer diseñador que llevó a la práctica un programa de este tipo al ser nombrado asesor artístico de **AEG** en 1907. Behrens aplicó un lenguaje de diseño integrado a los productos y al grafismo de la compañía, pero también a las viviendas de los trabajadores y a la fábrica, lo que fue esencial para crear una identidad fácilmente reconocible para AEG. A lo largo del siglo XX, especialmente con la creciente globalización de los mercados actuales, las organizaciones comerciales han adoptado cada vez más el lenguaje universal del diseño corporativo para ser más competitivas.

▲ **Raymond Loewy Associates**, logotipos de Shell (1967) y BP (1938); **Landor Associates**, logotipos de Alitalia (1969) y Spar (1970)

## Craft Revival

Los orígenes del Craft Revival se remontan a mediados del siglo XIX, cuando algunos diseñadores reformistas, como John Ruskin (1819–1900) y **William Morris**, reivindicaron la conservación y recuperación de la artesanía tradicional tras la industrialización sin precedentes de Gran Bretaña. El éxito de Morris & Co., que producía y comercializaba objetos de estilo autóctono, inspiró a la siguiente generación de diseñadores vinculados al **movimiento Arts & Crafts**, como **Charles Voysey**, **Charles R. Ashbee** y **A. H. Mackmurdo**. En la década de 1880, algunos miembros del movimiento fundaron gremios, como el Gremio de Artistas, el Century Guild y el **Gremio de Artesanos**. Los diseñadores posteriores vinculados al movimiento con sede en Cotswolds, como **Ernest Gimson**, Sidney (1865–1926) y Edward Barnsley (1863–1926), y **Gordon Russell**, defendieron una forma de arte autóctono más austero basado en la adecuación formal. Los diseñadores americanos del Arts & Crafts, como **Gustav Stickley**, Elbert H. Hubbard (1856–1915) y **Frank Lloyd Wright** también promovieron un retorno a lo autóctono y a la artesanía tradicional a través de la recuperación del estilo misión. Desde mediados del siglo XX, cuando los procesos de fabricación ofrecían mayores posibilidades, el diseño y la producción se fueron distanciando cada vez más y las técnicas artesanales acabaron deteriorándose. Para invertir esta tendencia, **John Makepeace** y **Wendell Castle**, dos de las figuras más importantes del Craft Revival actual, han conservado las técnicas artesanales para trabajar la madera a través de su obra como diseñadores y de sus escuelas de artesanía. Durante los años ochenta, el Craft Revival se abrió paso estilísticamente en el **posmodernismo**, y algunos diseñadores, como Fred Baier (nacido en 1949), combinaron el virtuosismo técnico con formas extravagantes para crear objetos totalmente opuestos al «mobiliario para buenos ciudadanos» defendido por Morris y Ruskin.

◂ **John Makepeace**, silla *Millennium 3*, 1988

▾ **Fred Baier**, objeto *Megatron*, 1986

## Cranbrook Academy of Art

Fundada en 1927
*Bloomfield Hills (Michigan)*

En 1904, George G. Booth, un rico magnate de la prensa, compró una finca conocida como Cranbrook en Bloomfield, un barrio de las afueras de Detroit. Inspirándose en los ideales de los diseñadores reformistas del siglo XIX, Booth fundó la Detroit Arts & Crafts Society en 1906 y luego creó una comunidad en Cranbrook. En 1922 se inauguró la Bloomfield Hills School para alumnos de enseñanza primaria. Ese año, Booth visitó la American Academy de Roma, en la que se inspiró para fundar una institución similar en América. En 1924, Booth encargó al arquitecto finlandés **Eliel Saarinen** el proyecto de urbanización de la Cranbrook Educational Community y se inauguraron otras dos escuelas. Al cabo de tres años, Booth autorizó al consejo de administración de la Cranbrook Foundation para fundar una escuela de arte y artesanía que también funcionaría como academia de bellas artes y sería gestionada según las escuelas de diseñó europeas en las que se enseñaban artes decorativas y otras disciplinas como arquitectura, pintura y escultura. La Academia se estableció en 1932 y Saarinen fue nombrado presidente. Como en la **Bauhaus**, los profesores de Cranbrook promovían el intercambio de ideas entre talleres y estudios e impulsaban prácticas de diseño racional. Entre los profesores invitados de la Academia durante los años treinta, cabe mencionar a **Frank Lloyd Wright** y **Le Corbusier**, y entre sus profesores habituales destacan el escultor Carl Milles (1875–1955), la ceramista Maija Grotell (1899–1973) y las diseñadoras textiles Loja Saarinen (1879–1968) y Marianne Strengell (1909–1998). Los alumnos más ilustres fueron **Ray Eames**, Florence Knoll (nacido en 1917) y **Jack Lenor Larsen**, así como **Charles Eames** y **Harry Bertoia**, quienes junto con **Eero Saarinen**, formaron parte del cuerpo docente a finales de los años treinta. Entre las dos guerras mundiales, Cranbrook forjó su reputación como una de las escuelas de diseño más importantes de América. Actualmente, la visión de Booth no ha perdido su fuerza y, a pesar de su pequeña dimensión, Cranbrook sigue siendo un importante centro artístico y académico.

▾ Selección de objetos de los diseñadores asociados a la Cranbrook Academy of Art, años cuarenta y cincuenta (Henry Bertoia, silla *Diamond*; Eero Saarinen, silla *Grasshopper*; Ray Eames, tela *Cross Patch*; Charles y Ray Eames, biombo; Charles Eames y Eero Saarinen, armario y banqueta; Maija Grotell y Leza McVey, cerámica)

▸ Jarrón de dos asas para Maw & Co., 1892

## Walter Crane

*Liverpool*, 1845
*Horsham (Sussex)*, 1915

Walter Crane, hijo de un retratista, trabajó inicialmente como aprendiz de tallador de madera. Hacia 1863, empezó a diseñar e ilustrar libros infantiles para el editor Edmund Evans con un gran éxito de ventas. Su estilo de dibujo estaba influido por la obra de William Blake (1757–1827), los prerrafaelistas y el arte japonés. En 1867, empezó a diseñar objetos de cerámica, fabricados por Wedgewood, y azulejos para Maw & Co. y Pilkington, así como papel pintado para Jeffrey & Co. Durante este período también realizó bordados para la Royal School of Needlework y tapices para Morris & Co. Como interiorista colaboró en el proyecto de decoración del número 1 de Holland Park, la residencia londinense del coleccionista griego A. A. Ionides, y en 1877 diseñó el friso de mosaico de la sala árabe de Leighton House, en Londres. En 1884, participó en la fundación del Gremio de Artistas, del que fue director de 1888 a 1889. Crane también contribuyó a la creación de la Arts & Crafts Exhibition Society en 1888 y fue su presidente durante varios años. Fue director de diseño de la Manchester School of Art de 1893 a 1896, antes de ser nombrado director del **Royal College of Art**, Londres de 1897 a 1898. En la década de 1890, escribió varios libros sobre artes aplicadas, como *The Decorative Illustration of Books* (1896) y *Line and Form* (1900). Irónicamente, sus diseños ejercieron una gran influencia en los diseñadores del **Art Nouveau**, aunque él fue muy crítico con este estilo.

► Taburete *Mariposa* para Zanotta, 1989

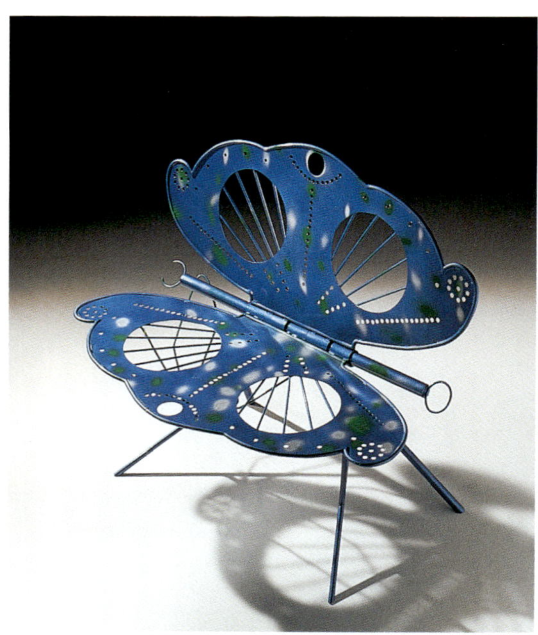

## Riccardo Dalisi

*Potenza (Italia)*, 1931
*Nápoles (Italia)*, 2022

Riccardo Dalisi estudió arquitectura en la Università di Napoli, donde se licenció en 1957, y ejerció posteriormente como profesor de arquitectura. A principios de los años setenta, participó en el movimiento de **diseño radical** de Nápoles y llevó a cabo experimentos de «tecnica povera» (tecnología pobre) organizando a grupos de diseñadores para trabajar con jóvenes de los barrios más pobres de la ciudad. Esas actividades «hazlo tú mismo» pretendían recuperar la creatividad personal y la expresión individual en el diseño. Esta investigación formó la base del debate del **antidiseño** e impulsó la formación de la escuela de antidiseño **Global Tools** en 1973. Como miembro fundador de Global Tools, Dalisi fue uno de los exponentes más influyentes del antidiseño a finales de los años sesenta y en los setenta y escribió varios libros sobre el tema, como *L'Architettura della Imprevedibilità* (La arquitectura de lo imprevisto) en 1969 y *Architettura d'Animazione* (La arquitectura animada) en 1974. Junto con Filippo Alison (1930–2015), organizó Minimal Arts y en 1979 publicó un libro sobre **Antoni Gaudí i Cornet**, en el que elogiaba las tendencias expresivas de su arquitectura y diseños. Durante los años ochenta, realizó una serie limitada de muebles para Zanotta, que incluía su silla *Pavone* (1986) y la cafetera *Caffettiera Napoletana* (1987–1988) para Alessi.

## Darmstädter Künstlerkolonie

*Darmstadt (Alemania)*, 1899–1914

El gran duque Ernst Ludwig de Hesse fue el último dirigente del estado independiente de Hesse-Darmstadt, anexionado al nuevo imperio alemán en 1871. Durante su gobierno, de 1892 a 1918, inspirado probablemente por la creación de los **Vereinigte Werkstätte für Kunst im Handwerk** de Múnich hacia 1897, fundó una colonia de artistas en 1899 en el Mathildenhöhe de Darmstadt con la pretensión de reformar el diseño y recuperar la creatividad artística de la región de Darmstadt-Hesse. Los primeros miembros de la colonia fueron los diseñadores **Josef Maria Olbrich**, **Peter Behrens**, Hans Christiansen (1866–1945), Paul Bürck (1878–1947) y Patriz Huber (1878–1902). La colonia comprendía inicialmente un edificio con el estudio principal y siete viviendas para artistas, incluida la Behrens Haus, proyectada por Peter Behrens como **Gesamtkunstwerk**, en la que todos los elementos de la decoración interior, desde el mobiliario hasta la cristalería, estaban especialmente diseñados para el proyecto. Olbrich también diseñó viviendas similares para él mismo y para Hans Christiansen. La colonia expuso su sala Darmstadt en la Exposition Universelle de París de 1900, y en 1901 presentó el «Ein Dokument Deutscher Kunst» (Documento sobre arte alemán) en Mathildenhöhe. Para esta ocasión, se construyeron otros edificios en la colonia, como la sala de exposiciones diseñada por Olbrich. Aunque esta muestra obtuvo una gran acogida por parte de la crítica, no suscitó el éxito comercial esperado por el gran duque Ernst Ludwig. Entre 1899 y 1914, un total de veintitrés artistas diseñaron muebles, joyas, vidrio, cerámica y plata en la colonia. Algunos de sus diseños más conocidos son los objetos de plata de Ernst Riegel (1871–1939) y Theodor Wende

▼ **Josef Maria Olbrich**, cartel de la exposición «Ein Dokument Deutscher Kunst», en la colonia de artistas de Darmstadt, 1901

▲ Inauguración de la exposición en la colonia de artistas, 15 de mayo de 1901

(1883–1968). Muchos de los diseños de la colonia se publicaron en las revistas de Alexander Koch, *Innen-Dekoration* y *Deutsche Kunst und Dekoration*, por lo que se popularizaron entre el gran público. Behrens fue profesor del curso anual de cuatro semanas de duración, el «Curso superior de artes aplicadas», en el Bayerische Gewerbemuseum de Núremberg, hasta su marcha en 1903. Luego los cursos fueron impartidos por **Richard Riemerschmid**, Paul Haustein (1880–1944) y Friedrich Adler (1878–aprox. 1942). La colonia estableció una fábrica de cerámica en 1906 y otra de vidrio en 1908, lo que estimuló la experimentación con técnicas de producción industrial. La Darmstädter Künstlerkolonie ejerció una influencia directa en la formación de los **Wiener Werkstätte** en 1903 y fue el centro más importante de Alemania en cuanto a innovación del diseño antes de la I Guerra Mundial.

## Daum Frères

Fundado en 1878
*Nancy (Francia)*

Jean Daum (1825–1885) nació en Bischwiller, en el Bajo Rin, y después se trasladó a Nancy, donde trabajó en la cristalería Verrerie Sainte-Catherine, inaugurada en 1875. El negocio pronto experimentó serias dificultades económicas, algunas achacables al propio Jean Daum, quien en un intento de recuperar las pérdidas compró la fábrica, cambiándole el nombre por Verrerie de Nancy. Sus hijos, Auguste y Antonin, se le unieron en 1879 y 1887 respectivamente para administrar las actividades económicas y productivas de la firma. Inicialmente los objetos de vidrio producidos por la Verrerie de Nancy, como cristales de reloj, servicios de mesa y cristal cilindrado, no eran muy diferentes de los realizados en otras fábricas. Sin embargo, los Daum, contrataron a artistas, diseñadores y artesanos reconocidos para crear diseños más innovadores. En la década de 1890, produjeron objetos de vidrio de estilo **Art Nouveau**, que aunque parecidos a las obras de **Émile Gallé** eran menos expresivos y refinados técnicamente. En 1891, crearon un estudio de decoración dirigido por Eugène Damman, que acabó empleando a cincuenta artistas, como Émile Wirtz, Alméric Walter, Jacques Gruber, Henri Bergé y Eugène Gall, entre otros. La fábrica llegó a tener trescientos

◄ Jarrones de cristal de camafeo, aprox. 1900

▲ Jarrones de cristal de camafeo, aprox. 1900

empleados y dos importantes departamentos de jarrones grabados y pantallas de vidrio para lámparas, destinadas a objetos de iluminación propios o a los de **Louis Majorelle** y, más tarde, a los de Edgar-William Brandt (1880–1960). En 1893, la firma expuso sus primeros diseños grabados al ácido en la Feria Mundial de Chicago, pero su mayor éxito lo lograron en la Exposition Universelle de París, donde la firma recibió un Grand Prix y Antonin Daum la Légion d'Honneur. En 1906, Alméric Walter fundó un taller para experimentar con «Paté-de-Verre», una técnica en la que se junta vidrio finamente triturado, a menudo con agua, y se calienta para formar un medio maleable que se moldea antes de enfriarse. La forma resultante se coloca luego en un molde y se calienta lo suficiente para vitrificarla. Gran parte de los objetos de cristal realizados con esa técnica fueron diseñados por Henry Bergé. Los hermanos Daum, junto con Émile Gallé, participaron también en la creación de la **École de Nancy**, de la que fue vicepresidente el propio Antonin. En 1909, Paul Daum (tercer hijo de Auguste) se unió a la compañía y su breve dirección, antes de que se interrumpiera la producción a causa del estallido de la I Guerra Mundial, estuvo marcada por un cambio estilístico hacia la simplificación decorativa. Al retomar la producción en 1919, los diseños de la Verrerie de Nancy se acercaron más al **Art Déco**, el estilo de la época.

## Lucienne Day

*Coulsdon (Surrey)*, 1917
*Sussex*, 2010

Lucienne Conradi estudió en la Croydon School of Art de 1934 a 1937 y prosiguió su formación en el **Royal College of Art**, Londres, donde se licenció en 1940. En 1942, contrajo matrimonio con el diseñador de muebles **Robin Day** y hasta 1947 fue profesora de la Beckenham School of Art. En 1948, ella y su marido fundaron un estudio de diseño y empezaron a trabajar en colaboración. Uno de los primeros encargos de Lucienne fue la tela *Calyx*, diseñada para el Festival of Britain de 1951. Este diseño innovador, que recibió una medalla de oro en la IX Trienal de Milán de 1951, estaba influido por las tendencias del arte contemporáneo e introdujo la abstracción elemental en el diseño de tejidos británico. La *Calyx* y otros diseños de Lucienne Day en tejidos, alfombras, mantelerías y papeles pintados tuvieron una gran influencia y llegaron a ser muy imitados en la década de los cincuenta. En 1952, recibió el primer premio del American Institute of Decorators, que consideró que sus telas eran las más asequibles de América. Sus diseños abstractos y rítmicos fueron producidos por varias fábricas, como Wilton Royal Carpets, John Lewis, Alistair Morton's Edinburgh Weavers, Cavendish y, especialmente, Heal's, que comercializó sus diseños durante unos veinticinco años. Entre 1957 y 1959, también diseñó porcelana para Rosenthal. A finales de los setenta, se dedicó a la artesanía y empezó a realizar «mosaicos de seda», tapices colgantes abstractos únicos en su género. Durante este período, Lucienne y su marido codiseñaron biombos de vidrio teñido para uso doméstico. En los años cincuenta y sesenta, recibió tres premios del Council of Industrial Design y escribió varios libros sobre la práctica del diseño. Lucienne Day fue una de las diseñadores textiles más notables del siglo XX, y también una de las pocas mujeres que ha obtenido el reconocimiento internacional por su obra.

▾ Tela *Calyx* para Heal Fabrics, 1951

◂ Silla apilable *Polyprop* para Hille International, 1962–1963

## Robin Day

1915–2010

En 1935, Robin Day obtuvo una beca para estudiar en el **Royal College of Art**, Londres, donde se licenció en 1938. En 1942 contrajo matrimonio con la diseñadora de tejidos Lucienne Day y después de abrir un estudio de diseño en 1948, empezó a trabajar como diseñador de exposiciones, diseñador industrial y grafista. Al año siguiente, junto con Clive Latimer (nacido en 1915), ganó el primer premio del Concurso Internacional de Diseño de Muebles de Bajo Coste realizado en el **Museum of Modern Art** de Nueva York. Poco después, Hille International le encargó el diseño de muebles modernos para la «British Industry Fair» de 1949. En 1950, participó en el diseño de la identidad corporativa de Hille y fue nombrado responsable de diseño de la compañía. En 1951, diseñó el pabellón de viviendas y jardines del Festival of Britain y ganó una medalla de oro en la Trienal de Milán. De 1962 a 1963, desarrolló la silla apilable moldeada por inyección *Polyprop*, uno de los primeros muebles en los que se explotó el potencial del termoplástico para la producción en serie. Desde que se empezó a fabricar en 1963, se ha vendido la asombrosa cifra de 14 millones de unidades en veintitrés países, por lo que se ha convertido en uno de los diseños modernos más democráticos del siglo XX.

## Georges de Feure

*París*, 1868
*París*, 1928

Georges Joseph van Sluijters, de origen belga-holandés, era hijo de un arquitecto. Al principio se dedicó a la artesanía en los Países Bajos y durante una época trabajó con un encuadernador de libros en La Haya. En 1891, se trasladó a París, donde realizó ilustraciones para los periódicos *Le Courrier Français* y *Le Boulevard*. Fue entonces cuando cambió su nombre por Van Feuren y más tarde por de Feure. En 1894, realizó una exposición individual de sus dibujos simbolistas en París. Aquel mismo año, también diseñó muebles de estilo **Art Nouveau** para Maison Fleury. A partir de 1900 de Feure se hizo cargo del departamento de diseño de la Maison de l'Art Nouveau de **Siegfried Bing**, desde donde diseñó muebles, cerámica y cristalería y se encargó de la decoración de la tienda. También fue autor de dos influyentes salas en el Pavillon de l'Art Nouveau de Bing en la Exposition Universelle de París de 1900. Junto con Theodor Cossmann, de Feure fundó el Atelier De Feure para producir sus diseños de muebles, y en 1903 su obra se expuso en una muestra individual organizada por Bing. Tras la guerra, fue profesor de artes decorativas de l'École National des Beaux Arts de París, y durante algún tiempo vivió en Londres, donde trabajó como diseñador de exposiciones. En 1924, diseñó extravagantes interiores para la modista Madeleine Vionnet en París.

▲ Salón para damas expuesto en el Pavillon de l'Art Nouveau de Siegfried Bing, 1900

## Michele De Lucchi

*Ferrara (Italia)*, 1951

Michele De Lucchi estudió en Padua y más adelante en la Università di Firenze con Adolfo Natalini (nacido en 1941), donde se licenció en 1975. En 1973, junto con Piero Brombin, Pier Paola Bortolami, Boris Pastrovecchio y Valerio Tridenti, fundó el grupo de diseño y arquitectura Cavart, que promovía el **diseño radical** por medio de happenings, publicaciones y seminarios. Su acto más conocido fue el titulado «Arquitectura culturalmente imposible», realizado en una cantera de mármol de Padua. De 1975 a 1977, De Lucchi fue profesor de arquitectura de la Università di Firenze y en 1978 se trasladó a Milán para trabajar en el estudio de diseño Centrokappa de **Kartell**. Luego conoció a **Ettore Sottsass**, con quien colaboró en la planificación de la primera exposición de **Memphis**. En 1979, diseñó varios prototipos posmodernos de electrodomésticos para **Studio Alchimia** y trabajó como asesor de **Olivetti**. En 1981, cofundó la cooperativa Memphis y fue responsable de la introducción de motivos geométricos en los laminados de plástico utilizados por la empresa. En 1986 fundó Solid, un grupo de diseño con sede en Milán y empezó a trabajar en la Academia Domus de esa ciudad. A principios de los noventa, creó el grupo De Lucchi y desde entonces ha trabajado en Japón y Alemania realizando diseños cada vez menos experimentales y más adaptados a la producción industrial.

◂ Lámpara *Siner Pica* de Belux para Studio Alchimia, 1979

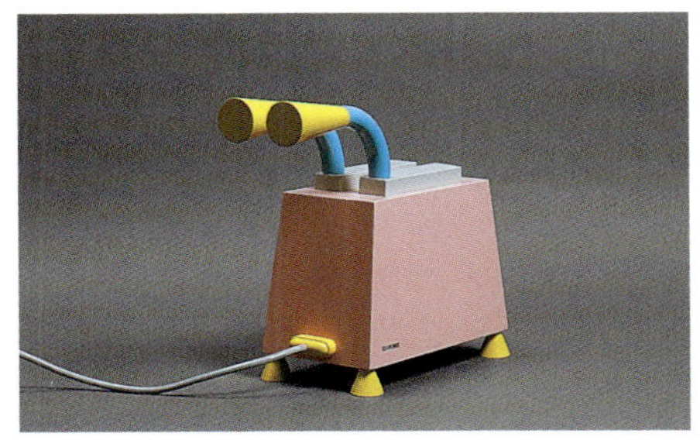
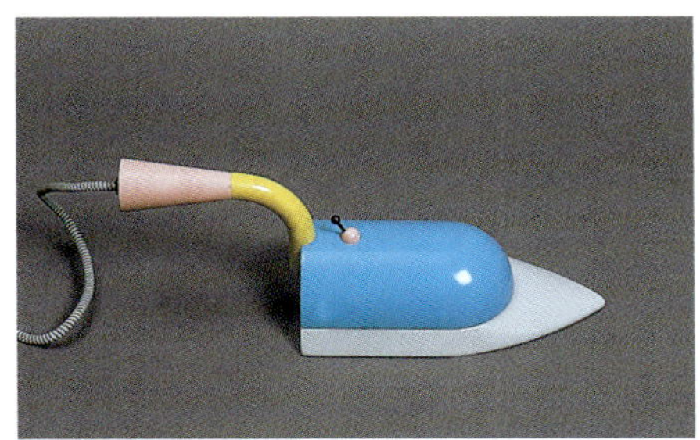

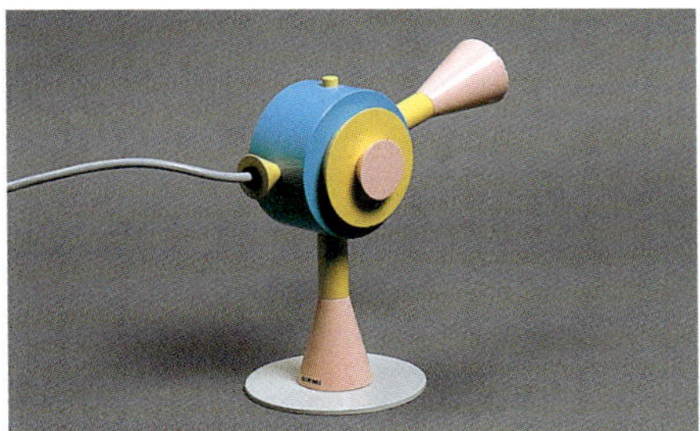
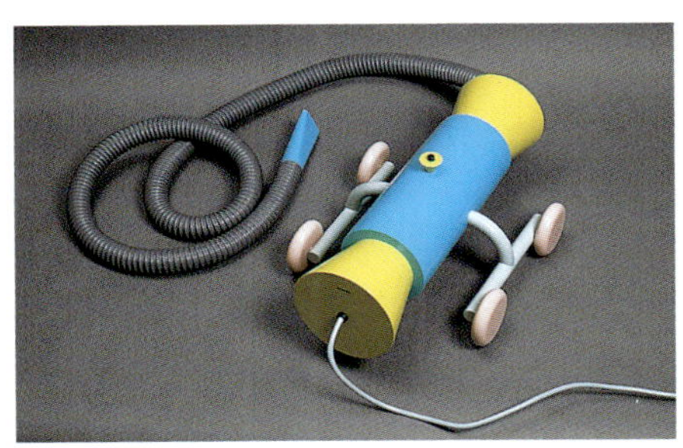
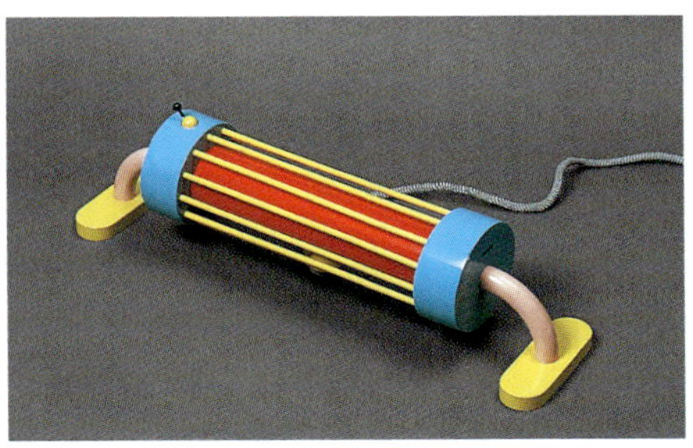

▲ Prototipos (madera barnizada) de electrodomésticos para Girmi, expuestos por primera vez en la Trienal de Milán de 1979 (no se llegaron a producir)

## William De Morgan

*Londres*, 1839
*Londres*, 1917

Hijo de un profesor de matemáticas y de una sufragista, William de Morgan empezó a estudiar arte en 1855 en la Cary's School de Bloomsbury, en Londres. En 1859, prosiguió su formación en las Royal Academy Schools y en 1863 un compañero de estudios, Henry Holiday (1839–1927), le presentó a **William Morris** y a Edward Burne-Jones (1833–1898). Durante aquel año estuvo estrechamente vinculado a los prerrafaelistas y decidió abandonar las bellas artes para dedicarse a las artes decorativas. Entre 1863 y 1872, diseñó vidrio teñido, azulejos y muebles pintados para Morris, Marshall y Faulkner & Co. En 1869, De Morgan descubrió que si teñía cristal con pintura plateada, se creaba una iridiscencia, descubrimiento que le llevó a experimentar con técnicas de glaseado y cocción para producir un acabado brillante en los azulejos de cerámica. En 1873 fundó la Orange House Pottery en Chelsea, en la que también había una tienda donde se vendía su cerámica, en su mayor parte azulejos. En 1879 diseñó azulejos para la Sala árabe de Leighton House y suministró paredes de azulejos para el yate del zar de Rusia. Los azulejos de De Morgan también se vendían en Morris & Co., mientras que su taller elaboraba los azulejos diseñados por Morris & Co. Esta estrecha colaboración empresarial prosiguió cuando De Morgan instaló su alfarería en un solar adyacente a los talleres de Morris en Merton Abbey. La característica cerámica de De Morgan, decorada con extraños animales, flores ondulantes o galeones en mares tempestuosos, estaba influida por antecedentes persas y medievales. En 1888 trasladó su taller a la Sands End Pottery, en Fulham, y se asoció con el arquitecto Halsey Ricardo (1854–1928), cuya casa Peacock en Addison Road (1904) estaba extensamente decorada en el interior y el exterior con azulejos suyos. En 1906, De Morgan publicó su primera novela, *Joseph Vance*, que tuvo un éxito inmediato tanto en Gran Bretaña como en América, y al cabo de un año abandonó la cerámica para dedicarse a su carrera de escritor, que se saldó con otras seis novelas. No obstante, su taller continuó activo hasta 1911 bajo la dirección de Charles y Fred Passenger y Frank Iles.

▼ Azulejo *Snake* del período de Chelsea, aprox. 1880

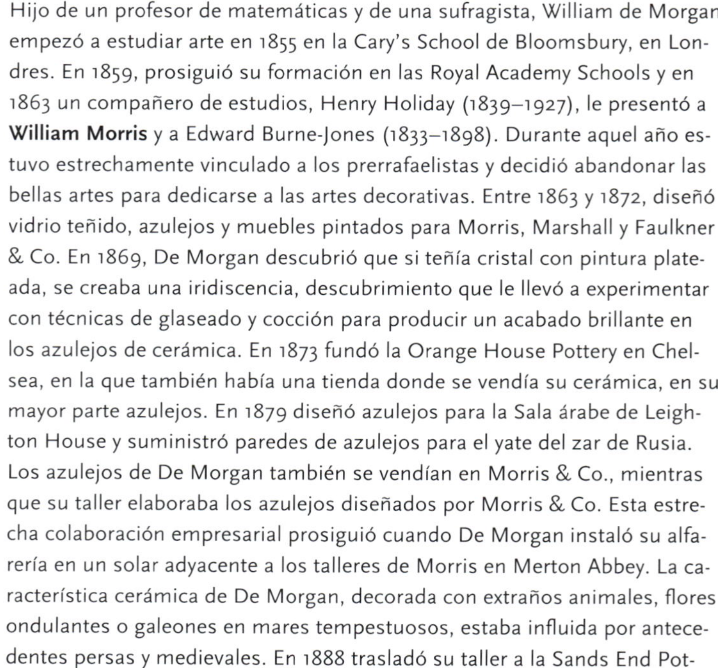

▲ Bandeja *Pelican* en colores persas del período Fulham, aprox. 1888

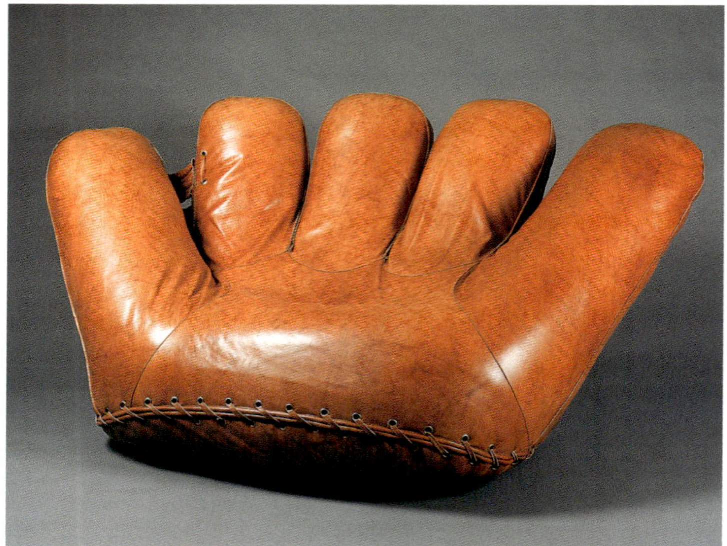

## De Pas, D'Urbino & Lomazzi

De Pas
*Milán*, 1932
*Milán*, 1991

D'Urbino
*Milán*, 1935

Lomazzi
*Milán*, 1936

Gionatan De Pas, Donato D'Urbino y Paolo Lomazzi estudiaron en el Politecnico di Milano y fundaron un estudio de diseño y arquitectura en 1966. Inicialmente experimentaron con diseños de muebles de PVC modulares e inflables. Su silla *Blow* (1967) fue el primer mueble inflable producido en serie y llegó a ser un icono de la cultura pop de los años sesenta.

En 1970, el estudio colaboró en el diseño del pabellón italiano de la Feria Mundial de Osaka, y en 1972 participó en la exposición «Italy: The New Domestic Landscape», realizada en el **Museum of Modern Art** de Nueva York. Su silla *Joe* (1970), que debe su nombre al legendario jugador americano de béisbol Joe DiMaggio, se inspiraba en las esculturas sobredimensionadas y descontextualizadas de Claes Oldenburg (nacido en 1929).

En 1979, De Pas, D'Urbino y Lomazzi recibieron un **Compasso d'Oro** en la Trienal de Milán por su perchero *Sciangai* (1974) y, al cabo de un año, diseñaron la exposición «Diseño italiano de muebles 1950–1980» en Colonia. En 1987 se realizó una exposición de la obra del grupo en Kyoto. En los años ochenta, dirigieron un programa de televisión llamado «Dal cucchiaio alla città: il design italiano dal 1950 al 1980» (De la cuchara a la ciudad). Durante más de tres décadas, De Pas, D'Urbino y Lomazzi han producido diseños de muebles y lámparas flexibles, intercambiables y adaptables, que van desde soluciones radicales hasta lo más conven-

▲ Silla *Joe* para Poltronova, 1970

cional. Sus productos han sido fabricados por Acerbis, **Artemide**, BBB, Bonacina, Cassina, Driade, Palina, Poltronova, Stilnovo y Zanotta, entre otros.

▲ Anuncio de Zanotta de las sillas *Blow*, aprox. 1968

## De Stijl

Fundado en 1917
*Países Bajos*

En octubre de 1917, un pequeño grupo de arquitectos, diseñadores y artistas holandeses crearon una revista de arte llamada *De Stijl*. Dirigido por **Theo van Doesburg**, el grupo incluía inicialmente a Piet Mondrian (1872–1944), Bart Anthony van der Leck (1876–1958), **Vilmos Huszar**, **Jacobus Johannes Pieter Oud**, Robert van't Hoff (1887–1979), Jan Wils (1891–1972) y Georges Vantongerloo (1886–1965). La revista se convirtió en un foro de debate artístico y de diseño y, posteriormente, en el centro de un grupo más amplio de intelectuales. Este poco organizado movimiento compartía un objetivo común: la abstracción absoluta. La revista publicaba las últimas tendencias de la **vanguardia** del arte y del diseño holandés, así como la obra de los constructivistas rusos, los dadaistas y los futuristas italianos. La publicación reivindicaba la pureza del arte y el diseño a través de la adopción de un lenguaje universal de cubismo abstracto o, tal como lo describía Piet Mondrian, neoplasticismo. Los miembros de De Stijl consideraban que la bús-

▲ **Gerrit Rietveld**, plano isométrico del interior de la casa Rietveld-Schroeder en Utrecht, 1927

queda de la honestidad y la belleza aportaría, en última instancia, armonía e ilustración a la humanidad. Theo van Doesburg, editor de la revista, promovió incansablemente el mensaje de De Stijl en sus numerosos viajes a Bélgica, Francia, Italia y Alemania. En 1921, estableció contactos con la dirección de la Staatliches **Bauhaus** de Weimar, y al cabo de un año dio un ciclo de conferencias sobre De Stijl en Weimar. Theo van Doesburg también estableció relaciones con los constructivistas, como **El Lissitzky** y **László Moholy-Nagy**. El movimiento De Stijl no sólo influyó en la evolución de las bellas artes, sino también en el diseño de muebles, interiores, tejidos, gráficos y arquitectura. La revolucionaria silla *Red/Blue* (silla en rojo y azul) (1918–1923) de **Gerrit Rietveld**, cuyo diseño condensaba la filosofía del movimiento, se expuso en la Staatliches Bauhaus en 1923 e inspiró la posterior silla de metal tubular *B3 Wassily* (1925–1927) de **Marcel Breuer**. Al igual que la silla *Red/Blue* de Rietveld, la arquitectura y el interiorismo de De Stijl se caracterizaron por el uso de marcadas formas geométricas y bloques de color que delimitaban el espacio. Se usaban tabiques para dividir las zonas internas, mientras que los muebles utilitarios se reducían al máximo. Las fuer-

▾ **Gerrit Rietveld**, aparador, 1919 (ejecutado por G. van de Groenekan)

tes líneas de esos interiores producían una sensación de dinamismo y de ligereza, que se lograba mediante la eliminación de adornos. Esta aproximación antimaterialista al diseño, así como el uso del formalismo geométrico, tuvo una gran influencia en la evolución del **movimiento moderno**. Aunque el grupo De Stijl nunca se organizó formalmente, sus obras eran muy características y compartían un lenguaje visual común, el de la abstracción geométrica. La aplicación de este nuevo vocabulario de forma y color difuminó las tradicionales distinciones entre las bellas artes y las artes decorativas, pero por desgracia la pretensión del grupo de aportar una mayor universalidad al arte nunca se llegó a cumplir. La visión utópica del movimiento se inspiraba en la vitalidad de la ciudad moderna, mientras que su enfoque utilitarista en cuanto al diseño de objetos de uso cotidiano estaba influido por el puritanismo holandés. Aunque compartían muchas de las ideas propugnadas por el **constructivismo** ruso, como el dinamismo espacial, De Stijl es reconocido como el primer movimiento moderno de diseño por su defensa de una nueva pureza estética. La revista *De Stijl* se publicó hasta la muerte de Theo van Doesburg en 1931. Posteriormente, el movimiento perdió fuerza y fue incapaz de mantener su impulso anterior.

▼ **Bart van der Leck**, alfombra para Metz & Co., 1918–1919

▲ **Gerrit Rietveld**, carretilla infantil, 1923 (ejecutada por G. van de Groenekan)

◄ **Jan Pieter Dirk van Gelder**, mobiliario de casa de muñecas para Metz & Co., años veinte

## Deconstructivism

## Deconstructivismo

La deconstrucción es un método de análisis asociado a la crítica literaria y postulado por primera vez por el filosofo francés Jacques Derrida (1930–2004) en los años sesenta. A través de sus escritos, Derrida defendía la posibilidad de revelar las tendencias fundamentales del pensamiento occidental mediante un análisis o «deconstrucción» de la lógica de su metafísica. La deconstrucción se usó para demostrar que puesto que la obra creativa está sujeta a distintas interpretaciones, su contenido es ambiguo, lo que a su vez mina su lógica. Deconstruyendo el lenguaje formal del **movimiento moderno**, se revelaban sus múltiples tendencias y significados, lo que dio como resultado una crítica de sus fundamentos filosóficos. En los años setenta, las ideas de Derrida se reflejaron en un estilo de arquitectura y diseño: el deconstructivismo. Se trata de un estilo vinculado al **posmodernismo** puesto que también cuestiona las premisas tradicionales de la modernidad. Sin embargo, a diferencia de éste, rechaza el historicismo y la ornamentación. Así, a menudo alude a la deconstrucción del significado, mientras que el posmodernismo lo subvierte irónicamente y lo vuelve a codificar. Estilísticamente e incluso filosóficamente similar al **constructivismo** ruso de los años veinte, sus arquitectos y diseñadores más destacados son **Frank O. Gehry**, **Coop Himmelb(l)au**, Zaha Hadid (nacido en 1950), Peter Eisenman (nacido en 1932) y Bernard Tschumi (nacido en 1944). Por su carácter básicamente antirracional, el deconstructivismo está asociado al **antidiseño** y ha ejercido un escaso impacto en el diseño de productos, con excepciones como la *Radio in a bag* de **Daniel Weil** (1981–1983), que al dejar sus componentes a la vista contrarrestaba las formas tradicionales y deconstruía la lógica del diseño convencional.

▾ **Zaha Hadid**, interior del restaurante Moonsoon en Sapporo (Japón), 1990

◂ Silla *Modelo n.° 654 Torso* para Cassina, 1982

## Paolo Deganello

*Este (Italia)*, 1940

Paolo Deganello estudió arquitectura en la Università di Firenze de 1961 a 1966. Tras licenciarse, cofundó el grupo de **diseño radical Archizoom Associati** en Florencia, con **Andrea Branzi**, Gilberto Corretti (nacido en 1941) y Massimo Morozzi (nacido en 1941). Entre 1963 y 1974, colaboró en la planificación urbanística de Calenzano (Florencia). También ha sido profesor de la Università di Firenze (desde 1966), de la Architectural Association de Londres (de 1971 a 1974) y de la Università di Milano (en 1976), y acabó siendo profesor de diseño del ISIA (Istituto Superiore Statale di Disegno Industriale) de Roma. En 1974, Archizoom se disolvió y al cabo de un año Deganello se asoció con Corretti, Franco Gatti y Roberto Querci para formar otra cooperativa de diseño, el Collettivo Technici Progettisti (Grupo de Diseñadores Técnicos), para promover diseños radicales de muebles. A partir de 1972, Deganello colaboró en varias revistas, como *Domus*, *Rasegna, Lotus, Casabella, IN* y *Modo*, y, en 1975, junto con Ennio Chiggio, publicó una serie de artículos en *Quaderni del Progetto* (Cuadernos de Proyecto). En 1981, fundó su estudio, en el que realizó muebles para Marcatré, Cassina, Driade y **Vitra**, entre otros, así como lámparas para Venini e Ycami Collection. Su silla plegable *AEO* (1973) y su silla multifuncional *Torso* (1982) estaban inspiradas en los muebles de los años cincuenta y representan su forma de entender el diseño. En 1981, la obra de Deganello se expuso en la Clocktower de Nueva York y en 1983 diseñó interiores para la compañía Schöner Wohnen de Zúrich.

## Christian Dell

*Offenbach (Alemania)*, 1893
*Wiesbaden (Alemania)*, 1974

Christian Dell trabajó como aprendiz de platero en la platería Schleissner & Söhne de Hanau de 1907 a 1912, mientras estudiaba en la Königliche Preussische Zeichenakademie. De 1912 a 1913, trabajó como platero en Dresde antes de ser alumno de **Henry van de Velde** en la Kunstgewerbeschule de Weimar. Después de servir en el ejército durante la I Guerra Mundial, trabajó de aprendiz de 1918 a 1920 y posteriormente como platero profesional en Hestermann & Ernst de Múnich. En 1920, trabajó en la platería de Emil Lettré (1876–1954) en Berlín antes de regresar a Hanau y volverse a matricular en la Königliche Preussische Zeichenakademie. Al cabo de un año, fundó un estudio propio de orfebrería en Hanau y de 1922 a 1925 fue «Werkmeister» del taller de metal de la Staatliches **Bauhaus** de Weimar, donde trabajó al lado de **László Moholy-Nagy**. A diferencia de la mayor parte de sus colegas de la Bauhaus, Dell pensaba que los diseñadores no debían rechazar completamente el historicismo. De 1926 a 1933, trabajó en el recién creado departamento de metal de la Frankfurter Kunstschule diseñando objetos de plata que posteriormente eran producidos en el taller de la escuela. Durante ese período, Dell también diseñó lámparas innovadoras, como la lámpara de mesa *Rondella-Polo* (1926–1927), destinada a la fabricación en serie. Sus diseños de lámparas eran producidos por Rondella y Kaiser, que fabricó su serie *Idell*, copiada luego por Helo. En 1933, el régimen nazi le obligó a abandonar su puesto de profesor en la Frankfurter Kunstschule y, más tarde, en 1939, fundó su joyería en Wiesbaden.

◄ Jarra de vino de plata con asa de ébano para el taller de metal de la Bauhaus de Weimar, 1922

▸ Apartamento de S. L. Rothafel en el ático del Radio City Music Hall de Nueva York, 1933

## Donald Deskey

*Blue Earth (Minnesota)*, 1894
*Vero Beach (Florida)*, 1989

A mediados de los años veinte, tras su visita a la «Exposition Internationale des Arts Décoratifs et Industriels» de 1925 en París, Donald Deskey se dedicó al diseño tridimensional y de interiores. En 1926 diseñó biombos para Saks Fifth Avenue y, al cabo de un año, decoró los escaparates de esos grandes almacenes neoyorquinos así como los de Franklin Simon. Sus escaparates modernos para Saks incorporaban una influyente combinación de metal y corcho. También diseñó biombos pintados para la galería de **Paul Frankl** y encargos privados de interiorismo para Adam Gimbel y la familia Rockefeller, entre otros. En 1927, se asoció con Phillip Vollmer para producir diseños exclusivos de muebles y lámparas, pero su asociación se disolvió a principios de los años treinta. A finales de los años veinte, inventó un tipo de madera laminada y teñida llamada Weldtex. En 1931, diseñó interiores y mobiliario al estilo **Moderne** para el Radio City Music Hall, un encargo prestigioso e influyente que ilustraba las tendencias del estilo **Art Déco**. En los años treinta, ideó varios diseños para la fabricación en serie, como lavadoras, máquinas expendedoras, impresoras e incluso un estante para colocar bolos en una bolera, que fueron expuestos en el Metropolitan Museum of Art de Nueva York en 1934. Desde finales de los años treinta hasta 1975, fue presidente de Donald Deskey Associates y diseñó gráficos, embalajes, interiores, lámparas, muebles de oficina y exposiciones. Deskey fue uno de los mayores exponentes del Art Déco en América, así como un pionero del asesoramiento en materia de diseño industrial.

## Desny

*París*, 1927–1933

Situada en el número 122 de la Avenue des Champs Elysées de París, La Maison Desny fue una empresa dedicada al diseño que funcionó de 1927 a 1933. Aunque se sabe poco de sus fundadores, los diseñadores Desnet y René Nauny, sus innovadoras lámparas cromadas y objetos de plata de inspiración cubista ejercieron una gran influencia. Uno de los empleados de la compañía fue el diseñador Louis Poulain. Como empresa de decoración, Desny produjo gran cantidad de objetos de estilo **Moderne**, desde alfombras con motivos geométricos abstractos hasta muebles de aluminio, pasando por murales pintados y accesorios de baño. Aunque estilísticamente inspirados en la modernidad, los diseños de Desny no adoptaron el utilitarismo del **movimiento moderno**. Más bien solían incorporar maderas exóticas y otros materiales costosos. La empresa se encargó de los elegantes y lujosos interiores de las residencias de Pierre David-Weill, Georges-Henri Rivière y Mlle. Thurnauer, entre otros. En sus proyectos de interiorismo, Desny incorporaba obras de los escultores Alberto (1901–1966) y Diego Giacometti (1902–1985) y del artista André Masson (1896–1987), así como de diseñadores de **vanguardia** como **Jean-Michel Frank** y **Robert Mallet-Stevens**. En 1933, la compañía cerró a causa de la muerte de Desnet, y René Nauny fundó una joyería llamada Hippocampe. Aunque Desny fue un negocio de corta duración, sus obras de metal captaron el espíritu dinámico del Art Déco, por lo que sus objetos se han convertido en piezas de coleccionista.

► Frutero plateado para Desny, aprox. 1925

▼ Cáliz plateado para Desny, aprox. 1925

DEUTSCHE
WERKBUND
AUSSTELLUNG
MAI-OKTOBER
COELN 1914
KUNST IN HANDWERK·INDUSTRIE
UND HANDEL·ARCHITEKTUR

En 1906 la «III Deutsche Kunstgewerbeausstellung» (Exposición Alemana de Arte y Artesanía) realizada en Dresde reveló que el expresivo estilo **Jugendstil** había sido superado por un lenguaje más formal que resaltaba la función. Sólo se exhibieron aquellos diseños que mostraban el resultado de una colaboración positiva entre diseñadores y talleres reconocidos, como los **Dresdener Werkstätten für Handwerkskunst**. Estas obras, mucho más utilitarias que las expuestas anteriormente en Dresde, reflejaban la idea de algunos diseñadores como **Richard Riemerschmid** de que la industria era el único medio para producir grandes cantidades de productos bien diseñados y asequibles a la vez. Al promover esta nueva tendencia, la exposición puso de relieve una nueva estética y distintos imperativos sociales en el campo del diseño y fue el catalizador de la creación del Deutscher Werkbund. Fundado en octubre de 1907, el Deutscher Werkbund pretendió desde sus inicios reconciliar la actividad artística con la producción industrial. Así, sus fundadores fueron varios diseñadores, como Riemerschmid, **Bruno Paul**, **Peter Behrens** y **Josef Maria Olbrich**, una serie de fabricantes reconocidos, como Peter Bruckmann & Söhne y Poeschel & Trepte, y algunos talleres de diseño como los **Wiener Werkstätte** y los **Vereinigte Werkstätten für Kunst im Handwerk**, con sede en Múnich. Peter Bruckmann (1865–1927) fue nombrado primer presidente de la asociación, que al cabo de un año ya contaba con más de quinientos miembros. A partir de 1912, el Werkbund empezó a publicar sus anuarios, en los que se incluían artículos con ilustraciones sobre los diseños de sus miembros, como los de las fábricas de **Walter Gropius** y Peter Behrens o los coches de Ernst Naumann. El anuario también daba una relación de las direcciones y de las áreas de especialización de cada miembro en un intento

**Deutscher Werkbund**
Fundado en 1907
*Múnich*

◂ **Fritz Hellmut Ehmke**, cartel para la exposición del Deutsche Werkbund en Colonia, 1914

▾ Miembros fundadores del Deutscher Werkbund

AUF Grund einer in München stattgefundenen Zusammenkunft von Angehörigen der Kunst und Industrie haben sich zur Gründung eines Deutschen Kunstgewerbebundes bereit erklärt:

PETER BEHRENS .. .. .. .. .. .. .. DÜSSELDORF
THEODOR FISCHER .. .. .. .. .. .. .. STUTTGART
JOSEF HOFFMANN .. .. .. .. .. .. .. WIEN
WILHELM KREIS .. .. .. .. .. .. .. .. DRESDEN
MAX LÄUGER .. .. .. .. .. .. .. .. .. KARLSRUHE
ADELBERT NIEMEYER .. .. .. .. .. MÜNCHEN
JOSEF OLBRICH .. .. .. .. .. .. .. .. DARMSTADT
BRUNO PAUL .. .. .. .. .. .. .. .. .. BERLIN
RICHARD RIEMERSCHMID .. .. .. .. MÜNCHEN
J. J. SCHARVOGEL .. .. .. .. .. .. .. DARMSTADT
PAUL SCHULTZE-NAUMBURG .. .. SAALECK
FRITZ SCHUHMACHER .. .. .. .. .. DRESDEN

P. BRUCKMANN & SÖHNE .. .. .. .. HEILBRONN
DEUTSCHE WERKSTÄTTEN FÜR HANDWERKSKUNST G. M. B. H. .. DRESDEN
EUGEN DIEDERICHS .. .. .. .. .. .. JENA
GEBRÜDER KLINGSPOR .. .. .. OFFENBACH a. M.
KUNSTDRUCKEREI KÜNSTLERBUND G. M. B. H. .. .. .. .. .. .. KARLSRUHE
POESCHEL & TREPTE .. .. .. .. .. LEIPZIG
SAALECKER WERKSTÄTTEN G. M. B. H. SAALECK
VEREINIGTE WERKSTÄTTEN FÜR KUNST IM HANDWERK A.-G. .. .. MÜNCHEN
WERKSTÄTTEN FÜR DEUTSCHEN HAUSRAT, THEOPHIL MÜLLER .. DRESDEN
WIENER WERKSTÄTTE .. .. .. .. .. WIEN
WILHELM & CO. .. .. .. .. .. .. .. .. MÜNCHEN
GOTTLOB WUNDERLICH .. .. .. ZSCHOPENTHAL

de promover la colaboración entre el arte y la industria. En 1914, el Werkbund organizó una histórica exposición en Colonia, titulada «Deutsche Werkbund-Ausstellung», que incluía la maqueta de la fábrica de cristal y acero de Walter Gropius, el pabellón de cristal de Bruno Taut y el teatro Werkbund de **Henry van de Velde**. Al cabo de un año el número de socios del Werkbund habían alcanzado la cifra de dos mil personas. No obstante, las crecientes divergencias entre la artesanía y la producción industrial continuaban alimentando el debate en su seno, ya que algunos de sus miembros, como Hermann Muthesius (1861–1927) y Naumann, defendían la estandarización, y otros, como van de Velde, Gropius y Taut eran más partidarios del individualismo. Este conflicto, llamado «Werkbundstreit», casi provocó la disolución de la asociación. Pero la necesidad generalizada de productos de consumo tras la devastación de la I Guerra Mundial llevó a Gropius a aceptar la necesaria estandarización y producción industrial, si bien otros miembros, como Hans Poelzig (1869–1939), seguían resistiéndose al cambio. De 1921 a 1926, Riemerschmid fue presidente del Deutscher Werkbund y mientras ocupó este cargo se avanzó en la tendencia funcionalista. En 1924, el Werkbund publicó *Form ohne Ornament* (Forma sin ornamento), donde se presentaban diseños producidos por la industria y se elogiaban las virtudes de las superficies planas y sin decoración y, en definitiva, el **funcionalismo**. En 1927, el Werkbund protagonizó una exposición en Stuttgart titulada «Die Wohnung» (La vivienda), organizada por **Ludwig Mies van der Rohe** y que se centraba principalmente en un proyecto residencial, el «Weissenhofsiedlung», para el que los arquitectos más innovadores de Europa fueron invitados a diseñar edificios. Los interiores de esas viviendas especialmente diseñadas para la ocasión se dotaron de modernos muebles de metal tubular diseñados por Mies van der Rohe, **Mart Stam**, **Marcel Breuer** y **Le Corbusier**, entre otros. Ampliamente difundida, esta exposición favoreció una mayor aceptación de la modernidad. Aunque el Werkbund se disolvió finalmente en 1934, se restableció de nuevo en 1947, pero por aquel entonces ya había agotado sus fuerzas. El Deutscher Werkbund tendió un puente hacia el Jugendstil y el **movimiento moderno** y, a través de sus actividades, tuvo un gran impacto en la evolución del diseño industrial alemán.

▾ Anuario con el emblema del Deutscher Werkbund, 1913

## Erich Dieckmann

*Kauernick (Prusia Occidental)*, 1896
*Berlín*, 1944

De 1918 a 1920, Erich Dieckmann estudió arquitectura en la Technische Hochschule de Danzig. Más tarde se matriculó en la Staatliches **Bauhaus** de Weimar y trabajó en el taller de carpintería, donde fue contratado por un breve período de tiempo después de aprobar el examen de oficial en 1924. Cuando la escuela tuvo que trasladarse a Dessau, Dieckmann permaneció en Weimar como responsable del taller de ebanistería de la Bauhochschule de Weimar hasta 1930. Durante los tres años siguientes, fue profesor de diseño de muebles en el taller de carpintería de la influyente Kunstgewerbeschule Burg Giebichenstein de Halle. En 1933, los nazis le obligaron a dimitir y durante tres años no tuvo trabajo y realizó escasos diseños. De 1936 a 1939, se alistó a la organización impulsada por los nazis «Amt der Schön-

▸ Silla con brazos para el taller de madera de la Staatliche Bauhochschule de Weimar, aprox. 1926

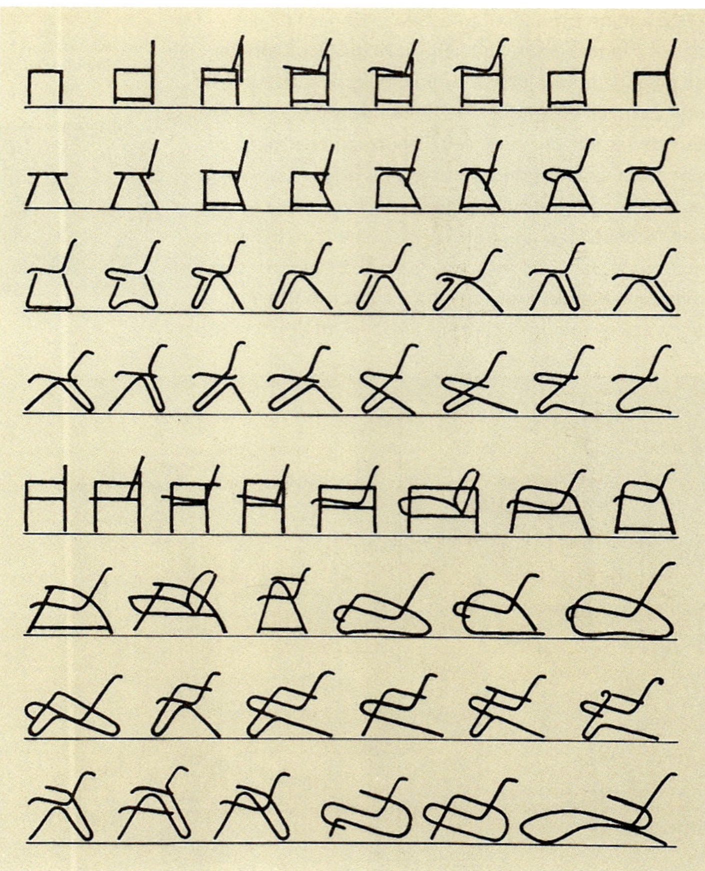

◀ Dibujo de perfiles de sillas con varios prototipos, 1930–1931

heit der Arbeit» (Belleza del Consejo de Trabajo) en Hannover, y posteriormente dirigió el departamento Deutsche Kunsthandwerk (artesanía alemana) del Consejo de las Artes de Berlín hasta su muerte en 1944. Aunque en numerosos diseños de sillas Dieckmann experimentó con el potencial estructural del metal tubular, se le recuerda principalmente por sus muebles estandarizados de madera. En sus comedidos diseños, caracterizados por formas cúbicas y técnicas de construcción simples, sintetizó con elegancia la artesanía y el funcionalismo. Mediante el uso de maderas, como la haya, el cerezo, el roble y el fresno, suavizó el formalismo geométrico asociado al **movimiento moderno**. Después de **Marcel Breuer**, es considerado el diseñador de muebles más importante de los que se formaron en la Bauhaus.

## Niels Diffrient

*Star (Mississippi)*, 1928
*Ridgefield (Connecticut)*, 2013

Niels Diffrient estudió ingeniería aeronáutica en la Cass Technical High School de Detroit, donde se licenció en 1946. A finales de los años cuarenta y principios de los cincuenta, prosiguió sus estudios en la **Cranbrook Academy of Art** de Bloomfield Hills, en Michigan, y en la Wayne State University de Detroit. De 1954 a 1955, obtuvo una beca Fulbright de diseño y arquitectura para instalarse en Italia, donde trabajó en el estudio milanés de **Marco Zanuso**. Anteriormente, había trabajado durante cinco años como diseñador y maquetista en el estudio de **Eero Saarinen** y durante dos años en Walter B. Ford Associates, en Detroit. En 1952, empezó a trabajar en la empresa de un famoso diseñador de productos, **Henry Dreyfuss**, con el que se asoció en 1956. Mientras trabajaba en Henry Dreyfuss Associates, contribuyó a la recopilación de datos antropométricos, que después se publicaron en tres influyentes volúmenes titulados *Humanscale 1-2-3* (1974), *Humanscale 4-5-6* (1981) y *Humanscale 7-8-9* (1981). También diseñó interiores de aviones para Hughes, Lockheed y Learjet, así como ordenadores para Honeywell y aparatos de rayos X para Litton Industries. Permaneció en Henry Dreyfuss Associates hasta 1981, cuando estableció un estudio propio, Niels Diffrient Product Design, en Ridgefield (Connecticut). Desde entonces ha diseñado mobiliario de oficina ergonómico, como las butacas *Diffrient Operational* (1980) para **Knoll** y el programa de asientos *Helena* para Sunar-Hausmann (1984). Su butaca y sofá reclinable multifuncional *Jefferson* (1983), que se ajusta a cualquier tipo de constitución física, introdujo la tecnología punta y la ergonomía en el entorno doméstico. Con una placa de ordenador y distintas opciones de iluminación, la silla también proporcionaba un microcentro integrado de trabajo para uso doméstico o laboral. La preocupación de Diffrient por el rendimiento funcional y su dominio de la ergonomía le han permitido ofrecer una gran interacción entre objeto y usuario.

▾ Butaca de oficina *Diffrient Advanced Management* para Knoll International, 1979

## Nanna Ditzel

*Copenhague*, 1921
*Copenhague*, 2005

Nanna Hauberg estudió diseño de muebles en la Kunsthandvaerkskolen de Copenhague como alumna de Orla Mølgård Nielsen (1907–1994) y Peter Hvidt (1916–1986). Allí conoció a su futuro marido, Jørgen Ditzel (1931–1961), que hasta entonces había trabajado como tapicero. En 1944 ambos presentaron sus muebles para sala de estar en la Exposición Anual de Ebanistas de Copenhague. Esos diseños, entre los que se incluía una mesa de té con una bandeja desmontable diseñada por Louis G. Thiersen, tuvieron una gran acogida. Al cabo de dos años, contrajeron matrimonio y fundaron su estudio de diseño en Hellerup. Inicialmente, concentraron sus esfuerzos en soluciones para pequeñas viviendas y Nanna exploró el concepto de utilizar armarios de cocina para dividir habitaciones. A principios de los años cincuenta, trabajó como diseñadora de muebles en el estudio de arquitectura de Fritz Schlegel (1896–1965) y continuó diseñando y exponiendo muebles con su marido. En 1952, diseñaron una serie de muebles infantiles de madera para Knud Willadsen Møbelsnedkeri y colaboraron con Gunnar Aagaard Andersen (1919–1982) en el diseño de un stand para la Exposición Anual de Ebanistas. Durante este período, Nanna también diseñó joyas de plata para **Georg Jensen**. En 1954, ella y su marido publicaron el libro *Danish Chairs* y en 1956 ambos recibieron el premio Lunning. A partir de 1957, diseñaron una serie de muebles de mimbre para R. Wengler. Sin embargo, su asociación se disolvió en 1961 con la muerte prematura de Jørgen. Impulsada por su «deseo de transformación», Nanna Ditzel realizó innovadores y artesanales diseños de muebles, objetos de metal, cristalería, joyería y tejidos. Su obra posee un notable sentido de la ligereza y de la textura, y fue el tema central de una película producida por el Ministerio de Educación danés en 1992.

▾ Silla *Sommerfugle* para Frederica Stolefabrik, 1990

► Lámpara *Jack*, 1996, con *Euroblocks* apilables, 1998

## Tom Dixon

*Sfax (Túnez)*, 1959

Tom Dixon estudió en la Chelsea School of Art de Londres, donde se licenció en 1978. En 1983, empezó a diseñar muebles a partir de *objets trouvés* y un año después realizó una performance en la discoteca londinense Titanic en la que se dedicó a soldar chatarra. En 1987, fundó su compañía de fabricación de muebles, Dixon PID, que más tarde se llamaría Space, donde se realizaban muebles y lámparas en ediciones exclusivas o limitadas. Sus sillas *Kitchen* (1987) y *S* (1988), intencionadamente distanciadas de la perfección técnica de la producción industrial, son muy características de su trabajo de este período. En 1989, la exposición de sus diseños de lámparas y muebles en la galería Gastou de París atrajo considerablemente la atención de la prensa. Durante los años noventa, la obra de Dixon ha sido menos artesanal y más escultórica. Entre sus diseños más notables destacan los muebles tapizados para Cappellini y la lograda lámpara de plástico *Jack* (1996) para otra de sus empresas de fabricación, Eurolounge. Su obra se expuso en el British Council de Colonia y de Beirut a mediados de los años noventa y en 1998 fue nombrado jefe de diseño de Habitat.

## Dresdener Werkstätten für Handwerkskunst

Fundados en 1898
*Dresde*

Como los **Vereinigte Werkstätten für Kunst im Handwerk** (Talleres Unidos), fundados en Múnich un año antes, los Dresdener Werkstätten für Handwerkskunst (Talleres de Artesanía de Dresde) se crearon para diseñar y producir objetos de gran calidad para el uso cotidiano. La creación de este tipo de talleres se inspiraba en las actividades de los primeros diseñadores reformistas británicos, como **William Morris**, y en el deseo de recuperar el mercado de diseño de los *décorateurs* franceses. Inicialmente, los Dresdener Werkstätten für Handwerkskunst se centraron en los métodos tradicionales de producción artesanal realizando simples diseños autóctonos que reflejaban la influencia del **movimiento Arts & Crafts** británico. Las salas diseñadas por **Richard Riemerschmid** hacia 1905 estaban decoradas con muebles, tejidos y cerámicas producidos en los talleres, así como con porcelana china tradicional, grabados y jaulas de pájaros, que les proporcionaba un aspecto doméstico. Esos interiores intencionadamente poco pretenciosos eran la misma antítesis del sofisticado estilo de la época y reflejaban el deseo generalizado en Alemania de llevar a cabo una reforma en el diseño. Aunque comprometidos inicialmente con la artesanía, los talleres de Dresde pronto intentaron encaminar la actividad artística hacia la producción industrial. Con este objetivo, a partir de 1906 Richard Riemerschmid diseñó una serie de muebles estandarizados, los *Maschinenmöbelprogramm*. Conocidos como «muebles máquina», esos diseños estaban construidos con elementos estandarizados visiblemente sujetos

▾ Interior III *Herrenzimmer*, 1905

▲ **Richard Riemerschmid**, escritorio *Herrenzimmer*, 1905

con tornillos. Desde su origen, este revolucionario programa de muebles se basó en la producción mecanizada y ejerció una gran influencia en los posteriores diseños de muebles. Más tarde, Riemerschmid diseñó una fábrica para los talleres de Hellerau, cerca de Dresde (1908–1910), presumiblemente para incrementar la producción de este tipo de muebles. Los productos manufacturados por los talleres de Dresde, la mayor parte diseñados por Riemerschmid, eran más vernáculos y menos exclusivos que los producidos por los Vereinigte Werkstätten für Kunst im Handwerk de Múnich y otros talleres alemanes. Aunque su adopción de prácticas éticas de fabricación no permitió a los talleres producir productos de bajo coste, su búsqueda de un diseño económico y honesto tuvo una gran influencia, especialmente en la fundación del **Deutscher Werkbund**.

◄ Azucarera plateada mediante electrólisis *Modelo n.° 247* para Elkington & Co., aprox. 1880

► Jarra de clarete *Modelo n.° 2045 Crow's Foot* para Hulkin & Heath, 1878

## Christopher Dresser

*Glasgow*, 1834
*Mulhouse (Alsacia, Francia)*, 1904

De 1847 a 1854, Christopher Dresser se formó con el botánico John Lindley en la Government School of Design de Londres, donde posteriormente ejerció como profesor durante catorce años. Su defensa del «arte botánico» (la representación estilizada pero científica de la naturaleza) contribuyó a sustituir el ampuloso y falso naturalismo del estilo victoriano por un tipo de ornamentación más formalizada. En 1856, Dresser presentó un grabado con plantas y alzados de flores en la influyente obra de Owen Jones *The Grammar of Ornament.* En 1857, fue nombrado profesor de botánica aplicada a las bellas artes en la School of Design de South Kensington. Asimismo, publicó varios artículos en *Art Journal* y tres libros que contribuyeron a establecer su reputación y le valieron la mención de doctor honorario de la Universidad de Jena. Después de adoptar el título de «doctor», solicitó la cátedra de botánica de la University of London en 1860, pero no se la concedieron e inició su carrera como diseñador fundando su propio estudio, donde realizó diseños de objetos de metal, cerámica, cristal, azulejos, telas, papel pintado y accesorios de hierro para las treinta fábricas más importantes de Gran Bretaña. También ejerció una gran influencia como teórico y fue uno de los primeros diseñadores que promovió las cualidades especiales de las artes aplicadas japonesas. Sus avanzados diseños reflejaban su confianza en la producción industrial y su búsqueda de «autenticidad, belleza y poder». Además de su valor como diseñador reformista, Dresser fue también uno de los primeros profesionales en diseño industrial.

◂ Termo y bandeja *Modelo n.° 539* para la empresa americana Thermos Bottle Company, 1935

## Henry Dreyfuss

*Nueva York*, 1904
*South Pasadena (California)*, 1972

Henry Dreyfuss estudió en la Ethical Culture School de Nueva York antes de trabajar como aprendiz con el diseñador industrial **Norman Bel Geddes** en 1923. Mientras trabajó en el estudio de Geddes, Dreyfuss se centró en las actividades teatrales y en el diseño de vestuario, escenarios e iluminación para el Strand Theatre de Nueva York y la cadena de teatros de vodevil R. K. O. (Radio-Keith-Orpheum). Durante una época, trabajó como asesor de los grandes almacenes Macy's, antes de fundar, en 1929, su estudio de diseño industrial en Nueva York. El enfoque directo y empresarial que daba al proceso de diseño contribuyó al éxito de su despacho, que atrajo a una amplia clientela empresarial, como Bell Telephone, AT&T, American Airlines, Polaroid, Hoover y RCA. Sus diseños, como el télefono *Trimline* de 1965, se caracterizaban por el uso de formas escultóricas y atrevidas, por lo que fueron un ejemplo del **aerodinamismo** americano. Como **Raymond Loewy**, Norman Bel Geddes y **Walter Dorwin Teague**, Dreyfuss rediseñó muchos productos con la intención de incrementar la demanda de los consumidores, no tanto mediante innovaciones técnicas sino estilísticas. Algunos de sus diseños llevaban una copia de su firma, lo que constituyó uno de los primeros ejemplos de trabajo de autor en el campo del diseño. Dreyfuss fue miembro fundador de la Society of Industrial Design y primer presidente de la Industrial Designers Society of America. También publicó dos libros muy influyentes sobre antropometría: *Designing for People* (1955) y *The Measure of Man* (1960). Dreyfuss y su esposa se suicidaron en 1972.

## Nathalie du Pasquier

*Burdeos (Francia)*, 1957

Nathalie du Pasquier recorrió África, Australia e India de 1975 a 1978. Al regresar a Burdeos, estudió dibujo y diseño durante un año y luego se trasladó a Italia, primero a Roma y luego a Milán. Un año después trabajó en el Studio Rainbow como diseñadora textil y, de 1981 a 1988, produjo brillantes y coloridas tapicerías, laminados, muebles y cerámica de estilo posmoderno para **Memphis**. A partir de 1982, también trabajó como diseñadora de la firma de ropa Fiorucci, que en aquel momento estaba a la vanguardia de la moda New Wave. En 1984, Du Pasquier y su marido **George Sowden** (diseñador de Memphis) produjeron una serie de lámparas para Arc 74 titulada *Objetos para la era electrónica*, y en 1988 volvieron a colaborar en la serie de relojes de colores brillantes *Neos* para Lorenz. Cuando Memphis se disolvió en 1988, el matrimonio fundó su estudio de diseño en Milán para realizar proyectos de arquitectura y diseñar telas, alfombras, cerámica y objetos de metal. Entre los clientes de Du Pasquier se cuentan Elio Palmisano, Maison des Couteliers, Lorenz, Pink Dragon, Missoni, Esprit y NAS Oleari. En 1989, abandonó temporalmente el diseño para dedicarse a la pintura y fue nombrada comisaria de exposiciones del Musée des Arts Décoratifs de Burdeos. Sus diseños estampados y coloridos se inspiran en diferentes culturas tribales (la africana, la india y la aborigen) y en varios estilos (cubismo, **Art Déco** y **futurismo**), así como en aspectos de la cultura popular como graffiti y cómics de ciencia ficción. La vivacidad y eclecticismo de sus diseños de telas y laminados aportó una vitalidad juvenil y refrescante a Memphis y contribuyó a otorgar al grupo una fuerte identidad visual.

▾ Tela *Gabon* para Rainbow, 1982

## Raoul Dufy

*Le Havre, 1877*
*Forcalquier (Francia), 1953*

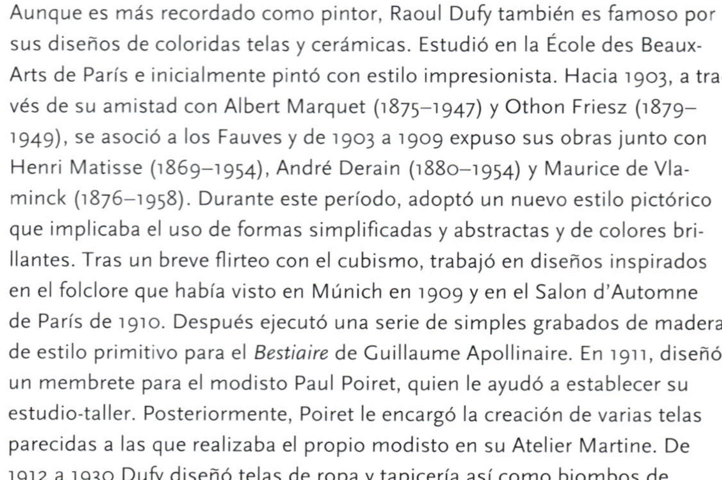

Aunque es más recordado como pintor, Raoul Dufy también es famoso por sus diseños de coloridas telas y cerámicas. Estudió en la École des Beaux-Arts de París e inicialmente pintó con estilo impresionista. Hacia 1903, a través de su amistad con Albert Marquet (1875–1947) y Othon Friesz (1879–1949), se asoció a los Fauves y de 1903 a 1909 expuso sus obras junto con Henri Matisse (1869–1954), André Derain (1880–1954) y Maurice de Vlaminck (1876–1958). Durante este período, adoptó un nuevo estilo pictórico que implicaba el uso de formas simplificadas y abstractas y de colores brillantes. Tras un breve flirteo con el cubismo, trabajó en diseños inspirados en el folclore que había visto en Múnich en 1909 y en el Salon d'Automne de París de 1910. Después ejecutó una serie de simples grabados de madera de estilo primitivo para el *Bestiaire* de Guillaume Apollinaire. En 1911, diseñó un membrete para el modisto Paul Poiret, quien le ayudó a establecer su estudio-taller. Posteriormente, Poiret le encargó la creación de varias telas parecidas a las que realizaba el propio modisto en su Atelier Martine. De 1912 a 1930 Dufy diseñó telas de ropa y tapicería así como biombos de tela para la fábrica Bianchini-Férier de Lyon. De 1923 a 1930, creó un biombo de tela y un sofá para Beauvais así como cerámica para Artigas y catorce famosos tapices para la barcaza de Paul Poiret, *Orgues*, amarrada en el Sena durante la Exposition Internationale des Arts Décoratifs et Industriels Modernes de 1925. De 1930 a 1933 diseñó tejidos de seda para Amalgamated Silk y Onandaga, en Nueva York. Al igual que sus pinturas, sus diseños eran vibrantes y a menudo incorporaban marcadas líneas caligráficas y «sombras» blancas. Sus diseños, como *Feuilles*, de aproximadamente 1920, con su espontaneidad casi infantil y su primitivismo rítmico, han llegado a simbolizar el estilo **Art Déco**.

▾ Tela *Feuilles* (Hojas) para Bianchini-Férier, aprox. 1920

◂ Aparato ortopédico para pierna diseñado para la marina estadounidense y fabricada por Evans Products Company, 1943

## Charles Eames

*St. Louis (Missouri)*, 1907
*St. Louis*, 1978

## Ray Eames

*Sacramento (California)*, 1912
*Los Ángeles*, 1988

Charles Eames estudió arquitectura en la Washington University de St. Louis. Durante este período, de 1925 a 1928, trabajó durante las vacaciones de delineante en el estudio de arquitectura Trueblood & Graf. En 1929 viajó a Europa, donde conoció por primera vez la obra de los arquitectos del **movimiento moderno**, como **Le Corbusier**, **Ludwig Mies van der Rohe** y **Walter Gropius**. En 1930, Charles Eames y Charles Gray abrieron un estudio de arquitectura en St. Louis, al que más tarde se unió Walter Pauley. Aunque el estudio realizó una serie de viviendas privadas, hacia 1934 ya no recibían ningún encargo debido a la depresión, por lo que Eames abandonó St. Louis para residir brevemente en México. Al regresar a St. Louis en 1935, fundó un nuevo estudio de arquitectura con Robert Walsh y al cabo de un año proyectaron la casa Meyer en Huntleigh Village. Para este proyecto, Eames buscó el asesoramiento del arquitecto finlandés **Eliel Saarinen** y en 1937 conoció a su hijo **Eero Saarinen**. En 1938, Eliel Saarinen le ofreció una beca para estudiar en la **Cranbrook Academy of Art** y empezó diseño y arquitectura en el otoño de aquel año. En 1939 fue nombrado profesor de diseño y en 1940 jefe del departamento de diseño industrial de Cranbrook. Aquel otoño asistió a Cranbrook una nueva estudiante, Ray Kaiser, quien previamente había estudiado pintura en la escuela neoyorkina de Hans Hofmann, un importante centro para el desarrollo del expresionismo abstracto. Ray estudió diseño de telas con Marianne Strengell (1909–1998) y colaboró con Charles Eames y Eero Saarinen en la propuesta presentada en la «Organic Design in Home Furnishings Competition», organizada en el **Museum**

**of Modern Art** de Nueva York en 1940. Sus revolucionarias sillas, que obtuvieron el primer premio, incorporaban dos técnicas de fabricación de tecnología punta —el modelado de madera en complejas curvas y la soldadura cíclica, un proceso electrónico de sujeción desarrollado por la Chrysler Corporation que permitía unir madera y metal. Al cabo de un año, tras divorciarse de su primera esposa, Eames contrajo matrimonio con Ray Kaiser en Chicago. El matrimonio se instaló en California y Charles empezó a trabajar como escenógrafo para MGM. En aquella época, empezaron a experimentar con las técnicas de moldeado de madera en su apartamento y desarrollaron la «máquina ¡Kazam!», una prensa para moldear la madera de dos planos geométricos en complejas curvas. En 1942, la Marina de Estados Unidos les encargó tablillas de madera para brazos y piernas, así como para literas, por lo que fundaron la Plyformed Wood Company para producir en serie una primera tirada de 5.000 tablillas. A causa de las dificultades económicas, los Eames se vieron obligados a vender esta fábrica, que se convirtió en la Molded Plywood Products Division de la Evans Products Company de Detroit. Durante un tiempo, Charles fue el director de investigación y de-

▲ Interior con sillas *LCW* (1945) y silla *LCM* (1945–1946), mesa *CTW* (1946) y mampara *FSW* (1946) para Herman Miller

◄ Prototipo de la silla *LCW*, aprox. 1945

▲ Butacas *PAC-1* y mesas con parte superior laminada para Herman Miller, aprox. 1958

sarrollo del departamento. En 1945, la Evans Products Company produjo y distribuyó una serie de mobiliario infantil de madera moldeada. En 1946, el Museum of Modern Art organizó una exposición individual titulada «New Furniture by Charles Eames», en la que se presentaron los prototipos de las famosas sillas de madera del matrimonio (1945–1946). Esas innovadoras sillas eran el resultado del objetivo de los Eames de «ofrecer lo mejor de lo mejor al mayor número posible de personas al menor precio». Inicialmente, Evans produjo las sillas y poco tiempo después fueron comercializadas y distribuidas exclusivamente por **Herman Miller**, quien se hizo con el control de la empresa en 1949. En 1948, Charles Eames ganó el segundo premio de la «International Competition for low-Cost Furniture Design» del MOMA por su innovadora propuesta de una serie de sillas de fibra de vidrio. Esas revolucionarias sillas fueron los primeros asientos de plástico sin revestimiento que llegaron a producirse en serie. Su concepto de una estructura universal capaz de ser usada con diferentes bases y ofrecer múltiples variaciones ejerció una gran influencia. A lo largo de los años cincuenta y sesenta, los Eames trabajaron con Herman Miller y crearon muebles muy innovadores, como las sillas *Aluminium Group* (1958). También fueron aplaudidos por sus proyectos de arquitectura, particularmente las Case Study Houses n.° 8 y n.° 9 de Charles Eames y Eero Saarinen, finalizadas en 1949, y cons-

◄ Silla *DAR* para Zenith Plastics y, posteriormente, para Herman Miller, 1948–1950

► **Ray Eames**, tela *Cross Patch* para Schiffer Prints, 1945

truidas en Pacific Palisades. La n.° 8 fue proyectada para los propios Eames y llegó a ser conocida como casa Eames, mientras que la n.° 9 fue concebida para John Entenza, editor de la revista *Arts & Architecture*, que patrocinó el proyecto. El interior de la casa Eames, destacable por su ligereza y sentido del espacio, estaba decorado con una ecléctica y colorida mezcla de elementos —juguetes, cometas, objetos orientales— que humanizaban la implacable estética moderna del interior. A lo largo de su carrera, los Eames también fueron reconocidos por sus numerosos cortometrajes, como *A Communications Primer* (1953), *Tops* (1969) y *Powers of Ten* (1977), algunos de ellos realizados para acompañar sus exposiciones. Los Eames destacaron en el diseño de exposiciones, ya que fueron capaces de comunicar al público ideas complejas de manera convincente y lúdica a través de varios medios, como esquemas temporales bellamente diseñados. También fueron pioneros en las presentaciones multimedia y sus históricas exposiciones como «Mathematica» (1961), «Nehru: His Life and His India» (1965), «A Computer Perspective» (1971), «Copernicus» (1972) y «The World of Franklin and Jefferson» (1975–1977) tuvieron una gran influencia. Otra de sus importantes contribuciones al diseño comunicativo fueron sus presentaciones visuales, como *Glimpses of the USA* (1959), que presentaba la vida coti-

▼ Butaca *N.° 670* y otomán *N.° 671* para Herman Miller, 1956

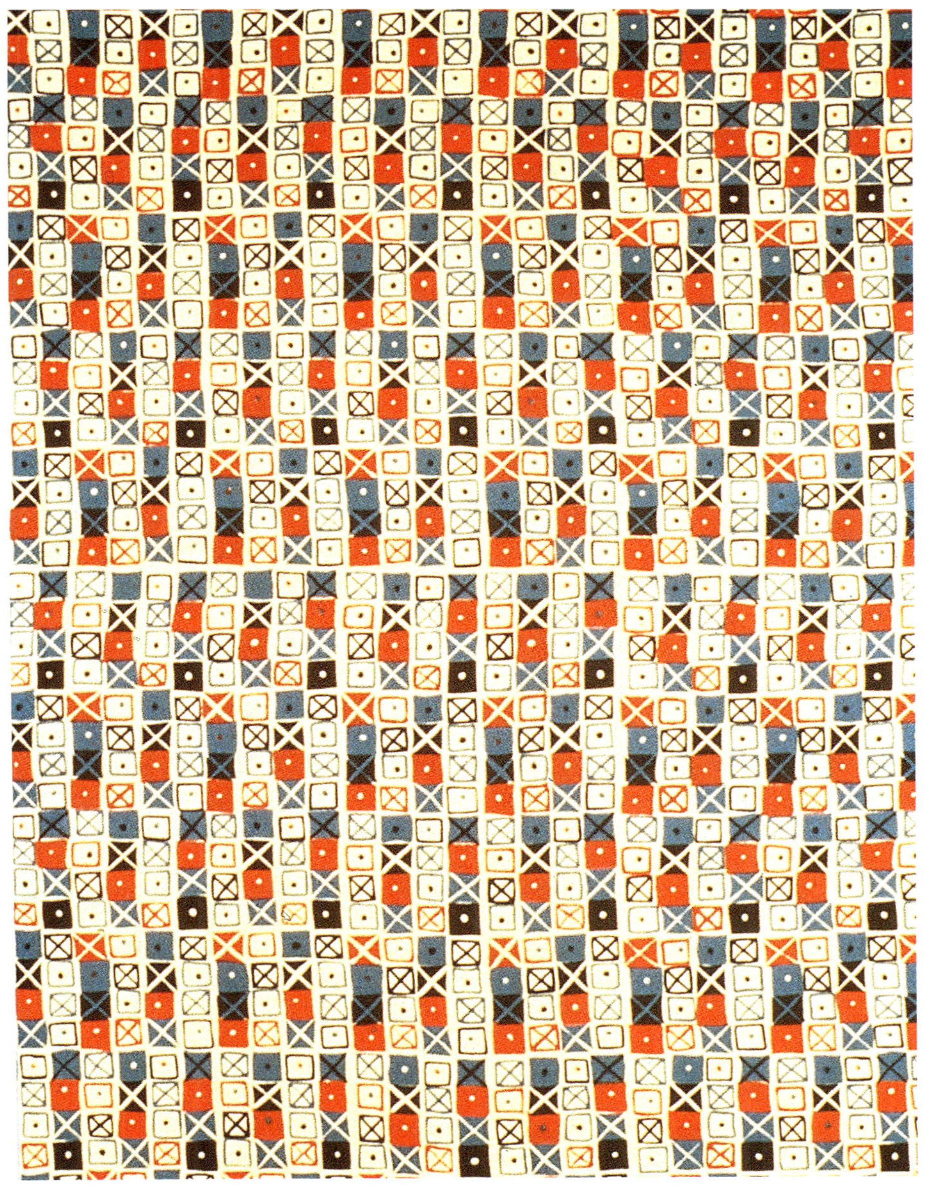

▲ Serie *ESU (Eames Storage Units)* para Herman Miller, 1950

diana de América a los rusos que visitaban la exposición en la American National Exhibition de Moscú. Con sus diseños, películas y fotografías los Eames crearon un nuevo e interesante lenguaje visual de gran impacto, tanto en América como en el extranjero. Comunicaron valores de validez, ética social, igualitarismo, optimismo, informalidad y desmaterialismo, y aunque su mensaje poseía un inconfundible tono americano, obtuvo el gran reconocimiento internacional al ofrecer la cara más amable de la modernidad. Lo más interesante de su trabajo no sólo fue la humanidad subyacente sino el modo en que equilibraba lo poético con lo pragmático. Aunque ambos compartían los mismos imperativos éticos y una gran afinidad por la estructura, Charles se aproximaba al diseño desde un punto de vista tecnológico, material y productivo, mientras que Ray ponía de relieve consideraciones formales, espaciales y estéticas. Su enfoque dinámico a la resolución de problemas les ayudó a estrechar los vínculos entre los aspectos estructurales, funcionales, psicológicos, intelectuales y culturales de todo el amplio espectro de su trabajo. Como exponentes más destacados del **diseño orgánico** y dos de los diseñadores más importantes del siglo XX, Charles y Ray Eames demostraronque el diseño moderno puede y debe ser usado para mejorar la calidad de vida, la percepción, la comprensión y el saber de los seres humanos.

► *ESU 400 (Eames Storage Units)* con paneles «agujereados» para Herman Miller, 1950

## Charles Eastlake

*Plymouth (Devon)*, 1836
*Lordres*, 1906

Charles Locke Eastlake, sobrino del pintor Sir Charles Locke Eastlake (1793–1865), director de la National Gallery de Londres, estudió arquitectura con Philip Hardwick (1792–1870) y posteriormente asistió a las Royal Academy Schools de Londres. En 1855 y 1856 expuso varios proyectos de arquitectura en las Royal Academy antes de dedicarse a la crítica de arte. En 1864 publicó el primero de sus numerosos artículos sobre mobiliario e interiorismo titulado *The Fashion of Furniture*. En 1866, fue nombrado secretario adjunto del Royal Institute of British Architects (RIBA), del que fue secretario al cabo de cinco años. En 1868, publicó su influyente manual *Hints on Household Taste in Furniture, Upholstery and Other Details*, una recopilación de los artículos previamente escritos para *Cornhill Magazine* y *The Queen*. Este volumen defendía el estilo reformista gótico practicado por Georges Edmund Street (1824–1881), Richard Norman Shaw (1831–1912) y John Pollard Seddon (1827–1906), cuyos objetivos eran la honestidad en la construcción y los materiales, las formas rectilíneas y los dibujos y adornos geométricos. El propio mobiliario y papel pintado de Eastlake se incluyeron en esta publicación, así como diseños de joyas de Sir Matthew Digby Wyatt (1820–1877), objetos de metal de Beham & Froud, cristalería de Salviati, azulejos geométricos de Maw y cerámica de Copeland. Este volumen llegó a ser tan popular que se publicaron cuatro ediciones en Inglaterra, aunque su éxito fue aún mayor en América, donde se imprimieron seis ediciones en Boston entre 1872 y 1879. Además, impulsó la publicación de otras obras similares en América, especialmente *The House Beautiful*, de C. C. Cook (1877), y *Art Decoration Applied to Furniture*, de H. P. Spofford (1878). Eastlake tuvo más influencia como escritor y árbitro del gusto que como diseñador. Su obra escrita más importante fue *A History of the Gothic Revival* (1872).

◂ Armario de roble par Heaton, Butler & Bayne, aprox. 1867

▾ Frontispicio de *Hints on Household Taste*, publicado en 1868

## Tom Eckersley

1914–1997

Tom Eckersley estudió en la Salford School of Art de 1930 a 1934. Allí conoció a Eric Lombers, con quien se trasladó a Londres en 1934 para fundar un estudio de diseño que funcionó hasta 1940. En los años treinta, el equipo realizó el grafismo de London Transport, Shell-Mex, General Post Office, British Petroleum (BP), British Broadcasting Company (BBC) y Austin Reed, entre otros. Las primeras obras de Eckersley se inspiraban en los carteles de **Edward McKnight Kauffer** y **A. M. Cassandre**, así como en el cubismo y el **surrealismo.** Durante la II Guerra Mundial, Eckersley creó carteles de información pública para el Ministerio de Información y la Royal Society for the Prevention of Accidents y también diseñó mapas y pósters para la Royal Air Force (RAF). De 1937 a 1939, fue profesor de la Westminster School of Art y, después de la guerra, trabajó como diseñador gráfico independiente. En 1949, obtuvo una BOE (condecoración del Imperio británico) por sus diseños en tiempos de guerra y al cabo de un año fue aceptado en la Alliance Graphique Internationale. De 1958 a 1978, fue jefe del departamento de diseño del London College of Printing, época en la que su estilo se fue volviendo más directo mediante el uso de tipografía sencilla y formas simplificadas, aunque conservaba ese elemento humorístico tan característico del diseño británico de los años treinta. En 1976, recibió el encargo de diseñar una serie de murales para la nueva estación del aeropuerto de Heathrow.

▼ Cartel publicitario para Shell, aprox. 1938

◂ Tapiz bordado (atr buido), aprox. 1900

## Otto Eckmann

*Hamburgo*, 1865
*Badenweiler (Alemania)*, 1902

Otto Eckmann estudió en la Kunstgewerbeschule de Hamburgo y Núremberg y en la Akademie der Künste de Múnich. Inicialmente, se dedicó a las bellas artes y desde 1890 presentó su obra en las exposiciones de Múnich. En 1894 abandonó la pintura, subastó todos sus cuadros en Francfort y se dedicó al diseño gráfico y a la artesanía, especialmente el bordado. A partir de 1895, colaboró habitualmente en la revista *Pan* de Berlín con dibujos inspirados en los grabados japoneses y, al cabo de un año, en la revista *Jugend* de Múnich. En 1897, empezó a enseñar pintura ornamental en la Kunstgewerbeschule de Berlín, donde más tarde fue profesor de artes aplicadas. Aquel mismo año expuso sus diseños en la Exposición Internacional de Arte de Múnich. De 1899 a 1900, diseñó la marca de **AEG** y en 1900 desarrolló un nuevo tipo de letra, la *Eckmannschrift*, para Rudhard'sche Gießerei (Offenbach). También diseñó carteles y ex libris al estilo **Jugendstil** para la editorial A. E. Seemann de Leipzig y azulejos de cerámica para Villeroy & Boch (Mettlach). Su encargo más prestigioso, sin embargo, fue el interior del estudio del gran duque Ernst Ludwig IV de Hesse-Darmstadt en el Neues Palais (1898). Aunque murió a la temprana edad de treinta y siete años, en su corta carrera creó numerosos diseños de telas, muebles, alfombras, papel pintado, objetos de metal y cerámica, y fue uno de los exponentes más importantes del Jugendstil alemán.

► **Louis Majorelle**, sala del Café de Paris, en Nancy, 1899

## École de Nancy

Fundada en 1901
*Nancy (Francia)*

Entre 1871 y 1900, muchos artesanos que huyeron de Prusia se instalaron en Nancy, situada sólo a unos veinte kilómetros de la frontera franco-prusiana. El influjo de emigrantes impulsó la vida cultural y comercial de Nancy, que se convirtió en la ciudad más importante del este de Francia. Jean **Daum**, que también era emigrante, fundó la Verrerie Sainte-Claire en 1878 y empezó a producir objetos de cristal al estilo **Art Nouveau**. Otros diseñadores instalados en la Lorena, como **Émile Gallé** y **Louis Majorelle**, también realizaron muebles y objetos de cristal al estilo Art Nouveau, con un gran éxito de crítica y de ventas. En 1901, animados por el entusiasmo general por este tipo de obras, una serie de empresas y talleres instalados en la región de Nancy se asociaron para formar la Alliance Provinciale des Industries d'Art. Esta alianza, que se acabó conociendo como École de Nancy, fue inicialmente dirigida por Émile Gallé y contaba con figuras como Louis Majorelle, Victor Prouvé (1858–1943), Eugène Vallin (1856–1922) y los hermanos Daum (que dirigieron la organización tras la muerte de Émile Gallé en 1904). La primera exposición colectiva de la Alliance tuvo lugar en 1903 en el Salon d'Union Centrale des Arts Décoratifs de París.

## Egon Eiermann

*Neuendorf (Berlín)*, 1904
*Baden-Baden (Alemania)*, 1970

Egon Eiermann estudió arquitectura de 1923 a 1927 en la Technische Hochschule de Berlín-Charlottenburg, donde asistió a los cursos superiores impartidos por Hans Poelzig (1869–1936). A partir de 1931, trabajó como arquitecto independiente y bajo el Tercer Reich fue autor de varios edificios industriales. Durante la II Guerra Mundial, diseñó muebles para su estudio y después de 1945 fundó un despacho de arquitectos con Robert Hilgers y prosiguió su actividad como interiorista. En 1949, creó una vivienda modelo para la exposición «Wie Wohnen», y demostró que su adhesión a los nazis no había malogrado su talla profesional. Eiermann solía diseñar muebles específicos para sus proyectos de arquitectura, que posteriormente fueron producidos en serie, como por ejemplo sus populares sillas de junco (1952) fabricadas por Friedrich Herr y su serie de sillas de madera (1952) producidas por Wilde & Spieth. A partir de 1947, fue profesor de la Technische Hochschule de Karlsruhe y, en 1951, miembro fundador del Rat für Formgebung (Consejo de Diseño de Alemania). En 1962, junto con Paul Baumgarten y Sep Ruf, formó parte de la comisión de planificación del nuevo edificio del Parlamento y la cámara alta de la RFA en Bonn. Sus proyectos de arquitectura más importantes fueron la fábrica Ciba AG en Wehr/Baden, el pabellón alemán de la Feria Mundial de Bruselas (1958), la Kaiser-Wilhelm-Gedächtniskirche de Berlín (1957–1963) y una torre de oficinas para los miembros del Bundestag alemán en Bonn (1965–1969). Además de sus logros arquitectónicos, Eiermann obtuvo un gran éxito como diseñador de muebles, con soluciones innovadoras como la silla plegable *SE 18* (1952), fabricada por Wilde & Spieth (Esslingen), que incorporaba un mecanismo de muelles que plegaba automáticamente la silla cuando no se utilizaba. Egon Eiermann, que contrajo matrimonio con la destacada interiorista Charlotte Eiermann (nacida en 1912), fue uno de los diseñadores más importantes de la posguerra alemana.

▼ Silla plegable *Modelo n.° SE18* para Wilde & Spieth, 1952

## Jan Eisenloeffel

*Amsterdam, 1876*
*Laren (Países Bajos), 1957*

Johannes (Jan) Eisenloeffel estudió en la Rijks Normaalschool de Amsterdam de 1892 a 1896, donde se formó como profesor de dibujo. Entre 1893 y 1896, trabajó en la fábrica metalúrgica W. Hoecker & Zoon de Amsterdam y en 1898 viajó a Rusia, donde se instaló en San Petersburgo para estudiar las técnicas de grabado y esmaltado de Peter Carl Fabergé (1846–1920). A su regreso a los Países Bajos, volvió a W. Hoecker & Zoon y fue nombrado jefe del estudio de metal de su recién creada compañía Amstelhoeck, también en Amsterdam. En 1902, fundó una metalistería propia con J. C. Stoffels, y al cabo de un año participó en la creación de la tienda De Woning, en Amsterdam, que comercializaría sus diseños. En 1903, se unió a la organización Kunst aan het Volk (Arte para el Pueblo), que pretendía mejorar la calidad de los objetos cotidianos. De 1904 a 1907, realizó objetos de metal y vajillas para C. J. Begeer (Utrecht) y posteriormente trabajó en los **Vereinigte Werkstätten für Kunst im Handwerk** (Talleres Unidos) de Múnich. En 1908, regresó a los Países Bajos y fundó su propio taller en la colonia de artistas Laren, cerca de Amsterdam.

▲ Juego de té de latón para De Woning, aprox. 1903

## Harvey Ellis

*Rochester (Nueva York)*, 1852
*Syracuse (Nueva Jersey)*, 1904

Harvey Ellis asistió a la academia militar de West Point, pero fue expulsado y se trasladó a Venecia. Al regresar a Albany (Nueva York) estudió arte con Edwin White (1817–1877) y trabajó durante un tiempo en el estudio de arquitectura de Arthur Gilman en Rochester. Más tarde, se formó como delineante en el estudio situado en Albany de Henry Hobson Richardson (1838–1886), cuyo estilo gótico reformista ejerció una gran influencia en él. De 1879 a 1884, Harvey y su hermano Charles trabajaron en su propio estudio de arquitectura en Rochester. Durante la década siguiente, Ellis trabajó como aprendiz de delineante en el medio oeste americano y durante esa época realizó carteles pintados y diseñados para el *Rochester Herald* (1895) y el *Harper's Magazine* (1898). Posteriormente regresó a Rochester, y a partir de 1903 diseñó muebles y telas inspirados en el **movimiento Arts & Crafts** británico para el United Crafts Workshop de **Gustav Stickley** y escribió varios artículos para la revista de Stickley, *The Crafstman*. Influido por el movimiento Arts & Crafts británico y americano, la mayor parte de sus diseños de aquella época poseían un estilo vernáculo. Sin embargo, su elegante silla de roble y su armario de 1904, con formas ligeras y no tan rústicas y una sinuosa decoración incrustada, estaban más influidas por el estilo **Art Nouveau**.

▼ Silla de roble para los Craftsman Workshops, 1903–1904

## August Endell

*Berlín*, 1871
*Berlín*, 1925

August Endell, hijo de arquitecto, estudió filosofía en Tubinga antes de instalarse en Múnich en 1892 para estudiar las obras del filósofo Theodor Lipps (1851–1914). Influido por **Hermann Obrist**, a quien conoció en 1896, abandonó la filosofía para centrarse en la arquitectura y las artes aplicadas. De 1896 a 1897, diseñó la fachada y la decoración interior del estudio de fotografía Elvira de Múnich. En la fachada, realizó una composición ondulante de yeso inspirada en el estilo de Obrist. En 1898 participó en los Vereinigte Werkstätten de Munich y proyectó un sanatorio en Föhr. Durante ese período también realizó ilustraciones para las revistas de arte *Jugend* y *Pan* (1897), y en 1898 publicó su primer artículo sobre estética titulado *Um die Schönheit*. Al cabo de un año, expuso sus diseños de joyas en la muestra de la Secesión de Múnich. En 1901 se trasladó a Berlín, donde decoró el teatro Bunte en un estilo más colorido y expresivo que el que había usado antes, distanciándose de las formas ondulantes del **Jugendstil**. En 1903, diseñó muebles con motivos formalizados de follaje, fabricados por Theophil Müller en los Werkstätten für Deutschen Hausrat de Dresde. Durante los diez años posteriores, dirigió una escuela de diseño en Berlín y publicó numerosos artículos sobre diseño y teoría de la arquitectura, como *Die Schönheit der Großstadt* (La belleza de la gran ciudad). En esa época, también proyectó y construyó numerosas villas y casas unifamiliares en Potsdam y Berlín. Al inicio de la I Guerra Mundial, se propuso su nombre como sucesor de **Henry van de Velde** para ser director de la Kunstgewerbeschule de Weimar, pero fue **Walter Gropius** quien ocupó el cargo. De 1918 hasta su muerte en 1925, fue director de la Akademie für Kunst und Kunstgewerbe de Breslau.

► Puertas de entrada del Elvira Studio de Múnich, 1896–1897

▼ Reloj de pared, 1904

15. II. Aufgang.

## Ergonomi Design Gruppen

Fundado en 1979
*Estocolmo*

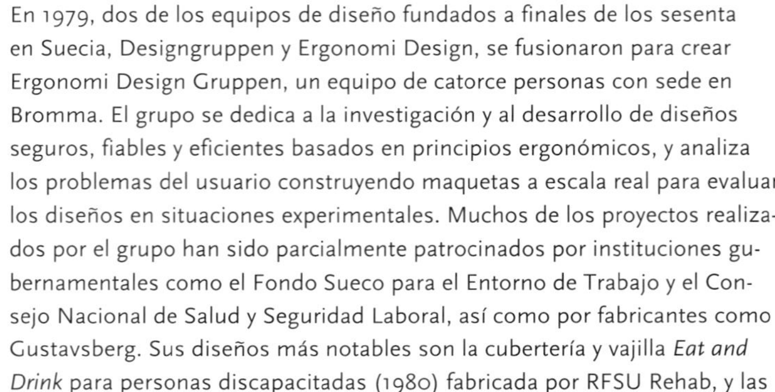

En 1979, dos de los equipos de diseño fundados a finales de los sesenta en Suecia, Designgruppen y Ergonomi Design, se fusionaron para crear Ergonomi Design Gruppen, un equipo de catorce personas con sede en Bromma. El grupo se dedica a la investigación y al desarrollo de diseños seguros, fiables y eficientes basados en principios ergonómicos, y analiza los problemas del usuario construyendo maquetas a escala real para evaluar los diseños en situaciones experimentales. Muchos de los proyectos realizados por el grupo han sido parcialmente patrocinados por instituciones gubernamentales como el Fondo Sueco para el Entorno de Trabajo y el Consejo Nacional de Salud y Seguridad Laboral, así como por fabricantes como Gustavsberg. Sus diseños más notables son la cubertería y vajilla *Eat and Drink* para personas discapacitadas (1980) fabricada por RFSU Rehab, y las máquinas impresoras y soldadoras que reducen el riesgo de accidentes y los daños causados por el trabajo repetitivo. Entre los fundadores del grupo sobresalen Maria Benktzon (nacida en 1946) y Sven-Eric Juhlin (nacido en 1940), alumnos de la Konstfackskolan (Escuela de Arte y Artesanía) de Estocolmo. Antes de fundar el grupo, Benktzon había estudiado diseño de vestuario para personas discapacitadas y Juhlin trabajaba como diseñador interno de la compañía de Gustavsberg. Posteriormente, en 1972, ambos realizaron una investigación sobre la capacidad muscular y su relación con la acción de coger y sujetar, y desde entonces se han especializado en el diseño para minusválidos.

▾ **Maria Benktzon y Sven-Eric Juhlin**, cubertería *Eat/Drink* para RFSU Rehab, 1980

## L. M. Ericsson

Fundada en 1876
*Estocolmo*

La compañía L. M. Ericsson, fundada en Estocolmo en 1876 por Lars Magnus Ericsson (1846–1926), fue al principio un taller de reparación de telégrafos. No obstante, hacia 1878, la firma ya fabricaba sus propios teléfonos basados en un prototipo anterior desarrollado por Alexander Graham Bell (1847–1922). Al cabo de un tiempo, L. M. Ericsson producía teléfonos de diseño propio y los exportaba a toda Europa, un éxito comercial que les llevó a abrir varias fábricas, incluso en México. En 1909, produjo el primer teléfono con auricular, de gran influencia en Europa. Con la intención de actualizar su primer teléfono, en 1930 la compañía encargó el diseño de un teléfono de baquelita al artista **Jean Heiberg** (1884–1976) y al ingeniero noruego Johan Christian Bjerknes. Si bien no fue el primer teléfono fabricado en plástico, este escultórico diseño ejerció una gran influencia e inspiró el posterior modelo *Bell 300* (1930–1933) de **Henry Dreyfuss**. De 1940 a 1954, Hugo Blomberg (1897–1994), Ralph Lysell (1907–1987) y Gösta Thames (1916–2006) desarrollaron el teléfono *Ericofon*, que integraba auricular, altavoz y dial en una única forma escultórica. Explotando el uso de nuevos materiales ligeros como el plástico, el caucho y el nailon, así como la miniaturización de componentes, el futurista *Ericofon* fue el teléfono más popular durante tres décadas. Actualmente, L. M. Ericsson mantiene su compromiso con la innovación en la industria de las telecomunicaciones y, en consecuencia, sigue ocupando un lugar destacado en este sector.

▾ Teléfono *Ericofon*, 1954

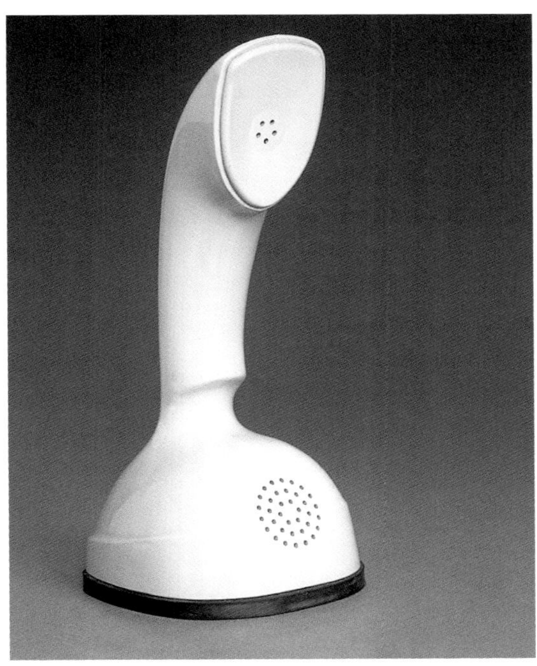

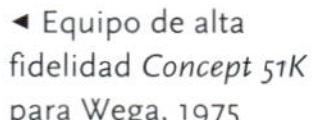

◄ Equipo de alta fidelidad *Concept 51K* para Wega, 1975

## Hartmut Esslinger

*Altensteig (Alemania),* 1945

Hartmut Esslinger estudió ingeniería electrónica en la Universidad de Stuttgart antes de formarse como diseñador industrial en la Fachhochschule de Schwäbisch Gmünd. En 1969, obtuvo el premio nacional alemán Gute Form y fundó su estudio de diseño en Altensteig. Su primer cliente fue la compañía de electrónica Wega Radio, comprada por Sony en 1975, una adquisición que introdujo a Esslinger en el mercado japonés. Sus elegantes diseños, como el equipo de alta fidelidad *Concept 51K* para Wega (1975), influido por el enfoque funcionalista de **Max Bill** y **Hans Gugelot** en la **Hochschule für Gestaltung, Ulm**, le valió el reconocimiento internacional. En 1982, Esslinger cambió el nombre de su estudio por **Frogdesign** (frog = República Federal de Alemania) y abrió un estudio en Campbell (California) para satisfacer las necesidades de diseño de la floreciente industria informática de Silicon Valley. En 1986, también abrió una oficina en Tokio. En 1984, su equipo diseñó el Macintosh Classic para Apple Computer redefiniendo los parámetros estéticos del ordenador personal. Frogdesign también ha realizado cámaras, sintetizadores, prismáticos, equipos de comunicación y butacas de oficina para RCA, Eastman Kodak, Polaroid, Motorola, Seiko, Sony, Olympus, AT&T, AEG, König und Neurath, Erco, Villeroy & Boch, Rosenthal y Yamaha, entre otros. Incorporando formas escultóricas o referencias visuales en sus diseños, la pretensión de Esslinger es humanizar la tecnología y crear productos más fáciles de usar.

## Willy Fleckhaus

*Velbert (Alemania)*, 1925
*Castelfranco di Sobra (Italia)*, 1983

Willy Fleckhaus se formó como periodista pero se sentía más atraído por los aspectos publicitarios del diseño que por la escritura. Inicialmente, se inspiró en el diseño de las revistas y periódicos americanos, como los producidos por Alexey Brodovitch (1898–1971), menos formales en su grafismo que los de la **Escuela Suiza**. En 1952, empezó a diseñar la revista de los sindicatos *Aufwärts*, con imágenes sangradas y páginas que combinaban la fotografía y el texto. Gracias a su trabajo, la publicación llegó a ser una de las primeras revistas sobre estilo de vida en Alemania. Tras el éxito de *Aufwärts*, fue nombrado director de arte de *Twen*, una nueva revista que trataba temas populares, desde cine hasta música contemporánea o cuestiones de actualidad. Influido por su amigo **Max Bill** y el enfoque directo defendido por la **Hochschule für Gestaltung, Ulm**, Fleckhaus creó un nuevo diseño moderno para *Twen*. Aunque su retícula simétrica estaba influida por la Escuela Suiza, la disposición, con imágenes cortadas y tipografía en negrita contrastada con franjas en blanco y negro, era totalmente innovadora y poseía una inmediatez sorprendente. Sin embargo, su dirección artística chocaba con la línea editorial de la revista y, tras el paso de seis editores por la revista en un período de doce años, no se le renovó el contrato. En 1974, fue nombrado profesor de la Folkwangschule de Essen y, posteriormente, en 1980, obtuvo una cátedra en la Gesamthochschule Wuppertal. Durante la posguerra, promovió un nuevo estilo de grafismo «popular» en Alemania que contrarrestó la tradición de la Bauhaus y ejerció una gran influencia.

▾ Portada n.° 4 de *Twen*, 1965

## Paul Follot

*París*, 1877
*Sainte-Maxime (Francia)*, 1941

Los primeros diseños de Paul Follot, algunos de los cuales fueron publicados en *Art et Décoration*, estaban inspirados en la recuperación del gótico. En 1901, empezó a trabajar para La Maison Moderne, una tienda fundada en 1899 por Julius Meier-Graefe (1867–1935). Muy influido por su director y gestor, Maurice Dufrêne (1876–1955), quien se convirtió en un gran exponente del estilo **Art Déco**, Follot empezó a diseñar objetos de plata, telas, bronces y joyas modernas para la tienda. Aquel año también participó en la fundación del grupo de arte L'Art dans Tout y desde entonces defendió la tradición decorativa francesa, cuyo dominio se veía amenazado por el ascenso del diseño industrial alemán. En 1904, empezó a trabajar como diseñador independiente y más tarde expuso un interior **Art Nouveau** en la Société des Artistes Décorateurs. Durante una época, su trabajo se caracterizó por el uso de motivos florales, aunque hacia 1910 empezó a buscar «des architectures calmes» (arquitectura tranquila) y adoptó un estilo más clásico y comedido, parecido al emergente estilo Art Déco. En 1911, Wedgewood le encargó el diseño de objetos de cerámica, y a lo largo de su carrera también diseñó telas para Cornille et Cie, alfombras para Savonnerie y objetos de plata para Orfèvrerie Christofle. Follot fue nombrado jefe de diseño de la tienda Au Bon Marché en 1923, y al cabo de cinco años se convirtió en codirector de la sucursal parisina de la fábrica de muebles británica Waring & Gillow.

▲ Tetera de latón y plata para Christofle, 1900

◄ Bandeja *N.° 182 Tema e Variazioni* (temas y variaciones), aprox. 1960

## Piero Fornasetti

*Milán*, 1913
*Milán*, 1988

Desde niño Piero Fornasetti mostró un notable talento para el dibujo. De 1930 a 1932 obtuvo una beca para estudiar en la Accademia di Belli Arti di Brera, en Milán, pero la enseñanza le pareció demasiado formal y se dice que fue expulsado. En 1933, expuso sus primeras pinturas en la Università di Milano. Éstas eran deliberadamente arcaicas y góticas y se oponían al estilo «Coppedé» o **Art Déco**, de moda en Milán en aquella época. Fornasetti estaba influido por el **surrealismo** y el arte «metafísico» practicado por Giorgio de Chirico (1888–1978) y Alberto Savinio (1891–1952), así como por la tradición ilusionista de Lombardía, que le atraía por su irónico sentido del humor. Durante los años treinta, realizó diseños para Venini y expuso pañuelos estampados de seda en la VII Trienal de Milán (1940), donde el arquitecto y diseñador **Gio Ponti** conoció su obra. Compartiendo el gusto por el ornamento y un gran respeto por la herencia italiana, ambos diseñadores colaboraron a partir de los años cuarenta en numerosos proyectos de interiorismo y diseño de muebles. A lo largo de los años treinta y cuarenta, Fornasetti también diseñó varios carteles y portadas para *Domus* y *Graphis*. Durante la II Guerra Mundial, fue reclutado por el ejército italiano. Sin embargo, pasó la mayor parte de la guerra pintando los barracones del regimiento en la Piazza S. Ambrogio de Milán con motivos florales y *trompe-l'oeil*. Posteriormente viajó a Suiza para evitar los últimos estertores de la guerra y no regresó a Milán hasta que cesaron las hostilidades. Entre los

▸ Escritorio *Architettura* (arquitectura), aprox. 1951

proyectos conjuntos de Ponti y Fornasetti de los años cincuenta, cabe destacar la serie de muebles *Architettura*, expuesta por primera vez en la IX Trienal de Milán (1951), los interiores del trasatlántico *Andrea Doria* (1952) y el estrafalario interiorismo del casino de San Remo (1950). Más tarde, diseñó una amplia gama de productos, desde cerámica hasta chalecos, biombos y revisteros, todos ellos con sus ilusionistas e irónicos motivos serigrafiados de instrumentos musicales, monedas romanas y resplandecientes soles. Su amplia serie *Themes & Variations* mostraba el bello y enigmático rostro de mujer que se convirtió en su marca característica. En 1970, estableció su propia tienda en Milán, cerca de la Accademia di Belli Arti di Brera, para comercializar una amplia gama de sus personales y divertidos diseños. Después de su muerte en 1988, su hijo Barnaba se hizo cargo del negocio, y en los años noventa la tienda abrió en un gran local en la Via Manzoni. Tras haber sido rechazado por los artistas modernos durante décadas, el trabajo de Fornasetti se popularizó con el ascenso del **posmodernismo** a principios de los ochenta.

▸ Mesa *Strumenti Musicali* (instrumentos musicales), aprox. 1953

## Norman Foster

*Manchester, 1935*

Sir Norman Foster estudió arquitectura y urbanismo en la University of Manchester, donde se licenció en 1961. Prosiguió sus estudios con una beca Henry en la Yale University, en New Haven (Connecticut) hasta 1963. Allí coincidió con otro estudiante becado, Richard Rogers (nacido en 1933), como alumno de **Serge Chermayeff**, y estuvo influido por el trabajo de Louis Kahn (1901–1974), autor de la Yale Art Gallery, donde estaba situada la escuela de arquitectura. Al regresar a Inglaterra en 1963, Foster, junto con Rogers, Georgie Wolton y Wendy Cheesman (con quien contrajo matrimonio en 1964), fundaron el grupo Team 4 en Londres, cuya obra más notable fue la fábrica Reliance Controls Limited en Swindon. Tras la disolución de Team 4 en 1966, fundó Foster Associates en Londres. De 1968 a 1983, trabajó en varios proyectos con **Richard Buckminster Fuller** y recibió una serie de encargos arquitectónicos de Fred Olsen Limited. En 1977, obtuvo el premio del Royal Institute of British Architects por su edificio de oficinas revestido de vidrio negro para Willis Faber & Dumas en Ipswich (1973–1975) y desde entonces ha sido internacionalmente aclamado por sus numerosos proyectos de arquitectura, como la sede del banco Hongkong & Shanghai de Hong-Kong (1981–1986), el aeropuerto de Stansted en Essex (1991) y el nuevo Reichstag (Parlamento alemán) de Berlín (1995–1999). Al igual que sus edificios, los diseños **High Tech** de Foster, como el sistema de mobiliario *Nomos* (1986–1988) para Tecno y su sistema de iluminación producido por Erco (1986), reflejan una importante labor de ingeniería y un fuerte sentido del orden geométrico. Su elegante aunque rígida arquitectura celebra la modernidad a través de la aplicación de materiales de tecnología punta y la explotación de la tecnología constructiva.

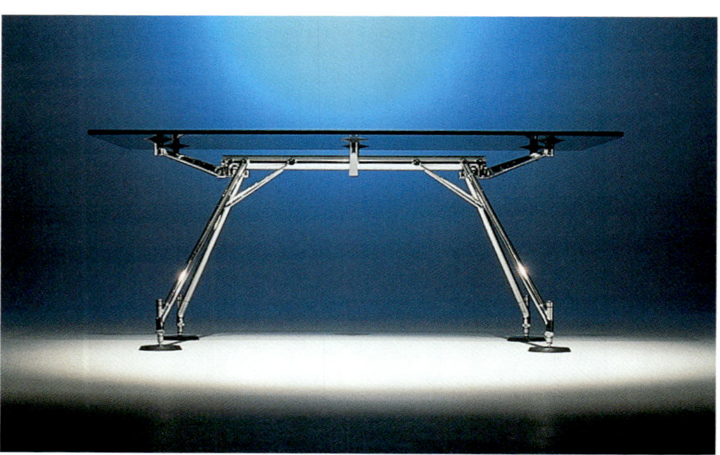

◂ Mesa *Nomos* para Tecno, 1986–1988

## Kaj Franck

*Viipuri (Finlandia)*, 1911
*Santorini (Grecia)*, 1989

Kaj Franck estudió diseño de muebles con Arttu Brummer en la Taideteollinen Korkeakoulu de Helsinki, donde se graduó en 1932. En 1938 ocupó el puesto de diseñador textil en la Hyvinkää United Wool Factory y un año más tarde tuvo que incorporarse al ejército. El contacto con compatriotas de origen más humilde influyó en su percepción de la sociedad. En 1945 entró a trabajar en la fábrica de cerámica Arabia y un año más tarde diseñó una serie de artículos de vajilla para la Väestöliition (Asociación del Bienestar Familiar). En 1950 ascendió a jefe de diseño de Arabia, y durante esa década creó series de loza y utensilios de cocina cotidianos y modernos de uso multifuncional. En 1955, Franck recibió una beca de Asla para estudiar magisterio de diseño en Estados Unidos, donde hizo un estudio sobre los hábitos alimenticios que repercutió directamente en sus diseños posteriores. Desde 1954 hasta que dejó Arabia en 1973, Franck diseñó vajillas de producción limitada, como su colección *Lumipallo* (Bola de nieve). Sus diseños en cristalería fueron fabricados por Iittala (1946–1950) y Nuutajärvi-Notsjö (1950–1976). Las vajillas y cristalerías de Franck, de estilo informal, atendían a las necesidades funcionales contemporáneas pero, gracias a la adopción de formas elementales, mantenían también cierta pureza estética.

▲ Cristalería *Kartio*, 1958, y cerámica *Teema*, 1981

▸ Silla de rota de rejilla, 1935 (reeditada por Ecart)

## Jean-Michel Frank

*París*, 1895
*Nueva York*, 1941

Jean-Michel Frank trabajó como ebanista en el taller de **Jacques-Émile Ruhlmann** tras la I Guerra Mundial. En los años veinte conoció a la chilena Eugenia Errazuriz, cuyo enfoque antimaterialista del interiorismo le sirvió de inspiración. Creó diseños para **Desny** y se convirtió en uno de los primeros diseñadores que utilizaron un acabado blanco en las superficies de madera. En 1931 abrió junto con el decorador Adolphe Chanaux un taller en La Ruche, y un año más tarde una tienda en la Rue du Faubourg St. Honoré de París. Los diseños de mobiliario e iluminación de Frank estaban influidos por el formalismo geométrico de **Le Corbusier** y de **Robert Mallet-Stevens**. Si bien sus interiores, como los del Hotel Bischoffstein para el vizconde Charles de Noailles, eran parcos en elementos decorativos, Frank cuidaba mucho todos los detalles y empleaba materiales lujosos como la zapa, el bronce o la vitela. Sin embargo, hacia 1935 los diseños de Frank se habían vuelto más rimbombantes y teatrales y empezó a incorporar efectos de *trompe-l'oeil* a sus interiores. Después de diseñar varios interiores y muebles para el apartamento de Nelson Rockefeller en Nueva York, se trasladó a la ciudad de los rascacielos en 1940, presumiblemente para trabajar en la empresa de interiorismo McMillen. Al poco tiempo cayó en una depresión y se suicidó.

◂ Diseño textil *Rox & Fix* para Svenskt Tenn, 1943–1944

## Josef Frank

*Baden (Austria)*, 1885
*Estocolmo*, 1967

Josef Frank se crió en Viena, donde estudió arquitectura. De 1925 a 1934 se encargó, junto a Oskar Wlach, del diseño de un interior conocido como «Haus und Garten». En 1934 se estableció en Suecia y fue nombrado director de diseño de la firma de interiorismo Svenskt Tenn de Estocolmo, para la cual diseñó diversos tejidos, como *Vegetable Tree* (1944), y muebles inspirados en el movimiento británico del siglo XIX **Arts & Crafts** y en el diseño vienés de finales de siglo. Aunque Frank despreciaba los principios del funcionalismo, su obra era esencialmente moderna y se caracterizaba por la pureza en las formas. Sus muebles destacaban por la armonía en sus proporciones y por su alta calidad artesana, así como por su funcionalidad y comodidad. Frank se convirtió en un claro modelo de referencia para la joven generación escandinava de diseñadores de muebles. Entre 1941 y 1943 ejerció como profesor en la New School for Social Research de Nueva York y publicó varias obras sobre la teoría del diseño y la arquitectura, como *Architektur als Symbol* (1930) y *Accidentism* (1958). Josef Frank se suele considerar uno de los tres «clasicistas» del diseño sueco, junto a Carl Malmsten (1888–1972) y **Bruno Mathsson**, y uno de los artífices de la aparición del movimiento moderno escandinavo.

## Paul Theodore Frankl

*Viena*, 1886
*Los Ángeles*, 1962

Paul T. Frankl estudió arquitectura en París, Berlín, Múnich y Viena. En 1914 emigró a Estados Unidos, donde diseñó diversos interiores para la especialista en cosmética Helena Rubinstein (1870–1965). Entre 1915 y 1916 creó decorados para el Theatre Guild de Nueva York, y hacia 1925 empezó a diseñar muebles con formas geométricas a los que bautizó como muebles *Skyscraper* (Rascacielos). Vendió estos diseños **Art Déco**, inspirados en la arquitectura de los años veinte, en su galería de Nueva York y los exhibió también en la exposición «Art in Trade» que tuvo lugar en los grandes almacenes Macy's en 1927. Frankl no sólo adoctrinó sobre «el rascacielos en decoración», sino que también promocionó su estilo **Moderne** en interiorismo mediante diversos libros que ilustraban su obra, entre ellos *New Dimensions: The Decorative Arts of Today* (1928), *Form and Re-form* (1930) y *Space for Living: Creative Interior Decoration and Design* (1938). Mientras la primera parte de su carrera profesional se desarrolló en Nueva York, donde creó lujosos diseños comparables a las obras Art Déco de sus contemporáneos franceses, pasó la última parte de su vida en California. En 1928 fue el principal fundador de la American Designers' Gallery y en 1930 colaboró en la creación de la AUDAC (Asociación Americana de Artistas Decorativos y Artesanos). Frankl fue quizá el máximo exponente norteamericano del Art Déco y su moderna obra estuvo más influida por el perfil del Nueva York de los años veinte que por las corrientes del diseño europeo contemporáneo. Creía que el diseño debía inspirarse en la cultura de su entorno y resolvió dar a las artes decorativas norteamericanas una identidad propia y adecuada.

▾ Librería *Skyscraper*, aprox. 1928

Marguerite Friedlaender estudió en la Hochschule für angewandte Kunst de Berlín de 1917 a 1918, y luego creó diseños para la Rudolstadt Porzellanmanufaktur de Turingia. Entre 1919 y 1925 asistió a la Staatliches **Bauhaus** de Weimar y, al igual que la ceramista Trude Petri (1906–1989), se concentró en la creación de objetos funcionales. Entre 1925 y 1933 dio clases en el taller de cerámica de la Kunstgewerbeschule Halle/Burg Giebichenstein, que más tarde dirigiría ella misma. Durante ese tiempo estableció contactos con la Staatliche Porzellanmanufaktur (KPM) de Berlín, que se encargó de la fabricación de sus diseños, incluido el servicio de té *Hallesche Form*, de 1930–1931. En 1926 hizo su examen de fin de carrera y luego se tomó un tiempo sabático en Höhr-Grenzhausen. En 1930 se casó con el ceramista Franz Rudolf Wildenhain (1905–1981), compañero suyo en la Bauhaus, y en 1933, cuando ella tuvo que dejar su puesto como profesora en Halle, emigraron a los Países Bajos. Allí la pareja abrió el taller de cerámica Het Kruikje en Putten, que dirigieron durante siete años hasta que Marguerite Friedlaender se trasladó a América. Durante dos años dirigió el taller de cerámica del College of Arts and Crafts de Oakland, California. Luego, tras la llegada de su marido en 1942, fundó la sociedad artística Pond Farm en Guerneville, California. Cuando esta asociación se disolvió en 1949, continuó dirigiendo el estudio de cerámica de Pond Farm, donde además organizó talleres de verano para jóvenes estudiantes. La cerámica del estudio de Friedlaender y sus diseños para la producción en serie se distinguían por el uso de formas elementales simplificadas.

## Marguerite Friedlaender-Wildenhain

*Lyons (Francia)*, 1896
*Guerneville (California)*, 1985

▾ Jarrón en piedra para el taller de cerámica de la Kunstgewerbeschule Burg Giebichenstein (Halle), 1926–1927

## Frogdesign

Fundada en 1969
*Altensteig (Alemania)*

Esta asesoría de diseño internacional fue fundada en Altensteig, Alemania, por el diseñador industrial **Hartmut Esslinger** en 1969. Es una de las pioneras en el diseño de productos de consumo y entre sus clientes destacan Sony, **AEG**, Zeiss, Olympus y Apple Computer. En 1982, tras la apertura de una oficina en Campbell, California, para atender las demandas de diseño de Silicon Valley, la asesoría adoptó el nombre de Frogdesign, en referencia a su país de origen («frog» equivale a las siglas inglesas de la República Federal de Alemania). Cuatro años más tarde, se abrió otra oficina internacional en Tokio para satisfacer las necesidades del mercado electrónico japonés, entonces en pleno desarrollo. Al contar con una amplia plantilla de diseñadores, **Ross Lovegrove** entre ellos, la asesoría desarrolló un estilo propio que combinaba el racionalismo del **movimiento moderno** —innovado por la **Bauhaus** y más tarde por la **Hochschule für Gestaltung, Ulm**— con formas orgánicas. La producción de Frogdesign se caracteriza por un enfoque funcional del diseño basado en la ergonomía. Con todo, dicho racionalismo a menudo queda suavizado por la incorporación de referencias visualmente expresivas y a veces extravagantes a la función del producto (por ejemplo, el *Comunicador personal* (1992) para AT&T, con elementos en forma de orejas).

▲ Ordenador portátil *Z-Lite* para Zenith, 1992

► Prismáticos para Zeiss, 1991

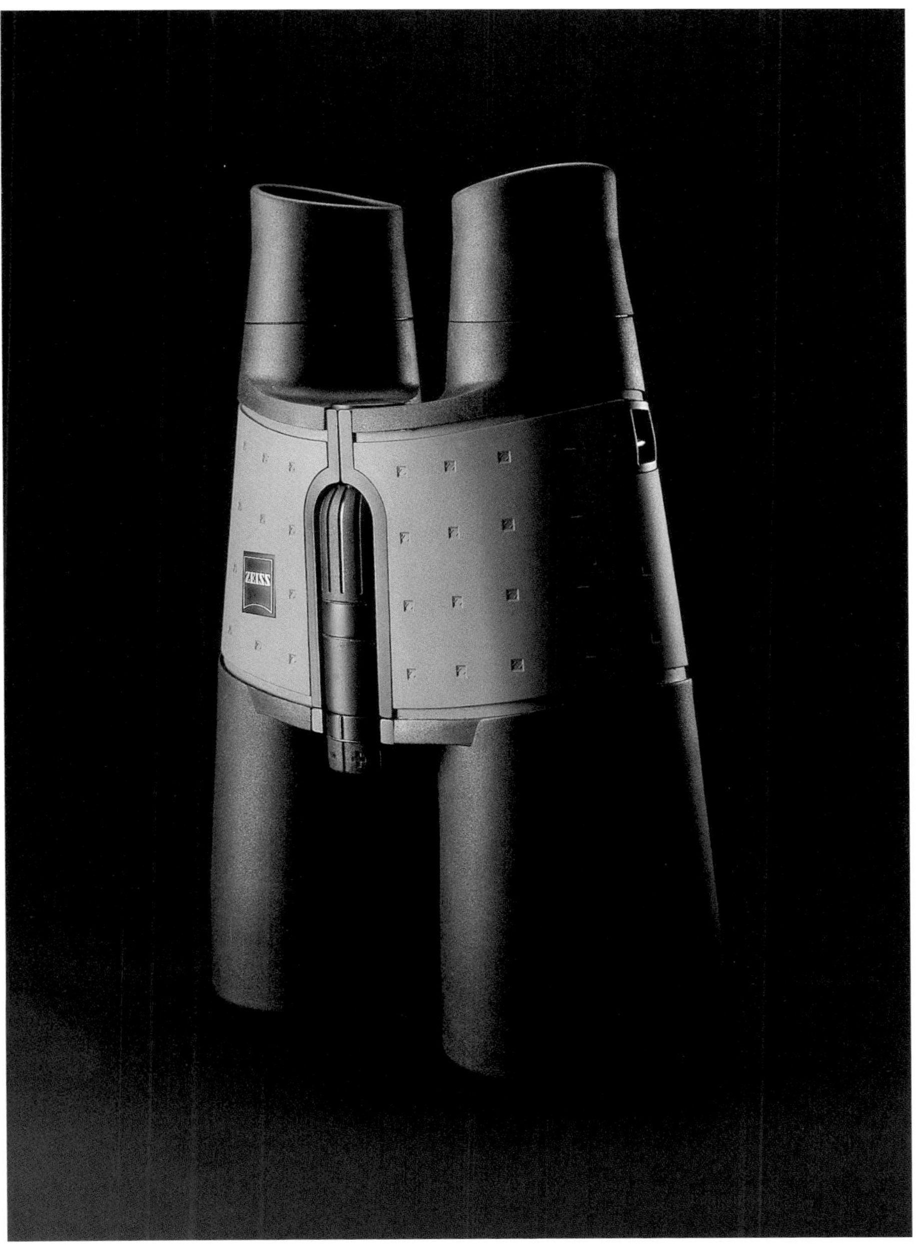
ZEISS

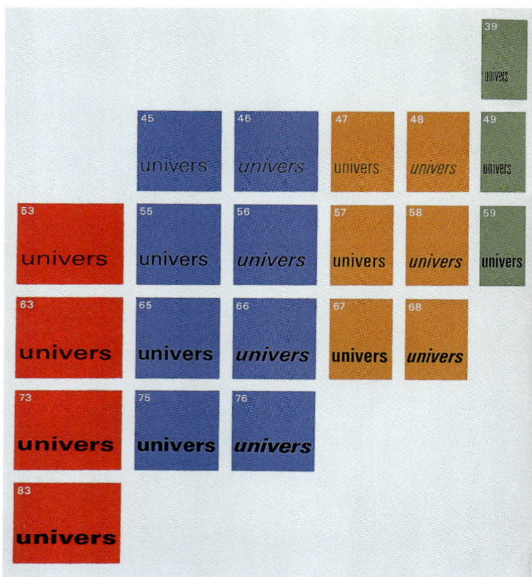


◂ Veintiuna variaciones del tipo *Univers* para Deberny & Peignot, 1954–1957

## Adrian Frutiger

*Interlaken (Suiza)*, 1928
*Bremgarten bei Bern (Suiza)*, 2015

Adrian Frutiger se formó como tipógrafo con Ernst Jordi y Walter Zerbe en el Otto Schaefli AG en Interlaken. Entre 1948 y 1951 estudió escultura, ilustración y grabado en la Kunstgewerbeschule de Zúrich. Comenzó creando tipografías para la fundición Deberny & Peignot en París (1952), antes de trabajar como tipógrafo autónomo diseñando nuevas fuentes y símbolos corporativos para el metro de París, el aeropuerto de Orly, Bauer, BP y Air France, entre otros. En 1962, Frutiger creó su estudio de diseño en París junto con André Gürtler y Bruno Pfäffli, y de 1957 a 1967 fue el director de arte de Éditions Hermann. También diseñó fuentes tipográficas para IBM desde 1963 y diversos tipos de letra, como la *Univers* (1954–1955), creada especialmente para la composición filmográfica, y la *Frutiger* (1974–1976), concebida en un principio para los indicadores del aeropuerto Charles De Gaulle. Frutiger fue uno de los fundadores de la **Escuela Suiza** de diseño gráfico y su enfoque tipográfico sofisticado y racional tuvo una gran influencia, especialmente en Francia, donde pasó la mayor parte de su carrera profesional. En la década de los setenta mejoró los tipos para ordenador, y su aportación para mejorar la legibilidad de los caracteres *OCR-B* fue fundamental para su estandarización en 1973. Gracias al equilibrio armónico de los aspectos científicos y artísticos de la tipografía, Frutiger creó caracteres tipográficos que destacaban por su legibilidad y universalidad.

## Richard Buckminster Fuller

*Milton (Massachusetts)*, 1895
*Los Ángeles*, 1983

Richard Buckminster Fuller estudió matemáticas en la Harvard University entre 1913 y 1915 y dos años después se alistó en la Academia Naval de los Estados Unidos en Annapolis. Allí empezó a perfilar su «concepción teórica», que incluía el proyecto para un nuevo avión de reacción, y que se publicó finalmente en 1932. Tras abandonar las fuerzas armadas en 1922, creó el Stockade Building System, que resultó ser un fracaso económico y lo llevó a la ruina.

Tras la muerte de su hija de cuatro años en 1922, que él atribuyó a las viviendas inadecuadas, se propuso encontrar soluciones universales a los problemas sociales. En 1927 fundó la 4-D Company en Nueva York para desarrollar sus conceptos de diseño, que se regían por su ambición de desarrollar una «ciencia del diseño» que aportara las mejores soluciones con un consumo mínimo de energía y material. Su idea, basada en el principio del **movimiento moderno** de conseguir el máximo con lo mínimo, se llamó «Dymaxion», término derivado de «dinámico» y de «máxima eficacia». En 1929 creó la revista *Shelter*, de la que fue director y editor de 1930 a 1932. Durante los seis años siguientes fue director e ingeniero jefe de la Dymaxion Corporation, que fundó con el fin de trabajar en el desarrollo y la fabricación de tres prototipos de coche aerodinámicos basados en sus principios «dymaxion» e inspirados en el diseño de aviones. Fuller afirmaba que el coche Dymaxion de 1934 aceleraba de 0 a 100 kilómetros por hora en tres segun-

▲ Cúpula geodésica en Seattle, 1958

dos y consumía 3,78 litros cada 50 kilómetros. No obstante, el prototipo nunca llegó a fabricarse debido a varios defectos graves de diseño. A partir de 1927, Fuller también desarrolló el concepto de la casa Dymaxion, y en 1945 inventó una vivienda de metal prefabricada conocida como *Casa Wichita*. Si bien tras su presentación oficial la empresa responsable de la fabricación recibió la asombrosa cifra de 38.000 pedidos, la producción no podía iniciarse hasta que no se optimizara el diseño. Finalmente, los continuos retrasos acabaron desanimando a los inversores y el proyecto fue archivado. El invento más conocido de Fuller fue la cúpula geodésica de 1949, que ofrecía un amplio abanico de aplicaciones: industriales, militares, para exposiciones. Gracias a su principio de «más por menos», la cantidad de materiales necesarios para la construcción de las cúpulas era mínima, lo que facilitaba su transporte y montaje. Este logro en el diseño permitía la producción en serie de viviendas ecológicamente rentables. Para desarrollar este concepto se fundó la Geodesics Inc. en 1949. Como matemático, descubrió la sinergética (un sistema vectorial de la geometría). Fue también el primero en acuñar la expresión «nave tierra». Buckminster Fuller, comunicador prolífico, humanista y conocedor de distintas áreas de la matemática, creía que la capacidad creativa del hombre era ilimitada y que las soluciones que ofrecían la técnica y el diseño podrían eliminar las barreras físicas y metafísicas para la expansión de la humanidad hacia un futuro positivo.

▼ Coche Dymaxion, 1934

## Functionalism

### Funcionalismo

El funcionalismo se caracteriza por dar más importancia a la arquitectura y al diseño que al estilo, y por tratar de afrontar los problemas prácticos de la forma más lógica y eficaz. Los orígenes del funcionalismo se remontan a las teorías del arquitecto romano del siglo I a.C., Vitruvius, que se basaban a su vez en la tradición helenística. Desde entonces, el enfoque clásico o funcional en la arquitectura ha resurgido en numerosas ocasiones a lo largo de la historia: durante el Renacimiento, en los siglos XV y XVI; en el siglo XVIII, de la mano de los arquitectos neoclásicos; y en el siglo XIX, gracias a personalidades como Gottfried Semper (1803–1879) y Eugène-Emmanuel Viollet-le-Duc (1814–1879). En la segunda mitad del siglo XIX, los reformistas del diseño británicos, como **A. W. N. Pugin** y **William Morris**, también abogaron por dar un enfoque funcional al diseño, lo que condujo a la fabricación de productos utilitarios. Sin embargo, fue el arquitecto norteamericano Louis Sullivan (1856–1924) quien acuñó la expresión «la forma sigue a la función» en 1896 y a quien, en consecuencia, suele atribuirse la formulación del funcionalismo del siglo XX. Estos precursores del funcionalismo promovieron una metodología que tenía en cuenta la cultura y el entorno específico de la región en que se creaba cada diseño o edificio. Sin embargo, durante la primera mitad del siglo XX, los diseñadores del **movimiento moderno** combinaron el funcionalismo con el **racionalismo** en busca de soluciones más universales que nacionales. La doctrina de la Staatliches **Bauhaus** en Dessau se

▲ Exposición de productos en venta de la metalistería de la Kunstgewerbeschule de Burg Giebichenstein (Halle), aprox. 1927

▲ Diseño precursor de las sillas *B5*, aprox. 1926, y *B3* para Standard-Möbel, fabricadas luego por Thonet, 1926–1927

basaba en esta búsqueda y diseñadores como **Ludwig Mies van der Rohe**, **Marcel Breuer**, **Le Corbusier** y **J. J. P. Oud** experimentaron con materiales industriales como el acero, el cristal o los metales tubulares con el fin de crear muebles y edificios funcionales. Sin embargo, muchos no sólo se decantaron por el uso de estos nuevos materiales a causa de su potencial funcional sino también por su moderna estética basada en las máquinas. En los años veinte, los diseñadores de **vanguardia**, centrados en promover una estética moderna, lograron que el vocabulario formal del funcionalismo se tornara en un estilo, sobre todo en Francia y Alemania. En la década de los treinta, la estética funcionalista ya gozaba de una gran aceptación, y presagiaba la aparición del **estilo internacional**. Durante los sesenta, la moralidad social del funcionalismo —que algunos consideraban que estaba al servicio del estilo— fue cuestionada por los grupos **antidiseño**, lo cual, a su vez, provocó el surgimiento del **posmodernismo**. El movimiento moderno en el siglo XX ha estado principalmente afiliado al funcionalismo y al racionalismo —términos prácticamente equivalentes ya que ambos proponen como base del diseño una lógica de la construcción cimentada en la tecnología.

◂ **Wilhelm Wagenfeld**, cafetera *Sintrax* para Jeaner Glaswerke Schott &Gen., 1931

▸ **Fortunato Depero**, diseño de una tarjeta de visita para Depero Typographic Works, 1927

## Futurism

### Futurismo

*Italia*

El futurismo fue fundado en 1909 por el escritor italiano Filippo Tommaso Marinetti (1876–1944). Como su nombre indica, el movimiento se desmarcaba del pasado adaptándose al progreso tecnológico. El *Manifiesto futurista* de Marinetti de 1909 evocaba el potencial y el dinamismo inherentes en las máquinas y en los sistemas de comunicación. Como primer movimiento cultural en distanciarse de la naturaleza para glorificar la metrópoli, el futurismo tuvo una gran influencia en los posteriores movimientos del diseño. Umberto Boccioni (1882–1916), Gino Severini (1883–1966), Carlo Carrà (1881–1966) y **Giacomo Balla** supieron captar en su obra el flujo energético de la vida en las ciudades modernas, a través del uso de elementos geométricos fragmentados de estética cubista que evocaban la sensación de velocidad y aceleración. En el diseño gráfico, el futurismo se impuso mediante el uso de tipografías con un formato más expresivo que convencional. Esta idea de estructura expresiva también se aplicó a las composiciones poéticas. En 1910, Carrà, Balla, Boccioni, Severini y Luigi Russolo (1885–1947) firmaron el *Manifiesto de pintores futuristas*, y más tarde Balla fue el primero que se atrevió a aplicar la teoría futurista a las artes decorativas. Estas incursiones expresivas en el diseño las siguió el artista y diseñador Fortunato

Depero (1892–1960), quien creó un estudio de arte futurista en Rovereto que se mantuvo activo durante la década de los veinte. En 1914 Depero escribió la *Complessità plastica – gioco libero futurista – L'essere vivente-artificiale* (Complejidad plástica – juego libre futurista – el ser vivo artificial) y en su casa del Arte de Rovereto concibió un lenguaje neoplástico del diseño que más tarde promovieron los racionalistas italianos. El arquitecto Antonio Sant'Elia (1888–1916) se unió al movimiento en 1914 y exhibió sus proyectos para «La Nueva Ciudad» en Milán. Las formas profundamente dinámicas de su arquitectura no presentaban ninguna ornamentación y, con sus bastas superficies inacabadas y su violento colorido, rayaban el brutalismo. Aunque Sant'Elia murió en 1916, su *Manifiesto de arquitectura futurista* mantuvo su influencia, especialmente entre los miembros de **De Stijl**, que lo adoptaron en 1917. El futurismo intentó derrocar la cultura burguesa y en cierto sentido actuó como fuerza destructora porque expresaba la estética agresiva de la vida urbana en la era de las máquinas. Al modo del fascismo, los futuristas trataban de imponer un orden a través del radicalismo y, por ello, el futurismo se considera el primer movimiento del diseño verdaderamente radical.

▼ Estudio de arte futurista de Fortunato Depero en Rovereto, 1920

## Eugène Gaillard

*París*, 1862
*París*, 1933

Eugène Gaillard era hermano del joyero Lucien Gaillard e inició su actividad profesional en el mundo jurídico. Tras abandonar su carrera, trabajó diez años como escultor antes de convertirse en uno de los diseñadores de interiores, muebles y tejidos que lideraron el **Art Nouveau**. En 1900, sus interiores se expusieron junto con los de **Georges de Feure** y Édouard Colonna (1862–1948) en el pabellón de **Siegfried Bing** de la Exposition Universelle et Internationale de París. Entre 1900 y 1914 diseñó elegantes muebles con una decoración inspirada en las formas naturales pero sin llegar a copiar ni a imitar a la naturaleza. Así lo explicó en su ensayo *À Propos du Mobilier*, de 1906, donde exponía su intención de dotar de «un carácter innegable al objeto más humilde, el típico mueble». Gaillard fue miembro fundador de la Société des Artistes Décorateurs y exhibió sus diseños en el salón de la organización. A pesar de que sus diseños reflejaban un gran sentido plástico, también presentaban unas estructuras notablemente refinadas. A diferencia de la obra de muchos otros diseñadores del Art Nouveau, sus diseños evitaban la artificialidad, manteniéndose rítmicamente orgánicos.

► Silla, aprox. 1905

▼ Dormitorio diseñado para el Pavillon del'Art Nouveau de Siegfried Bing, 1900

## Émile Gallé

*Nancy (Francia)*, 1846
*Nancy*, 1904

Émile Gallé estudió en el Lycée Impériale de Nancy y a los dieciséis años ya había aprendido mucho acerca de la decoración de cerámica y vidrio en los talleres de la alfarería de St Clément, que suministraba mercancías a la tienda de su padre. Su padre, Charles Gallé-Reinemer, más tarde adquirió parte de la propiedad de dicha alfarería y Émile trabajó para él decorando tanto loza fina como artículos de cristal. En esa época, Gallé también estudió botánica con el profesor Vaultrin, dibujo lineal con el profesor Casse y pintura paisajista con Paul Pierre. De 1864 a 1866, Gallé estuvo en Weimar estudiando botánica, mineralogía e historia del arte. Tras terminar su formación, regresó a Lorraine y trabajó durante un año para su padre antes de pasar tres años como aprendiz en Burgun, Schverer & Co., el estudio de decoración y cristalería de Meisenthal que suministraba artículos sin decorar a la empresa familiar de Nancy. En 1870 regresó a Francia, y poco después se alistó en el ejército para combatir en la guerra franco-prusiana. Un año después, Gallé representó a la empresa familiar en la sección «Art de France» de la «First Annual International Exhibition» de Londres, y al volver a Francia convenció a su padre para que trasladaran la empresa a Nancy, ya que St Clément se encontraba por aquel entonces bajo la ocupación alemana. En 1873 abrieron otra fábrica de vidrio en Nancy y cuatro años después Gallé ocupó la dirección de la empresa familiar. Desarrolló muchas técnicas nuevas y sus decoraciones se inspiraron cada vez más en el mundo natural. En 1878, Gallé logró el reconocimiento de la crítica y recibió cuatro medallas de oro en la Exposition Universelle de París. Espoleado por el éxito, construyó talleres de mayor enver-

▼ Armario de caoba tallado y con marquetería, aprox. 1900

◂ Jarrón en marquetería, 1898

gadura para aumentar la capacidad productiva y, en 1884, después de intentar encontrar, sin suerte, bases de madera adecuadas para su cristalería **Art Nouveau**, adquirió un terreno para una nueva fábrica de armarios. Los muebles que diseñó posteriormente, cuya estructura y decoración se inspiraban en formas vegetales, se exhibieron por primera vez en la Exposition Universelle de 1889, donde también fue alabado por sus innovadores diseños para vidrio que incorporaban un amplio abanico de técnicas, entre ellas el aguafuerte, el torno y la doradura. En esta exposición recibió un Grand Prix y el galardón francés más prestigioso, la «Légion d'Honneur». En 1894 abrió una alfarería más grande, con una inmensa capacidad productiva. En 1901 ocupó la primera presidencia del grupo Alliance Provinciale des Industries d'Art, conocido más tarde como **École de Nancy**.

▸ Emblema para el Festival of Britain, 1951

## Abram Games

*Londres*, 1914
*Londres*, 1996

Abram Games asistió a un curso de «arte comercial» en la St. Martin's School of Art de Londres y más tarde tuvo que compaginar los estudios con su trabajo en un estudio gráfico comercial. En aquella época muchos diseñadores trabajaban con un cartel «modelo» del cual se modificaba el mensaje según la empresa contratante. Sin embargo, Games prefería los carteles de los años veinte y treinta, creados para un solo cliente por diseñadores como **A. M. Cassandre**, **Edward McKnight Kauffer** y Tom Purvis (1888–1959). En 1935, Games empezó a realizar diseños gráficos por su cuenta, usando a menudo procesos cromolitográficos. Durante la II Guerra Mundial creó cerca de un centenar de carteles para el Ministerio de Guerra, convirtiéndose en su cartelista oficial y desarrollando un estilo gráfico directo acorde con su idea de que las imágenes debían expresar el «máximo significado» con los «mínimos medios». Durante los años cuarenta y cincuenta contaba entre su clientela con London Transport, Post Office, Orient Line, The Financial Times, British Petroleum y Shell. Pero el trabajo de mayor envergadura que se le encargó fue el emblema gráfico del Festival of Britain de 1951. Games fue uno de los últimos diseñadores de carteles litográficos, ya que a finales de los cincuenta éstos fueron reemplazados por los creados mediante técnicas fotomecánicas.

## Garouste & Bonetti

Fundada en 1981
*París*

Elisabeth Garouste (nacida en 1949) estudió en la École Camondo de París, y se formó como diseñadora de figurines y de escenografía para el teatro. Al principio trabajó como escenógrafa para Fernando Arrabel y como estilista para Marie Berani. También colaboró con el pintor Gérard Garouste (su marido) y el interiorista Andrée Putman (1925–2013). Encargó a Mattia Bonetti el diseño de unos escaparates y unos gráficos para la tienda de sus padres. Bonetti había estudiado en el Centro Scolastico per l'Industria Artistica y trabajado como fotógrafo. Más tarde, en 1981, Garouste y Bonetti llevaron a cabo su primer diseño en colaboración, el interior del restaurante Le Privilège en el club nocturno Le Palace. Ese mismo año, expusieron su primera colección de «objetos primitivos» y «objetos bárbaros» en Jansen. En su trabajo trataron de distanciarse de los métodos de producción industriales y de recuperar la tradición *décorateur* francesa. Luego buscaron técnicas para tratar el vidrio para el Centre de recherche sur le verre (CIVRA) de Marsella y trabajaron con La Manufacture National de Sèvres, para la cual realizaron su Cabinet des Sèvres en 1988. A partir de 1985, expusieron sus internacionalmente aclamados diseños en la Galerie Néotù de París y en 1987 diseñaron interiores de estilo barroco y muebles para la casa de modas parisina Christian Lacroix. Más tarde también crearon los interiores de los despachos de la revista Hachette y de la editorial J. C. Lattes. Durante los años noventa diseñaron envases para Nina Ricci, cristalería y cerámica para Daum, muebles para Anthologie Quartett e interiores para el castillo bávaro de la princesa Gloria von Thurn und Taxis. Garouste y Bonetti recibieron el calificativo de «los nuevos bárbaros» por sus primeros diseños, inspirados en el tribalismo y el primitivismo y denominados de estilo «gótico de Nueva Caledonia».

▾ Lámpara *Dawson* para Néotù, 1990

▸ Portada para *Understanding Hypermedia 2000*, de Rob Cotton y Richard Olliver, para Phaidon, 1997

## Malcolm Garrett

*Northwich (Cheshire)*, 1956

Malcolm Garrett estudió tipografía y comunicación gráfica en la Reading University durante un año antes de iniciar los estudios de diseño gráfico en el Manchester Polytechnic. Durante su etapa de estudiante estuvo inmerso en el movimiento punk, de gran influencia en Manchester a raíz de la aparición de los Sex Pistols en 1976. Su primer diseño publicado fue la cubierta de un disco de tendencia punk, el álbum *Orgasm Addict* (1977) de los Buzzcocks. Un año después, creó su estudio gráfico, Assorted Images, e ideó cubiertas de álbumes para la industria discográfica independiente, en pleno desarrollo tras el éxito de los primeros grupos de punk. Sus fundas de disco para Duran Duran, Simple Minds, Phil Collins y Culture Club trataban de crear una identidad visual para cada grupo con fines comerciales. Durante los años ochenta, Garrett también diseñó gráficos para las incipientes revistas juveniles y siguió desarrollando nuevos materiales de *merchandising* para la industria discográfica. En 1986, descubrió las posibilidades que en diseño gráfico aportaban los ordenadores Macintosh de Apple, que casi eliminaban la necesidad de la impresión y permitían combinar filmaciones o animación con imágenes estáticas. Hacia 1989 ya se había especializado en tecnología digital y su estudio era uno de los primeros en sustituir las mesas de dibujo por ordenadores. Garrett dejó Assorted Images en 1994, y junto con Alasdair Scott creó una nueva empresa, AMX, para diseñar y desarrollar productos multimedia interactivos, como discos compactos o páginas web.

## Antonio Gaudí y Cornet

*Reus (España)*, 1852
*Barcelona*, 1926

Antoni Gaudí i Cornet estudió ciencias naturales en la Universidad de Barcelona entre 1869 y 1874, y, más tarde, arquitectura en la entonces recién fundada Escola Provincial d'Arquitectura de Barcelona. En 1878 se le encargó diseñar el alumbrado público de la ciudad de Barcelona y trabajó en el diseño de las instalaciones de una cooperativa de trabajadores de Mataró. Hacia 1882, colaboró estrechamente con el arquitecto Joan Martorell, quien lo introdujo en la arquitectura neogótica, que se consideraba representativa de la autonomía catalana. Gaudí, profundamente orgulloso de sus raíces catalanas, visitó con el Centro Excursionista diversos monumentos históricos de Cataluña, desde catedrales góticas hasta construcciones árabes, que ejercieron una gran influencia en su obra. Para su casa Vicens (1883–1888), por ejemplo, combinó el estilo gótico autóctono con elementos del arte mudéjar para crear una extraña forma híbrida de ornamentación. Gaudí consideraba la ornamentación un factor esencial a la hora de dar carácter a un edificio o diseño, y en muchos de sus proyectos plenamente integrados, como el Palau Güell (1886–1889), la casa Calvet (1889–1900) y la casa Batlló (1904–1906), experimentó con nuevas técnicas como la fundición o la exudación y con la incorporación de motivos orgánicos deformados. En 1883 empezó el diseño de la que sería su obra maestra —la Sagrada Familia de Barcelona—, el proyecto de una catedral aún inacabada a la que consagró la mayor parte de su vida profesional y que expresaba apasionadamente tanto su profundo nacionalismo catalán como el fervor de su fe cristiana. Con un estilo idiosincrásico y extremadamente escultural, Gaudí lideró (prácticamente solo) una versión española del **Art Nouveau**.

▾ Silla tallada para la casa Calvet, aprox. 1902

▸ Cocina de vidrio esmaltada *Oriole* para la Standard Gas Equipment Corporation, 1931

## Norman Bel Geddes

*Adrian (Michigan)*, 1893
*Nueva York*, 1958

Norman Bel Geddes estudió arte en el Cleveland Institute of Art y en el Art Institute de Chicago. En 1913 trabajó como delineante en la industria publicitaria de Detroit y poco tiempo después obtuvo un puesto de director de arte. En 1916 escribió una obra de teatro y más tarde trabajó como diseñador teatral en seis producciones representadas en Los Ángeles. Al cabo de dos años empezó a trabajar como diseñador de decorados para la Metropolitan Opera Company de Nueva York, y en 1925 se trasladó a Hollywood, donde diseñó numerosos decorados cinematográficos para los productores, Cecil B. De Mille y D. W. Griffith. Influido por su contacto con **Frank Lloyd Wright**, con quien trabajó en un proyecto teatral para Aline Barnsdall en 1916, y por su asociación con el arquitecto expresionista alemán Erich Mendelsohn (1887–1953), Geddes decidió dedicarse plenamente a la arquitectura y al diseño de productos. En 1932 publicó el libro *Horizons*, en el que expresaba su concepción aerodinámica del diseño industrial y su apuesta por la supremacía de la forma lacrimal. Geddes se convirtió en uno de los máximos exponentes del **aerodinamismo** y diseñó coches futuristas para la compañía automovilística Graham Paige (1928), radios para Philco (1931) y RCA, y muebles de dormitorio metálicos para Simmons. Uno de sus mayores logros fue la estandarización de los muebles de cocina, como la cocina modular *Oriole* (1931–1936). En 1939 diseñó la exposición «Futurama» de General Motors para la Exposición Universal de Nueva York, donde reflejaba su visión del mundo para 1960 y predecía el establecimiento de un sistema de autovías.

## Frank O. Gehry

*Toronto (Canadá)*, 1929

Frank O. Gehry estudió arquitectura en la University of Southern California de Los Ángeles hasta 1954 y un año en la Harvard Graduate School of Design de Cambridge, Massachusetts. Completada su formación, trabajó como arquitecto y delineante en varios proyectos arquitectónicos en Los Ángeles, Atlanta, Boston y París, y en 1962 fundó su despacho de arquitectos, Frank O. Gehry & Associates Inc., en Los Ángeles. Diez años después diseñó la excelente colección *Easy Edges*. Formada por catorce piezas de cartón y concebida como mobiliario de bajo coste, obtuvo un éxito inmediato. Sin embargo, Gehry la retiró del mercado a los tres meses, por temor a que su éxito como diseñador de mobiliario popular dañara su reputación como arquitecto. A finales de los setenta, Gehry diseñó varias viviendas, incluida su propia casa en Santa Mónica y la Spiller Residence en Venice (California), para las que usó materiales industriales y formas deconstructivistas. Recibió el reconocimiento internacional por sus proyectos arquitectónicos deconstructivistas, como la Loyola Law School (1981–1984), el California Aerospace Museum (1983–1984), el Fishdance Restaurant de Kobe en Japón (1987), y el **Vitra** Design Museum and Factory en Weil am Rhein (1989). En los años ochenta, retomó el diseño de muebles y creó los muebles de cartón *Experimental Edges* (1982), que tuvieron más salida como muebles artísticos que como soluciones prácticas de mobiliario. Entre 1990 y 1992, Gehry desarrolló una colección de sillas para **Knoll International** construidas con listones entrelazados de madera contrachapada sin ningún soporte adicional. También diseñó su colección de lámparas *Fish* por encargo de la Formica Company, que buscaba aplicaciones innovadoras para un nuevo material, el Color-Core. Es una de las figuras más representativas del **deconstructivismo** y ha recibido numerosos premios, incluido el Pritzker Prize en 1989. Su mayor logro arquitectónico es, hasta la fecha, es el espectacular Museo Guggenheim de Bilbao, revestido de titanio, que acabó en 1997.

▾ Silla *Wiggle* y mesillas de la colección *Easy Edges* para Jack Brogan, 1972 (reeditadas por Vitra)

## Gesamtkunstwerk

### Obra de arte completta

«Gesamtkunstwerk» es un término alemán que significa literalmente «obra de arte completa». Su uso se remonta al siglo XIX y hace referencia a la conjunción de todas las artes. Originalmente, el concepto de Gesamtkunstwerk se asociaba a las óperas de Richard Wagner (1813–1883), que combinaban la música y el drama. Más adelante, se relacionó con la noción de la integración total del diseño en la arquitectura y el interiorismo, según la cual cada elemento incluido en un esquema artístico era resultado de un meticuloso diseño previo realizado normalmente por un mismo artista. Esta idea de la unificación del diseño fue adoptada principalmente por arquitectos ligados al **movimiento Arts & Crafts**, como **Charles Rennie Mackintosh** y **Frank Lloyd Wright**, los cuales llevaron aún más lejos la idea de la obra de arte absoluta, asegurándose de que sus edificios estaban en plena armonía con su entorno y dedicando una especial atención a su adecuación funcional. Ellos mismos diseñaban también el más mínimo detalle de sus edificios e interiores, desde la cubertería hasta las puertas. En Austria y Alemania, **Josef Hoffmann** y **Peter Behrens** fueron también exponentes destacados del concepto de Gesamtkunstwerk. La idea de la unificación absoluta del diseño expresada por el Gesamtkunstwerk tuvo luego una clara influencia en la práctica del «diseño total», concepto según el cual el diseño, la fabricación y la comercialización de los productos formaban parte de un mismo proceso.

▲ **Frank Lloyd Wright**, comedor de la casa Hollyhock en Los Ángeles, diseñado para Aline Barnsdall, 1917–1920

► Diseño del tipo *Gill Sans* para Monotype Corporation, 1928

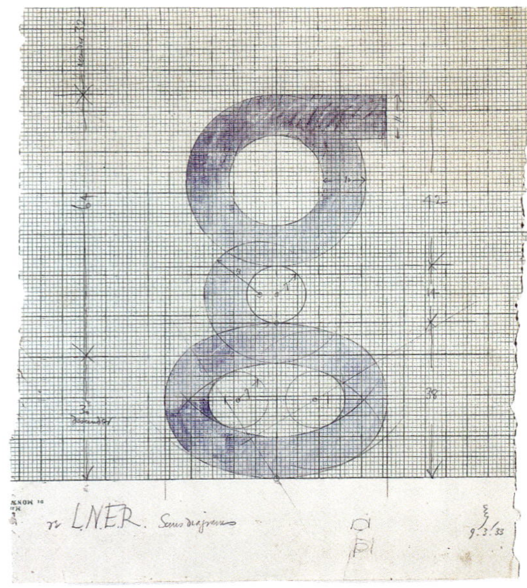


## Eric Gill

*Brighton*, 1882
*Harefield (Londres)*, 1940

Eric Gill estudió en la Chichester Art School antes de trabajar como aprendiz para el arquitecto W. D. Caröe en Londres entre 1899 y 1903. Asistió además a las clases de tipografía de Edward Johnston (1872–1944) en la Central School of Arts and Crafts de Londres. Su primer empleo fue como tipógrafo y diseñó portadas para la editorial Insel Verlag de Leipzig. Más tarde, tras trasladarse en 1907 a Ditchling, Sussex, empezó a recibir un reconocimiento considerable por sus grabados en piedra. En 1913 se convirtió al catolicismo y durante los cinco años siguientes se encargó de grabar el Vía Crucis de la catedral de Westminster. Hacia 1918 Gill participó en la fundación del gremio de St Joseph y St Dominic —una comunidad casi religiosa de artesanos. Fue también uno de los fundadores de la Society of Wood Engravers en 1920, y a partir de 1924 empezó a diseñar formatos de página para libros publicados por Golden Cokerel Press (Berkshire). Sus diseños seguían las directrices del movimiento Arts & Crafts e integraban estilísticamente la tipografía y las ilustraciones. Un año más tarde empezó a diseñar tipos para la **Monotype Corporation**, incluidos los tipos *Perpetua* (1927) y *Gill Sans* (1928). En 1928, Gill creó sus propios talleres de imprenta en Speen (Buckinghamshire) y trabajó para distintas editoriales, como Cranach Press, Faber & Faber, J. M. Dent & Sons y Limited Editions Club.

◂ Candelabro de latón para Alfred Bucknell, aprox. 1907

## Ernest Gimson

*Leicester*, 1864
*Sapperton (Gloucestershire)*, 1919

Ernest Gimson era hijo de Joseph Gimson, ingeniero y miembro de la Secularist Society. A los diecisiete años empezó su formación arquitectónica en los despachos de un arquitecto local, Isaac Barradale, y estudiaba a tiempo parcial en la Leicester School of Art. En 1884 conoció a **William Morris**, que le aconsejó que se mudara a Londres para aprender con el arquitecto neogótico John Dando Sedding (1838–1891). Como Morris, Gimson dedicó su tiempo libre a aprender oficios tradicionales como la fabricación de sillas o el enyesado decorativo. Mientras trabajaba en el despacho de Sedding, Gimson entabló amistad con Ernest Barnsley (1863–1926) y su hermano Sidney Barnsley (1865–1926), que entonces trabajaba como aprendiz para Richard Norman Shaw (1831–1912). En 1891, junto con otros miembros del equipo de Shaw, como Reginald Blomfield y William Lethaby (1857–1931), fundaron la efímera empresa de decoración Kenton & Co. en Bloomsbury, que ofrecía «calidad en el diseño y en la fabricación». En 1892, Gimson y los Barnsley se trasladaron a la región de las Cotswolds y dos años después abrieron un taller en Pinbury. Contaban con medios independientes y siguieron el ideal rural del **movimiento Arts & Crafts**, creando muebles exquisitos y de gran calidad que no estaban sujetos a los imperativos comerciales.

## Stefano Giovannoni

*La Spézia (Italia)*, 1954

Stefano Giovannoni estudió arquitectura en la Universidad de Florencia, donde también ejerció como docente y realizó un estudio sobre el diseño hasta 1990, a la vez que daba clases en la Academia Domus de Milán y en el Instituto de Diseño Reggio Emilia. Fue miembro fundador del Gruppe der Bolidisten, que abogaba por el uso del **aerodinamismo** en el diseño, y, junto con Guido Venturini, fundó un estudio conocido como King-Kong Production y dedicado a la investigación en el campo de la arquitectura y al diseño de objetos domésticos, interiores y moda. A partir de 1989 diseñaron juntos la serie *Girotondo* para **Alessi**, con su característico motivo «stick-man». En los años noventa, Giovannoni también diseñó por su cuenta diversos productos posmodernos para Alessi, con diseños divertidos y alegres, como el bol *Fruit Mama* (1993), la escobilla de baño *Merdolina* (1993) y el recipiente *Mary Biscuit* (1995). En 1991 diseñó el pabellón italiano para la exposición «Les Capitales Européennes de Nouveau Design» celebrada en el Centre George Pompidou de París. Giovannoni también ha trabajado para Cappellini, Arradaesse y Tisca France, y sus idiosincrásicos diseños han desfilado por numerosas exposiciones dentro y fuera de Italia.

▲ Recipiente *Mary Biscuit* para Alessi, 1995

## Alexander Hayden Girard

*Nueva York*, 1907
*Santa Fe (Nuevo México)*, 1993

Alexander Hayden Girard pasó gran parte de su infancia en Florencia y más tarde estudió en la Architectural Association de Londres. Tras graduarse en 1929, creó un modelo arquitectónico propio basado en la ciudad de Florencia y se inició en el interiorismo y el diseño de muebles. A lo largo de este período también estudió en la Real Escuela de Arquitectura de Roma, donde se graduó en 1931. En 1935, completada su formación en la New York University, Girard se trasladó a Detroit, donde abrió un estudio de diseño dos años después. Diseñó interiores de oficina para la Ford Motor Company en 1946, y en 1952 fue nombrado director del departamento textil de **Herman Miller**, para el cual fabricó tapices ricos en colorido y estampados. Un año más tarde trasladó su despacho a Santa Fe y realizó otros varios proyectos de interiores: la vivienda de Irwin Miller en Columbus (diseñada conjuntamente con **Eero Saarinen** en 1955), la casa de Billy Wilder en Los Ángeles y los restaurantes L'Étoile y La Fonda del Sol en Nueva York (1960), entre otros. En 1957, Girard y **Charles Eames** rodaron un documental en México titulado *Day of the Dead* (Día de los muertos), y su fascinación por la cultura mejicana les despertó el interés por el arte popular. A lo largo de su vida, Girard coleccionó 106.000 juguetes y objetos de arte popular, que forman el grueso de la Girard Foundation Collection, situada actualmente en el Museum of International Folk Art de Santa Fe. Aunque Girard diseñó muebles, papel pintado y gráficos (incluida la imagen corporativa de Braniff Airlines, de 1965), será recordado sobre todo por sus coloridos tejidos de disposición rítmica.

▲ Tejido *Feathers* para Herman Miller, 1957

## Giorgio Giugiaro

*Garessio (Italia)*, 1938

Giorgetto Giugiaro empezó a trabajar a los diecisiete años en el departamento de diseño de la Fiat después de haber estudiado dibujo técnico y diseño gráfico en la Accademia di Belle Arti en Turín. En 1959 fue nombrado jefe del departamento de diseño de la Carrozzeria Bertone de Turín. Giugiaro dejó Bertone en 1965 para ser director del estudio Ghia, que se dedicaba también al diseño automovilístico, y donde creó el Fiat *Dino* Coupé (1967). En 1968 formó la sociedad de diseño ItalDesign con Aldo Mantovani y Luciano Bosio, innovadora a la hora de ofrecer a los fabricantes de coches no sólo un servicio de diseño sino también de asistencia previa a la producción, incluyendo estudios de viabilidad y construcción de prototipos. Aunque Giugiaro destacó especialmente por sus elegantes coches deportivos, como el Alfa Romeo *Alfasud* (1971), la crisis del petróleo de principios de los setenta le obligó a decantarse por el diseño de vehículos más utilitarios, caracterizados por las formas rectas, como el Volkswagen *Golf* (1974), el Fiat *Panda* (1980) y el Fiat *Uno* (1983). En 1981 creó Giugiaro Design y diseñó la máquina de coser *Logica* para Necchi (1982), la cámara Nikon *F4* (1988), un reloj cronómetro para Seiko, cascos protectores para Shoei y mobiliario para Tecno. Durante los años ochenta, Giugiaro Design contaba con unos cuatrocientos empleados, y en 1987 se fundó Giugiaro SpA, una empresa de diseño de ropa y complementos para hombre.

▾ Máquina de coser *Logica* para Necchi, 1982

## Milton Glaser

*Nueva York, 1929*
*Nueva York, 2020*

Pág. 286: cartel para los Juegos Olímpicos, 1984

▼ Cartel para la máquina de escribir *Valentine* de Olivetti, aprox. 1970

Milton Glaser se formó en la High School of Music & Art de Nueva York antes de estudiar arte en la Cooper Union, donde se graduó en 1951. Fue premiado como estudiante ejemplar, lo que le permitió asistir a las clases impartidas por Giorgio Morandi (1890–1964) en la Accademia delle Belle Arti e Lieco Artistico en Bolonia, Italia. En 1954, tras regresar a Nueva York, Glaser fundó Push Pin Studio junto con Seymour Chwast (nacido en 1931), Reynold Ruffins y Edward Sorel. Gracias a sus diseños de carteles inspirados en el arte psicodélico, como sus famosos *Dylan* (1967), *Rainbow Palette* (1966) y *From Poppy with Love* (1969), su reputación creció durante los años sesenta —de hecho, en 1969 apareció en la portada de la revista *Time*. La revista *Push Pin Graphic Magazine* salió por primera vez en 1954 con el fin de potenciar un enfoque «más libre» en las artes gráficas caracterizado por el uso de perspectivas originales, dibujos planos y colores psicodélicos, y por la incorporación de antiguos estilos tipográficos y citas de la historia del arte. La alegría de este estilo gráfico condujo a que se encargara a Glaser la ilustración de varios libros infantiles y el diseño de la juguetería Child Craft en Nueva York en 1970 y el Sesame Place Play Park en 1979. En los años setenta, Glaser rediseñó el formato de diversas revistas, incluidas *Paris Match* (1973), *Village Voice* y *Esquire* (1977). De ese modo, el Push Pin Studio se fue implicando cada vez más en la creación de imágenes corporativas. Glaser ocupó la presidencia del Push Pin Studio hasta 1970 y, tras su cierre en 1974, creó su propio estudio gráfico en Nueva York, Milton Glaser Inc. Glaser eliminó del diseño el formalismo austero de la **Escuela Suiza** y lo reemplazó por un vocabulario vibrante y humorístico inspirado a la vez por la cultura contemporánea y por los estilos históricos.

▸ **Ernest Archibald Taylor**, escritorio para Wylie & Lockhead, aprox. 1906

## Glasgow School

*Glasgow*, última década del s. XIX – principios del s. XX

El término «Glasgow School» se refiere al grupo de diseñadores del cambio de siglo asociados a la Glasgow School of Art durante la época progresista en que estuvo dirigida por Francis H. Newbery (1853–1946). Sus miembros más destacados fueron **Charles Rennie Mackintosh**, Margaret Macdonald Mackintosh (1864–1933), Frances Macdonald MacNair (1873–1921) y Herbert MacNair (1864–1933), que desde 1984 exponían juntos sus diseños basados en la cultura celta y eran conocidos como «Los Cuatro». Sus interiores blancos, parcos en mobiliario, poseían una cualidad etérea, mientras que el contenido de gran parte de su obra gráfica se centraba en el «otro mundo». Su obra fue extraordinariamente bien recibida por diseñadores asociados a la **Wiener Sezession**. La aparición de la Glasgow School coincidió con el ascenso de The Glasgow Boys —un grupo de pintores postimpresionistas, entre los que se encontraban George Henry (1858–1943) y E. A. Hornel (1864–1933), quienes estaban semejantemente influidos por los temas japoneses y celtas. La obra poética de otros diseñadores de la Glasgow School, **George Walton**, Talwyn Morris (1865–1911), Jessie King (1875–1949), George Logan (1866–1939), Ann Macbeth (1875–1948) y E. A. Taylor (1874–1951) contribuyó a la aparición del **Art Nouveau**. Si bien la Glasgow School estaba afiliada al **movimiento Arts & Crafts** británico, su producción era notablemente distinta de la obra producida en Inglaterra, ya que no estaba tan inspirada en el arte tradicional y reflejaba un mayor sentido del organicismo.

▲ Miembros de Global Tools en la portada *Casabella*, 1973

## Global Tools

Fundada en 1973
*Florencia*

A finales de la década de los sesenta se crearon en Italia varios grupos de **diseño radical**, como **Archizoom**, **Superstudio**, **Gruppo Strum**, UFO, 9999 y Zziggurrat, que investigaban el concepto de diseño y arquitectura como herramientas universales de comunicación. Como parte del debate antidiseño, **Riccardo Dalisi** organizó asimismo talleres para niños pobres en el barrio de Traiano de Nápoles, donde realizó experimentos de «tecnologia povera» (tecnología pobre) en un intento de recuperar la creatividad personal y la espontaneidad en el diseño. Estas investigaciones reunieron a miembros de los numerosos grupos de diseño radical en los despachos de *Casabella* en 1973 para perfilar la creación de una «escuela» de antiarquitectura y antidiseño que recibiría el nombre de Global Tools. Esta cooperativa educativa se fundó oficialmente un año después en Florencia con el objetivo de «fomentar la creatividad individual y colectiva». Se crearon varios talleres, conocidos como «laboratorios», para desarrollar un enfoque «hazlo tú mismo» en el diseño y explorar las características y las posibles aplicaciones de los materiales técnicos. Con su programa político de izquierdas, basado en diez tesis científicas y políticas, Global Tools trató de implicar creativamente tanto a los diseñadores como a la gente de la calle en el proceso de diseño. Durante sus años de vida, la cooperativa se convirtió en el foro central del debate sobre el diseño radical, y su disolución en 1975 marcó el fin de la primera fase de este movimiento en Italia. A finales de los setenta y durante los años ochenta, varios miembros fundadores de Global Tools, como Dalisi y **Ettore Sottsass**, reanudaron el proyecto hasta convertirse en grandes exponentes del **posmodernismo**.

▼ **Riccardo Dalisi**, experimento con «tecnología pobre», Nápoles, 1973

## Edward William Godwin

*Bristol*, 1833
*Londres*, 1886

Edward William Godwin empezó su formación con William Armstrong, ingeniero civil, inspector y arquitecto afincado en Bristol que mantenía una estrecha relación con el gran ingeniero inglés Isambard Kingdom Brunel (1806–1859). Godwin fundó su despacho en Bristol en 1854, pero la falta de trabajo le hizo optar por trasladarse a Irlanda en 1857 para trabajar con su hermano, también ingeniero. Allí trabajó en el diseño de un puente ferroviario y recibió su primer encargo arquitectónico importante, el diseño de la iglesia de St Johnston en County Donegal. En 1858 conoció al arquitecto neogótico William Burgess (1827–1881), y al cabo de un año regresó a Inglaterra. Durante los años sesenta, Godwin realizó varios proyectos arquitectónicos, como el Northampton Town Hall (1861). Después de descubrir el arte japonés en la «International Exhibition» de Londres, Godwin empezó a coleccionar objetos orientales, lo que impulsó el desarrollo de su estilo anglo-japonés. En 1865 inauguró su despacho en Londres y diseñó papel pintado para Jeffrey & Co., tejidos para Warner & Ramm, artículos de metal para Messenger & Co., azulejos para Minton y muebles para la efímera Art Furniture Company (1867–1868). También diseñó muebles anglo-japoneses para la Artistic Furniture Warehouse de William Watt y para la empresa Collinson & Lock de Gillow. Entre sus proyectos arquitectónicos cabe destacar el castillo de Dromore en Limerick (1866–1873), la casa Blanca de McNeill Whistler en Chelsea (1877–1878) y una serie de viviendas de estilo tradicional en Bedford Park, West London (1876). Su relación con la actriz Ellen Terry (1847–1928) despertó el interés de Godwin en el diseño de vestuario, y en 1884 fue nombrado director del recién inaugurado departamento de moda de **Liberty & Co.**, que abogaba por la reforma del «vestido artístico». Godwin fue uno de los máximos exponentes del **movimiento estético**, y con su estilo anglo-japonés introdujo un nuevo lenguaje geométrico del diseño.

▾ Aparador para William Watt, 1867–1869

◄ Logotipo *Eye* para la CBS, 1950

## William Golden

*Nueva York*, 1911
*Stony Point (Nueva York)*, 1959

William Golden estudió en la Vocational School for Boys de Nueva York, donde cursó fotograbación y diseño gráfico. Empezó su carrera profesional en Los Ángeles, primero en trabajos de imprenta y luego en *Los Angeles Examiner* como diseñador. Más adelante, regresó a Nueva York para unirse al equipo de las revistas *Journal American* y *House and Garden*, y pasó algún tiempo en Condé Nast trabajando para Mehemed Fehmy Agha (1896–1978), que defendía el uso del «espacio blanco». En 1937 entró a trabajar para la CBS (Columbia Broadcasting System) y ocupó el puesto de director de arte durante seis años. Entre 1941 y 1943 trabajó en Washington para el Ministerio de Información de Guerra y durante los tres años siguientes sirvió como capitán en el ejército de los Estados Unidos. Mientras estuvo destinado a Europa, se encargó de la composición y del diseño de diversos manuales de entrenamiento militar. En 1950 diseñó su famoso logotipo *Eye* para la CBS y un año más tarde alcanzó el puesto de director creativo de publicidad y promoción de ventas de la cadena. La mayor ambición de Golden consistía en mejorar el nivel del diseño y defendió su integridad en la conferencia sobre diseño de Aspen en 1959, donde advirtió a la gente que no confundiera arte con diseño: «La función del diseñador es diseñar. Su principal virtud es crear un orden simple a partir de muchos elementos». Como director artístico de la CBS, Golden fue el responsable del programa de diseño de la cadena, alabado por su audacia y su integración visual, y se le considera precursor del concepto de **identidad corporativa**.

◂ **Design Council**, Kitemark, 1959

## Good Design

### Buen diseño

El buen diseño se basa en una concepción racional del proceso de diseño según la cual los productos siguen los principios estéticos, técnicos y formales asociados al **movimiento moderno**. El **Museum of Modern Art** de Nueva York albergó la primera exposición de buen diseño en 1950, de la mano de **Charles y Ray Eames**. Los diseños ganadores fueron seleccionados por un jurado de tres miembros y se vendieron con una etiqueta en la que se leía «buen diseño». Tuvo una buena acogida también en Europa, sobre todo en Alemania. En 1952, **Max Bill** fue uno de los fundadores de la **Hochschule für Gestaltung, Ulm**, creada para promover las virtudes del buen diseño que previamente habían sido alabadas por la **Bauhaus**. Bill también fue el impulsor de las exposiciones «Die Gute Industriesform» en Alemania. El concepto de buen diseño fue especialmente adoptado por la **Braun**, donde **Dieter Rams** desarrolló un estilo funcionalista de la casa para los aparatos eléctricos. En Gran Bretaña, contó con una activa promoción por parte del Design Council (fundado en 1960) mediante exposiciones y su publicación *Design*. Éste implementó el uso de su famosa etiqueta «kitemark» como sello de garantía en los productos de calidad. En los años sesenta hubo una reacción contra el conformismo conservador del buen diseño y contra lo que se consideraba una imposición del «buen gusto». Esta reacción dio lugar al **posmodernismo**, que devolvió el radicalismo, el sentimiento, la espontaneidad y el carácter a la corriente dominante del diseño.

## Kenneth Grange

*Londres*, 1929

Kenneth Grange estudió en la Willesden School of Arts & Crafts de Londres de 1944 a 1947. Se formó como ilustrador técnico en la Royal Engineers mientras hacía el servicio militar, y más adelante trabajó como ayudante para varios despachos de arquitectura y de diseño de Londres, como Arcon Chartered Architects, Bronek Katz & Vaughan George Bower y Jack Howe & Partners. En 1958 fundó un despacho propio en Londres y se especializó en el diseño de productos. Catorce años más tarde formó una sociedad de diseño con Theo Crosby, Alan Fletcher, Mervyn Kurlansky y Colin Forbes conocida como **Pentagram**. Grange combinó el **funcionalismo** alemán, tal como lo aplicaba **Braun**, con una sensibilidad británica por la conveniencia, creando diseños que poseían una pureza escultural y una robustez práctica. Entre sus diseños más significativos para la producción industrial cabe mencionar la batidora *Chef* de Kenwood (1960), la cámara Kodak *Pocket Instamatic* (1975), la serie de plumas *Parker 25* (1979) y la maquinilla de afeitar *Protector* para Wilkinson Sword (1992). También realizó el diseño exterior del tren de alta velocidad *Intercity 125* de la British Rail (1971–1973) y las paradas de autobús Adshel para la London Transport (1990). Grange ha recibido numerosos premios por sus diseños, entre los cuales se encuentran diez premios del Design Council y el Premio al Diseño Elegante Duke of Edinburgh en 1963. Ejerció como profesor en la Faculty of Royal Designers for Industry de 1985 hasta 1987, año en que fue nombrado presidente de la Chartered Society of Designers. A partir de los años setenta, Grange también realizó muchos proyectos para compañías japonesas (máquinas de coser para Maruzen, muebles de baño para Inax, envases de cosméticos para Shiseido) y su obra ha tenido una gran influencia en los diseñadores de productos de

▾ Cámaras *Pocket Instamatic* para Kodak, 1975

◂ Maquinillas de afeitar *Protector* para Wilkinson Sword, 1992

ese país. Considerado como uno de los principales diseñadores británicos de productos, en 1983 la Boilerhouse del **Victoria & Albert Museum** albergó una exposición monográfica de su obra. Grange no considera el diseño una forma estética de resolver problemas sino una oportunidad para innovar y opina que debería formar parte del proceso de fabricación. Con sus elegantes productos de gran calidad y meticulosidad en el detalle, Grange ha perpetuado las cualidades tradicionales del diseño británico: la honestidad y la integridad.

## Michael Graves

*Indianapolis (Indiana), 1934*
*Princeton (New Jersey), 2015*

Michael Graves participó en un programa arquitectónico de la University of Cincinnati que incluía prácticas en los despachos de Carl A. Strauss & Associates. Más tarde, fue a la Graduate School of Design de la Harvard University y, tras graduarse en 1959, trabajó para **George Nelson** Associates. Por aquel entonces, Graves también trabajaba de artista y compartía un estudio con **Richard Meier** en Nueva York. Entre 1960 y 1962 tuvo la oportunidad de estudiar en la American Academy de Roma gracias a la obtención de una beca, y a su vuelta a Estados Unidos empezó a dar clases en la Princeton University de Nueva Jersey, donde llegó a ser profesor titular de arquitectura en 1972. En 1964 creó su estudio de arquitectura en Princeton y diseñó la casa Hanselmann en Fort Wayne, Indiana (1969). En 1969, el **Museum of Modern Art** de Nueva York albergó una exposición en la que Graves participó junto con Peter Eisenman (nacido en 1932), Charles Gwathmey, John Hejduk y Richard Meier. Estos cinco arquitectos eran conocidos como los «New York Five» y, como miembro de dicho grupo, Graves obtuvo un gran reconocimiento y su prestigio aumentó con la aparición de una publicación titulada *Five Architects* (Cinco arquitectos), centrada en el grupo. Poco después, Graves empezó a distanciarse de los principios del **movimiento moderno** con los que se había identificado hasta entonces y empezó a diseñar edificios e interiores de gran colorido, como la casa Kalko, en Nueva York, o la sala de actos de la Sunar Company, que incorporaba elementos de estilos históricos del pasado, como gabletes y pilares. A finales de los setenta, Graves se dio a conocer también por sus diseños de muebles de estilo posmoderno para Sunar Hauserman (1979–1981), inspirados en el estilo **Art Déco** de Biedermeier. En los ochenta, destacó por sus divertidos diseños para **Memphis**, como el tocador *Plaza* (1981), de estilo hollywoodiense. Sin embargo, no fue hasta 1982, año en que completó su primer encargo público importante (el Public Services Building en Portland, Oregón), cuando Graves

▼ Molinillo de pimienta para Alessi, 1988

▲ Vajilla *Corinth* para Swid Powell, 1984

se convirtió en una eminencia de la arquitectura. A partir de entonces, le empezaron a llover encargos, como la biblioteca de San Juan Capistrano, en el sur de California (1983), las oficinas centrales de Humana Corporation en Louisville, Kentucky (1982–1986), un ala del Newark Museum (1990), el Dolphin Hotel de Disney World, en Florida, un anexo para el Whitney Museum of Art de Nueva York (1989–1990), el lagar de Pegase di Domaine Clos en el valle de Napa, California, y el New York Hotel en el complejo de Eurodisney, cerca de París. Durante los años ochenta Graves obtuvo gran prestigio por su labor en las artes decorativas y diseñó joyas para Cleo Munari (1985–1987), cerámica para Swid Powell y una gran variedad de objetos para **Alessi**, como su servicio de té y café *Piazza* (1983). En 1993, Graves inauguró una tienda propia de venta al detalle de sus diseños en Princeton. Sus eclécticos diseños de productos de la década de los ochenta, que combinaban distintos estilos históricos, son ejemplos representativos del **posmodernismo**.

## Eileen Gray

*Brownswood (Wexford, Irlanda)*, 1878
*París*, 1976

Eileen Gray estudió en la Slade School of Fine Art de Londres de 1898 a 1902, a la vez que aprendía el arte del lacado en el taller de muebles de D. Charles, en la calle Dean. Visitó París por primera vez en 1900 y entre 1902 y 1905 asistió a clases en la École Colarossi y en la Académie Julian. En 1907 se estableció en París y se instaló en un apartamento del 21 de la Rue Bonaparte, que sería su hogar hasta su muerte en 1976. Durante su estancia en Francia, aprendió técnicas orientales de lacado con un artesano japonés, Seizo Sougawara. Hacia 1910 Gray empezó a diseñar pantallas y paneles lacados con motivos figurativos y en 1913 expuso su obra en el Salon des Artistes Décorateurs, donde sus diseños atrajeron la atención del modisto y coleccionista de arte Jacques Doucet (1853–1929). Se convirtió en su cliente principal y realizó diversos encargos para él, como la pantalla de cuatro paneles *Le Destin* (1914) y la mesa *Lotus* (1915), antes de que su trabajo se viera interrumpido por la II Guerra Mundial. Durante un tiempo, trabajó conduciendo una ambulancia en París bajo la protección de la duquesa de Clermont-Tonnerre. Sin embargo, en 1915 se trasladó junto con Sougawara a Londres, donde vivió durante dos años. En 1917 regresó a París y dos años más tarde recibió su primer encargo de peso, el diseño del apartamento de Mme Mathieu Lévy en la Rue de Lota (para el cual diseñó sus famosas pantallas «en bloque» lacadas). En 1922, después de haber cumplido con varios encargos exclusivos en estilo **Art Déco** para clientes adinerados, abrió su tienda, la Galerie Jean Désert. Ese mismo año expuso su obra en Amsterdam, donde atrajo la atención del arquitecto de **De Stijl** Jan Wils (1891–1972). La **vanguardia** holandesa recibió con admiración su diseño de un «tocador de dormitorio para Monte Carlo», expuesto en el Salon des Artistes Décorateurs en 1923. Esta admiración fue recíproca cuando Gray asistió a una exposición de diseño holandés en París ese mismo año. Su obra posterior reflejaba una progresiva influencia de las formas geométricas de De Stijl. En 1924 Gray y el arquitecto Jean

▾ Silla *Transat* para Galerie Jean Désert, 1925–1926

◄ Mesa *Swivel*, aprox. 1923

► Pantalla, aprox. 1922–1925

Badovici (1893–1956) hicieron un viaje para ver la arquitectura moderna y él la convenció para que se dedicara a la arquitectura. Más tarde, Gray diseñó su casa de estilo moderno en Roquebrune, la *E-1027* (1926–1929), para la que creó algunos muebles convenientemente racionales, como la silla *Transat* (1925–1930) y la mesa *E-1027*, de vidrio y metal tubular. Entre 1930 y 1931 diseñó los planos del interior del apartamento de Badovici en la Rue Chateaubriand, y luego otra casa para su propio uso, la Tempe a Pailla en Castellar, que terminó en 1934. Después de exponer su obra en el Pavillon des Temps Nouveaux de **Le Corbusier** en 1937 y de presentar un proyecto que al final no se realizó para el Centre de Vacances, Gray quedó relegada a un segundo plano hasta que en 1970 un coleccionista norteamericano, Robert Walker, empezó a adquirir sus diseños, iniciando así una notable recuperación del interés por su persona y su obra.

## Green Design
### Diseño ecológico

En los cincuenta, **Richard Buckminster Fuller** promovió un uso minimalista de materiales y energía en el diseño de productos y acuñó la expresión «nave tierra», que hizo que la gente pensara en el planeta de un modo más global. Vance Packard también criticó la cultura consumista en *The Waste Makers* (1961), que proponía dar un nuevo aire a la construcción. Le siguió la obra *Silent Spring*, de Rachel Carson, el primer libro de gran venta que puso en boga el debate medioambiental e incrementó la concienciación social de los problemas ecológicos. Victor Papanek relacionó la concienciación ecológica con el proceso de diseño en *Design for a Real World* (1967) e instó a encontrar soluciones de diseño que tuvieran en cuenta el medio ambiente. Estas ideas se pusieron de moda a principios de los setenta con la crisis del petróleo, aumentó la preocupación por el carácter efímero de los recursos naturales. Tras varios desastres medioambientales y la concienciación creciente de que la industrialización contribuía al calentamiento global, el término «diseño ecológico» resurgió en los años ochenta para describir un enfoque de compromiso con la naturaleza y el medio ambiente. Este tipo de diseño trata de minimizar el gasto y el uso de energía y materiales y tiene en cuenta el ciclo de vida completo de un producto: la extracción de materias primas y el impacto del proceso; la energía necesaria para los procesos de fabricación y cualquier repercusión; la energía necesaria para el sistema de distribución y sus consecuencias; la durabilidad de la vida útil del producto; la recuperación de los componentes y la eficacia del reciclaje, y los efectos últimos de la explotación del entorno debidos, por ejemplo, a corrimientos de tierras o incineraciones. Si bien el reciclaje puede reducir el consumo de energía, no lo minimiza, y en realidad perpetua la cultura del despilfarro. En cambio, aumentar la durabilidad del producto minimiza el gasto y el consumo de energía y su impacto medioambiental puede reducirse a la mitad.

▼ **Jane Atfield**, silla de polietileno de alta densidad *RCP2* reciclada para Made of Waste, 1992

## Greene & Greene

Fundada en 1893
*Pasadena (California)*

Charles Sumner Greene y Henry Mather Greene iniciaron su formación en la Manual Training School de la University of Washington, en St Louis, bajo la dirección de Calvin Milton Woodward, el cual defendía la dignidad de la artesanía. Después, los dos hermanos estudiaron arquitectura en el Massachusetts Institute of Technology, pero trabajaron por separado en varios proyectos arquitectónicos antes de crear un despacho conjunto en 1893 en Pasadena, California. De camino a Pasadena, visitaron en Chicago la «World's Columbian Exposition», cuya sección japonesa, con una estructura de estilo oriental conocida como el Templo Ho-o-den y diseñada por el joven arquitecto **Frank Lloyd Wright**, se iba a convertir en una gran fuente de inspiración para ellos. Entre 1893 y 1903, la mayoría de sus diseños consistieron en viviendas privadas y sus primeros muebles estuvieron influidos por los diseños de Will Bradley, publicados en el *Ladies Home Journal*. Esos años hicieron amistad con el comerciante oriental John Bentz y estudiaron su colección privada, que les influyó a la hora de adoptar formas menos tradicionales. En 1903, vieron ilustraciones de casas y jardines japoneses y, estimulados por la conexión entre los edificios y sus entornos, desarrollaron su propio enfoque natural del diseño. Para las casas usaban vigas proyectadas y maderas tintadas toscamente talladas, mientras que para sus rústicos y hogareños interiores empleaban materiales naturales. Empleando el lenguaje del movimento Arts & Crafts, los hermanos Greene diseñaron siete bungalós entre 1907 y 1909 como **Gesamtkunstwerke**. Estas casas, como las Blacker and Gamble Houses, contribuyeron a su fama profesional, pero a partir de 1910 las preferencias de la gente empezaron a distanciarse del **movimiento Arts & Crafts**. No fue hasta los años cincuenta que el tipo de arquitectura y diseño de los hermanos Greene —que distinguía lo esencialmente necesario y lo dotaba de una gran belleza formal— volvió a ser valorado y recuperó el interés.

▼ Interior de la casa Gamble, 1908

## Vittorio Gregotti

*Novara (Italia)*, 1927
*Milán*, 2020

Vittorio Gregotti estudió en el Politecnico di Milano, donde se graduó en 1951. Junto con Ernesto Rogers (1909–1969) y Giotto Stoppino (1926–2011) diseñó una exposición titulada «Architettura, misura dell'uomo» para la IX Trienal de Milán (1951), y un año más tarde creó la sociedad Architetti Associati con Giotto Stoppino y Lodovico Meneghetti en Novara. Juntos crearon varias sillas interesantes, una estantería de pared y una mesa (todo ello con elementos de madera contrachapada). Durante esa época también diseñaron su «Stanza per una ragazza» (Habitación para una chica), que incorporaba un innovador sistema de estanterías. A finales de la década de los cincuenta crearon interiores y muebles de estilo Neo-Liberty —entre los que destaca la silla *Cavour*, de 1959— y a principios de los sesenta experimentaron con sillas de junco entretejido. Cuando trasladaron el despacho a Milán en 1964, Gregotti aceptó un puesto como profesor en el Politecnico di Milano, puesto que ocupó hasta 1978. Abandonó la sociedad en 1967 para fundar un estudio propio en Milán, y siete años más tarde creó la asesoría de diseño Gregotti Associati con Pierluigi Cerri (nacido en 1939) y Hiromichi Matsui. Aunque se especializó en el diseño para exposiciones e interiores, también trabajó como diseñador de productos. A lo largo de su carrera, Gregottiestuvo muy relacionado con el mundo editorial, con numerosas publicaciones sobre diseño, como *Casabella-Continuità*, entre 1952 y 1960; *Edilizia Moderna*, entre 1962 y 1964; *Il Verri*, entre 1963 y 1965, y *La Rassegna Italiana* y *Lotus*, en la década de los ochenta. También publicó varios libros, como *Il territorio dell'architettura* (1966) y *Nuevas direcciones en la arquitectura italiana* (1969). Desde 1978, Gregotti fue profesor de composición arquitectónica en el Istituto Universitario di Architettura de Venecia e impartió clases en numerosas instituciones educativas en Buenos Aires, Lausanne, Sao Paolo y Tokio, y en la Berkeley University de California. El éxito de su asesoría de Milán y su constante compromiso con la enseñanza y la publicación le consolidaron como el portavoz del diseño italiano y como uno de sus más célebres exponentes.

▾ Tiradores de puerta para Fusital, 1981

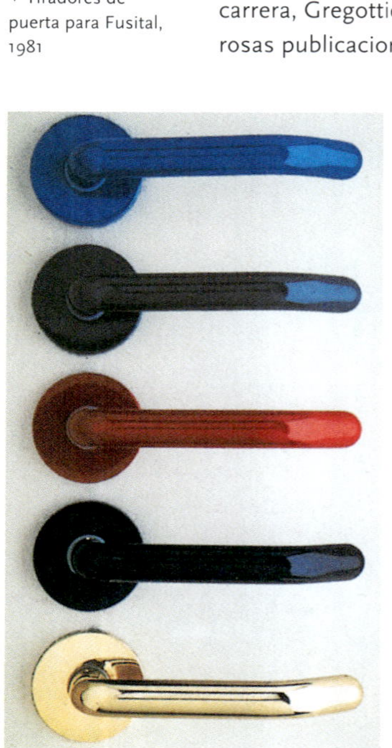

◂ Cartel para la presentación de «Snow White + Seven Pixels», 1986

## April Greiman

*Rockville Center (Nueva York)*, 1948

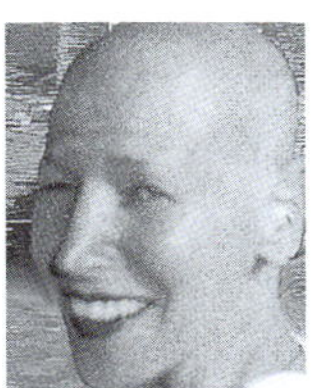

April Greiman estudió bellas artes en el Kansas City Art Institute, y se graduó en 1970. Estudió un año en la Allgemeine Kunstgewerbeschule de Basilea, donde tuvo como profesores a Wolfgang Weingart (nacido en 1941) y Armin Hofmann (nacido en 1920). Greiman trabajó como diseñadora gráfica en Nueva York y Connecticut a la vez que daba clases en el Philadelphia College of Art. En 1976 se instaló en California y desarrolló un estilo gráfico propio, que combinaba aspectos del **posmodernismo** de la costa oeste con la base de la **Escuela Suiza**. El resultado era una combinación de láminas tipográficas e imágenes con una sensación de tridimensionalidad, donde los elementos parecían flotar. Muchas de las imágenes fotográficas de sus gráficos de tipo collage fueron tomadas por Jayme Odgers. Greiman fue una de las primeras diseñadoras gráficas en sacar el máximo rendimiento del ordenador Apple de Macintosh durante los ochenta. En 1982 se hizo cargo del departamento de diseño del Institute of Arts de California y se la consideró una de las principales exponentes en artes gráficas de la **New Wave californiana**. En 1990 publicó *Hybrid Imagery: The Fusion of Technology and Graphic Design*, que resumía su concepción de la comunicación visual. Su obra ha influido sobre todo en el diseño de gráficos para medios electrónicos.

## Walter Gropius

*Berlín*, 1883
*Boston*, 1969

Walter Gropius estudió arquitectura en la Technische Hochschule de Múnich de 1903 a 1905 y en la Technische Hochschule de Berlín de 1905 a 1907. Su primer proyecto arquitectónico, en 1906, consistió en viviendas de bajo coste para agricultores. De 1908 a 1910, Gropius trabajó en el estudio de **Peter Behrens** en Berlín diseñando despachos y muebles para los grandes almacenes Lehmann de Colonia. En 1910, se asoció con Adolf Meyer (1881–1929) en Neubabelsberg y fue nombrado miembro del **Deutscher Werkbund** (constituido en 1907). Como miembro del Werkbund, al principio Gropius se opuso a las ansias de estandarización de Hermann Muthesius y se alió con **Henry van de Velde**, que defendía el individualismo y la creatividad personal en el diseño. La fábrica Fagus de Gropius (1911) incorporó un innovador muro cortina suspendido por los elementos verticales del edificio y apareció en los *Jahrbücher* (anuarios) del Werkbund, que Gropius publicó de 1912 a 1914. Asimismo, diseñó un modelo de fábrica para la «Deutsche Werkbund-Ausstellung» celebrada en Colonia en 1914. La fábrica, construida en acero y vidrio, constituyó una clara expresión del **movimiento moderno**. Después de la devastación de la I Guerra Mundial, Gropius aceptó la necesidad de una **estandarización** en el diseño y fue nombrado director de la Hochschule für angewandte Kunst, que fusionó con la Kunstakademie de Weimar para formar la Staatliches **Bauhaus** en 1919. Durante el tiempo en que fue director de la escuela, de 1919 a 1928, Gropius fomentó la unidad de las artes y fue el impulsor de un sistema de talleres dirigidos por «maestros». En ese período, se hizo cargo de una serie de encargos arquitectónicos privados, como la casa Sommerfeld (1921–1922), diseñó diversos muebles blancos y realizó el proyecto de una casa prefabricada para la exposición «Weissenhof-Siedlung», que tuvo lugar en Stuttgart en 1927. Cuando la Bauhaus se trasladó a Dessau, la escuela se vio obligada a adoptar un nuevo racionalismo y en 1925 Gropius diseñó un conjunto de casas para la Bauhaus que reflejaban el cambio hacia la modernidad

▾ Armario de caoba con incrustaciones de bronce, diseñado para el salón del Dr. Karl Herzfeld en Hannover, 1913

◂ Despacho de Walter Gropius en la Staatliches Bauhaus de Weimar, 1923

industrial. En 1934, Gropius emigró a Gran Bretaña, donde colaboró con el arquitecto E. Maxwell Fry (nacido en 1899–1987) hasta 1937. En Londres, Gropius también trabajó para la empresa de Jack Pritchard, Isokon, donde fue nombrado director de diseño en 1936. Un año después, se fue a Estados Unidos y ejerció como profesor de arquitectura en la Harvard University.

▸ **George Prentiss Kendrick**, jarrón de barro para Grueby Faïence Company, aprox. 1900

## William H. Grueby

*Chelsea (Massachusetts)*, 1867
*Nueva York*, 1925

En 1893 William H. Grueby fundó en Boston la compañía Grueby Faïence, dedicada a la producción de objetos arquitectónicos y azulejos inspirados en las placas de cerámica de Luca della Robbia (1400–1482), pertenecientes al Renacimiento italiano, y en las cerámicas chinas y árabes. A partir de 1898, Grueby se dedicó a perfeccionar el uso de los vidriados mate de color verde oscuro y a fabricar en su taller artículos de cerámica con esta técnica. Su cerámica artística en vidriado mate, que a partir de 1899 llevó el distintivo Grueby Pottery (Alfarería Grueby), tuvo una influencia notable en otras alfarerías norteamericanas y contó con muchos imitadores. Grueby se concentró en los procesos de vidriado y cocción de esta cerámica artística, mientras que del diseño se encargaron primero George Prentiss Kendrick de 1897 a 1902 y más tarde Addison Le Boutiller. Todos los detalles decorativos, como los ramos de narcisos, los diseñaban mujeres licenciadas en arte. En 1908 la Grueby Pottery desapareció tras caer en la bancarrota, pero volvió a abrirse con el nombre de Grueby Faïence & Tile Company y hasta 1911 continuó fabricando cerámica artística. Grueby fue uno de los ceramistas norteamericanos líderes del Arts & Crafts, y desarrolló un estilo nacional de fabricación de cerámica que destacó por su avanzada decoración.

▸ Asiento *Pratone* para Gufram, 1966–1970

## Gruppo Strum

Fundado en 1963
*Turín*

Gruppo Strum fue un grupo de **diseño radical** fundado en Turín en 1963 por Giorgio Geretti, Pietro Derossi, Carla Giammarco, Riccardo Rosso y Maurizio Vogliazzo. El nombre era una abreviación del objetivo de sus miembros de crear «una architettura strumentale» (una arquitectura instrumental). Destaca la participación del Gruppo Strum en la exposición «Italy: The New Domestic Landscape», en el **Museum of Modern Art** de Nueva York en 1972, donde se expuso su *Pratone* (gran pradera) de 1970 hecho de espuma de poliuretano. Inspirado en las enormes y descontextualizadas esculturas de arte pop de Claes Oldenburg (nacido en 1929), *Pratone* fue fabricado por Gufram y es uno de los pocos ejemplos del **antidiseño** que no se quedó en prototipo. Algunos miembros del grupo participaron en la promoción del diseño radical en Italia a finales de los sesenta y principios de los setenta organizando seminarios y escribiendo artículos sobre el programa político y las teorías del diseño del movimiento. El grupo desarrolló además una técnica de «historias visuales» para explicar el contexto político y social de la arquitectura contemporánea. Los grupos italianos de diseño radical, como el Gruppo Strum, fijaron las bases del antidiseño y allanaron el camino para la aparición del **posmodernismo** a principios de los ochenta.

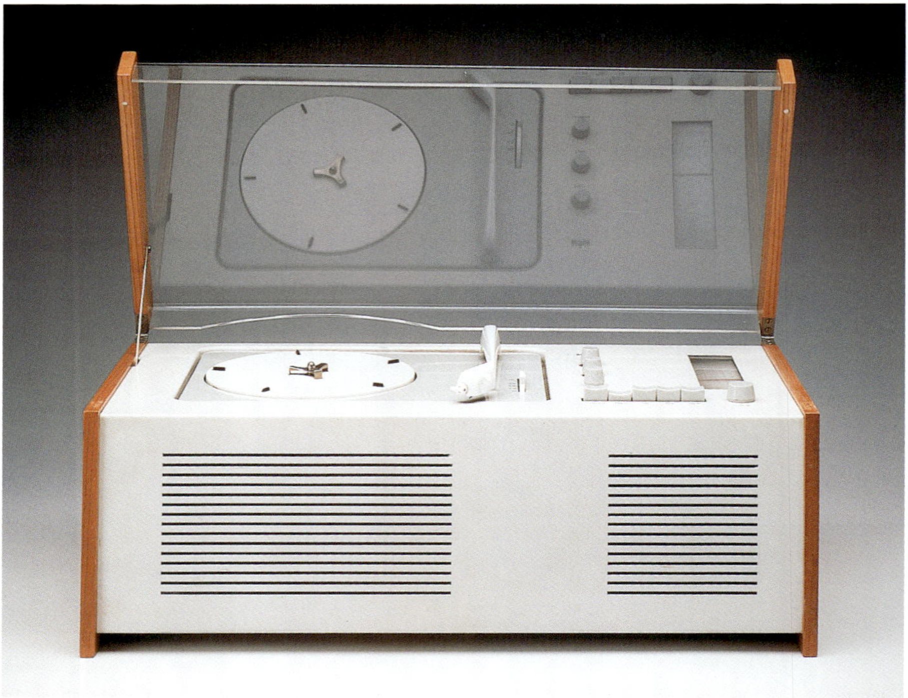

## Hans Gugelot

*Massakar (Indonesia)*, 1920
*Ulm (Alemania)*, 1965

Hans Gugelot era descendiente de holandeses y suizos. De 1940 a 1942, estudió arquitectura en Lausanne antes de irse a Zúrich para estudiar en la Eidgenössische Technische Hochschule. Al terminar sus estudios en 1946, Gugelot estuvo ocho años trabajando como arquitecto autónomo con **Max Bill**, durante los cuales diseñó muebles para Horgen-Glarus. En 1954, tras conocer a Erwin Braun (1921–1992), Gugelot empezó a diseñar elegantes productos para la casa de electrodomésticos **Braun**. Trabajó en el departamento de diseño de Braun hasta 1965 y colaboró en el desarrollo de un estilo doméstico, de una fuerte identidad visual caracterizada por el uso de formas geométricas, la eliminación de los ornamentos y el uso restrictivo del color. A lo largo de este período, Gugelot creó su estudio de diseño, el Gugelot Institute en Ulm, y ocupó la dirección del departamento de diseño de la **Hochschule für Gestaltung**, **Ulm**, donde siguió rigurosamente el principio del **movimiento moderno** según el cual «la forma sigue a la función». Su apuesta por el **funcionalismo** tuvo una gran influencia en los posteriores productos de consumo diseñados por su colega **Dieter Rams** en Braun. Uno

▲ **Hans Gugelot y Dieter Rams**, fonógrafo y radio *Phonosuper* para Braun, 1956

de sus productos más destacados, el *Phonosuper* (1956), lo diseñó conjuntamente con Rams y recibió el apelativo de «ataúd de Blancanieves» debido a su tapa acrílica translúcida y a su estética funcionalista de cantos rectos. Gugelot siguió dedicándose a la arquitectura y se especializó en el diseño de viviendas prefabricadas, aunque también diseñó productos para la fabricación industrial, como una máquina de coser para Pfaff, el proyector de diapositivas *Carousel* para Kodak (1964) y el primer programa alemán de muebles empotrados, que incluía su armario *M125* (1954) para Boffinger. Además, trabajó como asesor en el desarrollo del metro de Hamburgo entre 1959 y 1962, experiencia que le sirvió para diseñar vagones de tranvía posteriormente. A pesar de que la carrera como diseñador de Gugelot se vio interrumpida bruscamente por su muerte prematura en 1965, su obra tuvo una gran influencia, sobre todo en el desarrollo alemán del diseño de productos. Tras su muerte, el Instituto de Diseño y Desarrollo de Productos de Neu-Ulm, una organización independiente que surgió en la Hochschule für Gestaltung a partir del Grupo de Desarrollo 2, pasó a llamarse Diseño Gugelot en homenaje suyo, y promovió su enfoque racional del diseño hasta que fue clausurado en 1974.

► **Hans Gugelot y Reinhold Hocker**, proyector de diapositivas *Carousel S-AV 1000* para Kodak, 1964

## Guild of Handicraft

### Gremio de Artesanos

*Londres y Chipping Campden*, 1888–1907

Tras completar sus estudios en Cambridge, **Charles R. Ashbee** trabajó en Toynbee Hall, una misión filantrópica de carácter pedagógico creada por Canon Samuel Augustus Barnett en 1884 en el East-End de Londres. Allí organizó lecturas de las obras de John Ruskin (1819–1900) y junto a algunos estudiantes se encargó de la decoración del comedor de Toynbee Hall. En 1887, fundó la Escuela de Artesanos. Un año más tarde se fundó el Gremio de Artesanos, con un capital de 50 libras y tres miembros fundadores, uno de los cuales era el propio Ashbee, que ocupó el puesto de jefe de diseño. Los miembros del Gremio diseñaban y fabricaban joyas, muebles y objetos de plata y de metal, y desde 1889 expusieron su obra en la Arts & Crafts Exhibition Society. Su obra tuvo también una gran influencia en el resto de Europa, sobre todo gracias a sus muebles para el palacio del gran duque Ernst Ludwig de Hesse-Darmstadt, diseñados por **Hugo Mackay Baillie Scott**, y a la inclusión de sus diseños en la VII Exposición de la Wiener Sezession en 1900. El Gremio funcionaba como una cooperativa y cobró prestigio gracias a sus diseños de joyas y objetos de plata, sobre todo aquellos esmaltados con incrustaciones de nácar y cabujones semipreciosos, como los de Ashbee, David Cameron, William Hardiman, J. K. Baily y W. A. White. Para el diseño siguieron los escritos renacentistas de Benvenuto Cellini (1500–1571) de alrededor de 1560, en concreto en sus *Trattato del'Oreficeria* y *Trattato della Scultura* que fueron traducidos al inglés por el propio Ashbee y publicados en 1898 en un único volumen que dedicó «a los trabajadores del metal del Gremio de Artesanos». El libro lo publicó la propia imprenta del Gremio, la Essex House Press, fundada a raíz del éxito previo de la imprenta Kelmscott Press de **William Morris**. Ya en 1890 el Gremio había arrendado una gran mansión georgiana, la Essex House, en Mile End Road, Londres, para llevar a cabo los procesos de diseño, fabricación e imprenta, y había abierto una tienda en el 16 de Brook Street, en el West-End de Londres. En 1901, Ashbee trasladó el Gremio de Artesanos, y con él a unas ciento cincuenta personas (los artesanos y sus familias), a Chipping Campden, en Gloucestershire Cotswolds, con la esperanza de cumplir el ideal de William Morris de una comunidad rural autosuficiente. Se crearon escuelas de verano para la gente del lugar y para los propios estudiantes. Sin embargo, el Gremio cada vez recibía más críticas por preocuparse demasiado por los problemas sociales y descuidar la calidad artística y el coste adicional del transporte y la pérdida de la perspectiva de la ciudad acabaron provocando su quiebra económica. En 1906 se cerró la Essex House Press y dos años después el Gremio de Artesanos se disolvió, incapaz de competir con los artículos que imitaban los diseños del Gremio a un precio más económico.

▸ **Charles R. Ashbee**, garrafa decorada en plata para el Gremio de Artesanos, 1901

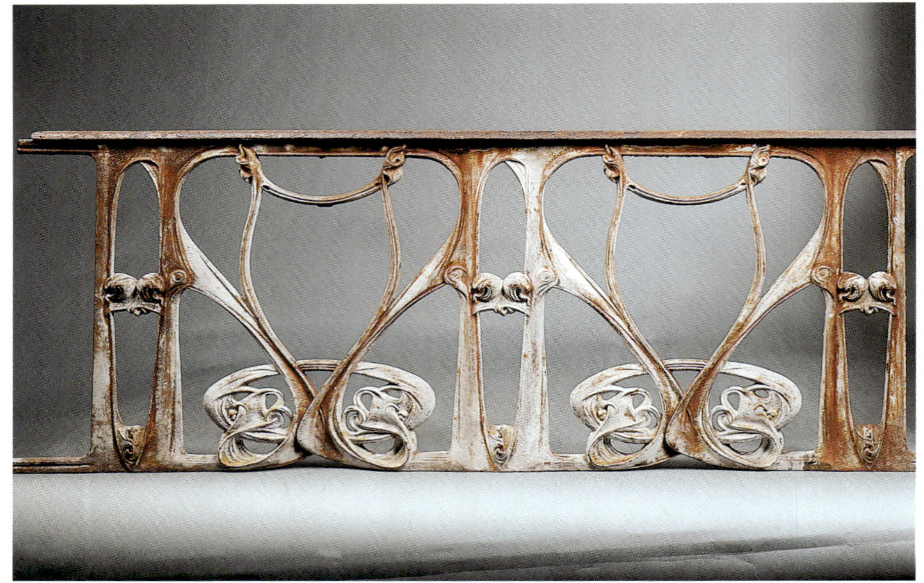

## Hector Guimard

*Lyons*, 1867
*Nueva York*, 1942

Hector Guimard se formó en París; entre 1882 y 1885 estudió con Eugène Train y Charles Génuys en la École Nationale des Arts Décoratifs, y en 1889 lo hizo con Gustave Gaulin en la École des Beaux-Arts. Su primer proyecto consistió en el diseño de un espacio interior para el restaurante Au Grand Neptune de París. A continuación recibió el encargo de diseñar varias viviendas privadas en la ciudad y sus alrededores, incluida la villa de Charles Jassedé (1893), cuyo esquema de integración de elementos interiores y exteriores estaba concebido como una **Gesamtkunstwerk**.

Más tarde tomó como referencia la arquitectura neonacional inglesa y los revolucionarios diseños **Art Nouveau** de **Victor Horta**, y entre 1894 y 1897 diseñó un bloque de apartamentos en París, el Castel Béranger, que reflejaba una clara influencia de los estilos neogótico y Enrique II. Guimard fue el máximo exponente del Art Nouveau francés y su Castel Béranger puede considerarse como la obra emblemática de dicho estilo, que en Francia se conocía también como «estilo Guimard».

Entre 1899 y 1901, Guimard realizó varios proyectos, como la Maison Coilliot en Lille (1898–1900), el Castel Henriette en Sèvres (1899–1900) y la sala de conciertos Humbert de Romans (1898–1900), para la cual diseñó muebles y accesorios exclusivos que expresaban un notable sentido del organicismo.

▲ Barandilla para la Fonderies de Saint-Dizier, aprox. 1909

▲ Mesa de té, aprox.
1903

► Silla para el comedor de la Maison Coillet, aprox. 1898–1900

Pero los diseños que más fama le han aportado son las entradas de hierro fundido del metro de París (1903), representativas de la exuberancia revolucionaria del Art Nouveau. En 1920, Guimard creó sus primeras piezas de mobiliario estandarizadas para su producción en serie, y un año más tarde proyectó viviendas para obreros y un bloque de apartamentos con elementos estandarizados.

Coincidiendo con el auge del **Art Déco** en los años veinte, Guimard, como muchos otros diseñadores asociados al Art Nouveau, pasó de moda y se vio relegado a un segundo plano. En 1938 emigró a Estados Unidos y se estableció en Nueva York.

▲ Detalle de una silla, aprox. 1902

◂ Cuenco de latón, años treinta

## Werkstätten Hagenauer

*Viena*, 1898–1956

Carl Hagenauer empezó su carrera trabajando como aprendiz de orfebre en Würbel & Czokally, en Viena, y luego trabajó como oficial de orfebre para Samu en Pressberg (la actual Bratislava, Eslovenia). Con el cambio de siglo aumentó la demanda de objetos de metal, y hacia 1898 Viena contaba con cerca de treinta talleres y fábricas de producción de artículos de metal. Con ese próspero telón de fondo, Carl Hagenauer fundó su propio taller vienés, el Werkstätten Hagenauer, dedicado a la producción de objetos de metal, que con el tiempo exportó por todo el mundo. En 1919, su hijo Karl, que había estudiado con **Josef Hoffmann** en la Kunstgewerbeschule de Viena, empezó a diseñar objetos de uso doméstico empleando una amplia gama de materiales, como plata, cobre, marfil, madera o esmalte. Los diseños de Karl reflejaban la influencia de la obra de los **Wiener Werkstätte** y se distanciaban a propósito del **Jugendstil**. Durante los años veinte, los artículos del Werkstätten Hagenauer se inspiraron cada vez más en el **Art Déco**, por aquel entonces en plena expansión en Francia. En el taller también se producían artículos de metal diseñados por Josef Hoffmann, **Otto Prutscher** y E. J. Meckel. Tras la muerte de Carl Hagenauer en 1928, sus hijos, Karl, Franz y Grete, tomaron las riendas de la empresa y con el tiempo abrieron un taller de muebles y varias tiendas en Salzburgo y Viena. Cuatro años más tarde, el Werkstätten Hagenauer fabricó una serie de muebles con vidrio templado creados por los diseñadores franceses Jacques Adnet (1900–1984) y René Coulon (1908–1997), pero los talleres se cerraron en 1956.

▲ **Heal & Sons'**, reloj de pared de roble, aprox. 1905

## Ambrose Heal

*Londres*, 1872
*Penn (Dorset)*, 1959

Heal & Sons' se creó en la Tottenham Court Road de Londres en 1810, y ganó prestigio por sus muebles para dormitorio y sus reproducciones de estilo Reina Ana. Ambrose Heal se incorporó a la empresa familiar en 1893, tras haber estudiado en la Slade School of Fine Art y trabajado como aprendiz de ebanista para Messrs Plucknett, en Warwick. A partir de 1886 empezó a diseñar muebles para Heal & Sons que, aun siendo de estilo Arts & Crafts, eran más utilitarios que los de **Liberty & Co.** Sus primeros diseños, ilustrados en el catálogo *Plain Oak Furniture* de Heal & Sons' desde 1898, eran sencillos y nada pretenciosos y recibieron los elogios del editor de *The Studio*, Gleeson White. Al igual que sus competidores, Liberty & Co., la empresa también decidió vender «tejidos artísticos» al detalle y logró exponer sus creaciones en la Arts & Crafts Exhibition Society (a partir de 1899) y en la Exposition Universelle et Internationale de París de 1900. Ambrose Heal fue miembro activo del Gremio de Artistas y en 1913 se convirtió en el presidente de Heal & Sons'. También participó en la fundación de la DIA (Design & Industries Association), que promovía la colaboración entre diseñadores y fabricantes. Sus diseños de muebles fueron ganando en racionalidad y en los años treinta representaban el movimiento moderno británico. En 1939, Heal dejó de diseñar muebles debido a las restricciones de la guerra y fue nombrado miembro de la Faculty of Royal Designers for Industry.

▸ Portada para el *Deutschland über alles* de Kurt Tucholsky, 1929

## John Heartfield

*Schmargendorf (Berlín)*, 1891
*Berlín*, 1968

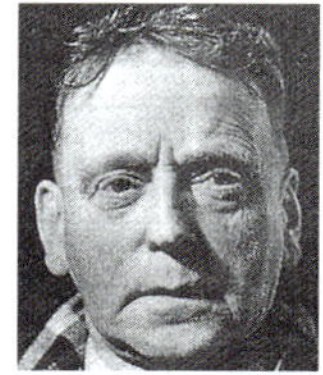

Helmut Herzfeld, más tarde conocido como John Heartfield, estudió en la Kunstgewerbeschule de Múnich de 1908 a 1911 y en la Kunst- und Handwerkerschule de Berlín de 1913 a 1914. Dos años después, Heartfield anglicanizó su nombre en protesta por la campaña antibritánica que se estaba practicando en Alemania. En 1917 fundó con su hermano la editorial Malik-Verlag y diseñó gráficos para sus publicaciones. Fue también miembro fundador del grupo Dada en Berlín en 1918 y, fiel a su compromiso político, se alistó al partido comunista alemán en 1918 y creó ilustraciones y artículos para su revista, *AIZ (Arbeiter-Illustrierte-Zeitung)*, 1924–1933. Para sus creaciones, tanto en Malik-Verlag como en *AIZ*, Heartfield adoptó un enfoque experimental en la tipografía y a menudo recurrió a fotomontajes para conseguir crear poderosos mensajes visuales, que en los años treinta constituyeron una dura crítica al partido nazi. Sus tendencias políticas le obligaron a exiliarse, primero a Praga en 1933 y luego a Inglaterra en 1939. En Inglaterra, Heartfield diseñó portadas para la editorial Penguin Books y colaboró en la revista *Picture Post* y en la revista de bolsillo *Lilliput*. En 1950 regresó a Alemania y se estableció en Leipzig. Más tarde trabajó como diseñador escenográfico en Berlín Oriental para el dramaturgo Bertold Brecht, entre otros.

## Jean Heiberg

*Oslo*, 1884
*Oslo*, 1976

Jean Heiberg empezó sus estudios de pintura en Múnich y de 1908 a 1910 terminó su formación en París junto a Henri Matisse (1869–1954). Permaneció en la capital francesa hasta 1929 y durante su estancia siguió las directrices del fauvismo, cosechando un notable prestigio con sus pinturas y esculturas. A su regreso a Oslo, ocupó un puesto de profesor en la Stantens Handverks-og Kunstindustiskole. Poco después recibió el encargo de modelar la estructura externa de un teléfono de baquelita recién inventado que debía reemplazar a los modelos metálicos. El diseño interno de ese teléfono, uno de los primeros de plástico, había sido realizado por el ingeniero noruego Johan Christian Bjerknes por encargo de una empresa conjunta del Norsk Elektrisk Bureau y la empresa sueca de fabricación de teléfonos **L. M. Ericsson**. La estructura de Heiberg para el teléfono de baquelita *DHB 1001* (1930) era más escultural que los modelos anteriores y hasta los años cincuenta fue el modelo de referencia en el diseño telefónico. El *DHB 1001* empezó a fabricarse en 1932 y se distribuyó en Gran Bretaña, Italia, Grecia, Turquía y los países escandinavos. Siemens también obtuvo su licencia de fabricación y lo distribuyó en Inglaterra, Francia y Estados Unidos. Este revolucionario diseño sirvió de fuente de inspiración a **Henry Dreyfuss** en la creación de su teléfono de plástico fenólico moldeado, desarrollado en los Laboratorios Bell en 1937.

▾ Teléfono de baquelita *DHB 1001* para Siemens, 1932

## Poul Henningsen

*Ordrup (Dinamarca)*, 1894
*Copenhague*, 1967

Poul Henningsen cursó sus estudios de arquitectura en la Tekniske Skole de Copenhague entre 1911 y 1914 y en la Polyteknisk Laeranstalt entre 1914 y 1917. Tras completar su formación, ejerció como periodista durante ocho años, trabajando como crítico de arte primero para la revista *Klingen* y más tarde para los periódicos *Politiken* y *Extra Bladet*. A partir de 1924 empezó a diseñar lámparas para Louis Poulsen, y la primera lámpara de su serie *PH* se expuso con gran éxito en la Exposition Internationale des Arts Décoratifs et Industriels Modernes celebrada en París en 1925. Las lámparas *PH* eran el resultado de diez años de estudio científico y fueron diseñadas para evitar el deslumbramiento y producir una luz suave y cálida. Entre los años veinte y el inicio de la II Guerra Mundial, las lámparas *PH* se exportaron a Europa Central, Norteamérica, Sudamérica, África y Asia. Las lámparas *PH* gozaban de una especial popularidad en Alemania y aparecieron en la revista *Das Neue Frankfurt*, que alabó la excelencia técnica de su sistema de tres sombras. Durante este período, Henningsen también diseñó muebles para las empresas Zeiss y Goertz de Copenhague. Entre 1926 y 1928 fue editor de la revista *Kritisk Revy*, y posteriormente fundó y editó una revista de corta vida llamada *PH-Revy*. En 1929 empezó a escribir en revistas de music hall y más tarde se convirtió en guionista. Entre 1935 y 1939 también colaboró en el periódico antinazi *Kulturkampen* y en 1941 llevó a cabo varios proyectos arquitectónicos en Tivoli. Entre 1943 y 1945 vivió como exiliado político en Suecia, y al regresar a Copenhague una vez finalizada la II Guerra Mundial trabajó como corresponsal y editor para varios periódicos, incluyendo el *Social-Demokraten*. Henningsen denunció las pretensiones artísticas del diseño escandinavo y abogó por un enfoque más utilitario que acercara el **buen diseño** a la gente. Sin embargo, a diferencia de la mayoría de los diseñadores del **movimiento moderno**, Henningsen consideraba que se debían fabricar productos más democráticos mediante el uso de formas y materiales tradicionales. Tras su muerte en 1967 dejó un legado de cerca de un centenar de diseños de lámparas, algunos de los cuales se fabricaron póstumamente.

◂ Lámpara de techo *PH Artichoke* para Louis Poulsen, 1957

▾ Lámpara de mesa *PH4-3* para Louis Poulsen, 1966

## Frederick Henri Kay Henrion

*Núremberg*, 1914
*Londres*, 1990

Frederick Kay Henrion se formó inicialmente como diseñador textil en París, antes de estudiar diseño gráfico en la École Paul Colin de 1934 a 1936. Durante los tres años siguientes trabajó en Londres y en París colaborando en el diseño de la «British Empire Exhibition» de Glasgow (1938) y de la Exposición Universal de Nueva York (1939–1940). Entre 1943 y 1945 fue asesor de diseño del departamento de exposiciones del Ministerio de Información británico y responsable de todas las exposiciones del Ministerio de Agricultura. También diseñó carteles propagandísticos de guerra de gran fuerza visual influidos por el **surrealismo**. Al finalizar la guerra fue nombrado asesor de diseño de la embajada de los Estados Unidos en Inglaterra y de la Oficina de Información de Guerra de los Estados Unidos. En 1951, Henrion abrió su despacho de diseño, Henrion Design Associates, y se dedicó al diseño de gráficos, carteles y sellos corporativos para sus numerosos clientes empresariales, como General Post Office, BOAC, Council of Industrial Design, Blue Circle Cement, London Transport, KLM y BEA. Henrion también diseñó los pabellones de agricultura e historia natural para el Festival of Britain de 1951. En 1961, el ICA (Institute of Contemporary Art) de Londres albergó una exposición monográfica de su obra, titulada «Designing Things and Symbols». Más adelante ocupó la presidencia de la SIA (Society of Industrial Arts) durante dos años y también participó en la Expo'67 de Montreal. Como precursor del diseño de **identidades corporativas**, Henrion escribió un libro con Alan Parkin titulado *Design Coordination and Corporate Image* (1969).

▼ Cartel *Stub it Out* (Apágalo) para el Ministerio de Información británico, 1943

## René Herbst

*París*, 1891
*París*, 1982

René Herbst estudió arquitectura en Londres y Francfort a partir de 1908. Finalmente se estableció en París, donde en 1919 empezó a ejercer como arquitecto. Herbst adoptó un enfoque funcionalista del diseño y se convirtió en uno de los principales diseñadores franceses en el período de entreguerras. Diseñó expositores para la Exposition Internationale des Arts Décoratifs et Industriels Modernes celebrada en París en 1925, y en esa misma época diseñó también interiores y muebles. A partir de 1927 empezó a diseñar sillas de metal tubular, algunas de las cuales incorporaban tiras elásticas fabricadas por su propia empresa, Établissements René Herbst. En 1933 se publicó un catálogo donde aparecían estas sillas, incluida su famosa *Chaise Sandows* (1928–1929). Esta silla «elástica» se empleó por primera vez en el interior diseñado por Herbst para el apartamento de M. Peissi (1929) y posteriormente recorrió varias exposiciones, entre las que destaca la Exposition des Arts Décoratifs de Bruselas de 1934. Entre 1929 y 1932, Herbst colaboró en la revista *Lux* con la publicación de cuatro artículos sobre iluminación en los que sugería a los lectores que confiaran en la opinión experta de los ingenieros de iluminación. Paralelamente diseñó varias lámparas, comercializadas por Cottin, entre ellas una lámpara de techo fija que expuso en el Salon d'Automne de 1928. En 1930 fue miembro fundador de la UAM (Union des Artistes Modernes), creada para contrarrestar los excesos decorativos del entonces popular estilo **Art Déco**. Herbst llevó a cabo el diseño de las exposiciones que a partir de 1930 realizó la UAM y, tras ser nombrado presidente de la unión en 1945, se empleó a fondo para organizar la exposición de diseño «Les Formes Utiles», que se celebró en París de 1949 a 1950. Herbst, uno de los miembros más ilustres del movimiento moderno francés, describió a los miembros de la UAM, incluyéndose a sí mismo, como «los puritanos del arte» y rechazó la ornamentación en favor de una estética industrial.

▾ *Chaise Sandows* para Établissements René Herbst, 1928–1929

## Herman Miller

Fundada en 1923
*Zeeland (Michigan)*

▲ Página del catálogo de la colección Herman Miller, 1952, que muestra la serie *ESU*, de Charles y Ray Eames, en una oficina

► **George Nelson**, *Action Office I* para Herman Miller, 1964–1965

Los orígenes de Herman Miller se remontan a 1847, año en que un grupo de inmigrantes holandeses se establecieron en Zeeland, Michigan. La fábrica de enlatado no tuvo éxito, y en 1905 decidieron construir muebles para la comunidad. Entonces contrataron a D. J. De Pree, un joven licenciado, para que se encargara de todos los trámites de oficina. En 1923, De Pree y su suegro, Herman Miller, adquirieron la mayoría de la propiedad, que en un principio se llamó Michigan Star Furniture Company y después Herman Miller Furniture Company. En esa época, la industria del mueble norteamericana estaba formada mayoritariamente por pequeños negocios familiares agrupados en torno a Grand Rapids, Michigan; Rockford, Illinois; Jamestown, Nueva York; Chicago y la ciudad de Nueva York. Las reproducciones de mobiliario que fabricaban estas empresas, la de Herman Miller incluida, se adaptaban a los dictados de los grandes almacenes que las compraban, que continuamente trataban de predecir las nuevas tendencias. Ni los clientes ni la mayoría de los fabricantes se preocupaban de cómo vivía la gente, sino

▲ **George Nelson**, escritorio *N.° 6491* y taburete *N.° 64 940* de la *Action Office I*, 1964–1965

◂ **Bill Stumpf**, *Ethospace* para Herman Miller, 1984

sólo de los productos que podían tener más salida. En esta situación de competencia feroz y de demanda de moda como telón de fondo, se produjo el crack bursátil de 1929, y Herman Miller tuvo que afrontar una grave crisis financiera. Un año más tarde, De Pree conoció al diseñador **Gilbert Rohde**, que sugirió la posibilidad de producir muebles modernos muy sencillos pero de alta calidad, cuyo valor radicara en los materiales y en la construcción en vez de en la decoración superficial. Esta propuesta fue como una revelación para De Pree, quien se apercibió del potencial comercial del diseño moderno y de su superioridad moral. Más tarde, De Pree señaló tres ideas fundamentales que había aprendido de Rhode y que marcaron el nuevo rumbo de la compañía: el derecho del diseñador a controlar la producción de sus diseños; la obligación del fabricante de crear muebles «actuales» que solucionen los problemas de mobiliario doméstico usando los materiales contemporáneos más adecuados y, por último, el uso de materiales de calidad. El éxito inmediato de los muebles de Rohde convenció a Herman Miller, que abandonó la fabricación de reproducciones de muebles en 1936. En 1941 la empresa había abierto una sala de exposiciones en

▼ **Robert Propst**, *Action Office II* para Herman Miller, 1968

▲ **Bill Stumpf y Don Chadwick**, serie de sillas de oficina para Herman Miller

Nueva York para exhibir sus nuevos diseños. En 1946, dos años después de la muerte de Rohde, De Pree nombró director de diseño a **George Nelson**, arquitecto, crítico e inventor del concepto de «mueble empotrado», para de mantener el carácter moderno y moral asociado a la Herman Miller Furniture Company. Nelson contrató a otros diseñadores de talento, como **Charles Eames**, **Isamu Noguchi** y **Alexander Girard**. En los años posteriores, Herman Miller lideró la industria del mueble gracias a la producción de diseños que reunían los criterios de De Pree para un **buen diseño** —«durabilidad, unidad, integridad, inevitabilidad»— y revolucionó el sistema de vida y de trabajo de la gente. Destacan las sillas regulables de madera contrachapada (1945–1946), sus colecciones de sillas de plástico (1948–1950), y el *Comprehensive Storage System* (1959) y la *Action Office I* (1964–1965) de George Nelson. En 1968, la *Action Office II* de **Robert Propst** transformó la distribución de las oficinas y convirtió a Herman Miller en el segundo fabricante de muebles más importante del mundo. La compañía sigue activa al frente del mercado de contratación de muebles y ha producido innovadoras sillas de oficina diseñadas por **Bill Stumpf** y **Don Chadwick**: la *Ergon* (1976), la *Equa* (1984) y la *Aeron* (1992). Actualmente, Herman Miller sigue prosperando gracias a la fuerte motivación de su personal y a su búsqueda de la perfección en el diseño y la fabricación.

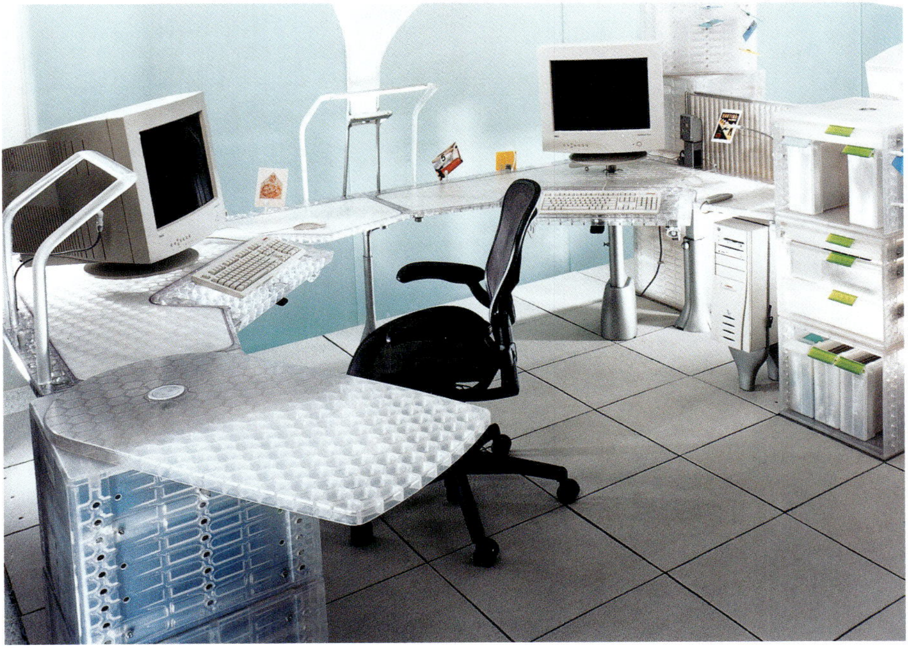

▲ **Ross Lovegrove y Stephen Peart**, sistema de oficinas para Herman Miller, 1995–1999

► Detalle del sistema de oficinas

## High-Tech

El estilo High Tech surgió en la arquitectura de mediados de los sesenta, inspirado en el formalismo geométrico del movimiento moderno y en el **diseño radical** de **Buckminster Fuller**. Su utilitarismo conradecía los excesos del **diseño pop**. Liderado por arquitectos británicos como **Norman Foster**, Richard Rogers (nacido en 1933) y Michael Hopkins (nacido en 1935), que incorporaron elementos industriales sin adornos a sus edificios, se introdujo en el interiorismo de los setenta. Los interiores High Tech empleaban equipos y accesorios utilitarios de uso industrial e institucional, como carritos, suelos de goma, lámparas de pinza, estantes de cinc galvanizado y barras de andamio, y combinaciones de colores primarios inspiradas en el **De Stijl**. En Estados Unidos, sus representantes fueron Joseph Paul D'Urso y **Ward Bennett**, que trabajaban con materiales industriales reciclados. En 1978, Joan Kron y Susan Slesin publicaron el libro *High-Tech – the industrial style and source book for the home*, pero el estilo ya iba decayendo y en los ochenta fue finalmente desbancado por el **posmodernismo**. Con todo, la promoción del uso de componentes industriales inspiró a diseñadores británicos, como **Ron Arad** y **Tom Dixon**, a la hora de crear, a mediados de los ochenta, poéticos y originales diseños a partir de materiales reciclados, como barras de andamios, asientos de coches y tapas metálicas.

▲ **Michael Hopkins**, estudio de la Hopkins House, 1979

◂ Mesa *Antelope* para SCP, 1987

## Matthew Hilton

*Hastings (East Sussex)*, 1957

Matthew Hilton estudió diseño de muebles en la Kingston Polytechnic de Londres y después trabajó durante cinco años como diseñador industrial para la asesoría de diseño de productos CAPA. En 1984 fundó su estudio, especializado en muebles y lámparas. A partir de 1986 diseñó muebles para la empresa londinense SCP, como la mesa *Antelope* (1987), con patas zoomórficas de aluminio pulido, y la mesa *Flipper* (1988), con una base construida con tres rebabas de metal. En 1990, Hilton diseñó y fabricó una edición limitada de tres dinámicas piezas de cubertería de aluminio fundido en forma de pinza de langosta, así como los tazones *Di-ordna* y *To-bor* y el candelero *Arclumis*. Durante los años noventa diseñó muebles tapizados para SCP, como las sillas *Club* (1991) y *Reading* (1995), de formas geométricas; la silla *Balzac* (1991), de líneas suaves y onduladas, y el sofá *Orwell* (1996). Las alfombras y los muebles de Hilton han sido producidos por distintos fabricantes europeos, como Alterego, Nani Marquina, Mobles 114 y Santa & Cole. Hasta la fecha, su diseño más célebre es la silla *Wait* (1998) para Authentics, una silla regulable de bajo coste para despacho o comedor con un asiento uniforme de polipropileno translúcido totalmente reciclable.

## Hochschule für Gestaltung, Ulm

*Ulm (Alemania),*
1953–1968

La Hochschule für Gestaltung fue fundada en 1953 en Ulm, Alemania, por **Otl Aicher** e Inge Scholl (1917–1998) con el fin de resucitar la pedagogía social de la **Bauhaus**, que había cesado prematuramente con la llegada al poder de los nacionalsocialistas en los años treinta. La idea surgió en un encuentro con **Max Bill** en 1947, quien elaboró los planos para las instalaciones y fue su primer director. Aicher y Scholl se casaron en 1952 y al año empezaron los cursos de diseño, que contaron con varios conferenciantes ex miembros de la Bauhaus, como **Ludwig Mies van der Rohe**, **Josef Albers** y **Johannes Itten**. **Hans Gugelot** asumió la dirección del departamento de diseño de productos en 1954, abogando por un estilo **funcionalista**. En 1955 se inauguraron las nuevas instalaciones de la escuela y al año siguiente un teórico del diseño, el argentino Tomás Maldonado (nacido en 1922), relevó a Bill en la dirección. Si bien la escuela trató de humanizar la metodología del diseño con cursos de semiótica, antropología, estudio contextual, teoría de los juegos y psicología, se recuerda por su enfoque funcionalista y sistemático del proceso de diseño basado en gran parte en la ingeniería. La estética industrial resultante influyó en el posterior diseño de productos en Alemania, y quizá donde mejor se refleja es en la obra de Hans Gugelot y **Dieter Rams** para **Braun**. En 1968, después de que Maldonado —que había apostado por «la producción en serie, la comunicación de masas y la participación popular»— abandonara la HfG, las autoridades locales dejaron de invertir fondos en la institución, afirmando que su programa había tomado un cariz demasiado radical. Poco después, el colectivo de profesores decidió cerrar la escuela, conocida como «la nueva Bauhaus». Mientras algunos miembros de la HfG daban al diseño de productos un enfoque sistemático y científico, otros se habían aventurado a liberar el proceso de diseño del funcionalismo dogmático. Esta contradicción fue lo que frustró el éxito de la Hochschule für Gestaltung y el de su antecesora espiritual, la Bauhaus.

▲ *Uppercase 5*, editado por Theo Crosby, 1961 —una selección de ensayos de Tomás Maldonado en que destaca el enfoque racional del diseño de la Hochschule für Gestaltung

▲ Radio portátil *Exporter 2* para Braun, 1956

Josef Hoffmann inició sus estudios de arquitectura en 1887 en la Höhere Staatsgewerbeschule de Brünn y continuó su formación con **Otto Wagner** y Carl von Hasenauer en la Akademie der Bildenden Künste de Viena. Tras licenciarse en 1895 fue miembro fundador del grupo artístico Siebener-Club (Club de los Siete) y viajó junto a **Josef Maria Olbrich** a Italia, tras recibir un Prix de Rome. En 1897 trabajó en el despacho del arquitecto Otto Wagner y fue cofundador de la **Wiener Sezession** (un grupo reformista de artistas y arquitectos fundado para hacer frente al entonces predominante estilo **Art Nouveau**). Entre 1899 y 1936, Hoffmann fue profesor de arquitectura y diseño en la Kunstgewerbeschule de Viena. En 1900 viajó a Gran Bretaña, donde tuvo la ocasión de conocer a algunos miembros del movimiento británico **Arts & Crafts**, como **Charles Robert Ashbee** y **Charles Rennie Mackintosh**, a quienes invitó a diseñar instalaciones para la VIII Exposición Secesionista, que había de celebrarse en Viena ese mismo año. La obra de la **Glasgow School**, principalmente la del propio Mackintosh, ejerció una gran influencia en la obra posterior de Hoffmann y de otros diseñadores secesionistas. En 1903, Hoffmann y **Koloman Moser** crearon los **Wiener Werkstätte** con el respaldo econónico del rico banquero Fritz Wärndorfer

## Josef Hoffmann

*Pirnitz (Moravia)*, 1870
*Viena*, 1956

▲ Frutero en latón para los Wiener Werkstätte, 1925

◄ Jarrón de vidrio para Loetz Witwe, 1911–1912

(1869–1939), principal mecenas de la Wiener Sezession. Hoffmann fue el director artístico y uno de los diseñadores más prolíficos de los talleres, inspirados en el **Gremio de Artesanos** de Ashbee. Muchos de los diseños de metalistería para los Wiener Werkstätte eran de naturaleza arquitectónica, mientras que otros objetos de metal más comerciales y económicos incorporaban una plantilla tipo parrilla, que recibió el nombre de Hoffmann-Quadratl. Hoffmann empleó este tipo de decoración con agujeros en muchas de sus sillas, incluida la famosa *Sitzmaschine* (aprox. 1908), fabricada por **Jacob & Josef Kohn**. Hoffmann también diseñó piezas de cristalería para los talleres de J. L. Lobmeyr y **Loetz** Witwe, en las que la capa superior, de colores, se grababa al aguafuerte, dejando al descubierto la capa blanca base. Al margen de su trabajo como diseñador de productos, Hoffmann también dirigió un despacho de arquitectos de gran éxito en Viena y creó esquemas **Gesamtkunstwerk** plenamente integrados, como el sanatorio Purkersdorf (1904), el Palais Stoclet de Bruselas (1905–1911) y el cabaret Fledermaus (1907). En 1905, Hoffmann abandonó la Wiener Sezession y creó la Kunstschau con el pintor Gustav Klimt (1862–1918). Dos años después, Hoffmann fue nombrado miembro del **Deutscher Werkbund** y entre 1912 y 1920 presidió el Österreichischer Werkbund. Hoffmann participó en numerosas exposiciones internacionales, como la «Deutsche Werkbund-Ausstellung» de Colonia en 1914, la Exposition Internationale des Arts Décoratifs et Industriels Modernes de París en 1925 y la «Stockholmsutställiningen» de Estocolmo en 1930. La concepción de Hoffmann de la arquitectura y del diseño presentaba claras influencias del movimiento británico Arts & Crafts, mientras que su obra tenía un carácter profundamente antihistoricista. Sus características e innovadoras formas rectas reducidas estaban claramente inspiradas en el lenguaje geométrico adoptado por el **movimiento moderno**.

▼ Bar del cabaret Fledermaus en Viena, 1907

► *Sitzmaschine Modelo n.° 670* para J. J. Kohn, aprox. 1908

## Hans Hollein

*Viena*, 1934
*Viena*, 2014

Hans Hollein estudió en la Kunstgewerbeschule y en la Akademie der Bildenden Künste de Viena, y se licenció en 1956. Continuó su formación en el Illinois Institute of Technology de Chicago y en la University of California de Berkeley, donde obtuvo su doctorado en arquitectura en 1960. Hollein abrió un despacho propio en Viena en 1964 y ganó prestigio gracias a sus diseños para exposiciones y a sus reformas en pequeños comercios, como la tienda de velas Retti (1964–1965) y la joyería Schullin (1973–1974) de Viena, a la cual se accedía a través de una falsa grieta en la fachada. La obra de Hollein, comparable a la de arquitectos vieneses como **Josef Hoffmann**, **Otto Wagner**, Oswald Haerdtl (1899–1959) y **Adolf Loos**, se caracterizaba por sus llamativas fachadas de gran contraste con el entorno, como la Richard Feigen Gallery de Nueva York (1967–1969). Entre 1967 y 1976, Hollein impartió clases en la Staatliche Kunstakademie de Düsseldorf y desde 1976 ha sido profesor de la Akademie der Bildenden Künste de Viena. También proyectó interiores para el edificio administrativo de Siemens en Múnich (1972–1973) y los despachos de la oficina de turismo de Viena (1976–1978), embellecidos con elementos posmodernos, como palmeras doradas de estilo **Kitsch** y columnas clásicas. En los ochenta, diseñó varias piezas posmodernas de mobiliario, como el sofá *Marilyn* (1981), y objetos de metal y cerámicas para **Alessi** y Swid Powell entre otros.

▲ Sofá *Mitzi Modelo n.° D90* para Poltronova, 1981

## Victor Horta

*Gante*, 1861
*Ixelles (Bruselas)*, 1947

Victor Horta estudió en la Académie des Beaux-Arts de Gante y en Bruselas, y en 1881 se incorporó al despacho del arquitecto neoclásico Alphonse Balat. Su obra estaba influida por la del arquitecto y erudito neoclásico francés Eugène-Emmanuel Viollet-le-Duc (1814–1879), que defendía la plena integración del diseño de edificios e interiores. Horta adoptó este enfoque y en muchos de sus proyectos arquitectónicos diseñó todos los detalles, desde las puertas hasta los muebles y los artefactos de iluminación. En 1892, Horta había rechazado el historicismo, y este distanciamiento estilístico se refleja en el hotel Tassel (1892–1893), con una balaustrada de hierro con motivos orgánicos, un embarullado suelo de mosaico y una revolucionaria decoración de las paredes. Esta residencia de Bruselas fue uno de los primeros edificios de estilo **Art Nouveau** y la primera residencia privada que incorporaba elementos de hierro con fines tanto esculturales como decorativos. También destaca por su luminosidad visual y su interesante distribución espacial, que Horta logró gracias a una planificación innovadora y al uso de esbeltos soportes de hierro. Estos elementos en forma de tallo se ramificaban en zarcillos y contribuyeron a la popularización de la expresión «línea Horta». A éste le siguieron otros proyectos similares, como la Maison Autrique (1893), la Maison Winssinger (1895–1896), y el Hôtel Eetvelde (1895–1900), un proyecto de **Gesamtkunstwerk** diseñado para Baron van Eetvelde. Horta también diseñó la sede del partido socialista belga, la Maison du Peuple (1896–1899), que incorporaba la primera fachada en acero y vidrio de Bruselas, y los grandes almacenes À l'Innovation (1901). En su obra posterior, experimentó con materiales innovadores y adoptó un estilo más austero, como lo demuestra su Palais des Beaux Arts de hormigón armado (1922–1928). Horta fue uno de los máximos exponentes del Art Nouveau y si bien sólo diseñó objetos para sus proyectos integrados, su obra tuvo una gran influencia.

▾ Comedor para el Hôtel Eetvelde, 1895–1900

◂ Portada de *Bruynzeel's Fabrieken Gedenkboek* para Zaanden, 1931

## Vilmos Huszár

*Budapest*, 1884
*Hierden (Países Bajos)*, 1960

En 1917 Vilmos Huszár fue uno de los fundadores de **De Stijl**, y ese mismo año sus diseños en vidrio tintado se incluyeron en un ensayo sobre nueva pintura de **Theo van Doesburg**. Entre 1917 y 1921, colaboró en la revista *De Stijl* con el diseño de portadas y la publicación de una serie de artículos titulados «Aesthetische Beschouwingen» (consideraciones estéticas). En 1918, Huszár y Pieter Jan Christophel Klaarhamer (1874–1954) diseñaron la *Habitación para chicos* para la casa de Cornelius Bruynzeel en Voorburg. La combinación de colores de éste y otros diseños ha dado pie a que se especule que Huszár aconsejara a **Gerrit Rietveld** en la coloración de su famosa silla *Red/Blue* (1918–1923). Desde 1918 se dedicó casi por completo al diseño de muebles, tejidos, objetos de vidrio tintado e interiores integrados. Diseñó mobiliario con Piet Zwart (1885–1977) y, en 1923, tras abandonar De Stijl, participó junto a Rietveld en una exposición paralela a la Gran Exposición de Arte de Berlín. Tanto su uso de atrevidos colores como el dinamismo de las composiciones de sus interiores, que reflejaban un claro contraste entre los distintos elementos pero a la vez lograban dar una sensación de armonía y de espacio «total», tuvieron una gran influencia en el movimiento De Stijl.

▲ Alfombra de lana urdida, aprox. 1925

◂ **Richard Hamilton**, collage *Just what is it that makes today's homes so different, so appealing?*, 1956

## Independent Group

Fundado en 1952
*Londres*

El Independent Group, formado en 1952, celebraba reuniones periódicas en el ICA (Institute of Contemporary Art) de Londres para analizar los avances técnicos en la producción industrial norteamericana y el ascenso de la cultura consumista popular. El grupo, con Richard Hamilton (1922–2011), Eduardo Paolozzi (1924–2005), Reyner Banham (1922–1988) y **Peter y Alison Smithson**, rechazaba la filosofía del movimiento moderno y se inspiraba en el arte «menor» en vez del arte «elevado». Como protagonistas de la cultura popular, algunos miembros defendían la obsolescencia planificada, que ingenuamente se consideraba beneficiosa por el crecimiento económico que ofrecía gracias al aumento de la producción. En su collage de 1956 *Just what is it that makes today's homes so different, so appealing?* (¿Qué será lo que da a las casas de hoy un carácter tan diferente, tan atractivo?), Hamilton incorporaba un pirulí con la palabra «POP», posiblemente la primera ocasión en que una palabra en una obra de arte se convertía en sello de un nuevo movimiento artístico. Se anunciaba un nuevo rumbo en el arte y en el diseño. Hamilton definió el arte pop como «popular (diseñado para el gran público), pasajero (aporta soluciones a corto plazo), fungible (fácil de olvidar), de bajo coste, de producción en serie, joven (dirigido a la juventud), divertido, erótico, ingenioso, atractivo y de venta fácil». El Independent Group sentó las bases teóricas sobre las que se cimentó el auge del **diseño pop** en la década de los sesenta.

► Fotografía del edificio de la New Bauhaus en Chicago, 1937

## Institute of Design, Chicago

Fundado en 1944
*Chicago*

En 1933, el gobierno nazi cerró la Staatliches **Bauhaus** de Dessau, tras declararla una institución subversiva, y muchos de sus profesores se vieron obligados a emigrar para escapar de la persecución. **László Moholy-Nagy** al principio se estableció en Londres pero en 1937 se trasladó a Chicago después de que la Association of Arts and Industries le propusiera organizar una nueva escuela de diseño que revigorizara la vida cultural y económica de dicha ciudad. La «New Bauhaus», como la bautizó Moholy-Nagy, trató de promover una cultura de «educación total» basada en los principios educativos de su antecesora alemana. Sin embargo, la nueva escuela tuvo una vida corta y a finales de 1938 la Association of Arts and Industries dejó de financiarla al considerar que su programa era demasiado experimental. Al año siguiente, Moholy-Nagy reabrió la institución con el respaldo privado de Walter Papecke, presidente de la Container Corporation of America, y con un nuevo nombre, Chicago School of Design. En 1944 la escuela adoptó su nombre actual, Institute of Design, y tras la muerte de Moholy-Nagy en 1946, pasó a ser un departamento del Armour Institute, que a su vez más tarde fue conocido como Illinois Institute of Technology. Ese mismo año, el diseñador **Serge Chermayeff**, un inmigrante ruso, sustituyó a Moholy-Nagy como director de la escuela. Desde sus inicios, el Institute of Design dio a la enseñanza del diseño un enfoque experimental. No sólo se realizaban estudios de diseño sino que también se impartían cursos de psicología y de literatura. Actualmente, el Institute of Design persigue aún el objetivo de «ampliar las fronteras del diseño» y se ha especializado en la aplicación de nuevas tecnologías en el proceso de diseño.

## International Style
### Estilo internacional

El término «estilo internacional» se empleó por primera vez en 1931, cuando Alfred H. Barr Jr., director del **Museum of Modern Art** de Nueva York, escogió *Estilo internacional: arquitectura desde 1922* como título del catálogo para la exposición de Henry Russell Hitchcock y **Philip Johnson** de 1932. En la obra moderna de **Le Corbusier**, **Jacobus Johannes Pieter Oud**, **Walter Gropius** y **Ludwig Mies van der Rohe**, Barr percibió un estilo universal que iba más allá de las fronteras nacionales y que no se veía en el arte occidental desde la edad media, cuando surgió en Europa el estilo gótico internacional. El nuevo movimiento del siglo XX debe precisamente su nombre a ese temprano precedente.

La designación *estilo internacional* se refería específicamente a la obra de los arquitectos y diseñadores del **movimiento moderno**, que casaron la función y la tecnología con un lenguaje formal geométrico para producir una estética moderna. Aunque a veces se usa para definir el movimiento moderno más temprano (aprox. 1900–1933) y la obra de diseñadores como **Adolf Loos** y J. J. P. Oud, actualmente se asocia con la forma moderna más utilitaria que apareció tras el cierre de la **Bauhaus** en 1933. También hace referencia a la obra de Le Corbusier y sus seguidores, quienes durante los años veinte y treinta promovieron una versión del movimiento moderno más estilizada y menos austera. Sin embargo, los principales exponentes del estilo internacional probablemente fueron Ludwig Mies van der Rohe y Walter Gropius, quienes, después de emigrar a Estados Unidos, pusieron un gran empeño en tratar de «internacionalizar» el movimiento moderno, no sólo a

◂ **Le Corbusier, Pierre Jeanneret y Charlotte Perriand**, comedor expuesto en el Salon des Artistes Décorateurs de París, 1928

▲ **Le Corbusier, Pierre Jeanneret y Charlotte Perriand**, silla *Modelo n.° B301 Basculant* para Thonet, aprox. 1928

► **Le Corbusier**, biblioteca en la parroquia de Ville d'Avray, 1928–1929

través de sus obras y exposiciones arquitectónicas, sino también a través de su importante labor en la educación durante los años de la posguerra en Estados Unidos. Muchos de los seguidores del estilo internacional adoptaron una estética funcionalista del movimiento moderno por razones sencillamente estilísticas. Otros, en cambio, desarrollaron una pureza estética que promovía un mayor universalismo en la arquitectura y en el diseño. Los diseñadores de la posguerra posteriores —sobre todo estadounidenses—, como Florence **Knoll**, **Charles Eames** y **George Nelson**, combinaron este enfoque moderno y democrático del diseño con métodos de producción industrial en serie con el fin de crear productos que cumplieran todos los criterios del **buen diseño**.

Durante los años veinte y treinta, el estilo internacional en arquitectura e interiorismo se caracterizó por el formalismo geométrico, por el uso de materiales industriales como el acero y el vidrio y por una apuesta mayoritaria por el enlucido blanco. Más tarde, algunos arquitectos y diseñadores, como **Eero Saarinen** y Charles Eames, trataron de humanizar el estilo internacional mediante la adopción de formas esculturales y el contraste entre las formas geométricas y orgánicas. Por otro lado, Kenzo Tange (1913–2005) y otros artistas llevaron el estilo internacional a su extremo lógico, la creación del brutalismo, un estilo arquitectónico de una gran rigidez geométrica que

◂ **Jacobus Johannes Pieter Oud**, lámpara de mesa *Giso 405* para Gispen, 1928

▾ **Le Corbusier, Pierre Jeanneret y Charlotte Perriand**, tumbona *Modelo n.° B306* para Thonet, 1928 (reeditada por Cassina)

▲ **Florence Knoll**, la colección *Florence Knoll* —sillón *1205S1*, sofá de dos plazas *1205S2*, sofá de tres plazas *1205S3*— para Knoll International, 1954

emplea superficies y materiales deshumanizadores, como hormigón revocado a la vista.

Aunque a finales de los setenta y durante los ochenta daba la impresión de que la aparición del movimiento posmoderno comportaría el fin del estilo internacional, a finales de los ochenta y durante los noventa, una serie de arquitectos, como **Norman Foster** y Richard Rogers (nacido en 1933), alcanzaron un gran prestigio con sus edificios de alta ingeniería, en los que se adivinaban los rasgos propios del estilo internacional (poder, elegancia y claridad).

En los últimos años se observa una tendencia por recuperar la estética racional en el diseño de productos y muebles, ya que los fabricantes buscan, al igual que lo hacía el estilo internacional, soluciones globales transculturales. En consecuencia, el término «estilo internacional» puede hacer referencia a un período y a un tipo de modernidad muy concretos, y a la vez aludir a la estética resultante de un enfoque funcionalista del diseño que se remonta a los inicios del movimiento moderno.

## Massimo Iosa Ghini

*Bolonia*, 1959

Massimo Iosa Ghini empezó su formación en Florencia aunque más tarde estudió arquitectura en el Politecnico di Milano. En 1981 fue nombrado miembro del grupo de diseño Zak-Art y empezó a ilustrar historietas para la revista *Per Lui* y para la prensa musical de Estados Unidos. Mientras trabajaba para Swatch, Solvay y el Centro Moda Firenze, Ghini también ganó prestigio gracias a sus ilustraciones para tebeos infantiles. A partir de 1982 empezó a diseñar interiores para clubes nocturnos y trabajó en varios proyectos para vídeos y revistas. Dos años más tarde inició su colaboración con la empresa AGO, y poco después se convirtió en consejero de la cadena de televisión RAI, diseñando gráficos y decorados para los programas y películas producidos por la cadena. En 1986, los diseños de muebles de Ghini se incluyeron en la colección *12 New* de **Memphis**. Luego realizó varios diseños, como la colección de muebles *Dinamic* (1987) para Moroso, la silla *Juliette* (1987) y el aparador *Bertrand* (1987), no tan exuberantes y llenos de color como otras obras de diseñadores asociados al grupo. Sus diseños se inspiraban en la estilización americana de los años cincuenta. En 1983, Iosa Ghini, junto con otros diseñadores que compartían su interés por el **aerodinamismo**, como **Stefano Giovannoni** y Pierangelo Caramia (nacido en 1957), fundó el movimiento bolidista. También recuperó formas propias de los años cincuenta, que incorporó a sus diseños para la discoteca Bolidio (1988) de Nueva York. En 1988, Iosa Ghini creó una instalación temporal para la plaza del centro Georges Pompidou. También ha realizado diseños para Fiam, BRF, Stilnovo y Bieffeplast, entre otros.

▼ Mesas *Jo-Jo* de la colección *Tran Tran* para BRF, 1993

## Paul Iribe

*Angoulême (Francia)*, 1883
*Roquebrune (Cap Martin, Francia)*, 1935

Iribe, nombre con el que se conoce a Paul Iribarne Garay, empezó su carrera como caricaturista en revistas y periódicos como *Le Rire*, *Le Cri de Paris* y *L'Assiette au beurre*. En 1908 fundó su periódico, *Le Témoin* (El Testigo), e ilustró un catálogo de edición limitada, *Les Robes de Paul Poiret*, para el modisto Paul Poiret, hombre de gran influencia entre los círculos parisinos y que revolucionó la ilustración del mundo de la moda. Más tarde, Iribe abrió un estudio propio y, entre 1908 y 1914, colaboró con el diseñador **Pierre Legrain**. Mientras estuvo en París, Iribe diseñó exquisitos tejidos, papel pintado y joyas, que solían llevar su sello, un motivo floral conocido como «rosa Iribe», que fue ampliamente copiado. También diseñó muebles **Art Déco** y *objets d'art* que incorporaban materiales lujosos como zapa, palo de rosa y ébano. Su proyecto interiorista de mayor envergadura fue el apartamento del modisto Jacques Doucet, en el 46 de la Avenue du Bois en París, que diseñó en un estilo suntuoso y lujoso con la ayuda de Legrain. Para ese proyecto, realizado hacia 1912, Iribe diseñó una serie de *fauteuils-gondole* y una cómoda de caoba, zapa y ébano con guirnaldas de flores de estilo neoclásico grabadas y motivos florales pintados. Siguiendo la tradición francesa del *ébéniste-décorateur*, los interiores de Iribe adquirieron un carácter teatral y en 1914 se trasladó a Estados Unidos y se estableció en Hollywood. Allí creó numerosos decorados cinematográficos para Cecil B. De Mille entre otros y, consecuente con su crítica constante al industrialismo, participó en la elaboración del manifiesto antimoderno de 1926. Regresó a Francia en 1930 y trabajó como ilustrador de libros y revistas. También diseñó el emblema de la casa de modas Lanvin y joyas para Coco Chanel, y en 1935, año de su muerte, creó la revista *Le Mot*.

▾ Armario en marfil y zapa, aprox. 1913–1914

## Maija Isola

*Riihimäki (Finlandia),*
1927–2001

Maija Isola estudió pintura en la Taideteollinen Korkeakoulu (Escuela Central de las Artes Industriales) de Helsinki desde 1946 a 1949. Luego, durante once años fue la diseñadora principal de la empresa textil finlandesa Printex, fundada por Vilho Ratio y bajo la dirección artística de Armi Ratia (1912–1979). Isola creó numerosos tejidos estampados para interiores producidos por Printex. A partir de 1951 también realizó varios diseños para una empresa hermana de Printex, Marimekko, fundada con el objetivo de promover el uso de los tejidos Printex en los diseños de moda e interiores. Tanto los diseños de telas para vestidos y muebles que creó para esta nueva empresa como sus tejidos para Printex se expusieron en la Feria Mundial de Bruselas en 1958. Sus primeros diseños se inspiraban en el arte africano y a mediados de los años cincuenta fabricó tejidos con motivos botánicos. También diseñó telas inspiradas en el arte tradicional eslovaco a finales de los cincuenta y en los motivos rurales tradicionales de Carelia a finales de los sesenta y principios de los setenta. Muchos de sus tejidos de seda eran un claro reflejo de su obra. A mediados de los años sesenta, produjo su serie más famosa de tejidos de algodón estampados, con la incorporación de figuras geométricas a gran escala estampadas con vivos colores mate. Estos atrevidos diseños, conocidos como *Kaivo* (aprox. 1964), *Melooni* (1963) y *Cock and Henn* (1965), reflejaban las tendencias artísticas contemporáneas, sobre todo la influencia de los pintores del Colour Field en América. Estas telas eran de una gran calidad gráfica y vinieron a representar no sólo los tejidos de Marimekko, sino también el nuevo rumbo que había tomado el diseño finlandés. En 1965 y 1968 recibió premios ID, y hasta hace poco ha sido, junto con Fujiwo Ishimoto (nacido en 1941), uno de los pocos diseñadores en plantilla de Marimekko. Las telas de Isola, llenas de color y de sencillo estampado, se han expuesto por toda Europa, América y Australia, y han ejercido una gran influencia en el diseño textil contemporáneo.

▼ Tejido *Kaivo* para Marimekko, aprox. 1964

## Arata Isozaki

*Kyushu (Japón)*, 1931
*Naha (Japón)*, 2022

Arata Isozaki estudió con el arquitecto brutalista Kenzo Tange (1913–2005) en la Universidad de Tokio, donde se graduó en 1954. Durante los nueve años siguientes trabajó en el despacho de arquitectura de Tange, hasta que en 1963 creó un estudio propio. Más tarde colaboró con Tange en el diseño arquitectónico de la Expo'70 de Osaka. Entre los otros proyectos arquitectónicos de Isozaki destacan el Museo de Arte Moderno de la Prefectura de Gunma, Takasaki (1971–1972), el Museo Municipal de Arte de Kitakyshu (1972–1974), el edificio Shukosha de Fukoka (1975), el ayuntamiento de Tokio (1986), el Museum of Contemporary Art de Los Ángeles (1986) y el Museo Guggenheim del Soho, en Nueva York (1992). El diseño de productos de Isozaki, al igual que sus obras arquitectónicas, fusionan hábilmente las culturas occidental y oriental. Sus diseños, inspirados tanto en el arte japonés como en el clasicismo posmoderno, contienen referencias irónicas al **movimiento moderno** y a la cultura popular. Estos temas suelen quedar plasmados en sus muebles, como la silla *Marilyn* para Sunar (1972) y los armarios *Fuji* para Memphis (1981). En su reloj de pulsera (1987) y en sus joyas (1985–1986) para Cleto Munari, Isozaki empleó atrevidas formas geométricas y referencias de antiguos estilos arquitectónicos, mientras que la decoración de su vajilla *Streams* (1984) para Swid Powell incorporaba motivos orientales tradicionales. En 1982 diseñó una serie de muebles para el concurso Diseño Externo y Ornamental convocado por Formica con el fin de evaluar el potencial de un nuevo material desarrollado por la empresa, el colorcore. Para ese proyecto, Isozaki seleccionó los colores de sus materiales al azar, jugándoselo a los dados, y declaró: «Si a alguien no le gusta la combinación de colores, debería pedirle cuentas a Dios, ya que es él quien controla la suerte de los dados.» Isozaki asistió como conferenciante a numerosas instituciones, como la Rhode Island School of Design y la Yale University, y es el autor del libro *El desmantelamiento de la arquitectura*.

▾ Armario *Fuji* para Memphis, 1981

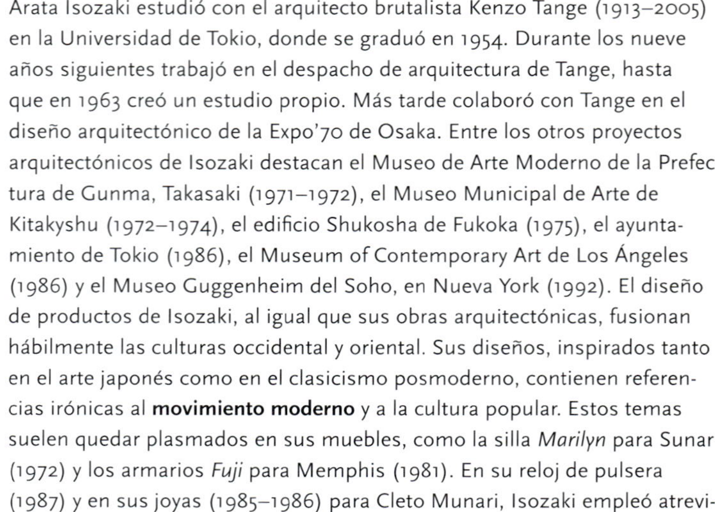

## Johannes Itten

*Südern-Linden (Suiza)*, 1888
*Zúrich*, 1967

Johannes Itten realizó sus estudios de magisterio cerca de Bern entre 1904 y 1908 y durante un tiempo ejerció como profesor en una escuela primaria. De 1910 a 1912 estudió matemáticas y ciencias naturales en Bern, y a partir de 1913 aprendió pintura con Adolf Hoelzel (1853–1934) en la Stuttgarter Akademie. En 1916, la galería Der Sturm de Berlín albergó una exposición monográfica sobre su obra, y ese mismo año Itten creó su escuela de arte en Viena. En esa época, el interés de Itten por las filosofías orientales iba en aumento, y esa creciente admiración tuvo un efecto directo en sus enseñanzas posteriores. Muchos de sus estudiantes vieneses lo siguieron cuando se trasladó a Weimar para ocupar un puesto de profesor en la Staatliches **Bauhaus**. En octubre de 1919 fue nombrado «maestro» de la escuela de Weimar y a partir de octubre de 1920 impartió su curso preparatorio «Vorkus» y varias clases teóricas. Sus enseñanzas estaban influidas en gran medida por sus creencias mazdeístas. Itten, con la cabeza rapada y ropas holgadas, impartía clases medio pedagógicas medio místicas, y convirtió a muchos de sus estudiantes a esta secta extremista ante la consternación de otros miembros de la Bauhaus y de las autoridades locales alemanas. En 1921, le asignaron un puesto menos influyente en la Bauhaus y se le puso a cargo de los talleres de metal, vidrieras y pintura mural. Sin embargo, siguió ejerciendo una gran influencia, y su enfoque alternativo de la enseñanza del arte y del diseño perduró durante los últimos años de la escuela de Weimar. Su interés por el misticismo derivó en enfrentamientos con el director de la escuela, **Walter Gropius**, y finalmente en su despido, en 1923. Entonces fue a un centro mazdeísta de Suiza y en 1926 fundó una escuela de arte privada en Berlín conocida como «escuela Itten». De 1932 a 1938, Itten dirigió una escuela textil en Krefeld y luego dirigió el Museo-Escuela de Artes y Oficios de Zúrich. A partir de 1950 también colaboró en la fundación del Museo de Arte No Europeo de Rietberg, en Zúrich, que dirigió entre 1952 y 1956. Las teorías revolucionarias de Itten sobre la enseñanza del arte y el diseño que se aplicaron por primera vez en la Bauhaus ejercieron una gran influencia y condujeron a la adopción generalizada de cursos preparatorios.

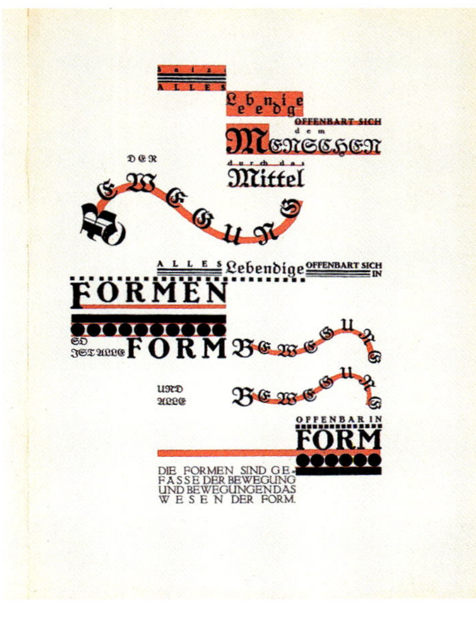


▾ **Johannes Itten y Friedl Dicker**, página del texto *Utopia, Dokument der Wirklichkeit*, 1921

## Arne Jacobsen

*Copenhague*, 1902
*Copenhague*, 1971

Arne Jacobsen se formó como albañil antes de matricularse en la Kongelige Danske Kunstakademi de Copenhague, donde se graduó en 1927. Jacobsen pronto demostró ser un estudiante prometedor, ganando una medalla de plata con una silla que se expuso en la Exposition Internationale des Arts Décoratifs de 1925 en París. Entre 1927 y 1929, Jacobsen trabajó en el despacho del arquitecto Paul Holsøe, y luego creó su despacho de diseño en Hellerup y trabajó como arquitecto e interiorista autónomo. Sus primeras obras estaban influidas por los logros de **Le Corbusier** (cuyo *Pavillon de l'Esprit Nouveau* había visitado en París), **Gunnar Asplund** y otros diseñadores del **movimiento moderno** como **Ludwig Mies van der Rohe**. Jacobsen fue de los primeros en introducir el estilo moderno en el diseño danés a través de proyectos como la *Casa del futuro*, que diseñó junto con Flemming Lassen en 1929. Sus primeros encargos arquitectónicos de envergadura fueron el proyecto urbanístico Bella Vista (1934) en Copenhague y la casa Rothenborg de Ordrup (1930), de estilo funcionalista, que concibió como **Gesamtkunstwerk**. En sus obras más conocidas e integradas —la terminal aérea SAS y el Royal Hotel de Copenhague (1956–1960)—, Jacobsen diseñó todos los detalles, desde los tejidos y los muebles escultóricos, como sus sillas *Swan*

▲ Sillas *Ant* (Hormiga) *Modelo n.° 3100* para Fritz Hansen, 1951–1952

▲ Silla *Modelo n.° 3107, serie 7* para
Fritz Hansen, 1955

▲ Colección de acero inoxidable *Cylinda-Line* para Stelton, 1967

(cisne) y *Egg* (huevo) (1957–1958), hasta las lámparas, los ceniceros y la cubertería. Durante la década anterior, Jacobsen había cosechado un notable éxito como diseñador industrial, sobre todo gracias a sus famosos diseños de sillas para el ebanista Fritz Hansen. Sus sillas *Ant* (1951-1952) y *Series 7* (1955) aún se cuentan entre los programas de asientos de mayor éxito comercial jamás fabricados. Jacobsen también diseñó lámparas para Louis Poulsen, objetos de metal para Stelton y Michelsen, tejidos para August Millech, Grautex y C. Olesen, y accesorios de baño para I. P. Lunds. Entre 1956 y 1965 fue profesor extraordinario de la Skolen for Brugskunst de Copenhague. En los años sesenta, su proyecto arquitectónico más importante fue el diseño del St Catherine's College de Oxford, cuyos muebles diseñó el propio Jacobsen, ya que, como su obra anterior, estaba concebido como un proyecto plenamente unificado. Jacobsen combinó formas esculturales y orgánicas con las virtudes tradicionales del diseño escandinavo (integridad material y estructural) para crear diseños sencillos, elegantes y funcionales con un gran atractivo intemporal.

► Cubiertos de acero inoxidable *Modelo n.° 600 AJ* para Georg Jensen, 1957

## Jacob Jacobsen

*Oslo*, 1901
*Oslo*, 1996

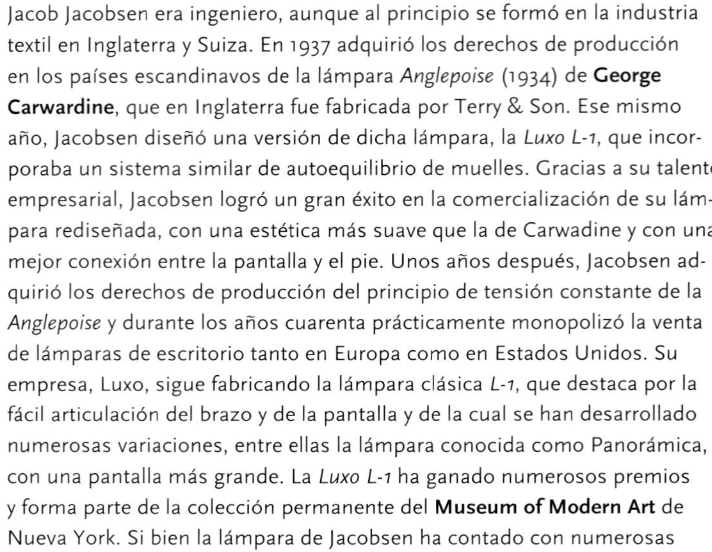

Jacob Jacobsen era ingeniero, aunque al principio se formó en la industria textil en Inglaterra y Suiza. En 1937 adquirió los derechos de producción en los países escandinavos de la lámpara *Anglepoise* (1934) de **George Carwardine**, que en Inglaterra fue fabricada por Terry & Son. Ese mismo año, Jacobsen diseñó una versión de dicha lámpara, la *Luxo L-1*, que incorporaba un sistema similar de autoequilibrio de muelles. Gracias a su talento empresarial, Jacobsen logró un gran éxito en la comercialización de su lámpara rediseñada, con una estética más suave que la de Carwadine y con una mejor conexión entre la pantalla y el pie. Unos años después, Jacobsen adquirió los derechos de producción del principio de tensión constante de la *Anglepoise* y durante los años cuarenta prácticamente monopolizó la venta de lámparas de escritorio tanto en Europa como en Estados Unidos. Su empresa, Luxo, sigue fabricando la lámpara clásica *L-1*, que destaca por la fácil articulación del brazo y de la pantalla y de la cual se han desarrollado numerosas variaciones, entre ellas la lámpara conocida como Panorámica, con una pantalla más grande. La *Luxo L-1* ha ganado numerosos premios y forma parte de la colección permanente del **Museum of Modern Art** de Nueva York. Si bien la lámpara de Jacobsen ha contado con numerosas imitaciones a lo largo de los años, en rara ocasión se ha podido igualar su rendimiento técnico.

▼ Lámpara *Luxo L-1* para Luxo, 1937

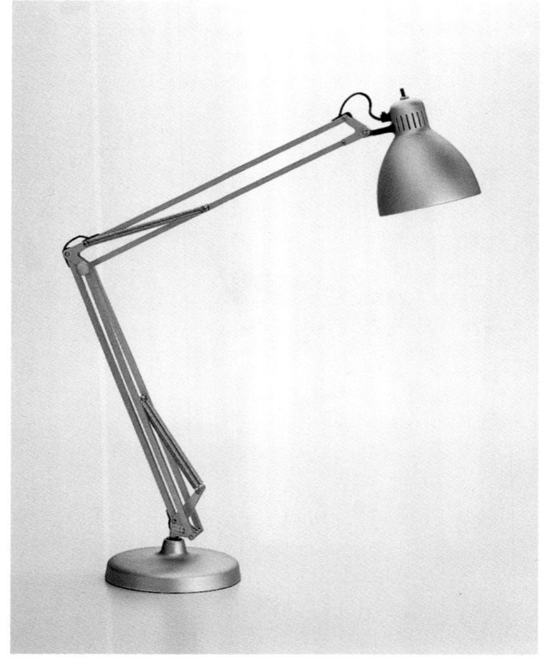

▸ **Pierre Jeanneret y Le Corbusier**, sala de estar del Pavillon de l'Esprit Nouveau en la Exposition Internationale des Arts Décoratifs de París, 1925

## Pierre Jeanneret

*Ginebra*, 1896
*Ginebra*, 1967

Pierre Jeanneret, primo de Charles-Édouard Jeanneret (más conocido como **Le Corbusier**), estudió arquitectura en Ginebra antes de trasladarse a París en 1920. Allí trabajó en el despacho del arquitecto Perret Frères, famoso por su audaz uso del hormigón y de las formas funcionalistas. En 1922 se incorporó al estudio de su primo y luego diseñó una serie de muebles junto a Le Corbusier y **Charlotte Perriand**, como la silla *Basculant n.° 301* (aprox. 1928), la tumbona *B306* (1928) y el sillón *Gran Confort LC2* (1928). Los tres colaboraron de nuevo en el diseño del interior de un apartamento para el Salon d'Automne de París de 1929, cuyos muebles habían diseñado ellos mismos. A principios de los años veinte, Jeanneret conoció al artista purista Amédée Ozenfant (1886–1966), cuya obra le sirvió de fuente de inspiración a la hora de crear sus numerosas pinturas. En 1930 se incorporó a la UAM (Union des Artistes Modernes), en cuya primera exposición se exhibieron los muebles diseñados con Le Corbusier y Charlotte Perriand. Sus proyectos subsiguientes, como la Villa Savoye de Poissy (1931), el Palacio de los Soviets de Moscú (1932) y el plan urbanístico de Argel, también fueron incluidos en posteriores exposiciones de la UAM. Jeanneret patentó el diseño de su silla de abedul *Scissor* (tijeras) (aprox. 1947), que incorporaba una estructura de acero sujeta por pernos, y diseñó otras piezas de mobiliario. Durante los años de posguerra trabajó con **Jean Prouvé** en el diseño de viviendas prefabricadas y colaboró con Georges Blanchon en el plan urbanístico de Puteaux. A partir de 1952, Jeanneret colaboró con su célebre primo en varios proyectos arquitectónicos públicos, como la sede del gobierno de Chandigarh en la India.

## Charles A. Jencks

*Baltimore (Maryland)*, 1939
*Londres*, 2019

Charles A. Jencks estudió arquitectura y literatura inglesa en la Harvard University y luego continuó sus estudios en la London University, donde se doctoró en historia de la arquitectura en 1970. En 1968 empezó a dar clases en la Architectural Association de Londres y a partir de 1974 lo hizo en la University of California de Los Ángeles. Jencks escribió varios libros sobre el movimiento moderno y el **posmodernismo** en la arquitectura, como *Adhocism* (1972), *Modern Movements in Architecture* (1973), *The Language of Post-Modern Architecture* (1977) y *Post-Modern Classicism* (1980). Jencks, crítico vehemente del **movimiento moderno**, se refería a los altos edificios de formas rectas de los años sesenta inspirados en la arquitectura de **Le Corbusier** y **Ludwig Mies van der Rohe**, como «cajas bobas» e instó a buscar un nuevo lenguaje arquitectónico que contrarrestara la banalidad conservadora del estilo moderno. En su opinión, los edificios debían esconder un doble código mediante referencias simbólicas para atraer no únicamente a la «minoría interesada que se preocupa por problemas arquitectónicos concretos» sino también al gran público, más preocupado por cuestiones de «comodidad, métodos de construcción tradicional y estilo de vida». Durante los setenta y principios de los ochenta, Jencks aplicó este enfoque posmoderno al diseño de objetos, como su arquitectónica *Tea & Coffee Piazza* para Alessi (1983), que evoca los estilos clásicos de la arquitectura. En 1983 diseñó muebles como la silla *Sun* para la Thematic House de Londres (1983), que creó en colaboración con la Terry Farrell Partnership.

▲ *Tea & Coffee Piazza* para Alessi, 1983

## Georg Jensen

*Raavad (Copenhague)*, 1866
*Hellerup (Copenhague)*, 1935

Georg Jensen entró como aprendiz en una orfebrería y platería de Copenhague, donde a partir de 1884 trabajó como oficial. Entre 1887 y 1892 se formó como escultor en la Kongelige Danske Kunstakademi. En 1898, empezó a producir cerámicas escultóricas para el taller de Mogens Ballin, cerca de Copenhague, y más tarde trabajó en la alfarería Aluminia y en la fábrica de porcelana Bing & Grøndahl de Copenhague antes de abrir su taller de platería en 1904. Jensen despreciaba el gusto, entonces predominante, por las reproducciones de plata, por lo que empezó a diseñar joyas y objetos de plata de estilo Arts & Crafts inspirados en elementos naturales, como bayas, hojas o zarcillos. Los más destacados fueron las colecciones *Blossom* (aprox. 1904–1905) y *Grape* (aprox. 1918), que incluían diversos artículos, desde vajillas hasta joyas. En 1907, Jensen convenció al artista Johan Rohde (1856–1935) para que creara diseños para el taller. Cuando la empresa participó en la «Panama-Pacific International Exposition» celebrada en San Francisco, el magnate de la prensa William Randolph Hearst quedó tan impresionado por la calidad de la obra expuesta que adquirió el lote completo. El éxito comercial de la empresa lo llevó a abrir una sala de exposiciones en la Quinta

▾ Fruteros de plata de la colección *Grape* (uva), 1918

▲ **Henning Koppel**, fuente de plata para pescado para Georg Jensen, 1954

Avenida de Nueva York en 1924. En los años veinte, Jensen contrató a otros diseñadores **vanguardistas**, como Harald Nielsen (1892–1977), Gundorph Albertus (1887–1970) y Sigvard Bernadotte (1907–2002), para que crearan diseños para la empresa. Paralelamente, Rohde introdujo una nueva línea moderna y sin ornamentos de vajillas de plata. Tras la muerte de Georg Jensen en 1935, su hijo Jørgen Jensen (1895–1966) tomó las riendas de la empresa, manteniendo la misma línea progresista. Después de la II Guerra Mundial, empezaron a producir vajillas de plata artesanas de extraordinaria elegancia diseñadas por **Henning Koppel** y Tias Eckhoff (nacido en 1926), representativas de la pureza estética del movimiento moderno escandinavo. Los años de posguerra también se fabricaron productos de acero inoxidable, como la vajilla de **Arne Jacobsen** (1957) y la cristalería de **Finn Juhl**. Desde los años veinte, el nombre de Georg Jensen se ha asociado al movimiento moderno escandinavo y actualmente la empresa sigue fabricando objetos de metal, joyas y relojes caracterizados por su gran belleza, sus formas innovadoras y su gran calidad artesana, y que son obra de diseñadores como **Nanna Ditzel**, Vivianna Torun Bülow-Hübe (1927–2004) y Jørgen Møller (nacido en 1920).

◄ ▼ **Sigvard Bernadotte**, cubiertos de plata *Bernadotte*, 1939

▼ **Harald Nielsen**, cubiertos de plata *Pyramid*, 1926

▲ **Vivianna Torun Bülow-Hübe**, reloj de pulsera de acero inoxidable *Modelo n.° 326* para Georg Jensen, 1967

▸ Tocadiscos *Beogram 4000* para Bang & Olufsen, 1972

## Jacob Jensen

*Copenhague,* 1926
*Virksund, Skive Kommune, Dinamarca,* 2015

Tras completar sus estudios de diseño industrial en la Kunsthandvaerkerskolen (Escuela de Artes y Oficios) de Copenhague en 1952, Jacob Jensen fue nombrado jefe de diseño de la primera asesoría danesa de diseño industrial, Bernadotte & Bjørn, fundada en 1949. En 1959 se trasladó a Estados Unidos, donde abrió un estudio de diseño con Richard Latham (1920–1991) y otros diseñadores, y fue profesor en la University of Illinois de Chicago. Tras regresar a Copenhague en 1961, Jensen fundó su estudio de diseño industrial, y a partir de 1964 se dedicó a diseñar equipos de sonido para Bang & Olufsen. Sus diseños elegantes y de alto rendimiento —como el *Beogram 1200* de alta fidelidad (1969), que recibió el galardón ID en Dinamarca por su equilibrio entre «aparato» y mueble», y el tocadiscos *Beogram 4000* (1972), que incorporaba un innovador sistema de brazo tangencial— fijaron el modelo estético y tecnológico de los sistemas de sonido. Aunque es más conocido por su innovadora obra para Bang & Olufsen, Jensen también diseñó productos para otros fabricantes daneses, como el teléfono de teclas *E76* (1972) para Alcatel-Kirk, una silla de oficina (1979) para Labofa, equipos de detección de ultrasonidos (1982) para Bruel & Kjaer y un reloj de pulsera (1983) para Max René. Jensen ha recibido numerosos premios por sus diseños de productos, entre ellos el galardón alemán Die Gute Industrieform y el premio IDSA.

## Philip Johnson

*Cleveland (Ohio)*, 1906
*New Canaan (Connecticut)*, 2005

Philip Johnson estudió lenguas clásicas y filosofía en la Harvard University, donde se graduó en 1930. Durante dos años dirigió el nuevo departamento de arquitectura del **Museum of Modern Art** de Nueva York y, junto a Henry-Russell Hitchcock, fue el comisario de la emblemática exposición de 1932 «El **estilo internacional**: arquitectura desde 1922», cuyo catálogo escribió él mismo. En 1940 regresó a la Harvard University para estudiar arquitectura con **Marcel Breuer** y **Walter Gropius**, y se graduó en 1943. Entonces trabajó cuatro años como arquitecto autónomo antes de recuperar su cargo en el Museum of Modern Art en 1946. En 1954 abandonó el museo para centrarse en su carrera arquitectónica y participó en el proyecto del Seagram Building de **Mies van der Rohe** en Nueva York (1954–1958). También diseñó varias residencias en New Canaan, Connecticut, incluida la Glass House (1949), inspirada en la Farnsworth House de Mies van der Rohe, la Hodgson House (1950), y la Wiley House (1953). Tras el éxito de su jardín escultórico del Museum of Modern Art (1953) recibió numerosos encargos públicos, como el proyecto de la Sheldon Memorial Art Gallery en la University of Nebraska (1963). Si bien fue uno de los principales impulsores del estilo internacional, sus diseños reflejaban una clara influencia neoclásica. A finales de los sesenta, sus edificios fueron ganando en monumentalidad, como se aprecia en el Kunsthalle de Bielefeld (1968), y durante los setenta diseñó una serie de rascacielos de cristal, como el IDS Center en Minneapolis (1973), el Pennzoil Place en Houston (1970–1976) y el prestigioso AT&T Building en Nueva York (1978–1983), con su frontón hendido posmoderno. En su dilatada y controvertida carrera, desde el estilo archimoderno hasta el posmodernismo, sus edificios y diseños se han caracterizado por un profundo sentido de identidad arquitectónica y por una monumentalidad clásica.

▼ **Philip Johnson y Richard Kelly**, lámpara de pie para Edison Price, aprox. 1953

## Jugendstil

*Alemania*

La traducción literal de Jugendstil sería «estilo de la juventud» y designa la rama del **Art Nouveau** que surgió en Alemania durante la última década del siglo XIX. El término provenía del título de la revista *Jugend*, la cual, fundada por Georg Hirth en Múnich en 1896, desempeñó un papel importante en la popularización del nuevo estilo. Influidos por las ideas reformistas de John Ruskin (1819–1900) y **William Morris**, los diseñadores del Jugendstil, como **Hermann Obrist**, **Richard Riemerschmid** y **August Endell**, tenían unos objetivos más idealistas que sus contemporáneos europeos ligados al estilo Art Nouveau. No sólo pretendían reformar el arte sino también recuperar un estilo de vida más sencillo y menos condicionado por los imperativos comerciales. Compartían el optimismo de la juventud y un gran respeto por la naturaleza que trasladaron a toda su obra. Al igual que sus contemporáneos de Bruselas y París, los diseñadores del Jugendstil se inspiraban en el funcionamiento del mundo natural que revelaban los avances en investigación científica y tecnología. Las formas orgánicas y los motivos vegetales manieristas empleados por August Endell y Hermann Obrist, por ejemplo, estaban directamente influenciados por los estudios fotográficos de estructuras vegetales de Karl Blossfeldt (1865–1932), que reflejaban un patrón de crecimiento helicoidal, y por los dibujos botánicos de Ernst Haeckel (1834–1919). Estos detallados estudios ayudaron a comprender mejor la naturaleza, lo que permitió a los diseñadores del Jugendstil dotar a su obra de un gran sentido del dinamismo y de un fuerte desarrollo orgánico. En Alemania, este nuevo estilo se oponía a la política artística oficial del Imperio promovida desde Berlín, y muchas regiones con la ambición de expresar su sentimiento de autonomía cultural, como Dresde, Múnich, Darmstadt, Weimar y Hagen, adoptaron con entusiasmo el Jugendstil. Si este deseo de independencia artística fue un tema recurrente en las nuevas escuelas de Art Nouveau de otras ciudades europeas como Bruselas, Nancy o incluso Glasgow, quizá

▼ **Otto Eckmann**, jarrón en piedra con montura de bronce, aprox. 1900

▲ **August Endell**, diseño para los palcos del teatro Buntes de Berlín, 1901

fuera más evidente en Alemania. Los diseñadores del Jugendstil estuvieron más cerca que sus contemporáneos asociados al Art Nouveau de salvar la distancia existente entre la «manufacturación artística» y la producción industrial. Se crearon numerosos talleres para producir sus diseños reformados, entre los que cabe destacar los **Vereinigte Werkstätten für Kunst im Handwerk** (Talleres Unidos para Artistas Artesanos) en 1897 y los **Dresdener Werkstätten für Handwerkskunst** (Talleres de Dresde para Artistas Artesanos) en 1898. Estas empresas se crearon con la intención de producir artículos para el hogar usando métodos éticos de fabricación. Los objetos creados en Dresde no estaban tan elaborados y, por lo tanto, eran más baratos que los fabricados en Múnich, pero seguían estando fuera del alcance del bolsillo de la familia media. Richard Riemerschmid, jefe de diseño del taller de Dresde, adoptó un estilo simple y tradicional similar a la obra de los diseñadores del Arts & Crafts británico, como **Charles Voysey**. El empeño de Riemerschmid por reformar el diseño mediante la estandarización y la adopción de métodos de fabricación racionales en los Dresdener Werkstätten für Handwerkskunst tuvo una gran influencia y contribuyó a la fundación del **Deutscher Werkbund**. Los Vereinigte Werkstätten für Kunst im Handwerk, fundados en Múnich por **Bruno Paul** entre otros, también desempeñaron un papel importante a la hora de promover el Jugendstil. Paul

► **Ludwig von Zumbusch**, portada de la revista *Jugend*, publicada en Múnich, marzo de 1896

# JUGEND

Münchner
Illustr.
Wochenschrift
für Kunst & Leben.

Quartalpreis 3 Mark.
Preis der Nummer 30 Pfg.
Verlag von G. Hirth, München.

Herausgeber: Georg Hirth. — Redakteur: Fritz v. Ostini. 

BEDRUCKTER BAUMWOLLENER SATIN
von SCHEURER LAUTH & Co in THANN i/Els.

Aus dem Hohenzollern-Kaufhaus
(H. HIRSCHWALD), BERLIN

▲ Cuenco con tapa, aprox. 1900

diseñó audaces caricaturas y gráficos para el diario *Simplicissimus*, que, como la revista *Jugend*, popularizó la nueva estética. Su estilo lineal también fue empleado por el diseñador de Múnich **Bernhard Pankok**, cuya casa Lange en Tubinga (1902) estaba concebida como **Gesamtkunstwerk**. El edificio estaba inspirado en el tradicionalismo, como también lo estaban los interiores del Jugendstil, que eran asombrosamente modernos dentro de su simplicidad. En Darmstadt, la causa del Jugendstil contó con el mecenazgo del gran duque Ernst Ludwig de Darmstadt-Hesse, impulsor de la exposición de 1901 «Ein Dokument Deutscher Kunst» (Un documento del arte alemán). La exposición celebraba los logros artísticos de la **Darmstädter Künstlerkolonie** (Colonia de los Artistas de Darmstadt), creada con los fondos privados del gran duque en 1899. La Darmstädter Künstlerkolonie comprendía al principio ocho edificios, incluido el estudio Casa del Arte Decorativo de **Josef Maria Olbrich**, y siete residencias para artistas construidas para los miembros de la colonia. La Darmstädter Künstlerkolonie no sólo fue importante por el nuevo estilo arquitectónico cívico que promovió sino también por su apoyo

◄ Satén estampado, Scheurer Lauth & Co., Thann

a la fabricación de obras de arte. En Weimar, la promoción del Jugendstil estuvo semejantemente impulsada por el orgullo cívico y por la necesidad económica a la vez, y también contó con un mecenazgo ducal. En 1860, el gran duque Karl Alexander de Sajonia-Weimar financió con capital privado la fundación de una escuela de arte en Weimar. En 1901 lo sustituyó su nieto, a quien el conde Harry Kessler persuadió para nombrar al arquitecto belga **Henry van de Velde** consejero artístico de su corte. El convencimiento de que una buena educación artística mejoraría la economía local fue la razón por la que Van de Velde recibió el encargo de diseñar la Weimar Kunstgewerbeschule (Escuela de Artes Aplicadas) en 1904. El propio Van de Velde dirigió la institución hasta 1914 y, durante ese período, diseñó numerosos artículos de plata y cerámicas Jugendstil, que destacaban por su sencillez formal. La arquitectura y el diseño del Jugendstil a menudo aunaban la innovación estructural y las formas naturales abstractas para crear una extraordinaria combinación de monumentalidad y luminosidad visual. El estilo alcanzó su cenit hacia 1900, pero poco después fue desbancado por el racionalismo industrial del Deutscher Werkbund, fundado en 1907 por un grupo de diseñadores y arquitectos que habían pertenecido al Jugendstil. Se aprecian algunos puntos de contacto entre el Jugendstil y el **movimiento Arts & Crafts** británico ya que, por ejemplo, ambos apuestan por las formas naturales y los modelos «tradicionales» para reformar el diseño y, en última instancia, la sociedad. Por otro lado, la adopción por parte del Jugendstil de métodos de producción más industrializados sentó las bases de la evolución del diseño alemán. El término «Jugendstil» se aplica también al Art Nouveau escandinavo.

▾ **Ferdinand Morawe**, reloj para los Vereinigte Werkstätten für Kunst im Handwerk, 1903

◂ Silla *Chieftain* para Niels Vodder, 1949

## Finn Juhl

*Copenhague*, 1912
*Copenhague*, 1989

Finn Juhl estudió arquitectura con Kay Fisker (1893–1965) en la Kongelige Danske Kunstakademi (Academia Danesa de Bellas Artes) de Copenhague; se graduó en 1934. Primero trabajó diez años como arquitecto en el despacho de Vilhelm Lauritzen, y diseñó varias piezas de mobiliario con el ebanista Niels Vodder. Sus muebles, como las sillas *Pelican* (1940) y *N.° 45* (1945), se alejaban de las reproducciones modernas de mobiliario tradicional por las que apostaban **Kaare Klint** y sus seguidores. La obra de Juhl representaba la nueva orientación que había de tomar el diseño danés, basada en el uso de formas orgánicas. En 1945, Juhl creó su despacho y diseñó sofás, mesas y sillas de madera sólidas y escultóricas, con las que cosechó un gran éxito (recibió seis medallas de oro en las exposiciones de la Trienal de Milán y catorce premios del Gremio de Ebanistas de Copenhague).
Sus creaciones, como las sillas *N.° 48* (1948) y *Chieftain* (1949), se distinguían por un equilibrio armónico de extraordinaria calidad artesanal y formas expresivas, casi flotantes. Juhl desarrolló numerosas técnicas constructivas con teca, ampliamente usado por los ebanistas daneses en la fabricación de muebles. Desde 1945, ejerció como profesor universitario en la escuela de interiorismo de la Escuela Técnica Fredericksberg, y su obra fue fundamental en el nuevo rumbo que tomó el diseño danés.

## Wilhelm Kåge

*Estocolmo*, 1889
*Estocolmo*, 1960

Tras estudiar pintura en la Escuela de Arte Valand de Gotemburgo, con Carl Wilhelmson (1866–1928) en Estocolmo y con Johan Rohde en la Escuela Estudio de Artistas de Copenhague en 1912, Wilhelm Kåge terminó su formación estudiando diseño gráfico en la Plakatschule de Múnich, donde fue famoso por sus diseños de carteles. La empresa sueca de cerámica Gustavsberg le contrató para actualizar su línea de productos en 1917, época en que la Svenska Slöjdföreningen (Sociedad Sueca de Diseño Industrial) hacía campaña entre los fabricantes, como Gustavsberg, para que contrataran a artistas que mejoraran la calidad de sus objetos cotidianos. Kåge lo consiguió con su servicio de mesa *Liljebala* (lirio azul) de 1917, decorado según el arte rural, el cual, al ser asequible para la clase obrera, fue conocido como «el servicio de los obreros». Kåge recibió un Grand Prix por sus cerámicas durante la Exposition Internationale des Arts Décoratifs et Industriels Modernes de París en 1925. En los años treinta diseñó los servicios de mesa *Praktika* (1933) y *Pyro* (1930), baratos y funcionales, cuyas líneas simples permitían que las piezas pudieran apilarse, siendo así más fáciles de guardar. La vajilla *Praktika* fue el primer servicio de mesa de Gustavsberg cuyas piezas podían comprarse individualmente. Aparte de sus diseños para cerámicas de producción industrial, Kåge también realizó exquisitas obras experimentales, como su jarrón *Terra Spirea* (aprox. 1955). Sus diseños de artículos en piedra moldeada *Farsta*, denominados así en referencia a la isla donde se encontraba la alfarería Gustavsberg, estaban inspirados en la cerámica china y mejicana y en las formas naturales, mientras que su colección *Surrea* de cerámica experimental con formas fragmentadas estaba influida por el cubismo y el surrealismo. Los diseños de cerámica funcional para la producción en serie de Wilhelm Kåge fijaron el modelo de las vajillas modernas, mientras que sus cerámicas experimentales probaban su indudable talento como ceramista.

▾ Jarrón en piedra *Terra Spirea* para Gustavsberg, aprox. 1955

► **Anna Castelli Ferrieri**, sistema de almacenaje cilíndrico *Modelo N.° 4966* para Kartell, 1969

## Kartell

Fundada en 1949
*Milán*

Kartell fue fundada en 1949 por el ingeniero químico Giulio Castelli (1920–2006), cuyo padre había sido uno de los precursores de las aplicaciones plásticas. Castelli había estudiado con Giulio Natta (1903–1979) —el inventor del polipropileno— en 1954, y durante su formación estableció muchos contactos con arquitectos y artistas **vanguardistas** que tras la guerra abogaron por integrar el diseño en el proceso de fabricación y colaborar así en el programa de reconstrucción italiano. El primer producto de Kartell fue un portaesquís ordinario, del arquitecto y diseñador industrial Roberto Menghi (1920–2006). Le siguieron artículos domésticos, diseñados la mayoría por **Gino Colombini**. Kartell transformó los objetos cotidianos, desde exprimidores y recogedores hasta palanganas y cubos, en productos de diseño elegante en polietileno que eran asombrosamente innovadores. Las innovaciones en el diseño y en los materiales tuvieron una excelente acogida y Kartell fue galardonada con el Premio **Compasso d'Oro** en 1955, 1957, 1959, 1960 y 1964 y con varias medallas de oro y de plata en las exposiciones de la Trienal de Milán. A mediados de los cincuenta, la compañía también se dedicó a producir piezas de mobiliario, incluyendo un sistema de armarios de cocina en metal y plástico (1956) diseñados por Gino Colombini y Leonardo Fiori. Pero no fue hasta los sesenta que alcanzó la fama en la producción de muebles, gracias a la silla apilable para niños *N.° 4999/5* (1961–1964), de **Marco Zanuso** y **Richard Sapper**, y al revolucionario *Modelo n.° 4860 Universale* (1965–1967), de **Joe Colombo**, que fue la primera silla para adultos producida en ABS y de plástico moldeado por inyección. La compañía también creó muebles de **Anna Castelli Ferrieri**, Alberto Rosselli (1921–1976), Giotto Stoppino (1926–2011), **Ettore Sottsass** y **Gae Aulenti**, la mayoría de los cuales eran modulares, como por ejemplo los cilindros apilables *4953–54–55–56* (1970) de Castelli Ferrieri, moldeados por inyección y de ABS. Kartell también fabricó lámparas diseñadas por **Sergio Asti**, **Marco Zanuso** y **Achille y Pier Giacomo Catiglioni**. En los años ochenta, siguió ocupando un lugar de honor entre las compañías de producción de muebles gracias a los diseños de **Philippe Starck**, como su famosa silla *Dr. Glob* (1988). En la década de los noventa, la compañía recibió otro Compasso d'Oro por las unidades de cajones transparentes *Mobil* (1995), de **Antonio Citterio** y Glen Oliver Loew en PMMA moldeado por inyección. Entonces empezó a producir los célebres sistemas de estantes *Bookworm* de **Ron Arad**, creados también con un tecnopolímero moldeado por inyección. El estudio de diseño de Kartell, Centrokappa, dirigido por Anna Castelli Ferrieri, también ha fabricado diseños destacables, como el sistema de mobiliario para niños *5300, 5312, 5320*, decorado con alegres colores primarios. Kartell continúa desarrollando una concepción del diseño según la cual «la calidad de la relación entre los materiales, las formas y la finalidad está ligada al proceso de fabricación industrial» y afirmando a la vez su identidad con la aplicación de la última tecnología en la fabricación de plástico.

▾ **Marco Zanuso y Richard Sapper**, silla para niños apilable *Modelo n.° 4999/5* para Kartell, 1961–1964

## Edward McKnight Kauffer

*Great Falls (Montana)*, 1890
*Nueva York*, 1954

Edward Kauffer se formó como pintor en Estados Unidos y en 1913 realizó un viaje de estudios a París financiado por Joseph E. McKnight. En 1914 adoptó el nombre de su benefactor y se estableció en Inglaterra. Un año más tarde, Frank Pick (1878–1941), director publicitario de la compañía ferroviaria de Londres y responsable de la asignación de los diseños gráficos, le encargó el que sería su primer diseño importante, un cartel para el metro de Londres. En 1920, Kauffer fue miembro fundador de Group X, un grupo de artistas liderado por el pintor vorticista Percy Wyndham Lewis (1882–1957). Sin embargo, al año siguiente, Kauffer abandonó las bellas artes para dedicarse por completo al diseño gráfico y al arte comercial. Entre sus clientes empresariales se encontraban London Transport, Great Western Railway, Shell-Mex, British Petroleum, Orient Line y General Post Office, para las que diseñó impactantes carteles inspirados al principio en el vorticismo pero más tarde en el **surrealismo**. En 1929, Edward McKnight Kauffer y su esposa, la diseñadora textil Marion Dorn (1899–1964), expusieron alfombras tejidas a mano para la Wilton Royal Carpet Factory, con patrones cubistas y biomórficos. En los años treinta ilustró varios libros, como *El Quijote*, de Miguel de Cervantes (1930), *Triumphal March*, de T. S. Eliot (1931), y *Venus Rising from the Sea*, de Arnold Bennett (1931), y diseñó varias portadas de libros, incluida una para el *Studio Yearbook*. En 1937, el **Museum of Modern Art** de Nueva York albergó una exposición monográfica de sus carteles. Al año siguiente se convirtió en el primer inmigrante en ser nombrado Diseñador Honorario de la Industria por la Royal Society of Arts de Londres. En 1940 regresó junto a Marion Dorn a Estados Unidos, donde permanecieron durante la guerra, pero, aunque diseñó carteles para la American Airlines hasta 1953, tuvo grandes dificultades a la hora de encontrar trabajo.

▾ Alfombra de lana tejida a mano para The Wilton Royal Carpet Factory, aprox. 1935

► Interior de la «Art of This Century Gallery» de Peggy Guggenheim, en Nueva York, con sillas *Multi-Use* de Frederick Kiesler, 1942

## Frederick Kiesler

*Viena*, 1890
*Nueva York*, 1965

Frederick Kiesler estudió en la Akademie der Bildenden Künste y en la Technische Hochschule de Viena de 1910 a 1914. Luego, hacia 1920, trabajó por poco tiempo con **Adolf Loos** y diseñó interiores y decorados para el teatro. En 1923, Kiesler se unió al **De Stijl** e ideó su Endless House and Theatre, un sistema de construcción modular basado en la forma oval, de gran flexibilidad configurativa. El proyecto era muy rentable también en términos energéticos, reduciendo notablemente el número de elementos necesarios para la construcción de un edificio. En esa época, Kiesler estaba asociado al grupo G, formado por **Ludwig Mies van der Rohe**, Hans Richter (1888–1976) y Werner Graeff (1901–1978). En 1924 diseñó la Exposición Internacional de Nuevas Técnicas Teatrales en la Konzerthaus de Viena y un año más tarde, el pabellón austríaco de la Exposition Internationale des Arts Décoratifs et Industriels Modernes. En 1926, Kiesler emigró a Estados Unidos y trabajó durante dos años asociado con el arquitecto Harvey Wiley Corbett. Se hizo miembro de la AUDAC (American Union of Decorative Artists and Craftsmen), y de 1934 a 1937 fue director de diseño escenográfico en la Julliard School of Music de Nueva York. También dirigió el laboratorio de diseño de la School of Architecture de la Columbia University entre 1936 y 1942, y luego inició una colaboración profesional con Armand Bartos en Nueva York que duraría seis años. Sus escultóricos diseños de muebles, como las sillas *Multi-Use* (1942) y las mesas *Two-Part Nesting* (1935–1938), tuvieron una gran influencia y llevaron a la aparición del **biomorfismo** durante los años cincuenta, mientras que sus esquemas artísticos para interiores destacaron por sus extraordinarias cualidades espaciales.

## King – Miranda

Fundada en 1975
*Milán*

La colaboración profesional entre el diseñador británico Perry A. King (nacido en 1938) y el diseñador español Santiago Miranda (nacido en 1947) se inició a mediados de los años setenta. Desde 1956, King había trabajado para **Olivetti** diseñando accesorios de oficina, como la máquina de escribir *Valentine*, que codiseñó con **Ettore Sottsass**, y a partir de 1972 supervisó el desarrollo de la **identidad corporativa** de la compañía y diseñó un tipo de letra (junto con Santiago Miranda) para impresoras con codificación por puntos. Durante los años setenta, King también diseñó un programa de imagen corporativa para C. Castelli, dictáfonos para Süd-Atlas Werke y equipos eléctricos para Praxis. Por otro lado, Santiago Miranda (nueve años más joven que King) estudió en la Escuela de Artes Aplicadas y Oficios Artísticos de Sevilla. King – Miranda fundaron su célebre sociedad en 1975 en Milán, y desde entonces diseñaron gráficos, muebles y lámparas para Marcatré,

▼ Lámpara de mesa *Donald* para Flos, 1978

Disform, Flos y Arteluce entre otros, y desarrollaron ordenadores y teclados para Olivetti. Entre algunos de sus diseños posteriores se incluyen herramientas eléctricas para Black & Decker, cristalerías para Murano y el sistema de iluminación *Lucerno* (1991) para la Expo '92 de Sevilla. Las creaciones de King – Miranda están inspiradas en primer lugar en la tecnología y los métodos industriales, pero, aun así, poseen cierta cualidad poética y en ocasiones hasta esconden elementos humorísticos, como en el caso de su lámpara *Donald* (1978). Para ellos, «el diseño no sólo debe tener en cuenta la tecnología y la economía, sino también la sociología. En consecuencia, la obra de un diseñador debe estar basada en un modelo político o filosófico» (King – Miranda, *Diseño desde 1945*, 1983, pág. 217).

◂ Lámpara de pie *Jill* para Flos, 1978

▸ Sillas *Omkstack* para Bieffeplast, 1971

## Rodney Kinsman

*Londres*, 1943

Rodney Kinsman estudió diseño de muebles en la Central School of Art de Londres. En 1966 fundó OMK Design junto con Jurek Olejnik y Bryan Morrison. Hacia 1967, el grupo ya fabricaba sus propios muebles, como su colección *F Range* (1966) de bloques de espuma con superficie de vinilo, y proveía diseños para los almacenes Habitat de **Terence Conran**. Desde su formación, Kinsman ha liderado OMK y ha realizado varios diseños importantes, incluida su célebre silla *Omkstack* (1971), representativa del estilo **High Tech** de los años setenta. Este diseño racional estaba concebido para su producción en serie a gran escala, por lo que se otorgó su licencia de fabricación a Bieffeplast, una sociedad empresarial italiana que aún existe. Entre los otros diseños de muebles de Kinsman cabe destacar el sistema de escaparates *Graffiti* (1981), y las colecciones *Vienna* (1984) y *Tokyo* (1985), que comparten una estética racional similar. En 1981 Kinsman presentó su primer sistema de asientos públicos, la colección *Transit*, que diseñó en colaboración con Peter Glynn-Smith. Dicho sistema, totalmente metálico y a prueba de fuego, presenta formas rítmicas onduladas y fue creado en un principio para el aeropuerto de Gatwick. Kinsman fue nombrado miembro de la Society of Industrial Artists and Designers en 1983 y miembro honorífico del **Royal College of Art** en 1988. Un año más tarde presentó sus asientos para aeropuertos o estaciones para Trax, mientras que para la Expo '92 creó su proyecto de asientos públicos más original, el banco de aluminio *Seville* (1991). Kinsman considera que el diseño no debería estar influido por la moda, por lo que intenta dar a sus muebles un atractivo duradero a partir de una firme lógica tecnológica.

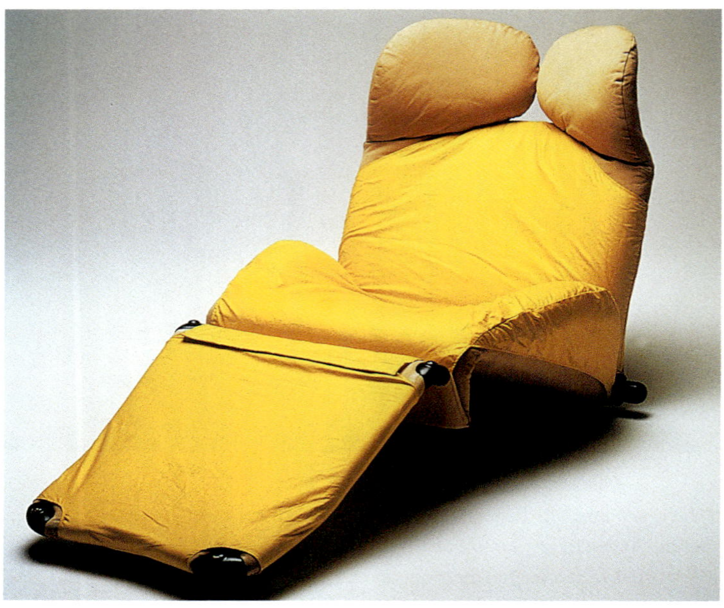

◂ Silla *Wink* para Cassina, 1980

## Toshiyuki Kita

*Osaka*, 1942

Toshiyuki Kita estudió diseño industrial en el Namiwa College de Osaka, donde se graduó en 1964, y ese mismo año fundó su estudio de diseño industrial y de muebles en Osaka. En 1969 se trasladó a Italia, donde al principio trabajó en los despachos de diseño de **Mario Bellini** y Silvio Coppola (1920–1986), aunque en esa época empezó también a diseñar muebles para Bernini y más tarde para Cassina. Su diseño más celebre, la silla articulada y multifuncional *Wink* (1980), con su apoyacabezas en forma de Mickey Mouse, ya daba una idea de su predilección por la originalidad formal. Esa silla, cuyo diseño tardó cuatro años en elaborar, contaba con fundas extraíbles para prolongar su duración. En 1981, Kita recibió el premio de diseño industrial Kitaro Kunii y en 1987 participó en la exposición «Les avant-gardes de la fin du XXème siècle» celebrada en el Centre Georges Pompidou de París. Junto con el artista Keith Haring (1958–1990), diseñó en 1988 las mesas *On Taro* y *On Giro* para Kreon, y en 1989 la compañía Sony le encargó el diseño de un vestíbulo multifuncional para sus oficinas de Tokio. Toshiyuki Kita cuenta con clientes europeos, como Interflex, Sharp o Tribu, y japoneses, como Koshudo, Johoku Mokko o Yamagiwa, de modo que se encuentra a caballo entre las dos culturas, razón por la cual se le considera uno de los diseñadores japoneses «más europeos».

## Kitsch

«Kitsch» proviene del verbo alemán «verkitschen» (abaratar) y se usa para describir diseños vulgarizados con un atractivo popular. Kitsch es la antítesis exacta del **buen diseño**. En un principio desribía los productos no funcionales, como recuerdos, chucherías o artículos de regalo. Uno de los primeros estudios sobre el tema, realizado por el filósofo alemán Fritz Karpfen, se publicó en 1925 bajo el título *Der Kitsch*. Pero fue hasta que en 1939 el crítico de arte estadounidense Clement Greenberg escribió *Kitsch and the Avant-garde* que pasó a definir elementos de la cultura popular contemporánea, como la publicidad comercial o la literatura «basura». En los años cincuenta, el diseño Kitsch alcanzó su cenit y los fabricantes se dedicaron a producir objetos «de baratillo» que apenas tenían algo que ver con los artículos de diseño «de calidad» en que se inspiraban. Se fabricaron un sinfín de productos baratos y vulgares, a menudo en plástico, que incorporaban algún truco a elemento humorístico para resultar atractivos. Ese fenómeno se sustentó en el consumismo popular y fue una reacción contra la promoción estatal e institucional del buen diseño. Durante los años sesenta, *Kitsch* continuó usándose como término despectivo, pero en los setenta, los objetos Kitsch se usaban irónicamente en la decoración de interiores y eran apreciados por su deliberado mal gusto. Con la aparición del **movimiento posmoderno** en los ochenta, el estilo Kitsch fue elogiado por su sinceridad cultural y sus tendencias subversivas. Su burla del «buen diseño» le permitió encontrar su marco más favorable dentro del **movimiento vanguardista**.

▾ Selección de paragüeros, finales de los años cincuenta

▸ Silla *Modelo n.° PK22* para E. Kold Christensen, 1955

## Poul Kjaerholm

*Oster Vra (Dinamarca)*, 1929
*Hillerod (Dinamarca)*, 1980

Poul Kjaerholm se formó como carpintero antes de estudiar diseño de muebles y fabricación de armarios en la Kunsthandvaerkerskolen (Escuela de Artes y Oficios) de Copenhague, en la cual más tarde impartió clases durante cuatro años. También fue profesor de la Kongelige Danske Kunstakademi (Real Academia de las Artes) de Copenhague durante veinte años, hasta 1976, año en que pasó a ser su director. A lo largo de su carrera, Kjaerholm se especializó en el diseño de muebles de producción en serie, y desde 1955 trabajó principalmente en colaboración con el ebanista E. Kold Christensen, en Hellerup. Sus diseños elegantes y racionales, como la silla *PK22* (1955) y la tumbona *Hammock PK24* (1965), debían mucho a los diseñadores del **movimiento moderno**, especialmente a **Le Corbusier**. La fabricación de estos muebles para E. Kold Christensen la llevó a cabo Fritz Hansen hacia 1970. Kjaerholm recibió un Grand Prix en las exposiciones de la Trienal de Milán de 1957 y 1960, y también fue galardonado con el Lunning Prize en 1958. De entre todos los diseñadores escandinavos, fue quizá el que más influencias recibió del **estilo internacional**. Sus sofisticados diseños, que aunaban la lógica del funcionalismo y la sensibilidad escandinava, poseían una estética de gran pureza derivada de su dominio de los materiales y de las técnicas de construcción. Kjaerholm también cosechó un gran prestigio por sus presentaciones para exposiciones, memorables por su gran sentido de la distribución espacial.

Tras estudiar pintura en la Fredericksberg Polytechnic desde 1903, Kaare Klint trabajó como aprendiz con su padre, el arquitecto P. V. Jensen Klint, y más tarde se unió a los arquitectos de Copenhague Kai Nielsen y Carl Petersen. En 1917 se instaló como diseñador de muebles autónomo, y al cabo de tres años abrió su despacho de diseño, en el cual fabricaba muebles para Fritz Hansen y Rudolf Rasmussen, entre otros. La mayoría de sus diseños, como la tumbona *Modelo n.° 4699*, eran adaptaciones de obras anteriores y estaban influenciados por el tradicionalismo, el diseño **Shaker**, los muebles de Regency y las técnicas orientales de fabricación de armarios. Klint creó el departamento de muebles de la Kongelige Danske Kunstakademi (Real Academia de las Artes) de Copenhague en 1924, y junto con sus estudiantes llevó a cabo importantes investigaciones pioneras en antropometría. Fue un influyente teórico del diseño e instó a sus estudiantes a combinar las cualidades de la artesanía tradicional, como la meticulosidad en el detalle y el profundo conocimiento de los materiales, con los principios del diseño racional. En 1944 fue profesor de arquitectura en la Kongelige Danske Kunstakademi de Copenhague, y ese año diseñó su lámpara *Fruit*, de papel pautado. Estas económicas lámparas fueron fabricadas por Le Klint, una compañía que había evolucionado a partir de una industria casera creada por su padre, quien también había creado y diseñado lámparas de papel. Klint consideraba que el diseño debía servir al público y que el mejor modo de lograrlo era mediante la adopción de los principios del diseño racional y el estudio de la ergonomía. Las enseñanzas de Klint fijaron las bases de la reforma del diseño danés tras la II Guerra Mundial.

## Kaare Klint

*Frederiksberg (Dinamarca)*, 1888
*Copenhague*, 1954

▼ Tumbona *Modelo n.°* 4699 para Rud. Rasmussen, 1933

## Knoll International

Fundada en 1938
*Nueva York*

▲ **Florence Knoll**, mesa de conferencias *Modelo n.° 2080* para Knoll International, 1961

► **Herbert Matter**, anuncio que muestra las sillas *Diamond* de Harry Bertoia para Knoll International, aprox. 1952

Hans Knoll (1914–1955) era hijo del ebanista alemán Walter Knoll. En 1937 se trasladó a Nueva York y fundó la Hans G. Knoll Furniture Company, y hacia 1941 empezó a fabricar una serie de muebles modernos diseñados por **Jens Risom**, que incorporaban viejas correas del ejército. En esa época, Hans Knoll conoció a la arquitecta Florence Schust, quien había estudiado en la **Cranbrook Academy of Art**, en la Architectural Association de Londres y, junto a **Mies van der Rohe**, en el Armoury Institute de Chicago. Schust, que también había trabajado para **Marcel Breuer** y **Walter Gropius**, fue contratada como interiorista por Hans Knoll en 1943, y con ella la línea de productos de la compañía dio un giro, pasando del estilo escandinavo al **estilo internacional**. En 1946, Hans y Florence se casaron y fundaron Knoll Associates. Fabricaban muebles escultóricos modernos diseñados por **Eero Saarinen**, **Isamu Noguchi** y **Harry Bertoia** entre otros, lo que reportó un gran prestigio a la compañía, y en 1948 adquirieron los derechos de producción de los muebles diseñados por Mies van der Rohe. En los años cincuenta, Florence Knoll fue la precursora de la nueva imagen de Knoll, que abarcaba todos los aspectos de la proyección corporativa, desde el diseño de salas de exposiciones e interiores, caracterizados por una gran claridad en la presen-

Indoor-outdoor Bertoia chairs in many colors, covered with Knoll fabrics
KNOLL ASSOCIATES, INC., 575 MADISON AVENUE, NEW YORK 22, FURNITURE AND TEXTILES
MAY WE SEND YOU AN ILLUSTRATED BROCHURE?
Herbert Matter

▲ **Massimo Vignelli**, cartel para Knoll International, 1967 (primer cartel diseñado por Vignelli para Knoll)

tación y gran meticulosidad en el detalle, hasta el diseño de gráficos, labor para la cual contrató al diseñador suizo **Herbert Matter**. En los años cincuenta, Matter creó una contundente serie de carteles publicitarios para los productos de Knoll, así como la gran «K» que sería el logotipo de la empresa. Sus gráficos, al igual que los muebles e interiores de Florence Knoll, eran de una gran claridad, y Matter contribuyó a la configuración de la famosa **identidad corporativa** de la compañía. En 1955, Hans Knoll murió trágicamente en un accidente de coche, pero bajo la dirección de Florence Knoll la compañía continuó evolucionando. A diferencia de muchos interioristas, ella tenía un conocimiento tan profundo de la forma arquitectónica que sus interiores usaban todo el espacio disponible y complementaban los edificios en los que se ubicaban. Con su notable «ojo», era capaz de unificar armónicamente la forma, los colores y los materiales. A partir de 1967, **Massimo Vignelli** reforzó la identidad de Knoll diseñando un programa de atrevidos gráficos con una fuerte uniformidad geométrica. Con el tiempo, Knoll se fue asociando cada vez más a la producción de muebles por contrato y actualmente es el tercer fabricante de muebles de oficina más importante. Knoll sigue produciendo diseños altamente innovadores, como las oficinas móviles *Homer* (1997) de Luke Pearson y Tom Lloyd.

▲ **Luke Pearson y Tom Lloyd**, oficina móvil *Homer* para Knoll International, 1997 (con la silla de alambre *Modelo n.° 420 C* de Harry Bertoia)

◄ **Luke Pearson y Tom Lloyd**, oficina móvil *Homer* para Knoll International, 1997

▲ Reloj *Cymric* para Liberty & Co., 1903

## Archibald Knox

*Isla de Man, 1864*
*Isla de Man, 1933*

Archibald Knox cursó sus estudios entre 1878 y 1884 en la Douglas School of Art de la Isla de Man, donde más tarde ejerció como profesor. Trabajó con el diseñador **Hugh Mackay Baillie Scott**, originario también de la Isla de Man, antes de trasladarse a Londres en 1897 para ocupar un puesto de profesor en la Redhill School of Art. También se dedicó a diseñar objetos de metal y tejidos para el **Silver Studio**, con la colaboración de **Christopher Dresser**, y entre 1898 y 1912 diseñó objetos de metal, tejidos y alfombras para **Liberty & Co**. Fue el principal responsable de dos célebres colecciones de artículos de metal de la tienda Liberty: la colección *Cymric* (desde 1899), que incluía artículos de plata y joyas, y la colección *Tudric* (desde aproximadamente 1900), con artículos de estaño más económicos. Las formas orgánicas y la decoración retorcida de Knox estaban inspiradas en los motivos celtas, y sus diseños, con dibujos entrelazados y esmaltados turquesa, eran sinónimo del «estilo Liberty», que tuvo una gran influencia, sobre todo en la Europa continental. Entre 1900 y 1904, Knox permaneció en la Isla de Man. Tras abandonar de nuevo la isla, se dedicó a la enseñanza en numerosas instituciones artísticas, incluida la Kingston School of Art, donde sus métodos pedagógicos fueron criticados por los inspectores oficiales. En 1911 dimitió de su puesto en Kingston y, junto con algunos de sus antiguos estudiantes, fundó el Knox Guild of Craft and Design, que permaneció activo hasta 1939. Knox dejó de crear diseños para Liberty & Co., que en 1909 había cedido la licencia de producción de muchos de sus diseños a James Connell & Co., y en 1912 fue a Estados Unidos, donde permaneció durante un año, diseñando alfombras para la compañía de Filadelfia Bromley & Co., antes de regresar a la Isla de Man. Tras la I Guerra Mundial se dedicó a la pintura y se reincorporó al mundo de la docencia. También diseñó varias lápidas en estilo neocéltico, como la de Arthur Lasenby Liberty en 1917. La plata refinada de Knox y sus artículos de estaño, más económicos, se caracterizaban por las formas orgánicas exageradas y los motivos florales abstractos y eran representativos de la segunda fase del **movimiento Arts & Crafts** británico.

▼ Cuchara de plata con coronación esmaltada *Cymric* para Liberty & Co., 1901

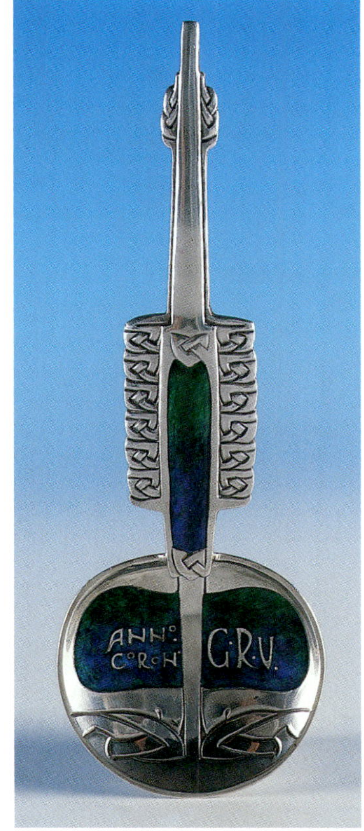

► Silla plegable *MK* para Rud. Rasmussen, 1932

## Mogens Koch

*Copenhague*, 1898
*Copenhague*, 1993

Tras completar sus estudios de arquitectura en la Kongelige Danske Kunstakademi (Real Academia de las Artes) de Copenhague en 1925, Mogens Koch trabajó como ayudante para Carl Petersen y **Kaare Klint**. Diseñó la silla *MK Safari*, fabricada por Interna y Rudolf Rasmussen en 1932, y más tarde diseñó muchos otros muebles para estos dos fabricantes y para Danish CWS y N. C. Jensen Kjaer. Influenciados por el enfoque evolucionista del diseño de Kaare Klint, los muebles de Koch pueden considerarse esencialmente adaptaciones modernas de modelos tradicionales. Koch también diseñó artículos de plata, tejidos y alfombras para diversas restauraciones de iglesias danesas. Su obra era una habitual de las exposiciones de la Trienal de Milán y fue incluida en la exposición itinerante «Artes de Dinamarca», que recorrió Estados Unidos en 1960. Entre 1950 y 1968 fue profesor en la Kongelige Danske Kunstakademi y dio conferencias en el Massachussets Institute of Technology a partir de 1956 y en el Instituto de Arte Industrial de Tokio, a partir de 1962. Eran diseños prácticos basados en soluciones existentes que se habían ido perfilando a lo largo de varias décadas. El enfoque sutil moderno de Koch a la hora de solucionar problemas caracterizó el diseño danés de entreguerras.

## Jakob & Josef Kohn

Fundada en 1850
*Moravia*

En 1850, Jacob Kohn y su hijo transformaron la carpintería que su familia tenía en Holleschau, Moravia (Holesov, República Checa) en la compañía industrial J. & J. Kohn. Diez años más tarde, la patente de **Michael Thonet** para la producción de muebles de madera curvada expiró y J. & J. Kohn aprovecharon la ocasión para construir dos fábricas en Wsetin y Litsch de producción de muebles de madera curvada. La firma no tardó en crecer y se construyeron ocho nuevas fábricas en lo que ahora es Polonia y la República Checa, de modo que en 1873 contaban con una plantilla de dos mil ochocientos trabajadores. A pesar de que en esa época había medio centenar más de empresas de fabricación de muebles de madera curvada, J. & J. se convirtió en la principal competidora de Gebrüder Thonet. En 1882, la empresa ya había abierto sedes en Hamburgo, Berlín, París y Londres, y en 1904 contaba con cuatrocientos siete modelos de piezas de mobiliario distintos y fabricaba más de cinco mil muebles al día. En el galardonado expositor de la empresa para la Exposition Universelle et Internationale de París de 1900 se incluían diversos interiores que incorporaban muebles y apliques curvilíneos. La autoría de esos diseños se atribuye a **Gustav Siegel**, quien había asumido la dirección del departamento de diseño de J. & J. Kohn un año antes, a la temprana edad de diecinueve años. La empresa también fabricó diseños del arquitecto vienés **Adolf Loos**, entre los que destaca su silla *Café Museum* (aprox. 1898), y de **Otto Wagner**. Como Thonet, J. & J. Kohn lideró la aplicación del «nuevo arte» en la producción industrial a través de su producción en serie de «diseños artísticos». De modo semejante, también desarrolló nuevas técnicas de fabricación, como una máquina que fabricaba armaduras

▼ Anuncio de J. & J. Kohn para el catálogo de la XV Exposición de la Wiener Sezession, 1902

para asientos circulares y un método para doblar la madera en un ángulo de casi noventa grados. La fachada del edificio de J. & J. Kohn en Viena fue diseñada por **Josef Hoffman** y **Koloman Moser**, quienes también diseñaron algunos muebles para la empresa. J. & J. Kohn también produjo la *Sitzmaschine Model n.° 670* (aprox. 1908) de Hoffmann, la cual, con sus motivos geométricos perforados y sus superficies planas, ejemplificaba el estilo secesionista tan característico de los productos de la empresa. El último catálogo de J. & J. Kohn, publicado en 1916, dos años después de su fusión con la ebanistería Mundus, incluía unos mil modelos, comercializados por las sedes de la empresa en Alemania, Bélgica, Polonia, Suiza y América. En 1922, la compañía Thonet absorbió la sociedad entre Kohn y Mundus para formar la firma Thonet-Mundus-J. & J. Kohn, aunque en 1932 Kohn dejó de formar parte del nombre de la compañía.

► **Koloman Moser**, vitrina de madera curvada y vidrio para J. & J. Kohn, aprox. 1905

## Jurriaan Jurriaan Kok

*Rotterdam*, 1861
*La Haya*, 1919

Jurriaan Jurriaan Kok estudió arquitectura en el Delft Polytechnic y luego trabajó en el despacho de arquitectura de D. P. van Ameijden van Duym, en La Haya, en el que se diseñaban cerámicas para la fábrica Rozenburg. Su relación con Van Ameijden van Duym, permitió a Kok ser nombrado consejero artístico de la alfarería en 1893, y al cabo de un año asumió la dirección de la fábrica de porcelana Rozenburg en La Haya. Antes del nombramiento de Kok, el primer director de diseño de Rozenburg había sido Theodorus A. C. Colenbrander (1841–1930), el cual había introducido el uso de dibujos ornamentales basados en la aplicación de la técnica javanesa batik en alfarería. Durante el período en que Kok ocupó la dirección, la decoración de las cerámicas de Rozenburg tomó un cariz más naturalista, aunque mantuvo su influencia indonesia. En 1899, Kok introdujo las elegantes figuras translúcidas «de cáscara de huevo» que hicieron famosa a la empresa. Estos productos, con sus formas **Art Nouveau** suavizadas y sus estilizados motivos inspirados en la flora y la fauna, se exhibieron en la Exposition Universelle et Internationale de París de 1900, con una gran acogida por parte de la crítica. En 1900, la N. V. Haagsche Plateelbakkerrj Rozenburg, nombre con el que se conocía oficialmente la fábrica, recibió una autorización real y pasó a llamarse Koninklijke Porselein-en-Aardewerkfabriek Rozenburg. Kok siguió al frente de la empresa hasta 1913, cuando fue nombrado jefe de obras públicas de La Haya.

▲ Jarrones de porcelana «de cáscara de huevo» con decoración policromada para Rozenburg, 1901–1903

## Henning Koppel

*Copenhague*, 1918
*Copenhague*, 1981

► Jarra de vino de plata *Modelo n.° 978* para Georg Jensen, 1948

▼ Jarra de plata *Modelo n.° 992* para Georg Jensen, 1952

Henning Koppel estudió dibujo con Bizzie Høyer en Copenhague entre 1935 y 1936 y escultura con Anker Hoffmann en la Kongelige Danske Kunstakademi (Real Academia de Bellas Artes de Dinamarca) de Copenhague entre 1936 y 1937. Luego estudió durante un año en la Académie Ranson de París, donde sin duda estuvo en contacto con las nuevas corrientes en escultura **vanguardista**. Koppel pasó la II Guerra Mundial en Estocolmo, y mientras estuvo allí creó diseños para Orrefors y Svenskt Tenn y empezó a diseñar joyas de oro y plata. Luego regresó a Dinamarca y empezó a trabajar en colaboración con el platero **Georg Jensen**, colaboración que se mantuvo hasta la muerte de Koppel en 1981. Koppel creó cerámicas esculturales, como el servicio de mesa *Form 24* (1962) para la Bing & Grøndahl Porcelaensfabrik, y también diseñó relojes y lámparas para Louis Poulsen, cristalerías para Orrefors e incluso sellos de correos daneses. Sin embargo, su mayor reconocimiento internacional lo logró con sus hermosos artículos escultóricos de plata. Usando como fuente de inspiración las esculturas abstractas de Hans Arp (1887–1966) y Constantin Brancusi (1876–1957), Koppel creó joyas de plata biomórficas, como su brazalete *Modelo n.° 89* (1946), célebre por la maravillosa plasticidad de sus formas y por su excepcional modernidad. Aunque Koppel siguió las tradiciones artesanas por las que Dinamarca tenía tanto renombre, sus diseños, como la jarra de vino *Modelo n.° 978* (1948) y su fuente para pescado de 1954, expresaban un lenguaje universal de formas orgánicas esencialmente moderno. Las ideas para sus diseños primero las esbozaba en tinta y luego las moldeaba en barro, lo que le permitía perfeccionar las líneas desde todos los ángulos antes de reproducirlas en plata. Su cubertería *Caravel* de 1957 introdujo formas expresivas a la colección de platos y cubiertos de Georg Jensen. Koppel recibió tres medallas de oro en diversas exposiciones de la Trienal de Milán (1951, 1954 y 1957) y el Lunning Prize en 1953.

▸ Silla *Karuselli* para Haimi, 1965

## Yrjö Kukkapuro

*Yiipuri (Finlandia)*, 1933

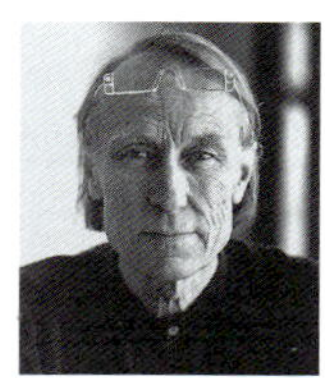

Yrjö Kukkapuro estudió en el Instituto de Artes Industriales de Helsinki, donde se graduó como interiorista en 1958. Un año más tarde creó su estudio en Kauniainen y empezó a diseñar muebles funcionales. Su obra estaba en gran parte influenciada por Ilmari Tapiovaara (1914–1999), que había sido profesor suyo en el Instituto de Artes Industriales de Helsinki y que era uno de los precursores de los muebles desmontables. La forma ergonómica de la original silla *Karuselli* (Carrusel), diseñada por Kukkapuro en 1965, fue inspirada, según dicen, por la huella del cuerpo del propio diseñador en la nieve. En 1978 diseñó la silla de oficina *Fysio*, más sobria, cuya forma se ajustaba a parámetros antropométricos. Entre 1974 y 1980, Kukkapuro impartió clases en el Taideteollinin Korkeakoulu (Instituto de Tecnología) de Helsinki, del cual fue rector entre 1978 y 1980. Coincidiendo con la ascensión del **movimiento posmoderno** en los años ochenta, empezó a crear diseños más expresivos, como sus sillas *Experiment* (1982–1983), y declaró: «El movimiento posmoderno nos ha puesto de nuevo en contacto con el elemento vital que los franceses llaman *joie de vivre.*» Al principio, la compañía Haimi se encargaba de la producción de los diseños de Kukkapuro, pero en 1980 se fundó la compañía Avarte, dedicada exclusivamente a la producción de sus muebles.

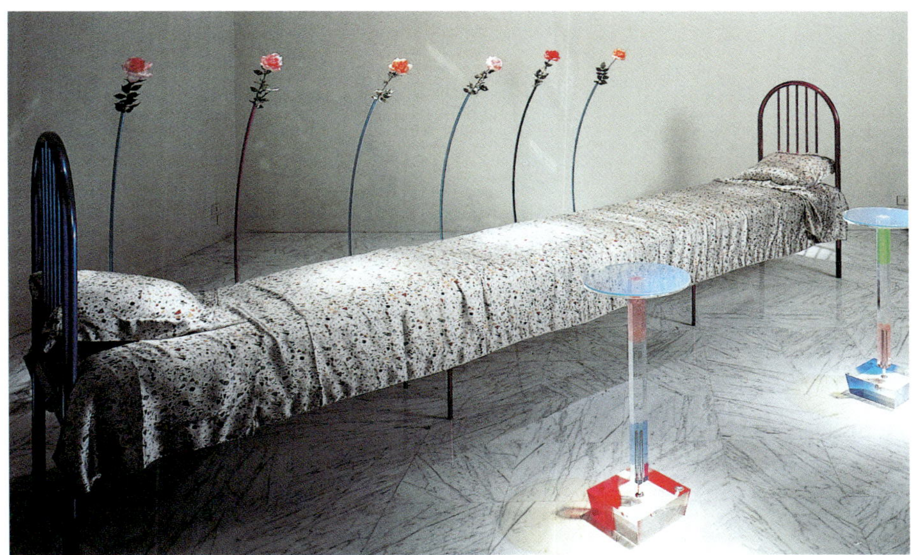

Shiro Kuramata estudió arquitectura en el Instituto Municipal Politécnico de Tokio hasta 1953 y luego trabajó durante un año para el ebanista Teikokukizai. También se formó en el departamento de diseño contemporáneo del Instituto de Diseño Kuwazawa, en Tokio, donde se graduó en 1956. Durante los siete años siguientes, Kuramata trabajó en el estudio de diseño San-Ai de los almacenes Maysuya en Tokio, y se especializó en el diseño de venta al público. En 1965 fundó su despacho en Tokio, el estudio de diseño Kuramata, y diseñó interiores para unos trescientos restaurantes, incluido el Judd Club (1969), y muebles que combinaban el minimalismo japonés y el sentido de la ironía occidental. En 1972 fue galardonado con un Premio de Diseño Mainichi y en 1975 se convirtió en asesor de la junta directiva de Mainichi. Sus famosos *Drawers in an Irregular Form* (1977) fueron unos de los primeros diseños de muebles que le otorgaron prestigio internacional. En los años ochenta usaba materiales poco habituales, como acero dilatado o resina acrílica, para crear sus poéticos muebles, notables por su gran originalidad y por sus cualidades espaciales, como las sillas *How High The Moon* (1986) y *Miss Blanche* (1988). Estos imaginativos diseños tenían títulos que hacían referencia a la cultura occidental —a saber, el de un número de jazz de Duke Ellington y el del personaje de la obra de Tennessee Williams *Un tranvía llamado deseo*. En 1981, Kuramata recibió el Premio Cultural Japonés de Diseño, y durante los seis años siguientes diseñó varias piezas

## Shiro Kuramata

*Tokio*, 1934
*Tokio*, 1991

▲ Interior para la exposición «Il Dolce Stile Nuovo – della casa», celebrada en el Palazzo Strozzi de Florencia, 1991, con una cama *Laputa*, mesas *Placebo* y jarrones *Ephemera* para Cappellini, 1991

◄ Silla *How High The Moon* para Kurosaki, 1986 (reeditada por Vitra)

► Cómoda *Drawers in an Irregular Form* para Fujiko, 1970 (reeditada por Cappellini)

para **Memphis**, como su mesa de cemento y vidrio *Kyoto* (1983) y su mesa de metal y vidrio *Sally* (1987), más elegantes y estéticas que los diseños comúnmente asociados al grupo italiano. A lo largo de los años ochenta, Kuramata diseñó muebles y apliques minimalistas para los almacenes Issey Miyake de Tokio (1986), París (1984) y Nueva York (1987), y creó interiores para los almacenes Seibu, en Tokio (1987). En 1988 compró una casa en París que había sido originalmente diseñada por **Robert Mallet-Stevens** para Jöel y Jan Martell, y abrió su despacho de diseño en la Rue Royale de la capital francesa. Muchas han sido las empresas que han fabricado los diseños de Kuramata, entre las que destacan **Vitra**, Cappellini, XO, Fujiko, Ishimaru, Mhoya Glass Shop, Aoshima Shoten y Kurosaki.

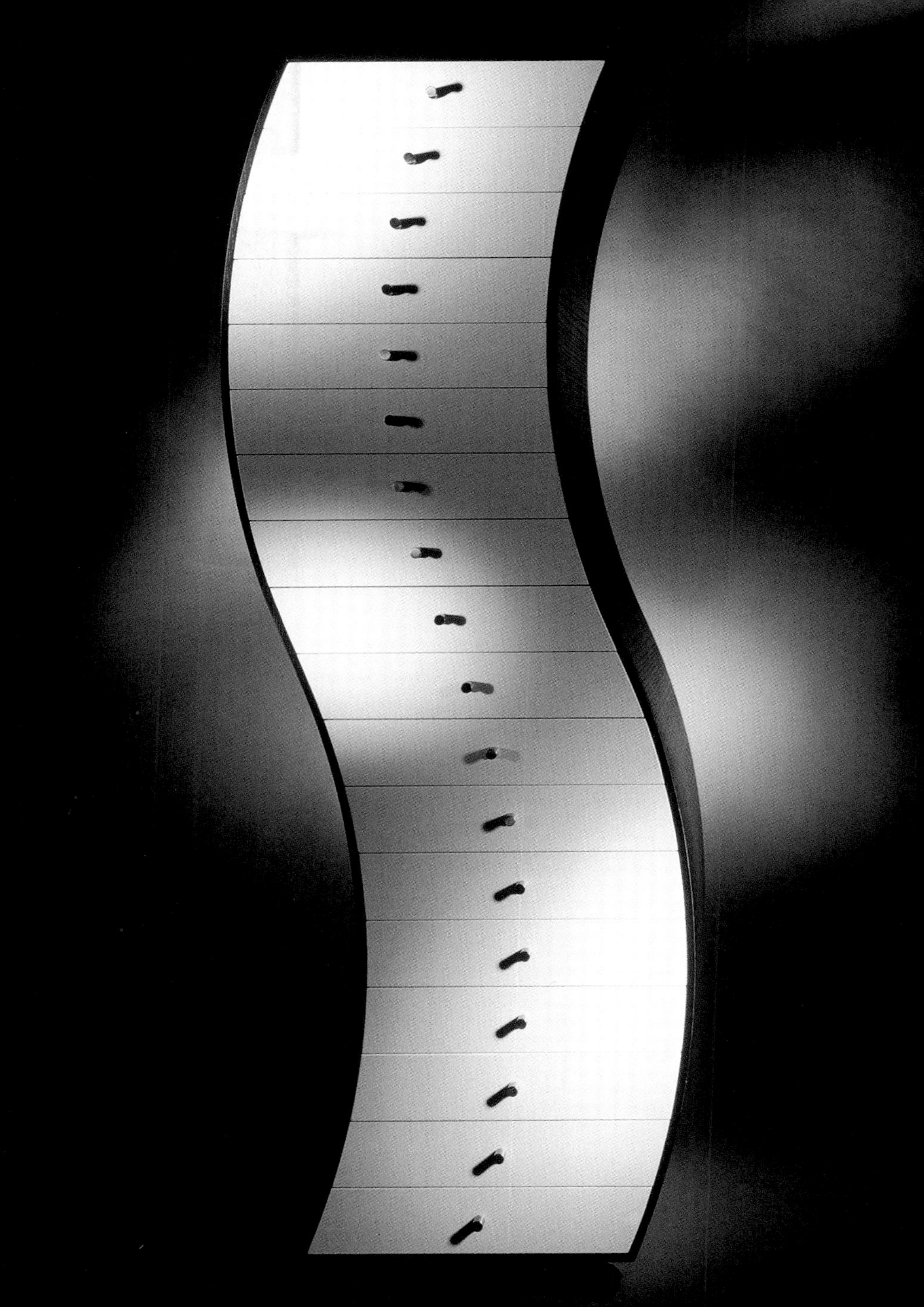

## René Lalique

*Ay (Francia)*, 1860
*París*, 1945

Después de dejar la Escuela Turgot en 1876, a los dieciséis años, René Lalique entró a trabajar como aprendiz para un célebre orfebre parisino, Louis Aucoc, y asistió a clases en la École des Arts Décoratifs de París. Pasó dos años en Inglaterra completando sus estudios en el Sydenham College de Londres, y a su vuelta a París en 1880 trabajó por poco tiempo para la joyería Petits Fils antes de abrir su despacho con un amigo de la familia, M. Varenne. Lalique creó joyas por su cuenta para Cartier, Boucheron, Destape y Aucoc, a la vez que diseñaba papeles de pared y tejidos y estudiaba escultura con Lequien. En 1886, un año después de ser nombrado director del pequeño taller de fabricación de joyas de Jules Destape, Lalique compró el negocio. Ese taller, que proveía diseños para otras joyerías ilustres, tuvo que trasladarse en dos ocasiones a un local más amplio, y en 1894, la obra de Lalique ya se exhibía regularmente en los salones de París. En marcado contraste con el gusto contemporáneo por las gemas preciosas y ostentosas con monturas austeras, los diseños de joyas de Lalique incorporaban marfil tallado, cuerno, piedras semipreciosas y esmaltes, y eran concebidos como *objets d'art*. Durante la última década del siglo XIX, Lalique creó varias piezas para la actriz Sarah Bernhardt (1844–1923) y expuso sus joyas en la tienda de **Siegfried Bing**, la Maison de l'Art Nouveau. Después empezó a experimentar con cristal grabado transparente y de color en las joyas, y expuso su obra en la Exposition Universelle et Internationale de París de 1900, donde tuvo una gran acogida por parte de la crítica. Espoleado por ese éxito, Lalique abrió un pequeño taller de vidrio en Clairefontaine en 1902, y cinco años después François Coty le encargó el diseño de varios frascos de perfumes, que fueron creados en la fábrica de vidrio Legras &

▾ Jarrón *Pierrefonds* para René Lalique et Cie., 1926

▸ Plato opalescente *Sirène* para René Lalique et Cie., 1920

Cie. En 1909, Lalique compró una fábrica de vidrio, la Verrerie de Combs-la-Ville, en Seine-et-Marne, dedicada a la producción de frascos de perfumes para sus clientes, como Worth y Roger & Gallet. Poco después adquirió otra fábrica de vidrio mucho más grande en Wingen-sur-Moder, en Alsacia, donde aplicó modernas técnicas de producción industrial para elaborar sus diseños. Así, desarrolló una prensa de estampación que permitía un sistema de moldeado de relieves alternativo a las técnicas más tradicionales, como el vaciado *cireperdue* o el moldeado mediante soplado. Lalique produjo una amplia gama de artículos de vidrio, que estilísticamente oscilaban entre los delicados y naturales diseños **Art Nouveau** y los pesados y muy estilizados artículos **Art Déco**. Aunque usó muchos colores de vidrio diferentes para sus vasijas, mascotas, botones, lámparas, etc., Lalique fue particularmente conocido por su vidrio opalescente, que muchos otros fabricantes copiaron sin llegar a igualarlo en calidad. La fábrica de vidrio se cerró en 1937, pero en 1945, el hijo de René Lalique, Marc, restableció de nuevo la empresa.

▸ Copas *Tulpan* (Tulipán) para Orrefors, 1956

## Nils Landberg

1907–1991

Nils Landberg estudió en la Konstindustrieskolen de Gotemburgo entre 1923 y 1925 y luego se formó en la nueva escuela de grabado de la Orrefors Glasbruk durante dos años, junto con su compatriota **Sven Palmqvist**. Landberg continuó sus estudios en Italia y Francia antes de regresar a Suecia, donde empezó a trabajar para Edward Hald (1883–1980) como ayudante y grabador en Orrefors. Hacia 1935 empezó a crear sus propios diseños para la compañía y pasó a formar parte de su equipo de diseño. Sus artículos de vidrio grabado de esa época se expusieron en la «Exposition Internationale des Arts et Techniques dans la Vie Moderne» y en la Exposición Universal de Nueva York de 1939. Durante los años cincuenta, Landberg experimentó con formas abstractas y suavizadas, usando vidrio transparente o delicadamente coloreado. En esas piezas forzó al máximo la resistencia a la tensión del medio, dotando a los diseños de una gran tensión interior. El famoso *Tulpanglas* (1956), de cuello esbelto, fue soplado como una sola pieza y obtuvo una medalla de oro en la XI Trienal de Milán en 1957. También diseñó cubiertos y vasos, así como puertas y ventanas decorativas y lámparas. Landberg dejó Orrefors en 1972 y catorce años más tarde, el Museo Orrefors albergó una exposición retrospectiva de su obra.

◂ Silla *Flex 2000* para Thonet, 1973–1974

## Gerd Lange

*Wuppertal (Alemania)*, 1931

Gerd Lange estudió en la Werkkunstschule de Offenbach/Main entre 1952 y 1956, y durante los cinco años siguientes diseñó salas de exposición e interiores al mismo tiempo que trabajaba como diseñador industrial. En 1964 creó su taller y estudio en Kapsweyer, especializándose en el diseño de muebles y lámparas por contrato. Lange diseñó muebles para Thonet, de entre los que destacan su silla multifuncional *Flex 2000* (1973–1974) y su silla apilable *Thonet-Cut* (1985). A partir de 1964, su obra se incluyó en la exposición anual «Die Gute Industrieform» de Hannover, y en 1969 fue galardonado con dos primeros premios Gute Form por sus diseños de sillas. Aparte de sus muebles para Wilhelm Bofinger (Stuttgart), como la serie desmontable *Farmer* (1966) —formada por una silla, una mesa, una cama y un armario ropero—, Lange también diseñó muebles para Drabert y Schlapp, así como sistemas de iluminación para Staff y **Kartell**. En 1970, el Rat für Formgebung de Darmstadt albergó una exposición monográfica de su obra. El éxito de la obra de Lange se debe en gran medida a su habilidad a la hora de combinar la innovación técnica y la sencillez formal.

◄ Tejido *Magnum* para Jack Lenor Larsen Inc., 1970

## Jack Lenor Larsen

*Seattle (Washington),* 1927
*Nueva York,* 2020

Jack Lenor Larsen estudió arquitectura y diseño de muebles en la University of Washington de Seattle y en la University of Southern California de Los Ángeles, donde se graduó en 1950. También asistió a cursos de tejeduría, y en 1949 creó un taller de tejeduría en Seattle. Después de estudiar durante un año en la **Cranbrook Academy of Art** de Michigan y obtener una maestría en bellas artes, se estableció en Nueva York, donde en 1951 fundó su taller. Su primer proyecto de envergadura consistió en el diseño de las tapicerías para la Lever House (1952) de Skidmore, Owings y Merrill, en Nueva York. En esa época, Larsen también se dedicaba a diseñar tejidos a máquina, con tal destreza que parecían tejidos a mano. Estos ingeniosos diseños ejercieron una gran influencia y fueron muy imitados. En 1953 fundó la empresa Jack Lenor Larsen Inc., y hacia 1956 ya empleaba telares eléctricos en la fabricación de sus tejidos. Al cabo de dos años creó el Larsen Design Studio, dirigido por Win Anderson. Larsen también asesoró al Departamento de Estado de Estados Unidos sobre un proyecto de tejido vegetal en en Vietnam. A finales de los años sesenta creó sucursales de Jack Lenor Larsen Inc. en París, Zúrich y Stuttgart, y en 1972 adquirió Thaibok Fabrics, en Bangkok, donde creó una sección de alfombras en 1973 y otra de muebles en 1976. Larsen fue el precursor de numerosas innovaciones, como los tapices de terciopelo estampados, los tapices elásticos y los tejidos de punto de urdimbre. También diseñó y fabricó varias colecciones de tejidos que «mantienen la gran tradición de calidad y lujo». Las innovaciones técnicas de Larsen y su éxito como fabricante le convirtieron en uno de los diseñadores textiles más importantes del mundo.

## Carl Larsson

*Estocolmo*, 1853
*Sundborn (Suecia)*, 1919

Carl Larsson estudió en la Academia de Arte de Estocolmo, donde más tarde asistió a cursos de arte clásico y dibujo del natural. Como estudiante, Larsson publicó caricaturas en el diario *Kasper* y gráficos en el periódico *Ny Illustrerad Tidning*. En 1877 se trasladó a París y en 1882 se estableció, con otros pintores suecos, en Grez, donde creó acuarelas de gran realismo poético y calidad narrativa. En 1879 conoció a la artista sueca Karin Bergöö, con quien contrajo matrimonio en 1883. Durante la década de 1880, Larsson se unió al grupo de arte sueco Opponents, y se dedicó a la ilustración. En 1888, el padre de Karin regaló a la familia Larsson, cada vez más numerosa, una pequeña casa, Lilla Hyttnäs, en Sundborn, que usarían como residencia de verano hasta 1901, cuando se trasladaron allí definitivamente. A partir de entonces, la casa se convirtió en el centro de sus vidas. Karin decoró sus interiores en un sencillo estilo «rural» (muebles pintados de blanco, suelos de madera, tejidos bordados), mientras que Carl plasmó su vida cotidiana en sus acuarelas e hizo retratos de sus siete hijos. En 1899, Karl publicó el libro *Ett Hem* (Nuestro hogar), una recopilación de sus estilizados estudios en brillantes colores que reflejaban su estilo de vida idílico, rural, autosuficiente y despreocupado, con el objetivo de «reformar el gusto y la vida familiar». El estilo de vida sencillo e integrado de los Larsson tuvo una gran influencia en los países escandinavos y en Alemania.

▲ Acuarela del estudio de Carl Larsson, ilustrada en su libro *Ett Hem* (Nuestro hogar), publicado en 1899

**Le Corbusier**

*La Chaux-de-Fonds (Suiza)*, 1887
*Cap Martin (Francia)*, 1965

Charles-Édouard Jeanneret estudió grabado de metal en la Escuela de Artes Aplicadas de La Chaux-de-Fonds, en Suiza, donde su profesor Charles L'Eplattenier le animó a dedicarse a la arquitectura. En 1905 construyó su primera casa, la Fallett Villa, por encargo de uno de los profesores de la escuela. Tras viajar por toda Italia y visitar Budapest y Viena, se trasladó a París en 1908, donde trabajó en el despacho del arquitecto Auguste Perret (1874–1954), conocido por ser uno de los precursores del uso del hormigón armado y del armazón de acero. Durante su estancia en París conoció a Wolf Dohrn, director de los **Dresdener Werkstätten für Handwerkskunst**, al diseñador teórico alemán Hermann Muthesius (1861–1927) y al arquitecto y diseñador industrial **Peter Behrens**. Trabajó durante un año en el despacho de Behrens en Berlín, donde adquirió una valiosa experiencia, y en 1911 regresó a Suiza, donde estuvo dos años dando clases en su alma máter. También desarrolló una idea para una unidad constructiva en hormigón armado de producción en serie, las *Dom-ino-houses* (1914–1915), y diseñó y construyó la Schwab Villa, en La Chaux-de-Fonds (1916). En 1917, Jeanneret se trasladó de nuevo a París, y hacia 1920 adoptó su seudónimo, «Le Corbusier». En París desarrolló junto con el artista Amédée Ozenfant (1886–1966) un nuevo enfoque de la pintura conocido como purismo, y en 1918 publicaron un manifiesto titulado *Après le cubisme, le purisme*. Durante los dos años siguientes, Le Corbusier editó el diario *L'Esprit Nouveau*, en el que publicó numerosos artículos. Su admiración por la arquitectura griega clásica y por el concepto de la máquina quedó reflejada en dichos artículos, que ejercieron una gran influencia y que finalmente se publicaron en forma de recopilación bajo el título *Vers une Architecture* (1923). Con el deseo de transformar la casa humilde en un producto industrializado, desarrolló un sistema de unidades de construcción conocido como Maison Citrohan (1920–1922). También proyectó una gran ciudad utópica de altos edificios conocida como «La ciudad contemporánea para tres millones de habitantes» (1922), cuyos planos se expusieron en el Salon d'Automne de 1922. Ese mismo año, Le Corbusier y su primo, el arquitecto **Pierre Jeanneret**, crearon una sociedad arquitectónica con sede en la Rue de Sèvres de París, y construyeron una serie de viviendas y residencias privadas. Le Corbusier diseñó el Pavillon de l'Esprit Nouveau para la «Exposition Internationale des Arts Décoratifs et Industriels modernes», que era el modelo de una unidad de construcción para un bloque de apartamentos. El pabellón recibió muchos elogios, pero también fue objeto de duras críticas, a raíz de las cuales Le Corbusier y otros arquitectos abandonaron la conservadora Société des Artistes Décorateurs y formaron la UAM (Union des Artistes Modernes) en 1929. La concepción de Le Corbusier de la casa como «una máquina en la que vivir»

▲ **Le Corbusier, Pierre Jeanneret y Charlotte Perriand**, tumbona *Modelo n.° B306* para Thonet y Embru, 1928

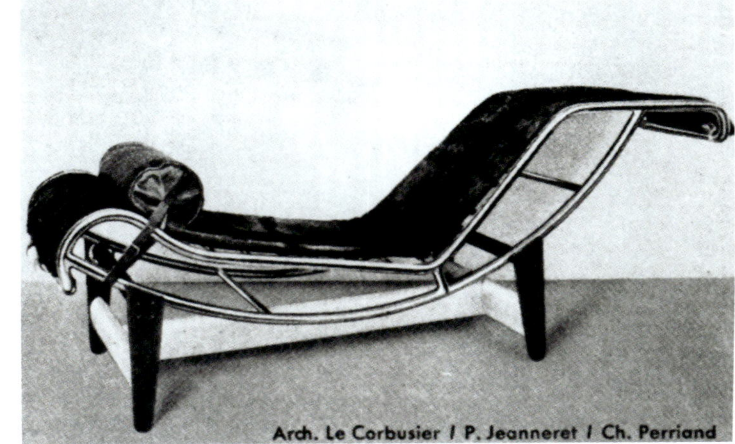


► Ilustración de la tumbona *Modelo n.° B306* en posición inclinada perteneciente al catálogo de Thonet

▲ **Le Corbusier, Pierre Jeanneret y Charlotte Perriand**, sillón *Modelo n.° LC2 Grand Confort* para Thonet, 1928

implicaba que el mobiliario, o «équipement de l'habitation», fuera adecuadamente funcional. En consecuencia, codiseñó una serie de muebles sistematizados en acero tubular junto con Pierre Jeanneret y **Charlotte Perriand**, quien se incorporó a la sociedad arquitectónica y de diseño de los Jeanneret en 1927. En 1928 presentaron estos modernos y revolucionarios diseños, entre los que cabe destacar la silla *Basculant n.° B301* (aprox. 1928), la tumbona *N.° B306* (1928) y el sillón *Grand Confort n.° LC2* (1928), los cuales introducían una nueva pureza estética en el diseño, precursora del **estilo internacional**. A finales de los años veinte y durante la década de los treinta, Le Corbusier se dedicó a realizar encargos arquitectónicos, como su famosa Villa Savoye, en Poissy (1928–1929), la Cité du Refuge, en París (1930–1933), y el Pavillon Suisse de la Cité Universitaire de París (1930–1931), y a perfilar sus ideas arquitectónicas utópicas, como el proyecto de ciudad de La Ville Radieuse (1935). Estos proyectos extremadamente modernos desempeña-

▾ **Le Corbusier, Pierre Jeanneret y Charlotte Perriand**, sofá *Modelo n.° LC2*, 1928 (reeditado por Cassina)

▲ **Le Corbusier, Pierre Jeanneret y Charlotte Perriand**, silla *Modelo n.° B301 Basculant* para Thonet, 1928 (reeditada por Cassina)

▲ **Le Corbusier, Pierre Jeanneret y Charlotte Perriand**, estudio para el Salon d'Automne, París, 1929

ron un papel fundamental en la evolución de la arquitectura, sobre todo en las zonas con una gran concentración de viviendas y bloques de oficinas. Durante los años cincuenta, Le Corbusier abandonó el formalismo del estilo internacional para adoptar un lenguaje más libre y expresivo. Su creciente interés por el potencial escultórico del hormigón quedó reflejado en el tejado de su complejo de viviendas Unité d'Habitation en Marsella (1946–1952) y en su célebre iglesia de Notre Dame du Haut, en Ronchamp (1950–1955). Le Corbusier ha sido uno de los arquitectos, diseñadores y teóricos del diseño más influyentes del siglo XX y su apuesta por el formalismo geométrico ha tenido una gran repercusión en todos los ámbitos. Paradójicamente, fueron las viviendas públicas construidas durante los años sesenta según el modelo de Le Corbusier —muchas de las cuales estaban mal construidas— las que desacreditaron el **movimiento moderno** al no adaptarse a las necesidades de la gente a la que precisamente debían beneficiar.

## Yonel Lébovici

*París*, 1937
*París*, 1998

El diseñador parisino Yonel Lébovici es famoso por las características lámparas que él mismo diseñó y fabricó. Su temprana lámpara de mesa *Satellite* (1965), de la cual sólo se produjeron veinte unidades, reflejaba la obsesión de los años sesenta por la era espacial. A pesar de ser extremadamente futurista, dicha lámpara también presentaba reminiscencias de las primeras esculturas de resina acrílica y nailon de Naum Gabo (1890–1977). Sus discos articulados de resina acrílica no sólo difundían la luz desde la bombilla central para dar una iluminación cálida, sino que gracias a su delgadez también desprendían una luz brillante desde los bordes. Aunque actualmente la resina acrílica es un material habitual con múltiples aplicaciones, Lébovici fue uno de los primeros en explorar su potencial en el diseño de lámparas. Sus posteriores lámparas estándar y de techo *Soucoupe* (1970) estaban inspiradas en los platillos volantes y funcionaban más como esculturas lumínicas que como soluciones prácticas de iluminación. Lébovici también creó varios diseños de grandes dimensiones, como su escultura *Safety Pin* (1975), inspirada en el arte pop. Durante la década de los ochenta, siguió experimentando con formas y materiales innovadores. Por ejemplo, su lámpara estándar *Phototaxie* (1984) combinaba una base piramidal en madera exótica con discos de metal perforados de níquel y plata. Muchas de las lámparas diseñadas por Lébovici fueron incluidas en la exposición «Lumières» celebrada en el Centre Georges Pompidou de París en 1985. También diseñó lámparas, piezas de cristalería y muebles para Cardin, Club Med, Jansen y Lancel. Los excéntricos diseños de Lébovici, atractivamente subversivos y de una sofisticación típicamente francesa, son muy apreciados por los coleccionistas debido a su edición limitada.

◂ Lámpara de mesa *Satellite*, 1965

▾ Lámpara de pie *Soucoupe*, 1970

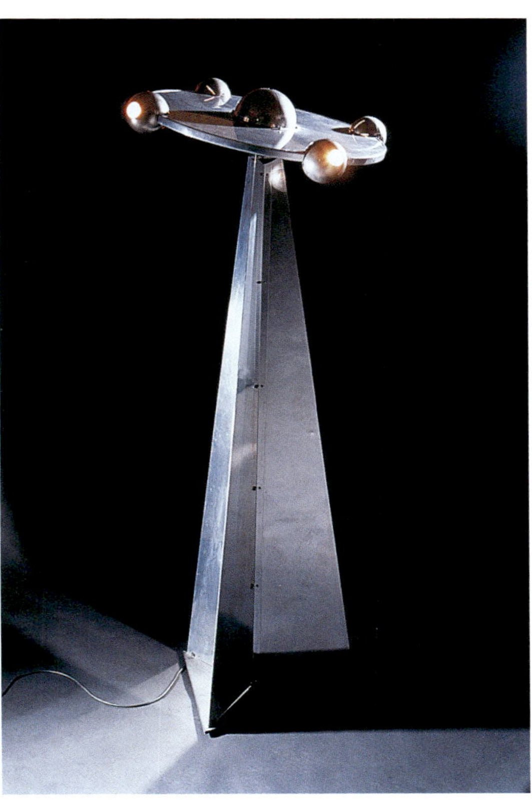

## Pierre-Émile Legrain

*Levallois-Peret (Francia)*, 1889
*París*, 1929

Pierre-Émile Legrain se formó en el Collège Sainte-Croix de Neuilly antes de estudiar pintura, escultura y diseño escenográfico en la École des Arts Appliqués Germain-Croix de París. En 1908 creó algunas ilustraciones para los periódicos satíricos de **Paul Iribe** *Le Mot, Le Témoin, La Baïonnette* y *L'Assiette au Beurre*. Finalmente, Legrain se incorporó al estudio de Iribe, donde trabajó hasta 1914 colaborando en varios proyectos, incluyendo la decoración del apartamento de Jacques Doucet, en la Avenue du Bois, y de su estudio, en la Rue Saint-Jacques de Neuilly. Iribe y Legrain también codiseñaron joyas para Robert Linzeler y vestidos para Paquin. Legrain destacó especialmente en el diseño de encuadernaciones y cubiertas de libros, y en 1917, Doucet le encargó el diseño de encuadernaciones y sobrecubiertas para su recién adquirida colección de reediciones de autores contemporáneos, como André Gide, Francis Jammes, André Suarès y Paul Claudel. Doucet ayudó a Legrain en ese proyecto y los libros fueron expuestos en el salón de la Société des Artistes de 1919. Ese mismo año, Legrain empezó a trabajar para la empresa de encuadernación de libros de René Kieffer, donde realizó encuadernaciones exquisitas con motivos geométricos y materiales exóticos, como zapa o nácar. Durante esa época, Legrain también trabajó como interiorista y diseñó sillas inspiradas en el arte africano, representativas del estilo **Art Déco**. En 1925 diseñó los interiores del chalet de Doucet en Neuilly, los cuales se convirtieron en un escaparate del arte y el diseño contemporáneos al incluir muebles de **Eileen Gray**, Paul Iribe, Marcel Coard (1889–1975) y André Groult (1884–1967), y pinturas de Henri Matisse (1869–1954), Pablo Picasso (1881–1973) y Amedeo Modigliani (1884–1920). Legrain fue miembro del Groupe des Cinq y entró a formar parte de la UAM (Union des Artistes Modernes) en 1929. En el momento de su muerte, Legrain había diseñado cerca de 1.300 encuadernaciones de libros y había conseguido, prácticamente solo, hacer renacer ese antiguo oficio.

▾ Taburete *Tabouret Ashanti*, aprox. 1922

## Jules-Émile Leleu

*Boulogne-sur-Mer (Francia)*, 1883
*París*, 1961

En 1901, Jules-Émile Leleu se hizo cargo junto con su hermano Marcel de la empresa familiar y luego trabajó como interiorista. Hacia 1918, Leleu fundó su estudio de diseño y taller de muebles en París, en el cual desarrolló un estilo **Art Déco** similar al de los Établissements Ruhlmann y la Compagnie des Arts Français de Louis Süe y André Mare. Sus primeros diseños estaban inspirados en el neoclasicismo, con formas elegantes y a la vez monumentales. Sin embargo, a mediados de los años veinte, sus muebles eran de dimensiones más reducidas e incorporaban a menudo maderas exóticas, zapa y marfil. Recibió numerosos encargos para embajadas, edificios públicos y residencias reales, debido en gran medida a que su estilo formal de decoración era considerado especialmente adecuado para interiores oficiales. Durante los años treinta, los muebles de Leleu ganaron en simplicidad lineal y constructiva. Su hotel Nord-Sud de Calvi, en Córcega (1931), se incluyó en la célebre exposición «El **estilo internacional**: arquitectura desde 1922», celebrada en 1932 en el **Museum of Modern Art** de Nueva York, y en 1937, Leleu decoró el comedor del Palais de l'Élysée con sus modernos diseños. En muchos de sus proyectos de decoración, Leleu colaboró con Edgar Brandt (1880–1960), Jean Dunand (1877–1942) y André Lurçat (1894–1970). También diseñó interiores y muebles para más de veinte transatlánticos.

▲ Tocador y taburete para los talleres de Jules-Émile Leleu, 1929–1930

## Liberty & Co

Fundada en 1875
*Londres*

Arthur Lasenby Liberty (1843–1917) trabajó como aprendiz en la tienda de ropa de John Weekes en la Baker Street de Londres, antes de trabajar en Great Shawl y en Cloak Emporium de Farmer & Rogers, en Regent Street. En 1864, Liberty fue nombrado director del almacén oriental de Farmer & Rogers, dedicado a la venta de artículos orientales importados, que se convirtió en la Meca de los artistas asociados al **movimiento estético**. Tras una década como director del exitoso almacén, Liberty vio como lo rechazaban como socio de la empresa, por lo que decidió abrir su propia tienda. Adquirió los locales del 218 de Regent Street y, de modo un tanto pretencioso, llamó East India House al nuevo edificio estilo Tudor. La tienda se inauguró en mayo de 1875 con sólo tres empleados y al principio sólo vendía sedas orientales de múltiples colores. Algunos artistas y diseñadores como **William Morris**, Lawrence Alma-Tadema (1836–1912), Dante Gabriel Rossetti (1828–1882) y Edward Burne-Jones (1833–1898) frecuentaban el establecimiento, que pronto empezó a vender budas, lacas, esmaltes tabicados, porcelana de Satsuma y abanicos de Japón. En la década de los ochenta, el almacén de Liberty había diversificado sus objetos de importación y también vendía mercancías de China, la India, Persia e Indonesia. En esa

▲ Tejido *Tulip* para Liberty & Co., aprox. 1905

época, la compañía también comercializaba sus propios tejidos teñidos en «Art Colours» y tejidos estampados que o bien eran copias de patrones de la India o bien eran obra de diseñadores contemporáneos como **Charles Voysey** y estaban pintados a mano en los talleres de impresión de Liberty en Merton Abbey. En 1883, Arthur Lasenby Liberty abrió una tienda de ropa en Chesham House, en Regent Street, dirigida por **E. W. Godwin**. También abrió un nuevo taller, «Furnishing and Decoration Studio», llevado por Leonard F. Wyburd, y en el cual durante las dos últimas décadas del siglo XIX se produjeron muebles de estilo árabe y muebles al estilo rural del Arts & Crafts, incluida la colección *Althelstan*. Liberty & Co. también obtuvo un gran reconocimiento por sus colecciones de artículos de metal *Cymric* y *Tudric* diseñadas por **Archibald Knox** y por sus alfombras diseñadas principalmente por **Silver Studio** y Voysey. Entre otros diseñadores que crearon diseños para Liberty cabe destacar a **Christopher Dresser**, **Charles Rennie Mackintosh** y **Hugh Mackay Baillie-Scott**. La colección de Liberty & Co. fue distribuida por la Maison de l'Art Nouveau de **Siegfried Bing** en París y por Metz & Co. en La Haya, y tuvo tanta influencia en la promoción del **Art Nouveau** en el continente europeo que «Liberty» se convirtió en un término genérico para referirse al estilo. En Italia, por ejemplo, el movimiento del nuevo arte se conoció como «Stile Liberty». A diferencia de otros muchos exponentes del **movimiento Arts & Crafts**, Arthur Lasenby Liberty consideraba que para que los artículos de diseño fueran asequibles era esencial adoptar métodos mecanizados de producción, y con la aplicación de esa teoría, Liberty & Co. gozó de un notable éxito comercial.

▾ **George Walton** (atribuida), silla para Liberty & Co., aprox. 1905

► Jarrón *Pongo* para Gustavsberg, aprox. 1953

## Stig Lindberg

*Umeå (Suecia)*, 1916
*San Felice Circeo (Italia)*, 1982

Frederick Stigurd (Stig) Lindberg estudió en Jönköping y después en la Konstfackskolan de Estocolmo. De 1937 a 1940 trabajó con **Wilhelm Kåge** en la fábrica de cerámicas de Gustavsberg, para la cual realizó varios diseños geométricos de estilo **Art Déco** y por lo menos un diseño asimétrico que anticipaba su posterior enfoque orgánico del diseño. Durante esa época también estudió por poco tiempo en Dinamarca y en la Académie Colarossi de París (una experiencia que luego señaló como crucial en su formación artística). Las cerámicas de Lindberg fueron presentadas en público por primera vez en Estocolmo en 1941 y en la posguerra fueron representativas del movimiento moderno escandinavo. Entre 1945 y 1947, diseñó cristalerías para Maleras y tejidos para Nordiska (desde 1947), y trabajó como ilustrador de libros. En 1949 sustituyó a Wilhelm Kåge en la dirección artística de Gustavsberg e introdujo nuevas colecciones, como la serie *Pongo* (1953). Lindberg también diseñó artículos de loza fina con dibujos inspirados en la pintura de Marc Chagall (1887–1985), que fueron producidos en el Gustavsberg Studio. En 1957, abandonó la dirección de Gustavsberg para ejercer como profesor en la Konstfackskolan (1957–1970), aunque continuó diseñando piezas de cristalería para Holmegaard (1959–1960) y Kosta (1965). De 1971 a 1980 retomó su antiguo puesto en Gustavsberg.

◂ Cafetera *Modelo n.° L16* para el taller de cerámica de la Bauhaus de Weimar en Dornburg, 1923

## Otto Lindig

*Pößneck (Alemania)*, 1895
*Wiesbaden (Alemania)*, 1966

Otto Lindig estudió escultura y dibujo en Lichte, Turingia, y entre 1913 y 1915 simultaneó sus estudios en la Großherzoglich Sächsische Kunstgewerbeschule de Weimar con su trabajo de escultor en el Bechstein Atelier, en Ilmenau. De 1915 a 1918 completó su formación con Richard Engelmann en la Großherzoglich Sächsische Hochschule für Bildende Kunst de Weimar, abrió su estudio y, en 1919 entró en la **Bauhaus** de Weimar. Hizo el curso preliminar y trabajó como aprendiz en el taller de cerámica de Dornburg. Bajo su dirección, el departamento comercial del taller de cerámica de la Bauhaus diseñó artículos que combinaban la artesanía con las técnicas de producción en serie para la Aelteste Volkstedter Porzellanfabrik y la Staatliche Porzellanmanufaktur de Berlín. En 1926 fue nombrado maestro del taller de cerámica de la Staatliche Bauhochschule de Weimar, en Dornburg, donde produjo cerámicas vidriadas semiopacas de formas elementales y sin decoración. En 1930, Lindig dejó el taller de Dornburg pero continuó trabajando de forma independiente y fue profesor de la Hochschule für Bildende Künste de Hamburgo de 1947 a 1960.

▸ Jarrón para Kosta Boda, aprox. 1954

## Vicke Lindstrand

*Gotemburgo (Suecia), 1904*
*Småland (Suecia), 1983*

Viktor Emanuel (Vicke) Lindstrand estudió diseño gráfico en la Svenska Slöjdförenings Skola de Gotemburgo, y durante su etapa de estudiante colaboró en dos diarios locales creando caricaturas e ilustraciones. En 1928 empezó a crear diseños para Orrefors. Sus primeros trabajos en vidrio, de una modernidad clásica en cuanto a formas y grabados con motivos figurativos, se exhibieron en la exposición «Stockholmsutställiningen» de 1930 y tuvieron una excelente acogida. Luego diseñó una ventana para el pabellón sueco de la «Exposition Internationale des Arts et Techniques dans la Vie Moderne» de París de 1937, y una fuente de cristal para la Exposición Universal de Nueva York de 1939. En esa época empezó a desarrollar un estilo más suave y más fluido e infundió más ritmo a la decoración de sus grabados. Aunque hasta 1941 continuó creando diseños para Orrefors, Lindstrand también trabajó para la Kariskrona Porslinsfabrik y para Upsala-Ekeby, de la cual fue nombrado director artístico en 1943. Después administró su propia empresa durante veinte años y fue director de diseño de la cristalería Kosta Boda, donde creó sus vasos más esculturales, influenciados por la obra de diseñadores venecianos contemporáneos como **Fulvio Bianconi**. Sin embargo, los diseños de Lindstrand se distinguían por una menor expresividad en sus formas orgánicas y por un uso más comedido del color.

## El Lissitzky

*Smolensk (Rusia)*, 1890
*Moscú*, 1941

Lazar Markovich (El) Lissitzky se formó como arquitecto en la Technische Hochschule de Darmstadt de 1909 a 1914 y luego estudió en la Universidad Politécnica de Riga. En 1919, Marc Chagall le ofreció dar clases de arte gráfico y arquitectura en la recién reorganizada Escuela de Arte de Vitebsk, donde se hizo miembro del grupo UNOVIS de **Kasimir Malevich** y desarrolló su concepto PROUN (Por la Escuela del Nuevo Arte), que apostaba por la «interacción» entre arquitectura y pintura para crear un medio de expresión más poderoso. En 1920 desarrolló en Vitebsk un prototipo para una tribuna para oradores que empleaba vidrio y vigas de hierro e incorporaba un montacargas a su dinámica estructura. En 1921, Lissitzky empezó a impartir clases en el instituto oficial de diseño soviético, **Vkhutemas**, y participó en la «Erste Russische Kunstausstellung» celebrada en Berlín en 1922, a la vez que era el editor de la revista multilingüe con sede en Berlín *Veshch-Objet-Gegenstand*. Entre 1922 y 1925 enseñó en Suiza y Alemania y estableció importantes vínculos entre los constructivistas rusos y los miembros de **De Stijl** y de la **Bauhaus**. Después de diseñar, entre 1924 y 1925, su proyecto arquitectónico más radical, el bloque de oficinas *Wolkenbügel* (gancho del cielo), en colaboración con **Mart Stam**, volvió a ocupar su puesto de profesor en el instituto Vkhutemas y diseñó la sección de arte abstracto para el Staatliches Museum de Hannover en 1927. Sus sillones para la «Pressa Ausstellung» de Colonia (1928) y para la «Hygiene Ausstellung» de Dresde (1930) reflejaban sus influencias dadaistas, de la Bauhaus y de De Stijl. Lissitzky también diseñó el pabellón soviético para la Exposición Universal de Nueva York de 1939. Experimentó con la fotografía, la tipografía, el diseño de libros, el diseño gráfico y el interiorismo, y creó muchas obras de naturaleza propagandística. Pero la mayor contribución de Lissitzky fueron los vínculos que forjó entre el **constructivismo** ruso y la **vanguardia** de la Europa occidental.

▾ Portada para el libro de Alexander Tairoff *Das entfesselte Theater*, Potsdam, 1923

## Josep Lluscà

*Barcelona*, 1948

Josep Lluscà estudió diseño industrial en la Escuela de Diseño Eina de Barcelona y en la École des Arts et Métiers de Montreal. Durante los años setenta experimentó en varias áreas del diseño antes de especializarse en el diseño de muebles y lámparas. La mayoría de sus primeros diseños —inspirados en la escultura contemporánea, la arquitectura de **Antoni Gaudí** y el **diseño orgánico** de los años cincuenta— fueron producidos por Norma Europa. De 1985 a 1987, Lluscà ocupó la vicepresidencia de la ADI-FAD (Asociación Española de Diseñadores Industriales) y fue miembro fundador de la ADP (Asociación de Diseñadores Profesionales). Su silla *Andrea*, de aluminio fundido y madera contrachapada, fue comercializada por Andreu World en 1986 y es representativa de los muebles de diseño creados en España durante los años ochenta. En 1989, creó su serie de asientos *Lola*, fabricados por Oken, y su lámpara *Ketupa* (1989), que diseñó en colaboración con el platero Joaquín Berao y fue fabricada por Metalarte. Lluscà es miembro del consejo de diseño del gobierno catalán y ha recibido numerosas distinciones, como el Premio Nacional de Diseño en 1990. Sus muebles, como la tumbona *Faventia* (1992) y la silla *BNC* (1988) para Oken, poseen un fuerte sentimiento de identidad nacional y se han exhibido en numerosas exposiciones, recibiendo el reconocimiento internacional.

▲ Tumbona *Faventia* para Oken, 1992

## Loetz

*Klostermühle (Bohemia), 1836–1947*

En 1836, Johann Baptist Eisner von Eisenstein fundó la fábrica de vidrio de Klostermühle. Su tercer propietario la bautizó Glasfabrik Johann Loetz Witwe, y su nieto, Max Ritter von Spaun, se hizo cargo de la compañía en 1879, con Eduard Prochaska como director de producción. Von Spaun inició un proceso de expansión y produjo una gran diversidad de artículos, a menudo empleando nuevas técnicas y acabados metálicos y brillantes patentados por la propia empresa. Lanzaron al mercado sus colecciones de cristalería *Onyx* y *Octopus* en 1888, y fueron distinguidos con un diploma en la Exposición Alemana de Artes y Oficios de Múnich. En 1889, Loetz recibió un primer premio en la Exposition Universelle et Internationale de París, y un año más tarde presentaron su famosa cristalería iridiscente *Karneol*. En 1890, la fábrica tenía casi doscientos empleados y distribuidores en Viena, Berlín, Hamburgo y París. El expositor de Loetz para la «World's Columbian Exposition» de Chicago en 1893 obtuvo otro primer premio y le sirvió como escaparate para presentar varias nuevas líneas de diseño, como *Columbia, Pavonia, Persica, Alpenrot, Alpengrün* y *Kamelienrot*. Von Spaun lanzó los productos *Papillon* y *Phenomenon* en 1899 y desarrolló varias líneas más, lo que en 1900 le valió un Grand Prix en la Exposition Universelle et Internationale de París. **Koloman Moser** y sus colaboradores diseñaron objetos para la compañía, así como diseñadores de los **Wiener Werkstätte** como **Josef Hoffmann**, **Dagobert Peche**, **Otto Prutscher**, Hans Bolek (1890–1978), Leopold Bauer (1872–1938) y Carl Witzmann (1883–1952). Entre 1903 y 1914, la diseñadora polaca Marie Kirschner creó cerca de doscientas vasijas para Loetz. El hijo de von Spaun asumió la dirección en 1909, cuando Adolf Beckert fue nombrado su director artístico, y dos años más tarde, la empresa entró en liquidación. Pero posteriormente se recuperó y funcionó hasta su cierre definitivo poco después de la II Guerra Mundial.

▼ Jarrón de vidrio iridiscente, aprox. 1900

## Raymond Loewy

*París*, 1893
*Mónaco*, 1986

A los quince años, Raymond Loewy diseñó, construyó y lanzó al mercado un modelo de avión de juguete que ganó la famosa copa James Gordon Bennett. Estudió en la Université de Paris y en la École de Laneau, donde se licenció como ingeniero en 1918. Durante la I Guerra Mundial sirvió en el ejército francés como subteniente y, tras licenciarse en 1919, viajó a Estados Unidos. Cuando desembarcó en Nueva York, Loewy todavía llevaba su uniforme del ejército francés y sólo cincuenta dólares en el bolsillo. Al principio trabajó vistiendo escaparates para Macy's, Saks Fifth Avenue y Bonwit Teller, y luego como ilustrador de moda durante cinco años para *Vogue*, *Harper's Bazaar* y *Vanity Fair*, entre otros. En 1929 Loewy abrió un despacho propio de diseño industrial en Nueva York y diseñó un nuevo armazón para una multicopista de Sigmund Gestetner, para el que usó una maqueta de arcilla que le daba una forma elegante (técnica que más tarde usó en sus diseños de automóviles). Su coche *Hupmobile* ya era el que menos forma de caja tenía de todos los automóviles existentes, y su modelo mejorado del coche de 1934, con faros integrados, anticipaba las formas aerodinámicas por las que se hizo célebre. En 1934 diseñó el frigorífico *Coldspot* para Sears Roebuck, el primer electrodoméstico con cierto éxito comercial gracias a su atractivo estético, y ese mismo año, el **Museum of Modern Art** de Nueva York expuso una maqueta de su despacho. A partir de 1935, Loewy recibió varios encargos para la remodelación de grandes almacenes, incluyendo el de Saks Fifth Avenue. También diseñó locomotoras aerodinámicas, como la *K4S* (1934), la *GG-1* (1934) y la *T-1* (1937), y en 1937 publicó el libro *The New Vision Locomotive*. Tras remodelar autobuses para Greyhound, diseñó su innovador coche *Champion* (1947) para Studebaker, que fue el precursor del *Avanti*, de estilo europeo, que más tarde diseñó para la misma compañía. Loewy también fue famoso por la creación de **identidades corporativas**, especialmente

▾ Portada de la revista *Time*, 31 de octubre de 1949

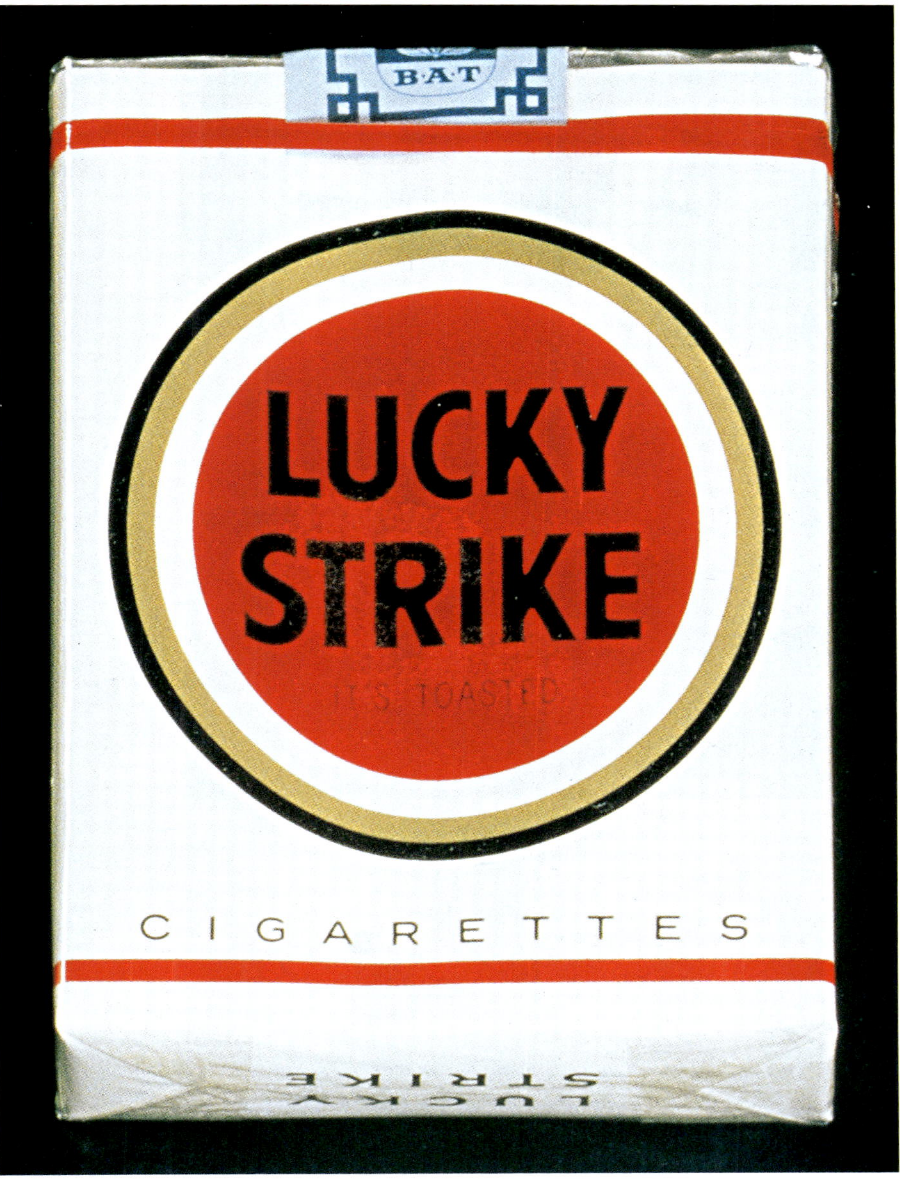


▲ Rediseño del paquete de cigarrillos Lucky Strike para la American Tobacco Company, 1942

◂ **Raymond Loewy Associates**, servicio de café *Modelo 2000* con dibujo *Patina* para Rosenthal, 1954

por su diseño del paquete de cigarrillos Lucky Strike (1942). Entre sus otros clientes, se distinguen Coca-Cola, Pepsodent, National Biscuit Company, British Petroleum, Exxon y Shell. Con otros cuatro diseñadores fundó Raymond Loewy Associates, una sociedad que en 1949 se amplió para llevar a cabo proyectos arquitectónicos y pasó a llamarse Raymond Loewy Corporation. Loewy se convirtió en el primer diseñador que aparecía en la portada de la revista *Time*. En los años sesenta y setenta, como asesor del gobierno de Estados Unidos, rediseño el avión presidencial *Air Force One* para John F. Kennedy y los interiores del Skylab de la NASA (1969–1972). Su filosofía del diseño, basada en el concepto MAYA (lo más avanzado, pero aceptable), tuvo mucho que ver en el éxito de sus productos. Raymond Loewy fue el más célebre precursor del **aerodinamismo** del siglo XX, y ha sido uno de los asesores de diseño más influyentes y prolíficos de la historia.

◂ Silla *Manz* para F. O. Schmidt, 1912

## Adolf Loos

*Brno (Eslovaquia)*, 1870
*Kalksburg (Austria)*, 1933

Adolf Loos estudió construcción en la Gewerbeschule de Reichenberg y arquitectura en la Technische Hochschule de Dresde, donde se graduó en 1893. Luego viajó tres años por Estados Unidos, trabajando como albañil, y en 1893 visitó la «World's Columbian Exhibition» de Chicago, donde tuvo su primer contacto con la Escuela de Arquitectura de Chicago. En Europa, Loos se afincó en Viena y trabajó dos años en el despacho de arquitectos de Carl Mayreder. A partir de 1897 se estableció como arquitecto autónomo, y fue precursor de un nuevo estilo más geométrico y racional que el asociado a la **Wiener Sezession**, perfectamente ilustrado en su Viennese Café Museum (1899), que posteriormente fue rebautizado como Café Nihilismus por la sobriedad de sus interiores. Publicó numerosos artículos sobre arte y arquitectura, pero también sobre estilo de vida y cultura, y en 1903 fundó el periódico *Das Andere*. En su influyente ensayo *Ornament und Verbrechen* (Ornamento y Delito), de 1908, apuntaba que el uso excesivo de decoración conduciría a la degradación de la sociedad. Loos dirigió su propia escuela de arquitectura de 1912 a 1914 y fue el arquitecto responsable de la urbanización de la ciudad de Viena de 1920 a 1922. Sus enseñanzas, que vinculaban la moralidad con las formas funcionales desornamentadas, ejercieron una gran influencia en los orígenes del **movimiento moderno**.

## Ross Lovegrove

*Cardiff (Gales)*, 1958

Ross Lovegrove estudió diseño industrial en el Manchester Polytechnic, donde se graduó en 1980. Luego siguió su formación en el **Royal College of Art**, Londres, donde obtuvo una maestría en bellas artes en 1983, y más tarde trabajó para la asesoría de diseño industrial **Frogdesign** en Altensteig, donde llevó a cabo distintos proyectos, que incluían el diseño de walkmans para Sony y ordenadores para Apple. Como diseñador de **Knoll International** en París diseñó el célebre Alessandri Office System, y como miembro, junto con **Philippe Starck**, **Jean Nouvel**, Martine Bedin (nacida en 1957) y Gérard Barrau (nacido en 1945), del Atelier de Nîmes en Francia trabajó como asesor de diseño para Louis Vuitton, Cacharel, Dupont y Hermès. En 1986, Lovegrove regresó a Inglaterra y abrió un despacho junto con Julian Brown. Sin embargo, esa sociedad se disolvió en 1990, cuando Lovegrove fundó su estudio de diseño industrial en Londres, el Studio X. Entre su clientela, destacan British Airways, Parker Pens, **Kartell**, Ceccotti, Cappellini, Philips, Moroso, Driade, Apple, Connolly Leather, Olympus, Luceplan, Tag Heuer, Fratelli Guzzini y **Herman Miller**. Sus diseños, atractivos y tecnológicamente

▾ Grapadora *John II* para Acco, 1997

**Ross Lovegrove y Julian Brown**, termo *Basic*
para Alfi Zitzmann, 1990

◂ Detalle de bolsa de viaje para Connolly Leather, 1994

convincentes —como su cubertería *Organic* (1990) para Pottery Barn, el termo *Basic* (1990) para Alfi Zitzmann (codiseñado con Julian Brown), la silla *Crop* (1996) para Fasem, y la cámara digital *Eye* (1996) para Olympus— están inspirados en el mundo natural y fundamentados en su profundo conocimiento de la ergonomía, de las últimas innovaciones en materiales y de las modernas técnicas de fabricación. Lovegrove fue comisario de la primera colección permanente del Design Museum de Londres en 1993, y desde 1997 ha expuesto su obra en solitario en Copenhague, Estocolmo y Tokio (esta última exposición fue organizada por la Yamagiwa Corporation e Idée). Lovegrove está del todo comprometido con el **diseño ecológico**, de modo que muchos de sus diseños de productos abordan directamente los problemas ecológicos, como es el caso de sus lámparas de jardín *Solar Bud* (1996–1997) para Luceplan, que emplean energía solar. También trabajó en un proyecto de arquitectura ligera conocido como *Solar Seed* que empleaba también la energía solar y que se inspiraba en la forma del cactus. Los productos de Lovegrove, desmaterializados, naturales e innovadores, expresan una nueva sensibilidad orgánica y han fijado las bases del diseño del siglo XXI.

◂ Silla *Modelo n.° ST14* para Desta, 1931

## Wassili & Hans Luckhardt

Wassili Luckhardt
*Berlín*, 1889
*Berlín*, 1972

Hans Luckhardt
*Berlín*, 1890
*Bad Wiessee (Alemania)*, 1954

Hans Luckhardt estudió en la Technische Hochschule de Karlsruhe, mientras que su hermano, Wassili Luckhardt, hizo su carrera en la Technische Hochschule de Berlín. Ambos fueron firmantes del Programa de Arquitectura elaborado por el Arbeitsrat für Kunst en 1919 y se relacionaron con los grupos de artistas Novembergruppe y Der Ring. Asimismo, aportaron varias cartas y dibujos para el proyecto «Correspondencia Utópica» de Bruno Taut (1880–1938). A partir de 1921 trabajaron juntos en Berlín, y en 1924 se unió a ellos Alfons Anker. Su arquitectura al principio era de estilo expresionista, como lo demuestran el Hygienemuseum de Dresde (1921) y el proyecto para el bloque de oficinas de Friedrichstraße en Berlín (1922). No obstante, hacia 1925, los hermanos Luckhardt adoptaron un enfoque de la arquitectura y del diseño de muebles más racional, como se refleja en su silla voladiza *Modelo ST14* (1931). Trabajaron en numerosos proyectos, sobre todo en Berlín, que incluían unas casas adosadas en la Schorlemer Allee (1927), los locales de las compañías Hirsch y Telschow (1926–1928) y la rehabilitación de la Alexanderplatz (1929). En 1951 diseñaron el pabellón de Berlín para la Exposición Constructa de Hannover, y al año siguiente, Hans empezó a impartir clases en la Hochschule für Bildende Künste de Berlín.

## Charles Rennie Mackintosh

*Glasgow*, 1868
*Londres*, 1928

▲ Sala de dibujo de la casa de los Mackintosh en el 6 de Florentine Terrace, en Glasgow, 1906 (reconstrucción en la Hunterian Art Gallery de Glasgow)

Charles Rennie Mackintosh alternó su trabajo como aprendiz en el despacho del arquitecto John Hutchinson en Glasgow con sus estudios de dibujo y pintura en la Escuela de Arte de Glasgow. En 1891, recorrió Italia en un viaje de estudios y a la vuelta pasó por París, Bruselas, Amberes y Londres, y en 1892 obtuvo la Medalla de Oro Nacional en South Kensington (Londres). Siete años más tarde entró a trabajar en el despacho de arquitectos de Honeyman & Keppie en Glasgow, donde permaneció hasta 1913. Mackintosh, Herbert MacNair (1868–1955), Francis Macdonald (1873–1921) y Margaret Macdonald (1864–1933) integraban el grupo «The Four» (Los cuatro), conocido más tarde como «Spook School». En 1894 participaron por primera vez en una exposición conjunta, experiencia que repitieron en la Arts & Crafts Exhibition Society de Londres en 1896 y en la VIII Exposición Secesionista de Viena en 1900, donde recibieron grandes elogios. Ese mismo año, Mackintosh contrajo matrimonio con Margaret Macdonald, con quien colaboró en muchos de sus esquemas decorativos. Los interiores blancos de Mackintosh ejercieron una gran influencia en los posteriores diseños de **Josef Maria**

**Olbrich** y **Josef Hoffmann**, mientras que una de sus sillas fue comprada por **Koloman Moser**. En 1901, fue galardonado con un premio especial en el concurso de Alexander Koch «Haus eines Kunstfreundes» (Casa para un Amante del Arte) y, al año siguiente, Fritz Wärndorfer (1869–1939), el principal mecenas de la **Wiener Sezession** y de los **Wiener Werkstätte**, le encargó diseñar una sala de música (1902–1903), que fue descrita por el crítico Ludwig Hevesi como «un lugar de encanto espiritual». Durante los años del cambio de siglo, Mackintosh diseñó varios edificios públicos y algunas residencias privadas en Glasgow y sus alrededores, incluida su obra maestra, la Glasgow School of Art (1896–1909). Algunos de sus proyectos, como la Hill House (1902–1903), estaban concebidos como **Gesamtkunstwerk**, de modo que los diseños de los accesorios y los muebles eran exclusivos para el lugar. Entre sus interiores destacan los salones de té de Glasgow que decoró para Catherine Cranston, algunos de los cuales, como los de Buchanan Street (1896) y Argyle Street (1897), diseñó junto con **George Walton**. Las famosas sillas de Mackintosh de respaldo alto y formas elípticas adornaban los salones de té de Argyle Street, mientras que todos los elementos, incluso la cubertería, de los salones de Ingram Street y Willow Street también fueron diseñados por el propio Mackintosh. Su enfoque holístico de la arquitectura y del diseño incluía el uso del simbolismo y el equilibrio entre factores opuestos (modernidad y tradición, luz y oscuridad, masculinidad y feminidad). En 1914 abandonó Glasgow y se trasladó a Londres, donde diseñó tejidos con estampados rítmicos de gran colorido para Foxton's y Sefton's que anticipaban el **Art Déco**. Al no recibir ningún encargo arquitectónico en Londres, en 1923 decidió trasladarse a la localidad francesa de Port Vendres, donde se dedicó de lleno a la pintura en acuarelas. Mackintosh fue el diseñador que encabezó la **Glasgow School** y tanto su estilo orgánico como su posterior estilo geométrico ejercieron una influencia enorme en la Wiener Sezession y en los Wiener Werkstätte.

▾ Silla de respaldo alto para la sala Luncheon de los salones de té de Argyle Street, 1897

## Arthur Heygate Mackmurdo

*Londres*, 1851
*Wickham Bishops (Essex)*, 1942

Arthur Heygate Mackmurdo empezó trabajando como aprendiz para el arquitecto londinense T. Chatfield Clarke (1829–1895) y más tarde trabajó como ayudante del arquitecto neogótico James Brooks (1825–1901). Tras leer la obra de John Ruskin (1819–1900), Mackmurdo quedó tan impresionado por las ideas del maestro que se matriculó en la escuela de dibujo donde Ruskin daba clases. En 1874, él y Ruskin recorrieron juntos Italia, y a su vuelta, Mackmurdo empezó a impartir clases con su mentor en el Working Men's College de Londres. Mackmurdo abrió entonces su despacho en Londres y dos años más tarde conoció a **William Morris**, quien le infundió interés por los oficios tradicionales. Entonces empezó a aprender técnicas de tallado de piedra, bordado, repujado de latón y ebanistería, y en 1882 fundó, junto con Selwyn Image (1849–1930), Herbert P. Horne (1864–1916), Clement Heaton (1861–1940) y Bernard Creswick, la cooperativa artística conocida como Century Guild, con el objetivo de devolver «a todos los campos del arte la perspectiva no del comerciante sino del artista». Entre los otros diseñadores asociados al gremio destacan **William de Morgan** y George Heywood Sumner (1853–1940). Mackmurdo editó el primer ejemplar de la revista *The Hobby Horse*, publicada trimestralmente por el gremio desde abril de 1884. Junto con su amplio círculo de amigos, que incluía a Ford Madox Brown (1821–1893), James Abbott McNeill Whistler (1834–1903) y Frank Brangwyn (1867–1956), Mackmurdo hizo de puente entre la generación reformista de Ruskin y Morris y la joven generación de estetas. En 1883 publicó *Wren's City Churches*, cuya portada reflejaba una fuerte influencia japonesa. Tras colaborar con **Walter Crane** en la fundación de la National Association for the Advancement of Art en 1888, Mackmurdo se concentró en sus teorías de reforma social, que plasmó en sus libros *The Human Hive* (1926) y *A People's Charter* (1933).

▾ Papel de pared de Jeffrey & Co. para el Century Guild, aprox. 1884

◄ Lámpara de mesa *Atollo* para O-Luce, 1977

## Vico Magistretti

*Milán*, 1920
*Milán*, 2006

Vico Magistretti estudió en el Champ Universitaire Italien de Lausana, donde asistió a un curso de arquitectura y planificación urbanística impartido por Ernesto Rogers (1909–1969). Como fiel defensor del movimiento moderno, Rogers ejerció una enorme influencia en las generaciones más jóvenes de diseñadores italianos, incluido el propio Magistretti. Magistretti regresó a Milán en 1945 para obtener su título de arquitecto, y al cabo de un año diseñó una estantería de metal tubular y una sencilla silla de escritorio para la exposición RIMA (Riunione Italiana per le Mostre di Arredamento). En 1949, sus mesas nido y una racional estantería en forma de escalera se expusieron junto a las obras de **Marco Zanuso**, **Franco Albini**, Ignazio Gardella (1905–1999) y los hermanos **Castiglioni** en una exposición organizada por Fede Cheti (1905–1978). En los años cincuenta, la actividad principal de Magistretti fue la arquitectura, y su bloque de oficinas de la Corso Europa de Milán fijó sus credenciales **vanguardistas**. Su diseño de la Villa Arosio, que presentó en una conferencia del CIAM (Congrès Internationaux d'Architecture Moderne) en 1959, generó una fuerte polémica ya que Magistretti había tratado de humanizar el movimiento moderno con la incorporación de elementos de estilo neoliberty. En 1959, utilizó un enfoque similar

► Lámpara de mesa *Telegono* para Artemide, 1968

en la sede del club de golf Carimate. Para ese proyecto, Magistretti creó una reproducción moderna de una silla tradicional de asiento de junco que contrastaba con la estética industrial del **estilo internacional**. El ebanista Cesare Cassina, que había conocido a Magistretti en 1960, empezó a producir en serie la silla *Carimate* en 1962. Durante los años sesenta, Magistretti empezó a diseñar muebles de plástico y su primer éxito le llegó en 1966 gracias a sus mesas *Demetrio*, que casaban la innovación técnica con la pureza formal. Otros diseños, como la lámpara de mesa *Eclisse* (1965), la lámpara *Chimera* (1966), la mesa *Stadio*, la silla de una pieza *Selene* (1969) o los sillones *Gaudí* y *Vicario* (1970), también demostraban las cualidades nobles del plástico a través de su alta calidad constructiva y de sus ingeniosas formas. También fueron famosos el sofá *Maralunga*, con un apoyacabezas ajustable (1973), la estantería plegable *Nuvola Rossa* (1977), la lámpara de metal laqueado *Atollo* (1977), la silla y el sofá *Sindbad*, con un tapizado tipo manta (1981), la silla y el sofá ajustables *Veranda* (1983) y la silla multifuncional *Silver* (1989), construida en aluminio tubular y polipropileno. Magistretti recibió numerosos premios —una medalla de oro y un Grand Prix en las exposiciones de la Trienal de Milán, dos **Compasso d'Oro** y una medalla de oro de la SIAD (Society of Industrial Artists and Designers), entre otros— que le avalan como uno de los principales diseñadores industriales del siglo XX. Fue profesor en la Academia Domus de Milán, y en 1983 fue nombrado miembro honorífico del **Royal College of Art**, Londres, donde asistía a menudo como conferenciante. Magistretti consiguió equilibrar armónicamente la inventiva técnica con una elegancia escultural para crear diseños modernos intemporales de una notable integridad. Opinaba que el diseño y la estilización son complementarios y que la utilidad y la belleza son esenciales a la hora de crear productos de calidad. Magistretti apostó en todo momento por la búsqueda de soluciones de diseño duraderas que no perpetuaran la cultura del «usar y tirar».

▼ Sillas *Selene* para Artemide, 1969

## Louis Majorelle

*Toul (Francia)*, 1859
*Nancy (Francia)*, 1926

◄ Butaca, aprox. 1900

▼ Detalle de la baranda de una escalera para el Hôtel Bergeret de Nancy, 1904

Louis Majorelle estudió pintura en Nancy y en la École des Beaux-Arts de París de 1877 a 1879. Tras la muerte de su padre, Auguste Majorelle, en 1879, dirigió la empresa familiar de Nancy, fundada en 1860. Al principio, Majorelle diseñaba muebles de estilo rococó, pero en la última década del siglo XIX se fue acercando más al naturalismo de la obra de **Émile Gallé** y empezó a producir diseños **Art Nouveau**. Así, el tema central de la habitación que expuso en 1900 en la Exposition Universelle et Internationale de París, por ejemplo, era el nenúfar. Sus muebles eran más imaginativos en términos estructurales que los de Gallé, aunque los dos hacían un uso similar de la marquetería en decoración. A partir de 1900, Majorelle también diseñó pies y soportes de metal para vajillas y pantallas de lámparas para Auguste Daum, y a su vez, **Daum Frères** produjo elementos de vidrio para la colección de Majorelle. Majorelle fue nombrado vicepresidente de la **École de Nancy** en 1901, y presentó sus elegantes muebles y sus lámparas de bronce dorado en la exposición de la escuela en París dos años más tarde. En 1916, la fábrica Majorelle de Nancy sufrió graves daños en un incendio y Majorelle se trasladó a París. Tras la I Guerra Mundial volvió a Nancy y su fábrica empezó a producir de nuevo. En los años veinte, su obra tomó un cariz más formal y menos ornamental debido a la influencia del nuevo estilo **Art Déco**. Con la ayuda del director de su fábrica, Alfred Lévy, Majorelle diseñó una habitación para el pabellón de Nancy en la Exposition Internationale des Arts Décoratifs et Industriels Modernes de 1925, también formó parte del jurado. Tras la muerte de Majorelle en 1926, los talleres del Atelier Majorelle de Nancy siguieron funcionando bajo la dirección de Lévy, a quien se le unió Paul Beucher hacia 1935. La compañía contaba con salas de exposición en Nancy, París y Lyon, y se dedicaba a la producción tanto de diseños elaborados y muy caros como de productos más sencillos y asequibles.

## John Makepeace

*Solihull (West Midlands)*, 1939

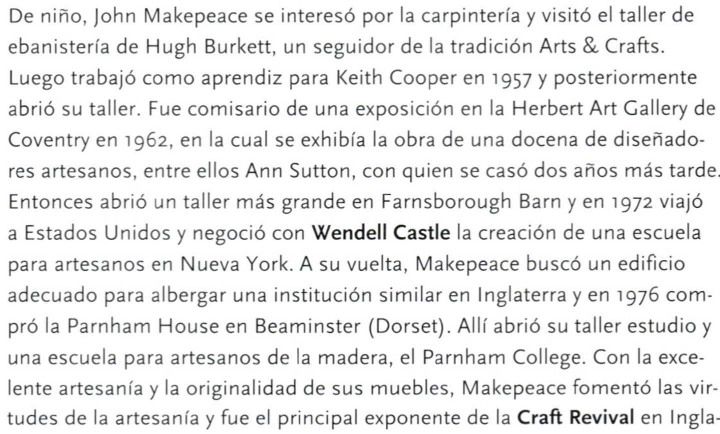

De niño, John Makepeace se interesó por la carpintería y visitó el taller de ebanistería de Hugh Burkett, un seguidor de la tradición Arts & Crafts. Luego trabajó como aprendiz para Keith Cooper en 1957 y posteriormente abrió su taller. Fue comisario de una exposición en la Herbert Art Gallery de Coventry en 1962, en la cual se exhibía la obra de una docena de diseñadores artesanos, entre ellos Ann Sutton, con quien se casó dos años más tarde. Entonces abrió un taller más grande en Farnsborough Barn y en 1972 viajó a Estados Unidos y negoció con **Wendell Castle** la creación de una escuela para artesanos en Nueva York. A su vuelta, Makepeace buscó un edificio adecuado para albergar una institución similar en Inglaterra y en 1976 compró la Parnham House en Beaminster (Dorset). Allí abrió su taller estudio y una escuela para artesanos de la madera, el Parnham College. Con la excelente artesanía y la originalidad de sus muebles, Makepeace fomentó las virtudes de la artesanía y fue el principal exponente de la **Craft Revival** en Inglaterra. En 1987, Makepeace fundó el centro de aprendizaje Hooke Park para investigar y desarrollar el uso de recursos sostenibles. El arquitecto orgánico alemán Frei Otto y el ingeniero estructural Edmund Happold supervisaron, junto con Richard Burton, del estudio de diseño ABK, el diseño de los edificios del centro de formación, innovadores al estar construidos con los troncos delgados de bosques de los alrededores. Esos árboles de pequeño diámetro, que suelen talarse para que los árboles selectos tengan espacio para crecer normalmente, se usan como leña para avivar el fuego o para fabricar papel, aunque tienen un enorme potencial estructural para la arquitectura y el diseño de muebles. Según Makepeace, ese recurso natural hasta ahora desaprovechado, empieza a usarse como fuente de madera ecológica sostenible para los muebles del futuro.

▼ Silla *Rhythm* para John Makepeace Furniture Studio, 1992

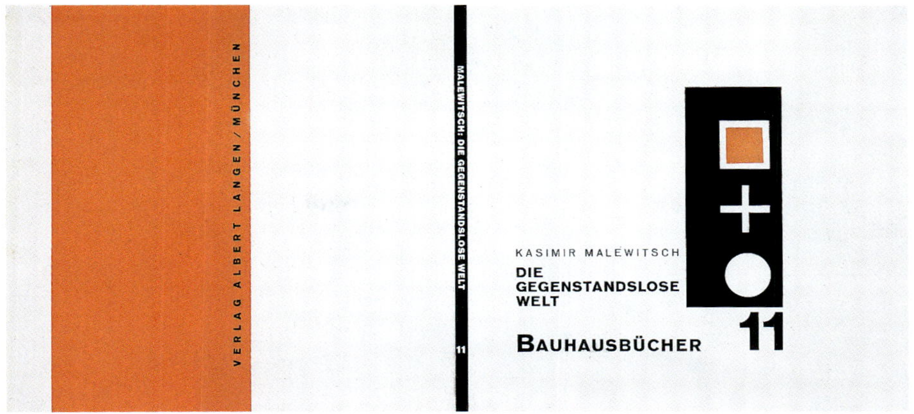


## Kasimir Malevich

*Kiev*, 1878
*Leningrado*, 1955

Kasimir Malevich estudió en la Escuela de Dibujo de Kiev y en el Instituto de Pintura, Escultura y Arquitectura de Moscú. Sus primeras fuentes de inspiración fueron el neoprimitivismo, el cubismo y el **futurismo**, y en 1913 participó en la conferencia futurista celebrada en Uusikirkko, en Finlandia. Entre 1913 y 1915, Malevich desarrolló una forma propia extremadamente ortodoxa de cubismo: el suprematismo. Su manifiesto *Del cubismo y el futurismo al suprematismo: el nuevo realismo pictórico*, publicado en 1915, explicaba «la supremacía de la emoción pura», lograda mediante la superposición de elementos geométricos sobre un campo o «espacio» blanco y la eliminación de la representación objetiva. En 1918, Malevich se asoció con el Izo NKP (el Departamento de Bellas Artes de Narkompros) y escribió su artículo *On New Systems in Art*. Ese mismo año sustituyó a Marc Chagall (1887–1985) como director de la Escuela de Arte Vitebsk, y en 1919 fundó el grupo Posnovis, que más adelante fue conocido como Unovis (Utverditeli novogo iskussetvo = signatarios del nuevo arte). Este grupo de artistas se mantuvo activo hasta 1923 y entre sus miembros se encontraban **Nikolai Suetin**, **El Lissitzky** e Ilia Chashnik. Durante los años veinte, Malevich diseñó maquetas arquitectónicas, gráficos, ropa, tejidos y cerámicas. En 1922 se trasladó con algunos de sus estudiantes a Petrogrado y abrió una filial del Inkhuk (Instituto de Cultura Artística). En 1927 visitó la **Bauhaus** de Dessau, que más tarde publicó su libro *The Non-Objective World*. Aunque suele recordarse como el artista que pintó el último cuadro abstracto —un cuadrado blanco sobre un fondo blanco (aprox. 1918)— la apuesta de Malevich por la purificación estética influyo en la adopción de la Bauhaus de la abstracción geométrica pura y, en consecuencia, en el desarrollo del **movimiento moderno**.

▲ **László Moholy-Nagy**, portada para *Die Gegenstandslose Welt* (Bauhausbücher 11), 1927

◂ Interior de un casino en Saint Jean de Luz, 1930 (con muebles de Marcel Breuer)

## Robert Mallet-Stevens

*París*, 1886
*París*, 1945

Robert Mallet-Stevens era hijo de un historiador del arte y estudió en la École Spéciale d'Architecture de París de 1903 a 1906. Su obra estuvo muy influenciada por el cubismo y por las formas rectas de la obra de **Charles Rennie Mackintosh** y **Josef Hoffmann**, quien había diseñado el Palais Stoclet en Bruselas para su tío. Entre 1911 y 1912 escribió varios artículos que salieron publicados en las revistas *Le Home*, *Tekhné*, *L'Art Ménager* y *Lux*. A partir de 1912, su obra se expuso en los Salons d'Automne, y en 1913 recibió grandes elogios por su diseño del «Salon de Musique», el cual, con su gran colorido y sus muebles racionales y de líneas geométricas, introdujo el movimiento moderno en el diseño francés, en el que hasta entonces había predominado la tradición *décorateur*. Su obra funcional y sin ornamentación, como la sala de exposiciones Alfa Romeo en París (1925) y la casa del vizconde de Noailles en Hyères (1923–1924), ejerció una gran influencia en el diseño **vanguardista** francés durante las décadas de los años veinte y los treinta. En 1922 siguió los pasos de **Theo van Doesburg** y **Ludwig Mies van der Rohe** y se asoció a la revista *L'Architecture Moderne*. Diseñó varios decorados cinematográficos vanguardistas, algunos artículos de metal para **Desny** y varios edificios importantes con mobiliario incluido, sobre todo en acero tubular. En 1930, Mallet-Stevens cofundó la UAM (Union des Artistes Modernes) junto con **Charlotte Perriand**, **Jean Puiforcat**, **Pierre Chareau** y **Eileen Gray** entre otros, y se convirtió en su primer presidente.

◄ ▼ Servicio de café y té para Desny, aprox. 1930

◂ Relojes *Section* para Le Porte-Échappement Universel, 1960

## Angelo Mangiarotti

*Milán*, 1921
*Milán*, 2012

Angelo Mangiarotti estudió en el Politecnico di Milano hasta 1948. Luego abrió un despacho de diseño en Ohio y dio clases esporádicas en el Institute of Design de Chicago. En 1955 regresó a Italia y trabajó como asesor de diseño con Bruno Morassutti (1920–2008) hasta 1960, diseñando estanterías apilables, mesas, un distribuidor automático de chicles y el famoso reloj *Section* (1960). Mangiarotti se hizo miembro de la ADI (Associazione per il Disegno Industriale) en 1960 y a partir de entonces trabajó como arquitecto, diseñador industrial y urbanista independiente, experimentando con construcciones prefabricadas y hormigón armado de **estilo internacional**. Los diseños de productos de Mangiarotti, funcionales pero a la vez esculturales, como la silla de poliuretano *IN* (1969) para Zanotta, de una sola pieza y con una funda extraíble, y sus jarrones de vidrio y sus vasijas de mármol para **Knoll**, destacan por la alta calidad de sus acabados y por su hábil manejo de los materiales. Mangiarotti también ha colaborado con el diseñador japonés Motomi Kawakami (nacido en 1940) y ha dado clases en varias instituciones, como la University of Hawaii en 1970 o las facultades de arquitectura de las universidades de Palermo y Florencia entre 1982 y 1984.

## Gerhard Marcks

*Berlín*, 1889
*Burgbrohl (Alemania)*, 1981

Gerhard Marcks aprendió escultura de forma autodidacta y de 1908 a 1912 trabajó en el estudio del escultor Richard Scheibe en Berlín. En 1914 diseñó relieves para el vestíbulo de entrada de la fábrica diseñada por **Walter Gropius** para la «Deutsche Werkbund-Ausstellung» de Colonia, y en 1918 se unió a la asociación de arte radical Novembergruppe, fundada ese mismo año en Berlín. Tras acabar el servicio militar, dio clases en la Kunstgewerbeschule (Escuela de Artes Aplicadas) de Berlín durante un año. Más tarde también fue miembro del Arbeitsrat für Kunst (Consejo de Trabajo para el Arte) de Berlín y fue contratado como profesor en la **Bauhaus** de Weimar. En 1920, Gropius le nombró «Formmeister» (jefe de diseño) del nuevo taller de cerámica de la Bauhaus, en Dornburg, a unos treinta kilómetros de Weimar. Marcks impartió clases hasta 1924, y sus cerámicas de ese período fueron relativamente ornamentales. En 1925 ocupó la dirección del taller de escultura de la Kunstgewerbeschule Halle/Burg Giebichenstein y fue nombrado director de la escuela en 1928, cargo que ocupó hasta 1933. Su obra fue ganando en racionalidad para adaptarse mejor a la fabricación industrial, como es el caso de su cafetera *Sintrax* para Jenaer Glaswerke Schott & Gen., creada para su producción en serie. En 1933, los nazis le relevaron de su puesto, por lo que decidió trasladarse a Niehagen. A partir de 1937 trató de trabajar como artista autónomo en Berlín pero no se le permitía exhibir su obra. Marcks volvió a sufrir la persecución cuando su estudio en Berlín-Nikolassee fue destruido en 1943. Una vez terminada la II Guerra Mundial enseñó escultura en la Landeskunstschule de Hamburgo durante cuatro años y en 1950 se trasladó a Colonia, donde trabajó como artista independiente. En 1971 se creó la Fundación Gerhard Marcks en Bremen y en 1987 se expuso una retrospectiva de su obra en Bremen, Colonia y Berlín.

▼ Cafetera *Sintrax* para Jenaer Glaswerke Schott & Gen., aprox. 1925

◂ Jarrones *Pago-Pago* para Danese, 1969

## Enzo Mari

*Novara (Italia)*, 1932
*Milán*, 2020

Enzo Mari estudió en la Accademia di Belle Arte di Brera de Milán de 1952 a 1956. Uno de sus primeros proyectos para Danese, para la que empezó a trabajar en 1957, fue un juego educativo: un puzzle infantil formado por una serie de animales de madera (1957). En 1959, empezó a experimentar con plásticos, y esos estudios dieron como resultado varios productos de alta calidad que también fueron fabricados por Danese, como un paragüero cilíndrico de PVC (1962) y el jarrón *Pago-Pago* (1969) de ABS. Su vasija de mármol *Paros* (1964), su sistema modular de equipo para exposiciones (1965) y sus jarrones de plástico *Tortiglione* (1969) también fueron fabricados por Danese. Mari se unió al movimiento radical Nuove Tendenze en 1963, año en que también empezó a dar clases en la Scuola Umanitaria de Milán. Sus teorías radicales se publicaron en *Funzione della ricerca estetica*, y en 1974 se expuso su «Proposta per un'autoprogettazione», que incluía varios muebles en «tecnica povera» (tecnología pobre). Enzo Mari también colaboró con Elio Mari y ha trabajado para ICF, Zanotta, Castelli, Artemide y **Olivetti**, entre otros. Como uno de los principales teóricos del diseño, Mari fue presidente de la ADI (Associazione per il Disegno Industriale) de 1976 a 1979, e impartió clases en Milán, Roma, Parma y Carrara.

▸ Botella con tapón, 1929

## Maurice Marinot

*Troyes (Francia)*, 1882
*Troyes*, 1960

Maurice Marinot inició sus estudios en 1889 en la École des Beaux-Arts de París con Fernand-Anne Piestre, quien finalmente coincidió con su pupilo en la adopción de un enfoque nada ortodoxo del arte. En 1905, Marinot expuso sus pinturas en el Salon d'Automne, al lado de miembros del grupo fauvista, como Henri Matisse (1869–1954) y André Derain (1880–1954). Luego volvió a su pueblo natal, Troyes, aunque su obra continuó exponiéndose anualmente en el Salon d'Automne y en el Salon des Indépendants hasta 1913. Marinot visitó la fábrica de vidrio de Gabriel Viard en Bar-sur-Seine en 1911 y quedó absolutamente fascinado con el proceso de elaboración del vidrio, declarando que «se moría de ganas por practicar ese nuevo juego». Al cabo de un tiempo, diseñó artículos de vidrio con adornos esmaltados de estilo fauvista que, en 1913, se incluyeron por primera vez en una exposición importante. Cuando Marinot se dio cuenta de que el esmaltado impedía apreciar la belleza intrínseca de su vidrio, rechazó la decoración externa a favor de la adopción de una serie de originales técnicas, como la de intercalar capas de óxidos de metal entre el vidrio transparente. También experimentó con el uso de vidrio con impurezas o «malfin» para crear burbujas. Sus gruesas y pesadas vasijas de vidrio, algunas grabadas, se expusieron en Nueva York y en la Exposition Internationale des Arts Décoratifs de París en 1925. Tras el cierre de la fábrica de vidrio Viard en 1937, Marinot volvió a dedicarse a la pintura. Lamentablemente, muchas de sus vasijas de vidrio fueron destruidas durante los bombardeos de 1944.

CoBi

## Javier Mariscal

*Valencia*, 1950

Javier Mariscal estudió filosofía en la Universidad de Valencia y diseño gráfico en la Escuela Elisava de Barcelona hasta 1971. Tres años después, con unos amigos, publicó el primer cómic underground de España, *El Rollo Enmascarado*. La primera exposición monográfica de su obra tuvo lugar en Barcelona en 1977, y en ella se pudieron ver dibujos, pinturas en vidrio, esculturas y vídeos. Mariscal diseñó el logotipo «BAR-CEL-ONA» en 1979 y, con la asistencia técnica de Pepe Cortés (nacido en 1945), produjo su primer mueble, el taburete de barra *Duplex*, en 1980. Al año siguiente, presentó sus prototipos de idiosincrásicos muebles posmodernos en la exposición «Muebles amorales», celebrada en Barcelona. Tras ser invitado por **Ettore Sottsass** a participar en la exposición «**Memphis**, un estilo internacional» de 1981 en Milán, Mariscal mostró algunos de sus últimos diseños «la forma sigue a la diversión» con Memphis, incluido su carrito para té *Hilton* (1981), inclinado por detrás. También diseñó cerámicas para Vinçon en Barcelona (1985), y Axis en París (1986), y una serie de tejidos para Seibu en Japón (1986–1987). El humor, el colorido y la exuberancia de esos diseños reflejaban la vitalidad y el optimismo de la España posfranquista y la creciente prosperidad económica del país. En 1988, Mariscal creó a *Cobi*, la mascota de los Juegos Olímpicos de Barcelona de 1992, que más tarde apareció en una serie de dibujos animados «La trouppe d'en Cobi» (1990) y, con Alfredo Arribas (nacido en 1954), diseñó el restaurante El Gambrinus en el paseo marítimo de Barcelona, con una enorme figura en forma de gamba sonriente encima de un techo ondulado. En 1992, año de los Juegos Olímpicos de Barcelona, su obra recibió el reconocimiento internacional y fue el tema central de dos publicaciones y de una exposición itinerante japonesa. Mariscal descarta el historicismo y la tradición, pero tiene una marcada identidad catalana y refleja la naturaleza exuberante de la herencia de la arquitectura y del diseño de Barcelona.

◄ Cartel oficial para los Juegos Olímpicos de Barcelona, 1992 (con Cobi)

▼ Silla *Garriri*, 1988

◂ Escritorio para Nordiska, 1930

▸ Tejido *Pythagoras* para Nordiska, 1952

## Sven Markelius

*Estocolmo*, 1889
*Estocolmo*, 1972

Sven Markelius estudió en el Kungliga Tekniska Högskolan (Real Instituto de Tecnología) de Estocolmo y en la Kungliga Akademien för de fria Konstrena (Real Academia de Arte), donde se graduó en 1915. Más tarde trabajó como aprendiz en el despacho de arquitectos de Ragnar Östberg, colaborando en el diseño de la fachada del ayuntamiento de Estocolmo. Al principio, su arquitectura estaba inspirada en el romanticismo, aunque luego se inspiró en el neoclasicismo. Tras descubrir la arquitectura de **Le Corbusier** y las ideas de la **Bauhaus**, Markelius empezó a decantarse por el movimiento moderno. Para la exposición de Estocolmo de 1930 diseñó varios edificios y un interior que incluía su escritorio fabricado por Nordiska Kompaniet. En 1932 diseñó la sala de conciertos de Hälsingborg y sus funcionales asientos modernos. También diseñó el pabellón sueco para la Exposición Universal de Nueva York de 1939, con el que cosechó un gran reconocimiento internacional. Tras la II Guerra Mundial, Markelius fue elegido para formar parte del departamento de urbanismo de las Naciones Unidas y fue miembro del Comité de las Artes y del Comité de la Construcción de la UNESCO. De 1944 a 1954 dirigió la Oficina de Planificación de Estocolmo y desarrolló un proyecto de expansión de la ciudad, con comunidades suburbanas a las que denominó «secciones». En los años cincuenta, Markelius diseñó una serie de tejidos estampados con Astrid Sampe (1909–2002) para Nordiska, que fueron comercializados por **Knoll**.

► Jarrón *Modelo n.° 5358* para Aureliano Toso, 1954

## Dino Martens

*Venecia*, 1894
*Venecia*, 1970

Dino Martens estudió pintura en la Accademia di Belle Arti de Venecia. Entre 1925 y 1935 trabajó como pintor en Murano produciendo diseños para varias fábricas de vidrio, como SALIR, Salviati & C., y Cooperativa Mosaicisti Veneziani. Sus pinturas se expusieron en la Biennal de Venecia desde 1924 hasta 1930, y sus artículos de vidrio, a partir de 1932. En 1939 fue nombrado jefe de diseño de Aureliano Toso y posteriormente desarrolló su famosa colección *Oriente*, entre cuyos diseños había un brillante mosaico de piezas multicolor «latticinio». Martens también diseñó para Aureliano Toso la colección *Zanfirico*, en la que empleó formas asimétricas e incorporó tubos serpenteantes de colores a sus piezas de cristal transparente. Sus creaciones de vidrio, expuestos en la IX Trienal de Milán en 1951, también formaron parte posteriormente de las exposiciones del Kunstgewerbemuseum de Zúrich, en 1954, y del Corning Museum of Glass de Nueva York, en 1959, y fueron expuestas en Verona en 1960 y en Venecia en 1981 y 1982. Las bellas y expresivas vasijas de Martens, muy buscadas por los coleccionistas, reflejan el enfoque experimental que adoptó la fábrica de vidrio Murano durante la década de los cincuenta.

## Bruno Mathsson

*Värnamo (Suecia)*, 1907
*Värnamo*, 1988

Bruno Mathsson se formó en el taller de ebanistería de su padre, Karl Mathsson, y en 1933 empezó a diseñar muebles para la empresa familiar. Su silla *Eva* (1934), plenamente orgánica, y su tumbona *Pernilla* (aprox. 1934) —con entramados curvos de madera laminada, correas de cáñamo entrelazadas y una sólida armadura de haya— eran menos utilitarias pero estaban mejor acabadas en términos ergonómicos que los modelos de asiento similares de **Alvar Aalto**, la tumbona *Modelo n.° 43* (1936) y la silla *Modelo n.° 406* (1936–1939). En 1936, el Museo de Arte Röhsska de Gotemburgo albergó un monográfico sobre su obra, y un año después, Mathsson participó en la «Exposition Internationale des Arts et Techniques dans la vie moderne» de París. Mathsson se concentró en la arquitectura entre 1945 y 1957, diseñando varias estructuras en vidrio, madera y hormigón para casas de veraneo y aulas escolares. Luego ocupó la dirección de la Firma Karl Mathsson, y a partir de 1958 empezó a producir muebles en colaboración con el matemático Piet Hein (1905–1996), como la mesa *Superellipse* (1964), que más adelante fabricaría Fritz Hansen. En 1955 recibió la medalla Gregor Paulsson en Estocolmo y su obra fue expuesta en Estocolmo (1963), Oslo (1976), Dresde (1976) y Nueva York (1982).

▲ Sillas y tumbona *Pernilla* para Karl Mathsson, aprox. 1934

## Herbert Matter

*Engelberg (Suiza)*, 1907
*Southampton (Nueva York)*, 1984

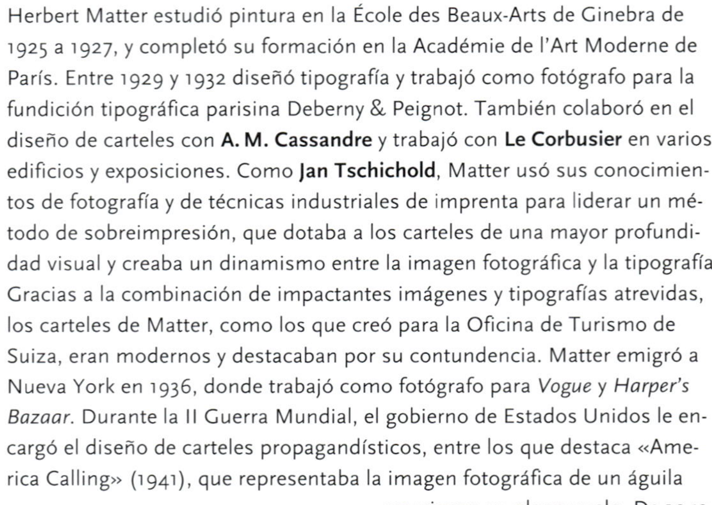

Herbert Matter estudió pintura en la École des Beaux-Arts de Ginebra de 1925 a 1927, y completó su formación en la Académie de l'Art Moderne de París. Entre 1929 y 1932 diseñó tipografía y trabajó como fotógrafo para la fundición tipográfica parisina Deberny & Peignot. También colaboró en el diseño de carteles con **A. M. Cassandre** y trabajó con **Le Corbusier** en varios edificios y exposiciones. Como **Jan Tschichold**, Matter usó sus conocimientos de fotografía y de técnicas industriales de imprenta para liderar un método de sobreimpresión, que dotaba a los carteles de una mayor profundidad visual y creaba un dinamismo entre la imagen fotográfica y la tipografía. Gracias a la combinación de impactantes imágenes y tipografías atrevidas, los carteles de Matter, como los que creó para la Oficina de Turismo de Suiza, eran modernos y destacaban por su contundencia. Matter emigró a Nueva York en 1936, donde trabajó como fotógrafo para *Vogue* y *Harper's Bazaar*. Durante la II Guerra Mundial, el gobierno de Estados Unidos le encargó el diseño de carteles propagandísticos, entre los que destaca «America Calling» (1941), que representaba la imagen fotográfica de un águila americana en pleno vuelo. De 1943 a 1946, trabajó como diseñador gráfico en la Eames Office de Venice, California. Luego empezó a diseñar anuncios y carteles para **Knoll**, que se caracterizaban por su colorido, su humor y su atractivo, y desarrolló la «K» que sería el sello de la compañía. Su dirección artística del anuncio de Knoll para la silla *Tulip* de Saarinen destacó por las imágenes, que representadas en páginas secuenciales —una que mostraba la silla envuelta en papel marrón y la otra que la mostraba descubierta— transmitían el mensaje con tanta fuerza que no hacía falta ningún texto adjunto. Los gráficos de Matter, que combinaban la claridad visual de la **Escuela Suiza** y la cultura popular americana, fueron representativos de la «imagen» de los gráficos **de vanguardia** de la posguerra en Estados Unidos.

▾ Cartel para la Oficina de Turismo de Suiza, 1935

◄ **Ingo Maurer & Team**, lámpara *One from the Heart* para Ingo Maurer GmbH, 1989

## Ingo Maurer

*Insel Reichenau (Alemania)*, 1932
*Múnich*, 2019

Ingo Maurer se formó como tipógrafo en Constanza, en el sur de Alemania, antes de estudiar diseño gráfico en Alemania y Suiza de 1954 a 1958.
En 1960 emigró a Estados Unidos y trabajó como diseñador para IBM y Kayser Aluminium. Al cabo de tres años regresó a Europa y se dedicó al diseño gráfico. En 1966 abrió en Múnich su empresa de diseño de lámparas, Design M, que pronto adquirió prestigio por sus diseños originales y a menudo humorísticos. Algunas de sus lámparas, como la *Light Structure* (1969–1970), con cinco tubos fluorescentes, y la *Ilios* (1983), con una estructura basculante y una bombilla halógena suspendida, eran de una moderna estética desmaterializada. Pero también diseñó piezas de estilo pop y de estilo posmoderno, como su lámpara *Bulb-Bulb* (1980), en forma de bombilla gigante, *Bibibibi*, en forma de pájaro, y *One from the Heart* (1989), con dos corazones. Maurer también creó sistemas de iluminación colgantes, como el *Baka-Rù* (1986) y el *Yayaho* (1984), y a finales de los ochenta inventó lámparas en miniatura de bajo voltaje con flexos metálicos que podían moverse con toda libertad a lo largo de una serie de cables. En 1985, la obra de Maurer se incluyó en la exposición «Lumières», del Centre Georges Pompidou de París.

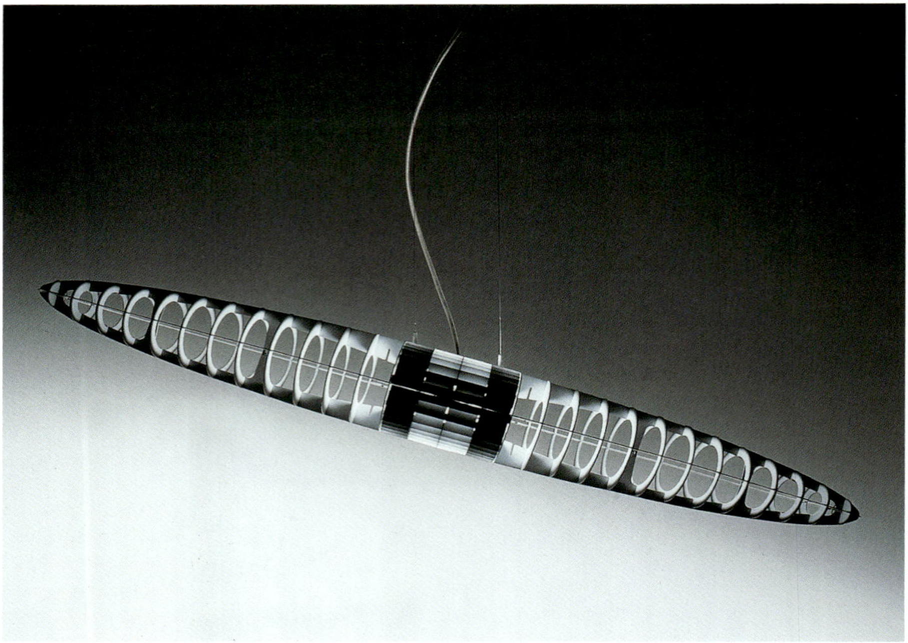

## Alberto Meda

*Lenno Tremezzina (Italia)*, 1945

Alberto Meda estudió ingeniería mecánica en el Politecnico di Milano, donde se graduó en 1969. Luego trabajó para Magneti Marelli, y en 1973 fue nombrado director técnico y jefe de obras de la fábrica plástica de diseño **Kartell**. En 1979 decidió trabajar por su cuenta como diseñador e ingeniero, y fue asesor de ingeniería de las compañías Alfa Romeo e Italtel Telematica, entre otras. En 1983, Meda empezó a impartir clases de tecnología industrial en la Academia Domus. Al cabo de cuatro años creó su silla *Light Light*, para la que empleó materiales de última generación y a la que logró dotar de una gran fuerza y luminosidad gracias a su alma de Nomex en forma de panal y a su matriz de fibra de carbono. Sus sistemas de iluminación para Luceplan, como su lámpara *Titania* (1989), con filtros de policarbonato, también son de una gran innovación técnica. La colección de asientos con estructura de aluminio, como la silla *Armframe* y el sofá *Longframe* (1996), diseñada por Meda para Alias en los años noventa, combinaba la firmeza estructural y la coherencia visual, revelando sus conocimientos de ingeniería. Entre sus clientes también se encuentran Gaggia, Lucifero, Cinelli, Anslado, Mondedison, Carlo Erba, Fontana Arte y Mandarina Duck. Meda ha recibido muchos galardones internacionales, incluidos un **Compasso d'Oro** y un premio Design Plus.

▲ **Alberto Meda y Paolo Rizzato**, lámpara *Titania* para Luceplan, 1989

▸ *Tea & Coffee Piazza* para Alessi, 1979–1983

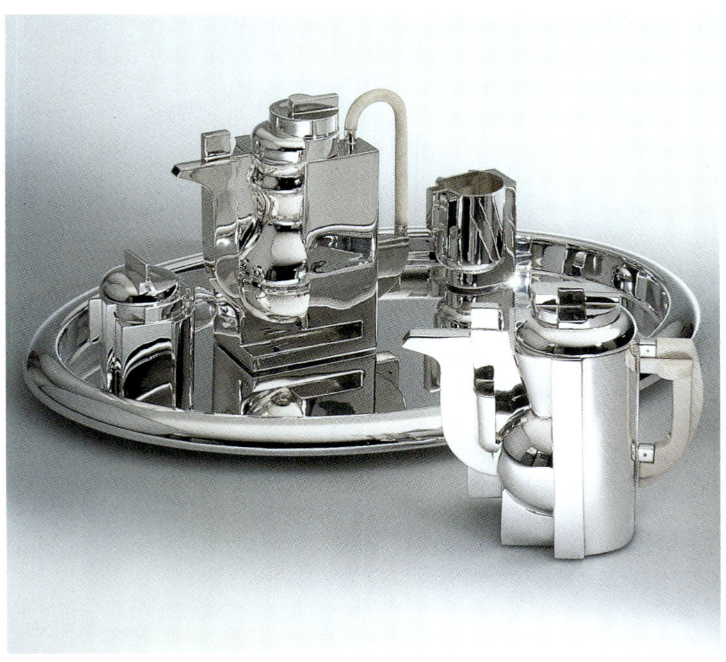

## Richard Meier

*Newark (Nueva Jersey)*, 1934

Richard Meier estudió arquitectura en la Cornell University de Ithaca, se graduó en 1957. Trabajó en Nueva York con Davis, Brody & Wisniewski en 1959 y Skidmore, Owings & Merrill en 1960. Luego estuvo dos años con **Marcel Breuer** antes de fundar Richard Meier & Partners en 1963. Diseñó un estudio apartamento en 1965 para el artista Frank Stella (nacido en 1935), cuyo principio «luz es vida» influyó en el purismo posterior de su enfoque arquitectónico. En 1969, Meier participó en la exposición «New York Five» en el **Museum of Modern Art** de Nueva York, y en los años siguientes respaldó la apuesta del grupo por el **estilo internacional**. Los planos geométricos de sus edificios suelen basarse en el círculo y el cuadrado. Como **Le Corbusier**, los edificios de Meier suelen estar revestidos con enlucido blanco, aunque los detalles —barandas y paneles esmaltados— recuerdan a los transatlánticos de los años veinte. Los edificios volumétricos de Meier tienen un estilo fácilmente reconocible, caracterizado por la blancura, la luminosidad y el espacio, que aunque toma referencias del pasado también se mantiene muy actual. Meier dio un ciclo de conferencias sobre arquitectura en la Yale University en 1975. En los ochenta, continuó diseñando edificios «neomodernos» y productos, como su *Tea & Coffee Piazza* para **Alessi** (1979–1983).

▸ Cubertería *Pride* para Walker & Hall, 1951 (reeditada por David Mellor)

## David Mellor

*Sheffield (Yorkshire)*, 1930
*Sheffield (Yorkshire)*, 2009

David Mellor se formó en el College of Art de Sheffield, en el **Royal College of Art**, Londres y en la British School de Roma, donde se graduó en 1954. Sus diseños de estudiante recibieron grandes elogios (en 1950, por ejemplo, recibió un premio nacional por un juego de café de plata). En 1954, cuando Sheffield Walker & Hall empezó a producir sus elegantes platos y cubiertos *Pride* (1951), Mellor abrió su despacho y taller de diseño en Sheffield, una ciudad históricamente vinculada a la industria de la cubertería. Sus posteriores cuberterías, las elegantes colecciones *Embassy* (1963) y *Thrift* (1965), fueron usadas en varias embajadas británicas e instituciones gubernamentales. Mellor también ejerció de asesor de diseño en la British Rail, la Post Office y el Departamento de Medio Ambiente. En 1969 empezó a fabricar sus juegos de batería y abrió su primera tienda en Sloane Square (Londres) para vender al detalle sus productos. A principios de los setenta, empezó a producir sus cuberterías en Broom Hall (Sheffield), pero en 1990 trasladó sus instalaciones a un edificio histórico en Haversage, rediseñado por Michael Hopkins (nacido en 1935), que luego recibió un BBC Design Award. Mellor era un miembro activo del Design Council de Gran Bretaña, y en 1983 fue nombrado presidente del Crafts Council.

◂ **Martine Bedin**, lámpara *Super* para Memphis, 1981

## Memphis

Fundado en 1981
*Italia*

Memphis se fundó en Milán en 1981 para dar un nuevo empuje al movimiento del **diseño radical**. A finales de los setenta, los diseñadores de la **vanguardia** italiana, como **Ettore Sottsass**, **Andrea Branzi**, **Alessandro Mendini** y otros miembros del **Studio Alchimia**, experimentaron con enfoques artísticos e intelectuales del diseño alternativos. La apuesta de Mendini por el «rediseño» y el «diseño banal» se convirtió en un factor clave de la producción de Studio Alchimia, y Sottsass, quien consideraba que dichos enfoques restringían demasiado la creatividad, abandonó el grupo. El 11 de diciembre de 1980, Sottsass organizó una reunión en su casa con diseñadores como Barbara Radice (nacida en 1943), **Michele De Lucchi**, **Marco Zanini**, Aldo Cibic (nacido en 1955), **Matteo Thun** y Martine Bedin (nacida en 1957) para barajar la posibilidad de dar un nuevo enfoque al diseño. Decidieron fundar un grupo de diseño, bautizado como Memphis a raíz de una canción de Bob Dylan titulada «Stuck Inside of Mobile with the Memphis Blues Again», que había sonado repetidamente durante la tarde. El nombre, Memphis, también hacía referencia a la antigua capital egipcia de la cultura y al lugar de nacimiento de Elvis Presley, en Tennessee, por lo que escondía una adecuada «doble codificación». El grupo, con la incorporación de **Natalie du**

► **Ettore Sottsass**, librería *Carlton* para Memphis, 1981

**Pasquier** y **George Sowden**, volvió a reunirse en febrero de 1981, y para aquel entonces sus miembros habían realizado cerca de un centenar de dibujos de atrevidos diseños llenos de color, inspirados tanto en temas futuristas como en estilos decorativos del pasado, como el **Art Déco** o el **Kitsch** de los años cincuenta, y se burlaban a propósito de las pretensiones del **buen diseño**. Se marcaron varios objetivos concretos: encontrar ebanistas y ceramistas dispuestos a producir todos sus diseños; convencer a Abet para que creara nuevos laminados impresos con patrones extraordinariamente vibrantes inspirados en el arte pop, el op art y la imaginería electrónica; diseñar y producir material promocional, etc. El director de Artemide, Ernesto Gismondi, ocupó luego la presidencia de Memphis, y el 18 de septiembre de 1981, el grupo expuso por primera vez su obra en la sala de exposiciones Arc '74, en Milán. Los muebles, las lámparas, los relojes y los artículos de cerámica presentados por Memphis habían sido diseñados por una larga lista de arquitectos y diseñadores internacionales, como **Hans Hollein**, **Shiro Kuramata**, **Peter Shire**, **Javier Mariscal**, **Massanori Umeda** y **Michael Graves**. Los productos causaron sensación de inmediato, en gran parte debido a su evidente programa **antidiseño**, y ese mismo año publicaron el

◂ Catálogo para la exposición «Memphis Milano in London» celebrada en The Boilerhouse del Victoria & Albert Museum, 1982

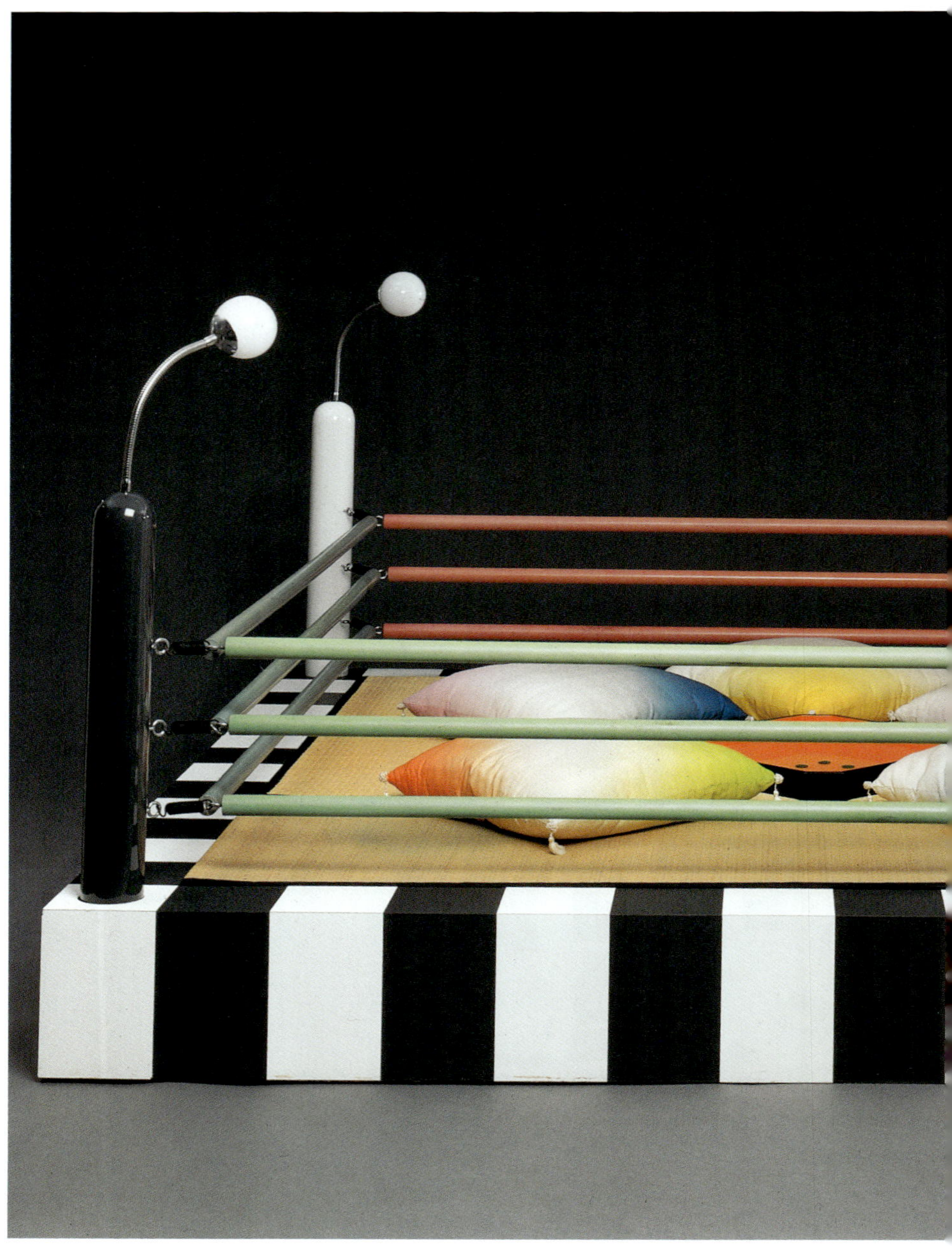

◄ **Masanori Umeda**, cuadrilátero de boxeo para conversar *Tawaraya* para Memphis, 1981

► **Ettore Sottsass**, jarrón *Mizar* para Memphis, 1982

libro *Memphis, The New International Style*, con el fin de promocionar su obra. Artemide, que había producido los diseños de Memphis 1982, ofreció al grupo espacio para exhibir sus productos en la sala de exposiciones de la compañía en Corso Europa, Milán. De 1981 a 1988, Barbara Radice fue directora de arte de Memphis y organizó exposiciones en Londres, Chicago, Düsseldorf, Edimburgo, Ginebra, Hannover, Jerusalén, Los Ángeles, Montreal, Nueva York, París, Estocolmo y Tokio. Muchos de los monumentales diseños de Memphis usaban laminados plásticos de colores, un material que contaba con la ventaja de su «aculturalidad». La energía, la excentricidad y la ornamentación de los artículos de Memphis evolucionaron desde un profundo conocimiento del movimiento moderno hasta un rechazo absoluto del mismo. La multiplicidad de temas y las referencias indirectas a los estilos del pasado generaron un nuevo vocabulario posmoderno del diseño. El grupo fue consciente en todo momento de que Memphis no era más que una «moda» efímera, y en 1988, cuando su popularidad empezó a menguar, Sottsass lo disolvió. A pesar de ser un fenómeno de corta duración, Memphis, con su humor y su vitalidad juvenil, desempeñó un papel fundamental en la internacionalización del **movimiento posmoderno**.

▸ Silla *Wassily* rediseñada para Studio Alchimia, 1978

## Alessandro Mendini

*Milán (Italia)*, 1931
*Milán*, 2019

Alessandro Mendini estudió arquitectura en el Politecnico di Milano, donde se doctoró en 1959. Tras dejar la universidad se convirtió en socio del estudio de diseño Nizzoli Associati hasta 1970. Allí colaboró en un proyecto de alojamiento experimental —el Italsider— en Taranto. De 1970 a 1976, Mendini fue redactor jefe de *Casabella*, tras lo cual fundó la revista *Modo*, que se editó hasta 1981. Fue uno de los miembros fundadores de **Global Tools**, una escuela de antiarquitectura y diseño creada en 1973, y a finales de los setenta mantuvo una estrecha relación con el colectivo de diseñadores de **Studio Alchimia**, convirtiéndose en su principal propagandista. En 1978, Mendini produjo sus primeros productos de «rediseño»: la silla *Universale* de **Joe Colombo**, con un acabado de falso mármol; la silla *Wassily* de **Marcel Breuer**, con motivos aplicados; y la silla *Superleggera* de **Gio Ponti**, con insignias incorporadas. La finalidad del «rediseño» era transmitir, con humor, la idea de que el diseño realmente innovador ya no podía seguir los cauces por los que había discurrido hasta entonces. También pretendía revelar las pretensiones del movimiento moderno y demostrar que el sentido y el valor de

◄ Sillón *Proust* para Studio Alchimia, 1978

► **Alessandro Mendini y Bruno Gregori**, aparador *Cantaride* para Zabro-Zanotta, 1984

un diseño sólo se podía comunicar a través de la decoración aplicada. Como teórico del diseño, Mendini también promovió la idea del «diseño banal», que pretendía llenar el vacío intelectual y cultural que parecía existir en el diseño de la sociedad industrializada. Mendini enfatizaba la banalidad de los objetos existentes guarneciéndolos con colores brillantes y extravagantes ornamentos, como en su famoso sillón *Proust* (1978). Por eso Mendini organizó la exposición titulada «L'oggetto banale» (El objeto banal) en la Bienal de Venecia de 1980. Las actividades **antidiseño** de Mendini anunciaban el fin del «prohibicionismo» del movimiento y el renacimiento de un lenguaje simbólico del diseño. Su sofá *Kandissi* (1978), que formó parte en 1980 de la colección del Studio Alchimia titulada irónicamente *BauHaus I*, se burlaba de las diferencias entre las bellas artes y el diseño mediante sus recortes de madera aplicada en colores brillantes, inspirados en la obra de Wassily Kandinsky. Entre 1980 y 1985, Mendini fue redactor jefe de la revista de diseño *Domus*, y a partir de 1983 empezó a impartir clases de diseño en la Hochschule für angewandte Kunst de Viena. En 1981, el ebanista Cassina le invitó a participar en el proyecto Bracciodiferro de la compañía. Para ese cometido, desarrolló la serie *Mobile Infinito*, que incluía elementos decorativos magnéticos que permitían al usuario cierto grado de interacción creativa. Mendini también ejerció como director de diseño y comunicaciones para **Alessi** y participó en el proyecto *Tea & Coffee Piazza* de la compañía en 1983. Alessi encargó a Mendini, a **Achille Castiglioni** y a **Aldo Rossi** el diseño de la Casa della Felicità (1983–1988), tras lo cual, Mendini diseñó el Museo Groninger de Groningen, Países Bajos (1988–1993). Recibió varios premios, incluido un **Compasso d'Oro** en 1979. Mendini, diseñador prolífico e ilustre teórico del diseño, contrubuyó al debate antidiseño y a la propagación del **movimiento posmoderno**.

▾ Jarrones *Manici* (asas) producidos por Zabro-Zanotta para Studio Alchimia, 1984

◂ Programa de marca para Boehringer Ingelheim, 1997

## MetaDesign

Fundado en 1979
*Berlín*

MetaDesign fue fundado en Berlín por Erik Spiekermann en 1979. Spiekermann había estudiado historia del arte en la Freie Universität de Berlín y, en la década de los setenta, había trabajado como tipógrafo en Londres e impartido clases en el London College of Printing. Posteriormente, ejerció como asesor para Henrion Design Associates y Wolff Olins (ambas asesorías conocidas principalmente por su labor en la creación de **identidades corporativas**). Tras regresar a Alemania con una gran experiencia en tipografía y diseño corporativo, Spiekermann fundó el estudio MetaDesign. Uno de sus primeros proyectos fue un encargo del Deutsche Bundespost para rediseñar los folletos publicitarios de su servicio postal. El estudio MetaDesign forjó fuertes vínculos con la fundición tipográfica Berthold y se hizo miembro de EDEN (Red de Diseñadores Europeos), formada en 1991. MetaDesign continuó cosechando un gran prestigio internacional gracias a su obra tipográfica y a sus programas de identidad corporativa, y actualmente cuenta con una plantilla de 170 personas en su estudio de Berlín y tiene sedes en Londres y San Francisco. Spiekermann reflejó su enfoque tipográfico en su libro *Ursache & Wirkung: Ein typografischer Roman* (Rima y razón: la novela de un tipógrafo), publicado en 1987. MetaDesign está generalmente considerado como el principal estudio de diseño gráfico de Alemania y la apuesta de Spiekermann por los sistemas integrados de comunicación corporativa queda patente en el eslogan de la empresa: «No se puede *no* comunicar».

Ludwig Mies, como se llamaba originariamente, estudió en un principio para ser constructor, y entre 1900 y 1904 trabajó como delineante de ornamentos de estuco para una empresa arquitectónica local en Aachen. Se trasladó a Berlín en 1905, y trabajó para **Bruno Paul** hasta 1907, año en que diseñó su primer edificio. En 1908, Mies se incorporó al despacho de diseño de **Peter Behrens**, donde creó diseños para **AEG** y para la embajada alemana en San Petesburgo. En ese despacho, trabajó codo con codo con **Walter Gropius**, Hannes Meyer (1889–1954) y **Le Corbusier**, y, al igual que Behrens, se inspiraba en la arquitectura neoclásica de Karl Friedrich Schinkel (1781–1841). Mies dejó el despacho de Behrens en 1911, y al año siguiente creó su estudio en Berlín. En 1913 añadió el nombre de soltera de su madre, van der Rohe, a su apellido, y entre 1914 y 1918 hizo el servicio militar. En 1922, se implicó activamente en el revolucionario Novembergruppe, organizando las exposiciones del grupo durante los tres años siguientes. Sus proyectos arquitectónicos para oficinas, casas y torres consistían en planos «ideales» que promovían un programa moderno. En 1926 fue nombrado vicepresidente del **Deutscher Werkbund**, y en 1927 organizó la exposición del Werkbund «Die Wohnung» (La vivienda), que se celebró en Weissenhofsiedlung, Stuttgart. Inspirándose en el dibujo de **Mart Stam** de

## Ludwig Mies van der Rohe

*Aachen (Alemania)*, 1886
*Chicago*, 1969

▲ Interior del pabellón alemán de la Exposición Universal de Barcelona, 1929

▲ Sillón *Modelo n.° MR20* para Berliner Metallgewerbe Josef Müller, 1927

una silla voladiza construida con tuberías de gas soldadas (1926), Mies diseñó sus propias versiones en 1927 —la silla *MR10* y el sillón *MR20*—, que estaban construidas con metal tubular elástico y se exhibieron por primera vez en la exposición «Weissenhof». El pabellón alemán para la Exposición Universal de Barcelona estaba decorado con numerosos diseños suyos, incluida su famosa silla *Barcelona*, que fue usada como «trono» para el rey Alfonso XIII en la ceremonia de apertura de la exposición. Los interiores del pabellón, con particiones en mármol, eran la quintaesencia del **estilo internacional** y se distanciaban claramente del utilitarismo asociado al **movimiento moderno**. Entre 1928 y 1930, Mies diseñó la casa Tugendhat en Brno, Checoslovaquia, para la cual también creó muebles exclusivos. La mayoría de sus diseños arquitectónicos de los años veinte, como sus proyectos para torres de vidrio y estructuras de acero, eran especulativos y relativamente experimentales. Sin embargo, sus diseños de muebles fueron producidos por la Berliner Metallgewerbe Josef Müller (1927–1931) y por los Bamberger Metallwerkstätten (a partir de 1931). Sus diseños se incluyeron en la Exposición Alemana de la Construcción en 1931 y firmó un contrato con Thonet-Mundus garantizándoles los derechos exclusivos de distribución de quince de sus modelos de sillas, algunos de los cuales había diseñado en colaboración con **Lilly Reich**. En 1930, Mies se convirtió en el último director de la **Bauhaus**, donde impartió clases de arquitectura. Fue responsable del traslado de la escuela de Dessau a Berlín, que se cerró definitivamente en 1933. Tras el cierre de la Bauhaus, abrió un gran estudio de arquitectura en Chicago y fue director del departamento de arquitectura del Armour Institute (más tarde conocido como Illinois Institute of Technology) de Chicago. Uno de sus estudiantes de Chicago era Florence Schust —que más tarde se casó con Hans **Knoll**— y, en 1947, la empresa Knoll Associates se encargó de la reproduc-

▾ Anuncio para la silla *Modelo n.° MR10*, aprox. 1928

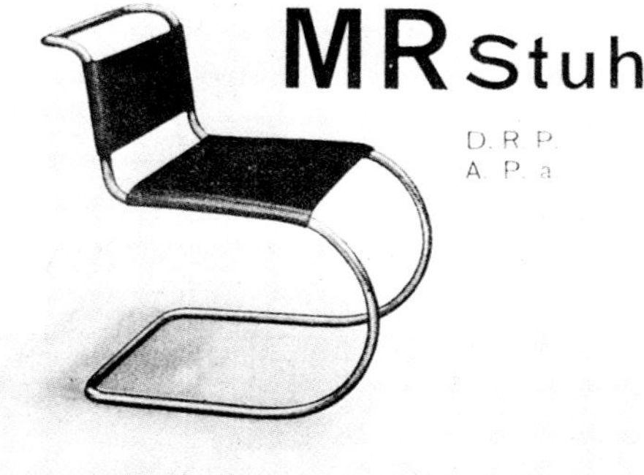

ción de los muebles de Mies van der Rohe. Mies adquirió la ciudadanía estadounidense en 1944, y hasta su muerte en 1969 trabajó en numerosos proyectos arquitectónicos, como la Farnsworth House en Plano, Illinois (1946–1950), la Mannheim Opera House (1953) y su obra maestra, el famoso Seagram Building en Nueva York (1954–1958), que diseñó en colaboración con **Philip Johnson**. El propio Johnson también escribió el catálogo de la retrospectiva de Ludwig Mies van der Rohe que ofreció el **Museum of Modern Art** de Nueva York en 1948. Mies van der Rohe fue uno de los principales exponentes del movimiento moderno y ha sido uno de los arquitectos y diseñadores más influyentes del siglo XX.

► Silla *Modelo n.° MR50 Brno* para Berliner Metallgewerbe Josef Müller, 1929–1930

▲ Silla *Modelo n.°
MR90 Barcelona*
para Berliner Metall-
gewerbe Josef
Müller, 1929

◂ **Christian Dell**, cafetera, aprox. 1929–1930

▸ **Christian Dell**, lámpara de escritorio *Rondella* para Rondella, 1927–1928

## Modern Movement

## Movimiento moderno

El movimiento moderno en el diseño nació de una ideología progresista y social de mediados del siglo XIX y de la cruzada moral de algunos reformistas del diseño, como **A. W. N. Pugin**, John Ruskin (1819–1900) y **William Morris**, que vieron que el estilo victoriano era producto de una sociedad corrompida por la codicia, la decadencia y la opresión, y procuraron reformarla a través de un nuevo enfoque del diseño. Si bien renunció a la producción industrial a favor de la artesanía, Morris fue de los primeros en trasladar la teoría a la práctica con la producción de objetos cotidianos concebidos, diseñados y fabricados de un modo holístico. Sus ideas reformistas —la supremacía de la utilidad, la simplicidad y la adecuación frente a la calidad; la responsabilidad moral de los diseñadores y fabricantes a la hora de producir objetos de calidad, y la teoría de que el diseño podía y debía usarse como herramienta democrática para lograr un cambio social— marcaron el desarrollo del movimiento moderno. Se fundaron gremios y talleres artesanales en Inglaterra, Alemania y Estados Unidos que eran más receptivos con la producción industrial. Con el tiempo, fue ganando adeptos la idea de que las máquinas eran un medio para llegar a un fin y que para que la reforma llegara a todas partes debía adoptarse el proceso industrial. La fundación

del **Deutscher Werkbund** en 1907 se considera el momento en que la ideología reformista quedó definitivamente vinculada a la producción industrial. Los miembros del Deutscher Werkbund desarrollaron un nuevo enfoque del diseño muy racional, que eliminaba la ornamentación y enfatizaba el **funcionalismo**. Con la erradicación de la decoración externa superflua, los elementos ganaban en sencillez y se lograba una mayor **estandarización**, y una mayor eficacia en cuanto a la producción y los materiales. El «ahorro»

▾ **Marcel Breuer**, silla *Modelo n.° B33* para Thonet, 1927–1928

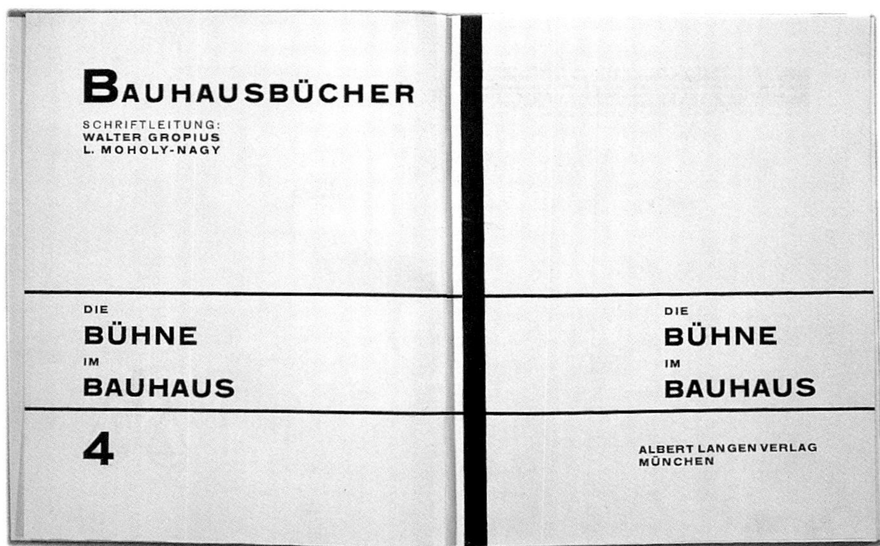


▲ **László Moholy-Nagy**, páginas de portada para *Die Bühne im Bauhaus* (Bauhausbuch 4), de Walter Gropius y László Moholy-Nagy, 1925

beneficiaba al usuario y al fabricante, porque aumentaba la calidad de la construcción y de los materiales. La purificación estética aportó un lenguaje ajeno a la moda. La famosa publicación de **Adolf Loos**, *Ornament und Verbrechen* (Ornamento y delito), de 1908, vinculaba los excesos decorativos a la degradación de la sociedad, mientras que una publicación del Werkbund de 1924, titulada *Form ohne Ornament* (Forma sin ornamento), ilustraba y expresaba las virtudes de los diseños sencillos y racionales para la producción industrial. Esa purga de la ornamentación también fue promovida por **De Stijl**, mientras que el **constructivismo** y el **futurismo** celebraban las máquinas y el concepto de «arte de la producción». Tras la devastación de la II Guerra Mundial, algunos diseñadores como **Walter Gropius** reconocieron el imperativo moral de la modernidad. Gropius fue el primer director de la **Bauhaus**, fundada en 1919 para aportar unidad a las artes y poner en práctica los ideales reformistas de los precursores del movimiento moderno.
La Bauhaus, la institución de diseño más importante del siglo XX, tuvo un impacto enorme en la evolución del movimiento moderno gracias a su apuesta por el funcionalismo, los métodos industriales de producción y los materiales de última innovación, como el metal tubular. La eficacia funcional de los interiores, el mobiliario, los objetos de metal, la cerámica y los gráficos de la Bauhaus condujeron a un vocabulario coherente del diseño

▲ **Alvar Aalto**, salón de debate y lectura en la Biblioteca Municipal de Viipuri, 1930–1935

que se convirtió en sinónimo de modernidad. El término alemán «Sachlichkeit» (objetividad) describía ese nuevo enfoque racional del diseño. Sin embargo, cuando en 1927 se celebró la «Werkbund-Ausstellung» en Stuttgart, había surgido un **estilo internacional** de modernidad fácilmente identificable caracterizado por el minimalismo, el industrialismo y el uso de formas rectas. **Le Corbusier** jugó un papel clave en la promoción de esa estética reduccionista basada en las máquinas, aunque sus diseños eran menos utilitarios que los de la Bauhaus. En los años treinta, el **estilo internacional** empezó a seguir las directrices de la moda. Algunos exponentes del estilo internacional llevaron la abstracción geométrica al límite empleando materiales industriales y un vocabulario formal con fines estilísticos. El movimiento moderno parecía haber perdido sus vínculos morales hasta que fue adoptado por los diseñadores escandinavos, como **Alvar Aalto**, que lideraron una forma humanizadora de modernidad mediante el **diseño orgánico**. La obra de Aalto fue bien acogida en Inglaterra y Estados Unidos, e inspiró a las nuevas generaciones de diseñadores del movimiento moderno, como **Charles** y **Ray Eames**, a la hora de perpetuar un enfoque holístico y orgánico del diseño que abarcaba las últimas innovaciones tecnológicas y materiales. Si los logros y la relevancia futura del movimiento moderno han sido objeto de debate durante décadas, su premisa democrática y social no puede ser refutada.

► **Alvar Aalto**, silla de respaldo alto para Huonekalu-ja Rakennustyötehdas, principios de los años treinta

▲ **Walter Dorwin Teague**, interior del pabellón Ford de la Exposición Universal de Nueva York, 1939

## Moderne

El término francés «moderne» designa una forma de **Art Déco** que recibió la influencia estilística del **movimiento moderno**. Si bien el estilo Moderne ganó en popularidad en Europa en los años veinte y treinta, fue en Estados Unidos donde realmente floreció. En esa época, los promotores estadounidenses del estilo, como **Walter Dorwin Teague** y **Raymond Loewy**, usaron el **aerodinamismo** y los acabados brillantes de cromo y aluminio en sus diseños de productos para lograr un atractivo aspecto moderno. El lujoso estilo moderne también se caracterizaba a menudo por sus formas geométricas, inspiradas en los **Wiener Werkstätte**. Los interiores y muebles suntuosos diseñados por **Donald Deskey** eran representativos del estilo y solían ser encargos de clientes corporativos o adinerados. La decoración interior y los muebles de Deskey para el Radio City Music Hall (1932–1933) también eran un vivo reflejo de la relación del estilo Moderne con el glamour de la industria del cine. Pero fueron sobre todo los extravagantes decorados de vidrio y cromo de las películas de Hollywood los que lo popularizaron en el ámbito internacional. La opulencia y el optimismo inherentes al estilo ofrecían una tregua ilusoria ante los estragos de la Gran Depresión y simbolizaban el sueño americano. Su enorme impacto en Estados Unidos es el origen de muchas de las diferencias que todavía hoy existen entre el diseño de productos y de automóviles estadounidenses y europeos. Muchos de los aspectos decorativos del estilo renacieron con el **movimiento posmoderno** y el diseño retro de finales del siglo XX.

▸ **Warren McArthur** (atribuida), mesa, principios de los años treinta

## Børge Mogensen

*Aalborg (Dinamarca)*, 1914
*Copenhague*, 1972

De 1936 a 1938, Børge Mogensen estudió en la Kunsthandvaerkerskolan de Copenhague, y de 1938 a 1941 fue alumno de **Kaare Klint** en la escuela de mobiliario de la Kongelige Danske Kunstakademi de Copenhague, donde, después de la guerra, trabajó como ayudante de Klint durante dos años. A partir de 1939 exhibió su obra de forma anual en el Gremio de Ebanistas de Copenhague y dirigió el departamento de diseño de muebles de la Asociación de Cooperativas Danesas de 1942 a 1950. Entonces abrió un estudio propio y diseñó mobiliario para Søborg Møbelfabrik, Frederica Stolefabrik y Karl Andersson & Söner. Su enfoque del diseño de muebles, como el de su mentor, incluía la readaptación de modelos tradicionales, de entre los que destacan su sofá *N.° 1789* (1945), su silla *Spanish* (1959) y su silla *Asserbo* (1964). Mogensen también siguió el ejemplo de Klint con sus estudios ergonómicos, que desembocaron en su sistema de mobiliario *Øresund*, diseñado en colaboración con Grethe Meyer. A partir de 1953 diseñó varios tapizados para muebles para C. Olesen junto con Lis Ahlmann (1894–1979). El mobiliario de Mogensen, de gran calidad en el diseño y en la fabricación, es representativo del diseño danés (el uso de materiales naturales, la fabricación de alta calidad y la reinterpretación de formas históricamente populares).

▲ Sillas *Asserbo* para Karl Andersson & Söner, 1964

## László Moholy-Nagy

*Bácsborsod (Hungría)*, 1895
*Chicago*, 1946

László Moholy-Nagy estudió derecho en Budapest. Después de realizar el servicio militar se asoció al grupo artístico revolucionario Ma (Mañana) y su obra apareció ilustrada en la revista del grupo. Sus actividades artísticas al principio se limitaban a la pintura, pero en 1920, tras establecerse en Berlín después de una corta estancia en Viena, empezó a experimentar en el campo de la fotografía. Su obra, que expuso en la galería Der Sturm, reflejaba la influencia del dadaismo y del **constructivismo**. Posteriormente, Moholy-Nagy participó en el Congreso Dadaista-Constructivista de Weimar. El director de la **Bauhaus**, **Walter Gropius**, le ofreció un puesto de profesor en la escuela, y en 1923 le nombró codirector, junto con **Josef Albers**, del «Vorkurs» (curso preliminar). A pesar de que mantuvieron la estructura básica de los cursos desarrollados por **Johannes Itten**, se distanciaron de su doctrina mazdeísta. Su objetivo era promover un enfoque industrial del diseño y, con ese fin, Moholy-Nagy impartió un curso de «materiales y espacio». Sustituyó a Paul Klee (1879–1940) como «Maestro de la forma» en el taller de metal, y entre sus alumnos se encontraban **Marianne Brandt** y **Wilhelm Wagenfeld**. Moholy-Nagy también probó suerte en la dirección cinematográfica, la tipografía y la fotografía. Editó las colecciones de la *Bauhausbücher* y escribió varios libros, incluido *La nueva visión: del material a la arquitectura* (1928). En 1928 abandonó la Bauhaus y se estableció en Berlín, donde dirigió un estudio de diseño y creó varios decorados para exposiciones y teatro. En 1934 se trasladó a Amsterdam y entre 1935 y 1937 residió en Londres, donde diseñó carteles para la compañía London Transport y creó efectos visuales para el director cinematográfico Alexander Korda. Emigró a Estados Unidos en 1937 y dirigió la recién fundada New Bauhaus en Chicago. Tras su cierre en 1938, Moholy-Nagy fundó la **School of Design** de Chicago, y siguió perpetuando la doctrina del diseño funcionalista en Estados Unidos.

▾ **Herbert Bayer**, cartel para «Experiment in Totality: Moholy-Nagy», 1950

## Carlo Mollino

*Turín*, 1905
*Turín*, 1973

▲ Mesa *Arabesque* para Apelli & Varesio, 1950

► Combinación de radio y fonógrafo, 1949

Carlo Mollino era hijo del más célebre arquitecto e ingeniero de Turín, Eugenio Mollino. Estudió ingeniería e historia del arte antes de matricularse en la Escuela de Arquitectura de la Universidad de Turín, donde se graduó en 1931. Luego trabajó en el despacho de su padre y, en 1933, ganó un primer premio en el concurso para las oficinas de la Federazione Agricoltori de Cuneo. Ese año diseñó el interior de su casa, la casa Miller, que usaba como estudio fotográfico para sus estudios eróticos femeninos. En 1937 diseñó la Società Ippica de Turín (sede del club de hípica de Turín, y su obra maestra en arquitectura, que por desgracia fue demolida). Diseñaba los muebles, a menudo de formas muy biomórficas, de sus proyectos de diseño de interiores. Su enfoque altamente expresivo del diseño, inspirado en el **futurismo** y el **surrealismo**, fue conocido como el estilo «barroco turinés» y contrastaba con el **racionalismo** de Milán. Entre 1952 y 1968, Mollino impartió un curso de historia de la arquitectura en la Facultad de Arquitectura de Turín. Era también apreciado como diseñador de coches de carreras (su *Osca 1100* fue el vencedor de su categoría en las 24 horas de Le Man en 1954). La exuberancia del **biomorfismo** defendido por Mollino ejerció una profunda influencia en la estilización italiana de la posguerra.

ABCDEFGHIJKLMN
OPQRSTUVWXYZ
abcdefghijklmnopqrst
uvwxyz 1234567890
&.,:;‘’“”-!?()—

**Monotype Corporation**

*Salfords (Surrey),* 1897–1992

El inventor estadounidense Tolbert Lanston desarrolló una máquina para componer tipos que patentó en 1885. Dos años más tarde fundó la Lanston Monotype Corporation para comercializar su invento, pero no obtuvo suficiente respaldo financiero en Estados Unidos. Finalmente, en 1897, fundó una compañía afiliada en Gran Bretaña y construyó una fábrica en Salfords (Surrey) en 1902. Monotype difería de su rival, Linotype, en que la máquina producía caracteres de tipos individuales en vez de fijar líneas completas. Aunque la composición con una máquina Monotype era más lenta que con una Linotype, el proceso monotipográfico era más adecuado para las copias más complejas, sobre todo cuando no se componían de un bloque sólido de texto. En 1912, la Lanston Monotype Corporation creó el tipo *Imprint*. Fue el primer tipo desarrollado por composición mecánica y su claridad tipográfica finalmente permitió a la compañía alcanzar la calidad de las fundiciones tipográficas tradicionales. En 1922, Stanley Morison (1889–1967) fue nombrado asesor tipográfico. Con el tiempo diseñó los tipos *Garamond* (1922), *Baskerville* (1923) y *Fournier* (1924), y encargó a **Eric Gill** el diseño de nuevos tipos, uno de los cuales fue el *Gill Sans* (1928). En 1931, la empresa pasó a llamarse Monotype Corporation Limited y el diario londinense *The Times* encargó a Morison la creación de un nuevo tipo para su publicación. En 1932, Monotype presentó por primera vez el tipo de letra *Times New Roman*, que se convertiría en uno de los más usados del siglo XX.

▲ **Stanley Morison**, tipo *Times New Roman*, 1931

◂ Papel de pared *Pimpernel*, producido por Jeffrey & Co. para Morris & Co., 1876

## William Morris

*Walthamstow*, 1834
*Londres*, 1896

William Morris estudió teología en el Exeter College de Oxford y se formó como arquitecto con George Edmund Street (1824–1881). Sus fuentes de inspiración fueron las ideas reformistas sociales y artísticas de John Ruskin (1819–1900) y la evasión romántica de los prerrafaelistas. Ante la insistencia de Dante Gabriel Rossetti (1828–1881), Morris probó suerte en el campo de la pintura, aunque pronto lo abandonó para dedicarse a las artes decorativas. Su primer proyecto decorativo a gran escala fue para su casa en Bexleyheath, la Red House, que en 1859 había diseñado Philip Webb (1831–1915). Morris y su círculo de amigos la decoraron con bordados, murales, vidrio tintado y muebles pintados de estilo prerrafaelista (un proyecto conjunto que condujo a la fundación de la compañía Morris, Marshall, Faulkner & Co. en 1861). Con dicha empresa, Morris trató de trasladar la teoría reformista a la práctica. De 1860 a 1870, Morris forjó una «imagen» que promocionaba las virtudes de la simplicidad, la utilidad y la belleza. La compañía diseñaba ambientes interiores completos pero también una amplia gama de artículos, entre ellos muebles, objetos de vidrio tintado, papel pintado, objetos de metal, cerámicas, azulejos, bordados, alfombras y tejidos. Morris pretendía

▲ **Morris, Marshall, Faulkner & Co.**, *The Green Dining Room* en el South Kensington Museum (actualmente, Victoria & Albert Museum), 1866–1867

transmitir el buen diseño a las masas pero rechazó la adopción de la producción en serie, ya que opinaba que la división del trabajo desconectaba al trabajador de su obra y, en última instancia, de la sociedad. Paradójicamente, ese rechazo de la producción industrial comportó el encarecimiento de los diseños de Morris, asequibles para los ricos. No obstante, Morris revitalizó varios oficios a través de sus actividades en Morris & Co. y fue precursor de la práctica de la fabricación ética. Al margen de ser el principal defensor del **movimiento Arts & Crafts**, un prolífico diseñador y un ilustre director de diseño, Morris también fue famoso como poeta y escritor, y su obra reflejaba su anhelo por una utopía social. Además fue un destacado socialista y fijó algunas de las bases el movimiento laborista británico. Las ideas reformistas de Morris —la supremacía de la utilidad, la simplicidad y la adecuación frente al lujo; la moralidad de producir objetos de calidad, y el uso del diseño como una herramienta democrática para la mejora social— fueron fundamentales en los orígenes del **movimiento moderno**.

## Jasper Morrison

*Londres*, 1959

Jasper Morrison estudió en Londres, en la Kingston School of Art and Design y en el **Royal College of Art**, y se graduó en 1985. Estudió con una beca en la Academia de las Artes de Berlín en 1984. A principios de los ochenta, se hizo célebre por su mobiliario experimental, como la mesa *Flowerpot* (1983) y la silla *Wing-Nut* (1984). Fundó su estudio en Londres, Office for Design, en 1986, y ese año su obra se expuso en los almacenes Shiseido de Tokio, en la Galerie Néotù de París y en la exposición «Diseño británico» de Viena. Al año siguiente diseñó el expositor de la agencia de noticias Reuter para la exposición «Documenta 8» de Kassel, y en 1988 participó en «Design Werkstadt» con una instalación titulada «Algunos artículos nuevos para la casa I» en la galería DAAD de Berlín. Su célebre silla para interior o exterior *Thinking Man* (1987) para Cappellini precedió a su silla *Ply* (1989) para **Vitra**, precursora del enfoque desmaterialista de su obra posterior. En 1992, con James Irvine (1958–2013), Morrison organizó el *Progetto Oggetto* para Cappellini, una colección de artículos domésticos creada por un grupo de diseñadores jóvenes que incluía a **Stefano Giovannoni**, Konstantin Grcic (nacido en 1965) y Axel Kufus (nacido en 1958). También publicó *A World Without Words* y fue galardonado con un Bundespreis für Produktdesign por su colección de tiradores para puertas diseñada para FSB. Diseñó una instalación en 1993 para el Österreichisches Museum für angewandte Kunst de Viena, y dos años más tarde, el Centre d'Architecture de Arc en Rêve, en Burdeos, albergó una exposición monográfica de su obra. Hasta la fecha, su encargo más importante ha sido el diseño del nuevo tranvía de Hannover para la Expo 2000, que recibió los premios de diseño de transporte y de diseño ecológico de IF. La obra de Morrison, de gran pureza estética y altamente funcional, es representativa de la «nueva simplicidad» en el diseño.

▾ Sofá *Three* para Cappellini, 1992

## Koloman Moser

*Viena*, 1868
*Viena*, 1918

Koloman Moser estudió diseño y pintura en la Akademie der Bildenden Künste de Viena de 1885 a 1892, y en 1886 asistió a las clases impartidas por el profesor Franz Rumpler (1848–1922) en la Allgemeine Malerschule de Viena. Durante su etapa de estudiante, Moser creó varios diseños gráficos para las revistas *Wiener Mode* y *Meggendorfers Humoristische Blätter*. De 1893 a 1895 se formó como diseñador gráfico en la Kunstgewerbeschule de Viena y dio clases de dibujo a los hijos del archiduque Karl Ludwig. Se asoció con varios artistas progresistas, entre ellos Gustav Klimt (1862–1918), y en 1894 cofundó el Siebener Club (Club de los Siete) con **Josef Hoffmann** y **Josef Maria Olbrich**. A partir de 1895, Moser trabajó como diseñador gráfico independiente y participó con otros artistas y con el editor Martin Gerlach en el lanzamiento de una serie de volúmenes en folio titulados *Allegorien, Neue Folge* (1895). Fue miembro fundador de la **Wiener Sezession** y en 1898 fue nombrado editor del periódico del grupo, *Ver Sacrum*, para el cual produjo numerosas ilustraciones. Empezó a enseñar pintura en la Kunstgewerbeschule de Viena en 1899, y obtuvo una cátedra en 1900. Ese mismo año, Moser expuso sus muebles y otros innovadores diseños, entre ellos una serie de vasos de licor que más tarde fueron distribuidos por Bakalowits & Söhne, en la VII Exposición Secesionista de Viena y en la Exposition Universelle et Internationale de París. En 1901 cofundó el grupo Wiener Kunst im Haus, y dos años después se unió a Josef Hoffmann y Fritz Wärndorfer (1869–1939) en la fundación de los **Wiener Werkstätte**. Como director de diseño de esa progresista empresa de fabricación, Moser aportó objetos de plata y de metal, tejidos, joyas y diseños gráficos. También diseñó vestidos y escenarios para el cabaret Fledermaus (un teatro fundado por Hoffmann que estaba concebido como **Gesamtkunstwerk** de los Wiener Werkstätte). Hacia 1901, Moser sustituyó los motivos abstractos y naturales de estilo secesionista por esquemas geométricos, incluidos

▾ Garrafa *Sherry* con montura de plata para E. Bakalowits & Söhne, 1901

► **Escuela de Koloman Moser**, jarra en vidrio y plata para E. Bakalowits & Söhne, 1902

◄ Caja de madera para los Wiener Werkstätte, aprox. 1905

▲ Reloj para los Wiener Werkstätte, aprox. 1906

sus esquemas en forma de tablero de ajedrez en blanco y negro inspirados en el arte egipcio y asirio. La rígida geometría de esos últimos diseños anticipaba el formalismo geométrico promovido por la **Bauhaus** en los años veinte. Además de su obra para los Wiener Werkstätte, Moser también diseñó cristalerías para Loetz, tejidos para Johann Backhausen & Söhne y muebles para **J. & J. Kohn**. Además trabajó como diseñador de libros para varias editoriales, como H. Bruckmann, y entre 1904 y 1906 diseñó vidrieras para la iglesia Am Steinhof de **Otto Wagner**. Tras varias discrepancias con Fritz Wärndorfer, Moser dejó los Wiener Werkstätte en 1908 y se dedicó de lleno a la pintura. Sin embargo, siguió produciendo varios decorados para la State Opera. Sus pinturas fueron expuestas en Düsseldorf, Dresde, Budapest, Roma y Berlín entre 1909 y 1916. Moser fue un diseñador prolífico y versátil, cuya obra llevó a cabo la transición entre las formas naturalistas y las geométricas, actuando de ese modo como puente entre los siglos XIX y XX.

## Serge Mouille

*París, 1922*
*Monthiers (Francia), 1988*

Serge Mouille trabajó con el escultor y platero Gilbert Lacroix en 1937, antes de estudiar platería en la École des Arts Appliqués de París. Completó su formación en 1941 y, cuatro años más tarde, al tiempo que impartía clases en su alma máter, abrió un estudio propio. Diseñó su primera lámpara en 1953 para el arquitecto y decorador Jacques Adnet (1900–1984), que entonces era director de la Compagnie des Artes Français de Süe y Mare, con tres luces que confluían en un eje central apoyado en un pie de tres patas. La forma de las características pantallas metálicas *tétine* (tetilla) de Mouille era óptima para el reflejo de la luz y podían articularse en prácticamente todos los ángulos. En 1953 participó en una exposición en el Musée des Arts Décoratifs de París, y dos años más tarde fue nombrado miembro de la Société des Artistes Décorateurs y de la Société Nationale des Beaux-Arts. Colaboró con Louis Sognot (1892–1970) en la concepción de soluciones de iluminación y perteneció a de un grupo de diseñadores **vanguardistas**, entre los que destaca **Jean Prouvé**, cuyos modernos diseños fueron incluidos en la galería Steph Simon cuando ésta se inauguró en 1956. Las elegantes lámparas de Mouille de los años cincuenta, como *Oeil*, *Cocotte*, *Antony*, *Tuyau*, *Saturne*, *Agrafée* y *Secrétaire*, disponían de pantallas de metal esmaltadas en blanco o negro apoyadas en delgadas barras de metal. En 1958, Mouille presentó dos nuevas lámparas en la Exposition Universelle et Internationale de Bruselas: una gran lámpara de pared de tres brazos y una lámpara de techo con seis brazos. Sus posteriores diseños, como los creados para la Université d'Anthony y para la Cathédrale de Bizerte, eran más pesados y de formas más arquitectónicas. En 1961, Mouille fundó la Société de Création de Modèles para apoyar a los jóvenes diseñadores, y en 1963 fue galardonado con una medalla de oro de la Société d'Encouragement à l'Art et à l'Industrie.

▼ Lámpara estándar, 1953

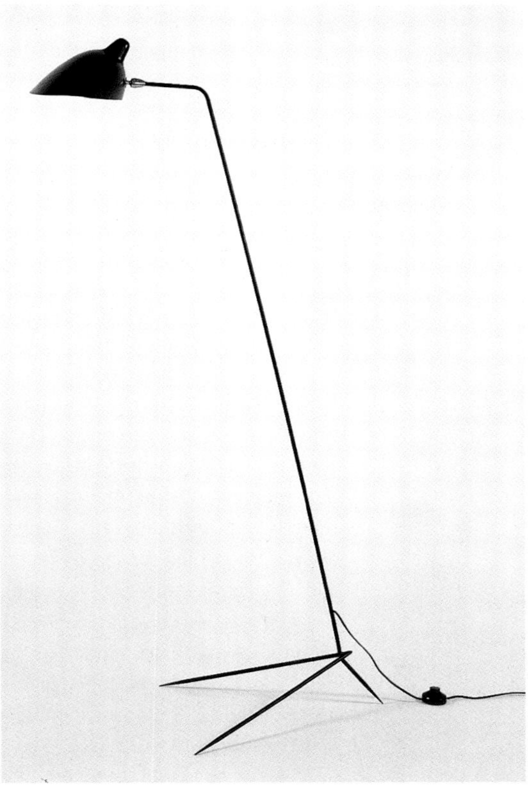

## Olivier Mourgue

*París*, 1939

Olivier Mourgue empezó interiorismo en 1954 en la École Boulle de París, y de 1958 a 1961 estudió primero en la École Nationale Supérieure des Arts Décoratifs de París y luego en Suecia y Finlandia. Tras trabajar como interiorista para la Agence d'Architecture Intérieure Gautier-Delaye de París y diseñar mobiliario para Airborne (1963–1966), abrió un estudio en París, y diseñó muebles para Mobilier National (desde 1966) y Prisunic (1969), así como interiores de automóviles para Renault (1977). Sus asientos *Djinn*, muy escultóricos y antropomórficos, que fueron los primeros muebles en usar tapizado de espuma de uretano sobre una armadura de acero tubular, tenían un aspecto tan futurista que se usaron en la película épica de Stanley Kubrick *2001: Odisea en el espacio* (1968). Mourgue también diseñó los interiores de los pabellones franceses para la Expo '67 de Montreal y la Expo '70 de Osaka, y recibió un ADI (Associazione per il Disegno Industriale) y un premio Eurodomus en 1968. Como **Verner Panton** y **Joe Colombo**, Mourgue se interesó por los conceptos de entorno habitable, espacio y movilidad. Por ello, diseñó un estudio móvil sobre ruedas para él mismo y un cuarto de baño de plástico de superficie blanda en 1970 y presentó un sistema experimental de divisiones modulares entre habitaciones en la exposición «Visiona 3», organizada en Alemania por Bayer en 1971. En 1976 abrió un estudio en Kéralio, en la Bretaña, y dio clases en el Institut de Géo-Architecture de la École des Beaux-Arts de Brest. Su hermano menor, Pascal (1943–2014), es también un conocido diseñador de muebles.

▲ Serie de asientos *Djinn* para Airborne International, 1965

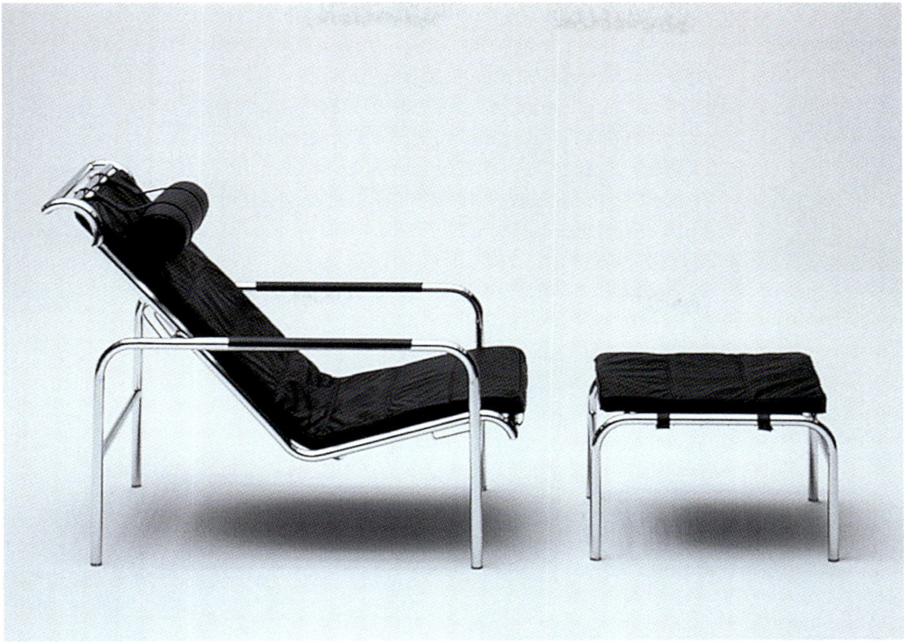

Gabriele Mucchi era hijo del pintor Anton Maria Mucchi. Cursó sus estudios en Turín, Roma, Catania y Corregio, y más tarde estudió ingeniería en Bolonia, donde se doctoró en 1923. Mucchi se consideraba un «descubridor de formas para objetos de uso diario» (el término «diseñador industrial» todavía no se había acuñado). Su obra se incluyó en la exposición «Siglo XX italiano», celebrada en Milán en 1926, y de 1931 a 1933 expuso de forma privada en la Galérie Bonaparte. En 1934 se trasladó a una casa en Milán, que se convirtió en el punto de reunión de un grupo de artistas y antifascistas que más tarde se organizarían como el grupo Corrente. Paradójicamente, siendo miembro activo de ese grupo antifascista, Mucchi formó parte del movimiento racionalista de la cultura y el diseño, que durante un tiempo recibió el favor de los fascistas. De 1934 a 1945, Mucchi diseñó sillas para Crespi, Emilio Pino, incluida su silla *Genni* (aprox. 1935) en metal tubular cromado y piel, que en 1982 Zanotta volvió a lanzar al mercado. Sus diseños se expusieron en Milán en 1949 y en Praga, Berlín y Dresde en 1955. En 1984, la Humboldt-Universität de Leipzig le nombró doctor honoris causa. Sus diseños representaban el **racionalismo** italiano, cuyos seguidores se consideraban a sí mismos los paladines de la era moderna.

## Gabriele Mucchi

*Turín*, 1899
*Milán* , 2002

▲ Sillón y taburete *Genni* para Crespi, Emilio Pino, aprox. 1935 (reeditados por Zanotta)

## Alphonse Mucha

*Ivancice (Moravia)*, 1860
*Praga*, 1939

Alphonse Mucha trabajó desde 1879 como pintor teatral en Viena, donde recibió las influencias de la obra del artista Hans Makart (1840–1884). En 1883, Mucha trabajó en un esquema decorativo para Schloß Emmahof, cerca de Grussbach, propiedad del conde Khuen-Belassi. También diseñó una mampara de tres paneles para el conde, quien posteriormente financió los estudios de bellas artes de Mucha en Múnich, de 1884 a 1887, y luego en París. Al poco de llegar a París, Mucha empezó a trabajar como diseñador, ilustrador y artista gráfico. En 1889 creó sus primeros diseños para sellos de correos, y en 1892 diseñó su primer cartel. Tras imprimirse su famoso cartel de Sarah Bernhardt como Gismonda, la actriz le contrató por seis años para que creara los carteles de sus producciones. Mucha también diseñó joyas para Bernhardt, fabricadas por la orfebrería Georges Fouquet (1862–1957), y creó varios interiores con sus característicos motivos retorcidos, incluido el de la tienda de Fouquet, en la Rue Royale de París, para el cual diseñó cada uno de los detalles, como las manecillas de las puertas, los muebles, las vidrieras y las lámparas. En 1897 se celebró una exposición con las creaciones de Mucha y la revista *La Plume* dedicó una edición especial a su obra. La exposición recorrió más tarde las ciudades de Praga, Múnich, Bruselas, Londres y Nueva York y contribuyó a su reconocimiento internacional. Mucha diseñó el galardonado pabellón de Bosnia-Herzegovina de la Exposition Universelle et Internationale de París y publicó dos libros de su obra en 1902 y 1905. Viajó a Estados Unidos en 1903, donde diseñó joyas en colaboración con **Louis C. Tiffany**. Sus carteles publicitarios para Waverley Cycles (1898), el papel de fumar Job (1896) y las cavas Moët & Chandon (1899) popularizaron su obra, y en 1907 se lanzó una sopa al mercado con su nombre en la caja. Las ilustraciones de Mucha para libros, sus diseños de tejidos, su material y sus carteles publicitarios, sus postales y su serie de litografías decorativas, como *Les Saisons* (1896), *Les Fleurs* (1897) y *Les Arts* (1898), representan la quintaesencia del **Art Nouveau**.

► Cartel publicitario para la compañía de papeles de fumar Job, 1896

▼ Zodiaco para la revista *La Plume*, 1896–1897

JOB
F. CHAMPENOIS
PARIS
Mucha
Mucha

► Silla *Modelo n.° 5000 Singer*, 1945 (reeditada por Zanotta)

## Bruno Munari

*Milán*, 1907
*Milán*, 1998

Bruno Munari estudió en el Instituto Técnico de Nápoles en 1924 y trabajó como pintor y escultor en Milán y Roma a partir de 1927. Estaba vinculado con los futuristas y su obra fue exhibida en la exposición «Secondo Futurismo» de 1927 y en la «Trentate Futuristi» de 1929, así como en la Bienal de Venecia de 1929. En 1932 se centró en la fotografía y un año más tarde empezó a trabajar como diseñador gráfico y produjo sus estructuras cinéticas *Macchine Inutili* (Máquinas Inútiles). En 1945 empezó a diseñar libros y de 1949 en adelante publicó un gran número de libros infantiles. Munari fue miembro fundador del Movimento Arte Concreta en 1948 y dos años más tarde empezó a experimentar con la contraposición de los colores, usando imágenes negativas y positivas. También diseñó productos y muebles a partir de 1945, incluido un mono de juguete para Pigomma (1954), que recibió un **Compasso d'Oro**. Ha trabajado como asesor de diseño para IBM, **Olivetti**, Cinzano, Danese, La Rinascente, Pirelli y Mondadori, entre otros. A principios de los setenta dio clases de diseño básico y comunicación visual avanzada en la Harvard University y obtuvo una cátedra en la Scuola Politecnica de Milán. La silla *Singer* de Munari (1945) refleja su apuesta por la unidad de las bellas artes y el diseño.

◂ Silla infantil de cartón *Spotty* para International Paper, 1963

## Peter Murdoch

*Birmingham*, 1940

Peter Murdoch estudió en el **Royal College of Art**, Londres, donde se graduó en 1963. En el colegio, Murdoch diseñó su silla de cartón con lunares para niños *Spotty* (1963), que al poco tiempo se convirtió en emblema de la era pop. Los bajos costes de producción y el fácil manejo de este producto del **diseño pop** se adaptaban perfectamente a las demandas del mercado de consumo de los años sesenta. International Paper se encargó de la producción de la silla en Estados Unidos, y la puso a la venta plegada, de modo que el comprador debía luego montarla. La silla resultó ser sorprendentemente moldeable gracias a sus cinco capas de tres tipos de papel diferentes. En 1967, Murdoch diseñó la silla, la mesa y el taburete *Those Things*, construidos de un modo similar y fabricados por su compañía, Perspective Designs. Ese mobiliario infantil, estampado con motivos del alfabeto en blanco y negro inspirados en el op art, fue distinguido con un premio del Council of Industrial Design. En 1968 abrió un despacho propio de diseño en Londres, que al principio ganó cierto prestigio por su obra en gráficos e **identidades corporativas**. Ese año, en colaboración con Lance Wyman, Murdoch diseñó los gráficos para los Juegos Olímpicos de México. También ejerció como asesor de diseño para el fabricante de muebles británico Hille International.

## Keith Murray

*Auckland*, 1892
*Nueva Zelanda*, 1981

Keith Murray, tras servir en el ejército durante la I Guerra Mundial, estudió en la Architectural Association de Londres. En 1925 viajó a París, donde tuvo oportunidad de visitar la Exposition Internationale des Arts Décoratifs et Industriels Modernes, en la que pudo ver artículos de vidrio escandinavos y de la **vanguardia** de la Europa continental que superaban todo lo producido hasta el momento por los fabricantes británicos. Tras regresar a Inglaterra, Murray trabajó para Whitefriars Glassworks, de James Powell, diseñando sencillas vasijas de vidrio con grabados decorativos que «no alteraban la transparencia del vidrio». Siguiendo los pasos marcados en la «Exhibition of Swedish Industrial Arts» celebrada en Londres en 1931, los fabricantes de vidrio y cerámica Stevens & Williams buscaban un diseñador que trabajara en ese idioma moderno y, siguiendo el consejo de **Gordon Russell**, contrataron a Murray como diseñador a tiempo parcial en su fábrica de vidrio de Brierley Hill. En 1932, la empresa celebró una exposición de su obra en su sala de exposiciones de Londres. Murray empezó a diseñar audaces cerámicas geométricas para Josiah Wedgwood & Sons en 1933, y luego diseñó artículos de plata para Mappin & Webb. En 1936 abrió un despacho de arquitectos con C. S. White, y proyectó los planos para la nueva Wedgwood Factory en Barlaston (1938–1940). Más tarde, en 1945, con su compatriota neozelandés Basil Ward (1902–1976), fundó la sociedad arquitectónica Murray, Ward & Partners. La cerámica de Murray para Wedgwood, de formas volumétricas sencillas y monumentales a la vez, fue representativa del movimiento moderno británico de la década de los treinta.

▲ Jarrones y jarra de cerámica para Josiah Wedgwood & Sons, aprox. 1934

## Museum of Modern Art

Fundado en 1929
*Nueva York*

El Museum of Modern Art de Nueva York fue inaugurado oficialmente a los pocos días del crack de Wall Street de 1929. Su objetivo era promover una versión «saneada» de la modernidad ideológicamente distanciada de la política conservadora del **movimiento moderno** europeo. Alfred Hamilton Barr (1902–1981) fue el primer director del museo e introdujo el arte, la arquitectura y el diseño de la **vanguardia** europea con la organización de importantes exposiciones como «El **estilo internacional**: arquitectura desde 1922» (1932) y «Machine Art» (1932), de las cuales fue comisario **Philip Johnson**. Barr logró aportar riqueza y notoriedad a la causa posmoderna, cuya financiación ayudó a popularizar el movimiento entre el gran público. Cuando el departamento de conservación se dividió en 1940, **Eliot Fette Noyes**, el primer director del nuevo departamento de diseño industrial, se encargó de la organización de la exposición concurso titulada «Organic Design in Home Furnishings», en la que se pudo observar la obra pionera de **Charles Eames** y **Eero Saarinen**, entre otros. Más tarde, Edgar Kaufmann Jr. (1917–1989) fue nombrado director de diseño y organizó las exposiciones de **buen diseño** celebradas anualmente de 1950 a 1955. A través de esas exposiciones y de las publicaciones del museo, Kaufmann intentó cambiar la actitud de los consumidores y de los fabricantes respecto a la naturaleza de los objetos producidos, concretamente en términos de calidad. El museo albergó una serie de conferencias de **Robert Venturi** en los años sesenta, y en 1972 organizó la famosa exposición «Italy: The New Domestic Landscape», que conmemoraba en gran parte el **diseño radical**. En los ochenta y los noventa, el museo organizó importantes retrospectivas y célebres exposiciones, como la titulada «Mutant Materials in Contemporary Design» (1995). El Museum of Modern Art está situado en un edificio diseñado en 1939 por Philip Goodwin y Edward Durell Stone y ampliado por Philip Johnson. En 1984 se completaron el ala oeste y una torre, que doblaron el espacio disponible del museo.

▼ Vista de la instalación para la exposición de «buen diseño» organizada por el Museum of Modern Art, noviembre de 1950 – enero de 1951

## George Nakashima

*Spokane (Washington),* 1905
*New Hope (Pensilvania),* 1990

George Nakashima se formó en la École Américaine des Beaux-Arts de Fontainebleau en 1928 y estudió arquitectura en la University of Washington de Seattle en 1929 y en el Institute of Technology de Massachusetts en 1930. Inició su carrera profesional en la Comisión de Parques del estado de Long Island y en el gobierno del estado de Nueva York. Luego, entre 1933 y 1936, viajó a Europa e India y China, camino de Japón. Allí estuvo empleado en el despacho arquitectónico de Antonin Raymond (1890–1976), en Tokio, durante dos años y también trabajó para Kunio Maekawa (1905–1986). Ya en Seattle, en 1940, fundó un taller de muebles con un sacerdote, el padre Tibesar. Estuvo internado en Idaho de 1942 a 1943 debido a su ascendencia japonesa, y durante ese período un carpintero estadounidense de padres japoneses le introdujo en el arte de la carpintería tradicional japonesa. Después de que Raymond acordara su libertad, Nakashima abrió un negocio de fabricación de muebles en la granja del arquitecto en New Hope, Pensilvania. Si bien sus exquisitos muebles artesanos los creaba por encargo, diseñó varias líneas de mobiliario para **Knoll** (1946) y Widdicomb-Mueller (1957). En 1952, el American Institute of Architects le premió con una Craftsmanship Medal y en 1962 recibió una National Gold Medal. Además de su mobiliario, que combinaba las formas occidentales con la artesanía oriental, Nakashima diseñó los interiores de varios edificios ilustres, como el Monasterio de Cristo en el desierto de Abiquiu, Nuevo México (1970), y la residencia de Nelson Rockefeller en Tarrytown, Nueva York (1973–1974).

▲ Escritorio de nogal y silla *New*, 1971

George Nelson estudió arquitectura en la Yale University hasta 1931, y luego asistió a la Catholic University de Washington durante un año y, de 1932 a 1934, a la Academia Americana de Roma, ciudad que le otorgó un premio. En 1935 fue nombrado editor asociado de las revistas *Architectural Forum* y *Fortune*, y luego promovió la causa del movimiento moderno. Entre 1936 y 1941, Nelson y William Hamby dirigieron una sociedad arquitectónica en Nueva York, tras lo cual Nelson se inscribió en la facultad de arquitectura de la Yale University y desarrolló numerosos conceptos arquitectónicos innovadores, como la calle peatonal de comercios de su proyecto «Grass on Main Street» de 1942. También fue el precursor del concepto de armario empotrado con su *Storagewall* de 1944. De 1941 a 1944 dio clases en la School of Architecture de la Columbia University de Nueva York, y en 1946 entró a trabajar como asesor de interiorismo en la Parsons School of Design de Nueva York. Ese mismo año sustituyó a **Gilbert Rohde** como director de diseño en la empresa de **Herman Miller**, puesto que ocupó hasta 1972. Durante ese tiempo, Nelson contrató a otros diseñadores con talento, como **Charles Eames**, **Alexander Girard** e **Isamu Noguchi**, para que diseñaran muebles modernos para la compañía. Nelson también creó diseños pro-

## George Nelson

*Hartford (Connecticut)*, 1907
*Nueva York*, 1986

▲ Sofá *Marshmallow* para Herman Miller, 1956 (tapizado con el tejido *Jacob's Coat*, diseñado por Alexander Girard)

◂ Silla *Coconut* para Herman Miller, 1955

pios de muebles, como su sistema de unidades de almacenaje modulares apoyadas sobre unos bancos de tablillas (1945), una mesa de escritorio (1946), una mesa con cajones de madera curvada (1949), el sistema de almacenaje *Comprehensive* (1957), el sofá *Marshmallow* (1956), la serie de sillas, mesas y escritorios *Swaged-Leg* (1958), la silla y la mesa *Catenary* (1962), el sofá *Sling* (1963) y, sobre todo, el sistema *Action Office I* (1964–1965). En 1947 creó su propio estudio, George Nelson & Co., en Nueva York, que, al asociarse con Gordon Chadwick en 1953, pasó a llamarse George Nelson & Associates. Como diseñador industrial, Nelson creó la línea de melamina Prolon de servicios de mesa para la Pro-Phy-Lac-Tic Brush Co. (1952–1955), varios relojes de pared y de mesa para la Howard Miller Clock Company (finales de los cuarenta y principios de los cincuenta), las lámparas de plástico *Bubble* (1947–1952) y el sistema de barras de aluminio extrudido *Omni* para Dunlap. Nelson también estaba muy interesado en el concepto de arquitectura de productos y en 1957 diseñó la Experiment House, con una cúpula de plástico modular. Nelson propuso el concepto de «ciudad escondida», en el que los edificios se construyen bajo tierra para

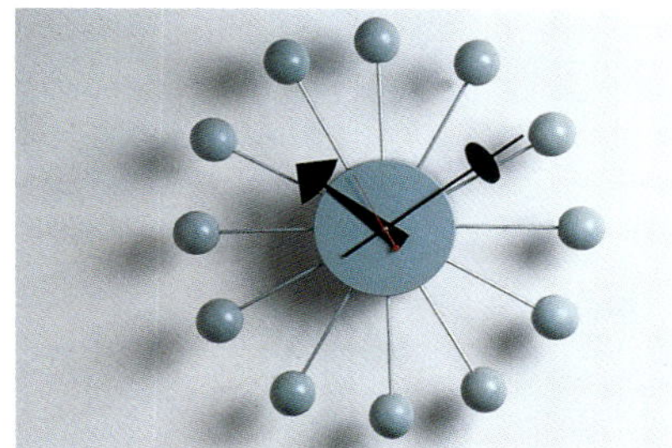

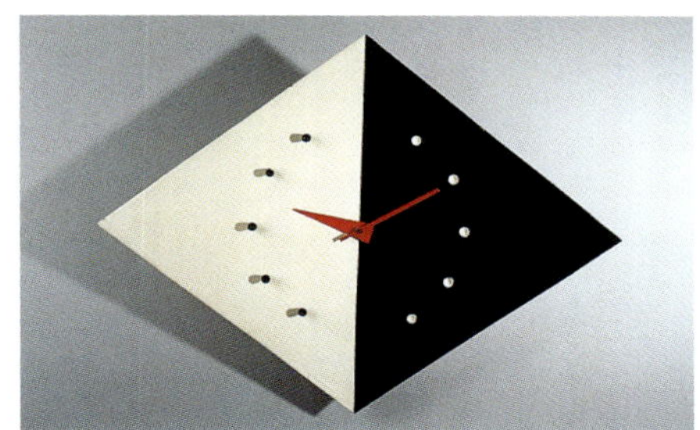

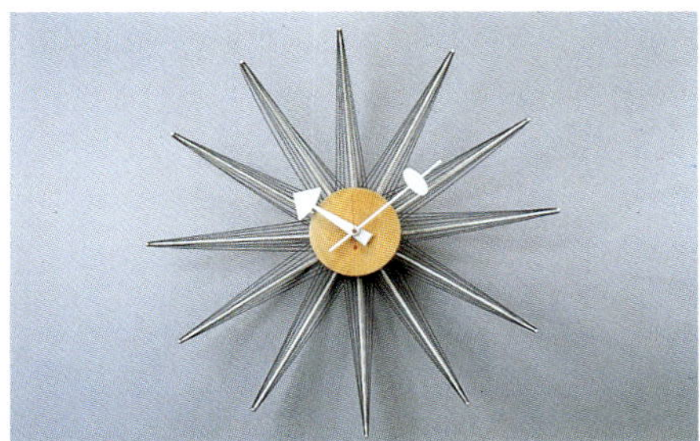

▲ Reloj de pared *Modelo n.° 4756* para la Howard Miller Clock Company, 1947

▲ Reloj de pared *Modelo n.° 2213A Asterisk* para la Howard Miller Clock Company, 1950

▲ Reloj de pared *Modelo n.° 2214S Spider Web* para la Howard Miller Clock Company, 1954

▲ Reloj de pared *Modelo n.° 4755 Ball* para la Howard Miller Clock Company, 1947

▲ Reloj de pared *Modelo n.° 2201K Kite* para la Howard Miller Clock Company, 1953

► Silla *MAA* del grupo *Swaged-Leg* para Herman Miller, 1958

crear un «entorno más humano». Nelson fue un prolífico escritor y crítico de diseño y sus ideas, extremadamente innovadoras, ejercieron una enorme influencia. En 1978, por ejemplo, predijo que los avances en la tecnología informática conducirían en el futuro a una mayor «miniaturización, brevedad y desmaterialización». Era amigo íntimo de **Buckminster Fuller** y, como él, promocionó la noción, aún vigente, de «hacer mucho más con mucho menos», que significaba que el objetivo último de la tecnología debía ser «hacerlo todo con nada». Nelson no fue sólo un diseñador innovador y de un talento extraordinario sino que también fue pionero en la preocupación por el entorno y un poderoso comunicador de ideas a través de sus escritos y enseñanzas.

▼ Banco *Platform* para Herman Miller, 1946

## Richard Neutra

*Viena (Austria), 1892*
*Wuppertal (Alemania), 1970*

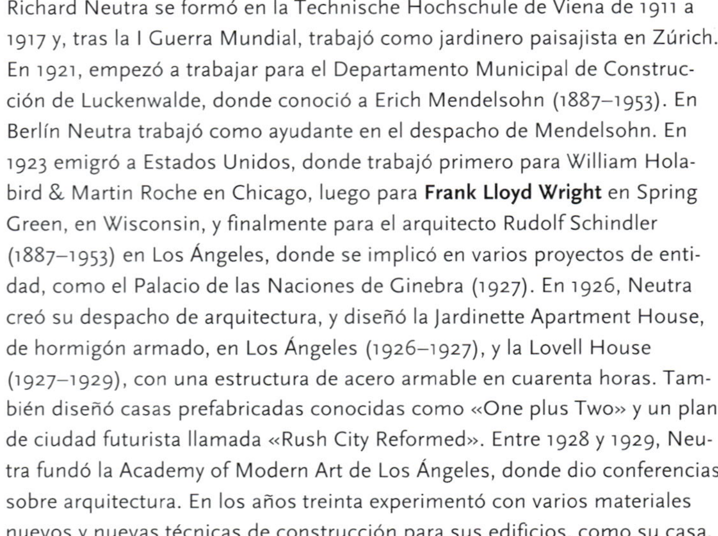

Richard Neutra se formó en la Technische Hochschule de Viena de 1911 a 1917 y, tras la I Guerra Mundial, trabajó como jardinero paisajista en Zúrich. En 1921, empezó a trabajar para el Departamento Municipal de Construcción de Luckenwalde, donde conoció a Erich Mendelsohn (1887–1953). En Berlín Neutra trabajó como ayudante en el despacho de Mendelsohn. En 1923 emigró a Estados Unidos, donde trabajó primero para William Holabird & Martin Roche en Chicago, luego para **Frank Lloyd Wright** en Spring Green, en Wisconsin, y finalmente para el arquitecto Rudolf Schindler (1887–1953) en Los Ángeles, donde se implicó en varios proyectos de entidad, como el Palacio de las Naciones de Ginebra (1927). En 1926, Neutra creó su despacho de arquitectura, y diseñó la Jardinette Apartment House, de hormigón armado, en Los Ángeles (1926–1927), y la Lovell House (1927–1929), con una estructura de acero armable en cuarenta horas. También diseñó casas prefabricadas conocidas como «One plus Two» y un plan de ciudad futurista llamada «Rush City Reformed». Entre 1928 y 1929, Neutra fundó la Academy of Modern Art de Los Ángeles, donde dio conferencias sobre arquitectura. En los años treinta experimentó con varios materiales nuevos y nuevas técnicas de construcción para sus edificios, como su casa, la Van der Leeuw Research House (1931–1933), y después de la II Guerra Mundial diseñó un buen número de residencias privadas y bloques de apartamentos de **estilo internacional**. Usando tejados voladizos de cristal, Neutra era capaz de unificar el espacio interior y exterior, mientras que su mobiliario específico para cada lugar, que a menudo estaba empotrado o construido con metal tubular cromado, realzaba el sentido de unidad en el diseño. De 1949 a 1959 colaboró con Robert Alexander en importantes proyectos públicos, como la capilla de Miramar, La Jolla (1957). Los elegantes diseños de Neutra estaban influenciados por la informalidad del estilo de vida californiano y proyectaban una forma de modernidad más relajada.

▾ Silla de perfil, 1947 (reeditada por Prospettive)

► Sillas *Bucky*, diseñadas para la Cartier Contemporary Art Foundation, 1995

## Marc Newson

*Sydney (Australia)*, 1963

Marc Newson estudió diseño de joyas y escultura en el Sydney College of Art, donde se graduó en 1984. Dos años más tarde fundó el estudio de diseño POD, y se especializó en el diseño de muebles y relojes. Mostró sus diseños de muebles por primera vez en la Roslyn Oxley Gallery de Sydney. En 1987 trabajó en Japón diseñando asientos y lámparas para la compañía de Tentuo Kurosaki, Idée, que produjo de forma limitada su célebre tumbona de fibra de vidrio ribeteada de aluminio *Lockheed Lounge* (1985–1986). Un año más tarde, sus diseños escultóricos protagonizaron una exposición monográfica en Tokio y sus piezas también fueron exhibidas en la galería Il Milione de Milán en 1989 y en la galería VIA de París en 1991. A principios de los noventa, Newson había logrado fama internacional: recibió el encargo de crear muebles para almacenes de Francfort y Berlín, fue elegido Diseñador del Año por el Salón de Muebles de París, y participó en la exposición «13 nach Memphis» del Museum für Kunsthandwerk de Francfort en 1995. La Fundación de Arte Contemporáneo Cartier de París le encargó en 1995 la creación de una instalación interactiva, que incluiría sus sillas de brillantes colores y formas amórficas *Bucky*. Newson también diseñó la torre Swatch Watch para los Juegos Olímpicos de Atlanta de 1996, sin abandonar su trabajo como interiorista en Londres y Tokio. La divertida y característica obra de Newson está muy influenciada por el **biomorfismo** y las formas aerodinámicas del diseño americano de los cincuenta.

◄ Máquina de escribir *Lettera 22* para Olivetti, 1950

## Marcello Nizzoli

*Boretto (Italia)*, 1887
*Camogli (Italia)*, 1969

Marcello Nizzoli estudió arte, arquitectura y diseño gráfico en la Scuola di Belle Arti de Parma de 1910 a 1913, y luego trabajó como pintor, exponiendo en 1914 con el grupo futurista Nuove Tendenze (Nuevas Tendencias) en Milán. Nizzoli también diseñó tejidos y carteles, principalmente para Campari y OM. En 1918 fundó su estudio de diseño en Milán, y durante los años veinte estuvo vinculado con los racionalistas. Entre 1934 y 1936, Nizzoli trabajó en sociedad con el arquitecto Edoardo Persico (1900–1936), con el cual diseñó las dos tiendas de Parker Pen (1934) y la Sala de las Medallas de Oro para la Exposición Aeronáutica de 1934 de Milán. Nizzoli también llevó a cabo numerosos proyectos junto con **Giuseppe Terragni** entre 1931 y 1936. Paralelamente, estuvo empleado como diseñador gráfico independiente para **Olivetti**, y hacia 1938 se convirtió en el asesor jefe de diseño de productos de la empresa. Sus máquinas de escribir *Lexicon 80* y *Lettera 22* (1948 y 1950) destacaban por sus formas esculturales, y sus diseños para oficinas y viviendas de trabajadores para Olivetti subrayaban el compromiso de ésta con el diseño total. Nizzoli creó diseños escultóricos para otros fabricantes, como máquinas de coser y una batidora de cocina para Necchi, muebles para Arflex, encendedores para Ronson y surtidores de gasolina para Agip.

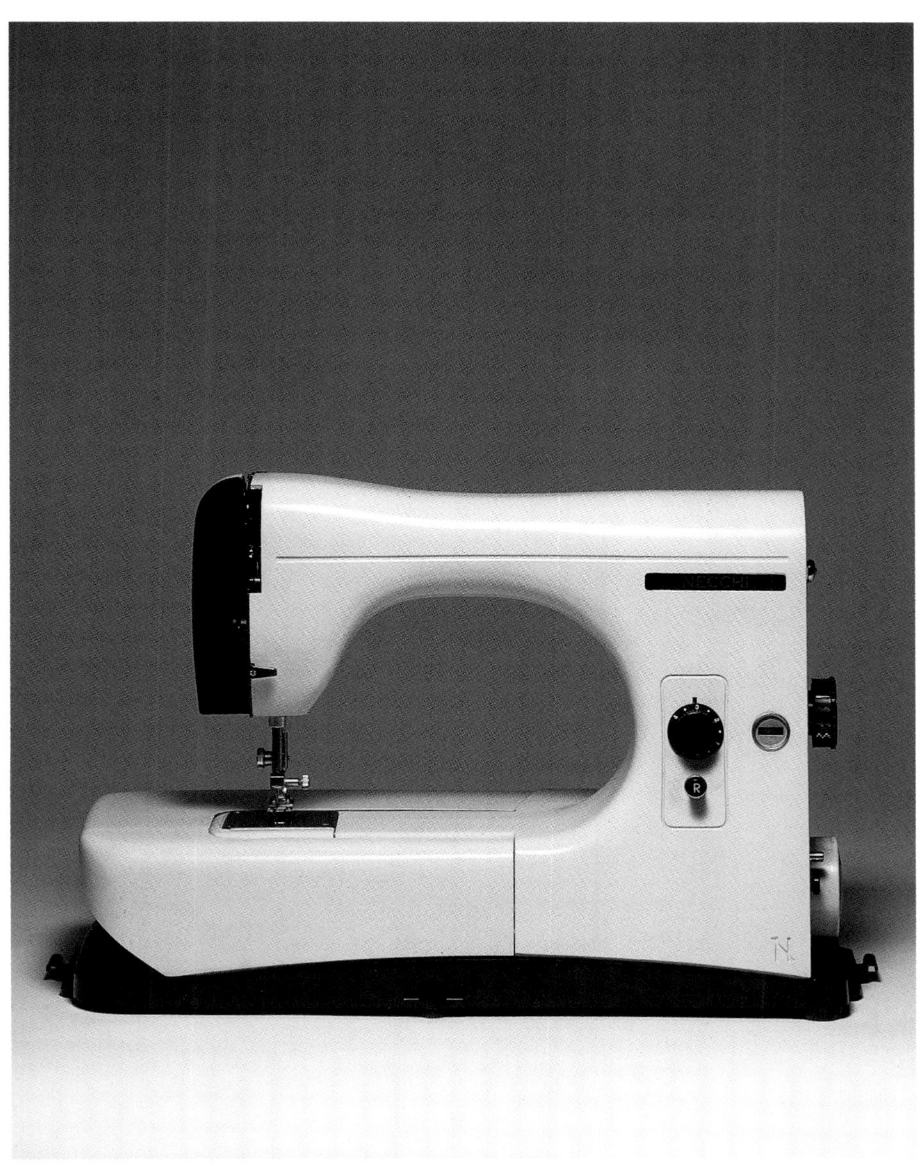


▲ Máquina de coser *Mirella* para Necchi, 1957

## Isamu Noguchi

*Los Ángeles*, 1904
*Nueva York*, 1988

Isamu Noguchi, hijo de un poeta japonés y de una escritora americana, se formó como ebanista en Japón en 1917. En 1923 empezó a estudiar medicina en la Columbia University de Nueva York, pero quería ser escultor, por lo que asistía a clases por la tarde en la Leonardo da Vinci School de Nueva York. Finalmente abandonó su formación médica y fue nombrado ayudante del director de la escuela de arte. En 1927, Noguchi obtuvo una beca Guggenheim que le permitió viajar a París, donde trabajó durante dos años como ayudante del escultor Constantin Brancusi (1876–1957). Hacia 1930, Noguchi pasó varios meses en Pequín y también se trasladó a Japón, donde descubrió los jardines Zen. Tras regresar a Nueva York en 1932 se concentró en la escultura. Diseñó el receptor de baquelita *Radio-Nurse* para la Zenith Radio Co. (1937), cuya forma recordaba a las máscaras de los guerreros japoneses, y dos años más tarde diseñó una mesa de comedor con una forma libre y muy escultórica para el presidente del **Museum of Modern Art** de Nueva York, A. Congers Goodyear. Noguchi también diseñó cristalerías para Steuben y muebles para **Herman Miller** y **Knoll**, como su mesita de café *IN50* (1944), el sofá *IN70* (1946) y las mesas, taburetes y el taburete basculante *IN22* (1954), en forma de timón. A principios de los cuarenta creó sus esculturas lumínicas de papel *Lunar*, y a partir de 1952 diseñó un gran número de lámparas *Akari*, que revitalizaron el antiguo oficio japonés de fabricación de papel con corteza de morera. Noguchi ha sido uno de los escultores más ilustres del siglo XX, y trató de acercar algunas de las cualidades de la escultura a la experiencia común de vivir, lo que logró a través de la producción industrial de sus diseños orgánicos, de gran atractivo visual.

◂ Lámpara *Horn Akari* para Ozeki & Co., 1960

▾ Receptor *Radio-Nurse* para Zenith Radio Corporation, 1937

## Jean Nouvel

*Fumel (Francia)*, 1945

Jean Nouvel estudió en la École Nationale Supérieure de París de 1966 a 1971, creando una sociedad con François Seigneur en 1970 y llevando a cabo a partir de entonces varios proyectos arquitectónicos, como la renovación del teatro Gaieté Lyrique (1977) de París o la renovación y ampliación del centro médico-quirúrgico de Bezons (1978) y del Anne Frank College (1979). En 1982 se aprobó el proyecto que había presentado en el concurso para el nuevo Ministère des Finances, mientras que sus proyectos para el Parc de la Villette y para el Centre d'Art Contemporain et la Médiathèque en 1983 y 1984 lograron sendos segundos premios. En 1985 fundó su estudio, Jean Nouvel & Associates, y luego trabajó en varios proyectos teatrales con el escenógrafo Jacques Le Marquet, entre ellos el Théâtre de Jean-Marie Serreau, la Cartoucherie de Vincennes, la Opera de Lyons y parte del Théâtre de Belfort. Nouvel también fue muy aclamado por su Institut du Monde Arabe de París, por el Centre Culturel en Combs-la-Ville y por el proyecto de viviendas Nemausus 1, en Nîmes, y recibió un Équerre d'Argent y el Grand Prix d'Architecture en 1987. A finales de los ochenta también produjo una serie de diseños de muebles elegantes que, si bien mantenían reminiscencias del mobiliario de Louis Cuny de los años veinte, tenían la misma estética funcionalista que sus edificios. VIA le concedió una «Carte Blanche» en 1987 para crear una serie de muebles en aluminio, que incluyó el cofre *BAO*, la mesa *IAC* y un sistema de estantes extensibles. Nouvel también ha diseñado mobiliario para **Knoll** y Ligne Roset, así como lámparas para Luceplan.

▲ Canapé para Ligne Roset, 1988

◂ **Gio Ponti**, jarrón para Richard-Ginori, aprox. 1925

## Novecento

*Italia*

El Novecento fue fundado en 1926 para contrarrestar tanto la «falsa antigüedad» como la «fealdad moderna» en la arquitectura y el diseño. Entre sus primeros miembros se encontraban **Gio Ponti** y Emilio Lancia, a los que más tarde se unieron Giovanni Muzio (1893–1982) y Tomasso Buzzi. Inspirado en el **Art Déco** francés y los **Wiener Werkstätte**, se oponía al **racionalismo** de diseñadores como **Franco Albini**. Como derivado clasicista italiano del Art Déco, no hizo apenas incursiones en el diseño industrial, exceptuando la cafetera *Moka Express* de Alfonso y Renato Bialetti de 1930. Tal como refleja la cerámica de inspiración neoclásica de Gio Ponti para Richard-Ginori, la influencia del movimiento fue mayor en las artes decorativas y en la arquitectura. Los defensores del movimiento Novecento y del racionalismo coincidían a la hora de tratar de alcanzar la hegemonía estilística en Italia durante los años treinta. Aunque al principio los fascistas respaldaron el racionalismo, finalmente adoptaron el estilo neoclásico del Novecento, que recuperaba las glorias del pasado imperial de Italia, porque se adaptaba más a las grandes premisas autoritarias del partido fascista. Los gráficos italianos de los años treinta también estuvieron influenciados por el movimiento Novecento.

▸ Máquina de escribir eléctrica *Selectric 1* para IBM, 1961

## Eliot Fette Noyes

*Boston*, 1910
*New Canaan (Connecticut)*, 1977

Eliot Fette Noyes estudió arquitectura en la Harvard University de 1928 a 1932 y en la Harvard Graduate School of Design hasta 1938. Inició su carrera profesional trabajando en el estudio de Coolidge, Shepley, Bulfinch & Abbot en Boston, y en 1939 se incorporó al estudio de **Walter Gropius** y **Marcel Breuer** en Cambridge, Massachusetts. El propio Gropius recomendó a Noyes para el nuevo puesto de director de diseño industrial en el **Museum of Modern Art** de Nueva York. Mientras ocupó la dirección, de 1940 a 1942 y durante un año después de la guerra, fue el comisario de la famosa exposición concurso «Organic Design in Home Furnishings» en 1940. Noyes trabajó luego durante un año como director de diseño del despacho de diseño industrial de **Norman Bel Geddes**, que asesoraba a IBM, y en 1947 fundó su propio estudio en New Canaan, Connecticut. De 1956 a 1977, como director de diseño de IBM, fue el responsable de varios productos revolucionarios, entre los que destaca la máquina de escribir *Selectric 1* (1961), con su innovador cabezal en forma de pelota de golf y su carro estático. Mantuvo una dura oposición con la escuela de diseño de Harley Earl (1893–1969) rechazando someterse a las demandas del mercado de cambios anuales de la línea de productos de IBM. En vez de eso, Noyes creó una fuerte **identidad corporativa** para la empresa mediante la integración de sus diseños de productos y a través de la asignación de los diseños gráficos a **Paul Rand** y del diseño de edificios a arquitectos como Breuer. Noyes fue asesor de diseño de muchas otras compañías, como Westinghouse, Mobil, Xerox y Pan Am. Fue uno de los más influyentes defensores del **buen diseño,** reformó totalmente varias empresas y fijó las bases del diseño en Estados Unidos.

◂ Taburete *Sauna* diseñado para el Palace Hotel de Helsinki, 1952

## Antti Nurmesniemi

1927–2003

Antti Nurmesniemi empezó su carrera profesional en un taller de metalurgia y en una fábrica de aviones. Los diseños de la exposición itinerante «America Builds» del **Museum of Modern Art** de Nueva York que llegaron a Helsinki en 1945, le sirvieron de inspiración y en 1947 se inscribió en la Escuela Central de las Artes Aplicadas de Helsinki, donde el enfoque de la «línea nórdica» del diseño se centraba en los aspectos sociales y técnicos. Como ayudante del diseñador escenográfico Kyllikki Halme en 1948, quedó fascinado por el arte de la dirección cinematográfica. Tras graduarse en 1950, Nurmesniemi viajó a Estocolmo y Copenhague, donde conoció a los diseñadores de muebles **Finn Juhl** y **Hans J. Wegner**. A su vuelta se incorporó en el estudio de Helsinki de Viljo Revell y Keijo Petäjä, que lideraban un nuevo enfoque racionalista de la arquitectura en Finlandia. De 1951 a 1956, diseñó interiores y muebles, como su taburete en forma de herradura *Sauna* para el Palace Hotel (1951–1952). En 1954 trabajó seis meses en el despacho de arquitectos de Giovanni Romano en Milán, donde conoció los productos funcionales estilísticos de diseñadores como **Franco Albini**, **Marco Zanuso** y Roberto Sambonet (1924–1995). En 1953 se casó con la diseñadora textil Vuokko Eskolin (nacida en 1930), y en 1956 fundó su estudio de diseño en Helsinki. Tres años más tarde recibió el Lunning Prize por sus refinados diseños, que combinaban las formas modernas europeas con la artesanía escandinava. Como **Alvar Aalto**, Nurmesniemi apostó por un enfoque humanista de la modernidad patente en la belleza práctica de sus productos.

## Hermann Obrist

*Kilchberg (Zúrich)*, 1862
*Múnich*, 1927

Hermann Obrist se trasladó de su Suiza natal a Alemania en 1876 y estudió ciencias naturales en la Universidad de Heidelberg. A partir de 1888, estudió en la Kunstgewerbeschule de Karlsruhe, y más tarde diseñó cerámicas para la fábrica de Großherzog von Sachsen-Weimar-Eisenach, en Bürgel. Fue a París a estudiar escultura, y en 1892 abrió un taller de bordado con Berthe Ruchet en Florencia. La empresa se trasladó a Múnich en 1894, y al año siguiente sus bordados aparecieron ilustrados en la revista *Pan*. Sus enérgicos y extravagantes dibujos sirvieron de fuente de inspiración a otros diseñadores del **Jugendstil**, sobre todo a **August Endell**, a la hora de adoptar motivos naturales abstractos. Esas formas derivaban de sus investigaciones científicas sobre la morfología de las plantas, la estructura celular, la formación de raíces y, especialmente, los patrones de crecimiento en espiral. En 1897, Obrist presentó sus tejidos en la VII Exposición de Arte Internacional celebrada en el Glaspalast de Múnich, y fue uno de los principales miembros fundadores de los **Vereinigte Werkstätten für Kunst im Handwerk** de Múnich. Al margen de su papel pintado y de sus cerámicas, Obrist diseñó muebles, artículos en hierro y varios monumentos y fuentes. Además, diseñó su casa, amueblada por **Bernhard Pankok**, y en 1902 se unió a Wilhelm von Debschitz en la fundación de una escuela de diseño en Múnich. Los esculturales decorados del teatro de **Henry van de Velde** para la «Deutsche Werkbund-Ausstellung» de 1914 celebrada en Colonia también fueron obra de Obrist, que se convirtió en uno de los más fervientes defensores de la reforma del diseño y fue preseleccionado para dirigir la Kunstgewerbeschule de Weimar en 1915. Los diseños sinuosos y retorcidos de Obrist, inspirados en las ciencias naturales, eran también resultado de las «visiones» que había experimentado y que reflejaban su confusión interior.

▾ Detalle del papel de pared *Großer Blütentraum*, 1895

## George Edgar Ohr

*Biloxi (Mississippi)*, 1857
*Biloxi (Mississippi)*, 1918

George Edgar Ohr trabajó de aprendiz para el ceramista Joseph Fortune Meyer en Nueva Orleans de 1879 a 1881, tras lo cual creó una alfarería en su pueblo natal de Biloxi, en Mississippi, y empezó a crear vasijas de barro en un torno de alfarero artesanal. El barro lo obtenía de los ríos locales Tchouticabouffe y Pascagoula, y su hijo Leo le ayudaba en su preparación. Ohr modelaba la cerámica, casi tan delgada como una hoja, en formas naturales retorcidas y la decoraba con varios glaseados, que daban a las piezas una apariencia jaspeada. Conocido como «el alfarero loco de Biloxi», Ohr era un personaje idiosincrásico y talentoso que promovió sus artículos con la frase «No hay dos iguales». Expuso cerca de seiscientos objetos en la «World's Industrial and Cotton Centennial Exhibition» de 1884 en Nueva Orleans, y también presentó su obra en la «Arts & Crafts Exhibition» de 1900 en Buffalo. En 1904 recibió un premio por la originalidad de sus diseños en la «Louisiana Purchase Exposition» de St Louis. Sin embargo, hacia 1909 cerró su estudio de cerámica. Retuvo más de seis mil piezas de su obra con la intención de venderlas a una colección nacional, pero finalmente continuaron en posesión de su familia hasta principios de los setenta. Aunque el estilo de las cerámicas de Ohr fue único en América, en Gran Bretaña se produjeron algunos artículos similares, principalmente de **Christopher Dresser**.

▲ Jarrones de barro, aprox. 1900

## Joseph Maria Olbrich

*Troppau (Silesia)*, 1867
*Düsseldorf*, 1908

Josef Maria Olbrich estudió arquitectura con Camillo Sitte (1843–1903) y Julius Deininger en la Staatsgewerbeschule (Escuela Estatal de Artes y Oficios) de Viena de 1882 a 1886, y luego trabajó durante cuatro años como arquitecto e ingeniero para el constructor August Bartel en Troppau. Continuó sus estudios arquitectónicos en 1890 con Carl von Hasenauer en la Akademie der Bildenden Künste de Viena, y tras graduarse en 1893 fue galardonado con un Premio Roma. Trabajó durante un tiempo como ayudante de **Otto Wagner** antes de viajar a Italia y a Túnez. En 1894 regresó a Viena y recuperó su puesto en el despacho de Wagner, donde participó en el proyecto del Stadtbahn (ferrocaril) de Viena, y donde conoció a **Josef Hoffmann**, con quien trabó amistad. En 1897, Olbrich fue miembro fundador de la **Wiener Sezession**, y un año más tarde colaboró con varias ilustraciones en el periódico del grupo, *Ver Sacrum*. Proyectó la presentación de la primera exposición secesionista y el famoso Edificio de la Secesión (1897–1898) en Karlsplatz, Viena. Ese simple sala geométrica de exposición, cubierta con una esfera en hierro dorado de estilizadas hojas de laurel, estaba decorada con motivos florales inspirados en el **movimiento Arts & Crafts** británico. Olbrich diseñó interiores de estilo **Art Nouveau** para la Villa Friedmann en 1898, y al año siguiente creó interiores llenos de color para la Villa Stift y para el apartamento de David Beil, para los que diseñó también un mobiliario específico. En agosto de 1899 se trasladó a la **Darmstädter Künstlerkolonie**, colonia que el gran duque Ernst Ludwig de Hesse-Darmstadt había fundado un mes antes en la Mathildenhöhe de Darmstadt para promover las artes y los oficios en la región. De 1899 a 1907, Olbrich fue director artístico y director de construcción de la colonia y diseñó siete edificios dentro del complejo, incluida su casa, la casa Glückert, la torre de casamiento, un anexo del salón de exposiciones, la iglesia y una serie

► Candelabro de estaño para Eduard Hueck, aprox. 1902

▼ Copa para E. Bakalowits & Söhne, aprox. 1901

► Detalle de armario con incrustaciones, aprox. 1903

de viviendas adosadas para los trabajadores. Olbrich también diseñó una librería para la atarazana de la colonia, presentada en la «Esposizione Internazionale d'Arte Decorativa Moderna» de 1902 en Turín, así como artículos de plata para Bruckmann und Söhne, artículos de estaño para Eduard Hueck, joyas para Theodor Fahrner y varios accesorios de iluminación. El estilo de su arquitectura y diseño estaba muy influenciado por la obra de **Charles Rennie Mackintosh**, en concreto por sus motivos florales abstractos y por sus formas rectas. Olbrich fue miembro fundador del **Deutscher Werkbund** en 1907 y se trasladó a Düsseldorf en 1908, aunque seguía dirigiendo un despacho en Darmstadt. Su último proyecto de entidad fue el diseño de los grandes almacenes Tietz (1908) de Düsseldorf, para los cuales adoptó una monumentalidad neoclásica. Del mismo modo que su compañero secesionista Josef Hoffmann, Olbrich introdujo el «Nuevo Arte» de la **Glasgow School** y el movimiento Arts & Crafts británico en el continente europeo y, a través de su obra funcional pero a la vez atractiva, fijó las bases del desarrollo de los **Wiener Werkstätte**, del Deutscher Werkbund y, en última instancia, del **movimiento moderno**.

▲ Dibujo del dormitorio principal de la Olbrich House en la Colonia de Artistas de Darmstadt, 1901

amarico
cirillico
greco
OLIVETTI
olivetti
STUDIO 42
TASTIERE PER TUTTE LE LINGUE E CARATTERI DI OGNI STILE

## Olivetti

Fundada en 1908
*Ivrea (Italia)*

Camillo Olivetti (1868–1943) creó la primera fábrica italiana de máquinas de escribir en Ivrea en 1908, tras regresar de un viaje a Estados Unidos. Tres años más tarde, Ing. C. Olivetti & C. lanzó al mercado su primera máquina de escribir, la *M1*, que fue descrita por un crítico contemporáneo como «robusta y elegante» y elogiada por la mayor rapidez de su carro y la mayor suavidad en los movimientos de las teclas. La empresa creció rápidamente entre los años veinte y cuarenta, y estableció sedes en Europa y en el extranjero. Adriano, el hijo de Camillo Olivetti, nombrado director ejecutivo en 1933, impulsó la empresa al desarrollar una firme **identidad corporativa** a través del diseño de productos, la arquitectura, el diseño expositivo, la publicidad y el diseño gráfico. «Coordinador inteligente», Adriano Olivetti encargó a los mejores diseñadores la creación de lo último en productos, como la escultural máquina de escribir *Lettera 22*, diseñada por **Marcello Nizzoli** en 1950. También encargó a los mejores diseñadores gráficos, como **Xanti Schawinsky** y Giovanni Pintori (1912–1999), la producción de carteles y anuncios atractivos para la empresa. Olivetti introdujo el primer ordenador electrónico en Italia en 1959, pero las dificultades financieras obligaron a la empresa a vender su Departamento Electrónico en 1960,

◂ **Xanti Schawinsky**, cartel publicitario de la máquina de escribir *Studio 42* (diseñada por Xanti Schawinsky, Luigi Figini y Gino Pollini) para Olivetti, 1935

▾ **Ettore Sottsass y Perry King**, máquina de escribir portátil *Valentine* para Olivetti, 1969

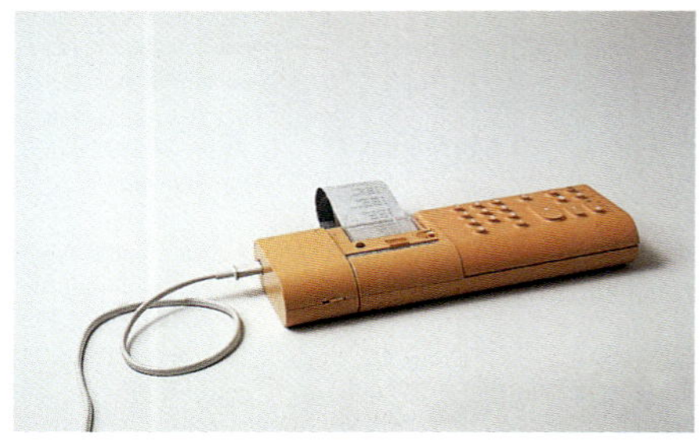

▲▲ **Camillo Olivetti**, máquina de escribir *M1* para Olivetti, 1910

►▲▲ **Ettore Sottsass y Hans von Klier**, máquina de escribir *Editor* para Olivetti, 1964–1969

▲ **Mario Bellini**, calculadora *Divisumma 18* para Olivetti, 1973

►▲ **Mario Bellini**, calculadora *Divisumma 28* para Olivetti, 1973

► Cartel que muestra el ordenador portátil *Philos* (diseñado por Ettore Sottsass) para Olivetti, 1993

tras la muerte de Adriano Olivetti. De todas formas, continuaron investigando sobre los sistemas de comunicación electrónicos, y en 1965 lanzaron al mercado el *P101*, el primer ordenador de escritorio programable (un innovador precedente del ordenador personal). A finales de los años sesenta y principios de los setenta, la empresa lanzó nuevos productos, como la máquina de escribir *Editor*, diseñada por **Ettore Sottsass** y Hans von Klier (1964–1969) y la calculadora *Divisumma 18*, diseñada por **Mario Bellini** (1973). En 1969, Olivetti también introdujo la máquina de escribir portátil *Valentine*, diseñada por Ettore Sottsass y **Perry A. King**, que con su color rojo vivo transformó la sombría máquina tradicional en un accesorio de moda. A pesar de los conocidos problemas financieros de la empresa en los setenta, Olivetti desarrolló un número de productos clave, entre ellos la primera máquina electrónica de la compañía, en 1978, y su primer ordenador personal, en 1982. En la década de los ochenta ampliaron sus operaciones al ámbito de la tecnología de la información y en los noventa la empresa se centró en las telecomunicaciones. Actualmente, el grupo Olivetti se compone de doce empresas diferentes que operan en el campo de la tecnología de la información y las telecomunicaciones.

PHILOS
olivetti
PHILOS
olivetti

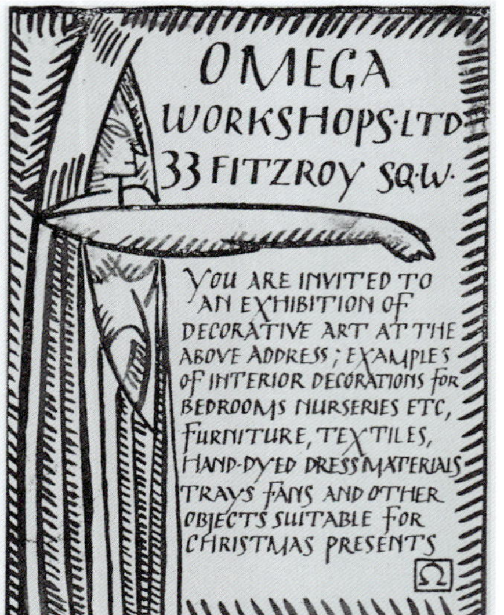

## Omega Workshops

*Londres*
1913–1921

Los Omega Workshops se crearon en 1913 en el corazón de Bloomsbury, en Londres, bajo la dirección del artista Roger Fry (1866–1934). Fry había sido comisario de pinturas en el Metropolitan Museum of Art de Nueva York, y también había organizado la exposición de 1910 sobre pinturas postimpresionistas en las Grafton Galleries de Londres. El concepto de taller surgió a partir del intento de Fry de revivir el arte de las pinturas murales y de ofrecer un empleo a sus amigos del Grupo Bloomsbury. En 1912, Fry, Vanessa Bell (1879–1961) y Duncan Grant (1885–1978) pintaron frescos en la casa de Fry en Guildford, y en 1913 los tres amigos exhibieron los muebles que habían decorado en el Alpine Club Gallery de Londres. Otros miembros de los Omega Workshops fueron los pintores vorticistas Percy Wyndham Lewis (1882–1957), David Bomberg (1890–1957) y Paul Nash (1889–1946), así como el diseñador **Edward McKnight Kauffer**. En 1914, los Talleres diseñaron el interior del Cadena Café de Westbourne Grove y produjeron un esquema decorativo completo para la casa de Henry Harris en Bedford Square. Los Talleres también aportaron un impulso artístico al diseño de cerámica, telas, vidrieras, gráficos y muebles decorados. Algunos de los diseños fueron pintados con motivos florales o figurativos en el estilo vorticista o con formas geométricas abstractas. Los Talleres cerraron en 1921. Si bien la calidad técnica de sus obras no era muy buena, el estilo Omega, que también abarcaba el fauvismo y el cubismo, era muy avanzado para la Inglaterra de la época.

▲ Invitación para la exposición de los Omega Workshops

►▲ **Roger Fry** (atribuida), silla para los Omega Workshops, aprox. 1913

## Organic Design

### Diseño orgánico

El diseño orgánico es un enfoque holístico y humanizador del diseño y fue introducido por vez primera en la arquitectura de finales del siglo XIX por **Charles Rennie Mackintosh** y **Frank Lloyd Wright**. Su método de trabajo consistía en el desarrollo de soluciones **Gesamtkunstwerk** completamente integradas, de manera que la totalidad de un esquema arquitectónico se unificaba de tal modo que el efecto completo era mayor que el de las partes por separado. Se esperaba que el trabajo en su conjunto captara algo del espíritu de la naturaleza. En este enfoque orgánico fue crucial la manera en que los elementos individuales, como los objetos y los muebles, conectaban visualmente y funcionalmente con el contexto de su emplazamiento interior y el conjunto del edificio. También era importante cómo los interiores conectaban visual y funcionalmente con la totalidad del esquema y cómo el propio edificio conectaba con su entorno mediante la armonía de sus proporciones, el uso de los materiales y el color. Si bien la interconexión y el espíritu de la naturaleza eran la base de la arquitectura orgánica, no solían emplearse formas orgánicas. No fue hasta finales de los años veinte y principios de los treinta cuando **Alvar Aalto**, uno de los mayores defensores del diseño orgánico, lideró un vocabulario humanizador y moderno de la forma.

▲ **Alvar Aalto**, tumbona *Modelo n. ° 43* para Artek, 1936

◂ **Charles Eames y Eero Saarinen**, prototipo de sillón diseñado para el concurso «Organic Design in Home Furnishings» del Museum of Modern Art de Nueva York, 1940 (realizado por Haskelite Corporation y la Heywood-Wakefield Company)

▸ **Charles y Ray Eames**, *La Chaise*, diseñada para la «International Competition for Low-Cost Furniture Design» del Museum of Modern Art, 1948 (reeditada por Vitra)

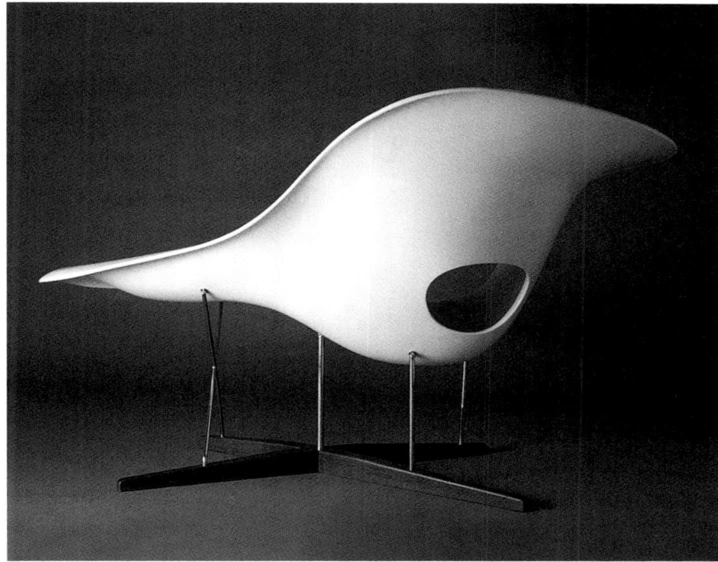

Las curvas suaves y sinuosas de sus revolucionarios asientos de madera contrachapada y laminada se opusieron al rígido formalismo geométrico del **estilo internacional**. Como la arquitectura orgánica más temprana, los diseños de Aalto fueron concebidos holísticamente, pero su preocupación principal no era tanto su trascendencia espiritual como las conexiones funcionales, espirituales y emocionales de sus muebles con los usuarios individuales. Creía que la madera era «un material profundamente humano que inspiraba las formas» y rechazó los materiales industriales alienantes, como el metal tubular, que por aquel entonces eran los materiales escogidos por la **vanguardia** europea. El mobiliario de Aalto, así como sus ideas, tuvieron tanto éxito, sobre todo en Estados Unidos, que prácticamente él solo cambió el rumbo del diseño hacia el movimiento moderno orgánico. En 1940, **Eliot Fette Noyes** organizó el innovador concurso «Organic Design in Home Furnishings», en el **Museum of Modern Art** de Nueva York, para promocionar este nuevo y más consciente enfoque del diseño. En el catálogo, Noyes definía el diseño orgánico como «una armónica organización de las partes de un todo, de acuerdo con la estructura, el material y el propósito. En esta definición no hay cabida para la ornamentación vana o superficial, pero la belleza no es lo menos importante (en la elección ideal del material, en el refinamiento visual y en la elegancia racional de las cosas para ser usadas)» (catálogo *Organic Design in Home Furnishings*, Museum of Modern Art de

Nueva York, 1941). Las obras premiadas en la categoría «asientos para un salón», presentadas conjuntamente por **Eero Saarinen** y **Charles Eames**, están entre los mejores diseños de muebles del siglo XX. Sus sillones fueron revolucionarios no sólo por la tecnología punta que utilizaron en la estructura del asiento contrachapado moldeado de forma única, sino también por el concepto de contacto y soporte continuos, promovido mediante las formas orgánicas ergonómicas y refinadas de la estructura del asiento. Estos diseños, enormemente influyentes, trazaron una nueva dirección en la creación de mobiliario, ya que impulsaron los intentos de conseguir la unidad orgánica estructural, material y funcional del diseño, y tuvieron obras tan representativas como las sillas contrachapadas de Charles y **Ray Eames** (1945–1946), el prototipo amorfo *La Chaise* (1948) y la serie de sillas *Plastic Shell* (1948–950), así como la silla *Womb* (1947–1948) de Eero Saarinen y el *Pedestal Group* de sillas y mesas (1955–1956). La aplicación práctica del diseño orgánico también tuvo una gran influencia en la arquitectura de Saarinen en los años cincuenta y, sobre todo, en su obra maestra, la terminal orgánica de la TWA (1956-1962) en el aeropuerto Kennedy, uno de los edificios más extraordinarios del siglo XX. El éxito del diseño orgánico en los años de posguerra influyó estilísticamente en el nacimiento del **biomorfismo** y continuó inspirando a los diseñadores de los años sesenta y setenta, como Maurice

▾ **Maurice Calka**, escritorio *Boomerang* para Leleu-Deshays, 1970

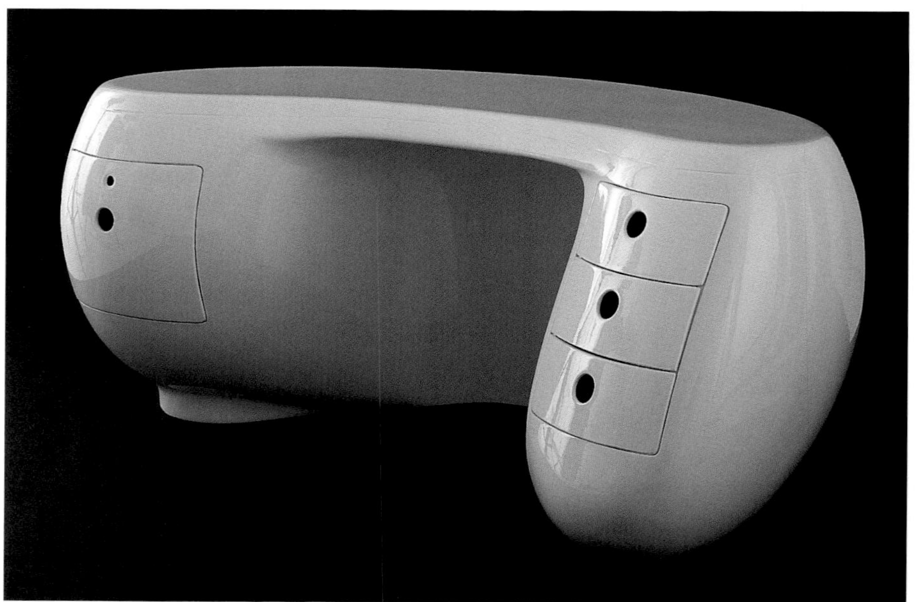

► **Ross Lovegrove**, colección *Lovegrove Landscape* para Frighetto, 1998

◄ **Ross Lovegrove**, accesorios de ordenador de la colección *Surf* para Knoll International, 1992

► **Ross Lovegrove**, lámpara *Pod* para Luceplan, 1996–1997

Calka (1921–1999), **Pierre Paulin** y **Olivier Mourgue**, en la creación de formas altamente esculturales en lenguaje orgánico. A principios de los noventa, impulsado por un mejor conocimiento de la ergonomía y la antropometría y por los avances en el diseño y la creación por ordenador, el diseño orgánico emergió con más fuerza que nunca. Tal y como hicieron Eames y Saarinen, los diseñadores industriales más innovadores de la actualidad, como **Ross Lovegrove**, quieren desarrollar diseños orgánicos desmaterialistas a través de aplicaciones novedosas de materiales y técnicas industriales de última tecnología. Si bien el diseño orgánico está tradicionalmente asociado con los materiales naturales, irónicamente son los plásticos (lo último en materiales sintéticos) los que mejor expresan la esencia abstracta de la naturaleza y maximizan las conexiones funcionales a través de las formas orgánicas que más se adaptan a la morfología humana. Sin embargo, el diseño orgánico expresa toda su fuerza cuando su sensual y emocionalmente persuasivo vocabulario formal conecta con nosotros de manera subliminal apelando directamente a nuestro sentido primigenio de la belleza natural.

► Diseños de silla para Metz & Co., 1934

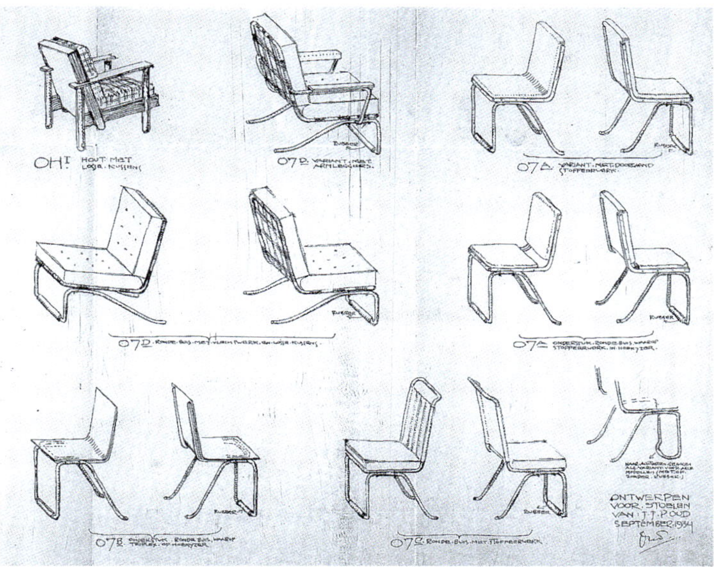


## Jacobus Johannes Pieter Oud

*Purmerend (Países Bajos)*, 1890
*Wassenaar (La Haya)*, 1963

J. J. P. Oud estudió en la Escuela de Artes Aplicadas Quellinus de Amsterdam de 1904 a 1907, y después empezó a trabajar como ayudante en el estudio de arquitectura de P. J. H. Cuipers (1827–1921) y Jan Stuit en Amsterdam. Trabajó en el despacho de Theodor Fischer, en Múnich, en 1911, y posteriormente ejerció como arquitecto autónomo en Purmerend de 1912 a 1913 y en Leiden de 1913 a 1916. Sus edificios de este período estaban influenciados por la obra de **Hendrik Petrus Berlage**. En 1916 conoció a **Theo van Doesburg** y juntos colaboraron en la creación de la casa De Geus y en la fundación, junto con Jan Wils (1891–1972), del club de artistas De Sphinx. Un año más tarde, Oud se convirtió en cofundador de **De Stijl** y fue uno de los pocos miembros del grupo que aplicó la teoría con éxito. A través de sus contactos con Berlage, Oud fue nombrado arquitecto jefe de Rotterdam (1918–1933). En 1920 fundó el grupo Opbouw (reconstrucción) y se negó a firmar los manifiestos del grupo De Stijl, que abandonó al año siguiente. En 1921 viajó a Weimar y conoció a **Walter Gropius** y **László Moholy-Nagy**. Su libro *Arquitectura holandesa* fue publicado en dos volúmenes por la **Bauhaus** (1926 y 1929). En los años treinta diseñó una serie de sillas de metal tubular para los grandes almacenes Metz & Co. Oud fue el máximo exponente del **estilo internacional** en los Países Bajos tanto en arquitectura como en diseño.

## Guiseppe Pagano

*Parenzo (Italia)*, 1896
*Mauthausen (Austria)*, 1945

Nacido como Giuseppe Pogatschnig, Pagano adoptó su apellido italiano cuando se alistó en el ejército italiano en 1915. Después del servicio militar, en 1920 ingresó en el Partido Fascista Italiano y estudió arquitectura en el Politecnico di Milano hasta 1924. Trabajó junto con Gino Levi-Montalcini (1902–1974) y ambos diseñaron el edificio de oficinas Gualino (1928–1930) y una serie de edificios racionalistas para la «Esposizione di Torino» de 1928. Con otros jóvenes arquitectos que participaron en la exposición de Turín, entre ellos Levi-Montalcini, Edoardo Persico (1900–1936), Alberto Sartoris y Lavinia Perona, Pagano se convirtió en miembro fundador del Grupo de los Seis, inspirado en el anterior Gruppo Sette (Grupo Siete), formado en 1926 por jóvenes arquitectos racionalistas como **Giuseppe Terragni**. El uso que hizo Pagano del metal tubular en el diseño de sus muebles fue un rasgo distintivo del **racionalismo** italiano (el diseño favorecido por los fascistas a principios de los años treinta). Desde 1931, Pagano ejerció de asesor del periódico *Architettura e Arti Decorative*, y entre 1930 y 1943 trabajó en la redacción de la revista *Casabella*, de la que llegó a ser redactor jefe en 1933. Pagano también diseñó el Instituto de Física de Roma (1932) y la Università Bocconi de Milán (1938–1941), para la que creó mobiliario racional con monturas de madera laminada. Como uno de los diseñadores más importantes del racionalismo, Pagano fue un influyente teórico del diseño y sus artículos, incluido uno publicado en *La Tecnica Fascista* (1939) en el que alababa la adopción del movimiento moderno por parte del régimen fascista, fueron ampliamente difundidos. Sin embargo, en 1942 Pagano abandonó el Partido Fascista y se unió a la resistencia. Un año más tarde fue arrestado e internado en Mauthausen, donde falleció en 1945.

▾ **Giuseppe Pagano y Gino Levi-Montalcini**, mesa para teléfono *Chichibio*, 1932 (reeditada por Zanotta)

## Sven Palmqvist

*Lenhovda (Suecia)*, 1906
*Orrefors (Suecia)*, 1984

Sven Palmqvist estudió desde 1928 en la escuela de grabados de vidrio de la cristalería de Orrefors. Luego en la Konstfackskolan y en la Tekniska Skolan de Estocolmo de 1931 a 1933 y acudió a la Kungliga Konsthögskolan de Estocolmo de 1934 a 1936. También aprendió las enseñanzas de Paul Cornet y Aristide Maillol (1861–1944) en la Académie Ranson de París, y estudió en Alemania, Checoslovaquia, Italia y América. En 1936, Palmqvist volvió a Orrefors, donde desarrolló la técnica *Kraka*, mediante la cual un cristal blanco o de color en forma de rejilla era encajonado entre dos capas de cristal transparente. En 1954 inventó un método para hacer girar centrífugamente cristal fundido en un molde y evitar pulir a mano, y obtuvo una medalla de oro y el Grand Prix en la Trienal de Milán de 1957 por los diseños creados con esta técnica. A finales de los años cuarenta y principios de los cincuenta, desarrolló su cristalería *Ravenna*, en la que segmentos de cristales geométricos de colores estaban rodeados por unos canales de aire con granos de arena para producir un efecto de mosaico. Usó esta técnica en una pared de cristal no empotrada llamada *Light and Dark*, diseñada para la Union Internationale des Télécommunications de Ginebra y formada por doscientos bloques de cristal *Ravenna*. Palmqvist permaneció en Orrefors hasta 1972 creando exquisito «cristal de estudio industrial», y trabajó como diseñador autónomo para diversas cristalerías.

▲ Tazón *Ravenna* para Orrefors Glasbruk, aprox. 1954

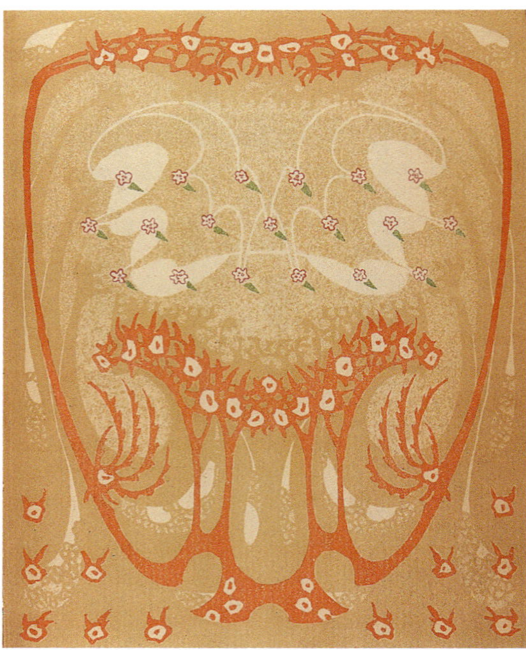

◄ Hoja del catálogo para la sección alemana de la Exposition Universelle et Internationale de París, 1900

## Bernhard Pankok

*Münster (Alemania),* 1872
*Baierbrunn (Alemania),* 1943

Hijo de un ebanista, Bernhard Pankok fue aprendiz de un decorador y restaurador de Múnich. Más tarde estudió en la Kunstakademie de Düsseldorf de 1889 a 1891 y en Berlín de 1891 a 1892. Abrió su estudio en Múnich en 1892 y desde 1896 colaboró como diseñador en las revistas *Jugend* y *Pan*. Un año más tarde participó en la exposición «Glaspalast» y fue cofundador de los **Vereinigte Werkstätten für Kunst im Handwerk** con **Hermann Obrist**, **Richard Riemerschmid** y **Bruno Paul**. También participó en la exposición «Secesión de Múnich» de 1899, y diseñó el mobiliario de la casa de Obrist en la capital bávara. Sus diseños **Jugendstil** destacaban por las tallas de decoración naturalista y las formas extravagantes. Diseñó una alcoba (una sala para fumadores hecha de paneles de madera) para la exhibición de los Werkstätten en la Exposition Universelle et Internationale de París de 1900, que Obrist definió como una combinación de volutas rococó y elementos de los barcos vikingos. En 1900, Pankok recibió el encargo del historiador de arte Konrad Lange de diseñar una casa en Tubinga. Mientras que el tejado a dos aguas se mantenía fiel a la tradición de la Selva Negra, la simplicidad del interior era sorprendentemente moderna. Sin embargo, el interior más famoso de Pankok fue el de una sala de música, que se expuso

▲ Lange House, en Tubinga, 1901–1902

en la «St. Louis World Exhibition» de 1904, y posteriormente en la «Landesgewerbeanstalt» de Stuttgart. Más extravagante que el interior de la casa Lange, esta sala emanaba lujo por su cantidad de detalles y elegantes líneas curvas y era un claro ejemplo del Jugendstil de Múnich. En 1908, Pankok se convirtió en miembro del **Deutscher Werkbund**, y en 1913 fue nombrado director de la Königliche Lehr-und Versuchswerkstätte de Stuttgart, creada en el mismo año que la Kunstgewerbeschule. Si bien destacó por su mobiliario y sus interiores inspirados en las formas naturales, Pankok también fue un reconocido retratista, escenógrafo y diseñador de ropa.

## Verner Panton

*Gamtofte (Dinamarca)*, 1926
*Copenhague*, 1998

Verner Panton se formó en la Tekniske Skole de Odense y más tarde estudió arquitectura en la Kongelige Danske Kunstakademi de Copenhague, donde se graduó en 1951. Entre 1950 y 1952, trabajó como socio de **Arne Jacobsen**, y juntos colaboraron en numerosos diseños de muebles experimentales, incluida la famosa silla *Ant* (1951–1952) de Jacobsen. En 1955 Panton creó su despacho de arquitectura y diseño, y pronto fue conocido por sus propuestas arquitectónicas innovadoras, como, por ejemplo, una casa plegable (1955), la casa de Cartón (1957) o la casa de Plástico (1960). Sin embargo, el mayor reconocimiento le llegó por sus numerosos diseños de asientos, lámparas, tejidos y alfombras, así como de instalaciones para exposiciones. En 1958, Baron Schilden Holsten le encargó la reconstrucción y ampliación de su Komigen Inn (hotel Vuelva Otra Vez), situado en un bosque de la isla danesa de Funen, para el que diseñó un interior totalmente rojo y su famosa silla *Cone* (1958). Ese atípico modelo de asiento y la silla *Heart* que creó poco después, en 1959, fueron fabricadas más adelante por la empresa Plus-Linje, por entonces de reciente creación, de Percy von Halling-Koch. En 1959 una exposición de Panton en la feria comercial de Købestaevnet puso al mundo literalmente patas arribas: alfombró el techo e invirtió los muebles y las lámparas. Panton dio de nuevo muestras de originalidad en la Feria del

▼ Sillas *Panton* para Herman Miller, 1959–1960 (reeditadas por Vitra)

▲ Tejido *Mira-Spectrum* para Mira-X, aprox. 1969

Mueble de Colonia de 1960, en la que expuso un techo cubierto con láminas plateadas. Ese mismo año recibió el encargo de rediseñar el restaurante Astoria de Trondheim, que resolvió con un interior espectacular, no sólo por las inusuales formas adoptadas sino también por la intensidad de los colores empleados. En 1955, Panton diseñó una silla voladiza en forma de «S» de madera contrachapada, que desarrolló con la colaboración de Thonet. Durante varios años intentó crear este mismo diseño en plástico. Finalmente, logró su objetivo con la revolucionaria silla *Panton* (1959–1960), y en 1962 ofreció los derechos de producción a **Herman Miller**. Panton abandonó Dinamarca en 1962 y, tras una breve estancia en París, abrió un taller de diseño en Cannes. Sin embargo, más tarde se trasladó a Basilea para ayudar a Willy Fehlbaum (titular de la franquicia de Herman Miller en la ciudad y fundador de **Vitra**) en el proceso de producción de la silla *Panton*, que se prolongó cinco años. Finalmente, la silla *Panton* se convirtió en la primera silla de una sola pieza y un único material moldeada por inyección. Tras abrir un estudio de diseño en Basilea, Panton se hizo con una variada clientela, entre ellos A. Sommer, Kaufeld, Haiges, Schöner Wohnen, Nordlys, Kill, Wega Radio, Thonet, **Knoll International**, Lüber y Bayer. También diseñó instalaciones psicodélicas «abiertas» para Bayer en las exposiciones «Visiona O» y «Visiona II», celebradas en Colonia en 1968 y 1970 respectivamente; dichas instalaciones reflejaban una fantástica combinación de formas esculturales e intensos colores puros. De 1969 a 1985 creó tejidos con estampados geométricos para Mira-X, utilizando su brillante y característica paleta multicolor. A finales de los años sesenta y principios de los setenta, Panton diseñó una serie de sillas para Fritz Hansen y un sistema de guardamuebles, así como lámparas de pie y de mesa con construcciones de tela metálica cromada para Lüber. Estos diseños se basaban en el op art y se desarrollaron a partir de sus sillas de tela metálica de 1959 y 1960. En 1973, diseñó el sistema de asientos *1-2-3* para Fritz Hansen, que comprendía veinte modelos diferentes, y dos años después diseñó un juguete para Naef (Suiza), consistente en un cubo de colores conocido como *Pantonaef*. Durante la década de los setenta, Louis Poulsen fabricó diversas lámparas diseñadas por Panton, incluidas las lámparas esféricas *VP-Globe* y *Panto* (1975), mientras que en la década siguiente, Panton creó su serie *Art Chairs*-

▾ Silla *Cone* y silla *Heart* para Plus-Linje, 1960, 1958 y 1959

*Chair Art* (1981) de dieciséis sillas de una sola pieza de madera contrachapada con formas irregulares. En 1985, experimentó con formas geométricas puras —cubos, esferas, conos— para realizar el encargo de otra serie de sillas. A diferencia de otros diseñadores daneses, Panton dio al diseño un enfoque más revolucionario que evolucionista. A lo largo de su carrera, creó diseños muy innovadores, audaces y divertidos que a menudo utilizaban la última tecnología y que reflejaban su visión optimista del futuro.

▲ Instalación para la exposición de la Bayer «Visiona II» en Colonia, 1970

◄ Candelabro de cobre de Seifert & Co. para los Vereinigte Werkstätten für Kunst im Handwerk, 1901

## Bruno Paul

*Seifhennersdorf (Lausitz, Alemania)*, 1874
*Berlín*, 1968

Bruno Paul estudió en la Kunstgewerbeschule de Dresde a partir de 1886. Tras trasladarse a Múnich en 1892, estudió a las órdenes de Paul Höcker y Wilhelm von Diez en la Akademie der Bildenden Künste de Múnich. En 1897, Paul se convirtió en miembro fundador de los **Vereinigte Werkstätten für Kunst im Handwek** junto con **Hermann Obrist**, **Richard Riemerschmid** y **Bernhard Pankok**. El diseño de su mobiliario estaba fuertemente influenciado por el diseño de **Henry van de Velde**, mientras que su trabajo con metal se basaba en formas geométricas simples. También colaboró en casi quinientas viñetas cómicas de las revistas *Simplicissimus* y *Jugend*. Su diseño de una sala de cazador (en un estilo rústico típico de Bavaria que reflejaba su interés por lo vernáculo) le valió el Grand Prix de la «Exposition Universelle et Internationale» de París de 1900. También diseñó un salón para la Esposizione Internazionale d'Arte Decorativa Moderna de Turín de 1902, la oficina del presidente del Parlamento en Bayreuth (1904) y una sala de espera para la estación central de Núremberg (1905). De 1905 a 1907, **Ludwig Mies van der Rohe** se incorporó a su estudio de arquitectura y, entre 1907 y 1933, Paul dirigió la Kunstgewerbeschule de Berlín. Fue miembro fundador del **Deutscher Werkbund** en 1907 y diseñó el restaurante, el bar y otros edificios públicos para la «Werkbund-Ausstellung» de Colonia de 1914. Fue asesor arquitectónico del marajá de Mysore Colombo en 1932, y desde 1933 trabajó como arquitecto independiente en Berlín, Hanau, Francfort y Düsseldorf. Los diseños de Paul en estilo **Jugendstil** fueron menos ornamentales que los de Pankok y Obrist. También participó de la linealidad de los diseños del **movimiento moderno** más tardío.

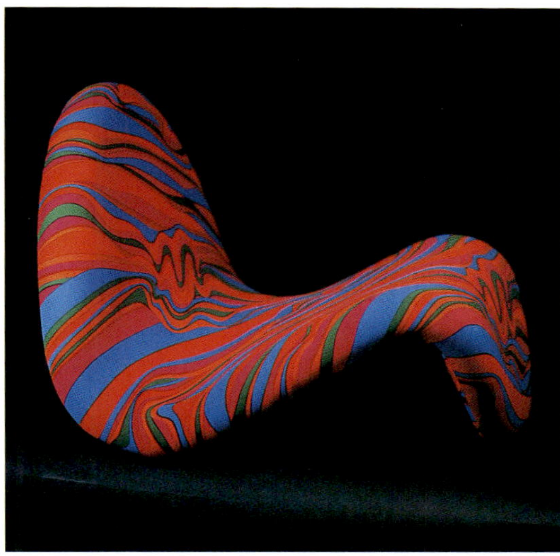

◄ Silla *Modelo n.° 577 Tongue* para Artifort, 1967

## Pierre Paulin

*París*, 1927
*Montpellier*, 2009

Pierre Paulin estudió la talla de piedra y el modelado de arcilla en la École Camondo de París. Desde 1954 diseñó muebles para Thonet, y cuatro años más tarde empezó a trabajar para la empresa holandesa de mobiliario Artifort, que produjo la mayoría de sus diseños, entre ellos su primera silla de plástico, la *157* (1953). Entre 1958 y 1959 trabajó en los Países Bajos, Alemania, Japón y Estados Unidos, y fundó su empresa de diseño industrial en París a mediados de los años sesenta. Creó una serie de sillas con tapicería de espuma y asientos de poliéster para Mobilier Nationale, incluido un sofá modular cuyos módulos podían conectarse para crear una forma serpenteante infinita. En 1968 Paulin diseñó los asientos para los visitantes del Louvre, y al año siguiente recibió un premio ADI (Associazione per il Disegno Industriale) por su silla *582 Cinta* (1965). El diseño de esta silla y su tumbona *577 Tongue* (lengua) (1967) reflejaban el estilo de vida informal de los años sesenta, con formas esculturales tapizadas de espuma que proporcionaban un gran confort. En 1970, diseñó los asientos para la Expo '70 de Osaka, y el apartamento privado del presidente francés en el palacio Élysée. En 1975, Paulin fundó ADSA + Partners, a la que se unieron **Roger Tallon** y Michel Schreiber en 1984. En los años ochenta, Paulin creó mobiliario para la oficina presidencial del palacio Élysée (1983) y una serie de mobiliario artesanal para Mobilier Nationale. Paulin también ha diseñado interiores de coches para Simca, envases para Christian Dior, señales para el Musée d'Orsay y teléfonos para L. M. Ericsson.

## Dagobert Peche

*St. Michael im Lungau (Austria)*, 1887
*Mödling (Austria)*, 1923

Dagobert Peche estudió ingeniería en la Technische Hochschule de Viena, y arquitectura en la Akademie der Bildende Künste de Viena de 1908 a 1911. Posteriormente empezó a diseñar alfombras y cerámica inspiradas en la ornamentación rococó y barroca para la producción en serie. En 1914 participó en la «Deutsche Werkbund-Ausstellung» de Colonia, y en 1915 entró a formar parte de los **Wiener Werkstätte**. Dos años más tarde se le nombró codirector de la cooperativa y fue uno de sus miembros más activos y prolíficos. Entre 1917 y 1919, Peche vivió en Zúrich, donde creó y dirigió una tienda para los Wiener Werkstätte. Adoptó formas cada vez más clásicas aunque su trabajo seguía estando muy decorado, a menudo con motivos florales o animales, hasta que su estilo ornamental recibió la influencia de las tendencias contemporáneas en bellas artes. Como uno de los principales representantes de los Wiener Werkstätte, Peche produjo unas trescientas obras para la cooperativa entre mobiliario, cerámica, diseños gráficos publicitarios, cubiertas de libros, telas, juguetes, ropa y decorados, así como huevos de pascua pintados y decoraciones de árboles de Navidad. A pesar de su abundante uso de la ornamentación, que contrastaba con el estilo geométrico de **Josef Hoffmann** y **Koloman Moser**, Peche influyó enormemente en el diseño de los productos de los Wiener Werkstätte hasta su muerte, en 1923.

▲ Cuenco de plata para los Wiener Werkstätte, aprox. 1915

► Cajita de plata para los Wiener Werkstätte, 1920

◂ Portada del catálogo de PEL, años treinta

## PEL

Fundada en 1931
*Oldbury (Birmingham)*

Durante la I Guerra Mundial la demanda de metal tubular aumentó notablemente en Gran Bretaña y varios fabricantes, incluidos Accles y Pollock, se unieron para formar una nueva compañía, Tube Investments. En 1927, la firma creó, Tube Products, para explotar el potencial de fabricación que ofrecía el recién desarrollado proceso de soldadura en arco. Proveían metal tubular a muchos ebanistas y producían sus muebles a escala limitada. En 1931 fundaron Practical Equipment Limited en un intento de incrementar las ventas de la empresa de fabricación de metal tubular. Inspirándose en el éxito del mobiliario estandarizado de metal tubular fabricado por empresas alemanas como Thonet, Practical Equipment Limited (o PEL, como se rebautizó en 1932) encargó a varios diseñadores, como **Wells Coates** y **Serge Chermayeff**, el diseño de una serie de muebles altamente racionales que incluía sillas, mesas y camas. Uno de sus productos más célebres fue una silla de rejilla diseñada por Chermayeff en 1932 que podía servir para exteriores y que era fácil de guardar (en seis metros cuadrados podían almacenarse hasta cien sillas). Igual que Thonet, PEL apostó por crear muebles de buena calidad y adecuados al estilo de vida moderno. Entre sus clientes se encontraban varios célebres diseñadores, como **Edward McKnight Kauffer**, Marion Dorn (1899–1964) y Betty Joel (1896–1985). PEL también obtuvo la licencia de fabricación de varios muebles de Thonet, incluidos algunos diseños de **Marcel Breuer**, y durante la II Guerra Mundial produjo camillas de metal tubular. En los años treinta, los muebles baratos y funcionales de PEL contribuyeron a la popularización del movimiento moderno en Gran Bretaña.

## Jorge Pensi

*Buenos Aires*, 1949

Jorge Pensi estudió arquitectura en Buenos Aires. En 1977, junto con Alberto Liévore (nacido en 1948), Oriol Pibernat y Norberto Chaves, fundó la asesoría de diseño Grupo Berenguer. Ese mismo año, tras haber recibido la nacionalidad española, inauguró otro despacho con Liévore en Barcelona. En 1984, el estudio diseñó los stands de exposición de Perobell y el grupo SIDI. Durante los años ochenta, Pensi colaboró con la revista española *On Diseño*, y se especializó en el diseño de iluminación y mobiliario. Su elegante silla *Toledo* de aluminio de fundición (1986–1988) ganó numerosos premios, incluidos el primer premio Selección del SIDI (1988), dos Delta de la Associazione del Disegno Industriale y un Design-Auswahl 90 del Stuttgart Design Centre. Otros elegantes diseños marcadamente fluidos, como la silla *Orfilia* (1989) para Thonet y la lámpara de techo *Olympia* (1988) para B. Lux, pasaron a ejemplificar el diseño español de los ochenta. En 1994, Pensi diseñó la exposición «Salón Internacional de Diseño para el Hábitat». Es uno de los principales diseñadores de España y ha trabajado como asesor en Italia, Finlandia, Alemania, Singapur, Sudamérica y Estados Unidos.

▾ Lámpara de techo *Olympia* para B. Lux, 1988

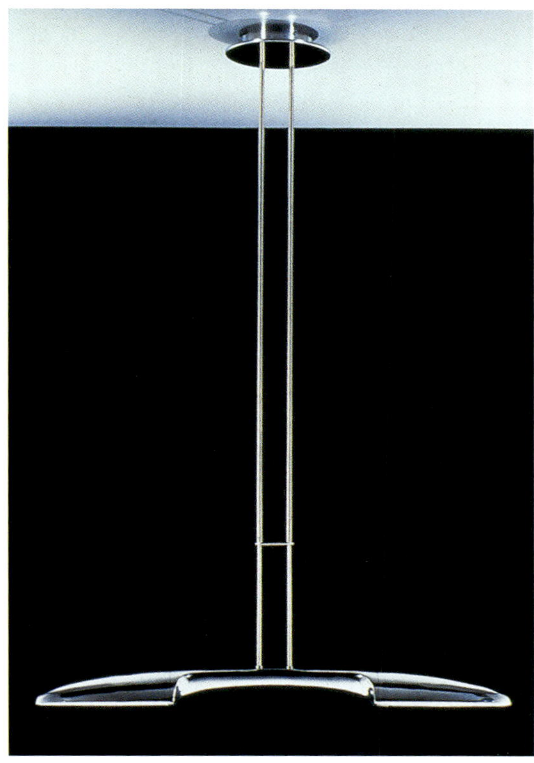

## Pentagram

Fundada en 1972
*Londres*

Pentagram es una asesoría multidisciplinar de diseño fundada en 1972. Está estructurada como una «federación», con unos cincuenta diseñadores asociados, individualmente o en grupos. Surgió de un estudio de diseño anterior inaugurado en 1962 por Alan Fletcher (1931–2006), Colin Forbes (nacido en 1928) y Robert Gill (nacido en 1931), a los que en 1965 se unió el arquitecto Theo Crosby para formar Crosby, Fletcher, Forbes. El diseñador industrial **Kenneth Grange** y el diseñador gráfico Mervyn Kurlansky (nacido en 1936) se afiliaron a la asesoría en 1972. Entonces fue rebautizada como Pentagram. En los años setenta y principios de los ochenta, se unieron a ella John McConnell, David Hillman, Peter Harrison y David Pelham. Pentagram saltó a la fama por sus atrevidos y directos diseños de **identidad corporativa** para British Petroleum, Reuters, Faber & Faber, Watneys, Victoria & Albert Museum, Tate Gallery, *The Guardian* y Prestel, entre otros. Asimismo, ha desarrollado la tipografía de numerosos clientes de peso, como Xerox, IBM y Nissan. El «estilo de la casa» se ha perpetuado gracias al diseño de productos, la mayoría a cargo de Grange, quien además diseñó el tren de alta velocidad *125* para British Rail en 1976 y electrodomésticos de cocina para Kenwood, mecheros para Ronson, artículos de escritorio para Parker

▼ **Daniel Weil**, interior de la nave del tiempo Swatch en Nueva York, mediados de los noventa

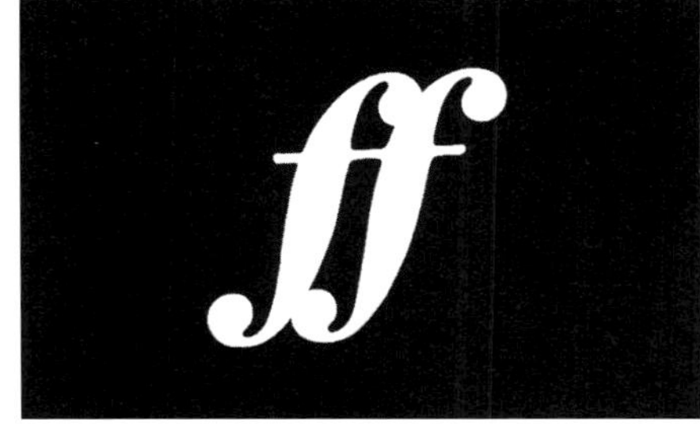

Pens y cuchillas para Wilkinson Sword. Bajo la dirección de Crosby, Pentagram ha diseñado varias exposiciones, entre ellas el pabellón de la industria británica en la Expo '67 de Montreal y «El juego del medio ambiente» (1973) y «Genios británicos» (1977) en Londres. Todas las actividades del grupo están marcadas por la creencia de que el diseño debería penetrar en todas las áreas de la vida, una idea fomentada con la publicación de varios libros, como *Pentagram: The Work of Five Designers* (1972) y *Living by Design* (1977). La asesoría también ha creado una serie de panfletos conocidos como *Pentagram Papers* que subrayan «puntos de vista curiosos, divertidos, estimulantes, provocativos y, a veces, controvertidos». Con todo, quizás sean los diseñadores de artículos de consumo quienes mejor transmitan el fomento «del diseño como estilo de vida» que postula el grupo. Gracias al éxito de sus gráficos, ocasionalmente teñidos de ironía, y de sus productos de consumo, de un uso muy directo templado por un estilo sutil, Pentagram se ha convertido en una de las principales asesorías de diseño internacionales. En 1978 abrió una oficina en Nueva York y en 1986 otra en San Francisco. Pentagram es una organización de mucho prestigio gestionada por diseñadores más que por administradores y contables, lo cual garantiza su compromiso continuado con la creatividad y la innovación.

◄▲▲ **David Hillman**, identidad corporativa para la Tate Gallery, 1989–1990

▲▲ **John McConnell**, identidad corporativa para Faber & Faber, 1981

◄▲ **David Hillman**, diseño para el periódico *The Guardian*, 1988

▲ **Alan Fletcher**, identidad corporativa para el Victoria & Albert Museum, 1988

## Charlotte Perriand

*París*, 1903
*París*, 1999

De 1920 a 1925, Charlotte Perriand fue alumna de Henri Rapin y Maurice Dufrène (1876–1955) en la École de l'Union Centrale des Arts Décoratifs de París. Expuso su obra por primera vez en la Société des Artistes Décorateurs y en 1927 diseñó un bar para la azotea del Salon d'Automne que incluía sus primeros muebles de aluminio anodizado y acero cromado. Dicha presentación atrajo la atención de **Le Corbusier**. Los siguientes diez años trabajó con él y con su primo **Pierre Jeanneret**. Durante ese período, realizó la mayoría de los diseños de muebles del estudio de Le Corbusier, entre los que destacan los primeros diseños de acero tubulado para mobiliario sistematizado denominados «Équipement de l'habitation» (1928–1929), expuestos por primera vez en el Salon d'Automne de 1929 con gran éxito de críticas. Esta revolucionaria colección de muebles, con una estética moderna de cantos marcados y aspecto funcional, reflejaba la creencia de Perriand en la moral y en la forma física. En 1929, Perriand, Le Corbusier y Jeanneret dejaron la

▼ Diseño para el interior de un comedor, aprox. 1929

Société des Artistes Décorateurs porque el jurado no les concedía suficiente espacio de exposición y formaron la organización rival UAM (Union des Artistes Modernes). Al año siguiente, Perriand conoció al pintor Fernand Léger (1881–1955), con quien forjó una sólida amistad. En 1931 empezó a exponer con su propio nombre en las exposiciones de la UAM y en 1937 presentó, junto con Jeanneret, un refugio de montaña de aluminio en la «Exposition Internationale des Arts et Techniques dans la Vie Moderne» de París. En 1940 inauguró un estudio de arquitectura para el diseño de edificios prefabricados de aluminio con **Jean Prouvé** y Georges Blanchon. De 1940 a 1942, Perriand fue asesora de artes y oficios en el Ministerio de Comercio japonés. Al regresar a Francia tras tres años en Indochina, volvió a diseñar edificios, interiores y mobiliario, en solitario y con Jeanneret y Blanchon. Entre los proyectos más relevantes de esa época destacan el mobiliario para chalés de vacaciones en Méribel-les-Allues (1946–1949), una cocina prototipo para la Unité d'Habitation de Le Corbusier en Marsella (1950), mobiliario para la galería Steph Simon de París (1955–1974), la oficina de Air France en Londres (1957) y salas de conferencia para las Naciones Unidas en Ginebra (1959–1970). En los años ochenta, Perriand encabezó por un breve período el jurado del Concurso Internacional para el Nuevo Mobiliario de Oficina, patrocinado por el Ministerio de Cultura francés, y fue asesora del fabricante de muebles Cassina, que volvió a producir el mobiliario que ella había diseñado con Jeanneret y Le Corbusier. Se han organizado varias exposiciones retrospectivas sobre la obra de Perriand, principalmente en Japón (1955), París (1965 y 1985) y Londres (1998). Aunque se la recuerda ante todo por su elegante mobiliario en acero tubular de **estilo internacional** de los años veinte y treinta, Perriand también produjo un buen número de diseños basados en la artesanía, como su diminuta silla *Synthèse des Arts* (1955), una singular síntesis de elementos de las culturas de Oriente y Occidente.

▾ Silla *Synthèse des Arts*, probablemente para Takashimaya, 1955

## Gaetano Pesce

*La Spézia (Italia)*, 1939

Gaetano Pesce estudió arquitectura y diseño industrial en la Universidad de Venecia, donde se graduó en 1965. Entre 1959 y 1967 trabajó como cineasta independiente y artista en Padua, y experimentó con formas de arte seriales y cinéticas. Tambien fue uno de los fundadores del Grupo N: una asociación de artistas que exploraban el concepto de arte programado. También trabajó como diseñador en Padua, de 1962 a 1967, y en Venecia, a partir de 1968, produciendo mobiliario y diseños de interior para C&B Italia, Cassina, Bernini, Venini y Bracciodiferro, entre otros. Sus diseños para mobiliario eran sumamente innovadores, tanto en los materiales empleados como en los métodos de producción. Así, la serie *Up* (1969), de espuma de poliuretano, se comprimía y envasaba al vacío en sobres de PVC que, al abrirse, permitían que el colorido asiento cobrara literalmente vida. En 1972, participó como «concursante» en la exposición «Italy: The New Domestic Landscape» del **Museum of Modern Art** de Nueva York. Puesto que el acontecimiento celebraba el **diseño radical**, ideó una curiosa instalación que incluía una serie de documentos «arqueológicos» sobre un asentamiento ficticio de la era de las «Grandes Contaminaciones». En 1973, Pesce for-

▾ Silla *Up 3* para C&B Italia, 1969

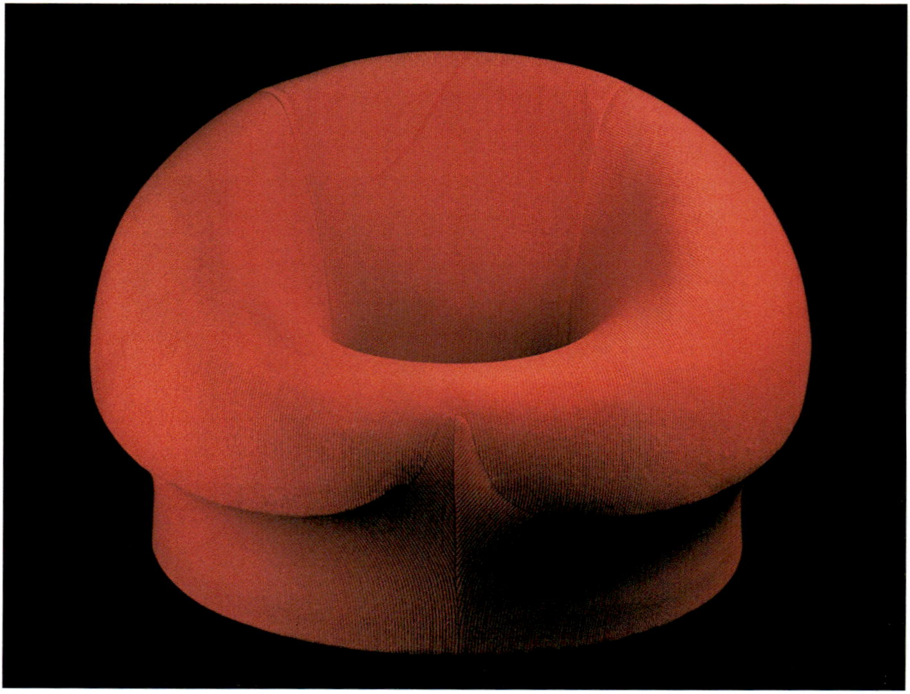

▲ Lámpara *Airport*, 1986

muló la teoría de que la arquitectura y el diseño deberían ser una «representación de la realidad» y un «documento de los tiempos». La búsqueda de la liberación de la expresión le llevó a explorar la idea del «diseño performance» en muchos proyectos. En la suite *Golgotha* (1972–1973), con una mesa en forma de ataúd y sillas con aspecto de sudario, Pesce experimentó por primera vez con la idea de una «serie diversificada». Empleó el mismo concepto con las sillas y el sofá *Sit Down* para Cassina: todos los ejemplares, aunque similares, eran algo distintos debido a la variabilidad de los materiales. Asimismo, la lámpara *Airport* (1986), de uretano coloreado al

▲ Suite *Golgotha*, 1972–1973

azar, podía manipularse para que adquiriese un sinfín de formas. Actualmente Pesce reside en Nueva York y sigue explorando el potencial expresivo de nuevos materiales y técnicas de producción. A menudo imbuye de humor sus diseños, como en la silla plegable *Umbrella* (1992–1995) para Zerodisegno y la silla de resina de epoxia *543 Broadway* (1993) para Bernini, que se mece y rueda sobre patas de montaje elástico. Es profesor del Institut d'Architecture et des Etudes Urbaines de Estrasburgo y durante años lo fue de la Escuela de Arquitectura y Arte Cooper Union de Nueva York. Su innovadora y nada convencional obra ha ido en contra de los preceptos de estandarización y uniformidad de diseño del **movimiento moderno**, ya que para él la arquitectura y el diseño son actividades multidisciplinares que deberían ofrecer al creador una libertad de expresión sin obstáculos.

## Giancarlo Piretti

*Bolonia*, 1940

Giancarlo Piretti estudió en el Istituto Statale d'Arte de Bolonia, donde se graduó en 1960. Tras completar sus estudios formales trabajó como diseñador en plantilla para Anonima Castelli y produjo diseños para mobiliario doméstico y por encargo. Posteriormente fue nombrado director de investigación y diseño de Anonima Castelli, cargo que conservó hasta 1972. Durante dicho período, Piretti diseñó la silla plegable de aluminio y polimetacrilato *Plia* (1969). Era su primer diseño en plástico y le valió varios premios importantes, incluyendo el Smau (1971), una medalla de oro en «Bio 4», Liubliana (1971), y la distinción alemana Gute Form (1973). Piretti también concibió la butaca *Plona* (1970) y la mesa *Platone* (1971), ambas de construcción similar. Entre 1963 y 1970 dio clases en el Istituto Statale d'Arte de Bolonia y, a partir de finales de la década de 1970, colaboró con **Emilio Ambasz** en el diseño de asientos de concepción ergonómica, entre los que destacan los sistemas *Vertebra* (1977) y *Dorsal* (1981), que aumentaron considerablemente el apoyo que ofrecían las sillas de oficina. Los dos diseños recibieron un **Compasso d'Oro** y un premio a la excelencia del diseño industrial respectivamente. Fueron producidos por Open Ark en Estados Unidos y, en Europa, bajo licencia, por Castelli. Piretti y Ambasz también diseñaron las líneas de iluminación *Logotec* (1980) y *Osiris* (1984), ambas para Erco. En 1984, Piretti empezó a diseñar para Castilia y, al cabo de unos cuatro años, Krueger lanzó la colección *Piretti*, que incluía cincuenta modelos de asientos distintos. Los innovadores diseños de Piretti están concebidos para la producción a gran escala y se caracterizan por unas formas pulcras y a la vez funcionales.

▼ Silla plegable *Plia* para Castelli, 1969

## Flavio Poli

*Chioggia (Italia)*, 1900
*Venecia*, 1984

Aunque es famoso por sus diseños en cristal, Flavio Poli se formó artísticamente en el campo de la cerámica. En 1929 empezó a colaborar con la fábrica de vidrio de Libero Vitali, I. V. A. M., donde trabajó como escultor de cristal sólido y soplado. A partir de 1934 trabajó para las cristalerías Seguso-Barovier-Ferro, donde diseñó su famoso panel *Zodiaco* de vidrio opalescente. En 1937, la empresa, con sede en Murano, cambió de nombre y pasó a llamarse Seguso Vetri d'Arte, y siguió produciendo los diseños de Poli, incluidas las arañas *vetro traliccio* (redecilla) y los artículos ornamentales futuristas *vetro astrale*. Durante los años cincuenta, Poli diseñó una serie de recipientes de cristal soplado con vidrio «contrachapado» por los que recibió un **Compasso d'Oro** en 1954. Estos pesados y monumentales diseños se caracterizaban por unas formas simples y sin decoración, y por los contrastes de color de los cristales. En 1963, Poli dejó su puesto de director artístico de Seguso y al año siguiente inició su colaboración artística con la Società Veneziana di Conterie e Cristallerie. No obstante, abandonó dicha empresa en 1966 por razones de salud. Entre 1950 y 1960, ganó cuatro Grand Prix de la Trienal de Milán por sus bellos diseños en cristal, que combinaban la artesanía tradicional con formas visualmente seductoras y contemporáneas.

▼ Jarrón *Valva Siderale* para Seguso Vetri d'Arte, aprox. 1954

► Jarrón de vidrio contrachapado, *Modelo n.° 11902* para Seguso Vetri d'Arte, 1955

## Gio Ponti

*Milán*, 1891
*Milán*, 1979

Giovanni (Gio) Ponti estudió arquitectura en el Politecnico di Milano, donde se graduó en 1921. A continuación trabajó en el estudio de arquitectura de Emilio Lancia y Mino Fiocchi. De 1923 a 1930 fue director artístico de las fábricas de cerámica Richard Ginori en Milán y Florencia. En 1925, sus diseños de porcelana para Richard Ginori, muchos de ellos decorados con motivos neoclásicos típicos del **Novecento**, fueron galardonados con un Grand Prix en la Exposition Internationale des Arts Décoratifs et Industriels Modernes de París. Durante ese período, Ponti también diseñó mobiliario de bajo coste para los almacenes La Rinascente, así como otras piezas más lujosas. De 1925 a 1979 fue director de la Bienal de Monza, donde exhibía su obra junto con la de otros diseñadores progresistas. En 1925, Ponti diseñó su primer edificio (su casa en la Via Randaccio de Milán, de estilo neoclásico). Un año más tarde formó una sociedad arquitectónica con Emilio Lancia en Milán, que perduró hasta 1933. En 1928, a sugerencia del periodista Ugo Ojetti, Ponti lanzó la prestigiosa revista de diseño

▾ Silla *Superleggera Modelo n.°* 699 para Cassina, 1957

▲ **Gio Ponti y Piero Fornasetti**, habitación diseñada para la IX Trienal de Milán, 1951

*Domus*, publicada por Gianni Mazzocchi. Originalmente, *Domus* nació para promocionar el movimiento **Novecento**, que pretendía contrarrestar «la imitación de lo antiguo» y «la fealdad de lo moderno» en la arquitectura y el diseño. Entre 1933 y 1945, Ponti colaboró con los ingenieros Antonio Fornaroli y Eugenio Soncini en Milán y aceptó numerosos encargos arquitectónicos de edificios públicos y privados, entre los que destaca la Facultad de Matemáticas de la Universidad de Roma (1934), el primer edifico Montecatini (1936) y los edificios de apartamentos de Milán denominados «domuses» (casas típicas) (1931–1936). En 1936, Ponti recibió el encargo del Instituto Cultural Italiano de rediseñar los interiores del Palacio Fürstenberg de Viena, que ejecutó en un estilo neosecesionista. A partir de 1930 diseñó lámparas y mobiliario para la empresa Fontana y en 1933 fue nombrado codirector artístico, junto con **Pietro Chiesa**, de su filial Fontana Arte. En los años cuarenta, Ponti colaboró intensamente con la revista *Stile* (1941–1947), produjo conjuntos y trajes para la ópera La Scala (1947), creó botellas de cristal multicolor, copas y una araña para Venini (1946–1950), y diseñó su famosa cafetera para La Pavoni (1948). A finales de los años cuarenta y durante los cincuenta colaboró con **Piero Fornasetti** en varios diseños de mobiliario y de interiores, entre los que destacan los del casino de San

Remo (1950). Además de los prestigiosos encargos de inmuebles, como el segundo edificio Montecatini en Milán (1951) o la torre Pirelli, también en Milán (1956), Ponti diseñó cuberterías y vajillas para Krupp Italiana (1951) y Christofle (1955), artefactos de baño para Ideal Standard (1953) y la legendaria silla *Superleggera* (1957) para Cassina, con el clasicismo intemporal tan típico de su obra. Durante las décadas de 1960 y 1970, su arquitectura —por ejemplo, el Denver Art Museum (1971)— y sus diseños fueron adquiriendo expresividad y empezaron a incorporar sólidas formas geométricas. Más allá de su carrera de notable productividad como diseñador y arquitecto, Ponti también fue profesor en el Politecnico di Milano de 1936 a 1961. Como colaborador regular de *Domus* y *Casabella*, contribuyó enormemente al resurgimiento del diseño italiano de posguerra.

▲ Candelabro de cristal de Murano para Venini, 1946

## Pop Design

### Diseño pop

El término «pop» fue acuñado en los años cincuenta para designar la emergencia de la cultura popular en esa década. En 1952 se fundó el **Independent Group** en Londres. Sus miembros, entre ellos el artista Richard Hamilton (1922–2011), el escultor Eduardo Paolozzi (1924–2005), el crítico de diseño Reyner Banham (1920–1988) y los arquitectos **Peter y Alison Smithson**, fueron de los primeros en explorar y celebrar la expansión de la cultura de consumo popular en Estados Unidos. En los sesenta, otros artistas americanos, como Andy Warhol (1928–1987), Roy Lichtenstein (1923–1998) y Claes Oldenburg (nacido en 1929), empezaron a inspirarse en los aspectos del «arte menor» de la vida contemporánea: publicidad, embalaje, cómics y televisión. No es extraño que el pop empezara a manifestarse en el diseño de objetos de uso cotidiano, ya que los diseñadores buscaban un planteamiento con una base juvenil y menos serio que el **buen diseño** de los cincuenta. Durante los años cincuenta dominó la estilización de productos (en nombre de obsolescencia integrada para fomentar una mayor producción), lo cual proporcionó un terreno muy fértil a la actitud «úselo hoy, tírelo mañana» que impregnó la producción industrial en los años sesenta. La silla infantil *Spotty* (1963) de **Peter Murdoch**, de cartón con diseño de puntos, y la silla *Blow* de PVC de **De Pas**, **D'Urbino** y **Lomazzi**, eran básica-

▲ **Gaetano Pesce**, serie *Up* para C&B Italia, 1969

mente desechables y encarnaban la extendida cultura de lo efímero. También lo hacían los cachivaches de corta vida, como los vestidos de papel, elogiados por su novedad en los numerosos suplementos a color y revistas de papel satinado que cada vez dependían más de la publicación de dichos artículos. Muchos artistas que usaban el lenguaje pop elegían el plástico como material de trabajo. En los años sesenta, las nuevas formas de plástico y de procesos de ajuste, como las molduras por inyección, eran cada vez más habituales y relativamente baratas. Los chillones colores del arco iris y las atrevidas formas asociadas al diseño pop barrieron los últimos vestigios de la austeridad de la posguerra y reflejaron el extendido optimismo de los sesenta, alentado por una prosperidad económica y una liberación sexual sin precedentes. Dado que el diseño pop iba dirigido a un mercado joven, los productos debían ser baratos y, a menudo, de poca calidad. No obstante, su prescindibilidad formaba parte de su atractivo, puesto que representaban la antítesis de la «intemporalidad» de los clásicos modernos fomentados en los años cincuenta. El diseño pop, con sus asociaciones **antidiseño**, contrarrestó el sobrio dictado del **movimiento moderno** «menos es más» y condujo directamente al **diseño radical** de los setenta. Se inspiraba en una gran variedad de fuentes (**Art Nouveau**, **Art Déco**, **futurismo**, **surrealismo**, op art, psicodelia, misticismo oriental, **Kitsch** y Space Age) y recibió el estímulo del auge de los medios de comunicación globales. Con todo, la crisis del petróleo de principios de los setenta obligó a un enfoque más racional y el diseño pop fue sustituido por el **Craft Revival**, por una parte, y por el **High Tech**, por otra. El diseño pop tuvo una influencia de gran alcance y sentó algunos de los cimientos del **posmodernismo**, puesto que cuestionó los preceptos del buen diseño y, con ello, el movimiento moderno.

◂ **Gunnar Cyrén**, copas *Pop* para Orrefors Glasbruk, 1965–1966

▾ Televisión *Nivico 3240 GM* para JVC (planta Yokohama de Victor Co. of Japan), 1970

◄ **Piero Gatti, Cesari Paolini y Franco Teodoro**, asiento blando *Sacco* para Zanotta, 1968

► **Olive Sullivan**, interior, aprox. 1965

◄ **Martin Sharp**, cubierta para el álbum *Disraeli Gears* de Cream, Polygram Int., 1967 (incluye una fotografía de Bob Whitaker)

## Ferdinand Alexander Porsche

*Stuttgart*, 1935
*Salzburgo*, 2012

Ferdinand Alexander «Butzi» Porsche es hijo de Ferdinand «Ferry» Porsche (1909–1998) y nieto del profesor Ferdinand Porsche (1875–1951), fundador de Porsche en 1949. Ferdinand Alexander Porsche realizó su aprendizaje como ingeniero en la empresa Bosch de Stuttgart. A partir de 1957 estudió en la **Hochschule für Gestaltung**, Ulm. Empezó a trabajar bajo las órdenes de Erwin Komeda (1904–1966) en el departamento de diseño de Porsche AG, del que fue director de 1961 a 1972. En dicho cargo ideó el diseño de varios coches, entre ellos el *904 Carrera* (1963) y el *911* (1964). En 1972 inauguró el Porsche Design Studio y desde mediados de los setenta se concentró en el diseño de artículos relacionados con el «estilo de vida». Su experiencia en el diseño de coches le fue muy útil. Sus productos —sin adornos, con un alto grado de ingeniería, función de equilibrio, tecnología y estilo— encarnan el diseño alemán. Destacan la cámara *Contax* para Yashica (1974), la moto *Cobra* para Steyr-Puch (1976), las gafas de sol para Carrera (1977), un teléfono para NEC (1981), el televisor *Monolith* para Grundig (1989), la silla *Antropus* para Poltrona Frau (1983), la lámpara *Jazz* para Italiana Luce (1989) y los relojes para IWC (1976 y 1993).

▼ Lámparas *Jazz* para Italiana Luce, 1989

▸ **Ron Arad**, equipo estereofónico *Concrete* para One-Off, 1984

## Post-Industrialism

### Postindustrialismo

El postindustrialismo es el planteamiento posmoderno del diseño en el que los objetos diseñados se producen al margen de la corriente industrial. Desde la década de 1910 a la de 1960, los métodos de producción masiva de la era Ford habían dominado el diseño y la fabricación de productos. Pero a finales de los setenta y durante los ochenta, las economías occidentales pasaron a depender menos de la industria y a basarse más en los servicios. Muchos diseñadores empezaron a crear diseños «únicos» o en ediciones limitadas que reflejaban el carácter postindustrial del período y permitían a los diseñadores explorar con más libertad su creatividad individual, libres de las restricciones del proceso industrial. Diseñadores como **Ron Arad** y **Tom Dixon** construían artefactos «improvisados», conscientemente distanciados de la precisión de los productos industriales estandarizados. El equipo estereofónico *Concrete* de Arad (1984), por ejemplo, se oponía a las «buenas formas» asociadas a los equipos de sonido de compañías como Bang & Olufsen. Además, comunicaba una retórica de diseño posmoderno llena de ironía. Él proclamó la noción de «arte usable» y, como tal, dio lugar a una nueva práctica de diseño, experimental y poética a la vez.

## Post-Modernism
### Posmodernismo

El posmodernismo se remonta a la década de 1960 y a la emergencia del pop y del **antidiseño**. Durante esa década, se discutía el estado de todos los ámbitos de la vida, incluso del diseño moderno. La modernidad se vio realmente cuestionada por primera vez en el libro de Jane Jacobs *Muerte y vida de las grandes ciudades* (1961), centrado en el fin de la cohesión social que la construcción y el urbanismo utópico del **movimiento moderno** habían provocado en las urbes, y en el de **Robert Venturi**, *Complejidad y contradicción en la arquitectura* (1966), que argumentaba que la arquitectura moderna carecía de sentido ya que no poseía la complejidad e ironía que enriquecía los edificios históricos. En 1972, Venturi, Denise Scott Brown (nacida en 1932) y Steven Izenour publicaron la obra seminal *Aprendiendo de Las Vegas*, que elogiaba la honradez cultural del comercialismo de los rótulos y edificios de esa ciudad del desierto. Ese mismo año, la traducción al inglés del libro de Roland Barthes *Mitologías* (1957) dio paso a la diseminación de sus teorías sobre **semiótica** (el estudio de los signos y símbolos como instrumentos de comunicación cultural). Se creía que si los edificios y los objetos estaban imbuidos de simbolismo, sus espectadores y sus usuarios podrían relacionarlos psicológicamente. Los primeros defensores del posmodernismo argumentaban que la adhesión del movimiento moderno a la abstracción geométrica, que negaba el ornamento y por tanto el simbolismo, deshumanizaba y a la larga alienaba el diseño y la arquitectura. A partir de mediados de los setenta, arquitectos americanos como **Michael Graves** empezaron a introducir motivos decorativos en sus diseños, que a menudo hacían referencia a antiguos estilos decorativos y que solían ser irónicos en su contenido. Diseñadores próximos al **Studio Alchimia**, como **Alessandro Mendini** y **Ettore Sottsass**, empezaron a producir obras en lenguaje posmoderno, con comentarios irónicos sobre el movimiento moderno a través de la decoración aplicada. Más tarde,

▼ **Norbert Berghof**, **Michael Landes y Wolfgang Rang**, silla *Frankfurter FIII* para Draenert, 1985–1986

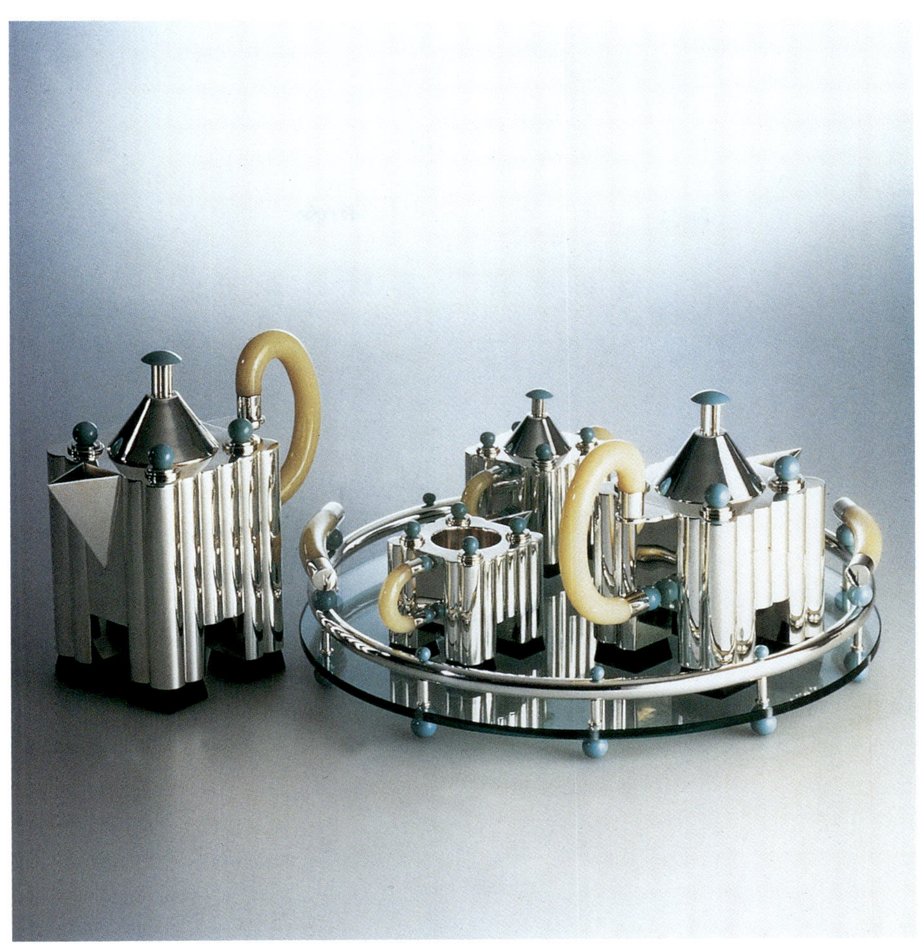

▲ **Michael Graves**, *Tea & Coffee Piazza* para Alessi, 1983

**Memphis** produjo monumentales y vistosos diseños «neopop» que causaron gran sensación a escala mundial al ser expuestos por primera vez en 1981. La obra de Memphis recibía una serie de influencias muy eclécticas y se burlaba intencionadamente de la noción del «buen gusto» con laminados de plástico de motivos atrevidos y formas estrafalarias. Memphis contribuyó significativamente a popularizar el antidiseño y, por tanto, a la aceptación del posmodernismo como estilo internacional durante los ochenta. Los diseños posmodernos abrazaron el pluralismo cultural de la sociedad global contemporánea y utilizaron un lenguaje de simbolismo compartido

▲ **Charles Jencks**, mesa y sillas *Sun* de la serie *Symbolic Furniture*, 1984

para trascender fronteras. Las formas y los motivos de «objetos simbólicos» no sólo derivaban de estilos decorativos del pasado (clasicismo, **Art Déco**, **constructivismo** o **De Stijl**). A veces también hacían referencia al **surrealismo**, al **Kitsch** y a la imaginería informática. Los diseñadores más significativos (además de los ya mencionados) son **Mario Botta**, **Andrea Branzi**, **Michele de Lucchi**, **Nathalie du Pasquier**, **Hans Hollein**, **Arata Isozaki**, **Shiro Kuramata**, **Richard Meier**, **Aldo Rossi**, **Peter Shire**, **George Sowden**, **Matteo Thun** y **Masanori Umeda**. Sus atrevidos diseños para cerámica, tejidos, joyas, relojes, platería, mobiliario e iluminación se produjeron a escala limitada en empresas como **Alessi**, Artemide, Alias, Cassina, Formica, Cleto Munari, Poltronova, Sunar, Swid Powell y Draenert Studio. Hans Hollein subrayó que, al rechazar el proceso industrial, los productos del posmodernismo serían invariablemente «asunto de una elite» y que, como tal, representaban el triunfo del capitalismo sobre la ideología social, base del movimiento moderno. El carácter ecléctico del posmodernismo no sólo reflejaba el dominio del individualismo sino también la mayor fragmentación de la sociedad durante los años ochenta. El *boom* de la década, impulsado por los créditos, permitió que floreciera el antirracionalismo del posmodernismo. A finales de los ochenta, el estilo se había diversificado aún más y englobaba el Matt Black, el **deconstructivismo** y el **postindustrialismo**. Sin embargo, la recesión de principios de los noventa motivó a los

◄ **Norbert Berghof, Michael Landes y Wolfgang Rang**, escritorio *Frankfurter FI* para Draenert, 1985–1986

▲ **Aldo Rossi**, hervidor *Il Conico* para Alessi, 1988

diseñadores a buscar enfoques menos expresivos y más racionales. El atractivo del posmodernismo empezó a desvanecerse. Las atrevidas manifestaciones del antidiseño de los ochenta han sido sustituidas por la silenciosa pureza del minimalismo de los noventa, pero la influencia del posmodernismo sigue viva, ya que al cuestionar el movimiento moderno ha causado una importante e ininterrumpida revalorización de lo esencial en el diseño.

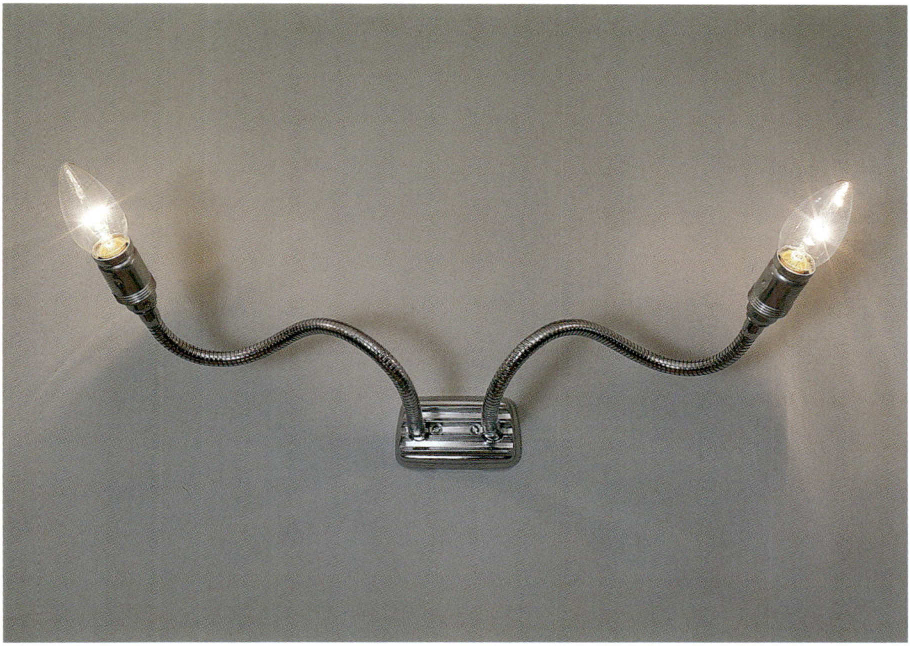

▲ **Stiletto (Frank Schreiner)**, lámpara *Suzuki*, confeccionada en serie para Stiletto Studios, 1988

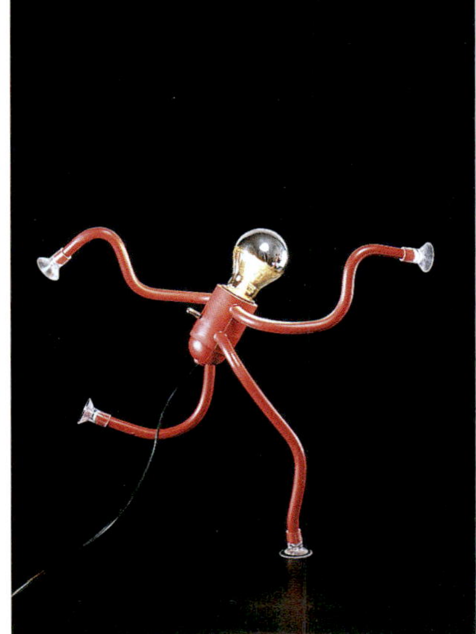

► **Marco Ferreri y Carlo Bellini**, lámpara *Eddy* para Luxo Italiana, 1986

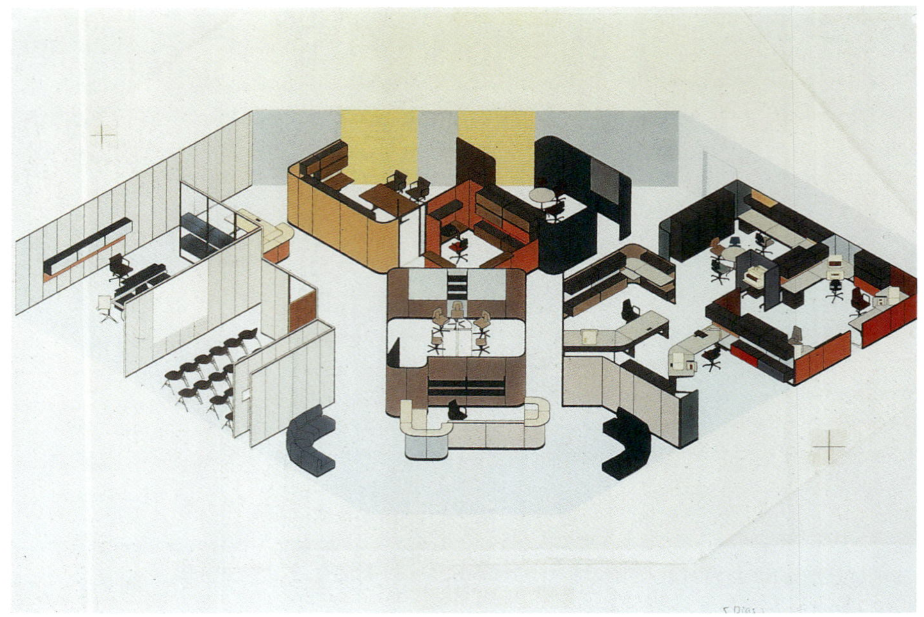

## Robert Propst

1921–2000

Robert Propst estudió en la University of Denver hasta 1943 y más tarde, de 1946 a 1948, dirigió el departamento artístico del Tarleton College de Dublín, Texas. Continuó sus estudios en la University of Colorado, donde se graduó en 1950. Ese año fundó su propia firma: Propst Company. Produjo una amplia gama de diseños, desde equipamientos institucionales y zonas de recreo hasta interiores eclesiásticos y esculturas arquitectónicas; desde mobiliario para hospitales hasta una máquina cosechadora para madera talada. Durante los años cincuenta, también realizó investigación en diseño para **Herman Miller**. Finalmente, en 1960, su compañía fue absorbida por la recién inaugurada sucursal de investigación de este fabricante de mobiliario en Ann Arbor, Michigan. En 1964, Propst ayudó a **George Nelson** en el desarrollo técnico del sistema *Action Office I*, para el cual diseñó el taburete de dibujo *Perch*. En 1968, Propst fue nombrado presidente y director de investigación de Herman Miller Research y diseñó el sistema *Action Office II*, más flexible y con mejores resultados. Este revolucionario sistema de módulos y particiones podía configurarse fácilmente para proporcionar áreas de trabajo individuales o comunitarias. Literalmente redefinió el paisaje de las oficinas y, gracias a su gran éxito de ventas, convirtió a Herman Miller en el segundo fabricante de mobiliario del mundo.

▲ *Action Office II* para Herman Miller, 1968

## Jean Prouvé

*París*, 1901
*Nancy (Francia)*, 1984

Jean Prouvé era hijo del pintor Victor Prouvé (1858–1943), cofundador de la **École de Nancy** en 1901. De 1916 a 1919 fue aprendiz de metalistería con Émile Robert y, a continuación, con Szabo, en París. Tras el servicio militar, Prouvé se estableció como *ferronier d'art* (herrero artístico) y abrió su propio taller en 1923 en la Rue du Général Custine, en Nancy. Inicialmente recibía encargos de puertas, verjas y enrejados, pero a partir de 1924 diseñó mobiliario hecho de finas láminas de metal y fabricado con la nueva técnica de soldadura electrónica. La estética marcadamente industrial de sus muebles atrajo la atención de arquitectos de **vanguardia** como **Pierre Jeanneret**, **Le Corbusier** y **Robert Mallet-Stevens**. Todos ellos le encargaron piezas. Prouvé desarrolló la técnica *tube aplati* para la estructura de sus diseños de sillas, que consistía en allanar el metal tubular en las áreas de más presión para ofrecer una mayor estabilidad. En la Exposition Internationale des Arts Décoratifs de 1925 en París recibió el Diplôme d'Honneur por sus diseños utilitarios y a menudo ajustables, producidos con técnicas muy avanzadas. En 1929, fue uno de los cofundadores de la UAM (Union des Artistes Modernes) y en la primera exposición de la UAM, en 1930, mostró una serie de diseños propios entre los que destacaban tres sillas ajustables. Junto a su cuñado, el ingeniero A. Schotte, Prouvé fundó una sociedad privada limitada, Société des Ateliers Jean Prouvé, y un taller más grande en la Rue des Jardiniers de Nancy. Además, invirtió en la maquinaria para martillear y doblar más moderna. Gran parte del mobiliario que produjo, como los escritorios metálicos de 1935 para la Compagnie Parisienne d'Électricité y su amplia gama de mobiliario escolar de los años treinta y cuarenta, estaba destinado a usos institucionales. Tras la liberación de Francia en 1944 fue elegido alcalde de Nancy y en 1947 fundó Les Ateliers Jean Prouvé, una gran fábrica situada en un terreno de 20.000 m² en Maxéville. Dirigida más como una planta de ingeniería que como

▾ Panel de aluminio utilizado como elemento mural para Les Ateliers Jean Prouvé, 1948

▲ Silla *Antony*
para Les Ateliers
Jean Prouvé, 1950

▲ **Jean Prouvé y Charlotte Perriand**, estantería/separador de ambientes diseñado para la Maison du Mexique en París, 1953 (combinación de colores ideada por Sonia Delaunay)

un taller, la operación atrajo la atención de muchos jóvenes arquitectos. En 1950 tenía unos doscientos cincuenta empleados. Ese año, Prouvé fue nombrado Chevalier de la Légion d'Honneur y, en 1952, el Cercle d'Etudes Architecturales (CEA) le concedió un Grand Prix por el diseño de fachadas y muros de cortina para el edificio de la Fédération du Bâtiment. La empresa de aluminio Pechiney, antiguo accionista minoritario de Les Ateliers Jean Prouvé, adquirió la mayoría de las acciones de la operación en 1953 e inició un programa de reestructuración organizativa, por lo que Prouvé dimitió como director de la fábrica y en 1954 fundó un estudio de diseño en París. De 1955 a 1956 cofundó otra empresa con Michel Bataille, Les Constructions Jean Prouvé, y a pesar de que fue absorbida en 1957 por la Compagnie Industrielle de Matériel de Transport (CIMT), Prouvé siguió en ella hasta 1966. Tanto la selección de materiales como sus métodos de producción procedían de la industria de la aviación y muchos de sus diseños, con soldaduras de poca precisión, se acercaban más al Art Brut que a la estética altamente refinada del **estilo internacional**.

## Otto Prutscher

*Viena*, 1880
*Viena*, 1949

Otto Prutscher se formó en la Fachschule für Holzindustrie de Viena (una escuela de ebanistería). Posteriormente, de 1897 a 1901, estudió con **Josef Hoffmann** en la Kunstgewerbeschule. A continuación trabajó dos años como arquitecto independiente en Viena: diseñó varios interiores y exhibió sus proyectos en la Exposition Universelle et Internationale de 1900 en París y en la «Esposizione Internazionale d'Arte Decorativa Moderna» de 1902 en Turín. También dio clases en el Graphische Lehr- und Versuchsanstalt (Instituto Gráfico) de Viena de 1903 a 1909. Entonces fue nombrado profesor de dibujo libre en la Kunstgewerbeschule. A partir de 1907 produjo numerosos diseños de cristalería, tejidos, mobiliario, encuadernación, metalistería, platería y joyería para los **Wiener Werkstätte**. También presentó diseños a los Deutsche Werkstätten y otras muchas empresas, entre ellas Bakalowits, **Loetz**, Ludwig, J. J. Hermann, Chwala, Lobmeyr y **Thonet**. Entretanto siguió trabajando como arquitecto y diseñando interiores de almacenes. Finalmente se vio involucrado en los proyectos municipales de construcción de Viena y en 1919 se convirtió en uno de los inspectores municipales de formación profesional. En 1939 fue relevado de dicho cargo en la Kunstgewerbeschule por los nacionalsocialistas, aunque tras la guerra fue contratado de nuevo como director de dibujo libre. Los diseños de Prutscher estaban estilísticamente influenciados por la obra de Hoffmann y, de igual forma, se distinguían por formas geométricas simples y motivos cuadrados.

▼ Reloj de repisa de plata para Nikolaus Stadler, aprox. 1906

◂ Plato *Waste Not, Want Not* para Mintons, 1849

## A. W. N. Pugin

*Londres*, 1812
*Ramsgate*, 1852

Augustus Welby Northmore Pugin era hijo del diseñador gótico Augustus Charles Pugin (aprox. 1769–1832). Fue educado en la Christ's Hospital School de Londres y acompañó a los alumnos de la escuela de delineación arquitectónica de su padre en varios viajes. En 1827 diseñó mobiliario gótico para el castillo de Windsor y trabajó para los joyeros reales Rundell & Bridge. En 1829 conoció al arquitecto escocés James Gillespie Graham (1776–1855) y contribuyó a varios de sus encargos. Ese mismo año fundó su propio negocio de confección de mobiliario, pero la iniciativa fracasó en 1931, por lo que se autoformó como arquitecto neogótico. Se convirtió al catolicismo en 1835 y ese año publicó su primer libro, *Gothic Furniture*, y realizó el dibujo del proyecto ganador de Charles Barry (1795–1860) para el concurso del nuevo Parlamento de Londres. En su controvertida obra de 1836, *Contrastes*, comparaba desfavorablemente la obra del siglo XIX con la de la edad media. Desde finales de la década de 1830 hasta principios de la de 1840 construyó numerosas iglesias católicas, para las cuales diseñó interiores y accesorios con ornamentación incrustada de estilo gótico. En su libro de 1841, *Los verdaderos principios de la arquitectura ojival o cristiana*, argumentaba que el gótico era el único estilo verdaderamente cristiano, mientras que el clasicismo era pagano. Fue uno de los primeros defensores de la fidelidad a los materiales, de la arquitectura mocheta y de la propiedad en la arquitectura y el diseño, y, por tanto, un reformador del diseño muy influyente y de gran repercusión.

## Jean-Émile Puiforcat

*París*, 1897
*París*, 1945

▲ Reloj de bronce y mármol con laminación de plata producido por Hour-Lavigne para Puiforcat Orfèvre, aprox. 1930

Jean-Émile Puiforcat empezó trabajando para la firma de platería fundada por su abuelo en 1820. Tras la I Guerra Mundial, mientras era aprendiz de su padre, se dedicó a su pasión por la escultura asistiendo a las clases del escultor Louis-Aimé Lejeune, quien le animó a eliminar la ornamentación superflua. Puiforcat consideró cuidadosamente los aspectos funcionales de sus diseños en plata e, influenciado por la geometría pitagórica, usó figuras geométricas simples (esferas, conos, cilindros) para lograr formas más racionales. Con todo, sus diseños **Art Déco** transmitían una sensación de lujo que procedía de su magistral manipulación de los materiales. Su obra fue expuesta en el «Salon des Artistes Décorateurs» de 1921 y en la Exposition Internationale des Arts Décoratifs et Industriels Modernes de 1925. Hacia 1926 se convirtió en uno de los miembros fundadores del Groupe des Cinq y en 1930 se unió a la UAM (Union des Artistes Modernes). A finales de la década de 1920, su cuñado Luis Estévez le diseñó una moderna residencia cerca de Saint-Jean-de-Luz, donde siguió diseñando platería influenciado por la investigación de la matemática Matila Ghyka sobre la teoría de la «sección de oro». Aunque trabajó el estilo Art Déco, Puiforcat fue uno de los primeros plateros que abandonó la decoración superficial en favor de las formas volumétricas puras.

► Servicio de té y café en cristal y plata para Puiforcat Orfèvre, 1925

▼ Servicio de té y café en plata y plata dorada para Puiforcat Orfèvre, aprox. 1933

## Quasar (Nguyen Manhkhan'n)

*Hanoi (Vietnam)*, 1934
*Ciudad Ho Chi Minh (Vietnam)*, 2016

El diseñador vietnamita Nguyen Manhkhan'n (conocido como Quasar) estudió ingeniería en la École Nationale des Ponts et Chaussées (Escuela Nacional de Puentes y Caminos) de 1955 a 1958. A continuación trabajó dos años en los proyectos del viaducto de Estrées y del dique de Manicouagan en Québec, de 1960 a 1963. En 1964 diseñó el prototipo de un pequeño coche urbano que era esencialmente un cuboide acrílico con ruedas. Tres años más tarde, sus coches *Quasar Unipower* se producían en pequeñas cantidades. Junto a otros diseñadores franceses, entre ellos Ronald-Cecil Sportes (nacido en 1943) y Bernard Quentin (nacido en 1923), empezó a explorar el potencial de las estructuras hinchables promocionadas por la exposición «Les Structures Gonflables» organizada en ARC en 1967. En 1966 diseñó una serie de mobiliario hinchable y en 1968 una vivienda circular inflable. A finales de la década de 1960, Quasar patrocinó a **Philippe Starck** para que diseñara algunas estructuras hinchables. En 1969, Nguyen Manhkhan'n fundó la fábrica Quasar-France, que producía asientos de gomaespuma además de diseños inflables como las sillas *Apollo*, *Satellite* y *Venus*, y los sofás *Relax* y *Chesterfield*. Siempre versátil, en 1970 diseñó una línea de ropa masculina para Bidermann y, más recientemente, ha trabajado en el diseño de una embarcación, la *Hydrair KX1*. Según palabras de un crítico, los diseños hinchables de Quasar «más que mobiliario eran una forma de vida» y, como tal, reflejaron el auge de la contracultura en el París de finales de la década de 1960.

▾ Quasar, su esposa Emanuelle y sus hijos Othello y Atlantique en un entorno hinchable, 1968

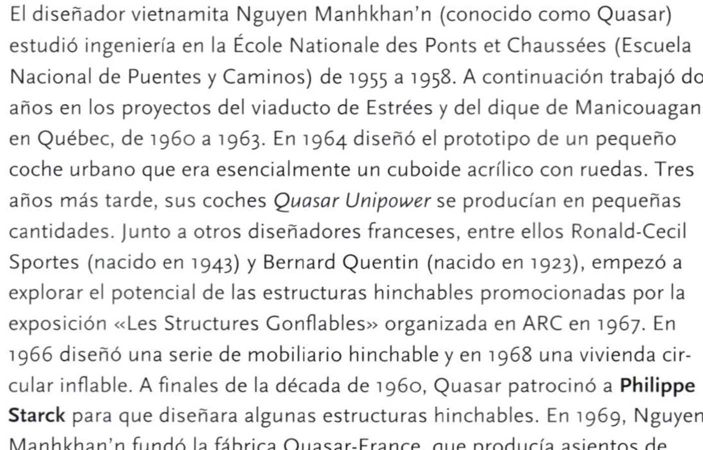

## Jens Quistgaard

*Copenhague*, 1919
*Vordingborg, Dinamarca*, 2008

Jens H. Quistgaard era hijo del escultor Harald Quistgaard, profesor de la Kongelige Danske Kunstakademi (Real Academia de las Artes)de Copenhague . Antes de realizar su aprendizaje como platero con **Georg Jensen**, se formó como escultor, ebanista, ceramista y dibujante lineal. Después de la II Guerra Mundial, Quistgaard se independizó como diseñador y produjo una serie de diseños entre los que destaca una tetera de gres con mango de latón y mimbre (1949). En 1954, recibió un premio Lunning y fundó la fábrica Dansk International Designs junto con el empresario americano Ted Nierenberg. Quistgaard dirigió la firma con Nierenberg hasta 1984 y durante los treinta años de asociación fue responsable de la mayoría de los diseños que produjo la compañía. Los productos de Quistgaard se caracterizaban por unas líneas sutilmente orgánicas y una manipulación superlativa de los materiales. Su obra —por ejemplo, los utensilios de cocina de acero esmaltado *Kobenstyle* (1954) o bien la cubertería *Fjord* en teca y acero (1954)— permitía que los materiales utilizados revelasen sus cualidades inherentes. La forma escultural de la cubitera de teca de Quistgaard (1960) se inspiraba en el estudio que hizo de los cascos de madera de las naves vikingas, mientras que su mango en forma de puente rememora los antiguos recipientes japoneses de cerámica. A partir de 1984, Quistgaard regentó un estudio en Copenhague desde el que diseñaba edificios, mobiliario y joyas para compañías europeas y americanas. Sus objetos, bien diseñados y ejecutados, simbolizan el estilo danés moderno.

▼ Cubitera de teca para Dansk International Designs, 1960

## Ernest Race

*Newcastle-upon-Tyne*, 1913
*Londres*, 1964

Ernest Race estudió diseño de interiores en la Barlett School of Architecture de Londres de 1932 a 1935 y, seguidamente, trabajó como delineante para la empresa de iluminación Troughton & Young. En 1937 visitó a una tía misionera que dirigía un centro de tejidos en Madrás (India), y a su regreso a Gran Bretaña abrió una tienda en Londres para comercializar las telas de su tía, elaboradas según sus propios diseños. En 1945 fundó Ernest Race Ltd. junto con el ingeniero J. W. Noel Jordan. Su objetivo era producir en masa mobiliario contemporáneo de bajo coste, usando los materiales autorizados por el programa **Utilitario**. De 1945 a 1964 se produjeron más de 250.000 sillas *BA* (1945) con 850 toneladas de aluminio refundido a partir de chatarra procedente de la guerra. Su diseño altamente racional fue expuesto por primera vez en la exposición de 1946 «Britain Can Make It» y, más tarde, en 1951, recibió la medalla de oro en la IX Trienal de Milán. Race cumplió también con las restricciones del programa Utilitario al diseñar la silla, el banco y la mesa *Antelope* (1950) y la silla *Springbok* (aprox. 1951) para las terrazas del Royal Festival Hall del Festival of Britain 1951. Estos diseños, con patas larguiruchas terminadas en unos pies en forma de bola, reflejaban el interés de la época por la química molecular y la física nuclear.

▲ Silla y mesa *Antelope* para Race Furniture, 1950

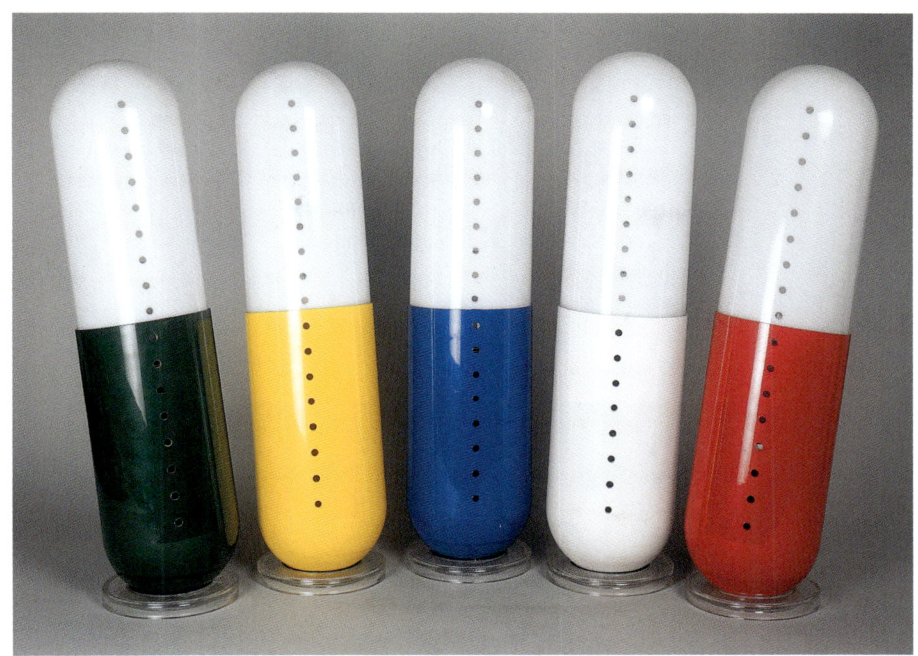

## Radical Design

### Diseño radical

El diseño radical surgió en Italia a finales de los años sesenta como reacción al **buen diseño**. Era similar al **antidiseño** pero más teórico, politizado y experimental, y pretendía alterar la percepción general de la modernidad a través de propuestas y proyecciones utópicas. Sus principales exponentes fueron los grupos de diseño y arquitectura **Superstudio**, **Archizoom**, UFO (fundado en 1967, Florencia), **Gruppo Strum**, Gruppo 9999 (fundado en 1967, Florencia), Cavart (fundado en 1973, Padua) y Libidarch (fundado en 1971, Turín). Atacaban las nociones de lo que constituía el «buen gusto» y organizaban instalaciones y happenings subversivos que cuestionaban la validez del racionalismo, de la tecnología avanzada y, ante todo, del consumismo. Las proyecciones de la arquitectura radical, como *Il Monumento Continuo* de Superstudio (1969) y *Wind City* de Archizoom (1969), especulaban con la idea de la «arquitectura como instrumento político», mientras que los diseños radicales como *Doric Temple* de UFO (1972) y *Superonda* de Archizoom (1966) solían caracterizarse por su potencial de interacción con el usuario. Poéticos e irracionales a la vez, este tipo de diseños encarnaba la contracultura de finales de los años sesenta y pretendía destruir la hegemonía del lenguaje visual del movimiento moderno. En 1973, miembros de varios gru-

▲ **Cesare Casati y Emanuele Ponzio**, lámparas *Pillola* para Ponteur, 1968

pos de diseño radical se reunieron en las oficinas de la revista *Casabella*, dirigida por **Alessandro Mendini**. La reunión dio como fruto la fundación de **Global Tools** en 1974, pero al cabo de un año, esta escuela de arquitectura radical se disolvió y el debate sobre arquitectura y diseño radical perdió ímpetu. Al cuestionar los preceptos del objetivo del diseño, establecidos desde hacía tiempo, los diseñadores radicales como **Andrea Branzi**, **Riccardo Dalisi** y Lapo Binazzi (nacido en 1943) asentaron los fundamentos teóricos para la evolución del **posmodernismo** a finales de los setenta y principios de los ochenta.

◂ **Grupo UFO (Lapo Binazzi)**, prototipo del *Doric Temple*, 1971

## Dieter Rams

*Wiesbaden (Alemania),* 1932

Desde muy joven, Dieter Rams estuvo expuesto a las técnicas de construcción en el taller de carpintería de su abuelo. De 1947 a 1948, estudió arquitectura y diseño de interiores en la Werkkunstschule de Wiesbaden. Realizó un aprendizaje de carpintero durante tres años en Kelkheim para acumular experiencia práctica y, seguidamente, terminó su formación en la Werkkunstschule, donde se graduó en 1953. Entre 1953 y 1955 trabajó en el despacho de arquitectos de Otto Apel en Francfort, afiliado al estudio americano Skidmore, Owings & Merrill. En 1955, se incorporó a la plantilla de **Braun** como arquitecto y diseñador de interiores, y al año siguiente empezó a trabajar como diseñador de productos para dicha empresa. Su proyecto más notable fue el del equipo de alta fidelidad *Phonosuper SK4*, codiseñado con **Hans Gugelot** en 1956. Ideó otros equipos de sonido para Braun, entre ellos la radio portátil *Transistor 1* (1956) y la combinación de fonógrafo y radio de bolsillo (1959), que personificaba el planteamiento práctico y ordenado que promulgaban la **Bauhaus** y la **Hochschule für Gestaltung**, Ulm. En 1961, fue nombrado director del departamento de diseño de Braun y durante esa década diseñó los accesorios de cocina *KM 2*, la batidora *M140*, la máquina de afeitar eléctrica *Sixtant* y un encendedor cilíndrico de mesa. Sus moder-

▲ Tocadiscos *Audio 1* para Braun, 1962

► **Dieter Rams y Dietrich Lubs**, calculadora *Control ET22* para Braun, 1977

nos diseños se caracterizaban por la estética reducida del **funcionalismo** y ejemplificaban los atributos del **buen diseño**. Durante los años sesenta, Rams diseñó también el sistema de estanterías *606* y las gamas de asientos modulares *620* y *601/601* para el fabricante de mobiliario Vitsoe, con la misma pureza racional de sus diseños para Braun. En 1968 ocupó el cargo de director de diseño en Braun y fue elegido Diseñador Honorario de la Industria por la Royal Society of Arts de Londres. A finales de los sesenta, la idea de la «estética del producto» se puso cada vez más en entredicho, ya que muchos la consideraban una herramienta para la promoción de las ventas. A pesar de todo, Rams no se vio influido por dichas críticas y siguió promocionando un moderno dematerialismo estético industrial a través de productos bien diseñados y ejecutados con la tecnología más avanzada. Rams cree que la responsabilidad principal de los diseñadores es poner orden en la vida contemporánea. Ha sido uno de los diseñadores de producto más eminentes e influyentes de la segunda mitad del siglo XX.

▲ Combinación radio/tocadiscos *TP2* para Braun, 1958–1960

## Omar Ramsden

*Sheffield*, 1873
*Londres*, 1939

▲ **Omar Ramsden y Alwyn Carr**, caja en plata y esmalte para el taller Ramsden-Carr, 1902

Omar Ramsden fue aprendiz de platero en Sheffield y asistió a las clases nocturnas de la Sheffield School of Art, donde conoció a Alwyn Charles Ellison Carr (1872–1940). En 1898, tras haber viajado por Europa, Ramsden y Carr abrieron su propio taller de platería en Londres y un año más tarde terminaron su primer encargo, una maza ceremonial para la ciudad de Sheffield. El taller, en el que trabajaba un equipo de ayudantes, producía artículos de plata de estilo Arts & Crafts, así como productos con base de metal. Durante la I Guerra Mundial, Ramsden dirigió el negocio (Carr se había alistado en el ejército) y produjo abundantes monumentos conmemorativos de la guerra. En 1919, la sociedad se disolvió pero Ramsden y sus ayudantes siguieron produciendo cantidades relativamente grandes de platería en varios estilos «neo»: Tudor, Reina Ana y georgiano. Se producían mayoritariamente en masa con técnicas de torneado y para dar la impresión de que estaban hechos a mano individualmente, muchos llevaban la inscripción «Omar Ramsden me fecit». Sus diseños eran más comerciales que los asociados normalmente al **movimiento Arts & Crafts** y los motivos arremolinados y en espiral que usaba frecuentemente eran más bien típicos del **Art Nouveau** continental.

## Paul Rand

*Nueva York*, 1914
*Norwalk (Connecticut)*, 1996

Paul Rand estudió arte en Nueva York: en el Pratt Institute, en la Parson's School of Design y en la Art Students League, donde tuvo como profesor al expresionista alemán George Grosz (1983–1959). Se graduó en 1934. Rand, muy influenciado por las ideas del libro de **László Moholy-Nagy**, *The New Vision* (1932), fue pionero en el uso del planteamiento de la **vanguardia** europea para el diseño gráfico moderno en Estados Unidos. En el proceso, Rand rechazaba la ilustración narrativa tradicional y la simetría de la composición y, a cambio, combinaba dinámicamente la tipografía y las imágenes para producir una obra poderosa, expresiva y, a menudo, humorística. Entre 1936 y 1941 fue director artístico de las revistas *Esquire* y *Apparel Arts*, y de 1938 a 1945 diseñó las portadas de la revista bimensual *Direction*, que destacaron por la incorporación de fotomontajes y referencias históricas. De 1941 a 1954 fue director creativo de la agencia de publicidad neoyorquina William H. Weintraub, donde colaboró con el escritor publicitario Bill Bernbach. Juntos fijaron nuevos estándares publicitarios integrando armónicamente el diseño y la redacción. En *Thoughts on Design*, publicado en 1946, Rand detallaba sus ideas sobre la fuerza comunicativa de los símbolos. A partir de 1956 se concentró principalmente en las marcas registradas y en la **identidad corporativa**, asesorando a grandes compañías, entre ellas United Parcel Services, American Broadcasting Company, Westinghouse Electric Corporation, Cummins Engine Company e IBM. Su programa de comunicación corporativa para IBM utilizaba símbolos «codificados» y tipografía restringida, y tuvo gran influencia. A partir de 1956 fue profesor de diseño gráfico en Yale (New Haven) y en 1972 fue admitido en la sala de los famosos del New York Art Directors Club.

▼ Póster para IBM, 1981

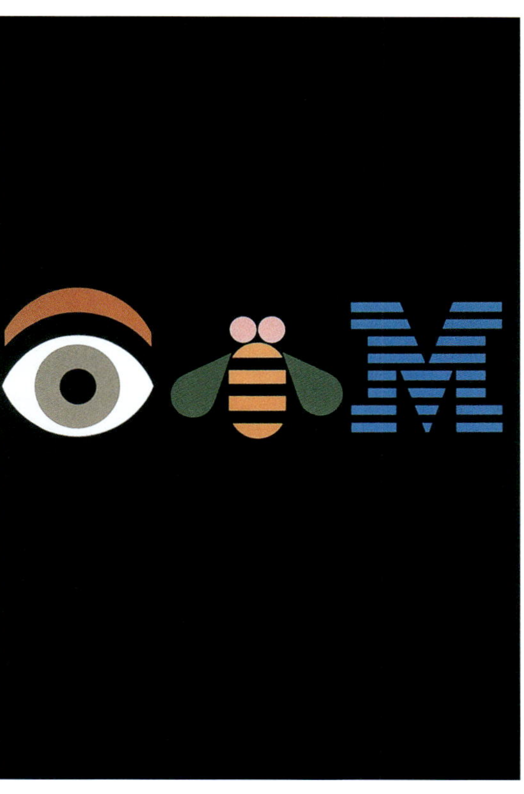

► *Sitzgeiststuhl* (Silla el espíritu de sentarse), 1927

## Heinz & Bodo Rasch

Heinz Rasch
*Berlín*, 1902
*Wuppertal*, 1996

Bodo Rasch
*Berlín*, 1903
*Oberaichen*, 1995

Heinz Rasch estudió en la Kunstgewerbeschule de Bromberg en 1916 y en las escuelas técnicas de Hannover y Stuttgart de 1920 a 1923. En 1922, junto con su hermano menor Bodo, fundó una fábrica en Stuttgart para la producción de mobiliario doméstico. Heinz, arquitecto, y Bodo, ebanista, colaboraron para producir una serie de diseños de técnica muy avanzada con madera contrachapada moldeada. Destaca su primera silla en voladizo, que no llegaba a los dos quilos, y una silla plegable para L. C. Arnold, ambas de 1924. En 1925, Heinz se incorporó a la plantilla editorial de la revista *Baugilde* y conoció a **Ludwig Mies van der Rohe** y a **Mart Stam**. Posteriormente, los Rasch expusieron mesas, armarios y sillas en las casas de muestra diseñadas por **Peter Behrens** y Mies van der Rohe para la exposición «Die Wohnung» (La vivienda) organizada por el **Deutscher Werkbund** en Stuttgart en 1927. Dichos diseños incluían la silla voladiza *Sitzgeiststuhl* (Silla el espíritu de sentarse), cuyo título procedía de un poema de Christian Morgenstern. Un año más tarde, Heinz Rasch editó el libro *Der Stuhl* (La silla) y en la década de 1980 contribuyó al montaje del Stuhlmuseum (Museo de la Silla) en Burg Beverungen.

## Rationalism

### Racionalismo

*Italia*

El término «racionalismo» suele designar un planteamiento lógico de la arquitectura y del diseño, y denota una forma de modernidad de los diseñadores y arquitectos italianos de finales de los años veinte y treinta. Inspirado en los aspectos sociales y estéticos de las primeras obras modernas de arquitectos como **Walter Gropius** y **Le Corbusier**, en 1926 el Gruppo Sete (Grupo Siete) publicó un manifiesto de cuatro partes en la revista *Rassegna* que lanzó dicho movimiento. Los miembros del grupo, como **Giuseppe Terragni**, Gino Pollini (1903–1991), Luigi Figini (1903–1984), Adalberto Libera (1903–1963), Carlo Enrico Rava, Sebastiano Larco y Guido Frette, se oponían al **futurismo** y buscaban reconciliar el **funcionalismo** de la **vanguardia** europea con la tradición clásica italiana. Las primeras expresiones del racionalismo italiano fueron: Luciano Baldessari (1896–1982), Luigi Figini, el bar Craja de Gino Pollini en Milán (1930) y la Casa del Fascio de Giuseppe Terragni en Como (1933). Los racionalistas celebraban el progreso moderno con un vocabulario formal severamente geométrico y el uso de los materiales más avanzados, como el metal tubular cromado. El racionalismo fue adoptado por los fascistas, que defendían un nuevo orden mundial, aunque finalmente cambiaron al conservador estilo del **Novecento**. Tras la II Guerra Mundial, diseñadores como **Franco Albini** siguieron perpetuando el racionalismo.

▲ Sala de conferencias de la Casa del Fascio (posteriormente rebautizada como Casa del Popolo) en Como, 1933

## Eric Ravilious

*Acton (Londres)*, 1903
*Islandia*, 1942

Eric W. Ravilious estudió en la Eastbourne School of Art de 1919 a 1922, y en el **Royal College of Art**, Londres, de 1922 a 1925. Era conocido por sus grabados en madera para ilustrar libros, como por ejemplo *The Elm Angel*, de Walter de la Mare (1930), *Noche de Epifanía*, de William Shakespeare (1932), y *The Natural History of Selborne*, de Gilbert White (1937). También diseñó adornos de imprenta para Curwen, publicaciones para London Transport, anuncios para Austin Reed y decoraciones para la BBC. Entre 1928 y 1929 colaboró con Edward Bawden (1903–1989) en el diseño de decoraciones murales en el Morley College. Durante los nueve años siguientes dio clases en el Royal College of Art. Hacia 1935, Lady Sempill de Dunbar Hay le presentó a Thomas Wedgwood, un empresario fabricante de mobiliario para el cual había producido ya diseños. A continuación ideó decoraciones en calcomanía para Wedgwood que se aplicaban a la loza estándar en blanco y se coloreaban con esmalte. También diseñó cristalería para Stuart Crystal en 1935 y creó decoraciones murales para el pabellón británico de la Exposition Universelle et Internationale de París en 1937. En 1940 fue nombrado artista oficial de guerra y en 1942 desapareció en las costas de Islandia durante una misión.

▲ Servicio de té *Travel* para Josiah Wedgwood & Sons, 1937

Lilly Reich trabajó bajo la dirección de **Josef Hoffmann** en los **Wiener Werkstätte** a partir de 1908. En 1911 regresó a Berlín y se asoció con el teórico del diseño Hermann Muthesius (1861–1927) y colaboró con Else Oppler-Legband. Se incorporó al **Deutscher Werkbund** en 1912 y fue la primera mujer elegida para formar parte de su junta directiva. De 1924 a 1926 produjo diseños para el Atelier für Ausstellungsgestaltung und Mode de Francfort, tras lo cual inició una larga colaboración profesional con **Ludwig Mies van der Rohe**, al cual asistió en la organización de la exposición de 1927 «Die Wohnung» en Stuttgart. Juntos diseñaron muchos muebles, sobre todo en metal tubular, que a menudo eran atribuidos únicamente a Mies. También codirigieron la exposición «Deutsche Bauausstellung» (1931) y codiseñaron los pabellones para las exposiciones de Berlín de 1927, 1931 y 1943. De 1932 a 1933, Reich estuvo al frente del taller de diseño interior en la **Bauhaus** de Berlín y en 1939 se unió brevemente a Mies en Chicago. De 1945 a 1946, fue profesora en la Hochschule für Bildende Künste de Berlín.

## Lilly Reich

*Berlín*, 1885
*Berlín*, 1947

▲ **Lilly Reich y Mies van der Rohe**, armario y ropero, aprox. 1930

► Cuenco de gres con decoración esgrafiada, aprox. 1965

## Lucie Rie

*Viena*, 1902
*Londres*, 1995

De 1922 a 1926, Lucie Rie estudió con Michael Powolny (1871–1954) en la Kunstgewerbeschule de Viena. Tras graduarse, abrió su taller de cerámica en Viena, que dirigió durante doce años. En 1938, emigró a Gran Bretaña, y un año más tarde inauguró otro taller y alfarería en Albion Mews (Londres), donde producía botones de cerámica hechos a mano. Aunque tuvo que suspender su actividad durante la guerra, el negocio reabrió a mediados de los cuarenta. En 1946, el emigrante alemán **Hans Coper** visitó su taller de cerámica y empezó a colaborar con ella. A pesar de que ambos preferían el gres, los recipientes de Coper se caracterizaban por formas esculturales, mientras que los de Rie eran menos expresivos pero de una bella precisión y muy delicados. De mediados a finales de los cincuenta, Rie se dio a conocer por sus servicios de té y café, cuya producción se convirtió en el principal sostén de muchos talleres de esa época. Sus formas y vidriados solían inspirarse en la antigua cerámica china y japonesa. A menudo utilizaba la técnica del vidriado en bruto, en la que el cuerpo de barro interactúa con los óxidos durante una sola cocción para producir unas interesantes e inusuales superficies. A finales de los cuarenta introdujo la decoración esgrafiada en sus diseños de gres. En los años sesenta y hasta 1971 dio clases en la Camberwell School of Arts & Crafts de Londres, junto a Coper.

## Richard Riemerschmid

*Múnich*, 1868
*Múnich*, 1957

De 1888 a 1890, Richard Riemerschmid estudió bellas artes en la Akademie der Bildenden Künste de Múnich, tras lo cual trabajó como pintor en Múnich. En 1895 diseñó su propia casa y mobiliario. También creó un póster para la Exposición Bavaresa de Núremberg de 1896 y, en 1897, expuso un tapiz, un aparador y vidrio de color en la exposición del Glaspalast de Múnich. Ese mismo año se unió a **Hermann Obrist**, **Bernhard Pankok** y **Bruno Paul** para fundar los **Vereinigte Werkstätten für Kunst im Handwerk** (Talleres Unidos para la Artesanía Artística) de Múnich, en los que iban a producir diseños innovadores y bien hechos.
A partir de 1898, Riemerschmid diseñó mobiliario para los talleres, como la silla de roble para sala de música, exhibida por primera vez en la exposición de Dresde de 1899. También creó muebles para Hermann Obrist, con el cual colaboró en la habitación de un coleccionista de arte presentada en 1900 en la Exposition Universelle et Internationale de París. Entre 1900 y 1901 trabajó en el diseño de interiores del nuevo teatro de Múnich, y de 1903 a 1905 dirigió el Kunstgewerblicher Meisterkurs en el Bayerisches Gewerbemuseum de Núremberg.
En 1902 empezó a producir diseños para los **Dresdener Werkstätten für Handwerkskunst**. A partir de 1905 adoptó métodos de **estandarización** para una serie de mobiliario destinado a los talleres de Dresde y concebido

◄▼ Pichel de gres y peltre para Villeroy & Boch Mettlach, aprox. 1901

▼ Jarra de gres para Reinhold Merkelbach, aprox. 1909

► Reloj de pared en roble y latón para los Dresdener Werkstätten für Handwerkskunst, 1903

►► Silla diseñada para una sala de música para los Vereinigte Werkstätten für Kunst im Handwerk de Múnich, 1898–1899

para la producción en serie. Conocido como *Maschinenmöbel*, este revolucionario mobiliario era fruto de la investigación que había realizado previamente con su cuñado, el ebanista Karl Schmidt (1873–1948), sobre los procesos de fabricación adecuados para los muebles de bajo coste. Riemerschmid fue uno de los fundadores del **Deutscher Werkbund** en 1907 y uno de sus miembros más activos. Participó en la exposición de 1914 «Deutsche Werkbundausstellung», celebrada en Colonia. Entre 1907 y 1913 emprendió la planificación de la primera ciudad-jardín de Alemania, Hellerau, donde construyó una serie de estudios para artistas. De 1913 a 1924, fue director de la Kunstgewerbeschule de Múnich, que en 1913 acogió una gran exposición de sus proyectos arquitectónicos. De 1918 a 1919 fue miembro del Künstlerrat der Stadt (Consejo de Artistas) de Múnich. Presidió el Deutscher Werkbund de 1921 a 1926, y dirigió la Kölner Werkschule (Escuela de Artes Aplicadas de Colonia) de 1926 a 1931.
A su regreso a Múnich en 1931 se estableció como pintor y arquitecto independiente y trabajó en el estilo neoclásico. Sus diseños para la producción industrial se distinguían por formas racionales pero elegantes, y ejercían una gran influencia. Su planteamiento del diseño implicaba la reconciliación del empeño artístico del **movi-**

**miento Arts & Crafts** con la estandarización industrial del **movimiento moderno** para conseguir la elaboración de productos de alta calidad y aun así asequibles.

▼ Armario para los Dresdener Werkstätten für Handwerkskunst, 1905

▸ *Silla Red/Blue*, 1918–1923

Gerrit Rietveld era hijo de un ebanista y trabajó en el taller de su padre desde los doce hasta los quince años. Entre 1904 y 1913, fue aprendiz de proyectista en los talleres de las joyerías C. J. A. Begeer. En 1906 empezó a asistir a las clases de dibujo arquitectónico de P. J. C. Klaarhamer y conoció a Bart van der Leck (1876–1958). De 1911 a 1912 fue miembro activo del grupo artístico Kunstliefde y en 1917 inauguró su propia tienda de muebles en Utrecht. Poco después de diseñar el prototipo de su famosa silla *Red/ Blue* (1918), aún sin pintar, conoció a **Theo van Doesburg** y a **Jacobus Johannes Pieter Oud**, quienes exploraban formas geométricas similares. Rietveld fue uno de los primeros miembros de **De Stijl** (1919) y diseñó un aparador basado en la doctrina del neoplasticismo que fomentaba dicho movimiento.

## Gerrit Thomas Rietveld

*Utrecht (Países Bajos)*, 1888
*Utrecht*, 1964

► *Beugelstoel* para Metz & Co., 1927

► Silla *Zig-Zag* para Metz & Co., 1932–1934

En 1923 produjo su primera versión de la silla *Red/Blue*, publicada por primera vez en la revista *De Stijl* e incluida en la exposición organizada en la **Bauhaus** de Weimar ese mismo año. En 1921, a los dos años de haberse independizado como arquitecto en Utrecht, Rietveld empezó a colaborar con Truus Schröder-Schräder, para quien diseñó la casa Schröder (1924–1925). Conservó un estudio en dicha casa hasta 1932 y residió en ella a partir de 1958. Entre sus proyectos arquitectónicos conjuntos destacan una hilera de casas adosadas en Erasmuslaan (1934) y el cine Vreeburg de Utrecht (1936). También colaboró con el diseñador de De Stijl **Vilmos Huszár** en un diseño para la Juryfreie Kunstschau Berlin de 1923. Ese año, la obra de Rietveld se exhibió junto a otros diseños de De Stijl en la Galerie l'Effort Moderne de Léonce Rosenberg en París. En 1928, Rietveld ingresó en el Congrès Internationaux d'Architecture Moderne (CIAM) y, a partir de entonces, el concepto de su obra se internacionalizó y emprendió numerosos proyectos arquitectónicos en los Países Bajos y en el extranjero. A partir de 1944 aproximadamente, fue profesor en varias universidades y diseñó el pabellón holandés para la Bienal de Venecia de 1954. Con todo, su mobiliario fue mucho más influyente que su arquitectura. El vocabulario formal

► Silla *Crate* para Metz & Co., 1934

geométrico de la silla *Red/Blue*, por ejemplo, inspiró el mobiliario original de metal tubular que **Marcel Breuer** diseñó en la Bauhaus a finales de los veinte y que, a su vez, influyó brevemente la selección de materiales de Rietveld, tal como demuestra su *Beugelstoel* (1927). Las sillas *Zig-Zag* (1932–1934) y *Crate* (1934) revelan su retorno a las construcciones elementales en madera y pueden interpretarse como una respuesta a la recesión económica de los años treinta. En las décadas de 1940 y 1950, su obra experimentó un gran reconocimiento internacional y en 1958 diseñó una butaca totalmente tapizada para el edificio de la UNESCO en París. Rietveld fue uno de los diseñadores de muebles e interiores más innovadores del siglo XX y un pionero clave del **movimiento moderno**.

## Jens Risom

*Copenhague*, 1916
*New Canaan (Connecticut)*, 2016

Jens Risom fue alumno de la Universidad de Copenhague y, más tarde, de 1935 a 1938, estudió diseño de mobiliario e interiores con **Kaare Klint** en la Kunstandvaerkerskolan de la ciudad. De 1937 a 1939, trabajó en el despacho de arquitectos de Ernst Kuhn en Copenhague diseñando mobiliario e interiores. A continuación emigró a Estados Unidos y de 1939 a 1941 trabajó como director de diseño de Dan Cooper en Nueva York, para quienes diseñó una serie de tejidos. En 1941, Risom diseñó la primera silla que iba a producir **Knoll**, a la que siguieron diversas variantes que, de forma similar, incorporaban excedentes de cinchas del ejército y que Rimson describió como «muy básicas, muy simples, económicas, fáciles de fabricar». También diseñó mesas, armarios, cajoneras y librerías para Hans Knoll (1914–1955). Juntos colaboraron en el diseño de varios interiores, dos de los cuales fueron expuestos en la Exposición Universal de Nueva York en 1939. Entre 1941 y 1943, Risom trabajó como diseñador independiente, sobre todo para **Georg Jensen**. De 1946 a 1973 dirigió su propia empresa en Nueva York, Jens Risom Design, que fue adquirida por Dictaphone en 1970. Durante los seis años siguientes, Risom actuó como administrador de la Rhode Island School of Design y en 1973 ocupó el cargo de jefe ejecutivo de Design Control, una nueva asesoría de diseño con sede en New Canaan, Connecticut. El mobiliario de Risom, simple pero bien hecho, reflejaba el moderado planteamiento escandinavo frente al movimiento moderno.

► Silla *Modelo n.° 666 WSP* para Hans G. Knoll Furniture Company (posteriormente Knoll Associates), 1942 (rediseñada en 1946)

## Alexander Rodchenko

*San Petersburgo*, 1891
*Moscú*, 1956

De 1911 a 1914, Alexander Rodchenko fue alumno de Nikolai Feshin y Georgii Medvedev en la Escuela de Arte de Kazán. También estudió diseño gráfico en la Escuela Stroganov de Artes Aplicadas de Moscú. Inspirado por el **futurismo**, pintó cuadros cubistas y abstractos y, al conocer a **Kasimir Malevich** en 1915 y a **Vladimir Tatlin** un año después, se convirtió en uno de los principales protagonistas del **constructivismo**. Convertido a las ideas de Malevich sobre el suprematismo, en 1917 Rodchenko ejecutó la serie «Movimiento de llanuras de colores, una proyectada sobre la otra». Ese año también diseñó la iluminación del Café Pittoresk de Moscú, con la intersección de elementos de un dinamismo similar. A partir de 1918, codirigió el departamento de arte aplicado del Narkompros (Comisariado Popular de Ilustración) con Olga Rozanova. De 1918 a 1926 dio clases en la escuela Proletcult de Moscú. En 1920, junto con su esposa **Varvara Stepanova** y Alexei Gan, Rodchenko publicó el *Programa del grupo de constructivistas* y se hizo miembro del Inkhuk y profesor de la escuela **Vkhutemas**, fundada por los soviéticos (Escuela Superior de Talleres Artísticos y Técnicos). En la década de 1920 trabajó principalmente como diseñador gráfico para los periódicos *LEF* y *Novyi LEF*, y produjo numerosos pósters, muchos de ellos fotomontajes que explotaban el potencial expresivo de la tipografía.

ПЕРВЫЕ СПЕКТАКЛИ
14·15
17·18
МАРТА
ТЕАТР РЕВОЛЮЦИИ
УЛИЦА ГЕРЦЕНА, 19
ТЕЛЕФОН № 4-49-49
АНАТОЛИЙ ГЛЕБОВ
ИНГА
ДЕЙСТВУЮТ:
МАССОВЫЕ СЦЕНЫ
Психологический монтаж в 4-х актах
НАЧАЛО СПЕКТАКЛЯ ровно в 7 ч. 30 м. веч.
Постановка М. А. ТЕРЕШКОВИЧА
Музыкальное оформление — Н. Н. ПОПОВ
Режиссер-ассистент — Н. А. РАЕВСКИЙ
Свет П. В. ПАТРИАРКА
Оформление и эскизы костюмов — А. М. РОДЧЕНКО
Строитель вещественного оформления Н. А. СОСТЭ
Костюмы Инги, Вероники и модельные работы Н. П. ЛАМАНОВОЙ,
остальные — собств. маст. под набл. С. П. Владимирова
Парики и грим А. Б. ТЕРЗИЯНЦ

▼ Póster para el Inga (Teatro de la Revolución), 1929

Al principio Gilbert Rohde trabajaba de reportero y caricaturista político en el *Bronx News*, pero en 1927 empezó a diseñar muebles. Ese año fue a París, donde se inspiró en la obra de la **vanguardia** francesa. Abrió su despacho en Nueva York en 1929 y diseñó mobiliario para Heywood-Wakefield y Thonet, entre otros. En 1930, sugirió a D. J. De Pree que su firma, **Herman Miller**, fabricase una línea de mobiliario moderno. A partir de entonces, Rohde produjo para la compañía diseños de formas simples pero bien construidas que fomentaban el estilo de vida moderno: armarios, un sofá modular y el conjunto *Living-Dining Group*. También para Herman Miller, diseñó el *Executive Office Group*, con 15 componentes que podían unirse de 400 formas distintas. En 1933, Rohde exhibió la casa «Design for Living» en la exposición «A Century of Progress» de Chicago. Además, diseñó interiores para la exposición «Machine Art» organizada en el **Museum of Modern Art** de Nueva York. Entre 1939 y 1943 dirigió el departamento de diseño de la Facultad de Arquitectura de la New York University. La aproximación de Rohde al diseño moderno cambió la orientación filosófica de Herman Miller e influenció la industria mobiliaria americana en conjunto.

## Gilbert Rohde

*Nueva York*, 1894
*Nueva York*, 1944

▲ Armarios para Herman Miller, 1933 (expuestos por primera vez en la casa «Design for Living», de Gilbert Rohde, en la exposición internacional «A Century of Progress», organizada en Chicago en 1933).

▸ Soporte para plantas de cobre y roble, 1903

## Charles Rohlfs

*Nueva York, 1853*
*Buffalo (Nueva York), 1936*

Hacia 1890, Charles Rohlfs abrió un pequeño taller de mobiliario Arts & Crafts en Buffalo. Sus primeras piezas, de roble tallado y perforado, fueron mayoritariamente encargos de sus amigos de Buffalo. Sin embargo, no tardó en hacerse con una clientela en Nueva York, Filadelfia, Londres, París y Bremen. Los almacenes Marshall Field de Chicago distribuían su obra. Inspirado por los estilos noruego, árabe, medieval y **Art Nouveau**, los diseños de Rohlfs diferían de la mayor parte del mobiliario americano Arts & Crafts por sus inusuales proporciones y por sus tallas ornamentales, si bien la obra más compleja era la de George Thiele. Hacia 1898, Rohlfs trasladó su taller a unas instalaciones de mayor tamaño en Buffalo y en 1902 expuso su trabajo en la «Esposizione Internazionale d'Arte Decorativa Moderna» de Turín. Luego ingresó en la Royal Society of Arts de Londres y se le encargó el diseño de un grupo de sillas para Buckingham Palace. Además, fue profesor en la comunidad artesanal **Roycrofters** de East Aurora y una de las principales figuras del **movimiento Arts & Crafts** en Estados Unidos.

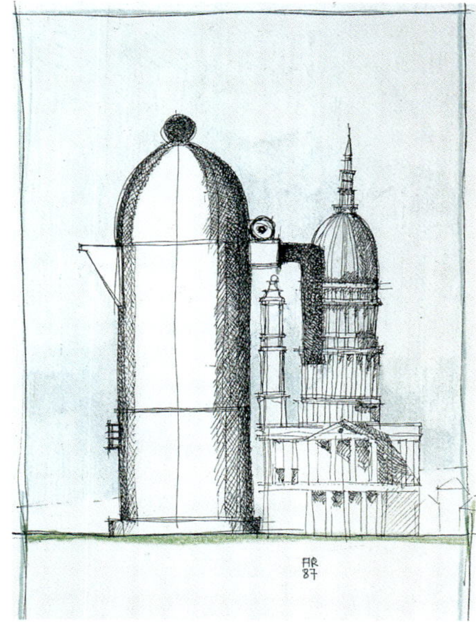


Aldo Rossi estudió arquitectura en el Politecnico di Milano, donde se graduó en 1959. Durante ese período fue ayudante en los despachos de Ignazio Gardella y **Marco Zanuso** y trabajó para las revistas *Il Contemporaneo* y *Casabella-Continuità*, que dirigió de 1961 a 1964. Su obra arquitectónica de la década de 1960 incluye los diseños para la reorganización del distrito milanés Via Sarini y para un centro comercial en Turín (ambos proyectos revelan un planteamiento reduccionista de la arquitectura). En 1963 asistió a Lodovico Quaroni en la Scuola Urbanista, y a Arezzo y a Carlo Aymonino en la Universidad de Venecia. En 1964, Rossi codiseñó la XIII Trienal de Milán con Luca Meda y dos años más tarde publicó *L'Architettura della Città*. En 1969 empezó a dar clases en el Politecnico de Milano, y dos años más tarde colaboró con Gianni Braghieri en el proyecto escogido para el cementerio de San Cataldo de Módena (1971). A continuación dio clases en la Eidgenössische Technische Hochschule de Zúrich durante tres años. Fue uno de los principales arquitectos del posmodernismo y, como tal, participó en el proyecto *Tea & Coffee Piazza* de **Alessi** (1980) y diseñó otros productos también para Alessi. Destacan sus famosas cafeteras *La Conica* (1984) y *La Cupola* (1989), así como las alfombras para ARP Studio y el mobiliario para Molteni, Up & Up y Unifor.

## Aldo Rossi

*Milán*, 1930
*Milán*, 1997

◄ ▲ Cafeteras *La Conica* para Alessi, 1984

▲ Diseño de la cafetera *La Cupola* para Alessi, 1989

## François-Eugène Rousseau

*París*, 1827
*París*, 1891

François-Eugène Rousseau heredó un taller en la Rue Coquillère de París en el que se elaboraba porcelana y fayenzas. En 1866 diseñó un servicio de mesa de barro cocido basado en los dibujos de Félix Bracquemond (1833–1914) inspirados en grabados de madera japoneses como los de Hokusai. Inicialmente, Rousseau trabajaba con Louis Salon, pero en 1869 fundó una sociedad con Ernest-Baptiste Léveillé, con quien abrió la tienda Rousseau-Léveillé. En ella vendían sus propios diseños para cristalería, inspirados en las formas y motivos decorativos del arte de Oriente Medio y Extremo Oriente, además de piezas similares realizadas en cristal por diseñadores como Philippe-Joseph Brocard (activo entre 1867 y 1890). Rousseau se hizo famoso porque reintrodujo el vidrio contrachapado y el vidrio escarchado: el primero derivaba de una técnica china del siglo XVIII en la que el cristal opaco se grababa para dejar al descubierto una capa inferior de cristal translúcido. El segundo consistía en una técnica veneciana del siglo XVI en la que el cristal se sumerge en el agua fría después de cada cocción. Rousseau fue uno de los principales exponentes del **movimiento estético** del continente europeo y sus diseños en cristal, decorados por Eugène Michel y Alphonse-Georges Reyen, entre otros, no sólo revitalizaron el interés por la cristalería decorativa, sino que ejercieron una gran influencia en el **Art Nouveau**, un estilo posterior.

▲ Platos de fayenza, 1866: decoración basada en los dibujos de Félix Bracquemond

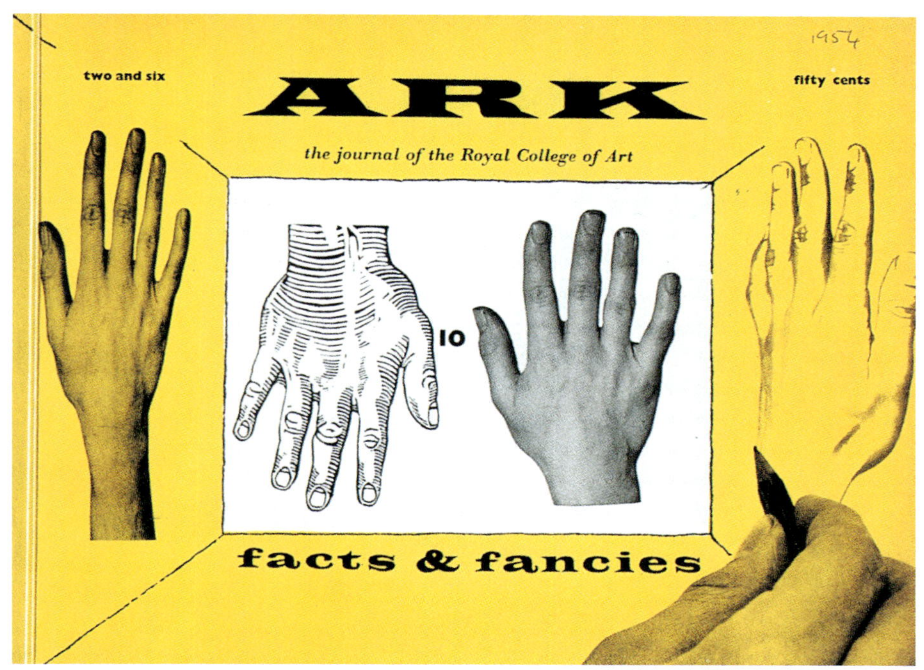


## Royal College of Art

Fundado en 1837
*Londres*

Fundado en 1837 bajo el nombre Government School of Design, su objetivo inicial giraba en torno a la enseñanza de la «gramática del ornamento», por lo que se desaconsejaba el dibujo del natural. La estructura educativa prevista por Sir Henry Cole (1808–1882) se centraba en la formación de los alumnos como «ornamentalistas» para la industria. Aunque en 1852 se creó un departamento de arte práctico, el énfasis en la instrucción práctica no se produjo hasta la década de 1890. En 1896, el Royal College of Art adoptó su nombre actual y un nuevo programa educativo con clases de historia, filosofía y dibujo arquitectónico para los alumnos de primer año. Tras el curso preliminar, los alumnos elegían una de las cuatro áreas de estudio especializadas (pintura decorativa, escultura, arquitectura o diseño). Las reformas de diseño germinadas en el Royal College en la década de 1890 se propagaron luego en la **Bauhaus**, por lo que tuvieron una relación directa con la evolución del **movimiento moderno.** Pero hasta la década de 1950 el currículo estuvo más impregnado por la formación artesanal que por el diseño. En 1959 se inauguraron el Departamento de Investigación de Diseño y la Escuela de Diseño Industrial, que proclamaban un nuevo profesionalismo. Desde entonces, la escuela ha estado en la vanguardia del diseño.

▲ **Len Deighton**, portada para la revista *Ark*, número 10, primavera de 1954

► Lámpara de mesa de cristal emplomado para Roycrofters Workshop, aprox. 1910

## Roycrofters Workshop

*East Aurora (Nueva York)*, 1895–1938

Elbert G. Hubbard (1856–1915) fue una de las principales figuras del **movimiento Arts & Crafts** en Estados Unidos, a pesar de no ser diseñador, sino un viajante autodidacta que trabajaba para la empresa jabonera que dirigía junto con su cuñado. Acabó vendiendo su parte del negocio y hacia 1893 se mudó a East Aurora, cerca de Buffalo. En 1894 viajó a Gran Bretaña, donde conoció a John Ruskin (1819–1900) y a **William Morris**. La imprenta Kelmscott de Morris le inspiró tanto que en 1895 fundó la suya, bautizada Roycroft Press en honor de los encuadernadores británicos del siglo XVII Samuel y Thomas Roycroft. A diferencia de la imprenta Kelmscott, sin embargo, la de Hubbard era descaradamente comercial. La esposa de **Charles Ashbee**, Janet, lo calificó de «anarkista con k». Al poco tiempo, «fra Hubbart» fundó un taller de encuadernación y artículos de piel en East Aurora: así nació la comunidad artesana Roycroft en East Aurora. En 1896 fundó un taller para producir mobiliario de estilo misionero y recuerdos para los huéspedes del Roycroft Inn. En 1906, la comunidad tenía más de 100 trabajadores. En 1909 se inauguró un estudio de metalistería. Tras el naufragio del *Lusitania* en 1915, en el que fallecieron Hubbard y su esposa, su hijo Bert supervisó la comunidad hasta su clausura en 1938.

## Jacques-Émile Ruhlmann

*París*, 1879
*París*, 1933

En 1907, Jacques-Émile Ruhlmann empezó a dirigir el negocio de decoración familiar, que contaba con el mecenazgo del arquitecto Charles Plumet y del modisto Jacques Doucet, entre otros. Este último animó a Ruhlmann a exponer su obra públicamente por primera vez en 1911. Dos años más tarde, los lujosos y elegantes diseños mobiliarios de Ruhlmann se exhibieron en el Salon d'Automne de 1913. En 1919, Ruhlmann cofundó Établissements Ruhlmann et Laurent con Pierre Laurent, para el cual diseñaba alfombras, tejidos, iluminación y mobiliario que incorporaban madera exótica (por ejemplo, amboina o ébano de Macasar) e incrustaciones de marfil o carey. Dichos diseños aparecieron en muchas publicaciones, entre las que destaca un artículo de 1920 en la revista *Art et Décoration*. Sus interiores

► Silla *Défenses* para Établissements Ruhlmann et Laurent, aprox. 1920

▲ Bufé lacado con cajones para Établissements Ruhlmann et Laurent, 1930

del Hôtel du Collectionneur incluían también diseños de **Jean-Émile Puiforcat**, **Pierre-Émile Legrain**, Edgar-William Brandt (1880–1960) y Jean Dunand (1877–1942), y causaron sensación en la Exposition Internationale des Arts Décoratifs et Industriels Modernes de 1925 en París. En la década de 1920, el mobiliario de Ruhlmann adquirió más monumentalidad y en 1929 exhibió su elegante *Habitación de estudio para un príncipe de la Corona* en el «Salon des Artistes Décorateurs». Luego, en los años treinta, sus muebles empezaron a incorporar metales cromados y plata. Las formas que adoptaba eran cada vez más modernas. Ruhlmann aceptó muchos encargos, incluida la decoración de los salones de té del transatlántico *Île de France*, varios interiores del Palais de l'Élysée en París y el diseño del mobiliario para el palacio del maharajá de Indore. A lo largo de su carrera, Ruhlmann diseñó mobiliario e interiores que rezumaban lujo, no por el uso de ornamentos, sino por la exquisita manipulación de los materiales. Su obra, de gran calidad, seguía la tradición de los *décorateurs* franceses y ejemplificaba la suntuosidad y elegancia del **Art Déco** francés.

Gordon Russell pasó su infancia en el hotel de su padre, el Lygon Arms de Broadway, en las Cotswolds. El **movimiento Arts & Crafts** tenía fuertes vínculos allí y en 1911 Russell empezó a diseñar objetos y mobiliario para el hotel en ese estilo. Russell era mejor dibujando que produciendo, por lo que hacía dibujos perfectamente detallados para que otros pudieran desempeñar su obra. Esta división tan clara entre diseño y producción le permitió pasar suavemente de la artesanía a la producción industrial. En la I Guerra Mundial, Russell vivió muchas de las principales batallas y eso impactó en su posterior perspectiva social y política. Siguió diseñando mobiliario de estilo Arts & Crafts durante la década de 1920 y se le concedió una medalla de oro en la Exposition Internationale des Arts Décoratifs et Industriels Modernes de París en 1925. En los años treinta, sin embargo, la obra de Russell se inició en la vanguardia del movimiento moderno británico y en 1935 inauguró una nueva fábrica de muebles en Park Royal, en Londres, que a finales de la década contaba con 800 trabajadores. En 1941 ingresó en el grupo de diseño del Comité de Mobiliario **Utilitario** y de 1947 a 1959 dirigió el Consejo de Diseño Industrial. En 1956 abrió un centro de exposición permanente en Haymarket (Londres). La creencia de Russell, servir al público a través del diseño, procedía de sus orígenes en el Arts & Crafts y se convirtió en el dogma del diseño británico de los años cuarenta y cincuenta.

## Gordon Russell

*Cricklewood (Londres)*, 1892
*Kingcombe (Chipping Campden)*, 1980

▲ Mobiliario de dormitorio para Russell & Sons, principios de los años veinte

## Eero Saarinen

*Kirkkonummi (Finlandia)*, 1910
*Ann Arbor (Michigan)*, 1961

Eero Saarinen era hijo del célebre arquitecto finés **Eliel Saarinen** (el primer presidente de la **Cranbrook Academy of Art**, Bloomfield Hills, Michigan). Nacido en Finlandia, Eero emigró con su familia a Estados Unidos en 1923. Primero estudió escultura en la Académie de la Grande Chaumière de París de 1929 a 1930 y, posteriormente, arquitectura en Yale, New Haven. Se graduó en 1934 y a continuación recibió una beca de Yale que le permitió viajar a Europa por un año. A su regreso trabajó de profesor en la Cranbrook Academy y en 1937 empezó a colaborar con **Charles Eames**, otro profesor de la academia. La cooperación culminó en una serie de diseños de mobiliario muy progresista, premiados en el concurso «Organic Design in Home Furnishings» celebrado en el **Museum of Modern Art** de Nueva York en 1940. Sus propuestas incluían un sistema modular de armarios altamente racional y un revolucionario grupo de sillas «concha» con esqueleto de forma simple en madera contrachapada de moldeado mixto que anticipaba la noción del contacto y soporte continuos. Dichas sillas se consideran uno de los diseños de mobiliario más importantes del siglo XX, ya que anunciaban una dirección totalmente nueva en el diseño de mobiliario y derivaron directamente en los diseños de gran éxito de Saarinen para **Knoll**: entre otros, la silla *N.° 70 Womb* (1947–1948), la colección *Saarinen* de asientos

◄ Silla *Modelo n.° 150 Tulip* (grupo Pedestal) para Knoll Associates, 1955–1956

► Terminal de la TWA en el aeropuerto John F. Kennedy de Nueva York, 1956–1962

▼ Diseño del interior de la terminal de la TWA en el aeropuerto John F. Kennedy de Nueva York, 1956–1962

◂ Colección *Womb* para Knoll Associates, 1947–1948

para oficina (1951) y el grupo de mesas y sillas *Pedestal* (1955–1956). El objetivo del grupo *Pedestal* era limpiar los interiores domésticos de la «triste aglomeración de patas». Con todo, Eero no vio cumplida su búsqueda de la unidad orgánica total del diseño en el material, la estructura y el funcionalismo debido a las limitaciones de la tecnología de materiales. Saarinen también trabajó en el despacho de su padre en Ann Arbor y constituyó una sociedad con J. Robert Swanson en 1941. Tras la muerte de Eliel Saarinen en 1950, inauguró su propio despacho, Eero Saarinen & Associates, en Birmingham, Michigan. Su arquitectura, al igual que sus diseños, se caracterizaba por el uso de formas orgánicas expresivas y esculturales. Sus proyectos más destacados fueron el Jefferson National Expansion Memorial de St. Louis (1947), el David S. Ingalls Ice Hockey Hall de la Yale University (1953–1959) y sus obras maestras: la extraordinaria terminal de la TWA en el aeropuerto Kennedy de Nueva York (1956–1962) y el aeropuerto internacional de Dulles, Washington DC (1958–1963). Al igual que Charles Eames, Eero Saarinen fomentó una forma humanizada de modernidad y se convirtió en uno de los principales pioneros del **diseño orgánico**.

◂ **Eliel Saarinen, Herman Gesellius y Armas Lindgren**, diseño para una casa de campo en Kirkkonummi, 1902

## Eliel Saarinen

*Rantasalmi (Finlandia)*, 1873
*Bloomfield Hills (Michigan)*, 1950

Gottlieb Eliel Saarinen estudió bellas artes en la Universidad de Helsinki y arquitectura en el Politécnico de Helsinki. Se graduó en 1897. El estilo de su arquitectura se vio influido por la **Glasgow School** y la **Wiener Sezession**, como demuestra la audaz concentración de elementos en la estación de tren de Helsinki (1904). Fue uno de los máximos exponentes del movimiento nacional romántico en Finlandia y en 1912 ingresó en el **Deutscher Werkbund**. Tras ganar el segundo premio del concurso Chicago Tribune Tower en 1922, emigró con su esposa Loja a Estados Unidos. Primero residió en Evanston (Illinois) y luego en Ann Arbor, donde fue profesor invitado de arquitectura en la University of Michigan. En 1923 conoció al magnate de la prensa y filántropo George C. Booth, quien le encargó el proyecto de la Cranbrook Educational Community. Dos años más tarde, Saarinen se trasladó a Bloomfield Hills y en 1932 se inauguró oficialmente la **Cranbrook Academy of Art**, de la que fue el primer presidente. Bajo su dirección, la academia llegó a ser la primera institución de diseño de Estados Unidos y formó a muchos de los principales talentos del diseño del país.

## Lino Sabattini

*Correggio (Italia)*, 1925
2016

Lino Sabattini empezó trabajando en una tienda de objetos de latón, donde conoció a Rolando Hettner, un ceramista que le impresionó profundamente. Fue autodidacta en diseño gracias a la ávida lectura de la influyente revista *Domus*. Uno de sus primeros diseños fue una tetera producida por el fabricante alemán W. Wolf. En 1955 inauguró su estudio de metalistería en Milán y conoció al arquitecto y diseñador **Gio Ponti**, quien, en 1956, como director de *Domus*, publicó sus diseños en metal en la revista y organizó una exposición con su obra en París. Entre 1956 y 1963, Sabattini trabajó también como director de diseño de Christofle Orfèvrerie en París, donde produjo una serie de diseños en metal caracterizados por formas libres, abstractas y puras, como su servicio de té y café *Como* (1957). Durante el mismo período diseñó metalistería, cristalería y cerámica para Rosenthal, Nava y Zani & Zani. En 1964 inauguró la Argenteria Sabattini, un estudio y pequeño taller en Bregnano para producir sus diseños a escala limitada. Entre sus productos más notables destacan la salsera *Estro* (1977), la serie de cubertería en acero inoxidable *Instrumenta* (1978), las bandejas de plata *Pale* (1973), la cubertería de titanio *Insect Legs* (1986) y el jarrón laminado en plata *Connato*. Sabattini era miembro de ADI (Associazione per il Disegno

▲ Servicio de té y café *Como* para Christofle Orfèvrerie, 1957

Industriale) y sus diseños se exhibían regularmente en la Trienal de Milán. Obtuvo numerosos premios, incluida una medalla de oro en la «Mostra Internazionale dell'Arredamento» de Monza en 1971 y un **Compasso d'Oro** en 1979 por su cubitera cilíndrica laminada en plata *Eskimo* (1978). Los innovadores diseños de Sabattini, que combinan la artesanía tradicional con formas modernas, rezuman una calidad superlativa.

▲ Cubertería de acero inoxidable *Instrumenta* para Sabattini Argenteria, 1978

## Richard Sapper

*Múnich*, 1932
*Milán*, 2015

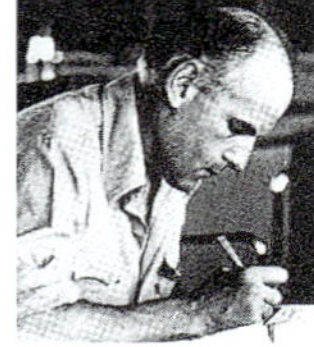

De 1952 a 1954, Richard Sapper estudió ingeniería mecánica y económicas en la Universidad de Múnich. De 1956 a 1957 trabajó en el departamento de estilo de automóviles en Mercedes Benz, Stuttgart. A continuación, se trasladó a Italia para trabajar en el estudio de Alberto Rosselli (1921–1976) y **Gio Ponti** en Milán, donde permaneció hasta 1959. Ese mismo año diseñó el reloj de mesa *Static* para Lorenz, galardonado con un **Compasso d'Oro**, y empezó a trabajar como diseñador en plantilla de los almacenes La Rinascente, ocupación que combinó con su actividad en el estudio de **Marco Zanuso** durante los dos años siguientes. En 1970, Sapper inauguró su estudio en Stuttgart y actuó como asesor de diseño para Fiat y Pirelli entre otros. Siguió colaborando con Zanuso hasta 1975 y, juntos, produjeron una impresionante serie de diseños que hicieron época: la silla *Lambda* para Gavina (1963), la silla infantil apilable *N.° 4999/5* de polietileno moldeado por inyección para **Kartell** (1961–1964), el televisor *Doney 14* (1962), la radio *TS 502* (1965), los televisores portátiles *Algol* y *Black Box* para Brionvega (1965 y 1969) y el teléfono plegable *Grillo* para Siemens (1965). En 1972, Sapper diseñó en solitario la lámpara de despacho *Tizio* para Artemide. La lámpara obtuvo un gran éxito y, con su atrevida retórica de diseño **High Tech**, se convirtió en un objeto de culto durante los ochenta. Ese mismo año, junto con **Gae Aulenti**, fundó el Grupo de Estudio de Sistemas de

► Hervidor *Bollitore* para Alessi, 1983

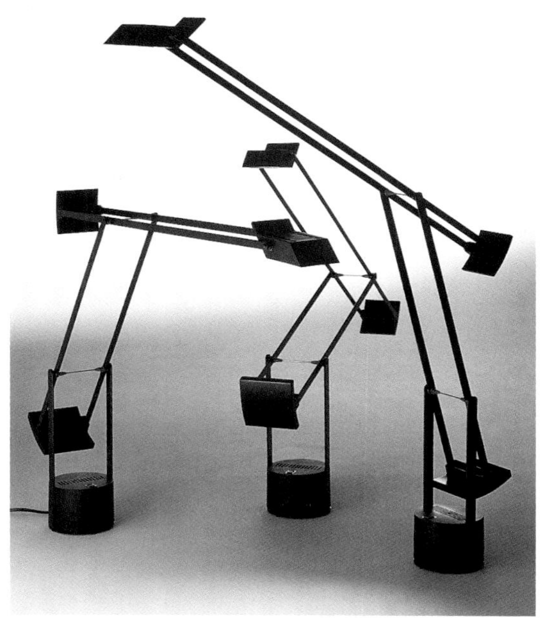

◂ Lámparas *Tizio* para Artemide, 1972

Transporte. Su investigación culminó en una exposición celebrada en la XVIII Trienal de Milán en 1979. Sapper trabaja como asesor de diseño de productos para IBM desde 1980, y durante la década de 1980 combinó su estilo High Tech inicial con el **posmodernismo** para crear una serie de famosos diseños para **Alessi**, entre los que destaca la cafetera *Cafetière* (1979), el hervidor de agua con silbador *Bollitore* (1983) y el reloj de pulsera *Uri Uri* (1988). También ha diseñado mobiliario para **Knoll**, Unifor, Molteni y Castelli, y en 1981 ingresó en la ADI (Associazione per il Disegno Industriale).

Timo Sarpaneva estudió diseño gráfico en la Taideteollinen Korkeakoulu (Escuela Central de Artes Aplicadas) de Helsinki de 1941 a 1948 y dos años más tarde empezó a diseñar productos y a dirigir la sección de exposiciones en las cristalerías Karhula-Iittala. Una de sus primeras innovaciones técnicas fue un método de soplado de vidrio con vapor que empleó para sus primeros jarrones esculturales —*Kajakki* (1953), *Maailmankaunein* (1954) y *Linnunsilmä* (1953)— y para unos platos de fino cristal y delicados tintes, conocidos como Acuarelas. A mediados de los años cincuenta, Sarpaneva produjo la serie *I-Glass*, cuyo objetivo era cubrir el vacío entre el arte de lujo en cristal y las cristalerías de uso habitual. Esta línea industrial se componía de diecisiete artículos disponibles en varios colores (gris liláceo, gris azulado, gris ahumado, gris verdoso...) que podían combinarse para producir distintos efectos. También desarrolló otras técnicas para las series *Ambiente* (1964), *Archipelago* (1978) y *Claritas* (1984). Muchos de sus diseños, como los jarrones *Claritas* (1984) para Iittala y la olla de hierro colado con mango de madera para Rosenlew (1960), mostraban formas «cuadrado-redondas» que rememoran los suaves guijarros del culto tántrico de la India. Otros, en cambio, como las grandes esculturas de cristal *Lasiaika*, presentan formas más abiertas y expresivas. Sarpaneva ha sido profesor en la Escuela de Artes Aplicadas de Helsinki desde mediados de los cincuenta y recibió un Grand Prix en las Trienal de Milán de 1951 y 1957. En 1963 fue nombrado Diseñador Real Honorario para la Industria en Londres y en 1967 recibió un doctorado honorífico del **Royal College of Art**, Londres. Además de exquisitos productos de cristal, también ha diseñado cerámica, objetos de metal, tejidos, libros y decorados teatrales.

## Timo Sarpaneva

*Helsinki*, 1926
*Helsinki*, 2006

◂ Jarrón *Claritas* para Iittala, 1984

▾ Jarrón *Orkidea* para Iittala, 1953

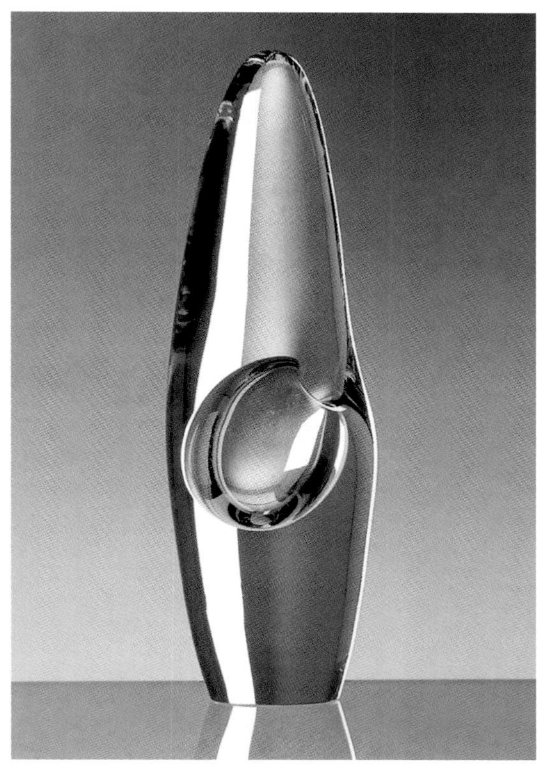

## Raymond Savignac

*París*, 1907
*Trouville-sur-mer, Francia*, 2002

Raymond Savignac realizaba trazados y esbozos para la Compagnie des Transports Parisiens desde 1922. En 1924, fue contratado por la agencia publicitaria Lortac como «hombre de ideas». Durante ese tiempo trabajó como ayudante de **A. M. Cassandre**. En los años treinta, Savignac empezó a producir pósters pintados de forma parecida a los de Cassandre. Sus diseños, sin embargo, eran menos pictóricos y estaban ejecutados en un estilo más caricaturesco. Savignac era contrario al planteamiento moderno de yuxtaponer elementos gráficos y su lema era: «una sola imagen para una sola idea». Sus pósters captaban la atención del espectador por su contenido humorístico, a menudo inspirado en las payasadas de Charlie Chaplin o Buster Keaton, y por sus elementos surrealistas, que describía como «escándalo visual». Gracias a la fuerza de sus imágenes, precisaba muy poco texto o ninguno en absoluto para explicar el artículo anunciado. Con el póster *Monsavon* de 1949 consagró su reputación como uno de los principales *affichistes* (diseñadores de pósters) franceses. A continuación creó pósters para compañías como Bic, Perrier, Verigoud, Frigéco, Maggi y Citroën, y para las empresas públicas francesas Air France, SNCF y RATP. Savignac ganó el premio Martini de 1964 con su póster dedicado a la aspirina *Vite Aspro*. En 1969 diseñó los vestidos de la Comédie-Française para la obra *El avaro*. Ha publicado dos libros sobre su obra: una autobiografía en 1975 y *Savignac de A à Z* en 1987. Aunque su estilo es claramente francés, el humor directo de sus imágenes surrealistas es universalmente descodificable.

▼ Póster para el jabón Monsavon, 1948

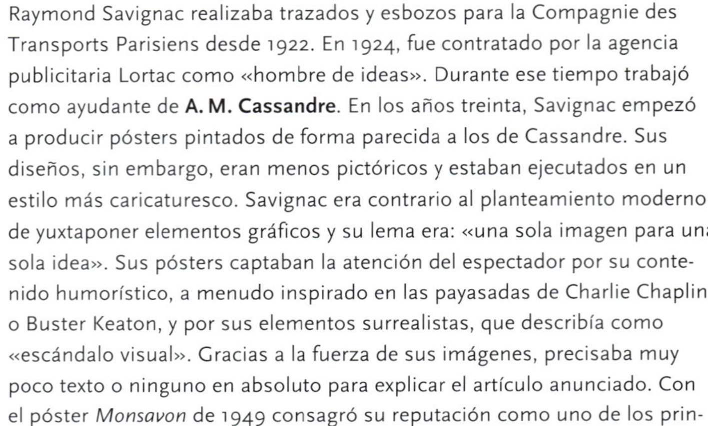

► Póster para Air France, 1956

AIR FRANCE
DAS LÄNGSTE FLUGNETZ DER WELT
savignac

◄ Jarrón *Modelo n.° 3901* para Venini & C., 1938

◄ Silla *Modelo n.° 783* para Bernini, 1977

## Carlo Scarpa

*Venecia*, 1906
*Sendai (Japón)*, 1978

Carlo Scarpa estudió arquitectura en la Accademia di Belle Arti de Venecia, donde se graduó en 1926. Un año más tarde inauguró su despacho en Venecia. Su obra arquitectónica estuvo influenciada por la arquitectura veneciana (una fusión de los estilos gótico y bizantino), la **Wiener Sezession**, **De Stijl** y **Frank Lloyd Wright**. Scarpa era especialmente adepto a la restauración y remodelación de edificios históricos y se encargó también del diseño de muchas exposiciones y proyectos para interiores, incluido uno para la casa Ferruccio Asta de Venecia (1931). Era especialmente famoso como renovador de museos, debido a su magistral habilidad para combinar elementos históricos con rasgos modernos, controlando con gran destreza la luz natural y definiendo espacios interiores. Entre sus proyectos públicos destacan la Accademia de Venecia (1952), la Galleria Nazionale della Sicilia en el Palazzo Abatellis de Palermo (1953–1954) y el museo de Castelvecchio de Verona (1956–1964). En colaboración con G. D'Agaro y C. Maschietto, Scarpa diseñó la sala de exposiciones de **Olivetti** en Venecia (1957–1958), que también combinaba lo antiguo y lo moderno. Además, Scarpa diseñó mobiliario para Gavina y fue asesor de diseño de las fábricas de cristal de Murano M. V. M. Cappellin & C., de 1926 a 1930, y Venini & C., de 1932 a 1947.

## Tobia & Afra Scarpa

Tobia Scarpa
*Venecia*, 1935

Afra Scarpa
*Montebelluna (Italia)*, 1937
*Trevignano (Italia)*, 2011

▲ Silla *Africa* para B&B Italia, 1975

Tobia Scarpa, hijo del arquitecto **Carlo Scarpa**, y Afra Bianchin estudiaron en el Istituto Universitario di Architettura de Venecia. Se casaron y de 1957 a 1961 Tobia trabajó como diseñador de cristal en la fábrica de cristal de Murano Venini & C., colaborando regularmente con Afra. En 1960, ambos empezaron a diseñar mobiliario para Gavina, del que destacan la silla y el sofá *Bastiano* (1961) y la cama *Vanessa* (1962). Al igual que los de Carlo Scarpa, sus diseños para muebles, como la silla *925* (1965), eran el resultado de un profundo conocimiento de los materiales y una gran compenetración con la artesanía tradicional italiana. En 1960 inauguraron su propio despacho en la ciudad natal de Afra, Montebelluna. Diseñaron mobiliario para B&B Italia, **Knoll**, Stildomus, Company of the Philippines, Maxalto y Molten & C., entre otros; iluminación para Flos, y cuberterías para San Lorenzo. En 1962 crearon un programa de **identidad corporativa** para Benetton y en 1964 diseñaron la fábrica de la empresa. También proyectaron el interior de la sala de exposiciones de Cassina en Meda (aprox. 1966), la fábrica de B&B Italia en Novedrate (1967) y la residencia Villa Benetton cerca de Treviso (1966), diseños caracterizados por la modestia y un uso del espacio altamente refinado. En los años ochenta restauraron las plazas Veneto y Emilia.

## Xanti Schawinsky

*Basilea*, 1904
*Locarno (Suiza)*, 1979

Alexander «Xanti» Schawinsky estudió pintura y arquitectura en Zúrich, Colonia y Berlín antes de ser alumno de la **Bauhaus** de Weimar, donde trabajó en el departamento de teatro con Oskar Schlemmer (1988–1943). En 1925, Schawinsky se trasladó a Dessau junto con la escuela. Un año después fue contratado como diseñador teatral en Zwickau y, más tarde, se mudó a Magdeburgo, donde trabajó como diseñador gráfico de 1929 a 1931. En 1933, se marchó a Milán, y allí diseñó gráficos que incorporaban fotomontajes (destacan los de **Olivetti** y Motta). En 1936 colaboró con Luigi Fugini y Gino Pollini en el diseño de la máquina de escribir portátil *Studio 42* de Olivetti. Ese mismo año, invitado por **Josef Albers**, emigró a Estados Unidos y empezó a trabajar en el Black Mountain College de Carolina del Norte y a diseñar el interior del pabellón de Pensilvania para la Exposición Universal de Nueva York de 1939. En 1950, Schawinsky se concentró en la pintura y abrió un estudio cerca del lago Mayor en Italia. A partir de entonces y hasta su muerte en 1979, dividió su tiempo entre dicha base y Nueva York. Los audaces anuncios de Schawinsky, basados en fotomontajes, incorporaban muy poco o nada de texto publicitario, permitiendo así que las imágenes hablaran por sí solas.

► Póster anunciando la máquina de escribir *MP1* de Olivetti, 1935

▸ **Josef Maria Olbrich**, póster para la II Exposición de la Wiener Sezession, 1889. Muestra el edificio de la Secesión de Olbrich.

▸ **Max Klinger**, escultura de Ludwig van Beethoven en el edificio de la Wiener Sezession, XIV Exposición de la Secesión, 1902

## Secession

### Wiener Sezession

*Viena*

En 1897, los artistas Gustav Klimt (1862–1918), Carl Moll (1861–1945) y Josef Engelhart (1864–1941) y los arquitectos **Josef Maria Olbrich**, **Koloman Moser** y **Josef Hoffmann** fundaron la Vereinigung bildender Künstler Österreichs-Secession (Asociación de Artistas Austríacos) como grupo disidente opuesto a la tradición formal académica de la conservadora Künstlerhaus. Ese mismo año, Olbrich diseñó su famoso edificio Sezession, con una gran cúpula dorada de hojas de laurel (un motivo imperial muy apropiado para Viena). El edificio, situado en la Karlsplatz, se terminó en 1898 y ofrecía un centro de exposiciones permanente para el grupo. Los paneles de vidrio de color y los interiores fueron diseñados por Moser, y sobre la entrada destacaba una inscripción del crítico de arte Ludwig Hevesi, «Der Zeit ihre Kunst, der Kunst ihre Freiheit» (Al tiempo su arte, al arte su libertad), que resume el espíritu de *fin-de-siècle* en Viena, que entonces era la cuarta ciudad en tamaño de Europa. Aunque no estuvo listo para la primera exposición del grupo, celebrada en la Sala de Horticultura de Viena, el edificio de Olbrich fue la sede de la segunda exposición de la Wiener Sezession y de varias presentaciones más de la obra del grupo. A partir de 1898, la Secesión editó su propia publicación, *Ver Sacrum* (Primavera Sagrada), para seguir promocionando su causa. Las primeras obras de la Secesión presentaban esencialmente un estilo **Art Nouveau**, pero tras la histórica exposición VIII Wiener Sezession de 1900, dedicada exclusivamente a las artes decorativas, la producción adoptó formas más rectilíneas. Dicha exposición incluía instalaciones de **Charles Rennie Mackintosh**, **Charles Robert Ashbee** y **Henry van de**

▲ **Josef Hoffmann**, vestíbulo principal del sanatorio de Purkersdorf, 1904

**Velde**. El sanatorio de Purkersdorf de Josef Hoffmann (1904–1906), con su implacable geometría, en la que se inspiró Moser para su butaca cúbica en blanco y negro, diseñada específicamente para el proyecto, ejemplificaba el estilo secesionista de después de 1900 y anticipaba la abstracción geométrica del **movimiento moderno**. Atraídos por el **Gremio de Artesanos** de Charles Ashbee, en 1903 Hoffmann y Moser fundaron los **Wiener Werkstätte** junto con el banquero Fritz Wärndorfer (1869–1939), para producir y distribuir diseños del «nuevo arte» de la Wiener Sezession. Cuando en 1905 el artista Carl Moll fue atacado por otros miembros, Klimt y sus seguidores (llamados «estilistas») dejaron el grupo, al igual que Hoffmann. Pero la Secesión siguió operando, presidida por Franz Messner de 1919 a 1920. Pese a que suele asociarse al Art Nouveau, la Secesión estaba más influenciada por el clasicismo que por otros movimientos de reforma del continente. Su fomento del vocabulario geométrico de la forma tuvo un gran impacto en la evolución del diseño moderno.

► **Koloman Moser**, butaca diseñada para el sanatorio de Purkersdorf, 1902

**Semiotics**
**Semiótica**

La semiótica, introducida en el debate filosófico por primera vez por el político y filósofo inglés John Locke (1632–1704), es el estudio de los signos y símbolos, que aunque normalmente se aplican a la lingüística pueden ser relevantes para el lenguaje visual. A lo largo de la historia del diseño, edificios, interiores y objetos han sido decorados con símbolos para transmitir significados y valores o para impartir carácter. Muchos diseñadores asociados al **movimiento Arts & Crafts**, como **Charles F. A. Voysey** y **Charles Rennie Mackintosh**, han producido diseños destinados tanto a la mente como a la satisfacción de las necesidades funcionales y han intentado imbuir su obra de significado espiritual mediante el uso de motivos, como por ejemplo corazones perforados, círculos y cuadrados que simbolizan el amor, el cuerpo y el espíritu. El psicólogo y psiquiatra suizo Carl Jung (1875–1961) investigó ampliamente los símbolos, especialmente los alquimistas, ya que creía que eran códigos del inconsciente. El filósofo inglés nacido en Austria, Ludwig Wittgenstein (1889–1951), también emprendió el estudio de la semiótica (a veces denominada semiología) a principios del siglo XX y en los años veinte desarrolló la «teoría de la pintura», que sugería que los signos son cuadros de la realidad. El lingüista suizo Ferdinand de Saussure (1857–1913) proponía que el lenguaje de los signos era un fenómeno social. Y el filósofo americano Charles Sanders Peirce (1839–1914) argumentaba que la semiótica era una «doctrina de signos formal» y lógica. Estas investigaciones analíticas de la semiótica intentaban exponer los prejuicios subyacentes de los signos (por ejemplo contra el sexo, la clase o la raza) más que revelar su significado.

En 1938, el semantista conductista americano Charles Morris dividió la semiótica en tres secciones de estudio: la pragmática (la manera cómo se usan los signos), la semántica (su significado) y la sintaxis (su disposición). Posteriormente, la semiótica fue considerada una herramienta de análisis del mundo visual. El semiótico y escritor italiano Umberto Eco, autor de *A theory of Semiotics* (1976) y *Semiotica e filosofia del linguaggio* (1984), fue el primero en aplicar esta área de estudio a la arquitectura. Roland Barthes (1915–1980) también contribuyó considerablemente al debate de la semiótica con una serie de obras literarias, entre las que destacaba su famoso libro *Mitologías* (1957), traducido al inglés en 1972 y muy influyente en la evolución del **antidiseño**.

En los años setenta se extendió la creencia de que la estética del **movimiento moderno**, basada en la abstracción puramente geométrica, en el fondo era alienante puesto que su falta de ornamento (signos y símbolos) negaba un método fundamental de comunicación cultural. Los posmodernistas como **Charles Jencks** instaban al retorno al simbolismo en la arquitectura

y el diseño, por lo que durante los años ochenta la semiótica ganó abundante terreno a través del **posmodernismo**. Actualmente, muchos diseñadores consideran que la comunicación visual es un aspecto importante del diseño e intentan empapar su obra de significado o carácter mediante la aplicación de la teoría de la semiótica.

▲ **Dan Friedman**, armario *Desire* para Néotù, 1990

## Gustave Serrurier-Bovy

*Lieja (Bélgica)*, 1858
*Amberes*, 1910

Hijo de ebanista, Gustave Serrurier-Bovy estudió arquitectura en la Académie des Beaux-Arts de Lieja y en 1883 empezó a trabajar como arquitecto en dicha ciudad. Su producción estaba influida por el **movimiento Arts & Crafts** británico y por el arquitecto francés Eugène-Emmanuel Viollet-le-Duc (1814–1879). En 1884 visitó Gran Bretaña y a su regreso inauguró un gran almacén en Lieja para la venta de mobiliario, tejidos y papel pintado de la empresa **Liberty & Co.**, así como artículos persas, japoneses e indios. Hacia 1890, Serrurier-Bovy produjo su primer catálogo, que incluía muebles de estilo Arts & Crafts. En 1896 abrió una tienda en Bruselas y ese mismo año expuso sus diseños en la Arts & Crafts Exhibition Society de Londres. En 1899 inauguró una gran fábrica en Lieja y, junto al arquitecto René Dulong, otra sucursal de venta al por menor en París: L'Art dans l'Habitation. Posteriormente abrió tiendas en La Haya (1904) y en Niza (1906). Aunque en 1902 abandonó el estilo Arts & Crafts a favor del **Art Nouveau**, sus últimos diseños, aproximadamente de 1910, destacaban por unas formas cada vez más rectilíneas.

▲ Mueble de roble para vestíbulo, aprox. 1898

► Reloj de repisa de caoba, latón y cristal tintado, aprox. 1905

12
11
1
10
2
9
3
8
4
7
5
6

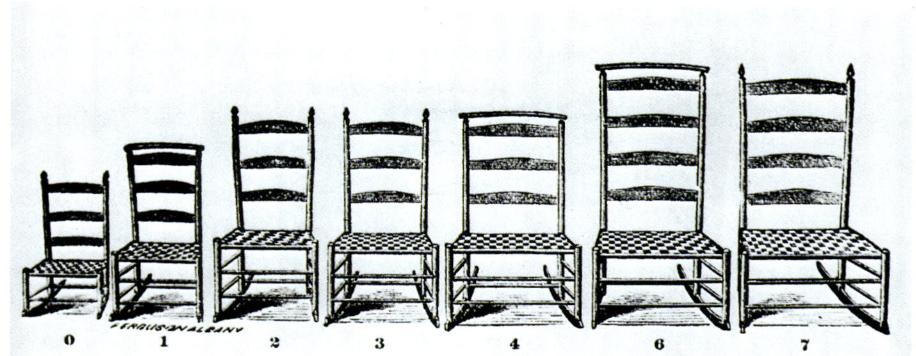


## Shaker

*Estados Unidos*

Fundada en el norte de Inglaterra en 1747, la Sociedad Unida de Creyentes en la Segunda Aparición de Cristo era una secta cuyo culto incluía la danza en común, de ahí el nombre «Shaking Quakers» o «Shakers» (los que tiemblan). Huyendo de la persecución, «Mother» Ann Lee (1736–1884), la líder espiritual de la secta, emigró a América en 1774. Más tarde, sus seguidores se reunieron con ella en los estados de Nueva Inglaterra y Nueva York. En 1785 fundaron la primera comunidad Shaker en New Lebanon (a partir de 1861, Mount Lebanon), en el estado de Nueva York, y, en las décadas que siguieron, otras dieciocho comunidades en ocho estados. La religión exigía el distanciamiento del «mundo» y fomentaba las ideas de propiedad comunal y celibato. Las comunidades buscaban la autosuficiencia y el trabajo físico era un elemento importante de las vidas espirituales de sus hermanos. El lema «Las manos al trabajo y los corazones a Dios» guiaba las tareas diarias de los creyentes, que incluían la elaboración manual de objetos prácticos pero bien hechos para el uso cotidiano. Estos diseños utilitarios reflejaban la creencia primordial de la secta en una moralidad de vida «simple y llana». Durante el siglo XIX, los ingresos procedentes de la agricultura empezaron a disminuir, por lo que se vieron obligados a producir mobiliario y otros artículos para la venta. En 1871 fundaron una fábrica de sillas en Mount Lebanon. Sus diseños, producidos en masa, carecían de la calidad de los anteriores y se distribuían a través de catálogos especiales. Aunque durante las décadas de 1860 y 1870 los diseños Shaker fueron muy apreciados por su simplicidad y artesanía honesta, la secta empezó a menguar. A finales del siglo XIX y principios del XX, muchas de las comunidades se habían visto obligadas a cerrar. Al clausurarse la última en 1947, los diseños Shaker se habían convertido en objetos de coleccionista, para consternación de los pocos creyentes restantes.

▲ Página del catálogo Shaker con distintas variantes de sillas, 1874

◄ Mecedora de arce moteado para la fábrica Shaker de New Lebanon, aprox. 1880

## Peter Shire

*Los Ángeles, 1947*

Después de estudiar cerámica en el Chouinard Institute of Art de Los Ángeles, Peter Shire inauguró su estudio en 1972. Realizó su primera exposición en solitario en 1975, en una galería de Hollywood. Su cerámica escultural y de colores brillantes, así como sus diseños para mobiliario, pueden considerarse representativos de la estética funk, surgida en California a finales de la década de 1960. El funk era un movimiento **antidiseño** asociado al empleo de colores «cálidos» y estrafalarias formas no funcionales. La obra de Shire llamó la atención de **Ettore Sottsass**, quien le invitó a unirse al grupo **Memphis**. Su mobiliario, como por ejemplo la silla *Bel Air* (1982) o la mesa *Brazil* (1981) para Memphis, se distinguía por esculturales elementos asimétricos de colores atrevidos y su objetivo era ocupar el confuso espacio entre las bellas artes y el diseño. Sottsass admiraba su cerámica, por ejemplo sus teteras, extrañas e imposibles a causa de sus imaginativas construcciones «de losas». Los diseños de Shire, de tonalidades descaradas y «soleadas» y de formas expresivas, ejemplificaban el **posmodernismo** californiano.

▲ Mesa *Brazil* para Memphis, 1981

## Gustav Siegel

*Viena*, 1880
*Viena*, 1970

Gustav Siegel fue aprendiz de carpintero en Viena durante tres años. Posteriormente, de 1897 a 1901, estudió en la Kunstgewerbeschule de Viena, donde fue admitido en las clases de arquitectura de **Josef Hoffmann**. En 1899, Felix Kohn, presidente de **J. & J. Kohn**, le nombró jefe del departamento de diseño a pesar de contar sólo con diecinueve años. Al año siguiente, Siegel diseñó un dormitorio para dicha firma que fue expuesto en la Exposition Universelle et Internationale de París. El interior, con decoración mural y muebles de madera curvada, poseía el ritmo orgánico controlado que caracterizaba al **Art Nouveau** vienés. Los diseños de Siegel para J. & J. Kohn a partir de 1900 son difícilmente identificables, ya que tanto **Otto Wagner** como Hoffmann produjeron creaciones de estilo similar para la compañía. Sin embargo, sería prudente asumir que Siegel fue el autor de la mayoría del mobiliario de madera curvada producido por J. & J. Kohn de 1900 a 1914. Muchos de los famosos diseños de esta firma tradicionalmente atribuidos a Hoffmann, como la suite *Modelo n.° 728* (1905–1906), puede que fueran de Siegel, pero entre los identificados definitivamente como de Siegel destacan el conjunto de mobiliario *N.° 415*, expuesto en *The Studio* en 1908, y un soporte para plantas presentado en la «Winterausstellung, 1901–1902» del Österreichisches Museum für Kunst und Industrie de Viena. Siegel también creó varios pósters y gráficos para la empresa, así como anuncios publicados en los catálogos de las exposiciones de la **Wiener Sezession** de 1904 y 1908. Como jefe del departamento de diseño de J. & J. Kohn, Siegel desempeñó un papel crucial en el desarrollo del mobiliario de madera curvada y en el fomento del estilo secesionista.

▼ Presentación de un dormitorio para el pabellón de Jacob & Josef Kohn en la Exposition Universelle et Internationale de París, 1900.

## Jutta Sika

*Linz (Austria)*, 1877
*Viena*, 1964

De 1895 a 1897 Jutta Sika estudió en la Graphische Lehr-und Versuchsanstalt de Viena y, de 1897 a 1902, fue alumna de **Koloman Moser** en la Kunstgewerbeschule. Formó parte del Österreichischer Werkbund (Werkbund austríaco), de la Wiener Kunst im Hause y de la Vereinigung bildender Künstlerinnen Österreichs. Presentó su obra en muchas exposiciones, entre las que destacan la Exposition Universelle et Internationale de 1900 en París, la «Louisiana Purchase Exhibition de 1904 en St. Louis y la Exposition Internationale des Arts Décoratifs et Industriels Modernes de 1925 en París. Además de diseñar cerámica y postales para los **Wiener Werkstätte**, Sika concibió cristalerías para E. Bakalowits, decoraciones para árboles de Navidad para Hofkonditorei Demel, prendas para el salón Flöge, utensilios de metal para Argentor y porcelana para Wiener Porzellan-Manufaktur Josef Böck, con algunos decorados de motivos florales diseñados por Antoinette Krasnik. Su servicio de té y café (1901–1902) para Böck mostraba unas formas y una decoración marcadamente progresistas, y fue reproducido en numerosas publicaciones. De 1911 a 1933, Sika fue profesora en la Gewerbliche Fortbildungschule de Viena.

▲ Servicio de té y café para Wiener Porzellan-Manufaktur Josef Böck, 1901–1902

## Silver Studio

Fundado en 1880
*Londres*

Arthur Silver (1853–1896) estudió en la Reading School of Art y en 1873 trabajó para el diseñador de mobiliario del **movimiento estético** Henry W. Batley. En 1880 inauguró el Silver Studio en el oeste de Londres, que producía diseños para fabricantes de papel pintado y tejidos y ofrecía un servicio completo de diseño de interiores. En las décadas de 1880 y 1890, la mayoría de sus diseños para papel pintado mostraban un estilo similar al de Morris & Co., si bien resultaban más baratos porque solían imprimirse a máquina y no a mano con bloques de madera. Silver también diseñó papel en los estilos neo-Adam y anglojaponés. Harry Napper y John Illingworth Kay se unieron al estudio a principios de la década de 1890. También **Archibald Knox** y **Charles F. A. Voysey** crearon diseños para la firma. De 1895 a principios del siglo XX, la mayoría de los diseños del estudio adoptaron el estilo **Art Nouveau** y solían aparecer en revistas ilustradas del extranjero, principalmente en *Der Moderne Stil*. En 1901, sus hijos Harry y Rex asumieron la dirección del estudio en Brook Green, Londres. En los años treinta produjeron diseños de vivos colores y de estilo moderno, pero cerraron en 1963.

▼ **Arthur Silver** (atribuido), papel pintado *Poppy* para Silver Studio, aprox. 1895

◂ Mesa *PCSS* para Néotù, 1991

## Bořek Šípek

*Praga*, 1949
*Praga*, 2016

Bořek Šípek estudió diseño de mobiliario en la Escuela de Artes Aplicadas de Praga, donde se graduó en 1968. Luego cursó arquitectura en la Hochschule für Bildende Künste de Hamburgo, filosofía en la Universidad de Stuttgart y prosiguió su formación arquitectónica en la Technische Hogeschool de Delft. Entre 1977 y 1979 fue ayudante técnico en el Instituto de Diseño Industrial de la Universidad de Hannover y durante cuatro años dio clases de teoría del diseño en la Universidad de Essen. A continuación se trasladó a los Países Bajos y en 1984 fundó una empresa de diseño en Amsterdam, Alterego, con David Palterer (nacido en 1949). En los años ochenta se hizo famoso por sus diseños de mobiliario, como la silla *Bambi* (1988), de formas estrafalarias e inusuales combinaciones de materiales, y por sus artículos de cristal soplado producidos en Murano por Sawaya & Moroni y en Novy Bor, en su país de origen, la República Checa. Desde entonces ha creado muebles para Néotù, Driade, Sawaya & Moroni y **Vitra**, cristalerías para Quartett y cerámica para Sèvres. Šípek utiliza el lenguaje posmoderno y rechaza el planteamiento industrial racionalista ya que en su opinión, al perseguir la habilidad tecnológica, «ignora la función y descuida la individualidad humana». Cree que el diseño debería ser una expresión o interpretación de la cultura en la que se crea y tener más de arte que de ingeniería.

► Silla *Modelo n.° NF3400 Trundling Turk* para Tecta, diseño original de 1954, rediseñada en 1994

## Peter & Alison Smithson

Peter Smithson
*Stockton-on-Tees (Gran Bretaña)*, 1923
*Londres*, 2003

Alison Smithson
*Sheffield*, 1928
*Londres*, 1993

Peter y Alison Smithson estudiaron arquitectura en la University of Durham, Newcastle-upon-Tyne, de 1944 a 1949. En 1950 se mudaron a Londres y al año siguiente ingresaron en el Team X, un grupo disidente de diez jóvenes arquitectos del CIAM (Congrès Internationaux d'Architecture Moderne). En los años cincuenta, sus propuestas sobre vivienda y urbanismo les dieron fama internacional. Destacan el estudio «Hauptstadt in Berlin» (1957–1958), el proyecto para el edificio municipal Golden Lane y el plan Cluster Cities. Este último fue particularmente influyente: fomentaba la idea de comunidades interdependientes conectadas por una red de autopistas. Su arquitectura de los años cincuenta y sesenta (incluye la catedral de Conventry, 1951, y la embajada británica en Brasilia, 1964) tuvo mucha influencia sobre la posterior emergencia del brutalismo. Fueron miembros activos del **Independent Group**, formado en 1952 para examinar la emergencia de la cultura popular americana, y junto con otros de sus miembros presentaron su obra en la exposición «This is Tomorrow» de 1954, en la Whitechapel Art Gallery de Londres. En 1954 diseñaron la silla en forma de bloque *Trundling Turk* y, en 1955, la silla de comedor *Pogo*, minimalista y de metal tubular y acrílico. Un año más tarde, crearon la silla de plástico *Egg* para su «Casa del Mañana». Además, tienen varias publicaciones sobre diseño y teoría de la arquitectura.

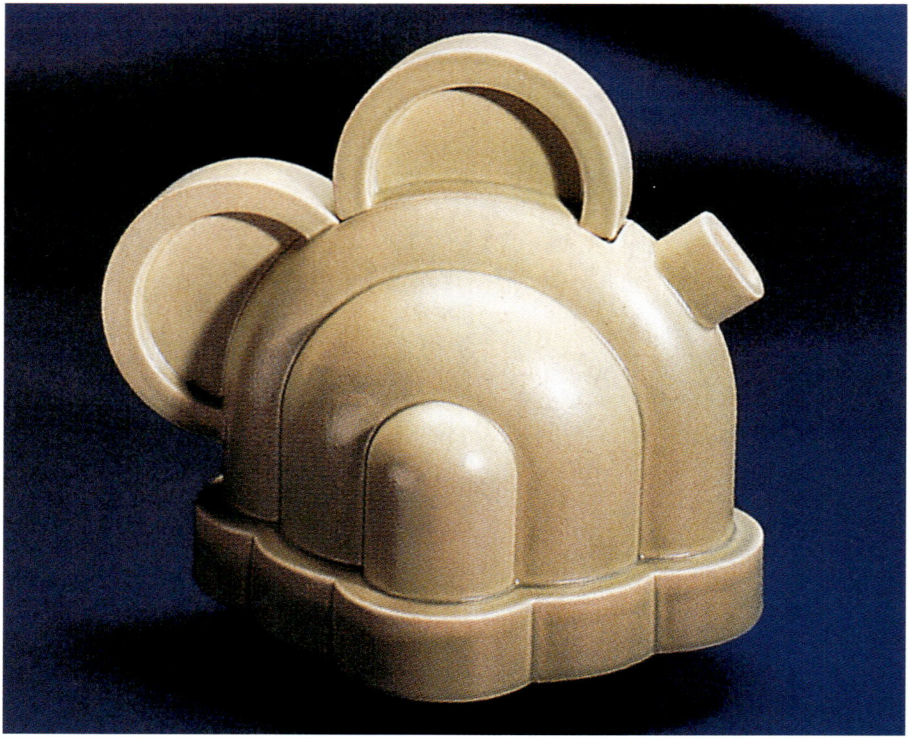

## Ettore Sottsass

*Innsbruck (Austria)*, 1917
*Milán*, 2007

Ettore Sottsass estudió arquitectura en el Politécnico de Turín de 1935 a 1939. De estudiante, publicó ya artículos sobre arte y diseño de interiores junto con el diseñador turinés Luigi Spazzanpan. De 1942 a 1945 estuvo en el ejército italiano y, tras la guerra, trabajó para el grupo de arquitectos de **Giuseppe Pagano** antes de inaugurar su propio despacho en Milán en 1947: The Studio. En 1956 se marcho a América y trabajó por poco tiempo en el estudio de **George Nelson**, al cual ayudó en *The Experimental House*, un sistema de arquitectura prefabricada. A su regreso a Italia en 1957, fue nombrado jefe de diseño de Poltronova y trabajó en el diseño y producción de mobiliario e iluminación contemporáneos (destacan la mesa y las sillas de fibra de vidrio *Mobili Grigi*, 1970). En 1958 empezó a trabajar como asesor en **Olivetti** y diseñó una serie de productos famosos, incluidos la calculadora *Logos 27* (1963), las máquinas de escribir *Tekne 3* (1964), *Praxis 48* (1964) y *Valentine* (con **Perry King**, 1969), el sistema de oficina *Synthesis* (1973) y la máquina de escribir eléctrica *Lexicon 90* (1975). Sin embargo, su proyecto

▲ Tetera de cerámica *Basilico*, 1969

más notable para Olivetti fue el ordenador central *Elea 9003* (1959), por el que recibió un **Compasso d'Oro** en 1959. En 1956 empezó a diseñar cerámica para el distribuidor neoyorquino William Hunter y en 1961 viajó a la India. A su regreso creó varias series de cerámica inspiradas en las formas orientales y el transcendentalismo: *Cemamiche della Tenebre* (1963), la serie *Offerta a Shiva* (1964), *Yantra* (1968), *Tantra* (1969) y la gigantesca *Indian Memories*, parecida a un tótem (1972). En 1967, *Domus* publicó una serie de fotografías realizadas por Sottsass con el título *Memoires di panna montata* (Memorias de nata montada), documentos visuales del «swinging London». Tras una prolongada gira como conferenciante en universidades inglesas, en 1968 Sottsass recibió un título honorario del **Royal College of Art**, Londres. Para la exposición «Italy; The New Domestic Landscape» del **Museum of Modern Art** de Nueva York (1972) creó un entorno doméstico con un sistema prototipo de «contenedores» de fibra de vidrio gris que incluían cocina/horno; fregadero/lavavajillas; ducha; lavabo; estanterías/armarios; asiento/cama y módulos roperos. Sottsass fue miembro destacado del **diseño radical** y uno de los fundadores de **Global Tools** en 1973. En 1976, el Cooper Hewitt Museum of Design de Nueva York le invitó a exponer una serie de sus fotografías de edificios en localizaciones desérticas o montañosas que reflejaban sus ideas sobre arquitectura y diseño. Ese mismo año, el Centro de Diseño Internacional de Berlín organizó una gran retrospectiva de

▾ *Mobili Grigi* para Poltronova, 1970

► Aparador *Casablanca* para Memphis, 1981

su obra que posteriormente viajó a Venecia, París, Barcelona, Jerusalén y Sydney. En 1978, la ciudad de Berlín le encargó propuestas para la reconstrucción del Museo de Arte Moderno y en 1979 participó en la colección *BauHaus I* de **Studio Alchimia**, para la cual diseñó mobiliario con laminados de plástico. En 1981, en un intento de revivir el diseño radical, Sottsass fundó el grupo de diseño **Memphis** con Renzo Brugola, Mario y Brunella Godani, Ernesto Gismondi (nacido en 1931) y Fausto Celati. Como reiterado defensor del **antidiseño** y hábil publicista, Sottsass se convirtió en la luz que guiaba Memphis, formado mayoritariamente por jóvenes diseñadores recién graduados. La primera exposición del grupo, celebrada en la sala de exposiciones Arc '74 de Milán, incluía varios coloridos y monumentales diseños de Sottsass, entre los que destacan los armarios/estanterías *Casablanca* y *Carlton* (ambos de 1981). En 1981, fundó la asesoría Sottsass Associati en Milán junto con Aldo Cibic (nacido en 1955), **Matteo Thun** y **Marco Zanini**, colaboradores de Memphis. Durante los años ochenta diseñaron interiores para las tiendas Fiorucci en estrecha colaboración con **Michele De Lucchi**, quien había contribuido ya a la planificación de la primera exposición de Memphis. Sottsass Associati también aceptó varios encargos arquitectónicos: Maison Wolf en Ridgeway, Colorado (1987–1988), Esprit House en Wels, Austria (1987–1988), el bar Zibibbo en Fukuoka, Japón (1988) y Maison Cei en Florencia, Italia (1989–1992). Sottsass siguió diseñando mobiliario, objetos de metal y cristalerías para Memphis hasta 1985 y en 1988 disolvió el grupo. En los años ochenta, Sottsass también produjo diseños para otras compañías: joyería para Cleto Munari, objetos de metal para **Alessi**, mobiliario, cristal y cerámica para Design Gallery Milano y servicios de mesa para Swid Powell. Su compañera, la crítica de diseño Barbara Radice

▼ Silla de oficina *Synthesis 45* para Olivetti, 1973

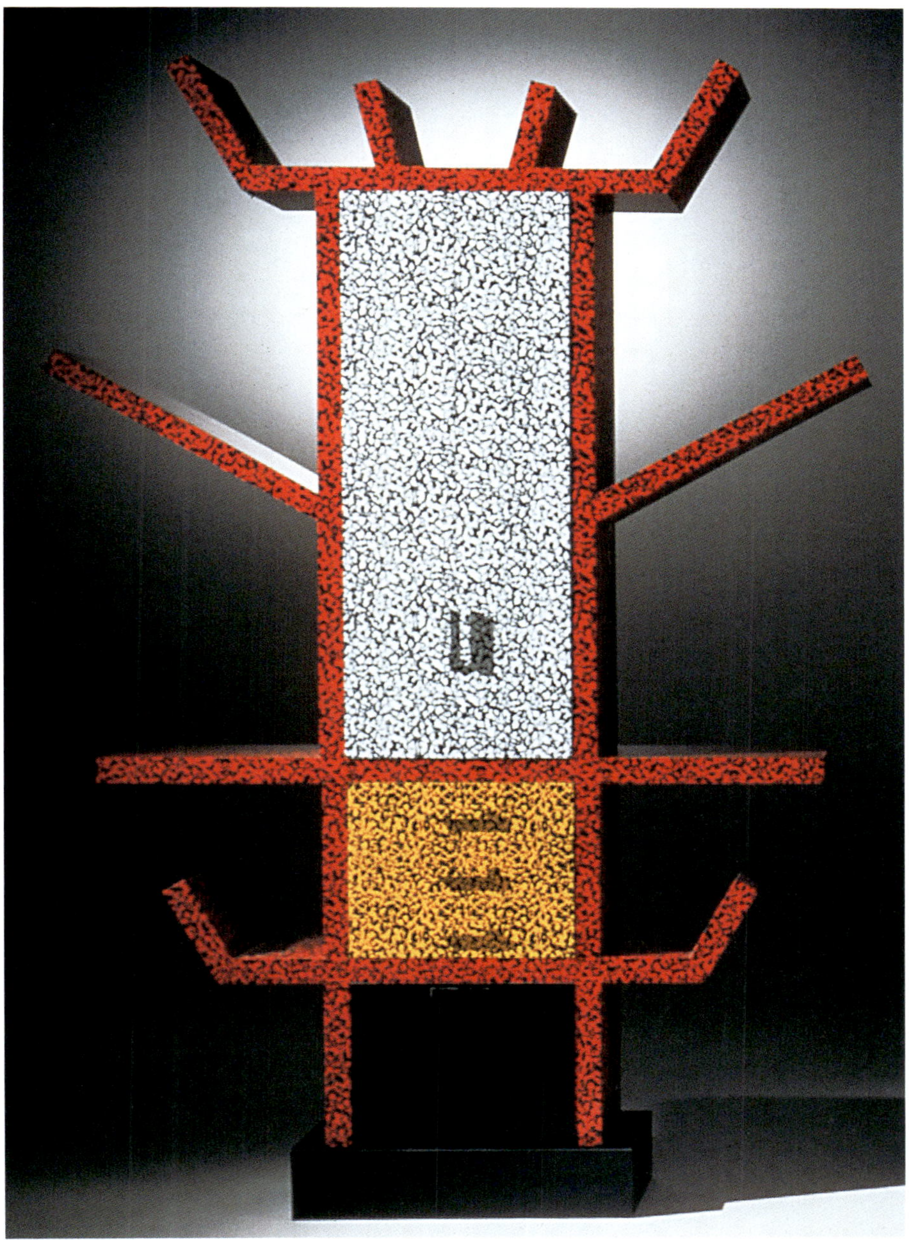

◂ Estanterías de madera lacada y cristal *Adesso però*, colección *Rovine*, para Design Gallery Milano, 1992

◂ Jarrón de cerámica *Senza Spiegazioni*, colección *Rovine*, para Design Gallery Milano, 1992

(nacida en 1943), le describió como «nómada cultural», puesto que durante su carrera mostró un planteamiento del diseño casi «antropológico». Tomaba referencias tanto de la cultura popular como de otras culturas y se inspiraba en sus experiencias personales. Sottsass fue una de las figuras que encabezaron el diseño radical en los setenta y el principal exponente en diseño del **posmodernismo** de los ochenta. Su obra refleja su carácter compulsivo y abarca desde lo poético hasta el colorido exuberante. Siempre cuestiona algo y nunca se la ha podido calificar de aburrida o insulsa. En 1994, el Centre Georges Pompidou organizó una gran retrospectiva de la obra producida por Sottsass durante cuarenta años de una notable y controvertida carrera.

## George Sowden

*Leeds (West Yorkshire),* 1942

George James Sowden estudió arquitectura en el Gloucester College of Art, donde se graduó en 1968. En 1970 se mudó a Milán y empezó a trabajar como asesor en **Olivetti** Studio, diseñando calculadoras y ordenadores en colaboración con **Ettore Sottsass**, director del departamento de diseño de la compañía. En 1980, Sowden fundó un estudio de diseño en Milán junto con su esposa, **Nathalie du Pasquier**. En 1981 fue uno de los fundadores del grupo **Memphis**, al cual contribuyó considerablemente: desde diseños tempranos con laminados de motivos atrevidos y tejidos de colores brillantes (a menudo diseñados por Nathalie du Pasquier), como la vitrina *D'Antibes* (1981), el armario *Luxor* (1982), el reloj *Metropole* (1982), la silla *Mamounia* (1985) y la mesa *Pierre* (1981), hasta los diseños de madera más moderados en lenguaje **Craft Revival**, como las sillas *Liverpool* y *Gloucester* (1986). Sowden también creó diseños de tejidos para Memphis, entre los que destacan *Quadro* y *Triangolo* (ambos de 1983). Tras la disolución del grupo en 1988 trabajó en solitario y en colaboración con du Pasquier, diseñando papel pintado para Rasch, cerámica para Swid Powell y objetos de metal para **Alessi**. Entre los clientes del Studio Sowden Design Associates destacan Olivetti, Italtel y Shizuoka de Japón. En 1990, su obra fue exhibida en una exposición itinerante organizada por los Musées des Arts Décoratifs de Burdeos, Marsella y Lyon. En 1997, Alessi sacó al mercado la calculadora *Dauphine*, de colores muy chillones y diseñada específicamente para cocinas. Su forma orgánica marcaba una dirección completamente nueva en su obra. Sowden ha ganado un Smau y un **Compasso d'Oro**.

▾ Vitrina *D'Antibes* para Memphis, 1981

► Silla en cantiléver de tubería de gas soldada, 1926 (reconstruida por Tecta)

## Mart Stam

*Purmerend (Países Bajos)*, 1899
*Goldbach (Suiza)*, 1986

Martinus Adrianus Stam estudió dibujo en Amsterdam de 1917 a 1919 y seguidamente trabajó como delineante para un despacho de arquitectos de Rotterdam hasta 1922. Entonces se fue a Berlín, donde conoció a varios de los principales arquitectos de la **vanguardia**: Hans Poelzig (1869–1936), Bruno Taut (1880–1938) y **El Lissitzky**. En 1925 regresó a Amsterdam vía París y un año más tarde construyó un prototipo de su revolucionaria silla en cantiléver con tuberías de gas soldadas. En la reunión de arquitectos de Stuttgart de 1926, en la que se discutía la organización de la exposición Weissenhof al año siguiente, Stam mostró los dibujos de su prototipo, que inspiraron las versiones de **Ludwig Mies van der Rohe** —las sillas *MR10* y *MR20* (1927)–, y a **Marcel Breuer**, **Heinz** y **Bodo Rasch** a seguir su ejemplo. En 1927, junto con sus compatriotas **Gerrit Rietveld** y **Hendrik Petrus Berlage**, fue uno de los fundadores del Congrès Internationaux d'Architecture (CIAM). De 1931 a 1932 trabajó en Rusia como urbanista y, de acuerdo con su ideología socialista, siguió diseñando mobiliario funcional. La silla en cantiléver inventada por Stam, y perfeccionada por Mies y Breuer, revolucionó la forma estructural y fue uno de los grandes logros del diseño del siglo XX.

THEATERSTUHL
mit
Stoffsitz, Stoffrückenlehne,
Holzarmlehne
B1

K. LENGYEL

DREHSTUHL
mit Holzsitz und Stoffrückenlehne
B7

RÜCKENLEHNSTUHL
mit Holzsitz und Holzrückenlehne
B6

AULA IM BAUHAUS DESSAU

DAS
NEUE
MÖBEL

FÜR WOHNUNGEN
BÜROS
SCHULEN
KINOS
KRANKENHÄUSER
LÄDEN
THEATER
KAFFEES
RESTAURANTS

STANDARD
MÖBEL G.M.B.H.
STANDARD
MÖBEL G.M.B.H.
STANDARD
MÖBEL G.M.B.H.
STANDARD
MÖBEL G.M.B.H.
STANDARD

Wirtschaftlich • hygienisch
leicht • bequem • elastisch
federnd • praktisch • sachlich
aesthetisch • unverwüstlich

◄ ▼ Páginas del catálogo *Das neue Möbel* de Standard Möbel GmbH. Muestran mobiliario estandarizado de Marcel Breuer, 1928

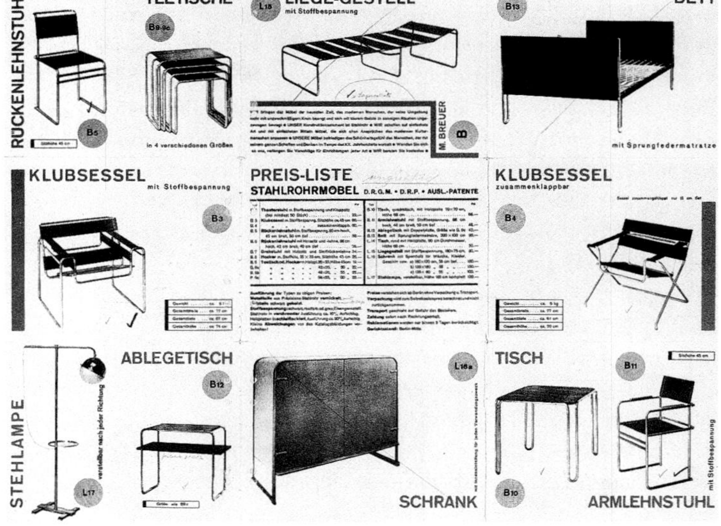

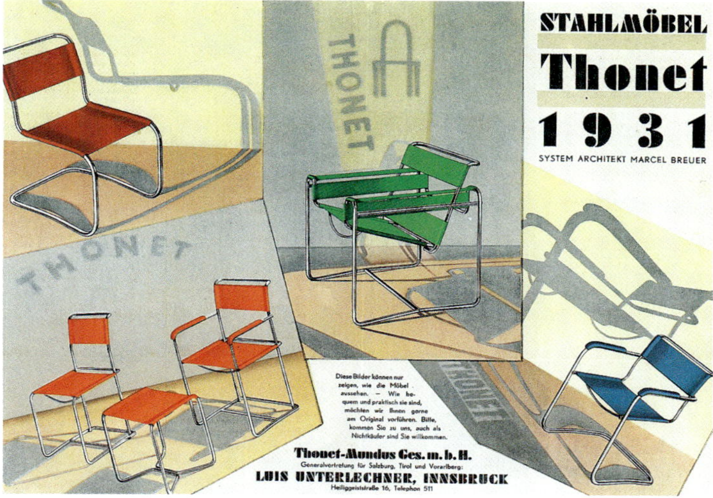


▸ Cubierta del catálogo de Thonet-Mundus. Muestra mobiliario estandarizado de Marcel Breuer, 1931

## Standardization

### Estandarización

La estandarización es un aspecto crucial de la producción industrial masiva, ya que permite unir o intercambiar componentes estándar con muy pocos o incluso sin ajustes. Sus ventajas son obvias: incrementa la eficacia y la productividad y permite «clonar» eficazmente los artículos, alcanzando así un mayor nivel de control de calidad. Algunos miembros del **Deutscher Werkbund**, como Hermann Muthesius (1861–1927) abogaron por la estandarización, considerada una poderosa herramienta para la democratización del diseño. Una de las primeras firmas que utilizó un sistema coherente de estandarización fue **AEG**. Su línea de productos integrados diseñada por **Peter Behrens** reflejaba un profundo conocimiento de las técnicas de fabricación modernas. Más tarde, la **Bauhaus** de Dessau subrayó la importancia de la estandarización y los diseñadores asociados a ella, como **Marcel Breuer**, **Gerhard Marcks** y **Wilhelm Wagenfeld**, concibieron piezas estandarizadas para la producción industrial a gran escala. En Francia, **Le Corbusier** diseñó una unidad de vivienda estandarizada (1925) y una serie de mobiliario sistematizado (1928) con armarios modulares estándar. Durante la posguerra, los diseñadores industriales adoptaron plenamente el planteamiento de la estandarización ya que ofrecía recursos óptimos de fabricación y permitía diseñar sistemas de productos rentables. El grupo de sillas de plástico de **Charles** y **Ray Eames** (1948–1950) y la serie *Polyprop* de **Robin Day** (1962–1963), por ejemplo, usaban «conchas» estándar, acoplables a una variedad de bases para crear distintas opciones.

▸ Silla *Costes* para Driade, 1984

## Philippe Starck

*París*, 1949

Philippe Starck es hijo de un ingeniero aeronaval y estudió en la École Nissin de Camondo. En 1965 ganó el concurso La Vilette y, en 1968, primero L. Venturi y luego **Quasar**, le encargaron el diseño de muebles hinchables, para cuya producción fundó su propia empresa ese mismo año. En 1969 fue nombrado jefe de diseño del estudio Pierre Cardin, donde creó sesenta y cinco diseños de muebles. En los años setenta trabajó como diseñador independiente. Sus creaciones más destacadas fueron los interiores de las discotecas La Main Bleue, Montreuil (1976) y Les Bains Douches, París (1978). Tras un viaje alrededor del mundo, regresó a París en 1980 y fundó Starck Products para la fabricación y distribución de sus anteriores diseños: la silla *Francesa Spanish* (1970), *Easy Light* (1977) y el sofá *Dr. Von Vogelsang* (1978). En 1982 recibió el prestigioso encargo de supervisar la remodelación de los apartamentos del presidente francés en el palacio Élysée, junto con

▸ Biombo *Le paravent de l'autre* para Driade, 1992

▲ Sillas y mesa *Dr. Glob* para Kartell, 1990

otros cuatro diseñadores, y en 1984 diseñó el interior del Café Costes de París. Ambos proyectos contribuyeron a consolidar su reputación internacional. En los años ochenta, Starck fue la «superestrella del diseño» y trabajó prolíficamente en numerosos proyectos. Diseñó elegantes y suntuosos interiores para hoteles: los más destacados fueron el Royalton Hotel (1988) y el Paramount Hotel (1990), ambos en Nueva York y en la gran tradición *décorateur* francesa. También planificó los interiores de muchas discotecas, tiendas (Kansäi, Yamamoto, Bocage, Creeks y Hugo Boss) y restaurantes, con mobiliario, iluminación, tiradores, jarrones y otros objetos de diseño propio. Sus abundantes diseños en mobiliario para **Vitra**, Disform, Driade, Baleri, XO e Idée le hicieron famoso: las sillas *Café Costes*, de tres patas (1984); *Dr. Glob*, de plástico moldeado por inyección (1990); *Lord Yo*, con brazos y muy elegante (1994), y *Miss Trip*, articulada (1996). Las lámparas y productos de Starck, al igual que sus muebles, poseen nombres con carácter y atractivas formas sensuales. Sus creaciones más comerciales son la lámpara de mesa *Ara* para Flos, de 1988, y el exprimidor *Juicy Salif*, el colador *Max le Chinois* y el hervidor *Hot Bertaa* para Alessi (todos de 1990–1991). Además de diseñar productos, Starck ha trabajado en varios países

◄ Lámpara *Ara* para Flos, 1988

▲ Hervidor *Hot Bertaa* para Alessi, 1990–1991

► ▲ Colador *Max le Chinois* para Alessi, 1990–1991

como arquitecto. Sus edificios públicos incluyen el Asahi Beer Hall (1990), con techo de cuernos dorados, y el escultural edificio Nani Nani (1989), ambos en Tokio; el edificio Le Baron Vert de Osaka (1992), y el Museo de Groningen (1993). Ha concebido también varias residencias privadas: Le Moult House en París (1985–1987), la casa Formentera en las Baleares (1995), la casa de Plácido Arango Jr. en Madrid (1996) y, recientemente, la casa de madera Starck (1994), de cuyos planos e información arquitectónica se encargó 3 Suisses. En los noventa, Starck diseñó productos electrónicos para Thomson, Saba y Telefunken con el objetivo de humanizar la tecnología: su televisor *Jim Nature* para Saba (1994) incorporaba una caja de cartón de alta densidad en lugar de una de plástico. También ideó la motocicleta *Moto 6,5* (1995) y un prototipo de escúter para Aprilia. Hoy en día, Starck reconoce que muchos diseños de los ochenta y noventa, incluidos algunos de los suyos, eran «diseños excesivos» motivados por la novedad y la moda. Actualmente fomenta la durabilidad o longevidad del producto. Afirma que es el objetivo central del diseño actual, sólo alcanzable si la moralidad, la honradez y la objetividad forman parte integral del proceso del diseño. Sostiene que el papel del diseñador es crear más «felicidad» con menos.

► Exprimidor *Juicy Salif* para Alessi, 1990–1991

## Varvara Stepanova

*Kovno (Lituania)*, 1894
*Moscú*, 1958

Varvara Stepanova estudió en la Escuela de Arte de Kazán de 1910 a 1911. En 1912 se mudó a Moscú, donde fue alumna de la Escuela de Arte Stroganov de 1913 a 1914. A partir de 1918, también estudió en el Izo NKP (el departamento de bellas artes del Narkompros). En Moscú, Stepanova formó parte activa de la **vanguardia** y trabajó como pintora e ilustradora de libros. En 1922 creó el vestuario de la obra *La muerte de Tarelkin*, que ejemplificaba su planteamiento funcional en el diseño de ropa. Al igual que su marido, **Alexander Rodchenko**, fue una de las principales figuras del constructivismo y de 1923 a 1924 creó tejidos para la Pervaya Gosudarstvennaya Sittenabivnaya Fabrika (Primera Fábrica Textil Estatal), situada cerca de Moscú. Durante ese período diseñó ciento cincuenta diseños geométricos, de los cuales unos veinticinco llegaron a producirse. De 1924 a 1925 fue profesora de diseño textil en la **Vkhutemas** (Escuela Superior de Talleres Artísticos y Técnicos) y entre 1923 y 1928 trabajó para los periódicos *LEF* y *Novyi LEF*. Hacia 1925, Stepanova empezó a concentrarse en el diseño gráfico y colaboró con Rodchenko en el diseño de pósters, libros, revistas y tipografía. Fueron pioneros en el uso de las técnicas de fotomontaje para crear impresionantes imágenes propagandísticas. En los años treinta, Stepanova produjo diseños para la publicación *URSS in Construction* y siguió creando dinámicos fotomontajes que transmitían poderosos mensajes políticos.

▲ Guarda para el libro de Vladimir Maiakovskij *Grozni smech*, 1932

## Gustav Stickley

*Osceola (Wisconsin)*, 1857
*Syracuse (Nueva York)*, 1942

Gustav Stickley empezó de aprendiz de cantero con su padre en 1869. En 1875 se trasladó a Pensilvania, donde trabajó en la fábrica de su tío, especializada en la producción de sillas con asiento de mimbre. En 1884, junto con sus dos hermanos Albert (1862–1928) y Charles (aprox. 1865–1928), fundó la Stickley Brothers Company en Binghampton, Nueva York. En 1888, otros dos hermanos menores se les unieron: Leopold (1869–1957) y John George (1871–1921). Al principio solían fabricar reproducciones, pero Gustav se interesó por las ideas reformadoras de John Ruskin (1819–1900) y **William Morris**, y en 1898 visitó Europa, donde conoció a **Charles F. A. Voysey** y la obra de otros diseñadores asociados al **movimiento Arts & Crafts** británico. A su regreso, fundó en solitario la Gustav Stickley Company en Syracuse, cerca de Eastwood, Nueva York. La compañía creció y en 1901 se convirtió en United Crafts. El objetivo inicial del negocio, inspirado en el ideal de Morris de una comunidad autosuficiente de artesanos, era funcionar como un gremio con participación directa en los beneficios y abastecerse de la madera de su propio molino en Adirondacks. Pero al expandirse, los artesanos dejaron de percibir acciones de la compañía, que acabó reestructurándose como Craftsman Workshops y haciéndose famosa por sus muebles de roble en estilo misión, de construcción sólida y correcta. En 1901, Stickley

▼ Aparador de roble para Craftsman Workshops, aprox. 1902–1903

◂ Araña de hierro forjado y cobre martilleado para Craftsman Workshops, aprox. 1905

empezó a editar la revista *The Craftsman* para promocionar su obra y los ideales socialistas y artísticos del movimiento Arts & Crafts. En 1902 fundó un taller de metal que producía accesorios para su mobiliario, además de arañas, jarrones, placas y jardineras. En 1903, Harvey Ellis (1852–1904) se unió a los talleres. Sus diseños, a menudo con incrustaciones metálicas, eran más refinados que los de Stickley. Sus productos se distribuían mediante catálogos de venta por correo. En 1913 abrieron un salón de exposición de doce plantas en Nueva York. En 1915, esta excesiva expansión causó la bancarrota de la firma, que a continuación fue absorbida por la L. J. G. Stickley.

## Gunta Stölzl

*Múnich*, 1897
*Küßnacht (Suiza)*, 1983

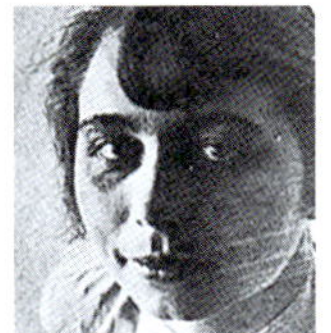

De 1913 a 1917, Adelgunde «Gunta» Stölzl estudió en la Kunstgewerbeschule de Múnich. Entre 1917 y 1918 trabajó en un hospital de campaña y tras la Gran Guerra continuó sus estudios en la Staatliches **Bauhaus** de Weimar. Empezó como alumna de Paul Klee (1879–1940) y del *Vorkurs* (curso preliminar) de **Johannes Itten**. También estudió en la tejeduría, donde produjo las telas para el asiento y el respaldo de una silla de **Marcel Breuer** (1921). Además, creó tejidos para la casa Sommerfeld de **Walter Gropius** (1921–1922). Hacia 1923 aprobó el examen de oficial y en 1924 realizó cursos de teñido y métodos de producción en la Fachschule für Textil-Industrie de Krefeld. Ese año, Stölzl fundó los talleres de tejeduría Ontos en Herrliberg, cerca de Zúrich, que dirigió durante nueve meses. En 1925 regresó a la Bauhaus para convertirse en maestra de la tejeduría, que dirigió a partir de 1927. Durante su mandato estableció contactos con empresas externas para producir y distribuir los tejidos de la Bauhaus. Dejó la escuela en 1931 y, junto con sus antiguos alumnos Gertrud Preiswerk y Heinrich Otto Hürlimann fundó S-P-H-Stoffe en Zúrich, un estudio y taller de tejeduría que producía alfombras y tapizados para Wohnbedarf y otras firmas. A partir de 1937 dirigió el taller en solitario y en 1939 participó en la Exposición Nacional de Suiza. En los años cincuenta creó tapices de estilo Gobelins y en 1967 cerró el estudio. Fue la diseñadora textil más importante de la Bauhaus y a lo largo de su carrera realizó la crucial transición de la producción artesanal a la industrial.

◂ Diseño en acuarela para una tela, aprox. 1925–1926

## Marianne Straub

1909–1994

Marianne Straub empezó a tejer de niña. Posteriormente, de 1928 a 1931, estudió con Heinrich Otto Hürlimann (ex alumno de **Gunta Stölzl**) en la Kunstgewerbeschule de Zúrich. Más interesada en los métodos de producción textil industriales que en los artesanos, Straub se trasladó a Inglaterra y de 1932 a 1933 estudió en el Bradford Technical College, donde aprendió técnicas de producción con telares eléctricos. A pesar de ello, también trabajó brevemente en el taller Gospels de Ethel Mairet (1872–1952), Ditchling, famoso por sus tejidos artesanos y sus tintes naturales. De 1934 a 1937, Straub trabajó como asesora de diseño en la Junta de Industrias Rurales, que protegía los intereses de los molinos de lana galeses. Straub consiguió revitalizar la languideciente industria textil de la zona gracias a sus conocimientos técnicos y a sus modernos diseños, entre los que destacaban las telas para tapizados que usaba **Gordon Russell**. En 1937 fue nombrada diseñadora jefe de la filial de Barlow & Jones, Helios, con sede en Bolton, para la cual creó una moderna gama de telas estampadas y tejidas. A pesar de las restricciones de la guerra, logró hacer un uso innovador de los hilos. En 1947 pasó a gestionar Helios, absorbida por Warner & Sons en 1950. Como representante de Warner fue invitada a participar en el Festival Pattern Group, convocado en el marco del Festival of Britain por Mark Hartland Thomas, director del Consejo de Diseño Industrial. Los motivos biomórficos de *Surrey* (1951), una tela para cortina de rayón y lana diseñada específicamente para la exposición, se inspiraban en las líneas de teñido de determinados cristales y reflejaban el extendido interés por la cristalografía y la química molecular. Straub también creó tejidos para Heals y Tamesa Fabrics, y fue profesora del **Royal College of Art** y de la Central School of Arts & Crafts de Londres.

▾ Tejido de cortina *Surrey* para Warner & Sons, 1951

▸ Lámpara aerodinámica de baquelita *Jumo*, para Jumo Brevete, París, 1945

## Streamlining

### Aerodinamismo

El aerodinamismo (la aplicación de formas redondeadas, a menudo en forma de lágrima, y acabados suaves) se empezó a utilizar en la tecnología del transporte naval, aeronaval y automovilístico a principios del siglo XX, para mejorar el rendimiento hidro y aerodinámico a altas velocidades. En los años treinta, sin embargo, las formas aerodinámicas ya no se usaban por razones funcionales sino para dotar a los productos domésticos de un aspecto liso y brillante, más atractivo para el consumidor. En Estados Unidos, la caída de Wall Street de 1929 y la consiguiente depresión, junto con la implementación en 1932 de la Ley de Recuperación Nacional para la fijación de los precios obligó a los fabricantes a operar en un mercado extremadamente competitivo. En lugar de invertir en el desarrollo de nuevos productos, muchos contrataron a diseñadores para que reestilizasen o «aerodinamizasen» productos ya existentes para que parecieran nuevos. El aerodinamismo permitía asimismo que los fabricantes diferenciasen sus

◄ **Ben Bowden**, *Bicycle of the Future* (operada por batería), expuesta en la sección «Design for the Future» de la exposición «Britain Can Make It», 1946

productos de los de sus competidores. Además, los programas anuales de reestilización contribuyeron a acelerar el ciclo de vida estético de los productos y, por tanto, a aumentar las ventas. Muchos de los diseñadores que se hicieron famosos por sus creaciones aerodinámicas, como **Raymond Loewy**, **Norman Bel Geddes**, **Henry Dreyfuss** y **Walter Dorwin Teague**, habían trabajado como figurinistas, escenógrafos y artistas comerciales. Usando modelos de barro, creaban formas lisas y brillantes de aspecto moderno para una gran gama de bienes de consumo: neveras, aspiradoras, radios, cámaras y teléfonos. Muchos de los revestimientos de estos productos eran de baquelita, un plástico termostable sumamente adecuado para el moldeado de formas aerodinámicas. En 1934, la nevera aerodinámica de Loewy para Sears, *Coldspot*, fue el primer electrodoméstico comercializado por su aspecto y no por su rendimiento. En los años cuarenta, el uso de las formas aerodinámicas se extendió y sus practicantes se hicieron muy famosos. En 1949, Loewy fue el primer diseñador con portada en la revista *Time*. Su fotografía iba acompañada del titular «Aerodinamiza la curva de ventas». El aerodinamismo «añadía valor» a los productos y estimulaba las ventas, contribuyendo a que las industrias americanas recuperaran su fuerza y sus beneficios.

◂ **Bill Stumpf y Don Chadwick**, silla de oficina *Equa* para Herman Miller, 1984

## Bill Stumpf

*St. Louis (Missouri)*, 1936
*Wisconsin*, 2006

Bill Stumpf estudió diseño industrial en la University of Illinois y diseño medioambiental en la University of Wisconsin, donde se graduó en 1968. A continuación, **Herman Miller** le encargó el diseño de una silla de oficina cómoda y asequible que iba a comercializarse con las estaciones de trabajo de **Robert Propst**, *Action Office II*. El resultado, *Ergon* (1970), fue una de las primeras sillas de diseño ergonómico, tal como sugiere su nombre. Entre 1970 y 1973 fue vicepresidente de investigación en Herman Miller y en 1973 inauguró su asesoría en Winona, Minnesota. En 1977 se asoció a **Don Chadwick** y juntos diseñaron la siguiente generación de sillas de oficina para Herman Miller, la gama *Equa* (1984). Ese mismo año, Stumpf creó el sistema de oficinas abierto *Ethospace* y en 1992 codiseñó con Chadwick la revolucionaria silla *Aeron*, que, gracias a su malla transpirable de película, elimina el largo proceso del tapizado. Su ciclo de producción es de sólo un minuto. Al igual que sus predecesores en Herman Miller, **George Nelson** y Robert Propst, Stumpf fue un dotado innovador cuya obra ha tenido un impacto notable no sólo en la gama de productos de la compañía sino en el diseño de oficinas en general.

▸ Plato (sin adornos prerrevolucionarios) decorado con motivos suprematistas para la Fábrica Estatal de Porcelana de Petrogrado, 1923

## Nikolai Suetin

*Kaluzhshaya Gubenia, (Rusia)* 1897
*Leningrado*, 1954

Nikolai Mijailovich Suetin fue alumno de **Kasimir Malevich** en la escuela de arte de Vitebsk de 1918 a 1922. En 1920 fue uno de los fundadores del grupo de arte de Malevich, Posnovis (posteriormente Unovis), y en 1922 se mudó junto con Malevich e Ilya Chashnik (1902–1929) a Petrogrado, donde un año más tarde empezó a trabajar para la Fábrica Estatal de Porcelana. Durante ese período, Suetin y Malevich codiseñaron varias construcciones arquitectónicas suprematistas conocidas como «arkitektoniks» y «planits». De 1923 a 1926, dirigió el departamento de ideología general en el Inkhuk (Instituto Estatal de Cultura Artística) de Petrogrado. En 1925 participó en la Exposition Internationale des Arts Décoratifs et Industriels Modernes y de 1927 a 1930 trabajó en los laboratorios experimentales del Instituto de Historia del Arte de Leningrado, produciendo numerosos diseños para mobiliario y arquitectura. De 1932 a 1954 fue jefe de diseño de la Fábrica Estatal de Porcelana de Lomonosov, donde inicialmente creó cerámicas suprematistas y más tarde de estilo tradicional. Fue un miembro destacado de la **vanguardia** rusa y diseñó los pabellones soviéticos de la «Exposition Internationale des Arts et Techniques dans la Vie Moderne» de 1937 en París y de la Exposición Universal de Nueva York en 1939.

◄ Sillón de madera contrachapada encorvada para Makers of Simple Furniture, 1933–1934

## Gerald Summers

*Alejandría (Egipto)*, 1899
*Barnet (Londres)*, 1967

Gerald Summers estudió ebanistería, entre otras materias, en Eltham College. Tras dejar la escuela en 1915 con dieciséis años, fue aprendiz durante un año en la firma de ingeniería Ruston, Proctor & Co. de Lincolnshire. En 1916 se alistó en el ejército. En Francia empezó a considerar la idea de «trabajar y hacer cosas con madera». En 1918 fue nombrado director de la división de campo y aire de la Wireless Telegraph Co. Ltd. de Marconi. Allí conoció a su futura esposa y colaboradora, Marjorie Amy Butcher, quien deseaba remodelar su alojamiento. Diseñó un tocador y un armario para ella, hecho que impulsó la idea de fundar un negocio de mobiliario. Hacia 1932, la pareja inauguró Makers of Simple Furniture en Fitzroy Street, Londres. La compañía producía mobiliario moderno de madera contrachapada encorvada, a cuya producción contribuyó en gran manera el propietario de Isokon, Jack Pritchard, con sus conocimientos técnicos. En 1933, Summers empezó a experimentar con una lámina fina y flexible de aeroplano que le permitió producir construcciones muy innovadoras y más orgánicas, como su butaca de forma única (1933–1934). Sin embargo, la firma tuvo que cerrar en 1940 por la restricción de materias primas durante la guerra.

► Mesa *Quaderna* para Zanotta, 1971: evolución del anterior proyecto del grupo, «Istogrammi d'architettura» de 1969, con laminados de plástico y decoración reticular de Abet.

## Superstudio

Fundado en 1966
*Florencia*

En diciembre de 1966, Adolfo Natalini (nacido en 1941) y Cristiano Toraldo di Francia (nacido en 1941) fundaron Superstudio en Florencia, cuyo objetivo era la investigación teórica sobre urbanismo y diseño de sistemas. Coincidió con la peor inundación que se recordaba del río Arno y ambos hechos simbolizaron el fin de la cultura tradicional. Superstudio cuestionaba la validez del **racionalismo** en el diseño y buscaba reemplazar la jerarquía social de la ciudad por «un nuevo estado libre igualitario». Sus provocadoras proyecciones de «superestructuras», como «Il momento continuo» (1969), apuntaban a un mundo de ensueño sin productos de consumo y con una arquitectura no funcional y autodestructora, o simbólica. El grupo participó en las dos exposiciones «Superarchitettura», en Pistoia (1966), y Módena (1967). En 1970 creó la Escuela Separada de Arquitectura Conceptual Expandida (Escuela del Espacio del Seno) con Gruppo 9999. Se unieron al grupo Alessandro Magris (1941–2010), Roberto Magris, Pietro Frassinelli y Alessandro Poli. En 1972, Superstudio contribuyó a la sección «Counter-design as Postulation» en la exposición «Italy: The New Domestic Landscape» del **Museum of Modern Art** de Nueva York. La obra de Superstudio incorporaba dibujos de retícula que simbolizaban el infinito y fue crucial para el desarrollo del **diseño radical**.

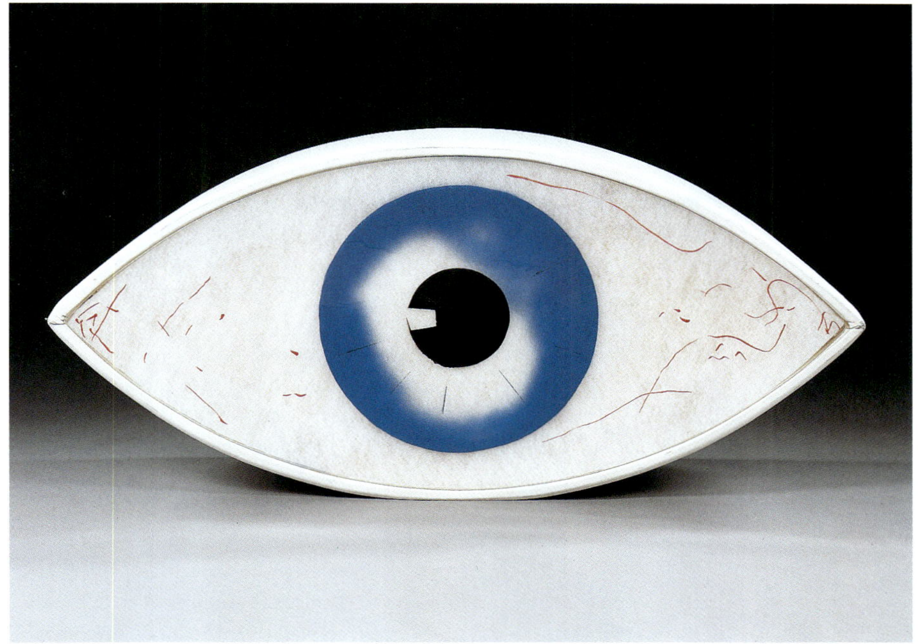

## Surrealism
### Surrealismo

El surrealismo se inspiraba directamente en la investigación del subconsciente y en el análisis de los sueños de Sigmund Freud (1856–1939) y puede considerarse una evolución del simbolismo y del dadaísmo, al cual reemplazó. Al parecer, fue el poeta Guillaume Apollinaire (1880–1918) quien acuñó el término en 1917. El también poeta André Breton (1896–1966) escribió el *Manifiesto del Surrealismo* en 1924, en el que lo definía como «puro automatismo psíquico, con el cual se intenta expresar... el proceso real del pensamiento. Es el dictado del pensamiento, libre de todo control de la razón y de toda preocupación estética o moral». En los años veinte, defensores del surrealismo como Salvador Dalí (1904–1989) y Man Ray (1890–1976) crearon montajes que buscaban combinar objetividad y subjetividad, razón y sinrazón, y consciente y subconsciente. En los años treinta, el movimiento fue politizándose y muchos de sus miembros colaboraron activamente con el partido comunista. Su antirracionalidad se oponía a las nociones preconcebidas de lo que debía ser el arte o el diseño y desdibujaba las distinciones entre ambos: el sofá *Mae West* de Salvador Dalí (aprox. 1936), por ejemplo, puede considerarse una obra de arte funcional.

**Man Ray**, silla *Le Témoin* (El testigo) para Gavina, 1971

## Swiss School

### Escuela Suiza

*Suiza*

El término «Escuela Suiza» se aplica a un estilo tipográfico desarrollado en Zúrich y Basilea antes y después de la II Guerra Mundial. El país fue neutral durante el conflicto y los diseñadores suizos pudieron desarrollar las teorías tipográficas avanzadas previamente por la **Bauhaus**. Ernst Keller (1891–1968), profesor de la Kunstgewerbeschule de Zúrich desde 1918, se había forjado ya una reputación en Suiza por la excelencia de su tipografía y su innovador diseño gráfico. Su alumno Theo Ballmer (1902–1965), formado en la Bauhaus, combinó el enfoque racional con los principios espaciales inspirados en **De Stijl** para crear un sistema reticular para composiciones. Los gráficos de la Escuela Suiza de los años veinte se distinguían por el uso de fotomontajes y nuevas fuentes (p. ej., sans-serif). En los años treinta, **Max Bill**, también alumno de la Bauhaus, introdujo una forma de composición asimétrica influida por el **constructivismo**. Durante los años treinta y cuarenta, la Escuela Suiza se distinguía por el uso de la sans-serif, «espacios en blanco» y «fotografías objetivas» (o sea, imágenes realistas), y a veces recibía el nombre «estilo gráfico internacional». La estética reductivista resultante era precisa, directa y de aspecto funcional. Sus gráficos se exhibieron en la Exposición Nacional Suiza de 1939 y en los años cincuenta, su influencia se extendió por todo el mundo a través de la revista *New Graphic Design*, aparecida en 1959. El éxito de las fuentes creadas por la escuela, como la *Univers* de 1954, diseñada por **Adrian Frutiger**, y la *Helvetica*, rediseñada en 1957 por Max Mieddinger (1910–1980), contribuyeron enormemente a su reputación internacional. En los años sesenta, Karl Gerstner (nacido en1930) y Wolfgang Weingart (nacido en 1941) empezaron a experimentar con composiciones más expresivas, pero con el mismo planteamiento moderno de la Escuela Suiza.

auch Du bist liberal

**Karl Gerstner**, póster *auch Du bist liberal* (Tú también eres liberal), 1959

◄◄ Mesa con pedestal *Pi* para Néotù, 1984

◄ Vaso *Perrier* para Perrier, 1996

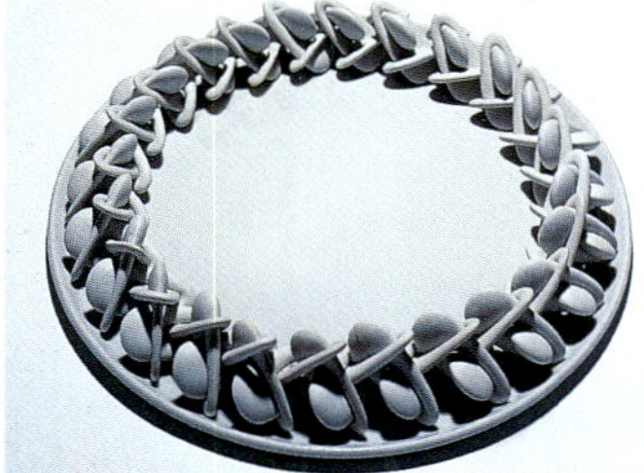

◄◄ Centro de mesa para galletas de porcelana, de la colección *Satragno* para CRAFT (Centre de Recherche sur les Arts du Feu et de la Terre) de Limoges, 1994

◄ Maletín *Message* para Maroquinerie Delvaux, 1992

## Martin Székély

*París*, 1956

Martin Székély estudió en la École Estienne y, posteriormente, en la École Boulle de París. En 1979 presentó veinticinco muebles que había diseñado para Souvagnat en el Salon du Meuble en París. En 1983 diseñó la *chaise longue Pi* para VIA y en 1985 Néotù sacó al mercado su colección *Pi*. Sus primeros diseños poseían cualidades muy gráficas y personificaban el estilo Matt Black, liso y brillante. A finales de los años ochenta, el mobiliario de Székély, como la silla *Marie-France* para Néotù (1989), adoptó formas más esculturales y coloridas. También diseñó varios interiores para el Musée de Picardie en Amiens (1986–1992), la boutique Régina Rubens de París (1992) y el Commissariat de Police de La Courneuve (1992), de formas elementales muy atrevidas. También diseñó el podio para los Juegos Olímpicos de Invierno de 1992 en Albertville y, en 1994, los bancos de la catedral de Evry, concebida por **Mario Botta**. En los años noventa también produjo notables diseños industriales, como una serie de equipamientos urbanos para JC Decaux que incluían iluminación pública, una cabina, puntos de información, bancos, bolardos y señales.

## Kazuhide Takahama

*Miyazaki (Japón)*, 1930
*Paris*, 2011

Kazuhide Takahama estudió arquitectura en la Universidad Industrial de Tokio. Se graduó en 1953 y adoptó el enfoque funcional del **movimiento moderno**, pero retuvo la característica sensibilidad japonesa hacia los materiales y la estética. En la X Trienal de Milán de 1954 conoció al fabricante Dino Gavina, quien le invitó a trabajar para él en Italia. Su primer diseño fue el sofá-cama *Naeko* (1957), de severas líneas geométricas. Su unidad de armarios modulares *Dadà* (1965) también era muy racional y estaba formada por cubos apilables de madera o plástico moldeado por inyección. En 1965, concibió las esculturales series de asientos de bloques de espuma de poliuretano *Suzanne*, *Raymond* y *Marcel*, dedicadas a Marcel Duchamp (1887–1968) y sus hermanos. Tres años más tarde creó el sistema *ESA* (1968) de hexágonos de espuma de poliuretano que podían montarse como sofás, camas o sillas. También ideó mobiliario formado por simples figuras geométricas de madera contrachapada y con acabados lacados tradicionales: la silla *Kazuhide* (1968), la mesa de ala abatible *Antella* (1978) y el armario *Bramante* (1973). Para Gavina ha producido varias lámparas innovadoras, como la serie *Saori* (1973), un homenaje a Lucio Fontana (1899–1968). La pureza de sus diseños alcanzó un gran internacionalismo gracias a la hábil combinación de elementos culturales occidentales y orientales.

▲ Asientos *Suzanne* para Gavina y Knoll International, 1965

## Roger Tallon

*París*, 1929
*París*, 2011

Roger Tallon estudió ingeniería eléctrica en París de 1947 a 1949 y, de 1951 a 1953, trabajó como diseñador en Studio Avas. En 1953 conoció al diseñador industrial y teórico Jacques Viénot (1893–1959) y a continuación se incorporó en la asesoría Technès, donde fue nombrado director de investigación en 1960. Allí diseñó numerosos productos innovadores, entre los que destacan cámaras para SEM (1957 y 1961), una máquina de escribir para Japy (1960), un televisor portátil para Téléavia (1963), la serie de mobiliario *Module 400* (1964), una escalera de caracol modular de aluminio pulido para Lacloche (1966), vasos para Daum (1970) y el reloj de pulsera *Chronograph X* para LIP (1973). De 1957 a 1964, también trabajó como asesor y diseñó neveras Frigidaire para General Motors. En 1963 empezó a dar clases en ENSAD (École Nationale Superiéure des Arts Décoratifs) y en 1973 inauguró la asesoría de diseño multidisciplinar Design Programmes SA. A finales de los años sesenta y durante los setenta, Tallon se forjó una reputación internacional con diseños para el sector del transporte, por ejemplo con su contribución al sistema de metro de la Ciudad de México (1969) o con la locomotora *Corail* para SNCF (1977). En 1983, fundó la sociedad ASDA+Partners junto con **Pierre Paulin** y Michel Schreiber (nacido en 1950), y siguió diseñando trenes, entre ellos el tren de alta velocidad *TGV-Atlantique* (1988) para SNCF y la lanzadera *Trans-Euro-Star* para el Eurotúnel (1987). En 1973 fue elegido Diseñador Honorario de la Industria en Londres y en 1985 recibió el Grand Prix nacional francés al diseño industrial. Tallon es uno de los principales diseñadores industriales de su país, y sus creaciones, con un alto grado de ingeniería, son innovadoras tanto por el material utilizado como por su estructura.

▼ Sillas *Module 400* para Éditions Lacloche, 1964

## Vladimir Tatlin

*Moscú*, 1885
*Novodevitchi (Rusia)*, 1953

Vladimir Tatlin estudió en el Instituto de Pintura, Escultura y Arquitectura de Moscú, así como en la Escuela de Arte de Penza. Empezó trabajando como pintor y en 1911 se asoció a **Kasimir Malevich**. En 1913 conoció a Pablo Picasso (1881–1973), cuyos collages inspiraron sus construcciones en relieve con láminas de metal, cristal, cables y *objets trouvés*. En la década de 1910, mantuvo una estrecha relación con los futuristas rusos, un grupo literario que pensaba que las revoluciones política y artística eran interdependientes. Como miembro destacado de la **vanguardia** rusa, colaboró con **Alexander Rodchenko** y G. Yaculow (1884–1928) en el diseño de mobiliario constructivista para el Café Pittoresk (1917). Tras la Revolución de 1917 se le encargó la implementación del plan de propaganda monumental de Lenin. Para ello diseñó el Monumento a la III Internacional (1919–1920), del que se expuso un modelo en Moscú y otro en Petrogrado. Su estructura en espiral, irrealizada y probablemente irrealizable, iba a construirse con vigas de hierro y a contar con salas giratorias suspendidas. Se inspiraba en estructuras como la Torre Eiffel, y su moderna y dinámica construcción simbolizaba el deseo revolucionario de un nuevo orden mundial. Su tensión y dinamismo también ejemplificaban el **constructivismo** ruso. En 1918, Tatlin fue nombrado director del Izo NKP (sección de bellas artes del Narkompros) de Moscú, y de 1919 a 1920 dirigió la sección de pintura del Svomas (posteriormente **Vkhutemas**). En 1921 fundó un estudio en Petrogrado para concentrarse en «volumen, material y construcción». Diseñó, entre otras cosas, una silla en cantiléver de tubo de acero (1927–1928) y el planeador *Letatlin* (1932). También en 1921 inauguró un departamento de «arte de producción» en el Museo de Cultura Artística de Petrogrado y dio clases de diseño industrial en el Vkhutemas a partir de 1927. Su obra y sus enseñanzas se inspiraban en la «cultura de materiales».

▾ Modelo para el *Monumento a la III Internacional*, 1919–1920

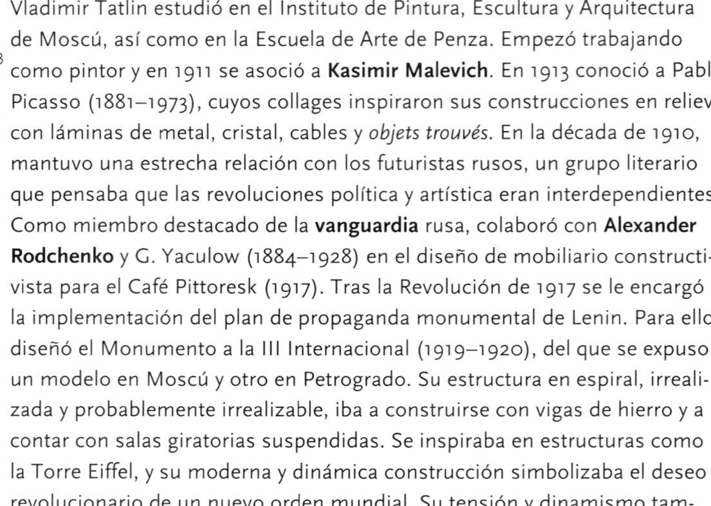

▸ Lámpara de despacho *Modelo n.° 114 Executive* para Polaroid Corporation, 1939

## Walter Dorwin Teague

*Decatur (Indiana)*, 1883
*Flemington (Nueva Jersey)*, 1960

Walter Dorwin Teague tomó clases nocturnas en la Art Students League de Nueva York de 1903 a 1907. A continuación trabajó como ilustrador para un catálogo de ventas por correo y para la agencia publicitaria Hampton de Nueva York. En 1912 fundó un estudio propio como tipógrafo y diseñador gráfico independiente. En 1926 viajó a París, donde fue influido por la obra de **Le Corbusier**. A su regreso a Nueva York abrió una asesoría de diseño industrial (una de las primeras) y empezó a diseñar cámaras para Eastman Kodak, entre las que destaca la *Bantam Special* (1936), de uso más sencillo y más compacta que los modelos precedentes. En 1930, con la ayuda de su hijo, diseñó la carrocería del coche *Marmon Model 16*, que gracias a su forma aerodinámica ofrecía menos resistencia al aire que otros automóviles contemporáneos. También ideó cristalería aerodinámica para Corning Glass Works y su división Steuben, utensilios de cocina para Pyrex, plumas y mecheros para Scripto, lámparas para Polaroid, mimeógrafos para A. B.

Dick, radios para Sparton y el piano *Centennial* para Steinway. Además de productos de consumo, concibió una carrocería de camión de plástico para UPS, supermercados para Colonial Stores, interiores para el Boeing 707, pabellones de Estados Unidos en varias ferias internacionales, interiores de exposiciones para Ford, estaciones de servicio para Texaco y una serie de objetos para la Exposición Universal de Nueva York de 1939, como la caja registradora gigante para la National Cash Register Company. Publicó un libro muy influyente, *Design This Day – The Technique of Order in the Machine Age* (1940), que celebraba el potencial y el «nuevo y apasionante estilo» de la era de la maquinaria. Sus innovadores y funcionales diseños surgían de su interés en la proporción y la simetría, y de su adhesión a los métodos de producción mecanizados.

◂ Radio *Bluebird* para Sparton Corporation, 1934–1936

◂ Silla *Follia*, 1934–1936 (reproducida por Zanotta)

## Giuseppe Terragni

*Meda (Italia)*, 1904
*Como (Italia)*, 1943

Giuseppe Terragni estudió en la Escuela Técnica de Como y arquitectura en el Politecnico di Milano. Se graduó en 1926 y fue uno de los miembros fundadores de Gruppo Sette, una asociación milanesa de jóvenes arquitectos racionalistas. En 1927 inauguró un despacho en Como con su hermano Attilio y empezó a diseñar el controvertido bloque de apartamentos de cinco plantas Novocomum para dicha ciudad (1927–1928). Fue uno de los principales racionalistas italianos y participó en la primera exposición de arquitectura nacional celebrada en Roma en 1928. Diseñó la sede del partido fascista en Como, la Casa del Fascio (1932–1936), un edificio en forma de caja para el cual creó mobiliario específico: la silla en cantiléver de tubo de acero y piel *Sant'Elia* (1936) y la silla *Follia* (1934–1936). También proyectó el parvulario Asilo Sant'Elia en Como (1936), la Casa Bianca en Seveso (1936–1937), la Casa del Fascio de Lissone (1938–1939) y la Casa Giuliani Frigerio en Como (1939–1940). Al estallar la II Guerra Mundial se alistó en el ejército y en 1943 regresó del frente ruso tras sufrir un colapso nervioso. Murió al cabo de unos días. Sus refinados diseños ejemplifican el **racionalismo** italiano, de cantos marcados y un estilo altamente formalizado.

▸ Página del catálogo de Gebrüder Thonet, 1904

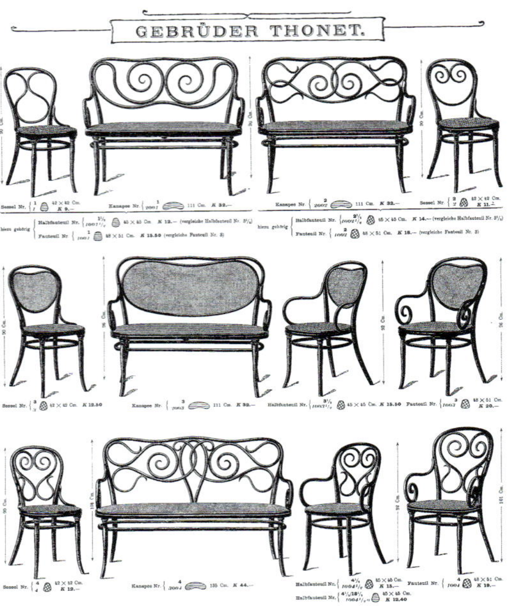


▸ Butaca *Modelo n.° 14* para Gebrüder Thonet, aprox. 1859

## Michael Thonet

*Boppard (Alemania)*, 1796
*Viena*, 1871

En 1819, Michael Thonet abrió un taller de mobiliario en su ciudad natal, Boppard am Rhein, y a partir de 1930 empezó a experimentar con madera laminada y a producir una serie de sillas muy innovadoras de estilo Biedermeier que presentó en las exposiciones de Coblenza (1841) y Maguncia (1842). Su éxito fue tal que el canciller de Austria, el conde Metternich, le invitó a ir a Viena. La corte austríaca le concedió una patente por el nuevo proceso de encorvado para laminados de madera y empezó a trabajar con el ebanista vienés Carl Leistler en las sillas para el Palais Liechtenstein. Con el apoyo del príncipe de Liechtenstein y el arquitecto británico P. H. Desvignes (1804–1883), en 1849 Thonet y sus hijos Franz, Michael, August y Joseph inauguraron su taller en Gumpendorf, un barrio de las afueras de Viena. Los dos años siguientes, la familia Thonet se concentró en el desarrollo de técnicas para la producción en serie de mobiliario, entre ellas el encorvado al vapor de madera sólida. Presentaron sus nuevos diseños en la Gran Exposición de 1851 en Londres, donde ganaron una medalla de bronce. En 1853, la compañía Gebrüder Thonet se había trasladado a una sede mayor y producía sillas en serie. Sus formas estaban influidas por el resurgimiento curvilíneo rococó, pero se distinguían por una reducción de elementos y la elimi-

▲ Anuncio de Gebrüder Thonet. Muestra la silla *Modelo B32* de Marcel Breuer, 1933

nación de ornamentación no esencial. Abrieron su primera fábrica en 1857 en Koritschan y durante los años siguientes se expandieron rápidamente. La firma debía su notable éxito a los métodos de producción mecanizados que les permitían vender a precios muy competitivos. En 1860, por ejemplo, el modelo más conocido de la empresa, la silla *N.° 14*, costaba menos que una botella de vino. Y en 1891 se había vendido ya la asombrosa cantidad de 7.300.000 de estas omnipresentes sillas de café. A principios del siglo XX, algunos de los principales arquitectos vieneses, incluido **Josef Hoffmann**, empezaron a diseñar mobiliario secesionista para Gebrüder Thonet. En 1929 se inauguró una filial en Francia, Thonet Frères, que progresivamente fue produciendo mobiliario de metal tubular diseñado por **Marcel Breuer**, **Ludwig Mies van der Rohe** y **Le Corbusier**, entre otros. Luego la producción se trasladó a Frankenberg, pero Thonet siguió operando y produciendo reediciones de sus anteriores sillas, así como diseños contemporáneos.

## Matteo Thun

*Bolzano (Italia)*, 1952

Matteo Thun estudió arquitectura en la Università di Firenze. Se graduó en 1975 y, a continuación, fue alumno de escultura en la academia de Oskar Kokoschka en Salzburgo y estudió en la University of California, Los Ángeles. Por recomendación de **Marco Zanini**, fue invitado a unirse al estudio de **Ettore Sottsass**, Sottsass Associati, y se constituyó en uno de los miembros fundadores del grupo **Memphis**, para cuya primera colección diseñó cerámica (destacan el juego de té *Nefertiti* y el florero *Tuja*, de atrevidas formas geométricas y motivos en gris y rojo). En 1982 diseñó una amplia serie de porcelana blanca para Memphis, más refinada que sus piezas anteriores y de formas extravagantes, algunas similares a las nubes. Dichas creaciones iban parcialmente decoradas con motivos muticolores impresos con retícula. Destacan la bandeja de porcelana *Manitoba*, el jarrón *Titicaca*, el frutero *Kariba*, el ánfora *Garda*, la tetera *Chad*, la copa *Onega* y el jarrón *Ladoga*. Cuatro de sus teteras de 1982 incorporaban inusuales formas onduladas, geométricas y en zigzag que se oponían completamente a las nociones del **buen diseño** funcional. En 1982 empezó a dar clases en la Kunstgewerbeschule de Viena y contó con la ayuda de sus alumnos para el proyecto «In the Spirit of the USA», una edición limitada de cerámica encargada por Villeroy & Boch. En 1983, diseñó los jarrones tubulares *Volga* y *Danubio*, de color blanco puro, y tres lámparas de techo. Thun abandonó Sottsass Associati en 1984 y un año más tarde publicó un manifiesto titulado *The Baroque Bauhaus* que instaba a los diseñadores a integrar los estilos decorativos históricos en su obra. Ha diseñado el cofre de metal *Settimana* (1985), la gama de iluminación *Stillight* para Bieffeplast (mediados de los ochenta), el jarrón *Via Col Vento* para Lobmeyr (1986) y alfombras para la colección *Dialog* de Vorwerk (1988).

▼ Jarrones *Danubio* y *Volga*, fabricados por Porcellane d'Arte San Marco para Memphis, 1983

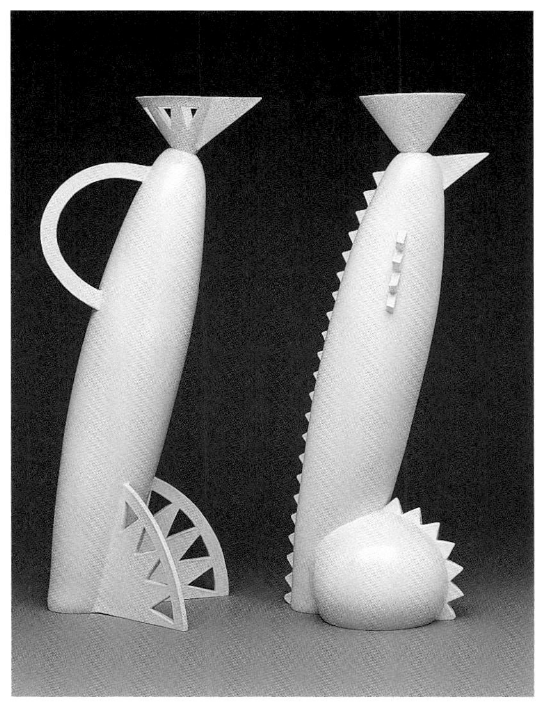

Louis Comfort Tiffany era hijo de Charles Lewis Tiffany (1812–1902), el fundador en 1853 de la famosa firma de joyeros y plateros de Nueva York, Tiffany & Co. En 1886, Louis Comfort estudió pintura con George Inness (1825–1894) y al año siguiente expuso su obra en la National Academy of Design de Nueva York. Empezó a experimentar con cristal en 1873 y en 1879 fundó la firma de decoración profesional C. Tiffany & Associated Artists con Candace Wheeler, Lockwood de Forest y Samuel Colman. El negocio recibió muchos encargos, incluidos los interiores de la residencia de Mark Twain (1880–1881) y varias salas de la Casa Blanca para el presidente Chester A. Arthur (1882–1883). En 1883, la empresa fue disuelta y sustituida por Tiffany Glass Company, que en 1892 se convirtió en Tiffany Glass & Decorating, tras la inauguración de un horno para cristal en Corona, Long Island. Un año más tarde empezaron a producir los artículos de cristal iridiscente *Favrile,* y Tiffany exhibió su capilla «bizantina» en la «World's Columbian Exposition» de Chicago: una sorprendente gama de ventanas emplomadas y mosaicos, lámparas eléctricas y arañas de cristal. Los jarrones *Favrile*, concebidos como «cristal artístico», eran muy distintos del vidrio que entonces se producía en el resto de Estados Unidos. De 1895 a 1899, **Siegfried Bing** expuso la cristalería y los paneles emplomados de Tiffany en su galería de París, Maison L'Art Nouveau. Tiffany también expuso en la Exposition Universelle de 1900 en París. Ese mismo año rebautizó su empresa como Tiffany Studios. A la muerte de su padre en 1902 fue nombrado director de diseño de Tiffany & Co., donde diseñó joyería. Tiffany Studios siguió produciendo exquisitos diseños **Art Nouveau** hasta el cierre de los hornos de Corona en 1924.

## Louis Comfort Tiffany

*Nueva York*, 1848
*Nueva York*, 1933

◂ Lámpara *Pond Lily* para Tiffany Studios, aprox. 1900

▾ Jarrón *Jack-in-the-Pulpit* para Tiffany Studios, 1907

## Total Design

Fundada en 1963
*Países Bajos*

La asesoría Total Design fue fundada en Amsterdam en 1963 por el tipógrafo Wim Crouwel (nacido en 1928) y cuatro colegas, entre ellos el diseñador de mobiliario Friso Kramer (nacido en 1922) y el diseñador gráfico Benno Wissing (1923–2008). La palabra *total* describe su naturaleza multidisciplinar. Uno de sus primeros encargos fue el desarrollo de una nueva **identidad corporativa** para la compañía petrolífera PAM (1964), que abarcaba desde el diseño de logotipos hasta la reestilización de surtidores y estaciones de servicio. En 1965, se les pidió que presentaran propuestas para un nuevo «sistema de itinerarios» para el aeropuerto de Schiphol en Amsterdam. Wissing dirigió el proyecto (1967), uno de los primeros en señalización exhaustiva. Su claridad visual, con tipografía sans-serif y símbolos muy claros, fue muy influyente en toda la señalización posterior para transporte a escala mundial. Total Design se convirtió en una gran organización y se dividió en equipos creativos. Una de sus creaciones más notables fue el sistema reticular de composición estandarizado y una fuente uniforme para los catálogos del Stedelijk Museum. También creó una enérgica identidad corporativa para la caja postal holandesa, PTT (1978–1979). Los gráficos y la tipografía de Total Design eran atrevidos y simplificados, estaban influidos por el minimalismo de la **Escuela Suiza** y reintrodujeron los trazados rectilíneos en el diseño gráfico holandés.

▲ Programa de señalización para el aeropuerto de Schiphol en Amsterdam, 1967

Jan Tschichold era hijo de un pintor de señales. De 1919 a 1921 estudió diseño gráfico en la Akademie für Graphische Künste und Buchgewerbe de Leipzig. En 1923 visitó la exposición de la **Bauhaus** en Weimar. Los gráficos de **László Moholy-Nagy** y la promoción de la «nueva tipografía» en la escuela le influyeron tanto que se convirtió en uno de los principales exponentes del nuevo planteamiento tipográfico, caracterizado por el uso de la fuente geométrica y ahistórica sans-serif, y las composiciones simplificadas asimétricas. En su manifiesto *elementare typographie* de 1925 exponía sus diez principios «elementales», que subrayaban los aspectos funcionales, sociales y comunicativos de la tipografía. Abogó por el uso de la fotografía para producir una iconografía poderosa, como la de sus pósters para los cines Phoebus-Palast. A partir de 1926 dio clases en la Hochschule de Múnich y en 1928 publicó el libro seminal *Die neue Typographie*. En 1933, escapando de la persecución nazi, emigró a Suiza, donde exploró la tipografía «clásica». Después realizó composiciones estandarizadas para Penguin Books en Inglaterra (1946–1949). Fue uno de los defensores más influyentes de la tipografía moderna y contribuyó enormemente a la **Escuela Suiza**.

## Jan Tschichold

*Leipzig (Alemania)*, 1902
*Locarno (Suiza)*, 1974

▲ Póster para la exposición «der berufsphotograph, sein werkzeug – seine arbeiten» (el fotógrafo profesional, su obra... sus herramientas), organizada en Basilea en 1938

► Tetera de latón con laminado de níquel para Metallwerkstatt Wolfgang Tümpel, 1927

## Wolfgang Tümpel

*Bielefeld (Alemania),* 1903
*Herdecke (Alemania),* 1978

Wolfgang Tümpel fue aprendiz de platero y orfebre en los talleres August Schlüter y, de 1921 a 1922, alumno de la Kunstgewerbeschule de Bielefeld. Durante los tres años siguientes estudió en la **Bauhaus** de Weimar, donde realizó el curso preliminar y un aprendizaje como platero, para luego estudiar metalistería con Karl Müller (1888–1972). Pasó el examen de oficial en la Kunstgewerbeschule Burg Giebichenstein de Halle en 1926. En 1927 ingresó en la Gesellschaft für Goldschmiedekunst y abrió el Werkstatt für Gefässe-Schmuck-Beleuchtung (taller para platos, joyas y lámparas) en Halle, en el que ideó diseños estándar para la producción industrial. Destacan las lámparas cilíndricas para Goldschmidt und Schwabe y la tetera de latón con laminado en níquel y formas basadas en figuras volumétricas (1927). En 1929 se mudó a Colonia para diseñar objetos de metal para WMF y platería para Bruckmann & Söhne. De 1934 a 1950 dirigió su propio taller en Bielefeld y de 1951 a 1968 fue profesor de la Landeskunstschule en Hamburgo. En 1968 puso un taller en Hamburgo-Ahrensburg. Sus elegantes y funcionales diseños combinaban el vocabulario formal geométrico de la Bauhaus con los principios de **estandarización** de Halle.

◂ **Oscar Tusquets Blanca y Lluís Clotet**, extractor *Campana Diáfana* para B. D. Ediciones de Diseño, 1979

## Oscar Tusquets Blanca

*Barcelona*, 1941

De 1954 a 1960, Oscar Tusquets Blanca estudió pintura, arquitectura y diseño en la Escuela de Artes y Oficios de la Llotja de Barcelona. De 1958 a 1965 fue alumno de Oriol Bohigas (nacido en 1925) y Federico Correa en la Escuela Técnica Superior de Arquitectura de Barcelona y trabajó en el despacho de Correa y Alfonso Milá. En 1964, con Pep Bonet (nacido en 1941), Christian Cirici (nacido en 1941) y Lluís Clotet (nacido en 1941) formó el Studio PER, famoso por su enfoque idiosincrásico de la arquitectura y la meticulosidad en sus edificios, interiores y mobiliario. En 1972, el grupo fundó B. D. Ediciones de Diseño, que producía gran parte del mobiliario y productos de diseño de Tusquets. Tusquets publicó la edición española de *Aprendiendo de Las Vegas*, de **Robert Venturi**, y junto con Clotet diseñó el edificio Belvedere Regás, una de las primeras afirmaciones arquitectónicas del **posmodernismo**. En los años ochenta participó en el proyecto de **Alessi** *Tea & Coffee Piazza* (1983) y produjo numerosos diseños de mobiliario, como la silla *Gaulino* (1987), que evocaba la flaca silueta del Quijote de Cervantes. Tusquets ha dado numerosas conferencias y es uno de los principales diseñadores españoles.

## Masanori Umeda

*Kanagawa (Japón),* 1941

▲ Cuadrilátero *Tawaraya* para Memphis, 1981 (empezando por la izquierda: Aldo Cibic, Andrea Branzi, Michele De Lucchi, Marco Zanini, Nathalie du Pasquier, George Sowden, Martine Bedin, Matteo Thun y Ettore Sottsass)

► Silla *Getsuen* para Edra, 1990

Masanori Umeda estudió en la Escuela de Diseño de Kuwasawa, donde se diplomó en 1962. De 1967 a 1969 trabajó en el estudio de **Achille** y **Pier Giacomo Castiglioni** de Milán. De 1970 a 1979 fue asesor de diseño de **Olivetti**, donde forjó un estrecho vínculo con **Ettore Sottsass**. Éste le invitó a participar en la primera colección de **Memphis** en 1981, para la cual diseñó el famoso cuadrilátero *Tawaraya* (1981), que simbolizaba la naturaleza competitiva del **posmodernismo**. Para Memphis también diseñó muebles concebidos como comentarios irónicos sobre la sociedad japonesa de la época, como la librería *Ginza* (1982), de formas robóticas, y cerámicas, entre ellas el jarrón *Orinoco* (1983) y el frutero *Paraná* (1983). En 1986 fundó su estudio en Tokio, U-Meta Design. Desde entonces ha diseñado una serie de mobiliario producido por Edra, como el trinchero *Anthurium* (1990) y las sillas *Getsuen* (1990), *Rose* (1991) y *Orchid* (1991), que pueden interpretarse como comentarios burlones a la tensión entre la cultura tradicional y la cultura contemporánea en Japón. Umeda cree que en su afán desenfrenado de comercialismo, su país ha destruido su belleza natural. Adoptando formas florales intenta redescubrir las raíces de la cultura japonesa. Otros de sus diseños notables son los productos de baño ergonómicos para hombres y mujeres de Xspace (1989) y diversos interiores posmodernos, como la tienda de kimonos Yamato en Yokohama (1986) y el Tomato Bank en Kurashiki (1989).

## Joseph Urban

*Viena*, 1872
*Nueva York*, 1933

De 1890 a 1893, Josef Urban fue alumno de Karl von Hasenauer en la Akademie der Bildenden Künste de Viena y posteriormente estudió en el Polytechnicum de Viena. Junto con su cuñado Heinrich Lefler (1863–1919) diseñó el interior de la exposición de invierno de 1897 del Österreichisches Museum für Kunst und Industrie, con motivos secesionistas. En 1900 fue uno de los fundadores del grupo de artesanos vieneses Hagenbund, del cual fue presidente de 1906 a 1908. En 1902, Urban y Lefler colaboraron en la modificación de la decoración del edificio del Hagenbund, la antigua oficina del mercado Zedlitzhalle. Dos años más tarde, su obra de tendencia artesanal fue expuesta en el pabellón austríaco de la «Louisiana Purchase Exhibition» de St. Louis. En 1911 emigró a Estados Unidos, donde abrió un estudio especializado en el diseño de escenarios teatrales y cinematográficos. En 1927 diseñó un teatro para el productor de revistas Florenz Ziegfeld y creó lujosos escenarios para sus famosas producciones *Follies*. Urban fue el primer director artístico que diseñó un plató en el estilo **Moderne**. Para la productora cinematográfica Randolf Hearst's Cosmopolitan, diseñó veinticinco platós que anticipaban el estilo **Art Déco**. De 1918 a 1933 fue el primer diseñador de escenografía de la Metropolitan Opera, donde trabajó en cincuenta y cinco producciones. En 1921 fue a Viena y contactó con los **Wiener Werkstätte**. Al regresar a Nueva York fundó el Artists Fund para enviar ayuda financiera a los diseñadores de los Wiener Werkstätte, prácticamente desamparados a causa de la recesión de la posguerra. Ese mismo año, Urban fundó los Wiener Werkstätte of America Inc. A pesar de diseñarles una suntuosa sala de exposiciones en la Quinta Avenida, fueron un fracaso financiero y Josef se retiró de la empresa en 1924. Posteriormente diseñó el primer edificio de **estilo internacional** en América: la New School for Social Research de Nueva York (1929–1930).

▼ Silla de nogal, aprox. 1901

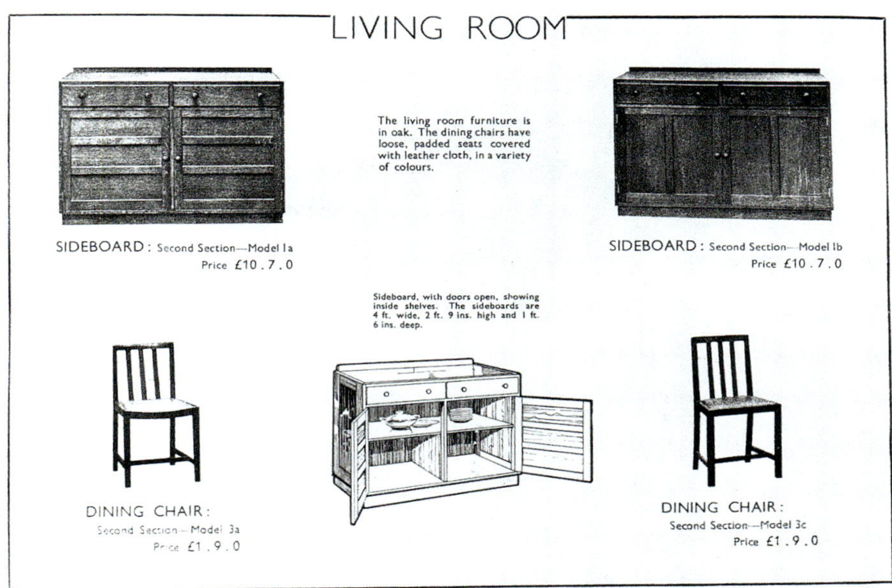

LIVING ROOM

The living room furniture is in oak. The dining chairs have loose, padded seats covered with leather cloth, in a variety of colours.

SIDEBOARD: Second Section—Model 1a
Price £10 . 7 . 0

SIDEBOARD: Second Section—Model 1b
Price £10 . 7 . 0

Sideboard, with doors open, showing inside shelves. The sideboards are 4 ft. wide, 2 ft. 9 ins. high and 1 ft. 6 ins. deep.

DINING CHAIR:
Second Section—Model 3a
Price £1 . 9 . 0

DINING CHAIR:
Second Section—Model 3c
Price £1 . 9 . 0

De 1941 a 1951, la producción de artículos británicos (desde el mobiliario hasta la ropa) estuvo sujeta al Programa Utilitario. El esfuerzo requerido por la guerra obligó a reorientar las materias primas del uso civil al militar, por lo que la Junta Comercial Británica impuso estrictas regulaciones a los fabricantes. El programa era a la vez un recurso para garantizar el racionamiento de los materiales y una ideología surgida de la política social del gobierno. En febrero de 1941 entró en vigor el programa «Mobiliario Estándar de Emergencia» para suministrar muebles a las familias «bombardeadas». A los cuatro meses se prohibió la producción de muebles que no se correspondieran con los veinte modelos estándar del gobierno. Al año siguiente se formó el Comité Asesor en Mobiliario Utilitario, con diseñadores como **Gordon Russell** en la junta, para supervisar la evolución de la primera serie utilitaria diseñada por H. J. Cutler y Edwin Clinch. Influido por los valores de propiedad y honradez en el diseño que promovía el **movimiento Arts & Crafts**, el mobiliario utilitario se caracterizaba por construcciones simples, superficies sin adornos y una modernidad esencial. En 1948 se levantaron algunas restricciones, aunque hasta 1951 se siguieron imponiendo altas tasas al mobiliario que no se ajustaba al programa.

## Utility furniture

### Mobiliario utilitario

1943–1952
*Gran Bretaña*

▲ Página del «Utility Furniture Catalogue», 1943

► Mesa de caoba para Société Henry van de Velde, Ixelles, aprox. 1898

## Henry van de Velde

*Amberes*, 1863
*Zúrich*, 1957

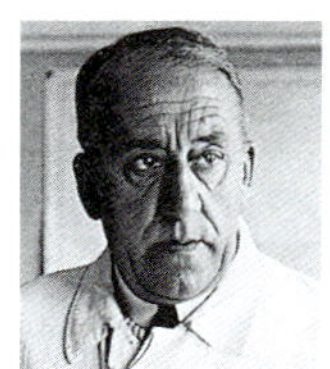

Henry van de Velde estudió pintura en la Académie des Beaux-Arts de Amberes de 1881 a 1884 y durante un año fue alumno de Carolus Duran en París. En 1886 ingresó en Als ik Kan y confundó L'Art Indépendent, dos asociaciones con base en Amberes. Dos años más tarde se unió al grupo postimpresionista Les Vingt. Por entonces entró en contacto con Georges Seurat (1859–1891) y Paul Signac (1863–1935) y su obra se vio fuertemente influida por Vincent van Gogh (1853–1890). En 1892, van de Velde abandonó la pintura a favor del diseño, inspirado por las ideas reformadoras de John Ruskin (1819–1900) y **William Morris**. Ese mismo año expuso bordados en el salón de Les Vingt y diseñó ornamentos para libros y revistas. En 1894 publicó *Déblaiements d'art*, donde abogaba por la unificación de las artes, y empezó a dar clases de «Arts d'Industrie et d'Ornamentation» en la Universidad de Bruselas, aunque más tarde se opuso a la noción de diseño industrial. Su primer proyecto arquitectónico fue la casa Bloemenwerf, que construyó en 1895 para sí mismo en Uccle, cerca de Bruselas. Julius Meier-Graefe (1867–1935), fundador de la revista *Dekorative Kunst* en 1897, y **Siegfried Bing** la visitaron y, a continuación, van de Velde diseñó cuatro salas de

◂ Silla *Bloemenwerf* para Société Henry van de Velde, Ixelles, 1894–1895

▸ Comedor de la casa Bloemenwerf en Uccle, cerca de Bruselas, aprox. 1895

la galería de Bing en París, Maison L'Art Nouveau. En 1896 expuso una habitación en el Salon de la Libre Esthétique y en 1897 fundó el taller Société Henry van de Velde en Ixelles, cerca de Bruselas, para producir los diseños de mobiliario que presentó en la «Internationale Kunstausstellung» de 1897 en Dresde. En 1899 diseñó el interior y la fachada de la tienda de Meier-Graefe en París, La Maison Moderne. Sus diseños eran más «ingleses» que los de su compatriota **Victor Horta**, cuya obra en el estilo **Art Nouveau** continental se adecuaba más al gusto belga. Finalmente, van de Velde se mudó a Berlín, donde sus diseños fabricados por la Hohenzollern Kunstgewerbehaus de Wilhelm Hirschwald, menos decorativos pero más funcionales, eran muy apreciados. En Berlín diseñó interiores para la Compañía de Tabaco de la Habana (1900) y para el salón del barbero imperial, François Haby (1901), notables por el equilibrio de formas expresivas y elementos funcionales. En 1902 se trasladó a Weimar, donde fue nombrado asesor artístico del gran duque Wilhelm Ernst. Rediseñó la entrada y la sala de lectura de la biblioteca Nietzsche (1903) y creó la Kunstgewerbeschule de Weimar (1906). Van de Velde era el principal exponente del **Jugendstil** en Weimar y fue nombrado primer director de esta nueva escuela de artes aplicadas en 1908. También colaboró con varios artesanos y talleres locales, como la firma ebanista Scheidemantel y el joyero Theodor Müller, quien

▼ Jarrón de gres con vidriado a la sal para Steingutfabrik & Kunsttöpferei Reinhold Hanke, 1902

▼ ► Tenedor, cuchillo para caviar y tenedor para ostras de plata y carey de caracol, producidos por Koch & Bergfeld para Theodor Müller, 1902

▲ Salsero de porcelana para la Staatliche Porzellanmanufaktur Meissen, aprox. 1903

produjo sus fluidos diseños en plata. En 1903 creó un elegante y a la vez funcional servicio de mesa para la Staatliche Porzellanmanufaktur Meissen, con motivos y formas orgánicas abstractos. Fue uno de los fundadores del **Deutscher Werkbund**, pero no pudo aceptar la adhesión de Hermann Muthesius (1861–1927) a la **estandarización** industrial y dejó la asociación en 1914. Al cabo de un año tuvo que renunciar a su puesto de profesor en Weimar y en 1917 acabó emigrando a Suiza, donde trabajó como arquitecto independiente. Entre 1926 y 1936 fundó y dirigió el Institut Supérieur d'Architecture (ISAD) en Bruselas, pero en 1947 regresó a Suiza, donde publicó sus memorias en 1956. Van de Velde fue uno de los primeros y más influyentes propagandistas del modernismo, y sus diseños en estilo Jugendstil anticiparon el **funcionalismo** y la abstracción, dos aspectos claves del diseño moderno.

## Theo van Doesburg

*Utrecht*, 1883
*Davos (Suiza)*, 1931

Su nombre de nacimiento era Emil Marie Küpper, pero tomó el nombre de su padre adoptivo, Theodorus Doesburg. Primero estudió teatro en la Escuela de Arte Dramático de Cateau Esser, Amsterdam, y en 1912 empezó a pintar de forma autodidacta y a publicar reseñas sobre arte. De 1914 a 1916 cumplió el servicio militar y conoció al filósofo Evert Rinsema y al poeta Anthony Kok. Además estableció contactos con **Vilmos Huszár**, Bart Anthony van der Leck (1876–1958), Piet Mondrian (1872–1944) y **Jacobus Johannes Pieter Oud**. En 1916 cofundó el grupo artístico De Sphinx y colaboró en el diseño de la residencia del burgomaestre De Broek en Waterland. Un año más tarde, tras mudarse a Leiden, se unió a Huszár, van der Leck, Kok, Oud y Jan Wils (1891–1972) para fundar la influyente revista *De Stijl*, de la cual fue editor jefe. Esta publicación fue crucial para la evolución de **De Stijl** (movimiento que englobaba arquitectos, diseñadores y artistas). De 1917 a 1921, trabajó en varios proyectos arquitectónicos con Oud, Wils, **Gerrit Rietveld** y Cees Rinks de Boer (1881–1966), diseñando murales y paneles de vidrios de colores con formas marcadamente geométricas en colores primarios. A partir de 1920 viajó con frecuencia a Bélgica, Italia, Francia y Alemania para promocionar los conceptos de De Stijl y en 1921 estableció contactos con la **Bauhaus**. En 1922 intentó sin éxito obtener un cargo de profesor en la Bauhaus de Weimar, pero sí dio un curso de De Stijl en el taller de Karl-Peter Röhl en Weimar. En 1923, tras haberse mudado a París, exhibió su obra con otros miembros de De Stijl en la galería de Léonce Rosenberg, L'Effort Moderne. Mondrian dejó De Stijl en 1925, pues era contrario al creciente internacionalismo que defendía van Doesburg, quien a continuación publicó un manifiesto sobre «elementarismo» (un concepto que había desarrollado en 1924). Al cabo de cinco años fundó la revista *L'Art Concret* y en 1931 cofundó el grupo artístico Abstraction-Création en París. Fue el principal portavoz del movimiento De Stijl y, al morir, se publicó el último número de *De Stijl* a modo de tributo póstumo.

▼ **Theo van Doesburg y Kurt Schwitters**, *Kleine Dada Soirée*, póster litográfico, 1923

## Harold van Doren

*Chicago*, 1895
*Filadelfia*, 1957

Harold van Doren estudió lenguas y, posteriormente, se mudó a París, donde trabajó en el Louvre. Tradujo las biografías de Ambrose Vollard *Paul Cézanne* (1923) y *Jean Renoir* (1934), y actuó en la película de Renoir *La fille de l'eau*. Tras regresar a Estados Unidos trabajó como ayudante del director del Minneapolis Institute of Arts, pero dimitió cuando le ofrecieron la oportunidad de trabajar en el novísimo sector del diseño industrial. Uno de sus primeros encargos fue el de Hugh Bennett, presidente de la Toledo Scale Company. Éste le pidió que diseñara balanzas comerciales. Su innovador y ligero diseño incluía un plástico de reciente creación, el plaskon, y fue uno de los primeros productos que utilizó el moldeado de plástico a gran escala. Van Doren siguió creando numerosos productos aerodinámicos para Maytag, Goodyear, Ergy, Philco, Swartzbaugh y DeVilbiss. Junto con G. Rideout concibió la radio de plástico y con forma de rascacielos gris para Air-King Products (1930–1931), reproducida ampliamente en las revistas, y un patinete infantil con patente propia (1936). Fue pionero de la asesoría en diseño y del **aerodinamismo**. En 1940 publicó *Industrial Design: A Practical Guide to Product Design and Development*.

► Harold van Doren (izquierda) y Hugh Bennett (derecha) con las balanzas que van Doren rediseñó para Toledo Scale Company, años treinta

▸ Lámpara de cobre martilleado con pantalla de mica para Copper Shop, aprox. 1915

## Dirk Van Erp

*Leeuwarden (Países Bajos)*, 1859
*San Francisco*, 1933

Dirk Van Erp emigró de los Países Bajos a Estados Unidos en 1886 y cuatro años más tarde empezó a trabajar en los astilleros de la armada en Mare Island, cerca de San Francisco. Con antiguos recubrimientos de latón de los cascos hacía jarrones, distribuidos con gran éxito por los almacenes de moda Vickery Atkins & Torrey de San Francisco en 1906. En 1908 inauguró la tienda Copper Shop en Oakland para a la producción de metalistería «artística», incluidas sus famosas lámparas de cobre con pantallas de mica. Entonces recibía la ayuda de Harry Dixon (1890–1967) y de su hija Agatha. En 1910 trasladó el negocio a San Francisco y se asoció a la diseñadora D'Arcy Gaw, quien ideó varias de las primeras lámparas de mica. En 1915, el floreciente negocio, además de lámparas y jarrones, producía cuencos, artículos para fumador y maceteros, a veces con baldosas de **Grueby**. Las superficies martilleadas y los remaches a la vista eran manifestaciones del credo del movimiento **Arts & Crafts**, la «arquitectura mocheta». En 1916, Van Erp regresó a los astilleros para contribuir a los esfuerzos bélicos y su hijo William se hizo cargo del taller. Se retiró en 1929 pero siguió diseñando objetos de metal esporádicamente hasta su muerte en 1933.

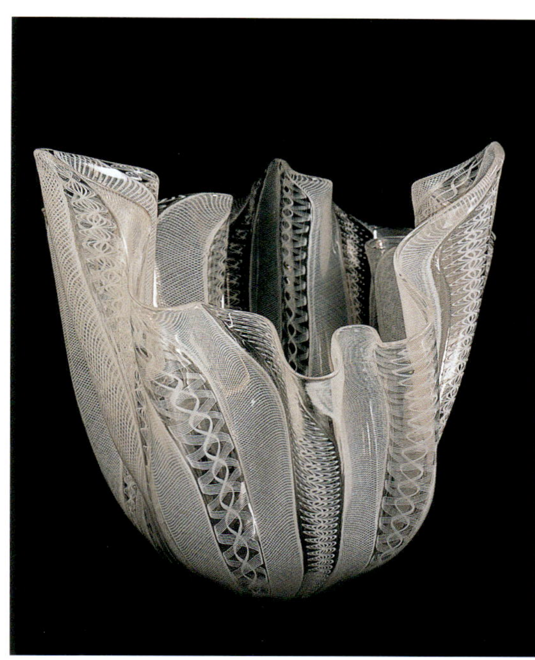

◄ **Fulvio Bianconi y Paolo Venini**, jarrón *Fazzoletto (Pañuelo)* para Venini, aprox. 1949

## Paolo Venini

*Milán*, 1895
*Venecia*, 1959

Paolo Venini estudió derecho en Milán, donde conoció a Giacomo Cappellin (1887–1968), propietario de una tienda de cristalería. En 1921 fundó la fábrica Vetri Soffiati Muranesi Cappellin, Venini & C. en Venecia, junto con Andrea Rioda (1878–1921), antiguo director de la Compagnia di Venezia e Murano, y Vittorio Zecchin (1878–1947), quien había diseñado piezas de cristal para Artisti Barovier. Vittorio Zecchin fue el director técnico y artístico de la empresa hasta 1925, año en que Paolo Venini inauguró su fábrica en Murano con el escultor Napoleone Martinuzzi (1892–1977) y el ingeniero Francesco Zecchin (1894–1986). Inicialmente sus productos se basaban en los previos diseños neoclásicos de Vittorio Zecchin y en las nuevas ideas de Martinuzzi, como las esculturas «vivas» de cristal y los artículos de estilo arcaico. De 1927 a 1928, Venini lanzó tres innovaciones, la *pasta vitrea opaca* (cristal opaco), el *vetro incamiciato* (cristal de doble pared) y el *vetro pulegoso* (cristal con burbujas), pensadas para producciones más esculturales. Junto con **Gio Ponti**, **Pietro Chiesa** y Tommaso Buzzi (1900–1981) fundó el grupo Il Labirinto para fomentar la colaboración entre fabricantes y promover las artes decorativas. En 1932 nombró jefe de diseño a Buzzi, quien introdujo la técnica *vetro laguna* (utilizar pan de oro para obtener superficies moteadas).

En los años treinta, Venini y **Carlo Scarpa** colaboraron estrechamente en la reproducción del cristal romano *murrine*: pequeños trozos fusionados para crear una «pared». En los años cincuenta, la fábrica de Venini produjo coloridos diseños de **Fulvio Bianconi** y **Massimo Vignelli** y en los sesenta, de **Tobia Scarpa** y **Tapio Wirkkala**.

▼ Botellas con tapones *Incalmo* para Venini, 1950

◂ **Robert Venturi y Denise Scott-Brown**, silla *Queen Anne* de la colección *Venturi* para Knoll International, 1984

## Robert Venturi

*Filadelfia*, 1925
*Filadelfia*, 2018

Robert Venturi estudió arquitectura en la Princeton University de 1943 a 1950. Más tarde trabajó en el despacho de **Eero Saarinen** y Louis Kahn (1901–1974) y recibió una beca de dos años para la American Academy en Roma. A su regreso fue profesor de arquitectura en la University of Pennsylvania, de 1957 a 1965. Una serie de conferencias ofrecidas en el **Museum of Modern Art** de Nueva York en 1966 dieron pie a su influyente libro, *Complejidad y contradicción en la arquitectura* (1966). En él atacaba la pobreza cultural y la banalidad visual de los edificios modernos, y proclamaba el **posmodernismo**. Le siguió otra obra seminal, *Aprendiendo de Las Vegas* (1972), escrita conjuntamente con Denise Scott Brown (nacido en 1931) y Steven Izenour, y con influencias de los textos de Roland Barthes sobre **semiótica**. El libro abogaba por una forma más simbólica de arquitectura con la que la gente corriente se identificara fácilmente. Venturi llevó sus teorías a la práctica y diseñó numerosos edificios «híbridos», con citas visuales tomadas de estilos históricos y de la cultura popular contemporánea. Sus diseños de producto, como la colección *Venturi* para **Knoll** (1984) y *Tea & Coffee Piazza* para **Alessi** (1983), también eran simbólicos y básicamente posmodernos.

## Vereinigte Werkstätten für Kunst im Handwerk

Fundados en 1897
*Múnich*

Los Vereinigte Werkstätten für Kunst im Handwerk (Talleres Unidos para el Arte en la Artesanía) surgieron a raíz del éxito de la sección de artes decorativas en la exposición «Glaspalast» de 1897 en Múnich. Sus participantes, entre ellos **Bernhard Pankok**, **Hermann Obrist** y **Bruno Paul**, decidieron crear un grupo de artes aplicadas que produjese y distribuyese sus diseños reformados. Inspirada en los gremios del **movimiento Arts & Crafts** británico, fue la primera de las muchas empresas de este tipo que se formaron en Alemania para la producción de diseños «artísticos» de gran calidad. **Richard Riemerschmid** y **Peter Behrens** se asociaron a los talleres, para los cuales idearon objetos cotidianos muy prácticos. No obstante, dado su compromiso con la artesanía, la producción de artículos **Jugendstil** resultaba relativamente cara. Expusieron por primera vez en la exposición «Glaspalast» de 1898 en Múnich y, posteriormente, en la Exposition Universelle de 1900 en París, la «Louisiana Purchase Exposition» de 1904 en St. Louis y la Exposition Universelle et Internationale de 1910 en Bruselas.

▲ **Richard Riemerschmid**, sala de música expuesta en la «Deutsche Kunstausstellung», Dresde, 1899

## Victoria & Albert Museum

Fundado en 1899
*Londres*

El Victoria & Albert Museum fue el primer museo dedicado a las artes aplicadas. Sus orígenes se remontan al informe de 1836 de un Comité Parlamentario Selecto que instaba a la fundación de una colección instructiva de artículos de producción ejemplar. En 1837 se creó la Government School of Design, para la cual se reunió una colección de objetos con fines educativos. La «Great Exhibition» de 1851 fue el catalizador para la fundación de un museo de manufacturas en la casa Marlborough en 1852. En un principio exhibía la colección de la escuela y artículos adquiridos en la «Great Exhibition». El reformador del diseño Henry Cole (1808–1882) fue su primer director y supervisó su traslado a South Kensington en 1857, pero el responsable de la vasta colección de que dispone actualmente fue su primer superintendente, John Charles Robinson (1824–1913). El museo fue rebautizado como Victoria & Albert Museum en 1899, cuando la reina puso la primera piedra del edificio actual, diseñado por Aston Webb (1849–1930). Hoy en día, el V&A sigue acogiendo la mayor colección de artículos de diseño.

▲ La galería de cristal del Victoria & Albert Museum, con la balaustrada de vidrio de Danny Lane, inaugurada en abril de 1994

► Lámpara *Fungo (Seta)* para Venini, aprox. 1955

## Massimo Vignelli

*Milán*, 1931
*Nueva York*, 2014

Massimo Vignelli estudió arquitectura en el Politecnico di Milano de 1950 a 1953 y en la Università di Architettura de Venecia. En 1953 diseñó cristalería para **Venini**, y de 1958 a 1960 fue profesor en el **Institute of Design** de Chicago. Su esposa, Lella Vignelli (nacida en 1934), trabajaba para Skidmore, Owings y Merrill. En 1960, la pareja regresó a Italia y fundó en Milán el estudio Lella and Massimo Vignelli Office for Design and Architecture. Cuatro años más tarde, Vignelli empezó a trabajar para la Container Corporation of America de Chicago y diseñó su nuevo logo. En 1965, fundó la asesoría de diseño milanesa Unimark International con Bob Noorda (nacido en 1927) y Jay Doblin (nacido en 1920), y se mudó definitivamente a Estados Unidos. En 1966, Unimark inauguró un despacho en Nueva York especializado en **identidad corporativa**. En 1971, el matrimonio fundó Vignelli Associates, que diseñó programas de identidad corporativa para **Knoll**, American Airlines, Bloomingdales, Xerox, Lancia, Cinzano y Ford; mobiliario para Poltronova, Sunar, Rosenthal y Morphos; cristalería para Venini, Steuben y Sasaki; y salas de exposición para Artemide y Hauserman. Su obra se distingue por el uso de líneas nítidas y colores puros.

◂ **Antonio Citterio y Glen Oliver Löw**, silla *T* para Vitra, 1990

## Vitra

Fundada en 1950
*Weil am Rhein (Alemania)*

En 1950, Willy Fehlbaum fundó Vitra en Weil am Rhein, para la cual consiguió una licencia de **Herman Miller**. En 1957, Vitra lanzó bajo licencia una gama de mobiliario diseñado por **Charles y Ray Eames** y **George Nelson**. Luego desarrolló la silla *Panton* de **Verner Panton** (1959–1960), introducida en 1967. Rolf Fehlbaum sucedió a su padre como presidente en 1977 y eligió a Nicholas Grimshaw (nacido en 1939) para el diseño de una nueva fábrica en 1981, después de que las antiguas instalaciones quedaran arrasadas por un incendio. Otros arquitectos de prestigio, como **Frank O. Gehry**, Tadao Ando (nacido en 1941), Zaha M. Hadid (nacido en 1950) y Alvaro Siza (nacido en 1933), concibieron otros edificios para el complejo Vitra. En 1987 nació *Vitra Edition*, una colección de sillas experimentales de edición limitada creadas por **Ettore Sottsass**, **Gaetano Pesce**, **Shiro Kuramata** y **Ron Arad** que complementaba el mobiliario de la firma diseñado por **Mario Bellini** y **Antonio Cittero**. Ese mismo año, Rolf Fehlbaum, propietario de una colección de sillas «clásicas» de posguerra, adquirió muchas otras del período comprendido entre 1880 a 1945 y las juntó todas para formar una colección con sede en el Museo de Diseño Vitra, diseñado por Frank O. Gehry e inaugurado en 1989.

## Vkhutemas

Fundado en 1920
*Moscú*

Vkhutemas (Escuela Superior de Talleres Artísticos y Técnicos) surgió del antiguo Svomas (Estudios Libres de Arte Estatal), fundado en 1918. Eran talleres-escuela de carácter progresista y con los principales constructivistas entre sus instructores: **Alexander Rodchenko**, **Varvara Stepanova**, **Vladimir Tatlin**, Naum Gabo (1890–1977), Antoine Pevsner (1886–1962), Liubov Popova (1889–1924) y Alexander Vesnin (1883–1959). Fomentaban el «arte de producción» y establecieron contactos con la industria. También desarrollaron técnicas educativas progresistas y mantuvieron una estrecha relación con la Bauhaus a través de **El Lissitzky**, **Kasimir Malevich** y Wassily Kandinsky (1866–1944). Al igual que otras instituciones artísticas soviéticas, como el Inkhuk (Instituto de Cultura Artística) y el Izo (sección de bellas artes del Narkompros), el Vkhutemas tuvo un papel trascendental en la formación de la ideología artística de la URSS. Inicialmente, el régimen bolchevique apoyó a la **vanguardia**, pero el Comité Central Soviético acabó persiguiéndola. En 1932, todas las organizaciones arquitectónicas y de diseño, incluido el Vhutein (Instituto Superior Estatal Artístico y Técnico), que en 1927 sustituyó al Vkhutemas, fueron abolidos a favor de los centros controlados por el partido.

▲ **Alexander Rodchenko**, mobiliario para la sala de lectura de la asociación obrera, pabellón ruso de la Exposition des Arts Décoratifs de 1925 en París

◂ Sillas de roble, probablemente producidas por C. H. B. Quennell, 1898

## Charles F. A. Voysey

*Hessle (Yorkshire)*, 1857
*Winchester*, 1941

Charles F. A. Voysey era hijo del sacerdote anglicano heterodoxo que fundó la Iglesia teísta. Como su padre, Voysey tenía sólidas opiniones morales que iban a conformar su obra. Recibió la influencia de **A. W. N. Pugin**, pero rechazó el historicismo a favor de lo vernáculo. De 1874 a 1882 fue aprendiz de varios arquitectos neogóticos progresistas: John Pollard Seddon (1827–1906), Henry Saxon Snell (1830–1904) y George Devey (1820–1886). Creó su despacho en 1882 y trabajó según la tradición Arts & Crafts iniciada por **William Morris** y **A. H. Mackmurdo**. A partir de 1888 aproximadamente y hasta 1914 diseñó numerosas residencias que eran la antítesis de las «grandes manifestaciones»: casas bajas e informales con tejado de dos aguas, al estilo **Gesamtkunstwerk**, que se integraban con el paisaje. Decoró sus cómodos, rústicos y claros interiores con sencillo mobiliario de roble y tejidos «lisos». Sus diseños ahistóricos e informales ejemplificaban la segunda fase del **movimiento Arts & Crafts** y estilísticamente establecían un puente entre los siglos XIX y XX. Su obra era esencialmente inglesa. Al adoptar formas y motivos vernáculos, se convirtió en pionero de un estilo sencillo propiamente inglés con gran influencia, sobre todo en la arquitectura eduardiana de los barrios periféricos.

► Accesorios para puertas, probablemente producidos por William Bainbridge Reynolds, 1895

◄ *The Huntsman*, diseño para una tela tejida a máquina, aprox. 1919

## Wilhelm Wagenfeld

*Bremen (Alemania),* 1900
*Stuttgart,* 1990

Wilhelm Wagenfeld fue aprendiz en la firma de artículos de plata Koch & Bergfeld y estudió en la Kunstgewerbeschule de Bremen de 1914 a 1919. Luego, tomó clases en la Zeichenakademie (Academia de Dibujo) de Hanau durante tres años y en la **Bauhaus** de Weimar, donde hizo el curso preliminar y finalizó un aprendizaje en metalistería con **László Moholy-Nagy**. En la Bauhaus diseñó su famosa lámpara de mesa *MT8* (1923–1924), producida en serie por el taller. Tras aprobar el examen de oficial, fue ayudante de Richard Winkelmayer en el taller del metal de la Bauhochschule de Weimar. En 1928 le sustituyó al frente del taller. Las formas geométricas de sus objetos funcionales, como la cajita para té *M15* (aprox. 1929), eran menos severas que las de sus primeros diseños en la Bauhaus. Durante ese período también creó tiradores para S. A. Loevy, de Berlín, y numerosos artículos domésticos para Walther & Wagner, Schleiz. Wagenfeld trabajó como diseñador independiente para Jenaer Glaswerke Schott & Gen. y rediseñó su gama de cristalería doméstica, entre otros, la cafetera *Sintrax* (1931) y su famoso juego de té de cristal (1930). A finales de los años treinta, sus diseños adoptaron un carácter más industrial, tal como demuestran los recipientes de conserva apilables *Kubus*, producidos masivamente por Vereinigte Lausitzer Glaswerke, para quien también diseñó una marca de fábrica y material de promoción. También creó cerámica para las fábricas de porce-

▲ Recipientes de cristal moldeado para conserva *Kubus* para Vereinigte Lausitzer Glaswerke, 1938

► Lámpara de mesa *MT9/ME1* para la Bauhaus de Dessau, 1923–1924

lana Fürstenberg y Rosenthal y perfiló su enfoque funcionalista en artículos para revistas como *Die Form*. De 1931 a 1935 fue profesor en Berlín, en la Staatliche Kunsthochschule Grunewaldstrasse, y en la Hochschule für Bildende Künste de 1947 a 1949. En 1954 fundó el taller Wagenfeld en Stuttgart para desarrollar productos destinados a la producción industrial, como una bandeja de melamina para los vuelos de Lufthansa (1955). Como célebre diseñador de la Bauhaus, Wagenfeld insistió en las obligaciones morales, sociales y políticas de los diseñadores y se centró en el diseño de productos económicos, funcionales y democráticos.

Escritorio y taburete diseñados para la Österreichische Sparkasse de Viena (Caja Postal Austríaca), 1906. Producidos por Gebrüder Thonet

## Otto Wagner

*Viena-Penzing*, 1841
*Viena*, 1918

Otto Wagner estudió en la Technische Hochschule de Viena y en la Bauakademie de Berlín. Posteriormente fue alumno de Eduard van der Nüll y August Siccard von Siccardsburg en la Akademie der Bildenden Künste de Viena. En 1862 ingresó en el despacho del arquitecto vienés Ludwig von Förster, del cual acabó asumiendo la dirección bajo su propio nombre. Su arquitectura temprana (principalmente apartamentos y edificios para oficinas) mostraba elementos historicistas e influencias del estilo clasicista de Karl Friedrich Schinkel (1781–1841). Se le encargó un plan de urbanismo para Viena (1892–1893) y, además, rediseñó el sistema de vías del Stadtbahn (1893), proyecto que incluía viaductos, puentes y más de treinta estaciones ferroviarias. De 1894 a 1916 fue profesor de arquitectura en la Akademie der Bildenden Künste de Viena, con alumnos como **Adolf Loos**, **Josef Hoffmann** y **Josef Maria Olbrich**. En 1894, Wagner publicó el libro *La arquitectura moderna*, que marcó un punto de inflexión en su carrera arquitectónica: su obra fue volviéndose cada vez menos ornamental. En 1899 se unió a la **Wiener Sezession**, y aunque no abandonó por completo el clasicismo,

▲ Sala de juntas de la Österreichische Sparkasse de Viena (Caja Postal Austríaca), 1905–1906

empezó a cultivar el lenguaje **Art Nouveau**. En el año 1900 tenía ya más de 70 empleados, entre ellos Olbrich, Hoffmann, Leopold Bauer (1872–1938), Max Fabiani (1865–1962) y Jože Plečnik (1872–1957), y además de proyectos arquitectónicos también realizaba diseños. Su obra maestra, la Österreichische Postsparkasse (Caja Postal Austríaca) en Viena (1904–1906), fue concebida como proyecto **Gesamtkunstwerk** y decorada con accesorios de aluminio de diseño especial y mobiliario de madera encorvada que revelaba los inicios de una tendencia funcionalista. A continuación, Gebrüder **Thonet** y **J. & J. Kohn** produjeron variantes del mobiliario de la caja postal. Wagner también diseñó platería para J. C. Klinkosch, exhibida en la sección austríaca de la «Esposizione Internazionale d'Arte Decorativa Moderna» de Turín en 1902. De 1904 a 1907 colaboró con la revista *Hohe Warte* y más tarde ingresó en el **Deutscher Werkbund**. Wagner fue uno de los arquitectos vieneses más progresistas del cambio de siglo y, a través de sus enseñanzas en la Akademie der Bildenden Künste de Viena y su defensa del «Nutzstil» (estilo funcional), influyó a una generación entera de arquitectos y diseñadores.

## George Walton

*Glasgow*, 1867
1933

George Walton era hijo de un ingeniero y pintor autodidacta. Asistió a clases nocturnas en la Glasgow School of Art y fundó un negocio de decoración propio en 1888. Su hermano mayor, E. A. Walton (1860–1922), formaba parte de un grupo de pintores postimpresionistas llamados Glasgow Boys y sus contactos contribuyeron a conseguirle contratos. George Walton expuso en la Arts & Crafts Society en 1890 y decoró los salones de té de Catherine Cranston en Buchanan Street (1896) y Argyle Street (1897), en colaboración con **Charles Rennie Mackintosh**. En 1896, su próspero negocio se convirtió en sociedad limitada. Al año siguiente se mudó a Londres, donde recibió el encargo de diseñar el mobiliario y los escaparates de las salas de exposición de Kodak en Londres, Glasgow, Dublín, Milán, Bruselas, Viena y Moscú. En 1898 inauguró otro despacho en Scarborough y tres años más tarde recibió el primero de varios encargos arquitectónicos para residencias privadas. De 1916 a 1921 diseñó edificios públicos para la Junta Central del Comercio de Licores, y en los años veinte, tejidos para Morton Sundour. Aunque fue uno de los diseñadores con más éxito de la **Glasgow School**, su obra estaba más en la línea del **movimiento Arts & Crafts** inglés.

▲ Aparador *Brussels* para George Walton & Company, aprox. 1900

## Kem Weber

*Berlín*, 1889
*Santa Bárbara (California)*, 1963

Karl Emanuel Martin («Kem») Weber fue alumno de Eduard Schultz, un ebanista real con sede en Potsdam. Más tarde estudió en la Kunstgewerbeschule de Berlín, donde asistió a su tutor **Bruno Paul** en el diseño y construcción del pabellón alemán de la Exposition Universelle de 1910 en Bruselas. Tras graduarse en 1912, trabajó en el despacho de Paul en el diseño de la sección alemana de la «Panama-Pacific International Exhibition» de 1915 en San Francisco. Viajó a Estados Unidos para supervisar la construcción de la exposición, que fue suspendida a causa de un empeoramiento de la situación política. El inminente estallido de la guerra le impidió regresar a su país, por lo que se vio atrapado en California. Tras la I Guerra Mundial, se mudó a Santa Barbara e inauguró un estudio especializado en el diseño de interiores coloniales españoles. También creó varios edificios inspirados en las estructuras mayas, egipcias y minoicas, así como en el cubismo. En 1921 se instaló en Los Ángeles y empezó a diseñar muebles, interiores y envoltu-

▼ Silla *Airline* para Airline Chair Co., aprox. 1934–1935

▲ Reloj digital *Modelo n.° 305-P40 The Zephyr* para Lawson Time Inc., 1934

ras de estilo moderno para los grandes almacenes de mobiliario y decoración Barker Brothers. En 1924 recibió la nacionalidad estadounidense y fue nombrado jefe de diseño de Barker Brothers, cargo que conservó hasta 1927. Entonces fundó una oficina de diseño industrial en Hollywood. Sus diseños en el estilo **Moderne** se exhibieron en la segunda «International Exposition of Art in Industry» organizada por Macy's de Nueva York en 1928 y le consagraron como uno de los diseñadores en activo más progresistas de Estados Unidos. En los años treinta, Weber produjo diseños para varios fabricantes de mobiliario de Grand Rapids: Widdicomb, Baker, Berkey & Gay, Mueller... También concibió platería para Friedman Silver, de Nueva York, y relojes para Lawson Time, de Alhambra. A menudo recurrió al **aerodinamismo**, tal como demuestra su silla *Airline* (1934–1935) para los estudios Walt Disney. Durante la II Guerra Mundial, Weber diseñó un sistema de casas prefabricadas para la Douglas Fir Plywood Association de Tacoma. Después de 1945 se concentró en encargos arquitectónicos que incorporaban materiales tradicionales y naturales. Aunque realizó dichos proyectos en un lenguaje moderno, estaban muy distanciados de sus primeros edificios de **estilo internacional**. Su obra simboliza el planteamiento moderno menos austero de la costa oeste.

## Hans J. Wegner

*Tønder (Dinamarca)*, 1914
*Copenhague*, 2007

Hans J. Wegner era hijo de un zapatero remendón y creció con un gran respeto por la artesanía. Fue aprendiz de carpintero en el taller de H. F. Stahlberg y tras hacer el servicio militar estudió en el Teknologisk Institut de Copenhague de 1936 a 1938. Posteriormente fue alumno del diseñador de mobiliario Orla Mølegaard Nielsen (1907–1993) en la Kunsthandvaerkerskolen. En 1938, Wegner trabajó para los arquitectos Erik Møller y Flemming Lassen, y en 1940 empezó a trabajar con Møller y **Arne Jacobsen** en el diseño del ayuntamiento de Arhus, con creaciones de mobiliario simples pero bien ejecutadas. De 1943 a 1946, Wegner dirigió su estudio en Arhus y de 1946 a 1948 trabajó en colaboración con el arquitecto Palle Suenson en Copenhague, antes de fundar una oficina en dicha ciudad. A partir de 1940 trabajó también con el creador de mobiliario y presidente del gremio de ebanistas, Johannes Hansen, para cuya compañía diseñó numerosas sillas, entre las que destaca la *Round* (1945), conocida como *The Chair* o *Classic Chair*. En los años cincuenta fue uno de los principales exponentes del diseño escandinavo. El mundo entero celebraba sus sillas, de un equilibrio exquisito y una bella ejecución, construidas en su mayoría de madera sólida. Las producían Johannes Hansen, Fritz Hansen, Andreas Tuck, Getama, A. P. Stolen, Carl Hansen & Søn y PP Møbler. Su planteamiento característicamente escandinavo, ejemplificado por las sillas *Chinese* (1943), *Peacock* (1947), *Y* (1950) y *Valet* (1953), se oponía al formalismo geométrico del **movimiento moderno**. Como diseñador y artesano con grandes dotes simplificó la forma y la construcción para crear bellas y modernas versiones de muebles tradicionales.

▾ Silla *Modelo n.° JH 250 Valet* para Johannes Hansen, 1953 (reeditada por PP Møbler)

▲▲ Silla *Modelo n.° JH 50 Peacock* para Johannes Hansen, 1947 (reeditada por PP Møbler)

▲ Silla plegable *Modelo n.° JH 512* para Johannes Hansen, 1949 (reeditada por PP Møbler)

▲▲ Silla *Modelo n.° JH 501 Round* para Johannes Hansen, 1949 (también conocida como *The Chair* o *Classic Chair*, reeditada por PP Møbler)

▲ Silla *Modelo n.° 24 Y* para Carl Hansen, 1950

◄ Armario de oficina
*Modelo n.° B290*
para Gebrüder
Thonet, 1928–1929

## Bruno Weil

Fechas desconocidas
*Austria*

Bruno Weil estudió arquitectura y fue nombrado director de Thonet Frères, en París. Mientras ejerció dicho cargo, de 1928 a 1933, diseñó bajo el seudónimo Béwé (la pronunciación en alemán de las siglas de su nombre). Su mobiliario de metal tubular incluía el armario de oficina *B290* (1928–1929), la silla apilable *B256* (1932), las mesas *B143/144* (1932), la meridiana *B267* (1935) y el innovador sistema de escritorio modular *B287* (1935). Bajo su dirección, Thonet Frères fabricó mobiliario de diseñadores alemanes como **Ludwig Mies van der Rohe** y **Marcel Breuer**, pero también de arquitectos franceses progresistas como André Lurçat (1894–1970), **Le Corbusier**, **Pierre Jeanneret** y **Charlotte Perriand**. En 1939 emigró a Estados Unidos, donde diseñó el proyecto *Bentply* (1934), inspirado en los primeros prototipos de sillas en madera contrachapada de **Charles Eames** y **Eero Saarinen**.

## Daniel Weil

*Buenos Aires*, 1953

Daniel Weil estudió arquitectura en la Universidad de Buenos Aires, donde se graduó en 1977, y diseño industrial en el **Royal College of Art**, Londres, de 1978 a 1981. A continuación diseñó una serie de radios, lámparas y relojes digitales revestidos de unos sobres de plástico impresos con retícula, cuyo objetivo era desarrollar una «nueva imagen de la electrónica que escapase de la imagen mecánica que representa la caja». Estos diseños deconstructivos, entre los que destaca la *Bag Radio* (1981–1983), dejaban ver el cableado y los componentes electrónicos, y fueron producidos por su propia empresa de fabricación, Parenthesis Limited, de 1982 a 1990. De 1985 a 1991, Weil trabajó en colaboración con Gerard Taylor (nacido en 1955) diseñando productos, mobiliario e interiores para **Alessi**, **Knoll** y Esprit, entre otros. Ingresó como socio en la asesoría multidisciplinar de diseño **Pentagram** en 1992, desde donde ha trabajado para numerosos clientes corporativos, como por ejemplo EMI Records, Swatch, Granada Hospitality y el Consejo de Artesanía de Gran Bretaña. De 1983 a 1986, Weil fue también «Unit Master» de la Asociación de Arquitectura de Londres y en 1991 empezó a trabajar como profesor y director de la asignatura Diseño industrial y de vehículos en el Royal College of Art.

▲ *Bag Radio* para Parenthesis, 1981–1983

## Wiener Werkstätte

1903–1932
*Viena*

► **Josef Hoffmann**, jarrón de cristal tallado producido por Ludwig Moser & Söhne para los Wiener Werkstätte, aprox. 1920

▼ **Dagobert Peche**, póster para la sección de moda de los Wiener Werkstätte, 1920

En junio de 1903, los diseñadores secesionistas **Josef Hoffmann** y **Koloman Moser**, junto con el acaudalado banquero Fritz Wärndorfer (1869–1939), fundaron oficialmente los Wiener Werkstätte en Viena. La cooperativa se inspiraba en las organizaciones precursoras británicas, principalmente en el **Gremio de Artesanos** de **Charles Ashbee**, y también estaba dedicada al fomento artístico a través de la artesanía. En octubre de 1903 se habían fundado ya varios talleres (platería, orfebrería, metal, encuadernación, piel y ebanistería), además de un despacho de arquitectos (había sido el de Hoffmann) y un estudio de diseño. Los Wiener Werkstätte se caracterizaban por su limpieza, su iluminación y el trato ejemplar que recibían los trabajadores (en la ebanistería, por ejemplo, recibían una o dos semanas de permiso pagado, algo insólito hasta entonces). Los diseños de los talleres no sólo llevaban el monograma de su diseñador sino también los de los artesanos que los ejecutaban, reflejando así el esfuerzo por promocionar la igualdad entre artista y artesano. Sus miembros, Hoffmann en especial, se negaban a ceder calidad a favor de unos precios asequibles e insistían en el uso de los mejores materiales. Aunque dicho planteamiento garantizaba la excelencia, dificultaba el éxito económico, con lo cual la influencia democratizadora de los Werkstätte no fue tan amplia como pudiera haber sido. Con todo, en 1905, los Wiener Werkstätte tomaron el relevo de la **Sezession** como organización líder de las artes y oficios vieneses, con más de cien empleados. Su obra era reproducida en revistas como *Deutsche Kunst und Dekoration* o *The Studio*, y llegaba a un público más amplio gracias a las exposiciones propias (Berlín 1904, Viena y Brünn 1905, Hagen 1906) y a la participación en exposiciones internacionales como la «Werkbund-Ausstellung» de 1914 en Colonia y la Exposition Interna-

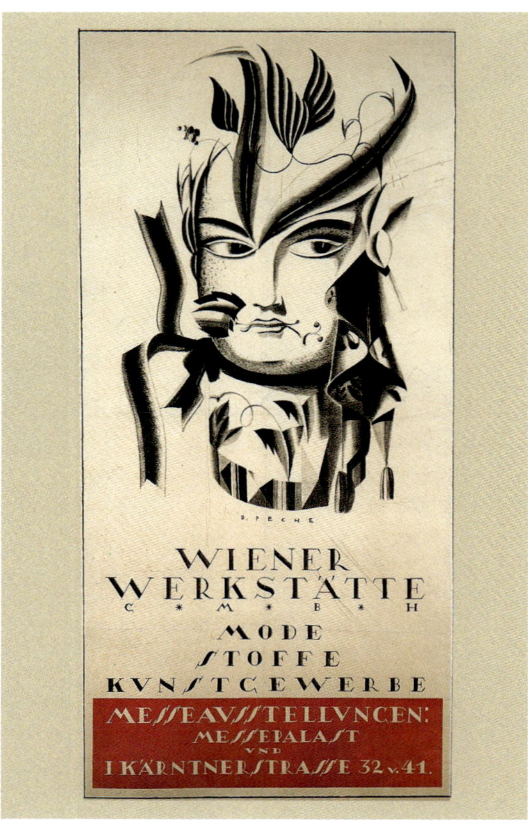

▲ **Josef Hoffmann**, tetera de plata para los Wiener Werkstätte, 1903–1904

tionale des Arts Décoratifs de 1925 en París. De 1903 a 1932, más de doscientos diseñadores (muchos eran antiguos alumnos de la Kunstgewerbeschule de Viena) produjeron mobiliario, cristalería, objetos de metal, tejidos, joyería, ropa, papel pintado, cerámica y gráficos. Destacan **Otto Prutscher**, **Jutta Sika**, Michael Powolny (1871–1954), Carl Otto Czeschka (1878–1960), Berthold Löffler (1874–1960) y Emmanuel Josef Margold (1889–1962). Los Werkstätte emprendieron tres proyectos **Gesamtkunstwerk** destacados: su propio teatro, el cabaret Fledermaus (1907), el sanatorio de Purkersdorf de Josef Hoffmann (1904–1906) y el Palais Stoclet (1905–1911). Este último, situado en Bruselas, ejemplifica el estilo secesionista temprano de los talleres, caracterizado por formas rectilíneas, construcciones elaboradas y materiales lujosos. Después de que Fritz Wärndorfer emigrara a Estados Unidos en 1914, los talleres, dirigidos por Otto Primavesi, empezaron a producir productos menos exclusivos, con formas más curvilíneas y eclécticas, cuyo ejemplo sería la obra de **Dagobert Peche**. Aunque fundaron sucursales en Nueva York (1921) y Berlín (1929), en 1932 se vieron obligados a entrar en liquidación.

► **Josef Hoffmann**, jarrón de plata con revestimiento interno de cristal para los Wiener Werkstätte, 1906

Tapio Wirkkala estudió escultura en la Taideteollinen Korkeakoulu (Escuela Central de Diseño Industrial) de Helsinki, de 1933 a 1936. Posteriormente trabajó como escultor y diseñador gráfico. En 1947 compartió el primer premio de un concurso de cristalería organizado por Iittala con **Kaj Frank** y empezó a producir diseños para dicha firma como diseñador independiente. Los jarrones *Kantarelli* de cristal soplado (1946) se inspiraban en los rebozuelos y captaron la esencia abstracta de la naturaleza al tiempo que encarnaban el movimiento moderno escandinavo: expresivas formas orgánicas combinadas con la artesanía tradicional. La gama, producida entre 1947 y 1960, consolidó su reputación internacional. Wirkkala también debe su fama a los diseños en madera laminada de mobiliario y de cuencos en forma de hoja, de una belleza natural intrínseca. Creaba laminados multicolores de madera contrachapada, cortados y vaciados para mostrar un efecto marcadamente veteado. Expuso sus diseños en las Trienal de Milán de 1951 y 1954, donde consiguió seis Grand Prix. De 1951 a 1954 fue jefe de diseño de la Taideteollinen Korkeakoulu de Helsinki y de 1955 a 1956 trabajó en la oficina de **Raymond Loewy** en Nueva York. También diseñó cristalería para Venini, cerámica para Rosenthal, cuchillos para Hackman e iluminación para Airam. Wirkkala logró equilibrar la artesanía con las técnicas industriales para crear objetos domésticos de una gran belleza y funcionalidad.

## Tapio Wirkkala

*Hanko (Finlandia)*, 1915
*Esbo (Finlandia)*, 1985

▲ Jarrones *Kantarelli* para Iittala, 1946

◄ Silla de madera laminada para Asko, aprox. 1955

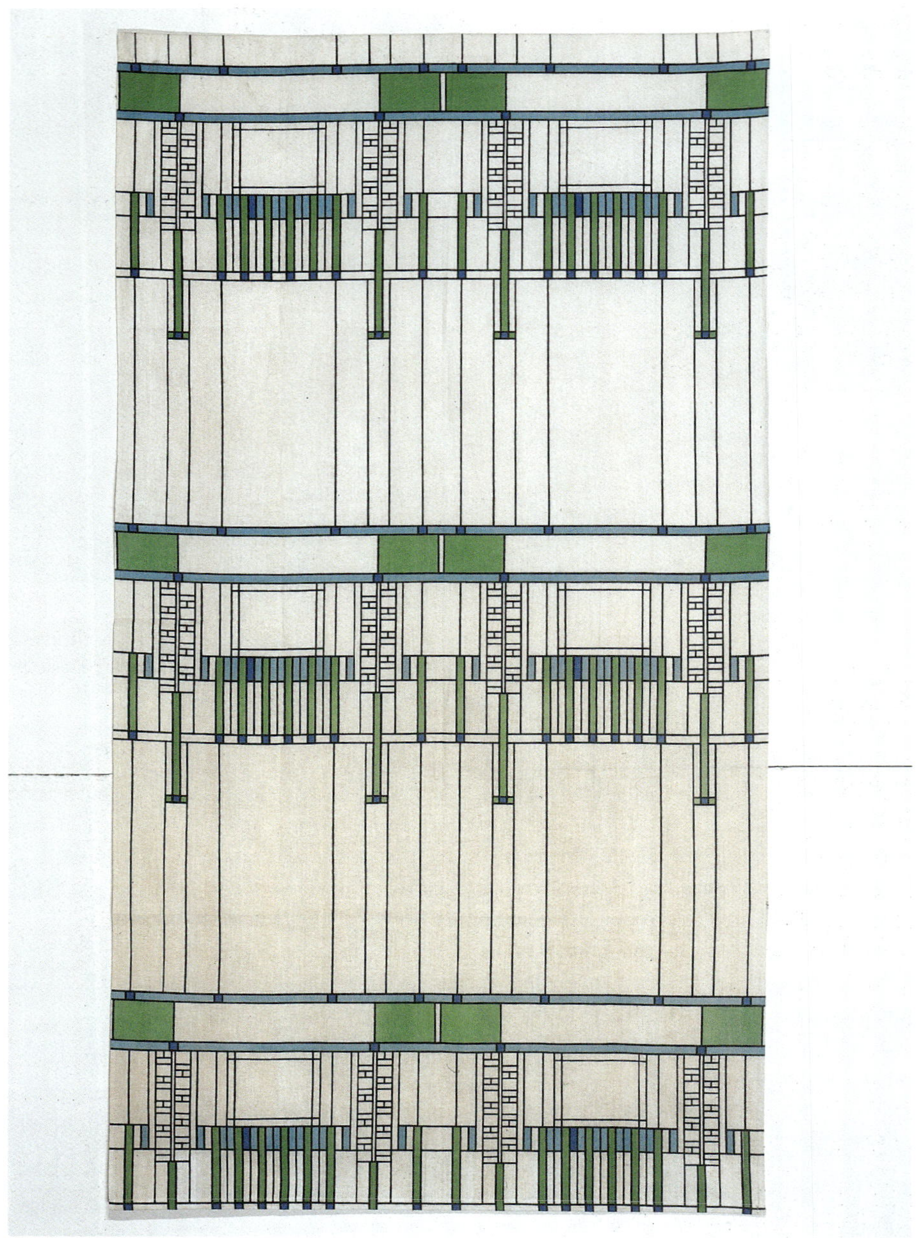

Frank Lloyd Wright estudió ingeniería en la University of Wisconsin de 1885 a 1887. A continuación se mudó a Chicago, donde trabajó por poco tiempo en el despacho de arquitectura de Joseph L. Silsbee antes de unirse al de Adler & Sullivan. En 1889 edificó su propio hogar en Oak Park, Illinois, y al año siguiente se le asignó la supervisión de todos los encargos residenciales de Adler & Sullivan. No obstante, en 1892 dejó la compañía por un desacuerdo sobre una obra clandestina que había emprendido. En 1893 inauguró su despacho en Chicago y se centró en el diseño de casas privadas en la zona de Oak Park y otros barrios de las afueras. De 1900 a 1911 diseñó unas cincuenta residencias conocidas como «casas de la pradera», estructuras hechas mayoritariamente con materiales naturales (piedra, ladrillo y madera) y diseñadas para acentuar la belleza natural de las praderas del mediooeste americano, con poca altura y tejados de suaves pendientes que acentuaban la horizontalidad. Sus innovadores interiores de planta abierta, también en concordancia con el paisaje, mostraban muros-pantalla y colores de suaves tonos naturales que maximizaban la sensación de claridad.

## Frank Lloyd Wright

*Richland Center (Wisconsin)*, 1867
*Phoenix (Arizona)*, 1959

◂ Tejido para F. Schumacher & Co., 1955

◂ Sillas diseñadas para las casas Isabel Roberts y Francis W. Little, 1908 y 1902

Muchas de estas residencias y otros edificios posteriores fueron concebidos como **Gesamtkunstwerk**, con accesorios y mobiliario específicos y parcialmente integrados. Wright quería que estos proyectos unificados poseyeran «naturalidad» y trascendencia espiritual. Al igual que las «casas de la pradera», sus posteriores edificios públicos y para oficinas, como el edificio administrativo de la Larkin Company en Buffalo (1903–1905) eran innovadores proyectos integrados planificados para proporcionar un entorno lo más agradable posible. La revolucionaria distribución del edificio Larkin, por ejemplo, mostraba una eficacia funcional y las galerías abiertas y el patio central lleno de luz fomentaban el espíritu «familiar»: todos los empleados trabajan juntos y no en despachos separados. El mobiliario de oficina era rectilíneo y de acero, especialmente diseñado para el proyecto: funcional y visualmente unificado con el entorno. También el Unity Temple de Oak Park (1904–1907) presentaba una masa externa geométrica que se contradecía con la extraordinaria sensación de espacio y de luz del interior. La innovadora construcción en voladizo de dicho edificio y sus muros-pantalla sin soportes (de mampostería, madera, cemento o vidriados) marcaron un punto de inflexión en la carrera de Wright hacia lo que llamó «destrucción de la caja». Su obra fue distanciándose de sus orígenes del movimiento **Arts & Crafts** y empezó a explorar el potencial decorativo de los bloques de cemento «industriales», que utilizó para lograr un gran impacto en el diseño del Imperial Hotel de Tokio (1915–1922) y en cuatro casas de Los Ángeles (principios de los años veinte). Durante la Gran Depresión, los encargos escasearon y Wright fundó la comunidad educativa Taliesin Fellowship. En 1932 publicó una autobiografía. Su languideciente carrera volvió a reanimarse con dos importantes proyectos: el edificio administrativo de S. C. Johnson & Son (1936–1939) y la residencia de Edgar J. Kaufmann, *Fallingwater* (1935–1939).

◄ Servicio de café y de mesa para el Imperial Hotel de Tokio, fabricados por Noritake de Japón, aprox. 1922

▼ Silla *Peacock* diseñada para el Imperial Hotel de Tokio, aprox. 1921–1922

◄ Silla giratoria diseñada para las oficinas del edificio administrativo de la Larkin Company, aprox. 1904

► Interior del edificio administrativo de S. C. Jonhson & Son, 1936–1939

Igual que el posterior Guggenheim Museum (1943–1946 y 1955–1959), incorporaban construcciones en voladizo de cemento reforzado y anunciaban un estilo arquitectónico nuevo y liberado. Todos sus proyectos (ya fueran con materiales naturales o artificiales, formas curvas o rectilíneas) expresaban su respeto por la naturaleza y su abrumadora creencia en la importancia de los valores humanos o, tal como decía él, de la «humanidad». Wright afirmaba que «la belleza no es más que el brillo de la luz (alma) humana». Como precursor del **diseño orgánico** intentó simbolizar y captar la esencia espiritual del ser humano y de la naturaleza. No era historicista ni moderno, sino ante todo humanista. La increíble extensión y visión de su obra sigue ejerciendo una enorme influencia en el mundo del diseño.

▼ Estación de trabajo diseñada para el edificio administrativo de S. C. Johnson & Son, aprox. 1937 (producida por Metal Office Furniture Company)

◄ Servicio de mesa *American Modern* para Steubenville Pottery, aprox. 1937

## Russel Wright

*Lebanon (Ohio)*, 1904
*Nueva York*, 1976

Russel Wright estudió pintura en la Cincinnati Art Academy y escultura en la Art Students' League de Nueva York. En 1924, **Norman Bel Geddes** y el dramaturgo Thornton Wilder le ofrecieron trabajar como diseñador de escenarios teatrales. Empezó a producir esculturales máscaras caricaturescas que le proporcionaron publicidad e ingresos. También creó una gama de accesorios de bar con aluminio centrifugado que tuvieron el mismo éxito y contribuyeron a lanzar su carrera como diseñador industrial. En 1930 abrió su taller en Nueva York, y produjo artículos de metal: cocteleras, juegos de té y jarras. Sus productos en estilo **Moderne** combinaban el **funcionalismo** y el **Art Déco** con elementos vernáculos del estilo misión. En 1934, se exhibieron en la exposición «Machine Age» del **Museum of Modern Art** de Nueva York. Creaciones como el mobiliario *Modern Living* de arce claro para Conant-Ball (1935) gozaron de gran popularidad, y no sólo por ser más económicos que los productos modernos europeos y más adecuados al gusto americano. Su planteamiento «American Way», informal y moderno, queda ejemplificado en su famoso servicio de mesa *American Modern* (1937). Muy celebrado durante toda su carrera, Wright fue el primer diseñador de productos domésticos cuyo nombre figuró en la publicidad del fabricante.

► Taburete *Butterfly* para Tendo Mokko, 1954

## Sori Yanagi

*Tokio*, 1915
*Tokio*, 2011

Sori Yanagi estudió pintura y arquitectura en la Escuela de Bellas Artes de Tokio, donde se graduó en 1940. De 1940 a 1942 trabajó como ayudante en el estudio que **Charlotte Perriand** tenía en Tokio durante su etapa como asesora de artes y oficios del Ministerio de Comercio japonés. En 1951 ganó el primer premio de la edición inaugural del Concurso de Diseño Industrial Japonés. Un año más tarde fundó el Instituto de Diseño Industrial Yanagi. Sus creaciones, como el taburete de madera contrachapada moldeada *Butterfly* (1954), fabricado por Tendo Mokko, combinaban de forma elegante y armónica las culturas oriental y occidental: la artesanía tradicional y la tecnología industrial. Su enfoque casi espiritual del proceso de diseño era muy oriental y declaró que los «conceptos básicos y las formas bellas no sólo provienen de la mesa de dibujo». En 1977 fue nombrado director del Museo de Artesanía Tradicional Japonesa en Tokio y en 1982 participó en la exposición «Recipientes contemporáneos: la forma de verter», celebrada en el Museo Nacional de Arte Moderno de Tokio.

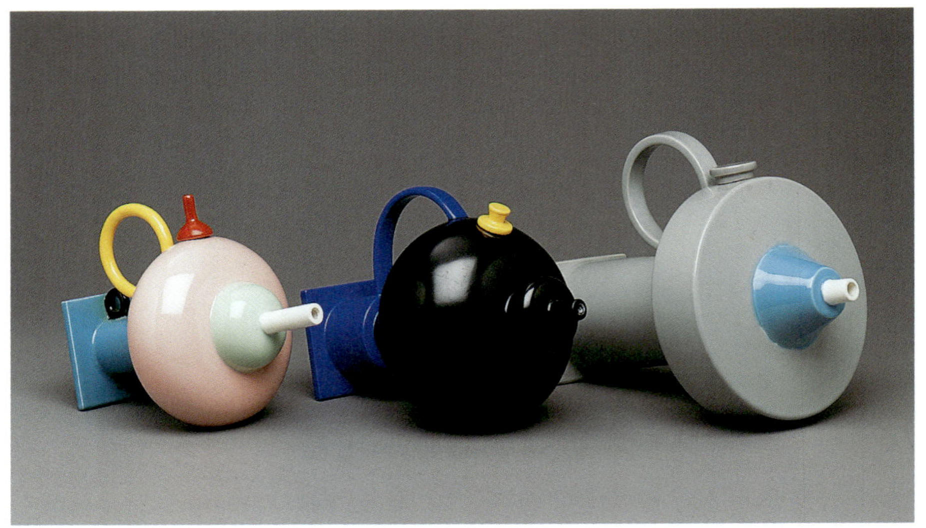

## Marco Zanini

*Trento (Italia)*, 1954

Marco Zanini estudió arquitectura en la Università di Firenze, donde fue alumno de Adolfo Natalini (nacido en 1941). En dicha ciudad conoció a **Ettore Sottsass** en un taller organizado por **Global Tools** en 1975. Entre 1975 y 1977 trabajó para Argonaut Company en Los Ángeles y como diseñador independiente en San Francisco. Tras graduarse en 1978, Zanini empezó a trabajar como ayudante en la oficina de Sottsass de Milán. Al cabo de dos años se unió a la recién fundada asesoría de diseño Sottsass Associati. Ese mismo año se convirtió en uno de los fundadores de **Memphis** y pasó a diseñar mobiliario para el grupo, como por ejemplo el sofá *Dublin* (1981) o la librería *Union* (1983). Zanini también creó cristalería para Memphis, como el cuenco con tapadera *Rigel* (1982) y los vasos *Arturo* y *Vega* (1982), así como cerámicas multicolores de formas extravagantes, entre las que destacan las teteras *Colorado* y *Mississippi* (1983) y los jarrones *Victoria*, *Baykal* y *Tangayika* (1983). Junto con Sottsass diseñó una habitación que presentaron en la exposición de 1984 «Diseño italiano», celebrada en Tokio. Dicha habitación se distinguía por el uso de atrevidas formas geométricas y coloridos laminados impresos con retícula. Zanini también colaboró en el diseño de productos electrónicos para Enorme.

▲ Teteras *Colorado*, *Sepik* y *Mississippi*, producidas por Ceramiche Flavia para Memphis, 1983

► Silla *Antropus* para Arflex, 1949

## Marco Zanuso Sr.

*Milán*, 1916–2001

Marco Zanuso Sr. estudió arquitectura en el Politecnico di Milano, donde se graduó en 1939. En 1945 abrió su oficina en Milán para realizar diseños de producto y de mobiliario, así como proyectos arquitectónicos y urbanísticos. Fue uno de los principales diseñadores italianos de la posguerra y editor de las revistas *Domus*, con Ernesto Rogers (1909–1969) de 1946 a 1947, y *Casabella*, de 1947 a 1949. En 1948, la empresa Pirelli le encargó que explorara el potencial de la espuma de látex como material para tapizado, y su silla *Antropus* (1949) fue la primera que produjo Arflex, una compañía productora fundada por Pirelli. Le siguieron otros diseños de asientos tapizados con espuma de látex, entre los que destacan la silla *Lady* (1951) y el sofá *Trienal* (1951), presentado por primera vez en la IX Trienal de Milán, donde Zanuso ganó un Grand Prix y dos medallas de oro. También recibió un **Compasso d'Oro** en 1956 por su máquina de coser *Modelo 1100/2* para Borletti, un diseño que resumía su obra: formas racionales y a la vez escultural. Además, llevó a cabo varios encargos arquitectónicos que revelaban su interés por la arquitectura y las estructuras prefabricadas: las plantas de producción de **Olivetti** en Sao Paulo (1955) y Buenos Aires (1955–1957) y la fábrica Necchi en Pavía (1961–1962). De 1958 a 1977, junto con **Richard**

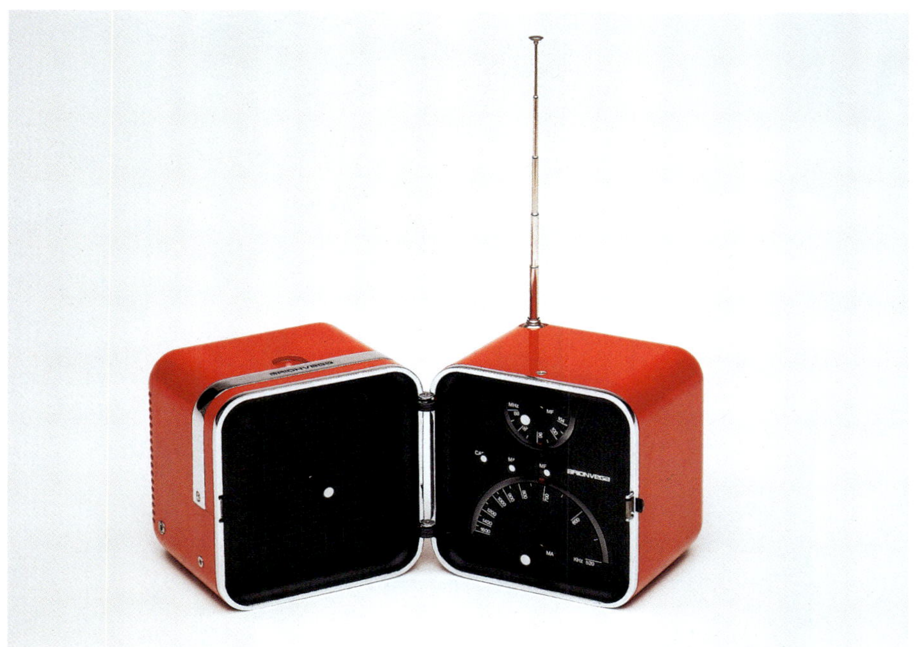


▲ **Marco Zanuso y Richard Sapper**, radio *TS502* para Brionvega, 1964

**Sapper**, Zanuso colaboró en el diseño de varios productos y muebles que hicieron época. Destacan la silla *Lambda* para Gavina (1959–1964), ligera, esmaltada y de acero estampado; la silla infantil apilable *N.° 4999/5* para **Kartell** (1961–1964), la primera producida en polietileno moldeado por inyección; los televisores *Doney 14* (1964) y *Black 201* (1969) para Brionvega, notables por sus diminutos componentes tecnológicos; el teléfono *Grillo* para Siemens (1966), con su innovadora forma plegable; las balanzas de cocina *2000* para Terraillon (1970). En 1956 ingresó en el CIAM (Congrès Internationaux d'Architecture Moderne) y en el INU (Istituto Nazionale Urbanista). Ese mismo año cofundó la Associazione di Disegno Industriale (ADI), de la que fue presidente de 1966 a 1969. Fue concejal en Milán de 1956 a 1960 y en 1961 pasó a formar parte de la comisión de urbanismo de la ciudad. A lo largo de su carrera ha experimentado con nuevos materiales y tecnologías, y ha diseñado productos elegantes pero funcionales para la producción industrial que a menudo han redefinido el potencial formal de los tipos ya existentes.

◄ Butacas *Lady* para Arflex, 1951

▲ **Marco Zanuso y Richard Sapper**, televisor *Black 201* para Brionvega, 1969

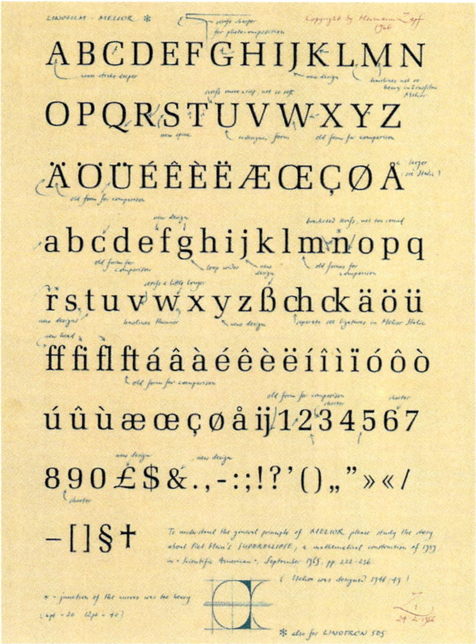

◄ Borrador corregido de la tipografía *Melior* (1949), 1966

**Hermann Zapf**

*Núremberg*, 1918
*Darmstadt*, 2015

En 1938, Hermann Zapf empezó a trabajar en la fundición Paul Koch de Francfort y en 1941 la fundición Stempel publicó una edición limitada de su libro de alfabetos caligráficos, *Feder und Stichel* (Pluma y cincel). Finalizado el servicio militar, Zapf trabajó para Stempel, donde fue director de arte de 1947 a 1956. Sus tipografías más destacadas para Stempel fueron la *Palatino* (1950), basada en un antecedente renacentista, y la elegante *Optima* (1952–1955), descrita por sí mismo como una «roman sans serif» inspirada en las inscripciones romanas. Durante dicho período escribió *Das Blumen ABC* (1948) y *Manuale Typographicum* (1954). De 1957 a 1974 fue asesor de la Mergenthaler Linotype Company de Nueva York y, de 1966 a 1973, de la Hallmark International de Kansas City. En los años sesenta, Zapf escribió otros dos manuales tipográficos y de 1972 a 1981 fue profesor de tipografía en la Technische Hochschule de Darmstadt. De 1977 a 1987 dio clases de programas informáticos de tipografía en el Rochester Institute of Technology de Nueva York, donde exploró las fuentes digitales, entre ellas la cursiva *Zapf Chancery* (1979), y adaptó muchas de las existentes para su uso en ordenadores. Zapf reintrodujo la belleza caligráfica en el diseño de tipografías y es uno de los tipógrafos más influyentes del siglo XX.

## Eva Zeisel

*Budapest*, 1906

Eva Zeisel estudió pintura en la Real Academia de Artes de Budapest de 1923 a 1924. Tras realizar un aprendizaje como ceramista, abrió su taller en la fábrica de cerámica Kispest de Budapest, donde desarrolló prototipos destinados a la producción industrial. En 1927 empezó a trabajar para la empresa de Hamburgo Hansa Kunstkeramik, y de 1928 a 1930 diseñó artículos constructivistas de formas geométricas simples y decoración polícroma manual para la Majolika-Fabrik Schramberg. Entre 1930 y 1932, Zeisel vivió en Berlín, donde diseñó cerámica para Christian Carstens. Posteriormente residió en la URSS y diseñó cerámica para las fábricas estatales de porcelana Lomonosov y Dulevo. Fue nombrada responsable de diseño de la industria de porcelana de la República Rusa en 1935, pero al cabo de un año fue encarcelada por cuestiones políticas. Tras su liberación en 1937 regresó a Budapest y en 1938 huyó a Estados Unidos vía Suiza e Inglaterra para escapar de la ocupación nazi. En América siguió diseñando modernos y prácticos servicios de mesa, entre los que destaca la gama *Museum White* (1942–1945), desarrollada en colaboración con el **Museum of Modern Art** de Nueva York. También dio clases en el Pratt Institute de Nueva York y en la Rhode Island School of Design, Providence.

▲ Sopera de loza para Majolika-Fabrik Schramberg, aprox. 1930

## Zsolnay

Fundada en 1862
*Pécs (Hungría)*

En 1862, Ignaz Zsolnay fundó la compañía de cerámicas Zsolnay en Pécs, Hungría. En 1865, Vilmos Zsolnay (1828–1900) fue nombrado director del taller y en la década de 1870 la firma creció con rapidez para convertirse en el mayor productor de cerámica del Imperio austrohúngaro. En 1883, la fábrica tenía cuatrocientos cincuenta trabajadores y en 1900 dicho número había aumentado a mil. En los años setenta, sus primeros diseños en loza con decoración folclórica fueron sustituidos por artículos con vidriados metálicos, inspirados en la cerámica del Renacimiento y en las piezas policromas de estilo Iznik conocidas como «fayenza Ivoir». La fábrica encargó el diseño de cerámicas a artistas y diseñadores famosos, entre ellos el pintor del **movimiento Arts & Crafts** húngaro József Rippl-Rónai (1861–1930), quien concibió numerosas creaciones pintadas en estilo **Art Nouveau**. Lajos Makk (1876–1916) también diseñó cerámicas metálicas muy progresistas para la fábrica. Además de artículos domésticos, Zsolnay producía cerámicas industriales y arquitectónicas, como los accesorios eléctricos de porcelana y las baldosas que iban a convertirse en uno de los rasgos distintivos de los edificios secesionistas diseñados por arquitectos como Ödön Lechner en Hungría. El hijo de Vilmos Zsolnay, Miklós (1857–1925), sustituyó a su padre en la dirección de la compañía, pero tras la I Guerra Mundial la fábrica empezó a decaer y aunque sigue en activo hoy en día, se la recuerda principalmente por sus innovadores productos artísticos de la época del *fin-de-siècle*.

▼ **Vilmos Zsolnay y Lajos Makk**, jarrón de loza metálica para la fábrica de cerámica Zsolnay, aprox. 1900

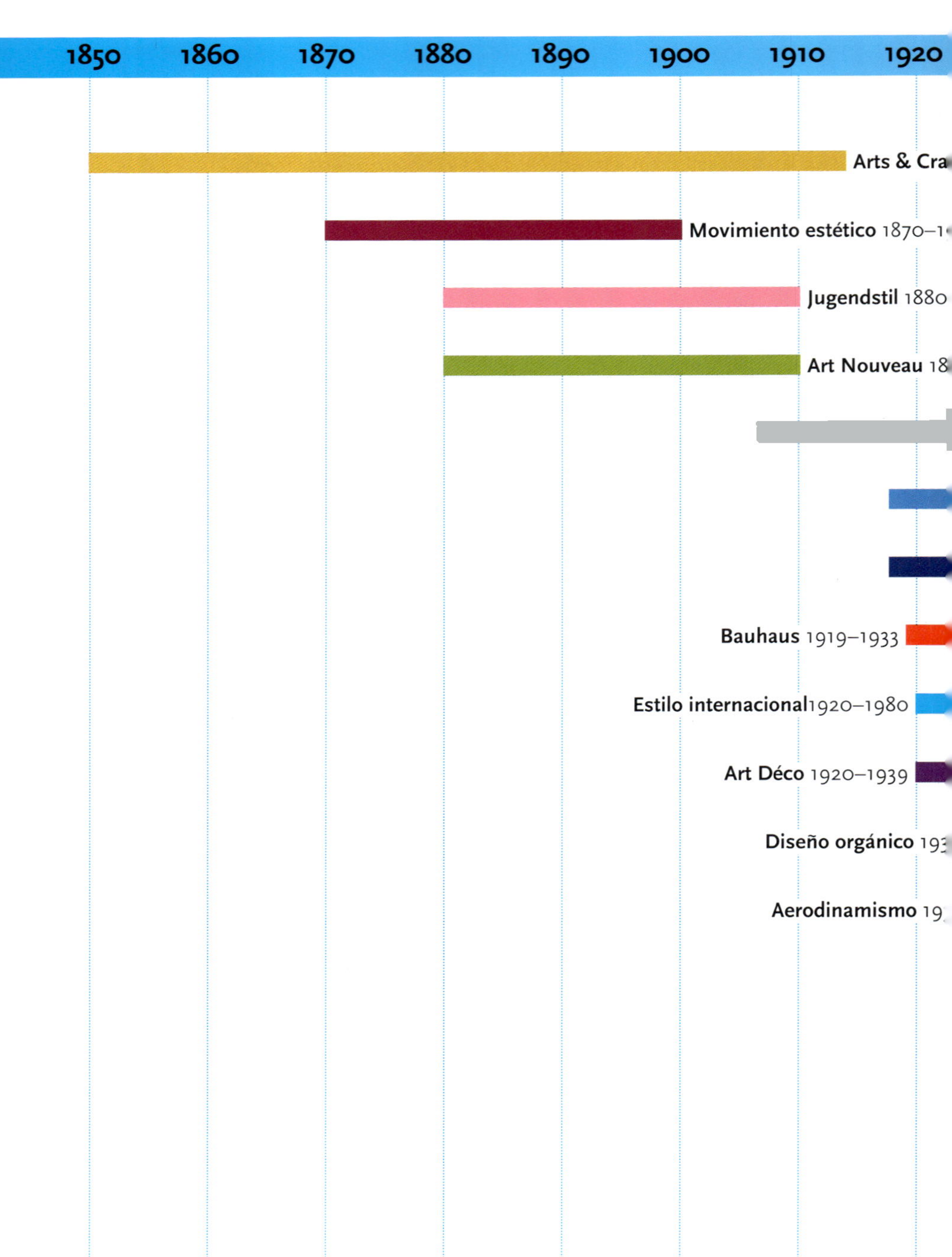

1850
1860
1870
1880
1890
1900
1910
1920
Arts & Cra
Movimiento estético 1870–1
Jugendstil 1880
Art Nouveau 18
Bauhaus 1919–1933
Estilo internacional1920–1980
Art Déco 1920–1939
Diseño orgánico 193
Aerodinamismo 19

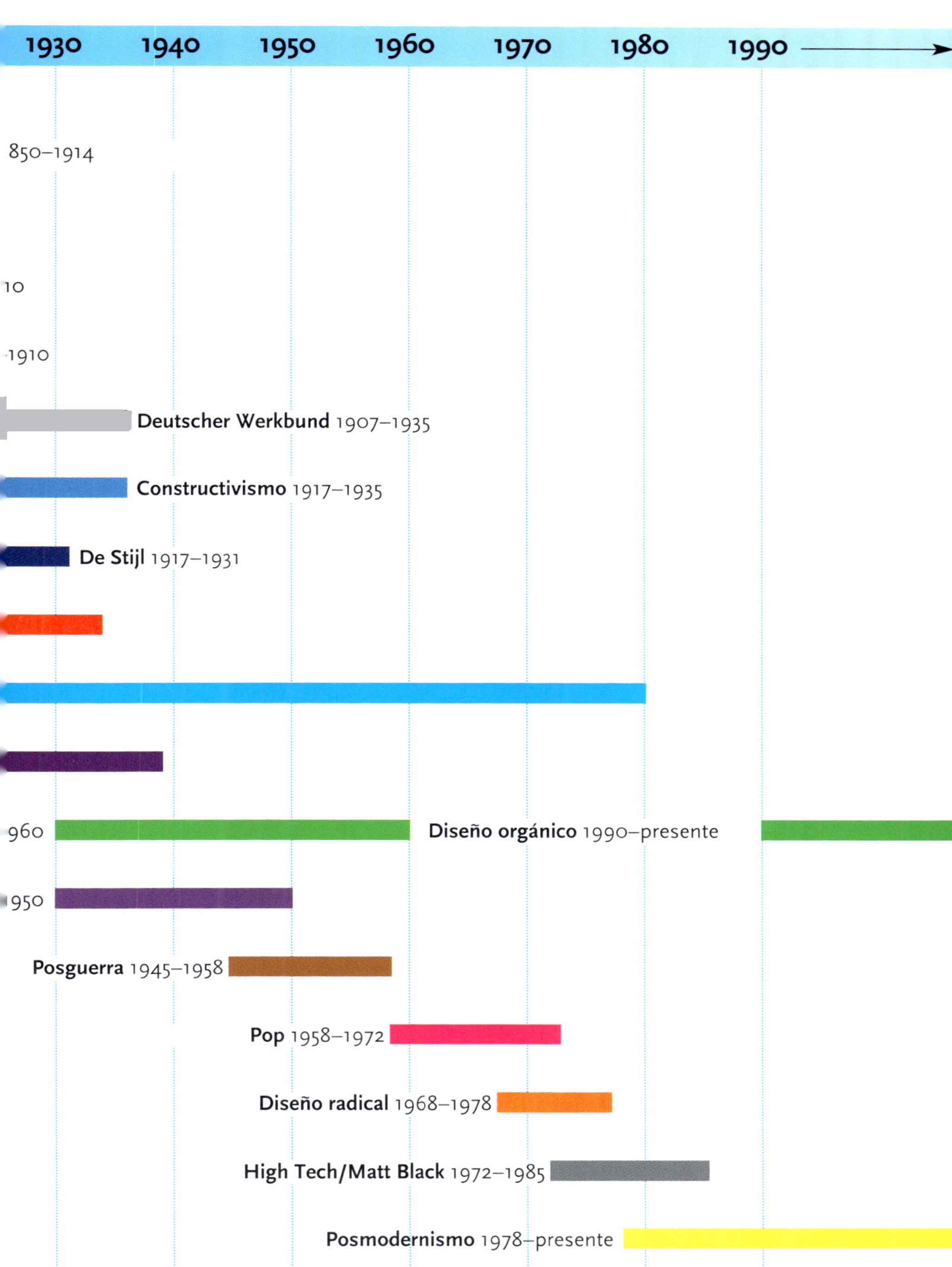
1930
1940
1950
1960
1970
1980
1990
850–1914
10
1910
Deutscher Werkbund 1907–1935
Constructivismo 1917–1935
De Stijl 1917–1931
960
Diseño orgánico 1990–presente
950
Posguerra 1945–1958
Pop 1958–1972
Diseño radical 1968–1978
High Tech/Matt Black 1972–1985
Posmodernismo 1978–presente

**1900** | **1910** | **1920** | **1930** | **1940**

1903 Se fundan los Wiener Werkstätte

1904 **Georg Jensen** *Taller de platería*

1907 **Peter Behrens diseña** *la identidad corporativa de AEG*

1907 **Deutscher Werkbund**

1908 Se funda Olivetti

1909 **Manifiesto futurista**

1913 **Monotype produce** *Imprint*, **la primera tipografía para composiciones mecánicas**

1914 Exposición del Deutscher Werkbund en Colonia

1915 **Kasimir Malevich lanza el** *suprematismo* **en Petrogrado**

1917 **Se inicia el movimiento De Stijl**
**En Rusia surge el** *constructivismo*

1918–23 Gerriet Rietveld *Silla en rojo y azul*

1919 **Se funda la Bauhaus**

1920 **Vkhutemas**

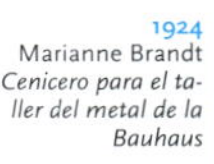

1924 Marianne Brandt *Cenicero para el taller del metal de la Bauhaus*

1924 Wilhelm Wagenfeld *Lámpara de mesa MT9/M1 para la Bauhaus*

1925 *Exposition des Arts Décoratifs et Industriels*, **París**

1925 **Marcel Breuer** *Silla Wassily*

1927 *Weißenhofsiedlung*, **Stuttgart**

1929 Ludwig Mies van der Rohe *Silla Barcelona*

1929 **Museum of Modern Art** de Nueva York

1931 Eric Gill *Un ensayo sobre tipografía*

1931 **PEL**

1936 Alvar Aalto *Jarrón Savoy*

1937 Frank Lloyd Wright *Estación de trabajo*

1937 *Exposition Universelle*, **París**

1940 **Ch. Eames y E. Saarinen ganan el concurso** *Organic Design in Home Furnishings*, **MOMA**

1941 **Programa Utilitario**

1942 Raymond Loewy *Rediseño del paquete de cigarrillos Lucky Strike*

1943 **IKEA**

1945 Charles & Ray Eames *Silla LCW*

1948 **Kay Frank** *Servicio Kilta*

1958 Richard Buckminster Fuller *Cúpula geodésica en Seattle*

1951 Arne Jacobsen *Sillas Ant*

1954 Max Bill *Taburete Ulmer*

1962 Hans Gugelot & Gerd A. Müller *Máquina de afeitar eléctrica Sixtant SM31*

1969 Joe Colombo *Bloque Central living*

1970 Shiro Kuramata *Mobiliario de formas irregulares* Cómoda

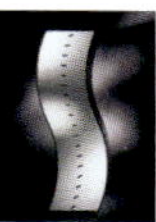

1972 Otl Aicher *Pictogramas para los Juegos Olímpicos de Múnich*

1976 Se funda Studio Alchimia

1981 Se funda Memphis

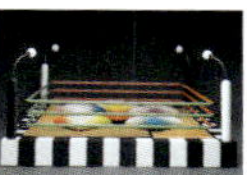

1985 Michael Graves *Hervidor*

1990 Philippe Starck *Exprimidor Juicy Salif*

1995–1999 Ross Lovegrove & Stephen Peart *Sistema de oficina*

1996 Tom Dixon *Lámparas Jack*

1995 Stefano Giovannoni *Recipientes Mary Biscuit*

1950 — 1960 — 1970 — 1980 — 1990 →

1951 **Rat für Formgebung, Darmstadt**

1951 **Festival of Britain**

1953 **Hochschule für Gestaltung de Ulm**

1954 **Adrian Frutiger diseña la tipografía** *Universe*

1955/56 **Eero Saarinen** *Silla Tulip*

1963 **Total Design, Amsterdam**

1966 **Archizoom Associati, Florencia**

1968 **Verner Panton** *Silla Panton*

1972 *Italy: New Domestic Landscape Exhibition*, **Nueva York**

1972 **Pentagram, Londres**

1973 **Global Tools, Milán**

1979 **Grupo de Diseño Ergonómico, Suecia**

1980 **New Wave californiana, EE UU**

1983 **Swatch, Suiza**

1989 **Design Museum, Londres**

1989 **Vitra Design Museum, Weil am Rhein**

1992 **Expo '92 Sevilla**

# Apéndice

Bibliografía

Agradecimientos

Créditos fotográficos

## Bibliografía seleccionada

**Abercrombie, S.**, *George Nelson, The Design of Modern Design*, MIT Press, Cambridge, Mass. 1995

**Anscombe, I.**, *Arts & Crafts Style*, Phaidon Press, Oxford 1991

**Anscombe, I. & Gere, C.**, *Arts & Crafts in Britain & America*, Academy Editions, Londres 1978

**Arwas, V.**, *Glass, Art Nouveau to Art Deco*, Academy Editions, Londres 1987

**Bangert, A.**, *Italian Furniture Design*, Bangert Verlag, Múnich 1988

**Banham, R.**, *Theory and Design in the First Machine Age*, Architectural Press, Londres/Nueva York 1960

**Bayley, S.**, *The Conran Directory of Design*, Conran Octopus, Londres 1985

**Bernsen, J.**, *Hans J. Wegner*, Dansk Design Centre, Copenhague 1994

**Blackwell, L.**, *20th Century Type*, Laurence King, Londres 1992

**Börnsen-Holtmann, N.**, *Italian Design*, Benedikt Taschen Verlag, Colonia 1994

**Branzi, A.**, *Il Design Italiano, 1964–1990*, Electa, Milán 1996

**Branzi, A.**, *The Hot House: Italian New Wave Design*, Thames & Hudson, Londres 1984

**Brino, G.**, *Carlo Mollino, Architecture as Autobiography*, Thames & Hudson, Londres 1987

**Bröhan, T. & Berg, T.**, *Avantgarde Design 1880–1930*, Benedikt Taschen Verlag, Colonia 1994

**Bruchhäuser, A.**, *Der Kragstuhl*, Stuhlmuseum Burg Beverungen, Berlín 1986

**Brunhammer, Y.**, *André Arbus, Architecte-Décorateur des Années 40*, Éditions Norma, París 1996

**Brunhammer, Y.**, *Les Styles des Années 30 à 50*, Baschet & Cie, París 1987

**Byars, M. (ed.)**, *The Design Encyclopedia*, Laurence King, Londres 1994

**Carruthers, A. & Greensted, M.**, *Good Citizens Furniture: The Arts and Crafts Collection at Cheltenham*, Lund Humphries, Londres 1994

**Collins, M. & Papadakis, A.**, *Post-Modern Design*, Academy Editions, Londres 1989

**Conway, H.**, *Ernest Race*, Design Council, Londres 1982

**Cumming, E. & Kaplan, W.**, *The Arts & Crafts Movement*, Thames & Hudson, Londres 1991

**De Bonneville, F.**, *Jean Puiforcat*, Éditions du Regard, París 1986

**Dietz, M. & Mönninger, M.**, *Japanese Design*, Benedikt Taschen Verlag, Colonia 1994

**Dietz, M. & Mönninger, M.**, *Lights. Leuchten. Lampes*, Benedikt Taschen Verlag, Colonia 1993

**Droste, M. & Bauhaus Archiv**, *Bauhaus 1919–1933*, Benedikt Taschen Verlag, Colonia 1990

**Droste, M., Ludewig, M. & Bauhaus Archiv**, *Marcel Breuer*, Benedikt Taschen Verlag, Colonia 1992

**Du Pree, H.**, *Business as Unusual, The People and Principles at Herman Miller*, Herman Miller Inc., Zeeland 1986

**Duncan, A.**, *Louis Majorelle, Master of Art Nouveau Design*, Thames & Hudson, Londres 1991

**Eidelberg, M. (ed.)**, *Design 1935–1960: What Modern Was*, Le Musée des Arts Décoratifs de Montreal/Harry N. Abrams, Nueva York 1991

**Eidelberg, M. (ed.)**, *Designed for Delight, Alternative Aspects of Twentieth-Century Decorative Arts*, Le Musée des Arts Décoratifs de Montreal/Flammarion, París/Nueva York 1997

**Fahr-Becker, G.**, *Wiener Werkstätte 1903–1932*, Benedikt Taschen Verlag, Colonia 1994

**Favata, I.**, *Joe Colombo*, Thames & Hudson, Londres 1988

**Fehrman, C. & K.**, *Postwar Interior Design: 1945–1960*, Van Nostrand Reinhold, Nueva York 1987

**Ferrari, F.**, *Carlo Mollino Cronaca*, Stamperia Artistica Nazionale Editrice, Turín 1985

**Fiell, C. & P.**, *Charles Rennie Mackintosh*, Benedikt Taschen Verlag, Colonia 1995

**Fiell, C. & P.**, *Modern Chairs*, Benedikt Taschen Verlag, Colonia 1993

**Fiell, C. & P.**, *Modern Furniture Classics since 1945*, Thames & Hudson, Londres 1991

**Fiell, C. & P.**, *1000 Chairs*, Benedikt Taschen Verlag, Colonia 1997

**Fiell, C. & P.**, *William Morris*, Benedikt Taschen Verlag, Colonia 1999

**Fleming, J., Honour, H. & Pevsner, N.**, *The Penguin Dictionary of Architecture*, Penguin Books, Londres 1966

**Forty, A.**, *Objects of Desire, Design and Society 1750–1980*, Thames & Hudson, Londres 1986

**Friedman, M.**, *De Stijl, 1917–1931: Visions of Utopia*, Phaidon, Oxford 1982

**Garner, P.**, *Eileen Gray, Designer and Architect*, Benedikt Taschen Verlag, Colonia 1993

**Garner, P.**, *Sixties Design*, Benedikt Taschen Verlag, Colonia 1996

**Geddes, N. B.**, *Horizons*, Little Brown, Boston 1932

**Gere, C. & Whiteway, M.**, *Nineteenth-Century Design: From Pugin to Mackintosh*, Weidenfeld & Nicolson, Londres 1993

**Giedion, S.**, *Mechanization Takes Command: A Contribution to Anonymous History*, Oxford University Press, Nueva York 1948

**Gössel, P. & Leuthäuser, G.**, *Architecture in the Twentieth Century*, Benedikt Taschen Verlag, Colonia 1991

**Greenhalgh, P. (ed.)**, *Modernism in Design*, Reaktion Books, Londres 1990

**Greenhalgh, P. (ed.)**, *Quotations and Sources, On Design and the Decorative Arts*, Manchester University Press, Manchester 1993

**Hall, G. & Snowman, M. R.**, *Avant Premiere, Contemporary French Furniture*, VIA/ Editions Eprouve, París/Londres 1988

**Heskett, J.**, *Industrial Design*, Thames & Hudson, Londres 1980

**Hiesinger, K. & Marcus, G.**, *Design Since 1945*, Thames & Hudson, Londres 1983

**Hiesinger, K. & Marcus, G.**, *Landmarks of Twentieth-Century Design*, Abbeville Press, Nueva York 1993

**Hollis, Richard**, *Graphic Design – A Concise History*, Thames & Hudson, Londres 1994

**Hufnagl, F. (ed.)**, *Einblicke – Ausblicke: Für ein Museum von morgen*, Die Neue Sammlung, Staatliches Museum für angewandte Kunst, Arnoldsche, Stuttgart 1996

**Jervis, S.**, *The Penguin Dictionary of Design and Designers*, Penguin Books, Londres 1984

**Jodidio, P.**, *Richard Meier*, Benedikt Taschen Verlag, Colonia 1995

**Jodidio, P.**, *Sir Norman Foster*, Benedikt Taschen Verlag, Colonia 1997

**Katz, S.**, *Plastics, Designs and Materials*, Studio Vista, Londres 1978

**Kras, R.**, *Gerrit Rietveld Centenary Exhibition*, Barry Friedman Ltd., Nueva York 1988

**Larrabee, E. & Vignelli, M.**, *Knoll Design*, Harry N. Abrams, Nueva York 1981

**Le Corbusier**, *L'Art Décoratif d'Aujourd'hui*, G. Crès, París 1925

**Le Corbusier**, *Towards a New Architecture*, Praeger, Nueva York 1959

**Loos, A.**, *Ins Leere Gesprochen 1897–1900*, Brenner-Verlag, Innsbruck 1931

**Loos, A.**, *Trotzdem 1900–1930*, Brenner-Verlag, Innsbruck 1931

**Los, S.**, *Carlo Scarpa*, Benedikt Taschen Verlag, Colonia 1994

**Margolin, V. (ed.)**, *Design Discourse, History, Theory, Criticism*, University of Chicago Press, Chicago 1989

**Margolin, V. & Buchanan, R. (ed.)**, *Discovering Design, Explorations in Design Studies*, University of Chicago Press, Chicago 1995

**Margolin, V. & Buchanan, R. (ed.)**, *The Idea of Design*, MIT Press, Cambridge, Mass. 1995

**Mastropietro, M.**, *An Industry for Design; The Research, Designers & Corporate Image of B&B Italia*, Edizioni Lybra Immagine snc., Milán 1982

**Mauriès, P.**, *Fornasetti, Designer of Dreams*, Thames & Hudson, Londres 1991

**McDermott, C.**, *Design Museum Book of 20th Century Design*, Carlton Books, Londres 1997

**McDermott, C.**, *Essential Design*, Bloomsbury, Londres 1992

**Morgan, A. L. (ed.)**, *Contemporary Designers*, St. James Press, Londres 1985

**Mumford, L.**, *Technics and Civilization*, Harcourt Brace, Nueva York 1934

**Myerson, J.**, *Gordon Russell, Designer of Furniture*, Design Council/Gordon Russell Ltd., Londres 1992
**Myerson, J.**, *Makepeace, A Spirit of Adventure in Craft & Design*, Conran Octopus Ltd., Londres 1995

**Nelson, G.**, *George Nelson on Design*, The Architectural Press, Londres 1979
**Neuhart, J. & M. & Eames, R.**, *Eames Design: The Work of the Office of Charles & Ray Eames*, Harry N. Abrams, Nueva York 1989

**Ostergard, D.**, *Bent Wood and Metal Furniture: 1850–1946*, The American Federation of Arts, Nueva York 1987

**Pevsner, N.**, *Pioneers of the Modern Movement*, Faber & Faber, Londres 1936
**Pevsner, N.**, *The Sources of Modern Architecture and Design*, Thames & Hudson, Londres 1968
**Pfeiffer, B. B.**, *Frank Lloyd Wright*, Benedikt Taschen Verlag, Colonia 1991
**Ponti, L. L.**, *Gio Ponti, The Complete Works*, Thames & Hudson, Londres 1990

**Radice, B.**, *Memphis – Research, Experiences, Results, Failures and Successes of New Design*, Thames & Hudson, Londres 1985
**Rieman, T.**, *Shaker, The Art of Craftsmanship*, Art Services International, Alexandria, Virginia 1995

**Schaefer, H.**, *The Roots of Modern Design*, Studio Vista, Londres 1970
**Schweiger, W.**, *Wiener Werkstätte, Design in Vienna 1903–1932*, Thames & Hudson, Londres 1984
**Sembach, K.-J.**, *Art Nouveau*, Benedikt Taschen Verlag, Colonia 1991
**Sembach, K.-J., Leuthäuser, G. & Gössel, P.**, *Twentieth Century Furniture Design*, Benedikt Taschen Verlag, Colonia 1991
**Sparke, P.**, *Italian Design, 1870 to Present*, Thames & Hudson, Londres 1988
**Sparke, P. (ed.)**, *The Plastics Age, From Modernity to Post-Modernity*, Victoria & Albert Museum, Londres 1990
*Starck*, Benedikt Taschen Verlag, Colonia 1996

**Taylor, B. B.**, *Pierre Chareau*, Benedikt Taschen Verlag, Colonia 1998
**Triggs, T. (ed.)**, *Communicating Design, Essay in Visual Communication*, B. T. Batsford Ltd., Londres 1995

**Van Geest, J.**, *Jean Prouvé*, Benedikt Taschen Verlag, Colonia 1991
**Vanlaethem, F.**, *Gaetano Pesce*, Thames & Hudson, Londres 1989
**Vegesack, A. von,** *Deutsche Stahlrohr-Möbel: 650 Modelle aus Katalogen*, Bangert Verlag, Múnich 1986
**Vercelloni, V.**, *The Adventure of Design: Gavina*, Jaca Book, Milán 1987

**Walker, J.**, *Design History and the History of Design*, Pluto Press, Londres 1989
**Warncke, C.-P.**, *De Stijl 1917–1931*, Benedikt Taschen Verlag, Colonia 1994
**Whiteley, N.**, *Design for Society*, Reaktion Books, Londres 1993
**Whiteley, N.**, *Pop Design; Modernism to Mod*, Design Council, Londres 1987
**Wichmann, S.**, *Jugendstil Art Nouveau, Floral and Functional Forms*, Little, Brown & Co., Boston 1984
**Woodham, J.**, *Twentieth-Century Design*, Oxford University Press, Oxford 1997

**Zerbst, R.**, *Antoni Gaudi*, Benedikt Taschen Verlag, Colonia 1993

## Catálogos de exposiciónes

**Arts Council of Great Britain**, *Thirties, British Art & Design before the War*, Arts Council of Great Britain, Londres 1979

**Centre Georges Pompidou**, *Design Français 1960–1990 Trois Décennes*, A. P. C. I. / Centre Georges Pompidou, París 1988
**Centre Georges Pompidou**, *Ettore Sottsass*, Centre Georges Pompidou, París 1994
**Centrokappa**, *Il Design Italiano Degli Anni '50*, Ricerche Design Editrice, Milán 1985

**The Detroit Institute of Arts & The Metropolitan Museum of Art**, *Design in America, The Cranbrook Vision*, Harry N. Abrams, Nueva York 1983

**Fischer Fine Art**, *Pioneers of Modern Furniture*, Lund Humphries, Londres 1991

**Library of Congress and Vitra Design Museum**, *The Work of Charles and Ray Eames: A Legacy of Invention*, Harry N. Abrams, Nueva York 1997

**Museum of Modern Art**, *Italy: The New Domestic Landscape*, Museum of Modern Art, Nueva York 1972
**Museum of Modern Art**, *The Modern Poster*, Museum of Modern Art, Nueva York 1988
**Museum of Modern Art**, *Mutant Materials in Contemporary Design*, Museum of Modern Art, Nueva York 1995

**Singer Museum,** *Jan Eisenloeffel 1876–1957*, Waanders Drukkers, Zwolle 1996

**Tada Architectural Studio**, *Finn Juhl Memorial Exhibition*, Tada Architectural Studio, Osaka 1990

**Victoria & Albert Museum**, *Art & Design in Europe and America 1800–1900*, The Herbert Press, Londres 1987
**Victoria & Albert Museum**, *British Art & Design 1900–1960*, Victoria & Albert Museum, 1983
**Vitra Design Museum**, *100 Masterpieces from the Vitra Design Collection*, Vitra Design Museum, Weil am Rhein 1996

**The Whitechapel Art Gallery**, *Modern Chairs 1918–1970*, Lund Humphries, Londres 1970

## Agradecimientos

Nos gustaría agradecer el trabajo y el esfuerzo de equipo realizado por todo el personal de TASCHEN implicado en este proyecto, especialmente por parte de los departamentos de edición, producción y diseño. También agradecemos sinceramente la ayuda recibida por parte de numerosos fabricantes, distribuidores y asesorías de diseño, así como de varias casas de subastas e instituciones públicas. Deseamos dar las gracias especialmente a Barry Friedman, por permitirnos acceder a su archivo fotográfico y por la paciencia demostrada. Por último, queremos agradecer la ayuda y el apoyo que hemos recibido de nuestras familias, y el buen humor y la comprensión de nuestras hijas Emelia y Clementine.

**Queremos mostrar nuestro especial agradecimiento a:**
Bauhaus-Archiv, Berlín
Thomas Berg, Bonn
Christina y Bruno Bischofsberger, Zúrich
Torsten Bröhan GmbH, Düsseldorf – Torsten Bröhan
Bonhams, Londres – Alex Payne
Bridgeman Art Library, Londres
Christies Images, Londres – Camilla Young
Fine Art Society, Londres
Fischer Fine Art, Viena
Barry Friedman Ltd., Nueva York
Haslam & Whiteway, Londres – Michael Whiteway
Hunterian Art Gallery, Glasgow
International Design Press Agency, Barcelona
Knoll International, Nueva York – Carl Magnusson
Herman Miller, Zeeland – Bob Viol
Mithra Neuman, Exeter
Musée des Arts Décoratifs, Montreal
Museum of Modern Art, Nueva York
Die Neue Sammlung, Múnich – Dr. Josef Strasser
The Daniel Ostroff Agency, Los Angeles – Daniel Ostroff
Sotheby's, Londres – Philippe Garner
Studio X, Londres – Ross y Miska Lovegrove
Stuhlmuseum Burg Beverungen, Beverungen
John Toomey Gallery, Oak Park – John Toomey
Victoria & Albert Museum, Londres
Vitra Design Museum, Weil am Rhein

## Créditos fotográficos

Estamos muy agradecidos a todas aquellas personas e instituciones que han dado su consentimiento para la reproducción de imágenes. Asimismo, nos gustaría dar las gracias a los numerosos diseñadores, productores e instituciones que nos han proporcionado los retratos. La mayor parte de las imágenes históricas proceden de los archivos sobre diseño de Thomas Berg Kunsthandel, Bonn; Fiell International Ltd., Londres y Benedikt Taschen Verlag, Colonia.

**Adelta**, Dinslaken: 19
**Airbourne International**, Montreuil-sous-Bois: 496
**Studio Alchimia**, Milán: 32, 33, 40, 194
**Alessi**, Crusinallo: 36, 153, 168, 283, 295 (foto: William Taylor), 360, 448, 459, 573, 576, 613 (izquierda), 613 (derecha), 626, 666, 667 (izquierda), 667 (derecha)
**Alias**, Grumello del Monte: 124
**AMX Studio**, Londres: 274
**Karl Andersson & Söhner**, Huskvarna: 484
**Arflex**, Milán: 30, 96 (izquierda), 96 (derecha), 121, 745, 746
**Artek**, Helsinki: 16 (superior), 16 (inferior), 17, 531
**Artemide**, Milán: 627
**Artery**, Nueva York: 743
**B&B Italia**, Novedrate: 565, 634
**Fred Baier**, UK: 183
**Bang & Olufsen**, Londres: 365
**Ch. Bastin & J. Evrard**, Bruselas: 57
**Bauhaus Archiv**, Berlín: 353 (foto: Atelier Schneider), 443
**Bayer**, Leverkusen: 170–171, 545
**Bernini**, Milán: 633
**Galerie Bischofsberger**, Zúrich: 563
**Bonhams**, Londres: 42, 43, 179, 373, 415, 543, 547, 556, 557, 575
**Braun**, Frankfurt: 131, 132, 133
**BRF**, Siena: 349
**Bridgeman Art Library**, Londres: 146
**Neville Brody**, Londres: 140, 141
**Torsten Bröhan**, Düsseldorf: 15, 22, 23, 26, 29, 92, 99, 101, 102, 107, 122, 126, 176, 177, 206, 213, 257, 264, 346, 447, 492, 523, 605, 696, 704 (izquierda), 704 (derecha), 719, 720, 732, 737
**Buckminster Fuller Archives**, EE UU: 262
**Cappellini**, Milán: 399, 491

**Casabella**, Milán: 288
**Cassina**, Milán: 104, 205, 347, 382, 411, 412, 562
**Cathers & Dembrosky**, Nueva York: 67, 241, 612, 708
**Chermayeff & Geismar**, Nueva York: 159, 181
**Christies Images**, Londres: 47, 50 (inferior), 60, 69, 81, 189, 190, 256, 270, 275, 306, 323, 416, 455, 468 (superior), 475, 502, 521, 616, 642, 669, 670, 700, 740
**Luigi Colani**, Colonia: 166
**The Corning Museum of Glass**, Corning: 54
**Riccardo Dalisi**, Italia: 289
**Michele De Lucchi**, Milán: 195 (all images)
**Fortunato Depero Museum**, Rovereto: 266, 267
**Design Council/DHRC**, University of Sussex: 120, 292
**Design Gallery Milano**, Milán: 656, 657
**Di Palma – Arteluce**, Bovezzo: 379, 380
**Draenert Studio**, Francfort: 572, 574
**Driade**, Milán: 662, 663
**Ecart**, París: 254
**Erco**, Londres: 27
**Ergonomi Design Gruppen**, Estocolmo: 244
**L. M. Ericsson**, Estocolmo: 245
**Eurolounge**, Londres: 217
**Fiell International**, Londres: (fotos: Paul Chave): 154, 192, 228, 355, 384, 398, 401, 410, 438, 559, 588, 620, 682,(fotos: Peter Hodsoll): 110, 225, 337, 501, 506, 509, (foto: James Barlow): 172, 689, (Mithra Neuman Collection): 226, 233, 505, (archivo): 272, 463
**Fifty/50**, Nueva York: 366
**Fine Arts Society**, Londres: 71
**Fischer Fine Art**, Viena: 14, 452, 728
**Flos**, Bovezzo: 148, 149, 664
**Fontana Arte**, Corsico: 75, 160
**Frederica Stolefabrik**, Frederica: 216
**Barry Friedman**, Nueva York: 13, 50 (superior), 51, 52, 53, 56, 70, 84, 85, 90, 91, 95, 118, 119, 127, 136, 142, 156, 157, 201, 202, 203 (superior), 203 (inferior), 206, 208, 209, 221, 237, 240, 269, 271, 313, 314, 315, 335, 345 (superior), 371, 391, 394, 409 (superior), 418, 419, 429, 433, 435, 440, 472, 474, 476, 487, 493 (inferior), 494, 546, 548, 560, 584, 585 (superior), 599, 602, 604, 606, 607, 608, 639, 643, 648, 671, 676, 677, 703 (superior), 705, 719, 739
**Frogdesign**, Altensteig: 258, 259
**Fusital**, Italia: 302
**Studio Gavina**, Savena: 79
**April Greiman**, Los Angeles: 77, 143, 303
**Gufram**, Balangero: 38, 39, 307
**Habitat**, Londres: 175
**Carl Hansen**, Odense: 727 (inferior derecha)
**Fritz Hansen**, Allerød: 4–5, 354
**Zaha Hadid**, Londres: 204
**Haslam & Whiteway**, Londres: 25, 62, 63, 65, 78, 197, 220, 234, 281, 312, 317, 489, 524, 583, 614, 718 (superior), 718 (inferior), 723, (The Birkenhead Collection): 24, 64, 196
**H. D.**, EE UU: 425, 594
**Michael Hopkins & Partners**, Londres: 330 (foto: Tim Street-Porter)
**Hunterian Art Gallery** – University of Glasgow, Glasgow: 434 (foto: Antony Oliver)
**IDPA**, Barcelona: 424, 697
**Iittala**, Helsinki: 253, 628, 629, 735
**Italiana Luce**, Milán: 570
**Georg Jensen**, Copenhague: 357, 361, 362, 363 (izquierda), 363 (derecha), 364
**Kartell**, Milán: 147, 167, 375, 376, 665
**Lillian Kiesler**, Nueva York: 378
**Klikki**, Helsinki: 519 (foto: Ilmari Kostianinen)
**Knoll International**, Nueva York: 31, 215, 350, 387, 388, 622
**Michael Koetzle**, Múnich: 247
**Kunstgewerbemuseum**, Berlín: 174 (foto: Saturia Linke)
**Kreo**, Boulogne: 681 (cuatro imágenes)
**Krueger**, Greenbay: 37
**Kunsthalle**, Tubinga: 342 (Sammlung G. F. Zundel)
**Landor Associates**, Nueva York: 181
**Ligne Roset**, París: 516
**Pearson Lloyd**, Londres: 389 (superior), 389 (inferior)
**Raymond Loewy Associates**, Londres: 181, 426
**London Transport Museum,** Londres: 98
**Luceplan**, Milán: 458
**B. Lux,** Berrut Bizkaia: 551
**Luxo Italiana**, Presezzo: 358, 577 (inferior)
**John Makepeace**, Beaminster: 182, 442
**Institut Mathildenhöhe,** Darmstadt: 187
**Ingo Mauer**, Múnich: 457
**David Mellor**, Londres: 460

**Memphis**, Milán: 461, 462, 466, 652, 655, 698
**Alessandro Mendini**, Milán: 467
**MetaDesign**, Berlín: 470
**Metz & Co. Archive**, Amsterdam: 537
**Herman Miller**, Zeeland, Michigan: 155, 227, 229, 230, 232, 324, 325, 326 (inferior), 327, 328, 508, 578, 611, 675
**P. P. Møbler**, Allerød: 726 (foto: Schakenburg & Brahl), 727 (superior izquierda – foto: Schakenburg & Brahl), 727 (superior derecha – foto: Schakenburg & Brahl), 727 (inferior izquierda – foto: Schakenburg & Brahl)
**Museé des Arts Décoratifs de Montreal**, Montreal: The Liliane and David M. Stewart Collection: 12, 222, 397, 486 (fotos: Schecter Lee), 34, 44, 46, 112, 152, 249, 374, 402, 422, 449, 539 (fotos: Giles Rivest), 351, 428, 485, 507, 742 (fotos: Richard P. Goodbody); gift of Susan A. Chalom: 566 (foto: Giles Rivest); donación anónima: 73, 420, 585 inferior (fotos: Giles Rivest); Gift of Dr. Luc Martin: 111 (foto: Richard P. Goodbody); Gift of Artemide S. p. A.: 125 (foto: Giles Rivest); Gift of Paul Leblanc: 129 (foto: Giles Rivest), 377 (foto: Richard P. Goodbody); Gift of Geoffrey N. Bradfield: 223, 609 (fotos: Giles Rivest), 587 (foto: Richard P. Goodbody), 724 (foto: Schecter Lee); Gift of Geoffrey N. Bradfield/©Eames Office: 231 (foto: Richard P. Goodbody); Gift of the Société des Décorateurs Emsembliers du Québec: 224 (foto: Giles Rivest); Gift of Herman Miller Inc.: 283 (foto: Richard P. Goodbody); Gift of Mr. and Mrs. Roger Labbé: 334 (foto: Giles Rivest); Gift of Jack Lenor Larsen: 406 (foto: Giles Rivest); Gift of Louise Armstrong in memory of Harris Armstrong: 453 (foto: Giles Rivest); Gift of Dr. Arthur Cooperberg: 507 (foto: Richard P. Goodbody); Gift of Fifty/50 Gallery, Nueva York: 507 (foto: Giles Rivest), Gift of Warner & Sons Limited: 672 (foto: Richard P. Goodbody); Gift of Maurice Forget: 699 (foto: Giles Rivest); Gift of Knoll International: 711 (foto: Giles Rivest); Gift of Massimo Vignelli: 714 (foto: Giles Rivest); Gift of David A. Hanks in memory of David M. Stewart: 725 (foto: Richard P. Goodbody)
**The Museum of Modern Art**, Nueva York: 108 (Gift of The Lauder Foundation/ Leonard & Evelyn Lauder Fund. Foto ©1998 The Museum of Modern Art, Nueva York), 109 (foto © 1998 The Museum of Modern Art, Nueva York), 115 (Philip Johnson Fund. Foto © 1998 The Museum of Modern Art, New York), 503 (foto Leo Trachtenberg. Courtesy The Museum of Modern Art, Nueva York), 610 (Gift of Jay Leyda. Foto ©1998 The Museum of Modern Art, Nueva York), 680 (foto ©1998 The Museum of Modern Art, Nueva York), 695 (Gift of the designer. Foto © 1998 The Museum of Modern Art, Nueva York), 706 (Gift of Philip Johnson, Jan Tschichold Collection. Foto © 1998 The Museum of Modern Art, Nueva York), 748 (Gift of the manufacturer. Foto © 1998 The Museum of Modern Art, Nueva York)
**Necchi**, Pavía: 286
**Néotu**, París: 273, 641, 650
**Die Neue Sammlung – Staatliches Museum für angewandte Kunst**, Múnich: 18, 28, 61, 82, 93, 103, 113, 130 (foto: S. Gnamm), 145, 165, 219, 246, 284, 285, 287, 290, 308, 319, 333, 396, 414, 423, 427, 439, 445 (superior), 445 (inferior), 446, 456, 479, 495, 513, 514, 515, 520, 522, 534 (foto: A. Bröhan), 544 (foto: A. Bröhan), 555, 561, 567 (foto: A. Bröhan), 592 (foto: Hummel), 593, 595, 603, 631, 632, 644, 668, 673, 683 (foto: A. Bröhan), 685 (foto: A. Bröhan), 686, 693, 709 (foto: Hansmann), 721 (foto: A. Bröhan), 738, 747 (foto: Koller)
**O-Luce**, Milán: 169, 173, 437
**Olivetti**, Milán: 512, 526, 527, 528 (cuatro imágenes), 529, 635, 654
**OMK**, Londres: 381
**One-Off**, Londres: 571
**Robert Opie Collection**, Londres & Gloucester: 106, 236
**Stuart Parr Gallery**, Nueva York: 483
**Pentagram Design**, Londres: 293, 294, 552, 553 (cuatro imágenes), 729
**Gaetano Pesce**, Nueva York: 558
**Poltronova**, Montale: 338, 653
**Polygram International**, Londres: 569 (inferior)
**Louis Poulsen**, Copenhague: 320, 321
**Swid Powell**, EE UU: 296
**Private Collection**, Londres: 97, 191, 498, 499, 630

**Prospettive**, Pisa: 510
**Quasar**, París: 586
**Rud. Rasmussen Snedkerier**, Copenhague: 385 (foto: Ole Woldbye), 392
**Leah Roland**, Nueva York: 248, 731, 733
**Bill Rothschild**, Nueva York: 207
**Royal College of Art**, Londres: 615
**Gordon Russell**, Londres: 619
**Sabattini Argenteria**, Bregnano: 625
**SCP**, Londres: 163, 331
**Science & Society Picture Library/Science Museum**, Londres: 517
**Silver Studio Collection – Middlesex Polytechnic**, Middlesex: 649
**Sotheby's**, Londres: 35, 66, 80, 162, 164, 297, 298, 299, 304, 311, 316, 352, 386, 390, 403, 404, 417, 454, 464-465, 468 (inferior), 481, 504, 511, 517, 530 (derecha), 582, 589, 590, 598, 600, 617, 618, 624, 646, 658, 679, 691, 692, 702, 717, 734, 736, 744
**St. Bride's Print Library**, Londres: 260, 280, 318
**Steelcase Strafor**, Colnbrook: 742
**Stelton**, Hellerup: 356
**Stiletto Studios**, Berlín: 577 (superior)
**Tim Street-Porter**, Nueva York: 278–279, 301
**Studio X**, Londres: 329 (superior), 329 (inferior), 430 (foto: José Lasheras), 431 (foto: John Ross), 432, 535 (superior), 535 (inferior), 536
**Stuhlmuseum Burg Beverungen**, Beverungen: 596, 659
**Olive Sullivan**, Londres: 569
**Svenskt Tenn**, Estocolmo: 255
**Benedikt Taschen Verlag Archiv**, Colonia: 55, 58, 59, 74, 77 (superior), 83, 86, 87, 88, 89 (foto: Lepkowski), 94, 134 (foto: Lepkowski), 135 (foto: Lepkowski), 137, 138 (foto: Lepkowski), 139 (foto: Lepkowski), 151, 210, 211, 212, 214, 239, 265 (foto: Lepkowski), 305, 309, 332, 369, 372, 383, 395, 407, 421, 450, 451, 477, 478, 493, 540, 579, 580, 581, 590 (foto: Clarissa Bruce) 601 (izquierda), 601 (derecha), 749, 751
**Walter Dorwin Teague Associates**, Nueva York: 482
**Tecno**, Milán: 123, 252
**Tecta**, Lauenförde: 144, 651
**Thonet**, Frankenberg: 405
**TWA**, EE UU: 621 (superior), 621 (inferior)
**UPI/Bettmann Archive**, Londres: 343
**Venini**, Venicia: 564, 710
**Victoria & Albert Museum**, Londres (Picture Library): 322, 436
**Victoria & Albert Museum**, Londres (Press Office): 300, 490, 713
**Vitra**, Weil am Rhein: 161, 178, 277, 400, 542, 712 (foto: Hans Hansen)
**Vitra Design Museum**, Weil am Rhein: 326 (superior), 532
**Westvaco**, Nueva York: 291
**Wolfsonian Foundation**, Miami: 244
**Frank Lloyd Wright Foundation**, Scottsdale: 741
**Zanotta**, Milán: 41, 114, 128, 150 (izquierda), 150 (derecha), 180, 186, 199, 469 (foto: Ramazzotti), 497, 500, 538, 568 (foto: Masera), 607, 678, 687 (foto: Masera)

100 Illustrators

The Illustrator

D&AD.
The Copy Book

The Package Design
Book. Volume 2

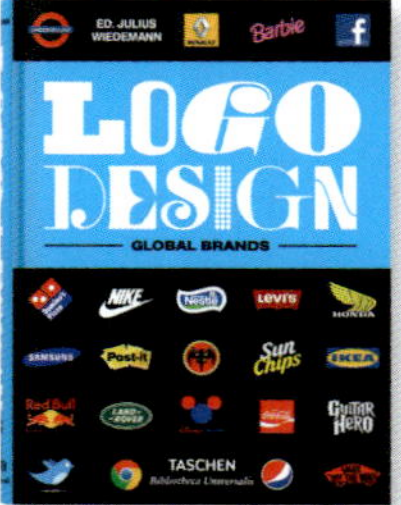


Logo Design.
Global Brands

**Bookworm's delight:**
**never bore, always excite!**

## TASCHEN
*Bibliotheca Universalis*

Modern Art

Design of the 20th Century

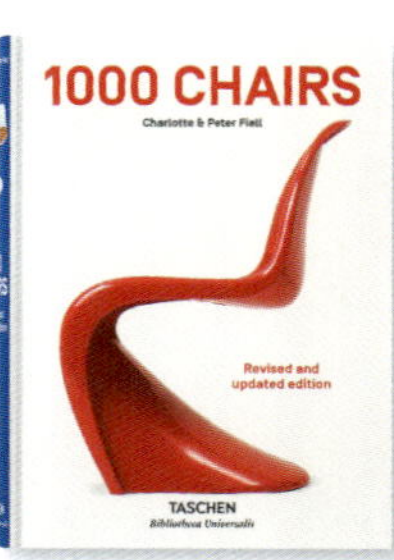


1000 Chairs

1000 Lights

Industrial Design A–Z

Bauhaus

1000 Record Covers

20th Century Photography

A History of Photography

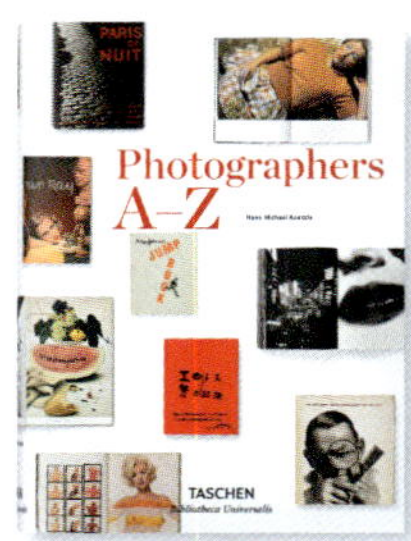

Photographers A–Z

Eugène Atget. Paris

Photo Icons

New Deal Photography

Stieglitz.
Camera Work

Lewis W. Hine

Curtis. The North
American Indian

Tiki Pop

Film Noir

Horror Cinema

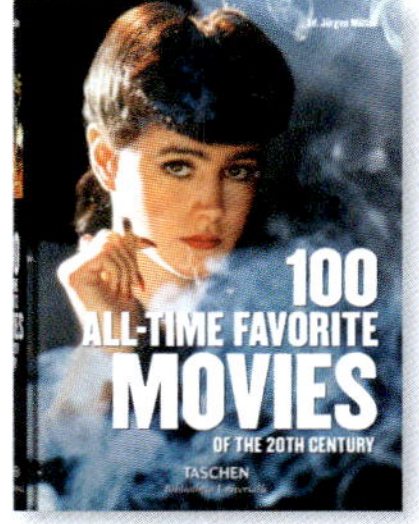

100 All-Time
Favorite Movies

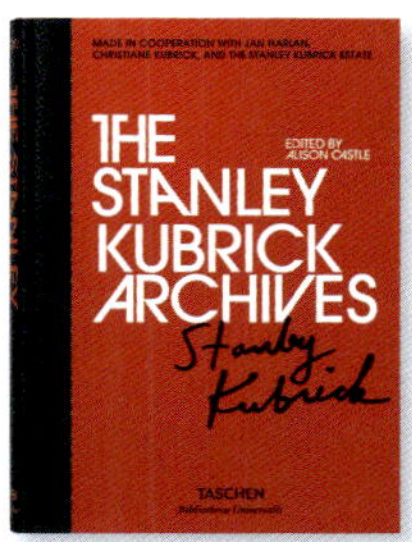

The Stanley Kubrick
Archives

1000 Tattoos

Fashion History

20th Century Fashion

20th Century Classic Cars

## Pie de imprenta



Traducción española: Glòria Bohigas, Xavier Garcia y Mariona Gratacòs para Manners, Barcelona

Cubierta anterior: Charles & Ray Eames, Prototipo de la silla *LCW*, 1945 aprox.
© Eames Office, Venice, CA

Cubierta posterior: Joe Colombo, *Central living block* del *Wohnmodell* 1969, presentado en la exposición «Visiona I» para Bayer, 1969

Los autores: Charlotte & Peter Fiell han escrito un gran número de libros para TASCHEN, entre ellos *1000 Chairs*, *Diseño del siglo XX*, *El diseño industrial de la A a la Z*, *Designing the 21st Century*, *Diseño escandinavo*, *1000 Lights*, *Graphic Design for the 21st Century* y *Contemporary Graphic Design*.

**CADA LIBRO DE TASCHEN SIEMBRA UNA SEMILLA**
Cada año compensamos nuestras emisiones de carbono con créditos de carbono del Instituto Terra, un programa de reforestación de Minas Gerais (Brasil) fundado por Lélia y Sebastião Salgado. Para saber más sobre esta colaboración para la protección del medio ambiente, consulte www.taschen.com/institutoterra.
**Inspiración: infinita.**
**Huella de carbono: (casi) cero.**



© 2025 TASCHEN GmbH
Hohenzollernring 53, D–50672 Köln
**www.taschen.com**

Edición original:
© 2000 Benedikt Taschen Verlag GmbH

Printed in Bosnia-Herzegovina
ISBN 978–3–8365–4108–4